ウィーンのシュテファン大聖堂

ゴシック期におけるハプスブルク家の造営理念

岩谷 秋美 著

中央公論美術出版

ウィーンのシュテファン大聖堂

ゴシック期におけるハプスブルク家の造営理念

〔本書は独立行政法人日本学術振興会平成 28 年度科学研究費補助金（研究成果公開促進費）の交付を受けた出版である〕

［目　次］

序 1

　　第一章　問題提起　2

　　第二章　造営史と先行研究概観　7
　　　　1.　先行研究概観　7
　　　　2.　造営史　9
　　　　3.　本研究の意義　27

第Ⅰ部　外観の造営 35

　　第一章　司教座設立への模索　38
　　　　1.　創設背景　38
　　　　2.　司教座設立の企て　41
　　　　3.　参事会設置　46

　　第二章　ルードルフ四世の皇帝大聖堂構想　55
　　　　1.　政治上の要請　55
　　　　2.　ハプスブルク家の聖堂と肖像　60
　　　　3.　ルクセンブルク家の模倣　70

　　第三章　市民の南塔　79
　　　　1.　市民の単塔　79
　　　　2.　表層と形態　82
　　　　3.　柔軟様式　86
　　　　4.　シルエットの研磨　91

　　第四章　皇帝の〈フリードリヒ破風〉　98
　　　　1.　飾破風の問題　99
　　　　2.　飾破風の設置機会　102
　　　　3.　南塔における造形上の動機　109
　　　　4.　〈フリードリヒ破風〉の機能　114

iii

第 II 部　荘厳空間の創出 ……………………………………………………121

　　第一章　段形ホールの特異性　127
　　　　　　1.　計画の経緯　127
　　　　　　2.　インゴルシュタットの聖母聖堂　136
　　　　　　3.　ブラウナウ・アム・インのザンクト・シュテファン聖堂　139

　　第二章　権威の表象　147
　　　　　　1.　肖像の展開　147
　　　　　　2.　君主権の表象と伝統　157
　　　　　　3.　君主の理想空間　162

　　第三章　リブ・ヴォールトの空間表現　171
　　　　　　1.　リブ・ヴォールト形態の着想源　171
　　　　　　2.　棟梁プクスパウム　177
　　　　　　3.　ヴォールトの発展　181

　　第四章　図面とトレーサリー　194
　　　　　　1.　天蓋彫刻　195
　　　　　　2.　図面の機能と目的──設計図・見本帳・理想図　200
　　　　　　3.　《鷲門図》とリブ・ヴォールト　206

　　第五章　内陣問題　212
　　　　　　1.　聖域としての聖堂空間　213
　　　　　　2.　ホール式聖堂の空間演出　219
　　　　　　3.　ホール式内陣の聖域化　226

結　論　…………………………………………………………………235

資　料　247

　　　　　系　図　248

　　　　　　棟梁の系譜図（ウィーン、シュテファン大聖堂）

　　　　　　家系図（バーベンベルク家、ハプスブルク家）

　　　　　「教皇ピウス二世のコメンタリー」（抄訳）　252

　　　　　文献目録　255

　　　　　図版一覧・出典一覧　282

　　　　　要　約　291

附録　建築カタログ　301

　　　　　建築カタログ　304

　　　　　地　図　537

　　　　　一覧（カタログ番号順）　549

　　　　　索引 1（都市名順）　555

　　　　　索引 2（国別・アルファベット順）　560

索　引　566

あとがき　574

v

序

序

第一章　問題提起

　ウィーンの中心に聳えるシュテファン大聖堂は、ドイツ後期ゴシックを代表する建築である（図1, 2, 3, 4）。造営は、主たるものだけでも、およそ一世紀半、ロマネスク期から数えたならば三世紀半にも及ぶ長きにわたり、その期間中に大聖堂では、各時代の最新の様式が導入され、また、施主の意図も変転した。シュテファン大聖堂において最も古い造営箇所は、オーストリアの君主バーベンベルク家が建設した、後期ロマネスク様式による西側構造[1]である。しかしその後ゴシック期になると、造営主がハプスブルク家へと交代し、これにともない建築要素の意図や形式、造形に修正が加えられ、あわせて建築様式も時代とともに移り変わった。その結果、塔や礼拝堂など主要な部分を瞥見しただけでも、プラハ宮廷からの影響を受けた部分や、市民勢力の開花したドイツから影響を受けた部分、そしてウィーン的な性格の顕著に現われている部分などが観察され、各所が独特の個性を有していると直ちに理解される。こうして、実に様々な要素の複合体としてシュテファン大聖堂は完成に至ったわけであるが、上述のような混在状況にもかかわらず、建築全体の調和が保たれているのは、特筆すべき点であろう。

　事実、こうした特異な現象を、ウィーンの美術史家たちは早くから指摘していた。例えばドーニンは、本大聖堂について、「あらゆる突発的できごとにもかかわらず、〔……〕あたかもひとつの意志で建てられたかのように、稀有のハーモニーと連帯感を有している」と述べ[2]、またザーリガーは、内部空間が諸々の工夫により「魅惑的なまでに一体化」していると主張する[3]。しかしこうした重要な指摘がありながら、先行研究は、大聖堂の複雑な造営経緯および建築図像の解明に注力するばかりであり、一方で、聖堂が生み出す荘厳な効果がいかなる建築的構造や要素を通じて導き出されているのか、その原理をいまだ明らかにすることができていない。

第一章　問題提起

図1　ウィーン、シュテファン大聖堂、南西面

図2　同、外陣より内陣を望む

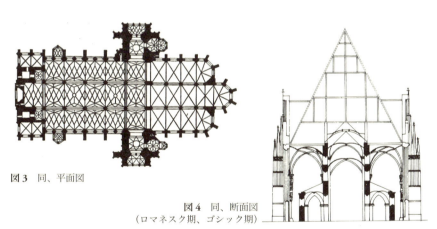

図3　同、平面図

図4　同、断面図
（ロマネスク期、ゴシック期）

　以上の研究状況を受け、筆者は、多様な要素が混在した造営経緯に着目し、各要素の形態が決定された意図と、その造形的特質とを検討することで、シュテファン大聖堂において荘厳な効果がもたらされる原理が明らかになると考えた。

3

序

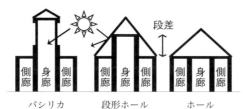

図5 建築タイプの断面模式図

　殊に注目されるのが、15世紀後半の造営最終局面である。このとき外観では、南塔から外陣へ飾破風が連続して並べられ、ダイナミックな景観が生まれた（図1）。また内部では、段形ホール（Staffelhalle, 図5）の外陣に複雑なネット・ヴォールトが架けられ、混沌としながらも荘厳な趣を湛える空間が生じた（図6）。ところが先行研究は、こうした独創的な建築造形を等閑視する傾向にあった。なぜなら飾破風やネット・ヴォールト自体は、同時代のドイツ語圏において、ごく一般的な要素だったからである。だが、たとえ用いられている要素が一般的な造形語彙であったとしても、シュテファン大聖堂固有の特徴的な造形が生まれた背景については、いまだ議論の余地が残るところである。換言すれば、先行研究において、造形の意味や特徴については言及されてきたものの、造形言語の特異な使用方法については指摘されておらず、また同時に、その特異な使用方法が採られた動機についても明らかにされていないのである。こうした傾向が顕著に認められるのは、外陣にて採用された、段形ホールという形式においてである。これは、伝統を欠く特異な形式であるがゆえに、これまで注目を集めることはほとんどなく、あるいは数少ない言及の中で示されたのは、主に、屋根を大きくしたことにともなう副産物としての位置付けであり、この段形ホールが、ひとつの建築タイプとして積極的な評価を受けることはなかった。しかしながら筆者は、15世紀中葉、造営の最終段階で建設された、段形ホールをはじめとする諸要素の、その真の導入目的は、造営の長期化にともなって生じた諸処の問題を克服し、ハプスブルク家の、さらには皇帝の大聖堂にふさわしい、荘厳な空間作用をもたらすことにあったと考える。

第一章　問題提起

図6　ウィーン、シュテファン大聖堂、内陣を望む

　本研究は、変転を続けた造営史をそのまま映し出すかのように様々な要素の複合体としてシュテファン大聖堂が完成した点に注目しつつ、本大聖堂に観察される独創的な形態や荘厳な作用が導き出される原理を明らかにし、さらには、その背景となる動機の解明を目指すものである。考察を始める前に、まずは、聖堂完成の責を負った棟梁に対して課されたであろう、ふたつの課題を想定し、あわせて、上述した本大聖堂の独創性をその解決策に位置付ける仮説を提唱する。この仮説検証を通じて、シュテファン大聖堂の造形が決定された経緯を明らかにしてゆきたい。想定されるふたつの課題とは、造営主であったハプスブルク家の皇帝フリードリヒ三世による政治的な意図から要請される課題と、造営長期化の結果として混在した諸要素を調和的に共存させようとする、審美上の必要性から要請される課題である。この棟梁は、大聖堂を完成させるに際して、それまでに建設されていた多種多様な諸要素との関係性を考慮するという難問に直面したわけだが、しかしながら、調和

5

序

を目論みつつ、伝統という基礎の上に新たな構築を試みるというのは、まさしく「真のオーストリア的な宿命（echt österreichisches Schicksal）」だったのであり、したがって、このときに導き出された解決策にこそ、ハプスブルク家が威信をかけて建設に従事したシュテファン大聖堂の、その本質があると筆者は考える。

　考察の手順は、以下のとおりである。まずは次章にて、先行研究と、複雑な造営経緯を概観することにより、上記の仮説の有効性と本研究の意義を再確認する。続いて第Ⅰ部では、造営初期から15世紀に至るまでの造営主の交代と、これにともなう造営理念および造形の変遷を考察する。第Ⅱ部では、完成を目前にした15世紀中葉における内部空間の造営に注目し、当時の造営主であった皇帝フリードリヒ三世の政治上の意図と、既存の多彩な要素との関係性を検討しつつ、殊に段形ホールと、これを覆うリブ・ヴォールトについて、政治的そして審美的要請が規定する課題を克服するための解決策としての役割を考察する。最後に結論として、シュテファン大聖堂の造形原理を明らかにしたい。

[註]

1　本稿では、シュテファン大聖堂の西側にある構造物のように、独立しているかのような印象を与える聖堂西側の構造体を「西側構造（Westbau）」と呼ぶこととする。ただし、ロマネスク期における皇帝大聖堂などにて観察される、多塔を備えた象徴的な西側の構造物のことは、通例に倣って「西構え（Westwerk）」と呼び、これと区別したい。なお西構えについては、以下を参照のこと。前川（誠）1962; 辻本 1984.

2　Donin 1951, S. 194.

3　Saliger 2005, S. 6-9.

4　段形ホールについては、第Ⅱ部・第一章で詳述する。

5　Feuchtmüller 1972, S. 132.

第二章　造営史と先行研究概観

　シュテファン大聖堂の造営は、三百年以上の長きにわたる。先行研究は、造営史や建築の造形に注目したものから、史料等に基づき複雑なクロノロジーの解明に従事したもの、ステンドグラスや祭壇に焦点を絞ったもの、さらには、ハプスブルク家という観点から建築図像に特化したものなど、その切り口とする対象や時代、そして分析手法が実に多彩である。研究者たちは、現存する建造物はもちろんのこと、発掘された遺構や、元来の設置場所が不明確なまま残されている彫刻群、そしてゴシック期の出納記録や契約書などの古文書[1]、同時代に記され描写された年代記や絵画、そして大量に残された図面などに基づきながら、様々な視点と方法にてシュテファン大聖堂のその真の姿の解明を試みてきたのである。

　本章では、まず第1節において主にモノグラフィに注目し、主要研究の動向について概観する。次いで第2節において、クロノロジーに関連する先行研究に触れつつ、シュテファン大聖堂の造営史をたどりたい。以上の研究史と造営史を踏まえた上で、章末にて、問題の所在と、本研究の意義について再確認することとする。

1.　先行研究概観

　シュテファン大聖堂に関するおそらく最初のモノグラフィは、1721年のティルメツ（Friedrich Tilmez, ?）、および1779年のオゲッサー（Joseph Ogesser, c1733-1799）によるものである[2]。例えば後者では、まず造営史が、次いでハプスブルク家の墓や祭壇などの内装や聖遺物が紹介され、後半では、カテドラル昇格や典礼、兄弟会などに関する教会史が綴られている。あわせて両著は、現在では失われた一次史料についても言及している点において重

序

要である。続く 19 世紀のティシュカ（Franz Tschischka, 1786-1855）および A・ペルガー（Anton von Perger, 1809-1876）によるモノグラフィも、造営史と教会史、そして墓碑や祭壇などの内装、または聖遺物などに関する記述から構成されている[3]。

　20 世紀最初の大部のモノグラフィは、1931 年のティーツェ（Hans Tietze, 1880-1954）によるものである[4]。これは、前半にて史料批判に基づきながら造営史を詳述し、後半にて、各部分に関する描写を加えたものである。第二次大戦後には、J・ツューカン（Josef Zykan, 1901-1971）により被災後の修復調査に基づく研究成果が発表され、また、ドーニン（Richard Kurt Donin, 1881-1963）によるモノグラフィも刊行された[5]。1970 年、R・ペルガー（Richard Perger, 1928-2010）により、史料研究の成果として、歴代棟梁とその経歴などの詳細が明らかになり、また、M・ツューカン（Marlene Zykan, ?）によって、取り壊しと計画変更を含めた南塔の造営経緯が解明されたことは、その後の研究の大きな礎になったといえる[6]。次いでフォイヒトミュラー（Rupert Feuchtmüller, 1920-2010）や M・ツューカンによるモノグラフィが刊行されたほか、1997 年には大聖堂を包括的に考察する展覧会が開催された[7]。

　なお、モノグラフィではないものの、研究動向に重要な影響を与えた研究として、ヴァーグナー＝リーガー（Renate Wagner-Rieger, 1921-1980）およびザーリガー（Arthur Saliger, 1944-）による、ハプスブルク家と大聖堂の関係に注目した図像研究を挙げておく[8]。あわせて特筆すべきは、ウィーン・バウヒュッテに由来するゴシック期の図面研究であろう。ケプフ（Hans Koepf, 1916-1994）がその全容をカタログ化したのち、ベーカー（Johann Josef Böker, 1953-）は図面および史料を再検討し、さらにはその成果に基づきつつ、主としてクロノロジーに関する新たな見解を打ち出したモノグラフィを発表した[9]。また 2011 年にはウィーン・ミュージアムにて、ゴシックの図面と棟梁の活動を主軸として、ウィーンの都市史の中に大聖堂を位置付けた展覧会も開催された[10]。

8

第二章　造営史と先行研究概観

2.　造営史

　モノグラフィが大聖堂全体のイメージを構築するものだとすれば、これから概観する個々の要素に特化した研究は、各要素がもつ多彩な個性を浮き彫りにするものだといえようか。こうした個別研究を通じて、シュテファン大聖堂というただひとつの建造物に、いかに多様な要素が詰め込まれているか、その複雑な状況がいっそう明らかになろう。本節では、シュテファン大聖堂の造営史をたどりつつ、それぞれの時代や部分に関する先行研究を見てゆきたい。なお、本稿が考察対象とする時代が、概して本聖堂がカテドラルに昇格する 1469 年以前であることから、本節以降では主に、シュテファン大聖堂ではなく、ザンクト・シュテファン聖堂という呼称を用いることとする。

2.1.　古代からロマネスク期まで——西側構造の建設

　現在の聖堂がある場所には、ロマネスク期以前からすでに、宗教建築が存在していたと推察されている。同地にて発掘された最古の地層は、古代末期から中世初期に属するものである。当時はまだ、「ヴィンドボナ」と呼ばれるローマ時代の要塞の、その城壁の外側に位置する墓地に設けられた、小さな建造物にすぎなかった。これが、果たしてキリスト教徒の建築か、あるいは異教徒の建築であったかは、定かではない。続く第二層目、初期中世と同定されている遺構は、間違いなくキリスト教建築と見なされるものの、聖堂の捧げられた聖人については不明とされている。第三層目に属する遺構は単廊式の建物であり、これと同じ層からは、メロヴィング朝期の石棺が発見されている[11]。

　その後、バーベンベルク家の治世下である 1137 年頃、キリスト教の聖堂が建設され、1147 年、聖ステファヌスに捧げられた。これが、いわゆる〈第 I 聖堂〉である。なおこの時点においても本聖堂はいまだ市壁の外側に位置していたが、1180 年にはこの古い市壁が取り払われウィーンの街区が拡大されたために、ザンクト・シュテファン聖堂は、ウィーンの中心に位置することとなった。さらに 1230 年から 1240 年頃、バーベンベルク家最後のオーストリア公フリードリヒ二世（好戦公）によって、聖堂が建て替えられ

9

序

た。これが〈第II聖堂〉である。この〈第II聖堂〉の西側の部分が、現在の西側構造の主要部分を形成している〈大門〉[12]および〈異教の塔〉[13]と呼ばれる部分である（図1）。

図1　ウィーン、ザンクト・シュテファン聖堂、西面

この時代をめぐる先行研究の論点とは、第一に〈第I聖堂〉の設立背景であり、中でも1137年、バーベンベルク家の辺境伯レオポルト四世とパッサウ司教の間で結ばれた契約書が注目される。この契約書[14]を通じ、端的にいえばレオポルト四世とパッサウ司教の間で、ウィーンにおける小教区聖堂の権利の移動が取り決められたと推察されているのである。しかし本契約書には聖堂名が明記されていないなど、核心的な部分が曖昧に処されており、ゆえにその具体的な内容については、これまでの先行研究において様々な推察がなされてきた[15]。仮に、R・ペルガーの主張に従って、本契約書で示されているのが、1147年に献堂されることとなるザンクト・シュテファン聖堂の〈第I聖堂〉を、ウィーンの新しい小教区聖堂とするための取り決めであったと見なすならば、本契約書は、〈第I聖堂〉の設立時期とその背景を示す重要な史料として位置付けられることになる（第I部・第一章で詳述）[16]。

第二の論点は、現存する扉口装飾の造形である。西側構造には、ノルマン風の装飾が施された階段状扉口が設けられており、そのタンパンには、「マエスタス・ドミニ」とその両側の天使が描写される。迫持台の上には聖人の半身像が14体並んでいるが、先行研究では、鍵を手にしたペテロのみ同定されているにすぎず、残りの聖人像のアトリビュートおよび全体のプログラムに関しては、明らかにされていない。さて、こうした要素から構成される西扉口の図像的、あるいは造形的手本としては、20世紀初頭にオットマ

第二章　造営史と先行研究概観

図2　同、西扉口図（復元案）

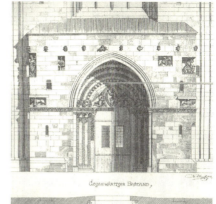

図3　同、西扉口図（現状）

ンがバンベルク大聖堂を挙げたのに対して、ドーニンは、ウィーン周辺地域、すなわちニーダーエスターライヒにおける彫刻の発展史の中に〈大門〉の扉口彫刻を組み込んだ。こうした論考を継承しつつ、その後も引き続きノヴォトニーやフォイヒトミュラー、ダームらによって、主に、バンベルク大聖堂の内陣障壁や〈恩寵の扉口〉、そしてヤークなどハンガリーの諸聖堂、レーゲンスブルクのザンクト・ヤーコプ聖堂の扉口との比較に基づきながら、彫刻や建築の様式的関係性が検討されている。

　先行研究における第三の論点は、西側構造のクロノロジーである。殊に、〈第Ⅰ聖堂〉の遺構が、どの程度まで現存の西側構造に残されているかが注目を集めてきた。研究史は、19世紀中葉におけるメリーの彫刻研究まで遡るが、大論争を引き起こす最大の契機となったのは、フリードリヒ・フォン・シュミットによる〈大門〉の復元案であろう（図2, 3）。シュミットは、1863年よりシュテファン大聖堂の棟梁に着任し、その後およそ30年の歳月にわたり、南塔と西側構造をはじめとする大聖堂の修復に従事した建築家である。その修復調査を踏まえ、彼は〈大門〉のクロノロジーに関わる根本的な問題

11

を提起した。すなわちシュミットによれば、〈大門〉は元来、間口の広い半円アーチの扉口であった。これに対し、後世において扉口の両端に壁を挿入して間口を狭め、尖頭アーチの前壁を備えたタイプへと変更されたものが、現在の〈大門〉だという。こうして、シュミットの新説をきっかけに、造営年代をめぐる「〈大門〉問題」が紛糾することとなった。[19]

　1945年、大戦による火災後、本聖堂では発掘調査が行われた。このときに発見された柱頭が、ケルンテンにあるグルク大聖堂のクリプタにて観察されるダイス状柱頭の様式に類似することから、〈異教の塔〉の壁体の建設が、少なくとも12世紀まで遡るものであるとの見解が示された。さらに、地下鉄建設工事に際して行われた1970年の調査では、〈異教の塔〉と〈大門〉との間に接合の痕跡が認められず、ここから、両者がともに12世紀の〈第I聖堂〉においてすでに存在していた部分であるということ、さらには、この〈第I聖堂〉に対して13世紀に改装が施されたという結論が導き出された。[20]

　「〈大門〉問題」に対しては、彫刻研究の側からも見解が示された。扉口前面にある壁面では、コーニス上部の壁龕に獅子像が嵌め込まれている。この獅子像の様式および銘文を根拠に、これが1500年に作られたものだとする説が、ドーベラーによって提示されたのである。つまり扉口前面にある壁面は、ロマネスク期のものではなく、近世において、ロマネスク様式に似せて作られたものだという。さらにハルルは考古学研究の立場から、西側構造が、ロマネスク以降の時代に、古い〈異教の塔〉の外観と融合させるためにロマネスク様式として建設されたものだと主張したのであった。[21]

　こうした過程を経た後、1980年代から1990年代にかけて実施された発掘調査および石材調査等の結果、次の結論が示された。まず、〈異教の塔〉の内部に残された空間は、12世紀に建設された〈第I聖堂〉のものである。それ以外の部分は、13世紀以降、主に13世紀第2四半期に造営されたものであり、また、扉口前面の壁面が設けられた時期は、ゴシック末期であると結論付けられた。あわせて、14世紀に二重礼拝堂が追加された際、〈異教の塔〉の八角形塔に変更が加えられたほか、15世紀には、ゴシック様式の大

窓を穿つために、ロマネスク様式の〈大門〉の上部に壁が増築され、ロマネスク様式の車輪状窓に代わってゴシック様式の尖頭窓が設けられたと考えられている。[22]

　ロマネスク期におけるその後のできごととしては、1258年、町の火災の被害が挙げられる。しかしその損害部分はすぐに修復されたようで、1263年4月25日には、パッサウ司教オットーによって聖別され、典礼も再開される。[23] このとき、〈第Ⅰ聖堂〉および〈第Ⅱ聖堂〉の建設に関与したバーベンベルク家はすでに断絶しており、ウィーンの支配者は、ボヘミア王オタカル二世へと交代していた。だがオタカル二世の統治期間は短く、13世紀末には、その後およそ650年にわたって継続するハプスブルク家の治世が幕を開け、これと時をほぼ同じくして、いよいよ、現在の聖堂の姿を決定付ける、ゴシック期の大造営が始まるのである。

2.2.　ゴシック期Ⅰ（14世紀前半）――内陣の建設

　ハプスブルク家がオーストリア公となって二十余年後、アルブレヒト一世の治世下において、ザンクト・シュテファン聖堂の内陣の拡張が目論まれ、1304年頃、これに着手される。このとき造営を主導したのは、何者であったか。当時の造営背景を示す唯一の手掛かりとなるのは、R・ペルガーが指摘する、現在のシュテファン大聖堂広場と、その北側を走る小路ヴォルツァイレに挟まれた土地に関する史料である。そもそも〈第Ⅰ聖堂〉は、パッサウ司教がその所有地を提供することにより聖堂造営が実現したが、しかしその土地の広さは現状の敷地には及ばないものであったと推察されている。したがってザンクト・シュテファン聖堂を拡張するためには、さらに周辺の土地を取得する必要があったはずである。R・ペルガーによれば、13世紀初頭、ザンクト・シュテファン聖堂周辺には、その小教区館と礼拝堂、さらにパッサウの参事会員の館があった。ただし後者の土地はその後、数人の手を経て、1303年にはツヴェットル修道院の所有となっていた。[24] なおツヴェットル修道院は、これ以外にも、ザンクト・シュテファン聖堂に接した家屋をすでに保有しており、したがって14世紀初頭までには、同修道院はザンクト・シュ

序

テファン聖堂付近に少なからぬ規模の土地を有していたことになる。

このように、聖堂東側にあったツヴェットル修道院の所有地こそが内陣拡張に際して重要となるのだが、これに関連して、R・ペルガーは次のふたつの記録に注目する。第一の記録は、1304年のものである。これは、パッサウ司教が同修道院に対して、その敷地内にある家屋の売却を許可するものである。第二は、1311年から1325年の間に記されたと考えられる同修道院の記録であり、ここには、ザンクト・シュテファ

図4　同、内陣

ン聖堂に隣接する土地を売却するよう、ウィーン市民から強い要請を受けた旨が記されている。R・ペルガーはこのふたつの記録について、同一の土地に関するものとは見なしてはいないが、しかし少なくとも後者については、ウィーン市民が、ザンクト・シュテファン聖堂の拡張に必要な土地の確保に尽力した証拠と考えている[25]。

その後1306年、内陣建設のための寄進がなされるも、これ以降はハプスブルク家や市民からの大きな経済援助の記録は残されていない[26]。したがってこの期間の内陣建設は停滞していたであろうことが推察される。しかし1323年、ハインリヒ・フォン・ルツェルンが新しい司祭となった頃から市民の寄進や免罪の記録が増加し始め、ゆえに内陣建設および宗教活動が再開したと察せられ、1330年代前半には祭壇が聖別されたことから、この時点ですでに、内陣はほとんど完成していたと考えるべきであろう[27]。そして1339年、内陣の内装がついに完成し、1340年4月23日、聖別される[28]。この内陣は、当時の当主アルブレヒト二世（賢公）にちなみ、〈アルベルト内陣〉と呼ばれるようになった[29]（図4）。

14

第二章　造営史と先行研究概観

　以上から、14世紀初頭の内陣着工時、造営を積極的に率いたのは市民であり、ハプスブルク家は、少なくとも造営初期段階において、ほとんど介入していなかった可能性が考えられる。こうした事情を踏まえつつ、〈アルベルト内陣〉の造営意図と、同内陣がその後の造営においていかなる意味をもったのかという点について、本論にて注目してゆくこととする。

2.3.　ゴシック期II（14世紀後半）——大公ルードルフ四世の造営

　内陣を完成させたアルブレヒト賢公の歿後、その跡を継ぎオーストリア公となった息子ルードルフ四世は、ザンクト・シュテファン聖堂をカテドラルに昇格させるという野心を抱き、聖堂の拡張に着手した。彼は、宗教上の権威を得ることで、ザルツブルク大司教やパッサウ司教の影響力を排除しようとしたのである。ルードルフ四世の治世は決して長くはなかったものの、しかし1359年には南塔の造営を開始するとともに[30]、参事会や大学を設置するなど、カテドラル昇格へ向けた準備を精力的に推し進めていった。

　ルードルフ四世の存命中に造営された部分としては、主なものだけでも、南塔の下層部、二重礼拝堂[31]（図5）、そして〈聖歌隊門〉（図6）が挙げられる。これらはいずれも、伝統的な皇帝大聖堂という建築図像と密接な関係をもつものである。換言するとルードルフ四世は、ザンクト・シュテファン聖堂へ皇帝大聖堂の要素を採り込み、本聖堂をハプスブルク家の霊廟とすることで、いまだ地方の一君主にすぎない同家の権威を示すモニュメントにしようと目論んでいた（第I部・第二章で詳述）。中でも南塔の造営は、研究者たちの注目を大いに集めることとなったが、しかしこれは本稿の趣旨と密接な関わりをもつ議論であるため、本論にて詳述することとし、ここでは、〈聖歌隊門〉および二重礼拝堂におけるクロノロジーの問題と、棟梁の問題について言及することとする。

　まずは、外陣南扉口〈聖歌隊門〉をめぐる問題である（図6）。この議論は、ルードルフ四世の政治的目論見とも関連深い。〈聖歌隊門〉は概して、1359年に建設されたと見なされているが、これより早い時期を想定しているのが、ザーリガーである。ザーリガーは、1356年頃、外陣南扉口である〈聖歌隊門〉

15

序

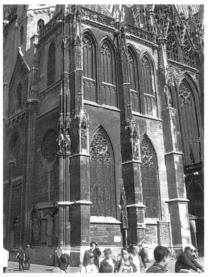

図5　同、南二重礼拝堂　　　　　　　　図6　同、南扉口〈聖歌隊門〉

がすでに着工されていた可能性を指摘した。その根拠のひとつは、ルードルフ四世の舅にして政敵だった皇帝カール四世がハプスブルク家を抑圧するために出した、1356年の金印勅書に求められる。こうした抑圧策に対抗する手段のひとつとして、ルードルフ四世は〈聖歌隊門〉を建設し、そこに自身の彫像を備えることで、君主としての権威を強調したと考えられるのである。[32] この説に従うならば、ルードルフ四世は、南塔などで建築図像を通じた造営施策を始めるよりも前に、まずは具象的な肖像彫刻を通じ、自身の権威の表明を行っていたといえよう。

　クロノロジーが議論されるのは、西の二重礼拝堂についても同様である（図5）。王家の礼拝堂として重要な役割を担う二重礼拝堂であるが、その建設時期は定かではない。[33] まず、北下階に位置するティルナ礼拝堂、あるいは今日ではプリンツ・オイゲン礼拝堂という名で知られている礼拝堂については、1326年に建設されたとの見解も一部であるものの、史料初出は、1397年、ティルナ家がミサを挙げた際の記録である。[34] また、北上階にある聖遺物礼拝堂と呼ばれる礼拝堂は、1507年に初めて「宝物礼拝堂」として言及されるが、

16

第二章　造営史と先行研究概観

おそらく 15 世紀末に完成したものと推察される[35]。

　さて本聖堂には、「大公の礼拝堂」という、ハプスブルク家との関係性を想起させるような、興味深い名称を与えられた礼拝堂が存在していた。この名称は 1390 年以降の史料に登場する呼称であるが、果たしてどの礼拝堂が該当するのか、直ちに判読することは難しく、いくつかの史料から手掛かりを得て、総合的に考える必要があった。結論からいえば「大公の礼拝堂」とは、かつては「ブラジーエン礼拝堂」とも呼ばれており、現在ではエリギウス礼拝堂と呼ばれる南下階の礼拝堂である。本礼拝堂は、遅くとも史料初出の 1366 年に完成していたと考えられている[36]。

　南上階にある第四の礼拝堂、バルトロメウス礼拝堂の史料初出は、1437 年である。多くの研究者は、この年こそが、礼拝堂完成、および、聖別の年だと考えている[37]。しかし 2002 年の修復時に調査された結果、これが、1356 年から 1369 年頃に建設の進められた建造物であることが判明した。この結果と、礼拝堂の様式を踏まえた上で、ベーカーは本礼拝堂が、1370 年代の完成と結論付けている[38]。実はこの礼拝堂の建設年代は、そこに設置されたステンドグラスを考察する上でも重要となってくる。このステンドグラスは、ハプスブルク家の歴代宗主が描かれた作品である。しかしその制作年代を明らかにするような史料や銘文等は存在せず、そこで、主に様式分析と、礼拝堂の造営状況を踏まえた上で、1380 年代から 1390 年代に制作したものだと推定されているのである[39]。

　なお、バルトロメウス礼拝堂のステンドグラスをめぐっては、その注文主も議論の対象となっている。ハプスブルク家の肖像という、君主権と強い関連性を示す本作の性質上、その注文主として、大公ルードルフ四世がまず想定されよう。しかし大公が 1365 年に歿した点と、上述したステンドグラスの推定制作年代を考慮したならば、この仮説は成立しがたいものとなる。もしルードルフ四世が関わっているとすれば、それは、彼がステンドグラスを生前に注文していた場合であろう[40]。さもなくば、ルードルフ四世の歿後、その兄弟であるアルブレヒト三世あるいはレオポルト三世が発注した可能性も指摘されており、研究者の見解が分かれるところである[41]。

17

序

　ここで、先行研究における棟梁の問題について触れておきたい。そもそも
ドイツ語圏では、14世紀末頃からようやく棟梁の名前が記録され、その活
動が伝えられるようになった。中でも重要なのは、1356年頃、若干20歳
にしてプラハ大聖堂の棟梁へと大抜擢された、ペーター・パルラーであろう。
パルラー家は、ペーター以降もウィーンやウルムなどドイツ語圏各地へ赴き、
主要な聖堂の建設を代々担ってゆく。この一族は、ザンクト・シュテファン
聖堂の造営においても重要な役割を果たすことになるが、これについては本
論にて改めて触れたい。

　ザンクト・シュテファン聖堂の建設に従事した棟梁に関しても、ある程度
具体的にわかるようになるのは、まさしくルードルフ四世の時代からのこと
である。ルードルフ四世はカテドラル昇格を目指して聖堂の拡張計画を打
ち出し、これを実現するため、領土の「全域から有名な工匠を呼び寄せた」。
しかし、こうして集められた棟梁の名前は、残念ながら伝えられていない。R・
ペルガーの史料研究において、初代の棟梁としてマイスター・ミヒャエルの
名が挙げられて以来、これが通説として受け入れられてきたが、マイスター・
ミヒャエルのモノグラフィを記したハースマンは、この見解に慎重な態度を
示している。しかしながら、例えば二重礼拝堂の上階に観察される二連窓は
（図5）、マイスター・ミヒャエルのお気に入りのモティーフであり、これが
南塔でも引用されていることからも、この棟梁が初期の造営に大きく関与し
たこと自体は事実であろう。

　こうして、ウィーンへ招聘された棟梁による監督の下、ルードルフ四世が
望むカテドラル昇格へ向けた施策が一気に進められるかに思われた。しかし
実際は、ルードルフ四世の歿後、兄弟間の相続争いに端を発してハプスブル
ク家が分裂し、これにともないザンクト・シュテファン聖堂の造営も停滞し
てしまうのである。

2.4.　ゴシック期III（15世紀前半）――南塔の建設

　ルードルフ四世は、〈聖歌隊門〉や二重礼拝堂など、君主としてのハプス
ブルク家を象徴するような要素を次々と建設させたが、建築図像の観点から

第二章　造営史と先行研究概観

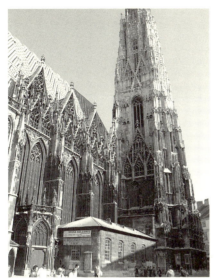

図7　同、南塔　　　　　　　　　図8　同、南塔、第一層目

　見てよりいっそう興味深いのが、南塔の造営であろう（図7）。ルードルフ四世は、伝統的な皇帝大聖堂の建設を目指していた。南塔は、皇帝大聖堂を構成する多塔の内の一基として、ルードルフ四世指導の下に着工されたものである。ルードルフ四世歿後、14世紀後半における南塔造営の進捗状況については詳らかではないものの、おそらくは他の部分と同じく、南塔の建設も停滞していた。南塔の東に設けられたカタリーナ礼拝堂が、遅くとも1396年には完成していたことなどから、南塔は1400年頃になってようやくカタリーナ礼拝堂の屋根までの高さ、すなわち第一層目程度までが完成していたと推察される[48]（図8）。

　1400年代に入ると、南塔造営における最大の転機が訪れる。この大事件を伝えるのは、ザンクト・シュテファン聖堂の参事会員にして、ウィーン大学の教授も務めていた、トーマス・エーベンドルファーである。彼が15世紀中葉に執筆した『オーストリア年代記』によれば、「最初のマイスター」による原案から逸脱してしまったため、1407年、南塔の「逸脱部分」が取り壊されたというのである。[49]

19

序

　南塔の取り壊しに関するエーベンドルファーの記録をめぐっては、主にふたつの問題が議論されることとなった。第一に、クロノロジーの問題である。この問題を複雑にしたのは、ザンクト・シュテファン聖堂の「教会管理者の出納記録」[50]の存在である。実はここには、南塔の一部取り壊しに該当する記録が無く、それどころか本記録からは、1407年、大トレーサリーを建設する最中であったことが読み取られるのである。[51] こうした「教会管理者の出納記録」との不一致は、むしろ、実際の事件よりも数十年後に記事を書いたエーベンドルファーの、その年代記述の信憑性に対する疑念を生み出し、ゆえに、南塔の取り壊しが実際に決行された時期が再検討されることとなった。しかし取り壊しの年代同定については、いまだ十分な解決に至ったとは言いがたい。南塔研究の第一人者であるM・ツューカンは、明確な結論の提示を避けた。[52] 一方でR・ペルガーは史料研究を通じて「1407年」を誤記と判定し、実際の取り壊しを1409年以降と推定したのに対し、[53] ベーカーは1415年には鐘楼階（図9）が完成していることを根拠に、1407年より前に取り壊されたと推察するなど、[54] 意見が完全に対立している。

図9　同、南塔、第二層目（鐘楼階）と大トレーサリー

　第二は、南塔造営を担った棟梁の帰属と、そのデザインをめぐる問題である。先行研究では、当初、取り壊しを行ったのはヴェンツェルだと推察されていた。彼はプラハ大聖堂の棟梁ペーター・パルラーの息子で、[cat.25] プラハ大聖堂にて南塔の第一層目を建設した人物と同一視されており、[55] したがって取り壊しを決行した動機は、プラハ的な造形へ変更することにあったと考えられた。[56] だが研究史において、その後、現存設計図がマイスター・ミヒャエルへ

20

帰属されると、南塔の取り壊しをめぐる問題は、いっそう重要な意味をもつ
ようになった。果たしてプラハ出身の棟梁ヴェンツェルは、ウィーンの棟梁
ミヒャエルの原案を変更したのか。あるいはミヒャエルの造形理念は、最終
的には回復されたのか。これは、ウィーンのランドマークを建設した功績を、
ウィーンの棟梁ミヒャエルに認めるか、あるいはプラハの棟梁ヴェンツェル
へ譲るかという、文化的アイデンティティを賭けた問題とも解釈されるので
ある。

　以上の議論を経て、棟梁の在任期間の精査と、現存する設計図のデザイ
ンも踏まえた上で浮かび上がった、南塔の造営経緯とは、次のようになる。
14世紀中葉、大公ルードルフ四世主導の下に着工された南塔であるが、お
そらくは大公の歿後、塔のデザインは、その原案から乖離してしまったため
に、取り壊されることとなった。取り壊しの時期は、いまだ確定されていな
いものの1407年前後と考えられ、その実行者は、1404年8月に歿したヴェ
ンツェルというよりは、おそらく、1404年から歿する1429年まで棟梁を
務めたペーター・フォン・プラハティッツである可能性が高く、現在の通説と
なっている。この場合、その前任者であるヴェンツェルこそが「逸脱部分」
を建設した棟梁ということになり、ゆえに、原案から逸脱したために壊され
た部分とはプラハ大聖堂に類似した様式であり、したがって現状で観察さ
れる印象的な大トレーサリー（図9）は欠いていたと推察されている。一方、
南塔の取り壊しと前後して、南塔の高さを原案よりも巨大化させる決定がな
されたというのが、多くの先行研究における見解である。具体的に述べるな
らば、当初は八角形平面として建設される予定であった第二層目が矩形平面
へと変更され（図9）、その上層に、新たに八角形層が挿入された。換言すれば、
原案では計画されていなかった矩形平面の層がひとつ、加えられたのである。
その結果、南塔は原案よりも高い塔として完成したのであった。これは、ルー
ドルフ四世が目指した皇帝大聖堂の建設という、建築図像の構想に修正を加
えたということと同義であり、看過できない重要なできごとである（第Ⅰ部・
第四章で詳述）。

　こうした紆余曲折を経て完成した南塔は、しかしながら欧州で最も美しい

序

塔と称されるほどに華麗な様相を示し、柔軟様式建築の代表に位置付けられているのである（第Ⅰ部・第三章で詳述）。

2.5. ゴシック期Ⅳ（15世紀後半）――皇帝フリードリヒ三世の造営

一時は停滞していたザンクト・シュテファン聖堂の造営が再び進展し始め、ついに完成へと導かれるのは、15世紀後半、ハプスブルク家で初めて神聖ローマ帝国皇帝の座に就いた、フリードリヒ三世の治世下においてであった。フリードリヒ三世が、聖堂完成という目論見を実現するため棟梁に任命したのが、ハンス・プクスパウムである。プクスパウムについては、造営最終局面を担ったというその役割の重要性にもかかわらず、史料が乏しい上に、帰属作品に関しても曖昧な点が多く、ゆえに、その芸術家としての全貌は詳らかにされていない。研究史においても、大聖堂を完成させた棟梁としての高い評価を得たものの、グリムシッツによる簡単なモノグラフィ[61]を除き、個人として言及されることは決して多くはなかった。したがって本節では、まずはプクスパウムの経歴をたどるとともに、あわせて、ザンクト・シュテファン聖堂がカテドラルへと昇格するまでの経緯を概観してゆきたい（第Ⅱ部で詳述）。

プクスパウムの活動初期は、謎に包まれている。一部の研究者は、1413年から1417年にかけてウィーン・バウヒュッテの石工として活動したHans (Hansel) von „Wuemiczer" を、プクスパウムと同一視する[62]。しかし概してプクスパウムに関する初出史料と見なされるのは、1418年のウルム・バウヒュッテにおける記録であり、この記録において、ウルム大聖堂に従事した[cat. 50]遍歴職人の一人として名の挙げられている「Hanns buxböm」こそが、若き日のプクスパウムと考えられてきた[63]。

次にプクスパウムが史料に登場するのは、1443年、オーストリア中部の商業都市シュタイアーでの記録である[64]。当時のシュタイアーでは聖堂建設が[cat. 212]計画されており、プクスパウムは、この造営を率いる棟梁として招かれたのであった。なお、1418年から1443年までの状況は、杳として知れない。仮に、プクスパウムがこの間にウィーンで建設活動に従事していたとしても、

22

ウィーンの「市政録」[65]の当該期間の記録が欠けているため、これを確認することは困難である。

　その後のプクスパウムの活動については、18世紀に執筆されたふたつの文献において引用されている、現在では失われてしまった一次史料に基づいて、およそ以下のことが知られる。第一に、ティルメツにより1721年に著された、ザンクト・シュテファン聖堂のモノグラフィである。ここには「市政録」の現存しない部分が引用されており、その大意は、次のとおりである。「1446年、9月20/21日の晩にウィーンの評議会員ならびにザンクト・シュテファンの教会管理者であるシモン・ペテルは、ハンス・プクスパウムをザンクト・シュテファンの造営を率いる棟梁として招聘した。その責務は、第一に、大聖堂のすべての設計図を納入すること、さらに、聖堂を建設しヴォールトを架けることである。プクスパウムは精力的に建設を指揮し、現場を離れてはならない」[66]。ここから、1446年、プクスパウムが設計図の作成、聖堂の建設、ヴォールト建設を責務として、棟梁に就任したことがわかる。

　第二に、1779年に記されたオゲッサーによるモノグラフィである。ここからは、1454年にプクスパウムの遺言記録があったことが知られる[67]。あわせて「ウィーン市出納記録」[68]を参照すると、1455年にはプクスパウムの後継者であるロウレンツ・シュペニングが棟梁に着任していることから、遅くとも1455年にはプクスパウムが歿していたということができるであろう[69]。ちなみに、歿年から逆算して、プクスパウムの誕生は1390年代頃と推察される。

　さて、プクスパウムが着任後の1449年、さっそく屋根の建設に取り掛かったということは、「ウィーン市出納記録」からも裏付けられている[70]（図10）。その屋根は、異例ともいえるほどの巨大なサイズで、鋸歯状の文様を描く、美しい釉薬の施された瓦で覆われた[71]。屋根に接する破風も、これと同時に設けられたと考えるのが妥当であろう。おそらく屋根が建設される頃までには、外陣に段形ホールが採用されることが最終的に決定されていたはずである。1450年代には、ヴォールトの建設が始まっていたに違いない（図11）。

　ザンクト・シュテファン聖堂の造営をめぐり、プクスパウムの活動を伝え

序

図 10 　同、外観、南面　　　　　　図 11 　同、外陣ヴォールト

　る次なる記録は、1450 年の北塔着工である[72]（図 12, 13）。ただし 1467 年にも着工の記録があることから、一般的には、1450 年、プクスパウムによって、北塔の構想および基壇建設が進められたが、しかし本格的な造営は、1467 年以降、プクスパウムの後継者であるシュペニングによって行われたと考えられている[73]。なお、北塔造営の経緯は、塔に刻まれた年号を踏まえたならば、1511 年に造営が中断し[74]、1556 年にルネサンス様式のクーポラが架けられた[75]ことがわかる[76]。

　ここで、プクスパウムの後継者である、シュペニングについて補足したい。出身地は、おそらくドレスデンである。ドナウ流域の都市メルクでの活動を経て、ウィーンに赴き、プクスパウムの助手として建設活動に従事し、師の歿後は棟梁の地位を継承した[77]。二人の関係は、ブレスによれば、中世のバウヒュッテでしばしばあったように、プクスパウムが造営の全体的なプランを決定し、シュペニングがその実行に当たる、という役割分担にあったと考えられている[78]。

　以上のように、聖堂完成を目前とした重要な局面を担った棟梁としては、

24

第二章　造営史と先行研究概観

 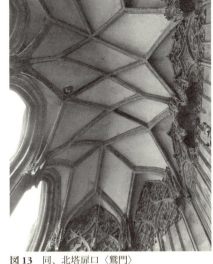

図12　同、北塔　　　　　　　　　図13　同、北塔扉口〈鷲門〉

　プクスパウムとシュペニングの二名を挙げることができるわけであるが、しかしながら、両者の手を区分するのは難しい。殊に近年は、現存する設計図を精査したベーカーにより、従来はプクスパウムに同定されていたヴォール[79]ト、および〈聖歌隊門〉の前ホールや天蓋彫刻がシュペニングへと帰属が変更されるなど、いまだ争点となっている事案なのである（図11, 14）。[80]

　二人の棟梁によって造営が着々と進められ、いよいよ聖堂の完成を目前にした1469年、教皇より、ウィーンに司教座を設ける旨を記した勅諭がついに下される。[81]ハプスブルク家の長年の念願が叶ったのである。ただしその後もしばらく、パッサウ司教はウィーンの管轄権を頑なに有し続けた。この管轄権が正式に無効となったのは、〈第Ⅰ聖堂〉の建設より約350年もの時を経た、1480年9月17日の勅諭によってであった。[82]

2.6. 近世以降

　カテドラルに昇格し、16世紀初頭にアントン・ピルグラムらによりオルガン支持台（図15）や説教壇が設置されて以降、本聖堂において大きな増改

25

序

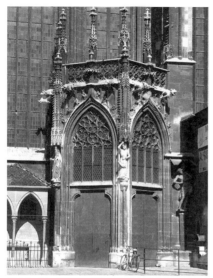 

図14　同、南扉口〈聖歌隊門〉外観　　　図15　ピルグラム《オルガン支持台》1513年頃、ウィーン、ザンクト・シュテファン聖堂

築はなされなかったものの、本稿の論点に関わる重要なできごととして、以下の三点を指摘しておきたい。第一に、大聖堂の内装の変更である。まず1647年、初期バロック様式の主祭壇が設置され、これにより、中央アプシスのステンドグラスがほとんど覆い隠されてしまった。さらに1700年以降にマティアス・シュタインルらによって柱や壁面に祭壇が設けられ、内部空間の印象は、決定的な変更を余儀なくされたのである[83]。

第二に、飾破風の設置である。それまでトレーサリーで飾られた破風は、〈聖歌隊門〉上の〈フリードリヒ破風〉の一枚に限られていたが、1853年から1855年にかけて、残りの破風にも同様のトレーサリー装飾が施された[84]（図10）。これ以前の状況は、「シュテファン大聖堂の画家」との愛称をもつルードルフ・フォン・アルトの絵画等からも、知ることができる（図16）。

第三点目として、大戦の被害について記しておく。大聖堂は幾度もの火災に見舞われてきたが[85]、最大の被害は、第二次大戦中の1945年4月11日および12日の爆撃によって生じた火災であろう。これによりゴシック時代の

第二章　造営史と先行研究概観

図16　アルト《シュテファン大聖堂広場》1834年、ウィーン・ミュージアム

図17　ウィーン、シュテファン大聖堂、第二次大戦後の被害状況

屋根とその骨組み、そしてステンドグラスは破壊され、内陣のヴォールトも半壊、付属する祭壇、木造の聖歌隊席、オルガン、鐘楼等も甚大な被害を被った（図17）。しかし同年4月23日には早くも修復が開始され、1948年12月19日には、被災後初めての典礼が催された。[86]

3. 本研究の意義

　本章の最後に、問題の所在と、本研究の意義を確認したい。以上でたどってきた先行研究と造営史からも明らかなように、現在のシュテファン大聖堂には、古くは12世紀の西側構造、そして盛期ゴシック様式のホール式内陣、柔軟様式の南塔、さらには後期ゴシック様式の外陣というように、あたかも様式の博物館であるかのごとく、幅広い時代様式が観察される。その多様性は様式に限らない。例えば諸々の要素の由来を見ても、地方の修道院からドイツの大聖堂に至るまで、様々な地域や建築タイプに及ぶのである。無論の

27

こと、本大聖堂独自の個性的な造形も生まれていた。こうした多様性は、シュテファン大聖堂の特質である。したがって、様々な要素の混在状況に着目することは、シュテファン大聖堂研究において、その本質に迫るための有効な手段だといえよう。

　本大聖堂にてこのように多様な要素が混在した原因とは、単純なものではなかった。しかしながら、次の二点が主要因となったに違いない。第一に造営主からの要請であり、第二に審美上の要請である。造営主からの聖堂造営に対する要請は、少なからず政治的思惑に基づいたものであったはずであり、したがって造営主の交代にともない、造営主の要請も変更されたと考えることができる。また、審美性の追求方法も、時代の移り変わりとともに変化していったであろうことは、説明を加えるまでもない。以下で考察するとおり、シュテファン大聖堂では、その長期にわたる造営を通じて、上記二点は常に要請されていたのであり、棟梁たちはその要請を忠実に実現していった。そして、彼らの成果が優れていればいるほど、大聖堂には、図像的にも造形的にも、実に複雑な状況がもたらされることとなった。その結果、本大聖堂を完成させる任を負った最後の棟梁には、最も難しい課題が突き付けられるに至ったのである。

　15世紀中葉の造営最終局面において、それまでに建設されてきた多彩な要素を調和的に共存させ、なおかつ、施主フリードリヒ三世からの政治上の要請に応じるということは、至難であったに違いない。果たして最後の棟梁は、この難題を解決できたのか。この疑問は、今日のシュテファン大聖堂を訪れたならば、自ずと明らかになろう。ウィーンの中心に聳える本大聖堂は、華麗なる南塔と破風、巨大な屋根、そして力強い西側構造を備え、他の欧州諸都市には決して類例を見付けることができない独特の景観を生み出している。ひとたび内部に足を踏み入れると、そこでは、光に満ちた内陣と、幻想的なリブ・ヴォールト、そして多様な要素をひとつにまとめ上げる段形ホールが、圧倒的な存在感をもって立ち現われるのである。すなわち最後の棟梁は、解決しがたい問題を、見事に克服しているのである。

　したがって問われるべきは、最後の棟梁が、いかにして造営主からの要請

と審美上の要請に応じ、そこから導き出される図像的そして造形的な課題を解決したのか、そして、いかなる創意を通じて荘厳な空間を実現させたか、という点なのである。

　本稿は、シュテファン大聖堂の造営最終段階に着目し、本大聖堂を完成させた棟梁の創意と、その結果として完成された大聖堂の造形的特質の解明を目指すものである。考察手順としては、まず第Ⅰ部にて、主に外観の分析を中心として、造営初期から15世紀までをたどり、造営が変転した背景と、多様な要素が混在する経緯を考察する。そして第Ⅱ部では、造営最終段階に焦点を絞り、主に内部空間の分析を中心として、当時の棟梁たちに課された課題と、その解決策を検討したい。以上の考察を経て、中世のハプスブルク家が長期にわたり造営に従事してきたシュテファン大聖堂の本質が明らかとなるだろう。

［註］

1　ゴシック期のシュテファン大聖堂造営に関連する主要な史料として、ウィーン市古文書館に保有されている次の三点を、現存する年次とともに挙げておく。「教会管理者の出納記録（Kirchenmeisteramtsrechnung）」: 1404, 07, 08, 12, 15-17, 20, 22, 26, 27, 29, 60, 79, 1535;「ウィーン市出納記録（Oberkammeramtsrechnung der Stadt Wien）」: 1424, 26, 35, 36, 38, 40, 41, 44, 45, 49, 51, 52, 55-59, 61-97, 81, 85-88, 1493-1501, 1503, 04, 07, 09, 22, 27, 29;「市政録（Stadtbuch）」: 1396-1405 (Bd. I), 1405-19 (Bd. II), 1419-30 (Bd. III). 史料については、以下が詳しい。Perger (R) 1970, bes. S. 106-107.

2　Tilmez 1721 (1722); Ogesser 1779.

3　Tschischka 1843; Perger (A) 1854.

4　Tietze 1931.

5　Zykan (J) 1952a; Donin 1946a.

6　Perger (R) 1970; Zykan (M) 1967; Zykan (M) 1970.

7　Feuchtmüller 1978b; Zykan (M) 1981; Kat. Wien 1997.

8　Wagner-Rieger 1972; Saliger 1990; Saliger 1997; Saliger 2008.

9　Koepf 1967; Koepf 1969; Böker 2005a; Böker 2007.

10　Kat. Wien 2011.

11　Saliger 2005, S. 11.

序

12 〈大門（Riesentor）〉という名称の由来については諸説あり、巨人（Riese）が聖堂建設を手助けしたという伝説に基づくとも、あるいは15世紀後半に北塔を建設するに際してマンモスの骨が発掘され、この骨を西門に吊るしていたからともいわれる。現在最も信憑性があるとされているのは、門の形状を表わした「risen（漏斗状の）」という中高ドイツ語を起源にするという説のようである。

13 〈異教の塔（Heidentürme）〉という名称の由来については、ゴシック期において、ロマネスク様式が古代の芸術と見なされていたことから、「異教」の名が冠されたという説がある。Saliger 2005, S. 13-14.

14 Hauptstaatsarchiv München, Hs. Saec. 13, fol. 83.

15 詳細は以下を参照のこと。Flieder 1968, S. 31-34.

16 Perger (R) 1963/64, S. 45-51.

17 Ottomann 1905; Donin 1915; Novotny 1930; Feuchtmüller 1978b; Dahm 2008.

18 Melly 1850; Schmidt 1882.

19 Müller 1883; Neumann 1902; Swoboda 1902; Mantuani 1903.

20 Kieslinger 1949; Kieslinger 1952/53; Zykan (J) 1964; Zykan (J) 1972.

21 Doberer 1967; Harl 1990.

22 Koch 1993a; Koch 1993b.

23 Fillitz 1998; Saliger 2004, S. 4; Saliger 2005, S. 16.

24 Perger (R) 1963/64, S. 45-51.

25 Perger (R) 1963/64, S. 45-51; Perger (R) 1965/66, S. 130-132.

26 Fenzl 2010, S. 26-27.

27 Saliger 1997, S. 26; Saliger 2005, S. 17; Fenzl 2010, S. 27.

28 Fenzl 2010, S. 29-30.

29 Wagner-Rieger 1988, S. 131.

30 Tietze 1931, S. 11; Zykan (M) 1970, Anm. 8, 9; Perger (R) 1970, Anm. 13.

31 ザーリガーは、外陣拡張工事でまず着手されたのが、二重礼拝堂だと見なす。Saliger 1997, S. 26-27; Saliger 2005, S. 23. ただし、1359年という年代には疑問を呈している。詳細は註32を参照。

32 ザーリガーは1356年の金印勅書を重視して、〈聖歌隊門〉の造営は1356年から1359年頃、これと対になる〈司教門〉は1363年頃に完成したと考えている。Saliger 2004, S. 110; Saliger 2005, S. 23, 26. しかしこれは必ずしも全面的な賛同を得ている見解ではなく、例えばブルッハーは、両扉口を1359年から1365年頃の制作と見なしている。Brucher 2000, S. 353-355, Kat. 96, 97.

33 史料研究としては以下が詳しい。Pangratz 1999.

34 Ogesser 1779, S. 12.

35 Böker 2007, S. 134.

第二章　造営史と先行研究概観

36　Göhler 1929, S. 354-355; Pangratz 1999, S. 24.

37　例えば Tietze 1931, S. 128; Donin 1943, S. 67.

38　Böker 2007, S. 134-137.

39　例えば Frodl-Kraft 1962, S. 237; Zykan (M) 1981, S. 78.

40　Ginhart 1972, S. 19; Feuchtmüller 1981, S. 54.

41　Frodl-Kraft 1972, S. 56.

42　Brucher 2000, S. 282.

43　R・ペルガーは、1360 年 7 月 14 日の公文書を根拠とするフリーダーの論考
　　に基づき、最初のマイスターと考えられていた石工コンラート（Chunradus
　　murator [Konrad der Maurer]）を同定すべく、その可能性を有する 3 人の工匠
　　を検討した結果、ザンクト・シュテファン聖堂の棟梁としての記録はないもの
　　の、様式分析等に基づき、ミヒャエル・「クナップ」が初代棟梁である可能性
　　を示した。Perger (R) 1970, S. 76-83; Zykan (M) 1970, S. 33.

44　例えば Wagner-Rieger 1967, S. 352. さらにブーコヴィーキは、マイスター・ミ
　　ヒャエルこそが、内陣を除くザンクト・シュテファン聖堂のほぼ全貌を決定し
　　た人物とさえ断言する。Buchowiecki 1964, S. 113.

45　Hassmann 2002.

46　二連窓（Doppelfenster / Fensterpaar）のモティーフは、ウィーン周辺で観察さ
　　れるもので、ハイリゲンクロイツの修道院 cat. 287、および、クロスターノイブ
　　ルクの修道院 cat. 7 の礼拝堂にも採用されている。Brucher 2000, S. 282.

47　なお、ゴシック期の造営を担った棟梁とその着任期間が、R・ペルガーによっ
　　て推察されている。Perger (R) 1970. 資料編「棟梁の系譜図」を参照されたい。

48　Zykan (M) 1970, S. 34; Zykan (M) 1981, S. 90.

49　Donin 1943, S. 241.

50　註 1 参照。

51　Zykan (M) 1970, S. 35.

52　Zykan (M) 1970, S. 34-36.

53　エーベンドルファーが 1407 年の取り壊しとあわせて記録している教会管理者
　　のハンス・カウフマンの在任期間が、1409 年から 1415 年であることを根拠と
　　する。Perger (R) 1970, S. 73-75.

54　実際の取り壊しを、ペーター・フォン・プラハティッツの着任と関連付けて
　　1404 年とし、一方、1407 年は、取り壊しの是非をめぐる事後の議論がなされ
　　た年であると結論付けた。Böker 2007, S. 112.

55　Kletzl 1934; Perger (R) 1970, S. 87-88.

56　Tietze 1931, S. 13-18; Kletzl 1934, S. 43-62.

57　Donin 1943, S. 209-254.

31

序

58　Zykan (M) 1981, S. 90; Wagner-Rieger 1988, S. 156-157.

59　例えば Zykan (M) 1970, S. 32, 37.

60　Zykan (M) 1970, bes. S. 32, 37, 55; Wagner-Rieger 1988, S. 155-156; Brucher 2000, S. 282.

61　Grimschitz 1947.

62　この Wuemiczer が地名を指すならば、彼の出身地がニーダーエスターライヒのヴュルニツ（Würnitz）である可能性もあるだろう。ただし R・ペルガーは、この史料に記された石工と、後にザンクト・シュテファン聖堂の棟梁になるプクスパウムが同一人物であるのか、その結論を保留としている。Perger (R) 1970, S. 91; Perger (R) 2005, S. 151.

63　ウルムのバウヒュッテ帳（1417 年から 1421 年が現存）に基づく。この記録に加えて、さらにグリムシッツは、プクスパウムのウルム滞在を裏付ける証拠として、ウルム大聖堂西塔の面図（ABK16.850）がウィーンにある点を挙げている。なお、プクスパウムが 1420 年よりザンクト・シュテファン聖堂に従事したとの説もあるが、現存する 1429 年および 1430 年の「教会管理者の出納記録」（註 1 参照）には、プクスパウムに該当する名前は見当たらないため、この説は、おそらく誤りだと見なされている。Grimschitz 1947, S. 5-6; Perger (R) 1970, S. 91; Feuchtmüller 1978b, S. 171.

64　Perger (R) 1970, S. 91; Brucher 2003b, S. 224-225.

65　註 1 参照。

66　原文は以下のとおり（Tietze 1931, S. 23-24 にて引用されている、Tilmez 1721, S. 43 (deutsche Aufl. S. 93) に掲載された原文。解釈にあたっては、Grimschitz 1947, S. 6 を参考にした）。

Anno Domini MCCCCXLVI, an Sanndt Matheus abend*[1] Maister Hanns Puchspaumb hat sich verschrieben von wegen des paus das Sanndt Stephan gegen den Rat der Statt zuo Wienn, und den kirchmaister da selbs Simon Pöltl*[2], die in zuo ainen paumaister der kirch daselbs haben aufgenomen, von erst das er in soll geben ein ganze visierung und die ingeantwurdung des paus und gewelben des Tomhaus, der Kirchen, und was daran zu pauen ist. Er soll auch fleisich sein und denen mit treuen und ganzen vleiß obligen, und an Wissen und Urlaub davon nicht ziechen etc.

*1) 9 月 20/21 日。Matheus が Matthias の意であれば、2 月 24 日となる。Grimschitz 1947, S. 6; Perger (R) 1970, S. 92.

*2) 正しくは「Pötel」。Perger (R) 1970, S. 92.

典拠となる 15 世紀の「市政録」は、オゲッサーが記録を残した 1779 年までは存在していたと推察される。Perger (R) 1970, S. 92. なお「1446 年」は補遺を

第二章　造営史と先行研究概観

記した年代であり、実際の棟梁就任は 1440 年代である可能性もある。なぜなら、1439 年に歿したハンス・フォン・プラハティツとプクスパウムの間を埋める棟梁の存在が、判明していないためである。この点を重視するのであれば、プクスパウムの棟梁着任を 1440 年、ヴォールト建設着手を 1446 年と解釈することも可能であろう。Tietze 1931, S. 24; Grimschitz 1947, S. 7. しかし R・ペルガーは、同所に記載されているペテルの史料初出が 1444 年であることを根拠に、1440 年をプクスパウムの棟梁着任の年と見なす説に対して、疑念を呈している。Perger (R) 1970, S. 92.

67　Ogesser 1779, S. 64; Tietze 1931, S. 17; Perger (R) 1970, S. 93.

68　註 1 参照。

69　Perger (R) 1970, S. 93-94.

70　Perger (R) 1970, S. 94-95.

71　ザンクト・シュテファン聖堂の屋根は、ゴシック期の他の聖堂と比較しても、著しく大きい。フレッチャーは、ザンクト・シュテファン聖堂は「屋根そのものである」と述べて、その大きさを強調し、またブッシュは、内陣と外陣の屋根の大きさがアンバランスだと指摘している。Fletcher 1896 (jp), p. 449; Busch 1969, S. 24.

72　着工が 8 月 13 日であることは、「アイゼンブーフ（Eisenbuch）」の記述から判明している。Perger (R) 1970, S. 91-92.

73　オーストリア国立図書館が所蔵する史料（cod. 5067, fol. 1）によれば、1467 年 6 月 2 日に北塔が着工したという。一方、1601 年にクスピニアンが記した伝承記録「オーストリア（Austria）」には、北塔の着工が 1444 年である旨が記されている。しかし 1444 年当時のいかなる史料にも、北塔着工と解されるできごとが記されていないことから、R・ペルガーはこれを、1444 年には既に棟梁だったプクスパウムが 1450 年北塔に着手したと捉え、さらに本格的な造営は、1467 年、シュペニングによって開始されたと解釈した。Perger (R) 1970, S. 91-93.

74　北塔西面の柱に、1499、1502、1507 の年記が刻まれている。オゲッサーのモノグラフィによれば、現存しない角石には 1511 の年記が刻まれていたといい、これが造営最後の年と考えられている。Ogesser 1779, S. 61; Tietze 1931, S. 42-43. なお、北塔に刻まれた年号は、歴代のマイスターを記録したものであるとの説もある。Perger (R) 1970, S. 98.

75　北塔が途中放棄された理由は、およそ三点考えられる。第一の理由はオスマン帝国の脅威で（第一次ウィーン包囲は 1529 年のことである）、おそらくこれこそが最大の背景であろう。第二の理由として、宗教改革による教会の危機、第三に、フリードリヒ三世の後継者である皇帝マクシミリアン一世が、造営に対

33

序

する興味を失ったため、あるいは、後期ゴシック様式にて建設されていた北塔が、すでに時代遅れに思われたためと考えられている。Brucher 2003b, S. 224; Blazek 2003, S. 56.

76 ハンス・ザフォイによってクーポラが架けられた。Saliger 2005, S. 53.

77 ドレスデンにてシュペニングは、1437 年から 1452 年にかけて造営された聖十字架聖堂に従事していた。この聖堂は現存しないものの、おそらく、プラハ大聖堂 cat. 25 の影響を受けた造形であったと推察されている。Böker 2010, S. 164.

78 Bureš 1972, pp. 539-542; Böker 2005a, S. 32.

79 ベーカーは、段形ホール自体をプクスパウムのアイディアとして認める一方で、リブ・ヴォールトの図案については、シュペニングの創意が大いに関与していると考えているようである。Böker 2005a, Nr. 16.863.

80 Böker 2005a.

81 ウィーンと同時に、ヴィーナー・ノイシュタット cat. 183 にも司教座が設置された。Flieder 1968, S. 216-218; Loidl 1983, S. 27.

82 Flieder 1968, S. 224-229; Loidl 1983, S. 27.

83 近世以降の変遷については、以下に詳しい。Saliger 2005, S. 53-57.

84 Dehio Wien; Gruber (R) 2001, S. 13.

85 火災があったのは、1194 年、1258 年 8 月 7 日、1276 年 4 月 30 日、1449 年 10 月 14 日、1514 年、1529 年、1683 年である。Dommuseum 2000, S. 15.

86 マックはスケッチを中心に被害状況を記録しており、また、大聖堂付属美術館の報告書では、写真とともに、修復過程が記録されている。Macku 1947; Dommuseum 2000. なお、大聖堂博物館が所蔵する史料写真は、以下にも掲載されている。Gruber (R) 2001; Gruber (R) 2005.

第Ⅰ部　外観の造営

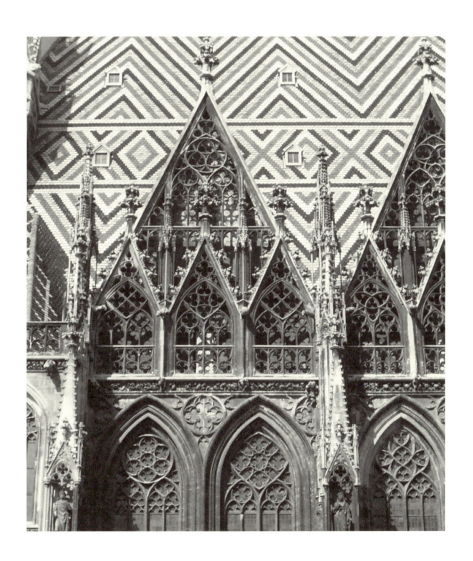

第Ⅰ部　外観の造営

　第Ⅰ部では、ロマネスク期の着工から完成直前まで三世紀以上の長きに及ぶ造営について、時代の流れに沿って見てゆく。とりわけ外観を考察対象としつつ、施主からの政治的な要請と、その要請に応じて決定された図像や造形を検討したい。

　まず第一章では、バーベンベルク家から初期のハプスブルク家に至るまでの、司教座設立を目的とした造営施策を概観する。第二章では、14 世紀中葉、ハプスブルク家のルードルフ四世が目指した皇帝大聖堂というコンセプトに光を当て、その造営施策を考察したい。この施策は、本聖堂において最も重要な転換期のひとつをもたらしたと考えられる。このときルードルフ四世によって着工された南塔について、引き続き第三章と第四章でも注目し、その造形と図像が変更された経緯を検討する。

　以上を通じて、15 世紀中葉、すなわち聖堂完成前夜までに、どれほどまでに多彩な建築図像と造形が聖堂に蓄積されていたのか、そしてこうした状況が、聖堂完成を担った棟梁に対して、いかに解決しがたい課題を課すこととなったのか、明らかにしてゆきたい。

図1　ウィーン、シュテファン大聖堂

第 I 部　外観の造営

第一章　司教座設立への模索

　ザンクト・シュテファン聖堂の最初の聖堂建築は、12世紀中葉、バーベンベルク家の治世まで溯る。その建設目的は、ザンクト・シュテファン聖堂をカテドラルへと昇格させることにあったと推察されている。ところが、ウィーンが実際に司教区となったのは、これより約350年もの時を経た1469年、ハプスブルク家の皇帝フリードリヒ三世の治世下でのことであった。司教区の設置がこれほどまでに遅れた、その最大の理由とは、パッサウ司教が、自己の既得権を侵害するであろうウィーン司教座の新設に反対し続けたためである。こうした障害を排除し、本聖堂がカテドラルへの昇格に成功するまでの経緯は、ハプスブルク家がオーストリアの統治を開始し、その支配体制を確立させるまでのプロセスとも重なるものであった。

　本章では、ザンクト・シュテファン聖堂の造営をめぐる、バーベンベルク家およびハプスブルク家の政治的目論見を検討し、そうした政治上の意思がどのように聖堂建築へと反映されたのかを考察する。本章の考察対象は、12世紀のバーベンベルク家による〈第 I 聖堂〉から、14世紀中葉、すなわち、ハプスブルク家のルードルフ四世によって参事会と大学が設立され、このことを通じカテドラル昇格へ向けて大きく前進し始める時期までとし、ルードルフ四世によって始められた大規模な造営については、第二章以降で具体的に見てゆきたい。

1.　創設背景

　ウィーンが宮廷都市として発展を始めるのは、ザンクト・シュテファン聖堂の造営が始まった、12世紀中葉以降のことである。ゆえにウィーンは、本聖堂と発展を共にした、といって過言ではないだろう。

第一章　司教座設立への模索

　ウィーンを含む古代のパンノニア北西部では、5世紀にはすでにキリスト教が広まっており、現在のザンクト・ペーター聖堂[cat.3]がある場所には、おそらくウィーンで最初のキリスト教建築が存在していたと推察される。ところが6世紀になると、この地域は異民族に占有され、これにともない、キリスト教も途絶えてしまった。だが955年のレヒフェルトの戦いに際して、皇帝オットー一世がマジャール人を撃退したことを機に、この地は神聖ローマ帝国の支配下に置かれ、同時に、再度キリスト教が広まることとなったのである[1]。

　皇帝オットー二世は、東方地域オストマルクを治めるべく、976年7月、レオポルト一世を初代辺境伯に任命した。これをもって、約270年に及ぶバーベンベルク家のオーストリア支配が始まる。しかしながら、おそらく南ドイツ出身と推察されるレオポルト一世は、東方地域に基盤を持たず、一方で、ザルツブルク大司教およびパッサウ司教といった宗教勢力は、当地にて、すでにネットワークを築き上げていた[2]。したがって、バーベンベルク家の支配体制を構築するためには、何よりもまず、こうした宗教的なネットワークを掌握することが必須の課題であり、それゆえに、宮廷の置かれたメルクを拠点に、聖堂の建設が鋭意進められていったのである[3]。

　1113年、辺境伯レオポルト三世は、宮廷をクロスターノイブルクへと移し、翌年には同地にて修道院建設[cat.7]にも着手する。1135/36年には、ハイリゲンクロイツ[cat.287]でも修道院の建設が始まった。この修道院を通じ、レオポルト三世の息子にしてパリで神学を修めたオットーは、創設されて間もないシトー会を母国へと導入することとなる。そして同じ頃、ウィーンでも新しい聖堂の建設に着手され、1147年、その聖堂は、聖ステファヌスへと捧げられた。これが、現存しないザンクト・シュテファン聖堂の〈第Ⅰ聖堂〉である。

　当時のウィーンにおける宗教事情を知るための手掛かりを提供するのは、辺境伯レオポルト四世とパッサウ司教レギンマルとの間で結ばれた、1137年の契約書[4]である。ここで述べられていることは、概して、レオポルト四世が、ウィーンのザンクト・ペーター聖堂に付随する何かしらの権利と引き換えに、パッサウ司教より、ウィーン小教区聖堂が有する内装等の財産やブドウ畑を収受するという趣旨のものであった。ここから、本契約書は、ウィー

39

第 I 部　外観の造営

ン小教区聖堂の諸権利に関して取り決めたものだと推察されている。しかしながら、例えば肝心の聖堂名が明記されないなど、この史料には概して曖昧な表現が多く、したがって、その詳細な内容や具体的な契約目的については、これまで様々な解釈が提示されてきた[5]。

　第一の解釈とは、この契約によってウィーンの小教区権が、バーベンベルク家の有するザンクト・ペーター聖堂から、パッサウ司教の管轄下にあったと推察されるザンクト・ルプレヒト聖堂[cat. 2]へ移った可能性を示唆するものである。これは、「ザンクト・ルプレヒト聖堂はウィーンで最も古い小教区聖堂」と記された、1270 年の記録[6]とも合致する見解である。第二の解釈は、同時期に建設されたザンクト・シュテファン聖堂と関連付ける試みであり、すなわちこの契約をもって、ウィーンの小教区聖堂の役割が、ザンクト・ペーター聖堂から、新設されたザンクト・シュテファン聖堂へと移されたと見なす解釈である[7]。その場合、本契約書は、ザンクト・シュテファン聖堂の創設時の状況を伝える重要な史料となるわけだが、しかし一方で、この解釈を支持した場合、ザンクト・ルプレヒトを小教区聖堂とする、上述の 1270 年の記録との整合性が問われることになる。

　第三の可能性は、R・ペルガーが提唱した解釈で、おそらく最も説得力をもつ説である。まず、当時の小教区聖堂の機能は、9 世紀、あるいは遅くとも 11 世紀までに、ザルツブルク大司教によって建設されたザンクト・ルプレヒト聖堂が担っていたと推察される。この前提の上で、本契約書が示唆する内容とは、新しい小教区聖堂の設置を通じた、ウィーンに対するパッサウ司教の影響力の強化である。すなわちこの契約により、ザンクト・ペーター聖堂をはじめとする、辺境伯の配下にあった聖堂は、パッサウ司教の翼下に入る。そして新しく建設されたザンクト・シュテファン聖堂が、小教区聖堂として、これらの教会を管轄することになったのである[8]。この説に従った場合、ザンクト・シュテファン聖堂は、おそらくは契約締結の 1137 年前後に着工され、1147 年に内陣が聖別されたと考えるのが妥当であろう。

　こうして、ザンクト・シュテファン聖堂という新しい小教区聖堂も完成し、ウィーンは、いよいよ転機を迎える。すなわち 1156 年、ハインリヒ二世ヤ

第一章　司教座設立への模索

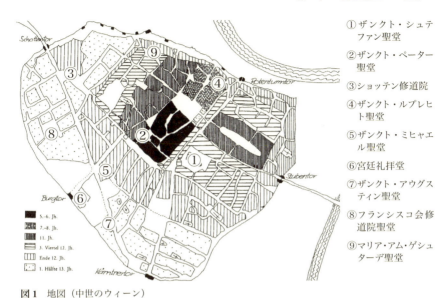

① ザンクト・シュテファン聖堂
② ザンクト・ペーター聖堂
③ ショッテン修道院
④ ザンクト・ルプレヒト聖堂
⑤ ザンクト・ミヒャエル聖堂
⑥ 宮廷礼拝堂
⑦ ザンクト・アウグスティン聖堂
⑧ フランシスコ会修道院聖堂
⑨ マリア・アム・ゲシュターデ聖堂

図1　地図（中世のウィーン）

ゾミルゴットの治世下にて、バイエルン領の放棄と引き換えに、オーストリアが辺境伯領から公領へと格上げされたのである。この前年には、宮廷がクロスターノイブルクからウィーンへ移されるとともに、レーゲンスブルクから招かれた僧によって、ウィーンにショッテン修道院も設立された。ウィーンは、政治・宗教の中心地として、着々と整備を進めていったのである（図1）。

2.　司教座設立の企て

　ウィーンが宮廷都市となった時、レオポルト一世がオストマルクを支配下に置いてから、すでに二世紀もの時が経過しようとしていた。オーストリア公への昇格を果たしたバーベンベルク家が、次なる望みとして宗教的な権威の確立を企てたであろうことは、想像にかたくない。事実、遅くとも12世紀末には、ウィーンに新しい司教座を設けるための交渉が行われていた。こうした状況を鑑みるに、新しく建設されたザンクト・シュテファン聖堂には、その創設時から、本来の小教区聖堂としての機能のみならず、将来における

41

第 I 部　外観の造営

カテドラルとしての役割がすでに期待されていたと予想される。だが本聖堂が、聖ステファヌスというパッサウ大聖堂と同じ聖人へと捧げられたという[cat. 9]事実は、同時に、この都市がいまだパッサウ司教からの根強い影響下に置かれていたことをも物語っているのである。

　ウィーンの司教座設立計画を伝える現存最古の史料は、教皇インノケンティウス三世からパッサウ司教マネゴルトに宛てられた、1207 年 4 月 14 日付けの書簡である[10]。ここには、ウィーンに新しく司教区を設立することの必要性と、その場合の条件について詳述されている。書簡には、まず、適切な司教区運営を行うには、パッサウ司教区は拡大しすぎたと述べられている[11]。あわせて、ウィーンはケルンに比肩する重要都市であり、人口も多く、何よりも、かつては司教の所在地であったことから、司教座として十分な条件を兼ね備えている点が指摘されている。さらに同書簡では、ウィーンに司教座を新設した場合の条件として、新司教区には、オーストリア公領の三分の一ないし四分の一のみが割り当てられ、それ以外の公領は従来どおりパッサウ司教区の管轄下に留めること、そればかりか、新司教区におけるパッサウ司教区の現在の所有物や収入、そして小教区権を除く権利を、引き続き同司教区が有することを認めるなど、パッサウ司教区の既得権が可能な限り保持される策が講じられている。加えて、新しい司教区の収入源として、オーストリア公とウィーン市民は年間 1000 マルクを支払うこと、さらに司教座聖堂参事会員たちへ 30 プレベンデン（Präbenden）と 20 マルクを寄付することが義務付けられる。そして最後は、ザルツブルク大司教に対して、司教区新設を推進するよう提言した旨が記されている。

　翌年 1208 年 5 月末、ザルツブルクの大司教エーベルハルト二世がウィーンを訪問し、新しく設けられる司教区を、ザルツブルク大司教の管轄下の補佐司教区とする構想を明らかにした。これはすなわち、当時パッサウ司教区の翼下にあったオーストリアを、ザルツブルク大司教が新たに獲得することを意味し、いうなれば、ザルツブルク大司教区のライヴァルであるパッサウ司教区の力を抑圧するための策である。このザルツブルク大司教の提案は、パッサウ司教にとって、当然ながら甘受されるものではなかった。パッサウ

第一章　司教座設立への模索

司教マネゴルトはローマへ赴き、教皇およびバーベンベルク家の使者と交渉
し、撤回を訴えた。その結果、この案は不成立に終わる。

　ウィーンの司教座設立に関連する教皇の勅諭がようやく下るのは、1245
年、オーストリア公フリードリヒ二世（好戦公）の治世下でのことである。
ここに至るまでに、好戦公はまず、ザンクト・シュテファン聖堂の教会保護
権を獲得することに成功した。さらに、メルクに埋葬されていた殉教聖人コ
ロマンに着目し、この聖人の奇跡譚を広めた。こうして 1244 年 5 月、教皇
インノケンティウス四世は、オーストリアに聖コロマンの祝日を設けるよう、
パッサウ司教に要請する。

　さらに好戦公は、1230 年から 1240 年頃、ザンクト・シュテファンの〈第
Ⅰ聖堂〉を取り壊し、新しい聖堂を建設した。これが〈第Ⅱ聖堂〉である。
この〈第Ⅱ聖堂〉に関しては、壮麗な〈大門〉と、力強い〈異教の塔〉を
備えた西側構造のみ現在へ伝わった（図 2）。さっそく〈大門〉から観察して
いこう。〈大門〉の扉口を見ると、量塊的な角柱と華奢な円柱とを、交互に
6 本ずつ階段状に並べたリズミカルな構成をとりつつ、扉口が外側へ向かっ
て漏斗状に広がるという、いわゆる階段状扉口の形式が採用されているこ
とがわかる（図 3）。柱には矢筈や菱形、三角形などの幾何学文様が施され
ており、こうした特徴から、本扉口はノルマン様式に典型的な造形を備え
ているといえよう。タンパンを見ると、中央には「マエスタス・ドミニ」が、
その両側には天使が描写される。そしてアーキヴォルトの足元、すなわち
抱きの円柱の迫持台に、聖人の半身像が 10 体、そして前ホール部分にも東
西に 2 体ずつ、合計 14 体の聖人像が観察される。先行研究では鍵を手にし
たペテロのみ同定が確定しており、その他の聖人については依然として不
明である。

　この西側構造の扉口については、同時代の現存作例が決して多くはなく、
造形の比較分析が困難ではあるものの、造形上強い関連性を示す作例のひと
つが、12 世紀末に建設されたバンベルク大聖堂の南西扉口〈恩寵の門〉で
ある（図 4）。バンベルク大聖堂の東面には、ロマネスク様式の扉口が二対
備わっており、そのうち北側の〈アダムの門〉が人像柱を伴うものであるの

43

第 I 部　外観の造営

図 2　ウィーン、ザンクト・シュテファン聖堂、西面　　図 3　同、西扉口〈大門〉

に対し、南側の〈恩寵の門〉は、柱のみから構成される、いわゆる列柱扉口であって、各々の柱は多彩な幾何学文様で飾られている。後者の装飾的な手法は、ノルマン様式の流れを汲むものである。類似の扉口は、レーゲンスブルクの修道院聖堂にも認められる（図5）。したがってこのノルマン様式の扉口は、ノルマン人建築家を通じて、あるいはレーゲンスブルクの修道院からウィーンのショッテン修道院へ移住した僧などを通じて、ウィーン・バウヒュッテへと伝えられ、〈大門〉の手本になったと推察されているのである。ノルマン様式の扉口は、殊にフリードリヒ好戦公の時代には広く普及しており、その代表的な例としては、1256年に献堂されたヤークのベネディクト会修道院の西扉口や、ヴィーナー・ノイシュタット聖母被昇天大聖堂にて1238年に設けられた南面の〈花嫁の門〉を挙げることができるが、その頂点というべき作品は、トゥルンにて1240年代に建設された納骨堂の、角柱と円柱を交互に11段にも及んで繰り返した、「彫刻的な建築」と称される壮麗な扉口であろう（図6, 7）。

44

第一章　司教座設立への模索

 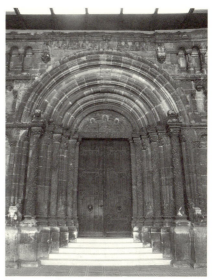

図4　バンベルク大聖堂、南西扉口〈恩寵の門〉　　図5　レーゲンスブルク、ザンクト・ヤーコプとザンクト・ゲルトルート聖堂、北扉口

　〈第Ⅱ聖堂〉を建設したフリードリヒ好戦公の意図は、パッサウ司教の影響下で建設された〈第Ⅰ聖堂〉を取り壊し[16]、自らの手で聖堂を建設することにあったと推察される。その造営に際して使用されたスタイルは、現存する西側構造を観察する限り、修道院から大聖堂に至るまで、広く観察されるものであった。一方で後述のとおり、ハプスブルク家の造営では、図像的伝統が重視されるとともに、独創的な造形をも積極的に導入し、君主としての表象方法を模索してゆくことになる。こうした状況を鑑みたならば、バーベンベルク家は建築造形の決定に際して、おそらくハプスブルク家ほどの積極的な意図をもっていなかったといえよう。
　いずれにせよ、以上の準備を経て、1245年3月、教皇より勅諭が下され、好戦公が計画しているカテドラル設立のための予備調査を実施すること、および、聖殉教者コロマンの遺骸をカテドラル設置予定地へ移送することが許可された。この勅諭をもって、新しい司教座の設置はほとんど実現したかに思われた。ところが1246年、ライタ川におけるハンガリーとの交戦に際して、

45

第 I 部　外観の造営

図6　ヴィーナー・ノイシュタット大聖堂、南扉口〈花嫁の門〉　　図7　トゥルン、納骨堂

好戦公は継嗣を残さぬまま歿する。これにともないバーベンベルク家は断絶し、同時にウィーンの司教座設立計画も白紙に戻ってしまったのである。

3.　参事会設置

　バーベンベルク家の断絶後、ザンクト・シュテファン聖堂の造営に進展が見られるようになるのは、ハプスブルク家の治世が始まってからのことである。フリードリヒ好戦公の歿後、およそ半世紀の間、東欧地域では混乱が続いていた。好戦公の戦死の知らせを聞くや、その実姉マルガレーテはウィーンへ赴き、自らによる弟の地位の継承を主張するとともに、おそらくはバーベンベルク家の存続を目論み、1251年秋、ボヘミア王ヴェンツェル一世の息子で、1247年よりモラヴィア辺境伯を務めるオタカル二世をウィーンに招き、1252年2月、結婚する。こうしてオタカル二世は、オーストリア公の地位を得ることとなった。

46

第一章　司教座設立への模索

　オタカル二世の対抗勢力として登場したのが、ハプスブルク家である。同家は、アルザスおよびスイス北部を拠点とする一族であった。1240年、父アルブレヒトが歿すると、ルードルフ一世は残された広大な領土を受け継ぎ、1273年には大空位時代後初となるドイツ王に選出され、同年10月、アーヘンにて戴冠した。1276年以降、ルードルフ一世と、上述のオーストリア公にしてボヘミア王であるオタカル二世との抗争が本格化し、1278年8月、デュルンクルトでの戦いに際して、ハプスブルク家が勝利を収める。これによりルードルフ一世はオーストリアを手中にし、1282年12月、この地を息子アルブレヒト一世およびルードルフ二世へ、封土として授与した。これをもって、ハプスブルク家がオーストリアの支配者となったわけである。

　それから二十余年の歳月を経て、いよいよザンクト・シュテファン聖堂の内陣拡張に着手される。ただしその造営は、必ずしもハプスブルク家が積極的に関わったものではなかったようである。R・ペルガーは当時の事情を解明すべく、主に次のふたつの史料に注目した。第一に、拡張するために必要となる、内陣に隣接した土地に関する史料であり、そこには、この土地の元来の所有者であるツヴェットル修道院が、1304年これを売却した旨が記されている。第二の史料は、上述したツヴェットル修道院が記録した史料であり、そこからは、ウィーン市民からの土地売却に対する強い要請があったことがわかる。これに対して着工以後は、1306年の寄進録を除き、特筆すべき記録は現存しない。こうした諸状況から、ザンクト・シュテファン聖堂内陣の拡張工事に対して、ハプスブルク家よりも市民が積極的に介入していたこと、土地が売却された1304年以後に拡張工事が始まったこと、そして着工後は造営が必ずしも順調に進んではいなかったことが、推察されるのである。

　実際、ウィーンを手中にして最初の半世紀は、ハプスブルク家にとって苦難の連続であり、国内外で権力の基盤を固めるのに全力を投ずるのみで、聖堂造営に向ける余力など、無かったのであろう。オーストリア公となったアルブレヒト一世は、父の歿後、オーバーライン地方およびシュヴァーベン地方の領土も継承したが、しかし彼がようやくドイツ王に選出されたのは、ア

47

第 I 部　外観の造営

図 8　ウィーン、ザンクト・シュテファン聖堂、内陣外壁

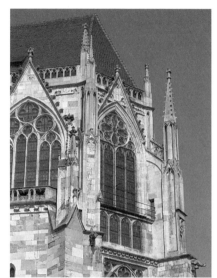

図 10　レーゲンスブルク大聖堂、内陣外観

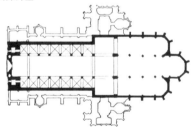

図 9　同、平面図（14 世紀）

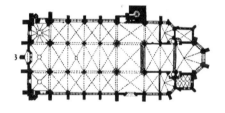

図 11　同、平面図

ドルフ・フォン・ナッサウとの抗争に勝利を収めた、1298 年のことであった。アルブレヒト一世の長男ルードルフ三世は、同盟国であったフランス王フィリップ四世の妹と結婚したが、間もなくして死別し、次にボヘミア王の未亡人と結婚することでボヘミア王位を狙うものの、その後継抗争の最中にあえなく歿する。次男フリードリヒ美公は、三男レオポルト一世の協力を得ながら帝位を狙うも、ヴィッテルスバッハ家に破れ、これ以後のハプスブルク家は、15 世紀中葉のアルブレヒト五世まで、ドイツ王の座から遠ざかることになる。フリードリヒ美公とレオポルト一世が継嗣を残さず歿すると、それ

第一章　司教座設立への模索

図12　ハイリゲンクロイツ、シトー会修道院聖堂、内陣外壁

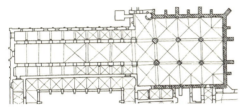

図13　同、平面図

まで僧籍にあった四男アルブレヒト賢公が1330年に還俗し、五男オットー陽気公と共に、そして陽気公歿後は単独で、統治に当たる。ザンクト・シュテファン聖堂の内陣の造営は、この頃になってようやく進展を見せ始め、1340年、聖別される。この内陣は、賢公の名をとって〈アルベルト内陣〉と呼ばれるようになった。

　以上のように、14世紀前半の造営経緯とハプスブルク家の事情を考え合わせると、内陣造営を率いた主体が、果たしてハプスブルク家であったのか、あるいは市民がより強い発言権をもっていたのか、判断しがたいことがわかる。この問題は、ホール式内陣という建築タイプを決定した人物の同定問題とも同義であり、また同時に、ホール式内陣の解釈とも密接に関わる重要なものであるが、しかし実のところ、内陣空間に対する先行研究の解釈は大きく分かれており、定説が確立されていない状況にある。

　オーストリアでは、13世紀初頭に造営されたリリエンフェルトのシトー会修道院において初めてホール式が採用されて以降、インバッハの二廊式の修道院聖堂や、ハイリゲンクロイツの内陣、そしてウィーンのフランシスコ会修道院聖堂など多くの例が挙げられるように、ホール式は、修道院の建築タイプとして定着していた。したがって〈アルベルト内陣〉がホール式にて建設されたのは、オーストリア・ゴシック建築の慣例に倣った決定であるかに思われる。なるほど本内陣において、中央のアプシスのみが東へ突出して

49

第 I 部　外観の造営

図 14　ウィーン、ザンクト・シュテファン聖堂、内陣　　図 15　パリ、サント＝シャペル

いる点に注目するならば、フランスのトロワにあるサン＝テュルバン聖堂や、レーゲンスブルク大聖堂などのゴシック建築が手本である可能性も否めないものの[cat. 30][cat. 51]（図 8-11）、しかしドーニンは、内陣を三連並べる形式はオーストリアに従来から存在するプランであり、したがって殊更レーゲンスブルク大聖堂等との関連性を強調するのは、根拠を欠く見解だと主張した[19]。実際、〈アルベルト内陣〉の外観は、豊かにグリッドされたレーゲンスブルク大聖堂とはまったく異なった、装飾性を欠く質素な控壁であり、修道院建築からの影響が明らかなのである[20]（図 8, 10, 12）。

　多くの研究者が〈アルベルト内陣〉を修道院におけるホール式聖堂の系譜に位置付ける一方で、これとは正反対の解釈も提示された。それは、内陣に3つ並ぶアプシス各々を礼拝堂に見立て、これを、聖王ルイのサント＝シャペルにまで遡る、宮廷礼拝堂の系譜に位置付けるという解釈である[cat. 337][21]（図 14, 15）。この解釈の根拠は、〈アルベルト内陣〉と、パリのサント＝シャペルとの類似性にある。すなわち第一に、〈アルベルト内陣〉の多角形平面や付柱によって限界付けられた空間に、ステンドグラスを通じて差し込む多彩色の

50

図16　プラハ大聖堂、内陣

光が満ち溢れる様相において、そして第二に、ザンクト・シュテファン聖堂が君主ハプスブルク家の宮廷礼拝堂としての機能をも有していたという状況において、両者の類似性が認められることから、〈アルベルト内陣〉がサント＝シャペルを範としたものだと主張されたのである。

　しかしこの解釈に対しては、未解決の問題が残されている。そのひとつは、空間効果の解釈に対するものである。例えばブルッハーは、〈アルベルト内陣〉では、東西の長軸方向よりも、むしろ南北の側廊窓から差し込む陽光に起因した横方向の光の作用が強いことから、内陣空間を長軸方向に三分割する解釈に反対を表明している[22]。3つのアプシスが各々独立した機能を有していたとしても、内陣全体として見たならば、ホール特有の一体化した空間としての印象が強いのである。

　もうひとつの疑問は、内陣造営に対して、ハプスブルク家が果たしてどれほど関わりえたか、という点に対するものである。内陣着工時における市民の積極的な関与を踏まえたならば、支配者の権威を示す建築図像が採用されているとは考えがたい。あるいは、ハプスブルク家が内陣プランの決定に干渉できた場合であっても、直ちに支配者の図像を求めたとは限らない。フォイヒトミュラーが指摘するように、彼らはまだウィーン統括を始めたばかりの新参者であるがゆえに、市民の意向を重視した可能性が高い。つまりハプスブルク家は、伝統的な修道院の形式に賛同することで、オーストリアの伝統保持者であることを示し、円滑な統治を目指したのではないだろうか[23]。この解釈は、上述した内陣の空間印象にも合致するものである。あわせて将来

第 I 部　外観の造営

的なカテドラルへの昇格を見据えるのであれば、参事会員席等のために、内
陣に物理的な広さを確保する必要も生ずる。こうした実用面においても、ホー
ル式は適切な建築タイプだったのである。

　実のところハプスブルク家は、当時はまだ、明確な政治的意図を持って聖
堂造営に介入していたわけではなかったのであろう。しかしその後、ハプス
ブルク家の無関心な態度を一変させるできごとが生じた。〈アルベルト内陣〉
完成直後となる 1344 年、プラハにて大聖堂の建設が始まり、そこでは、バ
シリカ式というフランスのカテドラルに典型的な建築タイプが選択されたの
である[24]（図 16）。プラハ大聖堂建設で、フランス王家の伝統を汲んだバシリ
カ式が採用されたという事実は、地方様式にすぎないホール式内陣に甘んじ
ていたハプスブルク家を、大いに刺激することとなった。ハプスブルク家は、
ルードルフ四世の時代になると、いよいよ聖堂造営に積極的に関与し、ザン
クト・シュテファン聖堂が君主にふさわしい聖堂となるよう手を加えてゆく
こととなるのである。

　なるほどザンクト・シュテファン聖堂を実際にカテドラルへと昇格させた
のは、これより一世紀後に登場する皇帝フリードリヒ三世である。しかしな
がらルードルフ四世は、主に次の二点において、ザンクト・シュテファン聖
堂の造営に偉大なる功績を残した。第一に、参事会と大学を設立し、司教座
都市昇格のための環境を整えた点である。ルードルフ四世は、まず宮廷礼
拝堂に参事会の設立を目論み、教皇に許可を願い出て、1358 年に認可され
る。さらに 1364 年 8 月になると、教皇より、ふたつの勅諭が下りた。その
内容とは、第一に、先に認可された宮廷礼拝堂の参事会を、小教区聖堂であ
るザンクト・シュテファンへと移すことの許可であり、第二に、この参事会
を、ザルツブルク大司教およびパッサウ司教から独立した組織として認める
ものであった[25]。そして翌年 3 月、正式に合議聖堂参事会の発足が叶い、さ
らに 1365 年 6 月、教皇の許可を得て、ウィーン大学が設立された[26]。こうして、
ザルツブルク大司教やパッサウ司教の影響を排し、宗教的基盤を確立するた
めの司教座都市昇格へ向けて、ウィーンは大きな前進を遂げたのである。

　ルードルフ四世の第二の功績は、ザンクト・シュテファン聖堂に明確な建

第一章　司教座設立への模索

築図像を採り込んだ点であろう。なるほど本聖堂では、カテドラル昇格とい
う、バーベンベルク家およびハプスブルク家の政治的目論見を実現させるた
め、長年にわたり造営が続けられてきた。だがルードルフ四世が、バーベン
ベルク家あるいはハプスブルク家初期の当主と決定的に異なるのは、ザンク
ト・シュテファン聖堂を、司教座設置のみならず、支配者としての強力な権
威のイメージを表象する手段として、積極的に利用した点にある。これにつ
いては、次章にて詳述したい。

［註］

1　初期の宗教環境については、以下を参照のこと。Loidl 1983.

2　830 年、ザルツブルク大司教区がシュタイアーマルクを、パッサウ司教区がニー
　　ダーエスターライヒ、およびオーバーエスターライヒを管轄すると取り決めら
　　れた。Loidl 1983, S. 7-12.

3　例えばハインリヒ一世は、オーバーエスターライヒで殞した殉教聖人コロマン
　　の遺骸を入手して、当時のハンガリーとの国境を担うメルクの要塞に納め、あ
　　わせて、クレムスなどの 5 つの教会を創設させた。またレオポルト二世は、宗
　　教的改革を行うべく、メルクへのベネディクト会修道士の入植を推進した。

4　Hauptstaatsarchiv München, Hs. Saec. 13, fol. 83.

5　詳細は以下を参照のこと。Flieder 1968, S. 31-34.

6　Strauch 1900, S. 601, Vers 109-112.

7　Oettinger 1951, S. 211.

8　Perger (R) 1963/64, S. 45-51.

9　後述の書簡（1207 年 4 月 14 日付、註 10 参照）に、12 世紀末にはすでに交渉
　　が始まっていた旨が記されている。Flieder 1968, S. 45.

10　書簡の内容は、以下に基づく。Flieder 1968, S. 45-46.

11　聖木曜日のための香油が速やかに準備されなかったこと、祭壇の聖別や堅信に
　　時間が掛かりすぎること、聖職者が注意を怠ったために異端者の数が増加した
　　ことなどに対する苦言が呈されている。

12　註 3 参照。

13　Wagner-Rieger 1988, S. 82; Dahm 2008.

14　Wagner-Rieger 1988, S. 82-84.

15　Wagner-Rieger 1988, S. 82-85.

16　Flieder 1968.〈大門〉の造形については、序・第二章 2.1 節も参照。

第 I 部　外観の造営

17　Perger (R) 1963/64, S. 45-51; Perger (R) 1965/66, S. 130-132. 序・第二章 2.2 節を参照されたい。

18　オタカル二世の治世下で建設された聖堂では、修道院も含め、ホール式が採用されなかった。したがってハプスブルク家は、この建築タイプを復活させたといえるのである。Wagner-Rieger 1988, S. 122.

19　Donin 1946a, S. 42; Wagner-Rieger 1988, S. 132-133.

20　Donin 1946a, S. 43; Donin 1955, S. 19.

21　Wagner-Rieger 1967; Saliger 1990, S. 62.

22　Brucher 1990, S. 86; Brucher 2000, S. 234.

23　Feuchtmüller 1961, S. 10.

24　なお 1343 年に着工されたツヴェットルのシトー会修道院では、フランス的な周歩廊式内陣が採用された。

25　参事会設立経緯については以下を参照のこと。Pfarrblatt 2000, S. 4-11.

26　ただし、この時はまだ神学部が設立されていなかった。神学部設立の正式な認可が下りたのは、1384 年、ルードルフ四世の弟アルブレヒト三世の治世下においてであった。これ以後は、ドイツ語圏の中心的大学となる。Wurster 1996, S. 33-34.

第二章　ルードルフ四世の皇帝大聖堂構想

　ザンクト・シュテファン聖堂の内陣聖別を翌年に控えた1339年、アルブ
レヒト二世（賢公）に、待望の継嗣が誕生する。これが、後に本聖堂の大規
模な拡張に従事した、大公ルードルフ四世である。1358年に賢公が歿し、ルー
ドルフ四世がハプスブルク家の当主になると、同家のザンクト・シュテファ
ン聖堂造営施策は、突如として政治色を強めることになる。

　1359年、ルードルフ四世の鍬入れにより、いよいよザンクト・シュテ
ファン聖堂の拡張工事が始まった[1]。この大事業こそ、彼が「建設公／寄進
公（Stifter）」という渾名をもつ由縁である。前章で見たとおり、本聖堂に参
事会を設立したルードルフ四世の造営目的がカテドラル昇格にあったことは、
疑うべくもない。しかしその造営は、単に物理的な拡大に留まらない、君主
としての野心に満ちた、創造的なものであった。本章では、皇帝大聖堂とし
てのザンクト・シュテファン聖堂建設を目指した、ルードルフ四世の構想を
考察したい。

1.　政治上の要請

　ルードルフ四世による聖堂拡張の背景に、プラハ大聖堂[cat. 25]を建設したルクセ
ンブルク家の皇帝カール四世への対抗心があったというのは、多くの先行研
究が指摘するところである。パリの宮廷で養育され、1334年にはモラヴィ
ア辺境伯となり、また、不在がちだった父ヨハンの摂政としてボヘミア王国
の統治に当たっていたカール四世は、1344年4月、プラハが大司教座へと
昇格したことを受け、同年11月、プラハの宮廷前にあったロマネスク様式
の聖堂を、フランス風ゴシック様式の聖堂へと拡張する造営に着手した。こ
の聖堂は、10世紀に建設された、プラハの守護聖人である聖ヴィトゥスの

55

第 I 部　外観の造営

霊廟に由来するものである。カール四世は、伝統ある聖人霊廟であり、なお
かつ新たにカテドラルとなった本聖堂を、ルクセンブルク家の霊廟にするこ
とで、いっそう強力な権力の象徴とすることを目指した。[2]そうして1346年、
カール四世はドイツ王に選出され、その2年後には大学を設立し、1355年
には皇帝の座に就くこととなる。

　ルードルフ四世は、1344/8年にカール四世の娘カタリーナと結婚してお
り、したがって両家は姻戚関係にあった。宗教、学問、政治など、あらゆる
面においてハプスブルク家に先んじ確固たる地位を築き上げたルクセンブル
ク家が、ルードルフ四世を奮起させたであろうことは、想像にかたくない。
両家の立場の差異を決定的なものにしたのは、カール四世が皇位に就いた翌
1356年に発布された、金印勅書である。この勅書は、ルクセンブルク家に
とって脅威となりうるハプスブルク家を選帝侯として認めないことで、同家
の抑制を企てたものであった。これに対するルードルフ四世の、いわば対抗
策といえるのが、1358年の参事会の設立や、1359年の大特許状の偽造を通
じた「大公」という名称の使用、1365年の大学設立であり、そして何よりも、
1359年に始まるザンクト・シュテファン聖堂の拡張という大事業であった。[3]

　ルードルフ四世による一連の施策が、少なくとも表面的には、舅カール四
世による施策の模倣であったという印象は免れえまい。だが、殊にザンクト・
シュテファン聖堂拡張におけるルードルフ四世の造営理念は、なるほどカー
ル四世による造営方針を出発点としていたであろうが、しかし結果として生
み出されたものは、プラハ大聖堂とはまったく異なるものであった。なぜな
ら聖堂拡張に際して、ルードルフ四世がその形式や理念の手本と仰いだのは、
後述のとおりプラハ大聖堂だけでなく、ラインラントの皇帝大聖堂や、フラ
ンス王家の大聖堂、そしてオーストリアの伝統的な修道院であり、こうした
聖堂を範とすることで、ハプスブルク家の権威の表象が目指されたからであ
る。ルードルフ四世が造営を率いたのは、1365年に25歳の若さで歿する
までの実に短い期間ではあったものの、しかしザンクト・シュテファン聖堂
は、野心に満ちた若き大公の権力へ向けた執念が造形化したとでもいうよう
な、極めて独創的なものとなった。

第二章　ルードルフ四世の皇帝大聖堂構想

　ルードルフ四世がザンクト・シュテファン聖堂に求めた機能のひとつが、一族の霊廟としての役割である。さらにいえば、単なる霊廟ではなく、伝統的な皇帝大聖堂としてのザンクト・シュテファン聖堂を望んでいたと考えられる。皇帝大聖堂とは、主に、ライン流域のシュパイアー[cat. 21]、マインツ[cat. 22]、そしてヴォルムス[cat. 23]の司教座聖堂に代表される、ロマネスク期の皇帝霊廟を指す概念である（図1）。皇帝の霊廟として建設された大聖堂という、厳密な定義に基づく「皇帝大聖堂」に該当するものは、シュパイアー大聖堂ただひとつであるが、しかしこの用語は、マインツやヴォルムスの大聖堂をはじめ、フランクフルトやマグデブルク[cat. 24]、バンベルク[cat. 289]の各大聖堂[cat. 10]、そしてアーヘンの宮廷礼拝堂[cat. 20]など、ドイツの君主権と縁のある聖堂に対して広く用いられる場合が少なくない[4]。これら皇帝大聖堂に共通して認められる特徴的な形式を端的に挙げるならば、それは主に、多塔や西構え（Westwerk）[5]、これらを備えた量塊的で力強い外観、そして二重礼拝堂（Doppelkapelle）や二重内陣（Doppelchor）などである。ザンクト・シュテファン聖堂では外陣拡張に際して、二重礼拝堂や、多塔の構成要素としての南塔の建設に着手されたことから、ルードルフ四世が皇帝大聖堂を範にしていたと判断して間違いあるまい。ザーリガーは、ザンクト・シュテファン聖堂が二重内陣形式ではないことから、本聖堂は、西内陣をもたないシュパイアー大聖堂の理念に従ったものだと主張した[6]。実際のところシュパイアー大聖堂は、ザーリアー朝の皇帝霊廟であるばかりではなく、ハプスブルク一族で初のドイツ王となったルードルフ一世も埋葬されており、したがってルードルフ四世にとって、真っ先に手本とすべき建築だったのである。

　ここで注意すべきは、ザンクト・シュテファン聖堂がシュパイアー大聖堂を手本とするにあたり、その形式ではなく、「理念」を模倣したと評された点である。事実、ザンクト・シュテファン聖堂において、皇帝大聖堂を象徴する要素は、特異な方法にて実行された。その最たる例は、二重礼拝堂である。二重礼拝堂とは、宮廷や城砦にて多く採用された二階建てタイプの礼拝堂のことで、上階は私的礼拝堂、地上階は公的礼拝堂として用いられたといわれる[7]。二重礼拝堂の作例は実に様々であるが、そのタイプはおよそ二種類あ

57

第 I 部　外観の造営

図1　シュパイアー大聖堂、東面　　　　図2　同、二重礼拝堂、下階

り、概して、聖王ルイによるパリのサント＝シャペルのような、独立した階層を上下に重ねたものと、シュパイアー大聖堂のように、上下の空間を吹き抜けのごとく開放的に接続させたものとに分類することができる[8]（図2）。ザンクト・シュテファン聖堂の二重礼拝堂は、前者の、独立した階層を重ねたタイプに属すが、いずれにせよ、本礼拝堂にはハプスブルク家のための宮廷礼拝堂という役割が期待されたと推察される[9]（図3, 4）。

　二重礼拝堂自体は、決して珍しい存在ではないが、しかしながらザンクト・シュテファン聖堂では、二重礼拝堂を聖堂に組み込む際、これを西側構造の南北に対称的に設けるという増築方法が採られた点が、極めて特異である（図3, 5）。この増築方法は、ルードルフ四世の実父アルブレヒト賢公の墓所であるガミングのカルトゥジオ会修道院聖堂にて、内陣の南北に独立した二重礼拝堂を配した手法と類似しており、したがって、ここから着想を得たものと推察されている[10]（図6）。こうした特殊な拡張手法が採用された理由として第一に考えられるのは、実父の霊廟を模倣することによる敬意の表明と系譜の強調であり、あるいは第二に、旧来の西側構造をそのまま保持することに

第二章　ルードルフ四世の皇帝大聖堂構想

図3　ウィーン、ザンクト・シュテファン聖堂、西側構造と二重礼拝堂

図4　同、二重礼拝堂、上階、バルトロメウス礼拝堂

よる工期や工費など造営コストの軽減であろう。しかしルードルフ四世が狙っていた、その最大の目的は、バーベンベルク家が建設した後期ロマネスク様式の西側構造を、ハプスブルク家が、取り壊すのではなく、そのまま継承することにより、伝統保持者として、さらにはバーベンベルク家の君主権の継承者としてアピールすることにあったと考えられる。[11]
西側構造の存在を保持するという行為そのものが重要だったということは、西側構造の南北に増築された二重礼拝堂が、このゴシックという時代に新しく建設されたにもかかわらず、殊に地上階において、ロマネスク様式の古めかしい円形窓があえて嵌め込まれたという点からも明らかであろう（図3）。なお上階

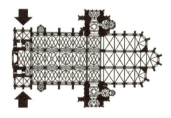

図5　同、平面図（→：二重礼拝堂）

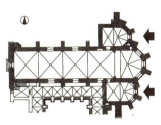

図6　ガミング、カルトゥジオ会修道院聖堂、平面図（→：二重礼拝堂）

59

第 I 部　外観の造営

のバルトロメウス礼拝堂では、ハイリゲンクロイツのシトー会修道院に由来する五分ヴォールトが観察される（図4）。こうした地方色の濃いモティーフの採用は、後述する南壁面にて最新の様式を導入したのとは対照的な決断であり、この点にも、伝統重視の傾向が現われているといえよう。

2. ハプスブルク家の聖堂と肖像

　こうして皇帝大聖堂としての条件が整えられたザンクト・シュテファン聖堂に、ルードルフ四世は、自身をはじめとする一族の肖像を展示した。本聖堂は、それ自体が象徴的意味をもつだけでなく、ハプスブルクの系譜を示す媒体としての役割をも担うこととなったわけである。造営主であるルードルフ四世の肖像は、驚くべきことに、本聖堂にて少なくとも5回繰り返され、それぞれ異なった意味合いや機能をもつのである。

図7　《支配者の窓》1370〜1380年頃（ウィーン、ザンクト・シュテファン聖堂に由来）

　まずは、二重礼拝堂の南側上階、バルトロメウス礼拝堂を観察したい（図4）。そこは、聖ミヒャエルや聖ステファヌス、そして東方三博士のステンドグラスとともに、ルードルフ一世を筆頭とする、ハプスブルク家歴代諸王の肖像ステンドグラスで飾られた[12]（図7）。ハプスブルク家の各人は、ステンドグラス1枚につき1人が描写されており、それぞれ王冠を頂き、笏と紋章を手にして、細い円柱とゴシック様式のトレーサリーで構成された天蓋の

第二章　ルードルフ四世の皇帝大聖堂構想

下の玉座に就く。そして各々のステンドグラスは、正面観の人物像を中心として、その左右には、中央の人物に向かい合う四分の三面観の人物像が来るという、三人一組のユニットを構成し、さらにこのユニットが、上下に重ねられる。各人像の上には天蓋が設けられており、この天蓋は、最上段のステンドグラスにおいて、立体的に描写された巨大な構造物へと統合される。ステンドグラスが嵌め込まれた当時は、同様のコンポジションをもつ窓が横に2組並べられ、総計12人の肖像があったと推察されているが、現存するステンドグラスは10人分のみである。各々の像主は天蓋上辺に付されたラテン語の銘文によって特定されており、それによれば、ルードルフ一世を筆頭に、ドイツ

図8 《バーベンベルク家の肖像》1280年代、ハイリゲンクロイツ、シトー会修道院聖堂

王やボヘミア王、そしてオーストリア公を務めたハプスブルク家の人々が4世代にわたって描写されていると理解できる。その中にルードルフ四世自身の肖像が見当たらないことから、失われた2枚のうち1枚が、彼を描いたステンドグラスであったと推測される。[13]

　世俗の君主を描写したステンドグラスにて聖堂建築を飾る手法は、皇帝とドイツ王28人の肖像画が並んでいたストラスブール大聖堂[cat. 49]や、バーベンベルク家の一族が10人並ぶハイリゲンクロイツ修道院の泉水室[cat. 287]でも観察されたものである[14]（図8）。このように、欧州で根付いていた肖像ステンドグラスの表現方法を、バルトロメウス礼拝堂は踏襲し、そこに玉座が構成する空間表現の要素を加えることで荘厳な趣を増幅させ、一族の栄光を示したのである。

　次に、ルードルフ四世夫妻の墓碑を見てみたい（図9, 10）。墓碑は、ルードルフ四世夫妻の横臥像を伴ったもので、現在は北内陣に設置されている。夫妻像の腕や足元の獅子像が欠落するなど損傷が激しいものの、J・ツューカンによっておおよその原状解明が進められた。その調査研究によれば、墓

61

第 I 部　外観の造営

図9 《大公ルードルフ四世と妻カタリーナの墓碑》1359～1363年頃、ウィーン、ザンクト・シュテファン聖堂　　図10 同

碑の正確な制作年は不明ながらも、1363年の史料では「大公の墓」がすでに完成したものとして言及されており、あわせて、内陣の地下が大公の納骨堂であったことを踏まえたならば、墓碑はルードルフ四世の存命中に完成し、おそらく15世紀末に現在の場所へ移動されるまでは、内陣中央に設置されていたと推察される[15]。

本来の墓碑の形式を知る手掛かりは、主に、3枚のエングレーヴィングに求められる。その内の2枚は、ルードルフ四世夫妻の墓碑を描写したものである。まず1725年のエングレーヴィングからは、大公の手には剣が握られていたこと、夫妻の足元には獅子が横たわり、その間には聖堂が描写されていたこと、そして1772年のエングレーヴィングからは、側面のニッチの中に、死を嘆き悲しむ参事会員や大学教授の彫像が納められていたことがわかる[16]（図11, 12）。第三の、1722年のエングレーヴィングに描かれているのは、ルードルフ四世の墓碑ではなく、ルードルフ四世が1362年、メルク修道院に寄進した聖コロマンの墓碑である（図13）。この聖コロマンの墓碑を観察すると、側面には尖頭アーチをもつニッチが穿たれ、その中に彫像が納められるという、ルードルフ四世夫妻の墓碑と共通する下部構造が認められる。

62

第二章　ルードルフ四世の皇帝大聖堂構想

図11　メンツェル《大公ルードルフ四世夫妻の墓碑》1725年

図12　ペトルス《大公ルードルフ四世夫妻の墓碑》1772年

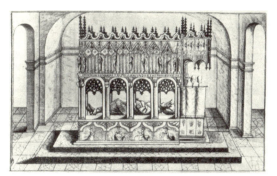

図13　《メルク修道院における聖コロマンの墓碑》1722年

図14　《大公ルードルフ四世の肖像》1359～1365年頃（ウィーン、ザンクト・シュテファン聖堂に由来）

　しかし一方で、聖コロマンの墓碑には天蓋が設けられているのである。ルードルフ四世夫妻の墓碑も、当初はこのような天蓋を有していた可能性が高い。このことを裏付けるかのように、実はルードルフ四世の墓碑において、その蓋部分の周縁に沿って刻まれた銘文内には、規則的な余白が観察される（図9）。つまりこの余白部分に元来は支柱が立ち並び、その支柱の上には、聖コロマンの墓碑のような天蓋が設けられていたと推察されているのである。
　ルードルフ四世夫妻の墓碑に隣接して置かれていたといわれるのが、現在は大聖堂博物館に所蔵されている、ルードルフ四世の肖像画である（図14）。

63

第 I 部　外観の造営

図 15　ウィーン、ザンクト・シュテファン聖堂、南扉口〈聖歌隊門〉

図 16　同、〈聖歌隊門〉「ルードルフ四世と紋章持ち」

　墓碑や肖像画が設置された、在りし日の聖堂空間を想像されたい。当時の外陣は、いまだロマネスク様式であった。薄暗い外陣の先には、ゴシック様式のホール式内陣が光り輝く。その広々とした空間の中央には、天蓋を備えた豪奢な君主の墓碑が置かれている。この内陣空間が人々に与えたインパクトは、いかほどのものであったか。機能としてのみならず、視覚の上でも、ザンクト・シュテファン聖堂の空間は、ルードルフ四世の霊廟空間と化したのである。

　墓碑や肖像画もさることながら、ルードルフ四世の権力者としての性格がいっそう強く表現されているのは、おそらく 1360 年前後に建設された外陣南扉口〈聖歌隊門〉の肖像彫刻である[20]（図 15, 16, 17）。そのタンパンには、「聖パウロスの回心」をテーマに、下段には聖パウロスの落馬場面が、上段には聖パウロスの洗礼と殉教場面が左右に並んで描写され、尖頭部分には「救世主としてのキリスト」が配される。このタンパンを取り囲むアーキヴォルトには、使徒 9 人と聖パウロスが並ぶ。タンパンやアーキヴォルトに登場する聖パウロスは、聖ステファヌスの石打ちに立ち会った人物である。使徒の数が 12 人でない点は奇妙に思われるが、それ以外については、聖ステファ

64

第二章　ルードルフ四世の皇帝大聖堂構想

図17　同、〈聖歌隊門〉「大公妃カタリーナ」　　図18　同、北扉口〈司教門〉　　図19　同、〈司教門〉「大公妃」

ヌスに捧げられた本聖堂にふさわしいプログラムといえよう。そしてこのタンパンとアーキヴォルトの左右に配置されるのが、先に述べた、紋章持ちを従えたルードルフ四世夫妻の立像なのである。あわせて北の〈司教門〉でも、大公夫妻像と紋章持ちを両脇に配するという同様の構成が採用されているが、ただし全体の図像プログラムには変更が加えられており、すなわちアーキヴォルトには聖女像が、タンパンには「聖母の死」と「聖母戴冠」が描写されている（図18, 19）。[21]

　両扉口のタンパンやアーキヴォルトの表現が慣例的なものであるのに対し、左右の抱き壁に、支配者夫妻像と、それぞれに従う紋章持ちが並ぶというのは、前例の無い特殊な構成であり、詳細な考察を加える必要がある。まずは南面の〈聖歌隊門〉を見てみよう（図15, 16, 17）。この夫妻像について、先行研究は一致して、ルードルフ四世夫妻と同定している。東側に立つルードルフ四世像は、鋭い鋸歯状の王冠を頂き、腰には剣を差し、大きな留め具で肩に固定されたマントを足元まで長く垂らす。体を軽くS字に曲げた、優美かつ威厳のある姿に認められる、その柔らかみのある肉体表現には、プラハおよびニュルンベルクのパルラー派が手掛けた彫刻との類似性が指摘されている（図16）。[22]右手にて双塔を備えた聖堂を掲げ、左手にて銘文帯を握るこ

65

第 I 部　外観の造営

とから、このルードルフ四世像は、聖堂造営主、つまり寄進者像を表わして
いると理解される。隣に控える紋章持ちが右手で掲げる盾には、ルードルフ
四世の父母の紋章、すなわちアルブレヒト二世の紋章であるオーストリアの
横縞模様の盾と、ヨハンナの紋章であるプフィルトの魚が対角線上に配され
ており、その上部にはクジャクの羽を頂部に立たせた王冠が掲げられる。大
公ルードルフ四世と対となって西側に立つ大公妃カタリーナは、躯体をしな
やかに曲げた姿勢をとる（図17）。注目すべきは、そのドレスの中央部分で
あろう。そこでは、胸元から足元にかけて上下にびっしりと並べられた紋章
の列が、体幹と相共にS字を描いて湾曲している。これらは、カタリーナの
実の両親であるプラハの皇帝カール四世とブランシュ夫妻に由来する鷲の紋
章とヴァロア朝のユリの紋章、そして夫ルードルフ四世に関連したシュタイ
アーマルクのヒョウの紋章などである。[23] さらにカタリーナの隣に侍る、鬚の
ない若い紋章持ちは、獅子の紋章と鷲の紋章をふたつずつ対角線に配した紋
章を掲げる。このように、ドレスおよび紋章持ちによって、念入りに紋章が
強調されているのである。

　北側に設けられた〈司教門〉も、〈聖歌隊門〉とほぼ同様の構成ではある
ものの、しかしこちらの大公妃像のドレスには、〈聖歌隊門〉のように紋章
が宝飾品のごとく並べられるのではなく、やや荒い造形にて単頭の鷲のみ描
かれている点が大きく異なる（図18, 19）。なお、この〈司教門〉の夫妻像に
ついては、像主の同定をめぐる解釈が完全に分かれており、〈聖歌隊門〉と
同じくルードルフ四世夫妻と見なす見解のほか、[24] 弟アルブレヒト三世と、そ
の妻でカタリーナの異母妹でもあるエリーザベト、[25] あるいはルードルフ四世
の実の両親と同定する主張もある。[26] あわせて造形がやや荒い仕上がりとなっ
ていることから、おそらくはルードルフ四世の歿後に、異なる彫刻家の手に
よって制作されたとの推察もなされている。[27]

　〈司教門〉に関しては検討すべき問題をいくつか残すとはいえ、〈聖歌隊門〉
については紛れもなく、支配者夫妻が存命中に、聖人としてではなく世俗の
権力者として聖堂の扉口に描写された、欧州における最初の作例に位置付け
られている。[28]

66

第二章　ルードルフ四世の皇帝大聖堂構想

　ルードルフ四世による、自己の権威を示すための野心的ともいえる彫刻群は、これに留まらない。すなわち自身と妻カタリーナ像、実の両親であるアルブレヒト二世夫妻像、さらには驚くべきことに、カタリーナの両親であるプラハの皇帝カール四世夫妻像までをも組み込んだ、家系樹とでもいうべき彫刻グループが1360年前後に制作され、ザンクト・シュテファン聖堂に設置されたのである（図20, 21）。この彫刻群は19世紀末まで本聖堂の外壁に設置されており、したがって各像の風化は甚だしく、その顔貌や体および服飾品の輪郭をかろうじて認識することができるにすぎない[29]。しかしながら、ルードルフ四世の頭部から腰、足元にかけてゆったりとS字カーブを描く輪郭線や、尖った足先、カタリーナの身体の動きに合わせて波打つ宝飾品の列とスカートのドレーパリーなど、実に優美で繊細な表現を見てとることができる。

　この家系樹的彫刻群をめぐる最大の問題は、これらの立像が、いかなる構想の下にどのように設置されていたかという、原状における聖堂建築との関係性がいまだ明らかにされていない点にある。M・ツューカンは、彫刻群の設置場所を内陣と想定し、ルードルフ四世の墓碑プログラムの一部を構成していた可能性を提起している[30]。だがM・V・シュヴァルツが指摘するように、すべての像が等身大を超す大きさである点に注目したならば、この彫刻群が高く見上げられる位置に設置された可能性も否めまい[31]。その場合、通説どおり、大聖堂

図20《皇帝カール四世》1359〜1365年（ウィーン、ザンクト・シュテファン聖堂に由来）

図21《大公ルードルフ四世》1359〜1363年頃（ウィーン、ザンクト・シュテファン聖堂に由来）

第 I 部　外観の造営

図22 《ヘルマンとレグリンディス》13世紀中葉、ナウムブルク大聖堂

図23 《トゥルン、旧ドミニコ会修道院聖堂のルードルフ一世像》1760年

図24 《皇帝カール四世》1385年頃、プラハ大聖堂

の主要な面、具体的には、西正面南北の角にある壁龕にルードルフ四世夫妻が、南塔東西の角の壁龕に各々の両親が納められていたと考えるのが妥当と思われる。

　〈聖歌隊門〉や家系図的彫刻群のように、肖像彫刻で聖堂を飾るというアイディアの起源は何か。寄進者の肖像彫刻を内陣に設置するという発想自体は、例えば13世紀のナウムブルク大聖堂西内陣にてすでに観察されるものであるが(図22)、一族の肖像彫刻群で聖堂を飾るという表現手法の着想源としては、第一に、最も身近な例として、ハプスブルク家の祖であるルードルフ一世がオタカル二世に勝利したことを記念して建設されたトゥルンのドミニコ会修道院の聖堂内部の柱に設けられていたという人像彫刻が、まず指摘される。これらの像は現存しないものの、主祭壇の隣にルードルフ一世夫妻像が、その西隣には息子アルブレヒト一世夫妻像が設けられていたことが、版画を介して現在へと伝えられている(図23)。着想源として第二に指摘されているのが、プラハ大聖堂内陣トリフォリウムにて1385年頃に設けられた胸像彫刻である。トリフォリウムの内側の通路には、ベイの各々の境界部分に位置する柱の側面に、総計21体の胸像が設けられており、そこには、ペーター・パルラーの自刻像をはじめとする棟梁や司教の胸像、そして皇帝カー

第二章　ルードルフ四世の皇帝大聖堂構想

ル四世とその妻や子息たちといったルクセンブルク一族の胸像が観察される
のである（図24）。これは明らかに皇帝カール四世からの要請を受けた政治
色の強いプログラムであり、おそらくはカルルシュタイン城のルクセンブル
ク一族の肖像画を手本として制作されたもので、さもなくば、聖遺物容器と
しての胸像に着想を得た可能性も指摘されている[34]。こうした先例の中、ザン
クト・シュテファン聖堂における君主の彫刻群が、もしファサードなどの外
観に設けられていたとするならば、それはドイツ語圏では見られない習慣で
あり、したがって、フランス王の彫像を壁龕に並べた「王のギャラリー」が
観察されるシャルトル大聖堂[cat. 194]やパリ大聖堂[cat. 110]などイル＝ド＝フランスや英国等
の大聖堂ファサードを手本にした可能性も指摘されている[35]。

　以上のようにルードルフ四世は、ザンクト・シュテファン聖堂を一族の様々
な肖像で飾った。聖堂に肖像を設ける手法自体は、これ以前の欧州にてすで
に慣習化していたものである。各地の王家は、聖堂を彫刻やステンドグラス
で飾り、内部に墓碑を設けることによって、民衆に権威を知らしめ、信頼と
忠誠を得ようとした[36]。ルードルフ四世がザンクト・シュテファン聖堂にて肖
像を展示した手法は、こうした王家の聖堂の文脈上に位置付けられるわけだ
が、しかしながら、5度ないし6度にわたって執拗に自身の肖像を繰り返し、
なおかつ、それぞれが図像的にも様式的にも異なった起源をもつという事実[37]
は、ルードルフ四世が自身の政治的要請を実現させるために、様式にせよ図
像プログラムにせよ、手段を選ばず、様々な要素を貪欲に採り入れていたこ
とを示している。中でも注目されるのが、舅である皇帝カール四世の肖像ま
でをも聖堂に展示した点であろう。すなわち皇帝カール四世を筆頭とするル
クセンブルク家との姻戚関係を主張することで、ルードルフ四世は自身の権
威の裏付けとしたのであり、そればかりかおそらくは、自身こそが帝位の後
継者であると主張したのである。ルクセンブルク家は、ライヴァルであると
同時に、ハプスブルク家の権力を主張する根拠ともなったのである。

69

第 I 部　外観の造営

図 25　ウィーン、ザンクト・シュテファン聖堂、カタリーナ礼拝堂

図 26　プラハ大聖堂、聖具室、東側

3.　ルクセンブルク家の模倣

　ルードルフ四世によるルクセンブルク家の「利用」は、彫刻プログラムだけでなく、ザンクト・シュテファン聖堂の形式をも決定することになった。そもそもルードルフ四世の聖堂拡張事業は、皇帝カール四世の躍進に対抗して、ハプスブルク家の権力を強調する必要性から取り組まれた事業であったことは、既述のとおりである。カール四世は、プラハが司教座都市へと昇格するや否や、旧来の聖堂をゴシックの壮大な大聖堂へと改築した。その目的は、プラハ大聖堂[cat. 25]を、視覚の上でも権威の象徴にふさわしい聖堂とすることにあったわけだが、その際に手本と仰いだのは、サン＝ドニ修道院聖堂[cat. 193]やランス大聖堂[cat. 195]など、フランス王家の聖堂であった。一方ルードルフ四世は、ザンクト・シュテファン聖堂の拡張に際して、西側構造を保持しつつ、多塔を構想し、さらに二重礼拝堂を建設したのであり、こうした建築要素がラインラントの皇帝大聖堂に準じたドイツ的なものだということは、すでに指摘した[38]。しかし、それだけではない。ルードルフ四世は、造営コンセプトがまっ

70

第二章　ルードルフ四世の皇帝大聖堂構想

図27　同、聖具室、西側　　　　　　図28　同、ヴェンツェル礼拝堂

たく異なるにもかかわらず、フランスとの関係性が強調されたプラハ大聖堂の図像をも、自身のドイツ的な聖堂へと果敢に採り込んでいたのである。

　ザンクト・シュテファン聖堂におけるプラハ大聖堂の影響は、南塔扉口と、その奥のカタリーナ礼拝堂において、顕著に観察される。1390年代に完成したと推定されているカタリーナ礼拝堂は、皇帝カール四世の娘であるルードルフ四世妃の名の聖人に捧げられたもので、八角形平面プランの主要空間と、その東側に突出した多角形アプシスから構成される（図25）[39]。その内部空間は、実に印象的である。ヴォールトを見上げると、八角形と星形八角形が重ねられ、その鋭角と鈍角の頂点それぞれに向かって計16本のリブが中央から放射し、あわせて星形の鈍角の頂点には頂花があしらわれる。さらに各頂点からは計8本のリブが立体的に垂下し、このリブが中央にて収束して、聖カタリーナを描いたレリーフで飾られる。

　このヴォールト形態のアイディアがプラハ大聖堂に由来することは、自明であろう[40]。1344年に着工されたプラハ大聖堂では、フランスから招聘された棟梁マチュー・ダラスが歿すると、1356年、新しく棟梁に着任したペー

71

第 I 部　外観の造営

図 29　同、南翼廊扉口〈黄金門〉

ター・パルラーによって独特の空間が創出され、その斬新な造形は同時代の建築に多大な影響を与えることとなった。プラハ大聖堂における棟梁の交代は、その造形にはっきりと刻まれている。二人の棟梁の様式的対照性が最も顕著に現われているのは、1362 年以前に建設された祭具室である（図 26, 27）。この空間は正方形のベイふたつから構成され、各々のベイに、天井から離れて立体的に交差するフライング・リブと、真下へ長く垂下するペンダント・ボスを組み合わせた彫刻的なヴォールトが架けられている。一見したところ、あたかも鏡像であるかのように両形態は酷似しているが、しかし実は、リブの構成方法は各々異なっている。すなわち東側は、四分ヴォールトをさらに四分割したベイを基本として、その四方から太いリブを垂らした重厚な造形をとっており、これは、マチュー・ダラスに帰属されている（図 26）。一方、ペーター・パルラーに帰属される西のヴォールトは、四分ヴォールトを 45 度回転させただけの単純な構成ながらも、強弱変化を抑制することによって、無機質で一律な形態が実現している（図 27）。このヴォールトがもたらす軽やかな空間効果は、1358 年から 1366 年にかけてペーター・パルラーが手掛けたヴェンツェル礼拝堂において、平行に交差するリブがもたらす均質空間とも共通する特質である（図 28）。

　もうひとつ、プラハ大聖堂におけるヴォールトの傑作について触れておきたい。すなわち 1360 年代に建設された南翼廊扉口〈黄金門〉である（図 29）。まず外側に並ぶ 2 本のピアに着目すると、そこからは偏菱形の扇状ヴォールトが漏斗のように開き、中央で重なりあってヴォールト全体に広が

る様子が観察される。また、これとは反対の視点、つまり内側から見ると、トリュモ上部で傘のように広がるフライング・リブが、外側から展開している既述の偏菱形と、立体的に交差していることがわかる。[43] パルラー家による、こうした創造力豊かな形態が、ドイツ後期ゴシックの発展を牽引することになるのである。

　さて、〈黄金門〉を外側から観察してみよう（図30）。ファサードには三連尖頭アーチが開かれ、その上面には「最後の審判」を描いた黄金のモザイクが認められる。さらに上層へと目を移すと、そこには翼廊ファサードの窓が開かれている。実は〈黄金門〉は、南翼廊の入り口なのである。この翼廊の窓は、第四章でも言及するとおり、尖頭アーチの巨大なトレーサリーや、さらに上部の手すり部分を飾る波状のトレーサリー、そして窓の東側に設けられた螺旋階段のごときトレーサリー飾りによって、華やかに装飾されている。南翼廊の隣には南塔が設けられているため、なおさら正面に匹敵するほどの華やかな様相を呈することになるのである。

　ここで再び、ウィーンのザンクト・シュテファン聖堂に戻ろう。本聖堂には、プラハ大聖堂のコンセプトを模倣した痕跡が認められる。第一に、カタリーナ礼拝堂である（図25）。本礼拝堂のヴォールト形態についてはすでに指摘したが、これとあわせて礼拝堂の設置場所、すなわち扉口と内陣の間という場所は、まさしくヴェンツェル礼拝堂の位置なのである（図31, 33）。第二に、南塔である。ルードルフ四世がまず最初に南塔の造営に着手したということは、彼がプラハ大聖堂に倣って南面を重視したことにほかならない。なおザンクト・シュテファン聖堂では、南塔が翼廊の役割も兼ねるという特殊な解法が採用されており、したがってプラハ大聖堂のように塔と翼廊が独立しながら隣接しているわけではない。しかし南翼廊の扉口を兼ねている南塔の扉口の造形は三連尖頭アーチを描いており、これが〈黄金門〉の模倣だということは明らかである（図30, 32）。

　両聖堂は、なぜ、南面をファサードに匹敵するほどの壮麗なものに仕上げたのか。実は〈黄金門〉は、先に言及したヴェンツェル礼拝堂の入り口も兼ねているがために、プラハ大聖堂全体の文脈の中において、正面に匹敵する

第Ⅰ部　外観の造営

図30　同、南塔（左）と南翼廊扉口〈黄金門〉

図32　ウィーン、ザンクト・シュテファン聖堂、南塔、南面

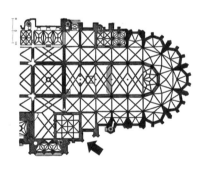

図31　同、平面図（東側）（→：ヴェンツェル礼拝堂）

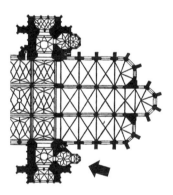

図33　同、平面図（東側）（→：カタリーナ礼拝堂）

第二章　ルードルフ四世の皇帝大聖堂構想

重要な部分なのである。ヴェンツェル礼拝堂は、本大聖堂を創建した、プラハの支配者にして、後に列聖されチェコの守護聖人となった聖ヴェンツェルへと捧げられたもので、大聖堂の前身となるヴェンツェル霊廟の遺構でもある。つまりヴェンツェル礼拝堂とは、本大聖堂にとって根源的な場所なのであり、こうした状況を背景として、本礼拝堂の入り口でもある〈黄金門〉は重要性を帯びるのである。あわせて南面がファサードとして重視された理由としては、大聖堂の南側に政務の場である王宮や市民の暮らす市街が位置していたために、南面を飾る必然性があった点、また、プラハ大聖堂が手本としていたイル゠ド゠フランスでは大聖堂の翼廊をファサードとして装飾する慣例があった点などが、指摘されている。[44]こうした諸々の理由からプラハ大聖堂では、視覚・機能・意味という様々な点において、〈黄金門〉が、ひいては南面がとりわけ重んじられる傾向にある。実際、〈黄金門〉は儀礼に際しても重要な機能を有していたという。

　一方でウィーンには、プラハ大聖堂に認められたような、南を重視する必然性はない。[45]したがって、ザンクト・シュテファン聖堂における南重視の理由とは、プラハ大聖堂を模倣した結果であり、さらにいえば、皇帝カール四世のプラハ大聖堂を模倣することによって、ザンクト・シュテファン聖堂に付加価値を期待した結果だと結論付けられるのである。

　ルードルフ四世は、皇帝にふさわしい聖堂を建てたばかりでなく、その荘厳さを、自らの権力の「保証人」とした。大聖堂が壮大であるほどに、彼の力は裏付けられ、また、家系樹を構成する人物が偉大であるほどに、彼の権力の正当性が保証されるのである。ルードルフ四世が「保証人」として選んだのは、伝統的な皇帝大聖堂の図像であり、フランスの王の聖堂の図像であり、また、姻戚関係にあるルクセンブルク家であった。こうして、神聖なる神の家は、同時に、世俗権力を伝える媒体となり、その威厳をますます高めたのである。

第Ⅰ部　外観の造営

［註］

1　Tietze 1931, S. 11; Zykan (M) 1970, Anm. 8-9; Perger (R) 1970, Anm. 13.

2　Schurr 2003, S. 78.

3　Wagner-Rieger 1988, S. 149.

4　Winterfeld 1993, bes. S. 14-15.

5　序・第一章、註1参照。

6　ザーリガーは、プラハのルクセンブルク家がフランスのカテドラルを建設した
　　のに対して、ハプスブルク家が目指したのは、ライン流域の皇帝大聖堂だっ
　　たと主張した。Saliger 1990, S. 61-67; Saliger 2004, S. 109-110; Saliger 2005, S.
　　23.

7　Bandmann 1958, Sp. 204-205.

8　Bandmann 1958, Sp. 210-212.

9　Wagner-Rieger 1979, S. 120; Saliger 1990, S. 63-65; Saliger 2005, S. 23.

10　 Donin 1946a, S. 23, 49; Saliger 2005, S. 40.

11　Wagner-Rieger 1972, S. 138; Wagner-Rieger 1988, S. 152.

12　Frodl-Kraft 1962, S. 50-71. 現在はウィーン・ミュージアム所蔵。制作年代や注
　　文主については、序・第二章 2.3 節を参照されたい。

13　オットー陽気公の息子であるレオポルト二世の肖像ステンドグラスに関する18
　　世紀の記録が残ることから、失われた一枚の特定が可能である。総じて本礼拝
　　堂のステンドグラスを構成していたのは、ルードルフ一世、アルブレヒト一
　　世、そしてルードルフ二世という三名の祖先を筆頭に、アルブレヒト一世の息
　　子たち6人、すなわちルードルフ三世、フリードリヒ（美公）、レオポルト一世、
　　アルブレヒト二世（賢公）、ハインリヒ一世（寛大公）、オットー陽気公、さら
　　にオットー陽気公の息子フリードリヒ二世とレオポルト二世、そして、ルード
　　ルフ四世の12人であったと推察される。Ogesser 1779; Ginhart 1972, S. 19-20.

14　Frodl-Kraft 1972, S. 95-125; Ginhart 1972, S. 19; Thome 2007, S. 218-219.

15　Zykan (J) 1952b, S. 31; Saliger 1997, S. 28.

16　Zykan (J) 1952b, S. 24; Brucher 2000, Kat. 101.

17　なお、蓋の銘文の余白を後世のエングレーヴィングは正しく描写していない。
　　実際の墓碑の銘文では、蓋の四隅、および短辺中央に1箇所、長辺に3箇所、
　　総計12の余白が確認される。

18　Zykan (J) 1952b, S. 31; Lauro 2007, S. 73.

19　Zykan (J) 1952b, S. 24; Feuchtmüller 1978b, S. 423; Zykan (M) 1981, S. 73.

20　〈聖歌隊門〉と〈司教門〉は、概して1360年前後の建設と考えられているが、
　　しかし1356年の金印勅書を契機として、〈聖歌隊門〉の造営は1356年から
　　1359年頃、これと対になる〈司教門〉は1363年頃に完成したという説もある。

第二章　ルードルフ四世の皇帝大聖堂構想

Saliger 2004, S. 110; Saliger 2005, S. 23, 26.

21　聖堂北側には司教館が置かれていたがゆえの呼称である。

22　Feuchtmüller 1978b, S. 417; Schmidt 1992, S. 147.

23　カタリーナのドレスを飾る紋章は、上から順に、カール四世に関連した皇帝の鷲の紋章と、ボヘミアの獅子の紋章、次にブランシュに関連したヴァロア朝の八輪のユリの紋章、ベルトの部分には鉢形兜とクジャクの羽の紋章が表わされ、これに続くシュタイアーマルクのヒョウ、ケルンテンあるいはシュヴァーベンの三匹の獅子、ヴィンディッシェ・マルクの紋章、そして夫ルードルフ四世に関連したプフィルトの魚の紋章である。

24　Ogesser 1779; Flieder 1968, S. 191-192; Feuchtmüller 1978a, S. 423; Saliger 1997, S. 98, 102. 資料編「家系図Ⅱ」も参照されたい。

25　Tietze 1931, S. 44; Donin 1946a, S. 59; Zykan (M) 1981, S. 72, 81.

26　Ginhart 1972, S. 18.

27　Ginhart 1972, S. 18.

28　こうしたイデオロギー的ともいえる表象が採用された背景として、ザーリガーは、皇帝カール四世が発した金印勅書に対抗すべく、当初のプログラムを変更して急遽ルードルフ四世夫妻像を追加したと考え、それゆえ使徒像が9人しか描写できなくなったと結論付けた。Saliger 1997, S. 31.

29　1870/71年より複製品に代えられた。オリジナルはウィーン・ミュージアムが所蔵している。資料編「家系図Ⅱ」も参照されたい。

30　Zykan (M) 1981, S. 74.

31　Schwarz (MV) 1986, S. 302.

32　二重内陣を備えたナウムブルク大聖堂の西内陣には《エッケハルト》と《ウタ》をはじめとする寄進者像が設置されている。

33　ドミニコ会修道院は現存しないものの、18世紀の文書が、本聖堂にあった寄進者像について伝えている。Herrgott 1773; Zykan (M) 1981, S. 81; Sauerländer 1979, S. 216-218; Schwarz (MV) 1986, S. 282, 303.

34　Homolka 1978.

35　Ginhart 1972, S. 24. フランスの「王のギャラリー」については、以下が詳しい。Hohenzollern 1965.

36　Ginhart 1972, S. 39-40.

37　ルードルフ四世の宮廷が関わった彫刻は、その様式に応じて、次のように分類される。第一に、〈聖歌隊門〉の大公ルードルフ四世夫妻像に観察されるような、量感に満ちた身体表現を特徴とするパルラー的な彫刻グループ、第二に、墓碑や家系樹を構成する彫刻群に観察されるような、フランスの優美な様式に準じた彫刻グループ、そして第三が、どっしりとした量感が特徴の彫刻グループで

第 I 部　外観の造営

ある。第三のグループを手掛けたのは、おそらくトスカーナ地方で活動し、古
典的な様式に精通した棟梁であったと推察される。このように多様な様式が観
察される状況について、シュミットは、ルードルフ四世がウィーンの石工だけ
では飽き足らず、外部の棟梁たちを呼び寄せた結果と推察している。Schmidt
1992, S. 172.

38　Schurr 2003, S. 82.

39　なお北塔の下の礼拝堂は、本来は聖ウルバヌスに捧げられたものである。
Zykan (M) 1981, S. 70-72.

40　Busch 1969, S. 24; Nussbaum 1985 (eng), pp. 144-146; Saliger 1995a. あわせて
イーリ大聖堂 [cat. 324] との関連も指摘される。Saliger 2005, S. 36.

41　旧祭具室において、ネット・ヴォールト、および、英国起源のフライング・リ
ブが採用されており、ここに、本祭具室の革新性が見出されている。Frankl
1962 (2000), p. 200.

42　東壁面の完成がペーター・パルラー着任以前という点は確証が得られているも
のの、西側のヴォールトの制作者となると、P・パルラーか、その前任者マチュー・
ダラスのいずれであるか、研究者の間で必ずしも同意が得られていない（例え
ば Dudák 1998, pp. 83-84）。だが造形の比較分析を踏まえたならば、ホッテボ
ルが指摘するように、西側ヴォールトの制作者は P・パルラーである可能性が
高いといえよう。Chotěbor 1994, S. 68.

43　ヌスバウムはこれを、パルラー家が好んだ典型的な形態だと述べている。
Nussbaum 1985 (eng), pp. 131-132; Nussbaum / Lepsky 1999, S. 230.

44　双塔式として計画されていた可能性も指摘される。Bureš 1983.

45　ただしカタリーナ礼拝堂が南側に設けられた理由としては、聖堂南側には
ウィーン大学の前身となる学問所があり、また、アレクサンドリアのカタリー
ナが学問の守護聖人であった点も指摘されている。Saliger 1998, S. 36; Brucher
2000, S. 282; Saliger 2005, S. 24.

第三章　市民の南塔

　1359 年、大公ルードルフ四世によりハプスブルク家の権威の象徴として着工された南塔であるが、それから半世紀すると、当初の計画が大きく変更される。実は 14 世紀末、造営主がハプスブルク家から市民へと代わり、その結果、塔のコンセプトが、君主権の象徴から都市市民の象徴へと変更されたのである。この変更にともない、着工当初は皇帝カール四世のプラハ大聖堂を手本としていた造形についても、修正が施されたと考えられる。[cat. 25]

　そうして 1433 年に完成した南塔は、ゴシック期に多数作られた、華麗な透彫り尖塔の系譜に位置付けられるものとなった。ただし、多くの透彫り尖塔が躯体を有孔化することで軽快さを獲得しているのに対して、ザンクト・シュテファン聖堂における南塔がもつ、その独特で優美な様相は、むしろ同時代の絵画や彫刻に認められる柔軟様式の造形原理に基づき創出されたものだと考えられる。本章では、ザンクト・シュテファン聖堂の南塔について、ドイツ・ゴシックのミュンスターの塔、および絵画や彫刻との比較を通じ、その造形上の特質を考察したい。

1.　市民の単塔

　12 世紀のフランスに登場したゴシック建築は、誕生当初こそロマネスクの名残を見せる重厚な様相を呈していたものの、時代が下るにつれ、あらゆる要素を線条へと分解し、さらにはトレーサリーなどの装飾語彙を飛躍的に発展させ、繊細で軽やかな造形を獲得した。とりわけゴシック後期のオーストリアおよび南ドイツ周辺地域では、およそ石造建築とは信じがたいほどの、華奢で華麗な塔が発達した。その中にあってウィーンのザンクト・シュテファン聖堂における南塔は、高さ約 136.4 メートルという巨大な建造物な

第I部　外観の造営

がら、びっしりと詰め込まれた無数のトレーサリーに覆われ、小さな金細工にも匹敵する、稀有の優美さと繊細さを併せもつ（図1, 2）。

　欧州で最も美しいと評される南塔であるが、しかしその造形は、当初から計画されていたものではなかったと考えられている。14世紀中葉、ルードルフ四世の治世下にて造営の始まった南塔は、歴史家トーマス・エーベンドルファーが伝えるところによれば、1407年、その一部が取り壊された。この記述を踏まえ、さらにゴシック期に由来する南塔の図面と現状とを比較したならば、この取り壊しは単なる取り壊しではなく、これを通じて、第二層目の平面が八角形から矩形へと変更され、また、塔の高さも高くなるなどの大きな修正を伴うものであったと

図1　ウィーン、ザンクト・シュテファン聖堂、南塔

の結論が導かれる[1]。取り壊しという尋常ならざるできごとの背景には、市民の強い意向があった。実はルードルフ四世の歿後、兄弟間の相続争いに端を発してハプスブルク家は分裂し、同家の聖堂造営に対する関心が低下していたと推察されている[2]。その間、南塔造営を率いたのは、ウィーン市民であった[3]。彼らは建設途中の南塔を取り壊してデザインを変更し、当時の欧州で一番高い塔となるまでに巨大化させたのである[4]。

　ゴシック後期は、経済的な成長を遂げた市民が頭角を現わし、市庁舎やホールなど、都市の公共建築を発展させた時代であった。この建設熱とでもいうべき熱意は、当然ながら聖堂に対しても注がれ、市民たちは競うかのように壮麗なミュンスターを次々と建てた。殊に単塔は、新たに台頭するようになった都市市民のシンボルとして好まれたモティーフであった[5]。ウィーンでも同様に、新たに造営の担い手となった市民が、支配者的な性格を帯びた多塔を拒否し、北塔には未着手のまま、南塔のみを巨大化させることで、これを独立した単塔に見立てたのである。したがって、この時点でザンクト・シュテ

第三章　市民の南塔

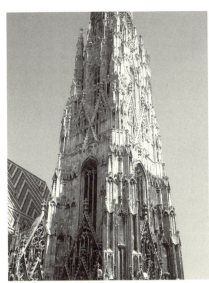 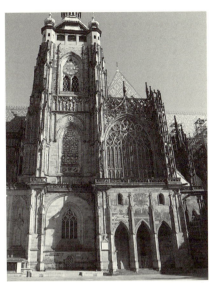

図2　同、南塔（八角形階）　　図3　プラハ大聖堂、南塔（左）と南翼廊正面

ファン聖堂は、建築図像上、独立した塔を特徴とする市民的ミュンスターと解釈される。[6]

　ウィーン市民による塔の造営コンセプトの変更は、サイズを巨大化させたのみならず、造形にも大きな影響を及ぼした。前章にてすでに考察したとおり、南塔の着工時、ハプスブルク家は、皇帝カール四世によるプラハ大聖堂[cat. 25]を手本とすることで君主権の象徴としての機能を期待し、独特の三連アーチを描く扉口を建設させた。しかしこれより上層階、すなわち市民が自己の力と都市の誇りをかけて造営した部分では、塔全体が細やかなトレーサリーで覆い尽くされており、ここにはもはや、プラハ大聖堂の南塔のごとき、控壁にトレーサリーをまといつつも、本体部分では堅固な躯体を露にする造形は、認められない（図2, 3左）。ザンクト・シュテファン聖堂の南塔は、いまやプラハ大聖堂の影響下から離れ、薄いヴェールをまとったかのような、柔らかな造形を獲得したのである。

　南塔の鐘楼階より上層にて観察される造形は、ゴシック期のドイツ語圏にて多く建設された、透彫り尖塔の系譜上に位置付けられるものである。この

81

第 I 部　外観の造営

時代、フライブルクを筆頭に、ケルンやストラスブール[cat. 47]、バーゼルの大聖堂[cat. 49]
では、躯体部分が有孔化し、ほとんど骨格だけが残されたかのような塔が建
設されていた[7]。そうした中でもウィーンの南塔は、突出して繊細な形態をも
つことから、しばしば「小建築」と呼ばれる金細工に例えられるほどである。
その優美な造形は、むしろ同時代の絵画や彫刻に観察される柔軟様式の傾向[8]
と照らし合わせた時に、いっそう明らかなものとなろう。

　前章で見たとおりルードルフ四世の時代には、建築のみならず、そこに展
示された絵画や彫刻などあらゆる要素を通じて、象徴的な皇帝大聖堂を構築
するという試みがなされていた。いわば、異なる芸術分野がただひとつの目
的に従事していたのである。しかし目的が同じであったとしても、その造形
的傾向までも一にしているわけでは決してない。例えば彫刻の分野に限った
場合でも、各々の作品グループは異なる起源をもっているのであって、まし
てや再現芸術と建築との間に比較可能な類似性を見出すことは、困難であっ[9]
た。これに対して南塔の特質とは、芸術ジャンルの垣根を超え、同時代の絵
画や彫刻と類似の様式的傾向が観察される点にこそある。

　ここで注目する、柔軟様式という概念は、専ら絵画や彫刻に適用されてい
たものである。この概念を用いた分析が、再現芸術の枠組みを超え大胆に
も建築へと適用された、その始まりは、プラハ大聖堂のトレーサリーをめぐ
る考察であった。その後ペトラシュによって、この概念が巨大な建造物にま
で適用されうることが証明されたが、その際、柔軟様式の代表作例として指
摘されたのが、まさしくザンクト・シュテファン聖堂の南塔だったのである[10]。
換言すれば、同時代の華麗な建築群と比較した時に明らかとなる南塔の特質
とは、絵画や彫刻とより近しい様式傾向を有する点にこそ認められるのであ
る。そこで以下では、同時代の建築や絵画および彫刻と具体的な比較考察を
行うことによって、南塔の造形的特質の解明を目指したい。

2.　表層と形態

　ザンクト・シュテファン聖堂の南塔における、柔軟様式としての特質とは

第三章　市民の南塔

何か。そもそも専ら絵画や彫刻に用いられていた柔軟様式という概念は、どのようにして建築に適用させるべきものであろうか。柔軟様式の建築といったとき、ひとつの典型として挙げられる例は、ウィーン・バウヒュッテが1394年に着工したマリア・アム・ゲシュターデ聖堂である[11]（図4）。本作をめぐりまず注目されるのは、高台に設けられた聖堂ファサードの、その細身のプロポーションであろう。尖頭アーチ形に開けられた長窓の両脇には、絹糸を垂らすがごとき方立てが一列に並べられており[12]、その効果によって、建築躯体の細さはいっそう強調され、なるほど柔軟様式の華奢な人物像を連想させる。

図4　ウィーン、マリア・アム・ゲシュターデ聖堂

　だが、柔軟様式建築といった場合、当然ながら、プロポーションの細さばかりがその定義として重視されるわけではない。柔軟様式の概念が最初に適用されたのは、プラハ大聖堂研究にて、その南塔に隣接する南翼廊の大窓に掲げられた、滑らかな曲線で構成されるトレーサリーの造形であった（図5）。そこでは、ペーター・パルラーが好んだ下向きの魚の浮袋形を対にした形体を基本としつつ[13]、さらに中心点の異なる半円アーチを幾重にも交差させ、有機的な曲線を複雑にからみ合わせた、滑らかな形態が描き出されている。とりわけ大窓の上、つまり屋上を縁取る手摺のトレーサリーでは、半円アーチが半分ずつ重なり合う波線の連続運動が、流れるような効果を生み出す。この波形のトレーサリーは、真下のトレーサリー内で交差する半円アーチの共鳴でもあり[14]、柔らかなアーチを繰り返しながら波紋が広がってゆく。こうした絶え間なく流れるアーチの連続にこそ、柔軟様式の特質が認められるのである。

　一方、ザンクト・シュテファン聖堂の南塔を観察すると、なるほど細部において魚の浮袋形や三葉形なども確認されるものの、しかしここで最も目を引く形体とは、鐘楼階の大トレーサリー、すなわち太い直線で構成された

83

第 I 部　外観の造営

縦長二等辺三角形であり、端的にいえば、それは直線である（図6）。プラハ大聖堂の南翼廊にて柔軟様式の特徴が見出された要素とは、曲線であった。しかしザンクト・シュテファン聖堂の南塔における主たる構成要素は直線であり、直接的に柔軟様式の印象に結び付くであろう曲線とは対極的な要素なのである。それにもかかわらずザンクト・シュテファン聖堂の南塔は、観る者に対して、繊細で柔らかな印象を与える。この印象は、プラハ大聖堂における造形的

図5　プラハ大聖堂、南翼廊正面、上階

特性とは異なるものに起因すると考えるべきであろう。

　そこで、ウィーンのザンクト・シュテファン聖堂と造形的により近い印象を有していると思われる、ストラスブール大聖堂の西正面との比較を試みたい（図7）。ストラスブール大聖堂の西正面は、ほぼ全面が直線の要素で覆われている。殊にその第二層目のバラ窓を挟んだ左右の部分、すなわち大きく開いた尖頭形窓の前面では、何本もの垂直要素が立ち並んでいる。この垂直要素によって形成される格子状のスクリーンは、「ハープの弦[15]」とも呼ばれる。同様にファサードの中央部では、鋭利な刃のごとき垂直線から構成された飾破風が、バラ窓を覆うかのごとく、扉口から立ち上がる。このため、建築躯体に皮膜が被せられたような層状の効果が生まれるのである[16]。この層状の効果をもたらすトレーサリーの形態を、例えば、第一層目の扉口に観察される、あたかも建造物のマッスから刳り抜かれた「孔」のような形態と比較したならば、トレーサリーの皮膜としての特質がいっそう鮮明になろう。

　ここでザンクト・シュテファン聖堂の南塔との比較に戻りたい。ザンクト・シュテファン聖堂の南塔と、ストラスブール大聖堂の西正面は、その繊細で軽やかな印象において近いものを有している（図6, 7）。とりわけ、建築

第三章　市民の南塔

 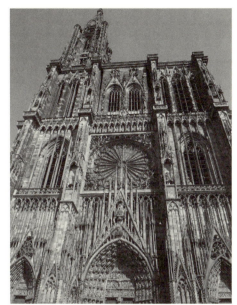

図6　ウィーン、ザンクト・シュテファン聖堂、南塔（鐘楼階・八角形階）　　図7　ストラスブール大聖堂、西正面

を覆うトレーサリーの表層が、曲線ではなく直線にて構成されている点において、両者は類似した傾向をもつかに思われる。しかしストラスブール大聖堂では、鋭利な直線の生み出すヴェールが、絶妙な緊張感をもって建築本体から剥ぎ取り切り離され、二層性と平面性を保っているのに対し、ウィーンの南塔には、そうした鋭利な刃のごとき直線が醸し出す緊張感は見られない。むしろ南塔における輪郭線は、丸められた頂花の縁取りによって曖昧にされ、さらにこれが、細い曲線や垂直線と絡み合い、複雑な、しかし柔らかいレース模様を編み出している。その結果として生まれた造形は、「皮膜」というよりは、塔の壁体自体が溶解し、三次元的な侵食がなされたかのような印象を与えるものである。

　このようにザンクト・シュテファン聖堂の南塔と同時代の大聖堂建築には、共通して、石造建築には似つかわしくない、繊細な造形を見出すことができるが、しかしその造形をつぶさに観察したならば、それらの造形原理は必ず

85

第 I 部　外観の造営

しも同一のものではないことがわかる。そこで次節では、再現芸術における
柔軟様式の特質を具体的に確認することで、同時代の華麗な建築群の中でも
際立って優美な形態を達成した南塔の、その造形上の創意を解明する手掛か
りを得たい。

3.　柔軟様式

　15世紀のドイツ彫刻および絵画は、ゴシックからルネサンスへの移行期
にあった[17]。柔軟様式彫刻の典型といえるのが「美しき聖母子」である[18]。「美
しき聖母子」とは、装飾的な衣裳と、その衣裳が作り出す重量感を特色とす
る聖母子像を指す概念である。中でも《クルマウの聖母子》は、その代表例
のひとつに位置付けられる（図8）。

　《クルマウの聖母子》の造形的な特徴を明確にすべく、まずは、旧フライ
ジング大聖堂主祭壇の厨子のために制作されたと推察される、ヤーコプ・カッ
シャウアーが手掛けた聖母子像と比較したい（図9）。両者はともに、幼子
イエスを抱く聖母の立像である。聖母の体は、子を抱く手と頭部を除き、そ
のほとんどが衣に覆われ、そこには、豊かに波打つドレーパリーが観察され
る。イエスは母の腕の中から飛び出さんばかりに身を大きくねじり、一方で
聖母は、体をやや反らしながら我が子の足と腹を支え、愛情に満ちたまなざ
しを注ぐ。

　このように両者は母子の描写において多くの共通点をもつが、しかし様式
としては、まったく異なった傾向を有す。端的に印象の相違を述べるならば、
《クルマウの聖母子》からは柔らかさが、カッシャウアーの聖母子からは力
強さが感じられよう。こうした差異をもたらす造形上の要因は、第一に、と
もにたっぷりとした衣に身体を覆われながらも、《クルマウの聖母子》の聖
母の上半身は細く、さらに、細い首をかしげる所作によって飴細工のように
滑らかな動勢が生まれるのに対し、カッシャウアーの聖母はほとんど垂直に
立ち、体全体がひとつの量塊であるかのごとく、安定感のある堂々たる姿を
呈している点に求められる。

第三章　市民の南塔

　両者の差異を決定付ける、第二の、そしてより重要な要因は、体を覆う衣服の作用、殊にドレーパリーの働きである。カッシャウアーの聖母像では、幼子を抱くために前方へ出された両腕から、大きく口を開けた袖口が重々しく垂れ下がる。足元では、右足部分の衣は下方へ扇状に広がり、左足部分では折り畳まれた襞が角ばりながら上下に重なり合い、これが地面に達すると、さらに細かく不規則に折れ曲がる。左右の対照的な折り畳まれ方からは、聖母がコントラポストの姿勢をとっているであろうことが察せられる。すなわちドレーパリーの作用によって、その衣の重量感のみならず、衣が覆っている聖母の躯体の緩慢な動きと量塊性が、観る者へと伝えられるのである。

　さて、《クルマウの聖母子》においても、衣の襞は、カッシャウアーの聖母像に劣らぬダイナミックな動きを示す。聖母の脚部では、衣が自重によって柔らかく垂れ下がり、ゆったりと螺旋状に重なり合う。さらに幼子を抱く両腕からは、マントが溢れ出すかのように流れ落ち、円筒状に細かな襞を寄せ集め、像に華やかな彩りを加える。しかしこうした衣襞の動きは、聖母の体の動きに起因するものというよりは、むしろ身体からは切り離されている。いうなれば、《クルマウの聖母子》の主眼は衣襞の動きにこそあって、一方で聖母の躯体は、聖母の意志によってではなく、衣襞の動きの理由を言い訳するために、しなやかに折れ曲がっているのである。衣襞が幾重にも連なり、身体の重量感を包み隠す様は、透彫りトレーサリー

図 8 《クルマウの聖母子》1400 年頃、ウィーン

図 9 カッシャウアー《聖母子》1443 年以前、ミュンヘン

第 I 部　外観の造営

をまとうストラスブール大聖堂の西正面やウィーンのザンクト・シュテファン聖堂の南塔における造形と、相通ずるように思われる。

　柔軟様式の時代と、その後に制作された彫刻にて観察される、上述のような対照性は、絵画においても同様に認められる。まずは柔軟様式の代表的絵画である、フランクフルトのシュテーデル美術研究所が所蔵する《楽園の園丁のマリア》について、コンラート・ヴィッツの《聖マグダレーナと聖カタリーナ》との比較分析を通じ、衣襞表現の特質を観察したい（図10, 11）。ともに座した聖女の姿が描かれており、スカートが大きくふくらみながら地面に広がる優美な様相を呈する。華麗なティアラを頂く頭部からは、細かいウェーブのかかった柔らかな毛髪が、聖女の丸みを帯びた両肩に掛かって広がる。彼女たちは、あるいは広げた本に目を落とし、あるいは腕を前方へ差し出すなど、その姿勢に関しても共通点は多い。

　だが両作品が異なる様式的傾向を示しているということは、次の二点に着目したならば、直ちに明らかとなるだろう。第一に、ここでもやはり、衣襞表現である。ヴィッツが描く衣は、膝に掛かる部分ではハイライトを得て伸び広がり、一方で床の上では衣襞を角ばらせつつ寄せ集められ、複雑な形状を作り出している。殊に聖マグダレーナでは、明暗表現と共に、逆三角形を描く衣襞の作用によって、膝の丸みや、その間の空所の対比がはっきりと描き出されている。上半身の描写においても、襞を寄せ集めることで腰のくびれが、そしてこれとは逆に、襞を滑らかに広げることで胸や肩のふくらみが表現されており、つまり衣襞を通じて、衣の下にある躯体の起伏が強調されていることがわかる。一方、柔軟様式に位置付けられる《楽園の園丁のマリア》では、衣襞の動きは抑制され、胸や肩の部分においても大きな変化を示すことなく、滑らかに連続し、おそらく膝を折り曲げているであろう脚部でさえも、その起伏はハイライトによってかろうじて暗示されているにすぎず、あたかも一筆書きで切り抜いた紙人形のごとく、重量感がない。ヴィッツの聖女像で観察されたような、角ばった衣襞表現や、これを通じた躯体の量感の描写とは、明らかに異なる傾向を示しているのである。

　同様の相違は、第二の注目点である空間描写についてもいえる。ヴィッツ

第三章　市民の南塔

図10　楽園の園丁のマリアの画家《楽園の園丁のマリア》
1410〜1420年頃、フランクフルト

図12　聖ヴェロニカの画家《聖バルバラ》1410〜1415年、ケルン

図11　ヴィッツ《聖カタリーナと聖マグダレーナ》
1444/46年、ストラスブール

図13　ヴィッツ《聖バルトロマイ》
1434〜1435年、バーゼル

第 I 部　外観の造営

による聖女像の背後には祭壇が置かれており、さらに柱の列を通り抜け、その奥にある扉の向こう側へと目を向けると、そこには戸外の風景が広がる。空間の奥行きを丁寧に描写することで構築された絵画空間の中に、聖女やその持物、そして柱が、漆黒の影を落とすことによって、各モティーフが空間の中へしっかりと位置付けられ、互いの関係性が明確になるのである。これに対して《楽園の園丁のマリア》では、人物やテーブル、楽器、そして草花でさえも、重なり合って描かれることはなく、各要素が画平面上にてパズルのピースのごとく嵌め込まれ、空間としての関係が曖昧にされる。換言すれば、人物や植物などすべてのモティーフが渾然一体となっており、タペストリーのごとき平面を織り成しているのである。

　さらに《エンドウの聖母の三連祭壇画》の翼部「聖バルバラ」と、ヴィッツによる《聖バルトロマイ》の比較でも、同様の相反する傾向を観察することができる（図 12, 13）。ヴィッツの作品では、柱と柱の間にたたずむ聖バルトロマイが、背後に黒い影を落とす。このことからその絵画空間が、柔軟様式の聖バルバラがたたずむ、影も何もない抽象的な金地背景の空間とは根本的に異なったものであることが、まず理解されよう。さらに両者の肩の表現に注目したならば、聖バルトロマイでは、前方から当てられた強い光や、肩の輪郭線に沿って引かれた細いハイライト、そして後方の影によって、力強い明暗のコントラストが生まれ、強健な右肩が浮き彫りにされている。これに対し聖バルバラの肩は、むしろその輪郭線を包み隠すかのように広がる、柔らかなウェーブのかかった毛髪で覆われ、重量感が消し去られているのである。あわせて腕の表現においても、聖バルバラの左手は、その掌に収められた棕櫚の枝のように細く、特に正面から捉えられた右腕などは、持物たる塔の重量を受けるにはあまりにも華奢である。こうした不均衡は、右腕の真紅の袖口が広がることによって、視覚上調整されているにすぎない。

　聖バルバラと聖バルトロマイの量感表現の差異は、肢体そのものの細さの差異のみに起因するものではなく、また、陰影による立体表現の相違に留まるのもでもない。ここでもやはり、衣褻表現が重要な役割を演じている。聖バルトロマイのドレーパリーは、円筒状に丸まり、あるいは複雑に折りたた

90

第三章　市民の南塔

まれることで、人物に彫塑性を与えている。一方で聖バルバラのドレーパリー
は、確かに円筒状の丸みを帯びた襞も観察されるものの、それらは規則的か
つ均質で、聖バルトロマイでそうであったような、人体の起伏や、その動勢
を表現するための衣襞ではなく、むしろ起伏を覆い隠し、表面を滑らかにす
るための衣襞なのである。例えば左下腕部では、腕のふくらみをほとんど感
じさせず、それどころか、衣襞が、真下のスカートの衣襞と連続することに
よって、平面性を強調しているのである。

4.　シルエットの研磨

　前節の考察から、柔軟様式の絵画や彫刻がもつ顕著な特質とは、柔らかな
衣襞が核となる身体を覆うことで、その量塊性を曖昧に消し去ってしまう点
にあることがわかった。ザンクト・シュテファン聖堂の南塔を覆い尽くす細
かいトレーサリーの機能は、これに準ずるものである。ただし第2節にて
考察したとおり、トレーサリーを通じて石造建築の量感を打ち消す表現手法
は、ストラスブール大聖堂[cat. 49]にも認められるものであった（図7）。したがって、
ザンクト・シュテファン聖堂の南塔における、その独創性を理解するために
は、建造物の表層に観察される表現だけでなく、トレーサリーがもつもうひ
とつの造形的機能、すなわち起伏を研磨しシルエットを細く滑らかにさせる
役割に注目する必要がある。

　トレーサリーの研磨作用は、とりわけ控壁において顕著である。そこで、
柔軟様式期に建設されたバート・ドイチュ・アルテンベルクの聖母受胎聖堂[cat. 52]
と、ザンクト・シュテファン聖堂の外壁の控壁を、比較しつつ観察したい（図
14, 15）。外壁に沿って立ち上がる控壁は、コーニスの水平線によって、いく
つかの層に分割されている。その最下層部を見ると、そこに装飾要素を認
めることはできず、これが石積みであることは、視覚的にも明らかである。
しかしこれよりひとつ上の層では、立方体ブロックという形態はそのまま
に、トレーサリーが嵌め込まれている。さらに上層になると、立方体ブロッ
クがタベルナクルへと変容し、その内部が空洞となる。さらに上層部分、つ

91

第 I 部　外観の造営

まりタベルナクルの頂部は、いまやピナクルと化し、しかしすぐさま、その背後から立ち上がる小尖塔と同化してしまう。以上の変転を経て、いつの間にか量塊的な控壁は後退し、小尖塔へと収束されてゆくのである。各ブロックの上下間の変化は、決して大きなものではない。なおかつ、各ブロックは基準面や大きさの単位を一にしているため、上述したプロセス、すなわち、マッシヴなブロックからタベルナクルを経て、小尖塔に至るまでの過程は、滞ることなく連続的であり、ゆえに観る者に気付かれぬほど易々と、堅固なブロックの輪郭が研磨されてゆくのである。

　控壁は、無論のこと、建築本体の荷重を受け、これを支える役割を担う。しかしここで観察した控壁は、視覚上、もはや自らの重力すら失い、それゆえに、建築本体の重量を支えるという建築構造の本来的な機能さえ危ぶまれるほどに、華奢な様相を呈しているのである。ここに、同時代の柔軟様式絵画や彫刻と共通する性質を見出すことができよう。

　ザンクト・シュテファン聖堂の南塔本体でも、これと同じ順次縮小システムが働き、塔のシルエットを滑らかにしている。さっそく観察してみよう。順次縮小システムの要となるのは、控壁を覆い尽くすトレーサリーとタベルナクルである。まず、地上階の控壁は、互いに直角をなして立つ、堅固な壁面である（図16）。しかし単なる素朴なブロック形態であったものが、上層へと昇るにともない、装飾的なトレーサリーを身にまとい始め、

図14　バート・ドイチュ・アルテンブルク、聖母受胎聖堂、外陣南面、控壁

図15　ウィーン、ザンクト・シュテファン聖堂、外陣南面、控壁

92

第三章　市民の南塔

図16　同、南塔　　　　　　図17　同、北塔

　そして次のステップでは、人像彫刻を納めるタベルナクルと化し、さらにその頂はピナクルへと変化する。そしてピナクルの上部には、何も無い。地上層では堅固なブロックであったものが、いまや消滅してしまったのである。ピナクルの背後には、さらにもうひとつ空洞のタベルナクルが観察されるが、これも上昇するにともない、消えてゆく。こうして控壁は塔本体側へと徐々に収斂し、これと同時に塔本体は研磨され、頂点へ向かって順次縮小していくのである（図2）。
　あわせて控壁と控壁の接合面にも注目されたい（図16）。地上層において、控壁と控壁は直角に交差していた。だが上の層へゆき、ピナクルや小円柱モティーフが登場するにともない、この直角の接合面の内側はピナクルや柱モティーフによって埋められる。このとき控壁の直角が埋められることで、いわば、ひとつの90度がふたつの135度に分解され、直角が面へと後退してゆく。こうして建築本体の角が徐々に研磨され、第三層目ではついに、八角形の平面プランに至る（図2）。これより上層部になると、ピナクルが次々と積み重ねられ、塔は尖塔へ向かって一気に収束してゆく。その変化のプロ

93

第Ⅰ部　外観の造営

セスは実に巧妙で、一段一段を注意深く疑心の目で観察しなければ見過ごしかねないほどに、ごくわずかな変化の集積となっているのである。

　ここで再び、ストラスブール大聖堂に戻りたい。観察対象は、北塔である（図18）。北塔は、下層の八角形階と上層の尖塔という、二層から構成される。ただし下層の八角形階は、その四隅に螺旋階段塔が嵌め込まれており、そのため実質的には矩形平面をもつキュービックな層として認識されることになる。これは、本大聖堂北塔の造形を考察する上で重要な点である。表面が華奢なトレーサリーで覆われているために繊細で柔らかな印象を受けるが、しかしそこには、ウィーンの南塔に観察されたような、柔軟様式に準ずる順次縮小システムはまったく作用しておらず、ゆえに北塔本体は、下層でも上層でも、矩形のシルエットを保っ

図18　ストラスブール大聖堂、北塔

ているのである。同様のことは、実は西正面全体についてもいえる（図7）。「ハープの弦」は建築表面にただ貼り付いているにすぎず、そこに、建築躯体を侵食するほどの積極的な作用は認められない。建築躯体自体には、縮小しようという欲求がないのである。

　なおストラスブール大聖堂において、輪郭線を研磨するシステムが働いているかに思われる、その唯一の部分が、円錐形のシルエットを示す北塔頂部の尖塔である（図18）。ここでは、まさしく「立ち並んだキャンドル[19]」のごとく、棘のように細く鋭いタレットの花輪が7つ、すぼみながら積み上げられ、連続的な縮小が実現している。ただしこれは、トレーサリーが建造物を削り取るという種類のものではない。むしろそこに建造物本体は存在せず、タレットが積み重ねられることで、尖塔という存在を暗示しているにすぎないのである。

　さてザンクト・シュテファン聖堂の北塔では、南塔とも、あるいはストラ

第三章　市民の南塔

スブール大聖堂の西正面とも異なるシステムが観察される（図17）。ザンクト・シュテファン聖堂の北塔では、南塔の完成から約30年を経た1467年、本格的な造営が始まった。しかし、塔が屋根を越える高さになった段階で、工事は中断されてしまう。北塔はその後も建設が進められず、未完成のまま、頂部にルネサンス様式のクーポラが架けられた。つまり途中放棄されたのである。ずんぐりと太い印象を与えるのは、しかしながら途中放棄による背の低さのためばかりではない。この印象をもたらす主要因は、控壁が、中央の大トレーサリーを覆うほど太く膨張し、堅固な安定感を得た点に求められる。南塔控壁は、聖母や聖女のスカートがAラインを描くごとく、徐々にその幅を低減させて伸びているが（図6, 8）、しかし北塔の控壁は、そのまま立ち上がり、文字どおり塔に控えて、巨体を力強く支えているのである。

　なるほど北塔も、対となる南塔に倣い、その表層がトレーサリーやタベルナクルに覆い尽くされている。ところがその作用は、南塔とはまったく異なるものである。北塔のトレーサリーも、一見したところレース編みのごとく均質で華麗だが、躯体の研磨作用にはもはや関与しておらず、それどころか建築本体の起伏を正確に伝えている。トレーサリーの配列は整然として折り目正しく、それゆえに隣接他者と融合することは決してない。これは、トレーサリーの上下の関係において、とりわけ顕著である。そこでは、南塔では目立たなかったコーニスという水平材によって、各々の階層は区画化され、位置関係が明確に示されるのである。ゆえに北塔は、上方への滑らかな連続性よりも、建築本体のヴォリュームの伝達を重視した造形だといえ、そのトレーサリーの役割は、ヴィッツの衣に執拗に織り込まれた、角張ったドレーパリーに匹敵しよう[20]（図11, 13）。トレーサリーの作用によって、北塔はヴィッツのマッシヴな立体感を獲得したのである。北塔が南塔の装飾コンセプトを忠実に継承しているからこそ、両者の様式的相違が浮き彫りになったともいえる。

　最後に、ザンクト・シュテファン聖堂の南塔に立ち返りたい。南塔は、金細工にしかるべき繊細さと滑らかさを有しており、トレーサリーを個別に把握しきれないほどに、互いの関係が曖昧に溶け合って、薄いヴェールに織り

95

第Ⅰ部　外観の造営

込まれているかのようである。薄いといっても、濡衣のごとく肉体表現に従事し、四肢の優美な動作を微に入り細に入り伝えるべく密着するわけではなく、むしろ逆に、薄いヴェールこそが建築躯体を削り取り、滑らかなピラミッド状のシルエットを作り出す主体だといっても過言ではあるまい。南塔を構成するひとつひとつの要素は、例えば曲線のような、直接的に柔らかさを表わしうる性質のものではない。あるいはストラスブール大聖堂でそうであったように、建築躯体にはまったく関与せず、その表層のみを軟化させるというタイプのものでもない。表層と躯体が一体となって、建築全体を表現するのである。以上の特質をもつ南塔は、柔軟様式の時代の芸術意欲が遺憾なく発揮された作品だといえよう。

［註］

1　造営経緯については序・第二章2.4節を、ゴシック期の図面については第Ⅰ部・第四章2節を参照されたい。

2　Donin 1951, S. 199; Böker 2007, S. 114.

3　14世紀末から15世紀初頭にかけて、ハプスブルク家と市民の関係は悪化し、1408年には市長など市政の要人が処刑された。ハプスブルク家との抗争の犠牲となった市民のために、ザンクト・シュテファン聖堂の南アプシスである使徒内陣の床には、追悼碑が置かれた。これこそが、本聖堂に観察される、都市市民の栄誉心を反映させたモニュメントのひとつといえよう。Tietze 1931, S. 471; Lhotsky 1974, S. 60-61; Zykan (M) 1981, S. 88.

4　取り壊し後の南塔造営は円滑な進展を見せ、1412年までには大トレーサリーが設置され、1416年には鐘楼階が、1427年には八角形層ができあがり、1433年、南塔はついに完成した。Zykan (M) 1970, S. 35-36.

5　巨大な単塔の建設は、市民の経済力を前提とするものであった。Coldstream 2002, p. 23; Bork 2003, pp. 25-53.

6　Pinder 1937 (1952), S. 126-127; Buchowiecki 1964, S. 111-119; Lhotsky 1964, S. 121; Wagner-Rieger 1972, S. 138; Brucher 2000, S. 282.

7　Bork 2004, S. 189-195. その代表作とされる、13世紀に構想されたケルン、フライブルク、ストラスブールのいずれの大聖堂に最初の発案者としての栄誉を与えるかという点については、長きにわたり論争となっている。例えば以下を参照のこと。Bork 2003, pp. 25-53.

8　1400年前後のフランス宮廷に端を発する優美な様式は、国際ゴシックと呼ば

れ、殊にドイツ語圏のそれは、柔軟様式（Weicher Stil）と称される。これは、ベルガーが1907年に提唱した概念といわれ、「美しき様式（Schöner Stil）」とも呼ばれている。

9　第Ⅰ部・第二章、註37参照。

10　Petrasch 1951, S. 12-13.

11　Petrasch 1951, S. 17-18.

12　装飾トレーサリーに挟まれた長窓は、プラハ大聖堂の南塔地上階から引用されたモティーフだと指摘される。Hassmann 1996, S. 255-279.

13　バッハマンは、このトレーサリーを半円形の組み合わせと捉えて、その発展過程に注目したのである。この場合、軸線と、それに基づく反転が鍵となる。Bachmann 1938, S. 41-47.

14　バッハマンは、同一モティーフを反転させた形体を用いることで、アーチの動勢が中和される点にこそ、建築における柔軟様式の特色が認められると指摘した。彼が手摺のトレーサリーに対応させたのは、南塔地上階の半円窓のアーチである。Bachmann 1938, S. 66. ただし、このモティーフに関しては、真下の半円アーチとの鏡面関係として捉えるのが適切と筆者は考える。

15　Schock-Werner 1995, S. 226.

16　ショック＝ヴェルナーは、ストラスブール大聖堂の西正面を覆うトレーサリーについて、層、あるいは膜（Schicht）と表現している。Schock-Werner 1995, S. 226.

17　15世紀のウィーン絵画については、以下が詳しい。Simon 2002.

18　ピンダーが提唱した概念で、主に、柔軟様式期の聖母子彫像を指す。Pinder 1923, S. 147-171.

19　Frankl 1962 (2000), p. 224.

20　ペトラシュによれば、北塔はもはや柔軟様式ではなく、「角ばった（eckiger）」様式に位置付けられる。Petrasch 1951, S. 13-15.

第Ⅰ部　外観の造営

第四章　皇帝の〈フリードリヒ破風〉

　ザンクト・シュテファン聖堂の南塔は、1359 年、大公ルードルフ四世の
意向により、君主権の表象手段として着工されるも、後にコンセプトが変更
され、1433 年、市民の象徴として完成した。しかしそれから間もなくして、
ザンクト・シュテファン聖堂のコンセプトには再び修正が加えられることと
なる。その要因は、1440 年、皇帝フリードリヒ三世がハプスブルク家を掌
握し、同家が再び大聖堂造営へと関心を向けるようになったことにある。こ
の時代に建設された外陣屋根には〈フリードリヒ破風〉と呼ばれる華麗な飾
破風が設けられ、これが南塔の大トレーサリーへと連続することで、ザンク
ト・シュテファン聖堂は、比類なき独特の景観を作り出すに至った[1]（図 1, 2, 3）。
　先行研究は、この飾破風が支配する外観を、ルードルフ四世による着工時
にはすでに計画されていたものと見なした。しかし連続する飾破風というア
イディアは、果たして本当に最初から考案されていたものであろうか。造営
史を振り返ったならば、元来の南塔は、君主権を象徴する多塔の一基として
構想されたものであったが、15 世紀になると、市民を象徴する巨大な単塔
へと変更され、なおかつその造形についても、前章にて確認したように、新
しい時代精神を反映したものへと変えられた。こうした歴史を踏まえたなら
ば、原案には、このほかにも著しい改変が加えられた可能性が高く、それは、
飾破風についても例外ではあるまい。
　外陣に並べられた飾破風について、筆者はこれを、フリードリヒ三世の造
営理念を実現させるための造形的手段だと考える。すなわち市民の象徴とし
て完成した南塔は、この飾破風により、再び君主のシンボルへと回帰したの
ではないだろうか。本章では、飾破風の起源と造形的機能を検討することで、
外陣に飾破風を並べるアイディアの目的と、その発案時期を考察したい。

98

第四章　皇帝の〈フリードリヒ破風〉

図1　ウィーン、ザンクト・シュテファン聖堂、南面

1. 飾破風の問題

　ザンクト・シュテファン聖堂の外観において人々の目をまず引きつけるのは、外陣外壁のコーニス上に並ぶ飾破風と、これと連続して並ぶ、南塔第二層目（鐘楼階）の大トレーサリーであろう（図1, 2, 3）。精緻なトレーサリーで覆われた飾破風が連なる様相は、今日においても決して色あせることのない、ウィーンのランドマークにふさわしき壮麗さを付与することに成功している。とりわけ外陣に並ぶ飾破風の内、最初に完成した西端のそれは、これが設けられた当時の君主の名をとり、〈フリードリヒ破風〉との愛称で親しまれている（図2）。

　こうした特徴的な造形を先行研究が等閑視するはずはなく、外陣を鋸歯状に彩る飾破風の形態は、造営主であるルードルフ四世の王冠のメタファーとして、着工時にはすでに計画されていたと見なすのが通説である。一方、南

99

第 I 部　外観の造営

図2　同、外陣南面、〈フリードリヒ破風〉　　図3　同、南塔西面、大トレーサリー

　塔の大トレーサリーは、外陣の飾破風を着想源とし、いわば借用物として南塔の構成に組み込まれたと理解されてきた（図3）。

　しかしこの解釈に対して、筆者は3つの問題点を指摘したい。第一に、外陣の飾破風が東端で南塔に半分隠されてしまうなどの齟齬が観察されることから、これを原案からの計画的なデザインと見なすのは難しい（図1）。第二に、後述のとおり、切妻飾りの発達した北ドイツと異なって、南ドイツ語圏では外壁を切妻が飾る作例は決して多くはなく、ましてやこれを君主権と結び付ける図像解釈も他には見られないため、その着想源や解釈については再検討を要する。第三に、ザンクト・シュテファン聖堂における飾破風の特質は、外陣から南塔にかけて大聖堂の外観全体に及ぼす造形的な機能、換言すれば、飾破風モティーフという造形言語の「用法」にこそ認められるわけだが、建築史上においてこれほどの強烈な個性を有す特異な用法が、14世紀の原案にてすでにすべて計画されていたというのは、あまりにも驚異的で信じがたい。

　こうした矛盾にもかかわらず、飾破風モティーフを連続させるアイディア

100

第四章　皇帝の〈フリードリヒ破風〉

を原案に認める見解がこれまで受容されてきたのには、理由がある。そもそも南塔の原案をめぐる研究は、20世紀初頭には、ふたつの対立意見を軸に進展していた。その対立意見とは、一方は、着工当時のウィーンの棟梁による原案のコンセプトが現状まで保持されていると主張するものであり、もう一方は、今日の造形をプラハ出身の棟梁による改変の成果と見なすものであった。[6]後者について補足するならば、14世紀末にはプラハ大聖堂の棟梁[cat. 25]ペーター・パルラーの影響力がドイツ語圏一帯に及び、そのためにドイツ後期ゴシックは「パルラー・ゴシック」との異名をもつほどであった。したがってこの時代の建築物にパルラー派からの影響を読み取るというのは、ドイツ建築史においては常套手段ともいえるアプローチ方法なのである。ただしザンクト・シュテファン聖堂の南塔研究では、最終的に、南塔をウィーン独自の造形と考える前者の説が支持を得て、これが定着した。ここで筆者が指摘したいのは、この論争を通じて、14世紀着工時の原案が過剰に解釈された可能性である。端的にいえば、南塔の大トレーサリーをプラハの棟梁に帰属させるクレツルらの論考に対して[7]（図3）、ウィーンの美術史家たちが、いわば、都市ウィーンのシンボルたる南塔のアイデンティティを賭けて反論する過程で、厳密な考察の手続きを経ることなく、外陣の飾破風を原案に認め[8]（図2）、これを前提とすることによって、原案における南塔の大トレーサリーの存在を保証したと危惧されるのである。こうした可能性が否めない以上、従来の前提とされてきた飾破風モティーフの源泉は、問い直されるべきではないだろうか。

　南塔の大トレーサリーについては、外陣の切妻飾りを前提とせずとも、通常の飾破風の発展史から着想源を見出すことが十分に可能である。一方、外陣の切妻飾りと南塔の大トレーサリーを連続させるという、類例なき斬新なアイディアについては、先行作例を見出しがたく、むしろ、ザンクト・シュテファン聖堂独自の事情を想定すべきであろう。結論から述べるならば、筆者はこのアイディアが生まれた契機を、計画が変転し続けた南塔の造営事情に求めるのが妥当と考える。具体的には、この斬新なアイディアの背景には、市民から造営権を奪回した皇帝フリードリヒ三世からの強い要請があり、す

101

第 I 部　外観の造営

なわち彼は、飾破風モティーフがもつ造形的価値を利用して、壮大な皇帝大聖堂の建設を目論んだのではないか。

　以上の仮説を考察すべく、次節および第 3 節にて飾破風というモティーフの系譜を確認した上で、その設置機会が南塔に求められることを検証する。そして第 4 節にて、南塔のモティーフが外陣外壁へと転用された動機を明らかにしたい。

2.　飾破風の設置機会

　ザンクト・シュテファン聖堂の南塔における、約 70 年に及ぶ造営史の解明については、ティーツェや R・ペルガーによる史料研究をはじめ、ケプフや M・ツューカン、さらに近年のベーカーによる中世の図面研究によりおおよその決着を見たものの、14 世紀当時の原案については、必ずしも明らかにされたわけではない[9]。14 世紀の原案が議論を呼んだのは、前章でも触れた、1407 年に実施されたと伝えられる南塔の一部取り壊しの記録をめぐる論争に際してのことであったが、しかし結局のところ、取り壊し前後の計画内容および変更箇所に関する統一見解が得られていないのである。

　南塔の造営開始が 1359 年であることは、史料が示すところである[10]。そのため詳細については不明ながらも、概して、14 世紀末のウィーンで活躍したマイスター・ミヒャエルが原案制作者と見なされてきた[11]。しかしながら原案解明に向けて決定的な証拠となりうる、当時の設計図と同定されるものは、残念ながら現在まで残されていない。現存する設計図は[12]、おそらくすべて、原案が作られたよりも新しい時代のものと推定されるのである。そうした状況の中でも、例えば平面図（ABK16.819v）（図 4）や立面図（WM105.066）（図 5）は原案を知る手掛かりとなることが期待される図面ではあるが、しかし前者については、その描写は鮮明とはいいがたく、形状についての解釈も見解の一致を見ない[13]。また後者では、主要部分の輪郭線しか引かれておらず、ゆえに、この設計図に基づき造営当時の構想を推察するというのは、決して容易な作業ではない。

第四章　皇帝の〈フリードリヒ破風〉

図4　《南塔平面図》(ABK16.819v)

図5　《南塔立面図》(WM105.066)

　このように先行研究においてすでに設計図や文書史料が十分調査されたものの、しかし南塔の原案に関しては、確固たる証拠を欠くというのが実情である。それにもかかわらず、現在の南塔が原案のコンセプトを踏襲していると見なされてきた理由とは、第一に、おそらくは初代の棟梁と考えられるマイスター・ミヒャエルが手掛けた諸聖堂と南塔との間に様式の類似が認められるためであり、第二に、原案で外陣に飾破風を並べる予定であったという、懸案の前提があったためである。したがって飾破風モティーフの起源に関しては、いまだ議論の余地を残すといえ、南塔と外陣における飾破風の着想順序を再考すべきであろう（図2, 3）。

　外陣における飾破風については後述するとして、南塔の大トレーサリーに関しては、ゴシック期に発展した飾破風の系譜から、その設置動機を説明することが可能である（図3）。飾破風の原形は、アミアン大聖堂の後陣外壁やサント゠シャペルの南壁面に求められるが、その中でもこうした装飾要素が扉口に適用された初期の代表例として挙げられるのが、13世紀中葉に建設された、パリ大聖堂の翼廊正面である（図6, 7）。もっともパリ大聖堂の飾破風は、平板に孔を開けただけの、いわゆるプレート・トレーサリーの段階に

103

第 I 部　外観の造営

あった。だが、それはすぐさまルーアン大聖堂の翼廊扉口[cat. 111]などに観察されるような、華麗なデザインへと変容を遂げる。こうした飾破風をドイツ語圏で最初に導入したのが、フランスとドイツの中継地たるストラスブール大聖堂の西正面[cat. 49]であり、本作を皮切りに、オッペンハイム[cat. 92]を筆頭とするドイツ語圏の諸都市では多彩なトレーサリーが発展することとなる[17]（図8）。

ザンクト・シュテファン聖堂の南塔に掲げられた大トレーサリーは、飾破風の諸作例と比べると、設置場所や構造が特殊である。塔のファサードを飾破風が彩るという作例は、フライブルク大聖堂西扉口[cat. 48]やランツフートのザンクト・マルティン聖堂における西扉口[cat. 213]など多数認められるものの（図9）、しかし本聖堂における南塔の大トレーサリーは、扉口に直接付属する飾破風でもなければ、屋根と一体化した切妻でもなく、独立した三角形のトレーサリー飾りにすぎない。あわせて、この特徴的なトレーサリー飾りが、扉口上部のみならず、塔の周囲を三面飾るという用法には、先行作例が見当たら

図6　パリ、サント＝シャペル、南面

図7　パリ大聖堂、南翼廊

図8　オッペンハイム、ザンクト・カタリーナ聖堂、南面

104

第四章　皇帝の〈フリードリヒ破風〉

ないようである。

そこで注目したいのは、南塔が担っていた機能である。ウィーンの南塔は、塔でありながら、翼廊の位置に設置されているため、内陣入口の役割をも担うという特殊な建築的解法が採用されている。第二章で考察したとおり、ザンクト・シュテファン聖堂において、南面に塔を設置するという特徴的なプランは、発展史的・立地的条件により南面をファサードとするプラハ大聖堂に倣ったものであった。したがって、その機能や象徴性においても、南塔には、プラハ大聖堂における〈黄金門〉と同様の、ファサードに匹敵する重要性が期待されていたと考えられる。こうした重要な扉口を強調するために使用されたのが、飾破

図9　ランツフート、ザンクト・マルティン聖堂、西塔

風のモティーフだったのではないだろうか。実際、先に挙げたマリア・アム・ゲシュターデ聖堂の側壁にある扉口の上方を観察すると、窓の上辺には、しごく簡単ながらもトレーサリーのレリーフが認められ、ここからも、当時のウィーン・バウヒュッテにおいて扉口を飾る習慣のあったことを確認することができるのである（図10）。

以上のように南塔の大トレーサリーは、ドイツで発展した飾破風の系譜から説明することが可能なモティーフであり、したがって内在的な設置動機があるといえよう（図3）。しかし、外陣外壁の飾破風モティーフについては、これから述べるとおり、それ自体に設置動機を見出すことは難しい（図2）。実はドイツ語圏において側壁の切妻が発展したのは、例えばミンデン大聖堂など、専ら北ドイツを中心とした地域であった（図11）。一方で、本章冒頭にて述べたとおり、南ドイツにおける側廊窓上部をトレーサリーが飾る作例は、レーゲンスブルク大聖堂やニュルンベルクのザンクト・ゼーバルト聖堂を除いたならば、決して多くはない（図12）。しかもここに挙げた例は、

105

第Ⅰ部　外観の造営

窓枠と一体化したトレーサリーがコーニスに覆い被さりながら上昇するものであり、ウィーンのザンクト・シュテファン聖堂外陣のように、窓から独立して、コーニスの上部で明快な鋸歯状のラインを描くわけではないのである（図1）。

ザンクト・シュテファン聖堂の外陣外壁に設けられた飾破風は、南ドイツで観察される飾破風の作例とは異なり、切妻屋根に起因する三角形の形体、すなわち、破風を直ちに連想させる形状をもつ。しかしこれは、厳密な意味での破風ではない。ここで、ホール式聖堂の屋根の形状に関する、グルーバーの分類と図解を参照したい（図13）。その第一のタイプは、強大な屋根組みが、身廊および側廊の上に建設されるもので、南ドイツの多くの聖堂にて観察される（図13左）。第二のタイプは、身廊とは別に側廊が直交屋根で覆われるもので、この場合は寄棟造となる（図13中央）。第三のタイプは、平行の屋根棟であり、主に北西部で見られる手法である[20]（図13右）。この中で、構造上の必然性から側壁に切妻が生まれるのは、第二の

図10　ウィーン、マリア・アム・ゲシュターデ聖堂、南面

図11　ミンデン大聖堂、南面

図12　レーゲンスブルク大聖堂、内陣南面

106

第四章　皇帝の〈フリードリヒ破風〉

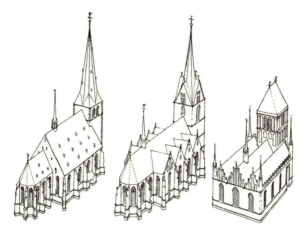

図 13　ドイツにおける屋根のタイプ（Gruber (K) 1952 (1976) より抜粋）

タイプである。一方、ザンクト・シュテファン聖堂の外陣は第一のタイプに属しており、側壁の飾破風には三角形の形体を採る構造上の必然性が無い。つまりこれは、構造に由来するものではなく、純粋に装飾のためだけの存在であり、その源泉は、本質的に、切妻飾というよりは、むしろトレーサリー装飾にあるといえる。したがってこの飾破風を、本稿では「トレーサリー破風」と呼び、切妻飾り、および、扉口や窓の上部を飾る飾破風とは区別したい[21]。いずれにせよザンクト・シュテファン聖堂におけるトレーサリー破風は特殊な作例といえ、少なくとも慣習に倣った用例ではない。さればこそ、このモティーフがこのように使用されている、その動機を見出すのは困難なのである。

　あわせて、本聖堂の形状を勘案した場合でもやはり、ザンクト・シュテファン聖堂の外陣に並ぶ飾破風モティーフは、予め計画されていたものとは言いがたい装飾要素である。なぜなら第一に、外陣外壁に先立ち1360年から1380年の間には完成したであろう南西の二重礼拝堂には切妻が設けられていないことから、この当時はまだ、切妻、あるいはトレーサリー切妻というモティーフそのものが考案されていなかったと推察される。第二に、既述のとおり、外陣の東端の切妻が南塔に半分ほど隠されてしまっている状況か

107

第 I 部　外観の造営

図14　バート・ドイチュ・アルテンブルク、聖母受胎聖堂、南東面

らは、この切妻が予定外のモティーフだった可能性をうかがわせる（図1）。むしろ、14世紀に計画されていた外陣外壁の姿とは、ウィーン・バウヒュッテとの様式的関連の指摘されている、バート・ドイチュ・アルテンブルクの聖母受胎聖堂の外陣がそうであるように、控壁のみを備え、トレーサリー切妻は欠いていたと推察するのが、自然ではないだろうか（図14）。何よりも問われるべきは、トレーサリー切妻の連続に観察される、ゴシックの抑制しがたい上昇感や浮遊感をもはや喪失したかのような、水平方向に展開する明快なリズムを、14世紀末の柔軟様式の精神が果たして描いたか、という点である。バート・ドイチュ・アルテンブルクの聖母受胎聖堂において、柔軟様式時代の美しい控壁から立ち上がるピナクルがスカイラインを曖昧にする作用と比較すれば、その答えは自ずと明らかであろう。

　以上を踏まえたならば、ザンクト・シュテファン聖堂の原案では、外陣にトレーサリー破風は予定されていなかったとの結論に至る。おそらくは着工

第四章　皇帝の〈フリードリヒ破風〉

後、何かしらの事情に基づき計画を修正する必要が生じ、その結果、南塔から飾破風モティーフを新たに借用したと予想される。このことは、ベーカーの観察にも裏付けられよう。すなわちトレーサリー・モティーフと、そのすぐ下の二連窓の関係に着目して南塔と外陣外壁を観察したならば、まず南塔の場合は、二連窓の頂点と、その真上にあるトレーサリーの方立ての位置が一致するのに対し、一方の外陣の〈フリードリヒ破風〉の場合には、二連窓の頂点よりも内側に破風内部の方立てが配されるなど、微妙な食い違いが生じている[24]（図2, 3）。この状況が示唆するのは、外壁と〈フリードリヒ破風〉が総合的に構想されてはいなかったという可能性である。ゆえに、まず最初に南塔建設の流れの中で大トレーサリーが考案され、その後、外陣外壁へと転用されたと考える本稿の仮説、つまり、南塔にトレーサリー・モティーフの設置機会を求めた仮説は、いっそう信憑性を増したといえよう。あわせてこの仮説は、外陣のトレーサリー破風の本質を装飾機能に認めた、先述の観察結果にも合致するものである。

3.　南塔における造形上の動機

　トレーサリー・モティーフの設置機会が南塔に求められる可能性を受け、さらにこれを検証すべく、本節では、南塔へ大トレーサリーを導入することの、造形面における理由を検討したい（図3）。前章では、ザンクト・シュテファン聖堂の南塔において、その滑らかなシルエットをもたらす順次縮小システムについて観察した。しかし南塔の柔軟様式に準じた特色をもたらす要素は、これに限らない。実は大トレーサリーも、重要な役割を演じているのである。
　まずは飾破風と尖塔の関係について検討するための手掛かりを得るべく、飾破風を巧みに用いて尖塔を演出した、フライブルク大聖堂の西塔を観察したい（図15）。本西塔が着工された13世紀後半は、ドイツにてゴシックが開花する前夜とでもいうべき時代であり、したがって西塔の基壇は、コーニスで区分されただけの、まだ飾り気の無い控壁にすぎず、いわば構造の堅固さに忠実な表現であった。しかし1300年前後を境に、下層とはまったく異

109

なる透彫り尖塔へと、様式が一転した。すなわち時計階より上層では、八角形塔を核として、その四方に三角柱の控壁が嵌め込まれ、これが順次縮小しながら遂には消失し、最後には円錐状の骨格のみが残るという、連続的な転身が観察されるのである。とりわけ八角形階から尖頂への移行を視覚的に助けるのが、塔を帯状に取り巻く三角形の飾破風である。階層の境界線として生じるコーニスの水平線をこの飾破風が覆い隠すことで、円滑な移行を可能にしているのである。

　ケルン大聖堂においても、類似の移行システムを観察することができる（図16）。本大聖堂は、1248年、フランス・ゴシックのカテドラルを手本に着工されたものの、16世紀以降は造営が中断していた。しかし19世紀、中世当時の設計図の発見を契機として造営が再開され、完成に至った。フランス・ゴシックの大聖堂とは異なり、バラ窓を採用しなかったケルン大聖堂のファサードでは、縦長窓が主要モティーフとなる。地上層では、中央扉口を挟み、左右に扉口をふたつずつ配することで、内部の五廊式空間を暗示する。各々の長窓に冠された鋭角の飾破風は、接する上層階へと突き上がり、視線を次々と上段へ繰り上げることとなる。これはまさしく、三角破風を伸ばし重ねることで各層を円滑に接続させ

図15　フライブルク大聖堂、西塔

るという、フライブルク大聖堂でも観察された手法である。この手法が、ケルン大聖堂ではファサード全面に適用されているわけである。まずは地上層の5つの扉口の飾破風に始まり、第二層目では、同じく飾破風を頂く5枚の縦長窓が伸びるが、しかし第三層目からは窓2枚分をひとつのトレーサリーに収束させ、そして最上部にて双塔へとまとめ上げられてゆく。

第四章　皇帝の〈フリードリヒ破風〉

図16　ケルン大聖堂、西面

図17　ウィーン、ザンクト・シュテファン聖堂、南塔（鐘楼階・八角形階）

図18　同、南塔（扉口）

　以上のような、飾破風を利用した滑らかな移行システムは、実は、三角形のトレーサリーを大小無数にまとったザンクト・シュテファン聖堂の南塔でも作用している（図17）。前章で確認したとおり、南塔は基壇の矩形プランに始まり、しかし上昇するにともない控壁を消失させて、八角形、そして尖頂へと、順次縮小してゆく。こうした順次縮小システムに加えて、南塔ではさらに、フライブルク大聖堂やケルン大聖堂に観察されたような飾破風の作用により、層の境目が曖昧になり、各層の連続性が確保され、観る者の視線は下層から上層へと滞ることなく引上げられるのである。

　ザンクト・シュテファン聖堂の南塔における飾破風は、しかしながら、他

111

第 I 部　外観の造営

の作例のような、各層の連続的な接続のみに寄与しているわけではない。飾破風という三角形モティーフの南塔における存在意義は、第一に、これが繰り返し登場する点にある。まず鐘楼階にて大トレーサリーが登場したのち、その上の八角形階でも、三角形のモティーフが再登場する（図17）。ただし八角形階の三角形トレーサリーは輪郭線のみで示されるものであり、この輪郭線が左右にずれて重なり合うことで、その足元にはさらにもうひとつ、小さな三角形が再生産される。あるいはこの小さな三角形を、大トレーサリーの下辺に3つ並んでいた小三角形の再現として解釈することも可能かもしれない。さて、重なり合う三角形トレーサリーの上方、すなわち、二重破風の背後から伸びる細窓の頂点にも、三角形破風が再生される。さらにその上部、骨格構造と化した尖塔にも三角形モティーフは再登場し、これが二重に巻かれることによって、王冠のような様相を呈している。以上のように、南塔において再三登場する三角形モティーフは、大きさも違えば彫りの深さも異なり、各々がヴァラエティに富んだ形状を有する。そのため、三角形モティーフに導かれた観る者の視線は、あちらこちらに揺れ動くこととなる。様々な形状の三角形群に何かしらの法則を見出すとすれば、それは、上層へゆくに従い、徐々に小さくなるという点であろう。この法則により、塔を見上げる視線は上昇の加速度を増してゆき、さらに形体の多彩な変容によって、視線は心地良く揺さぶられ、漂うことになるのである。

図19　《クルマウの聖母子》1400年頃、ウィーン

　飾破風がもつ第二の機能は、幾重にも交差し絡み合った斜辺が担っている。その効果を理解するためには、ここで再び《クルマウの聖母子》を観察する必要があるだろう（図19）。本作の造形上の要となるのは、衣襞の動勢である。衣襞は、飴細工のようにしなる聖母の体の動きに起因して、左脚部では自重により鋭く折りたたまれたV字形を重ね、これとは逆に右膝下では、下方へ向かって柔らかく扇状に広がる。さらに幼子を抱く両腕からは、細かく襞を寄せたマントが溢れ出で、その裾を二層、三層と重ね合わせる。こうして

第四章　皇帝の〈フリードリヒ破風〉

聖母の衣のドレーパリーは、全体でカスケードを形成するかのようにたっぷりと波打ちながら、ゆっくりと回旋するのである。このドレーパリーの波は、観る者の視線を、母のマントを摘み上げるイエスへ、そして子を見守る母のまなざしへと誘導する。その道筋は決して単調ではなく、左右の脚部で対照的な形を作り出す襞や、腕部でふたつの山を形成する襞の作用、そして曲がりくねった首や腕の所作により、複雑な交差線が作り出される。ゆえに観る者の視線は、衣襞や肢体の輪郭線をなぞるように絶え間なく流動し、形状の把握を試みるものの、しかし視線は一所に留まることが叶わず、さまよい続けなくてはならないのである。

　《クルマウの聖母子》に観察される、回旋するかのように視線を上昇させる作用は、ウィーンの南塔でも生じている（図17）。その鍵となるのが、飾破風の斜辺である。この斜辺は、鐘楼階（第二層）から大きく伸び上がり、八角形階（第三層）の交差がねじれを加え、さらにその先にある長窓の尖頭で待つ小破風が再び視線を集約する。こうした交差線が塔の周囲を取り巻くことで、視線をより複雑に、そして立体的に誘導するのである。とりわけ八角形階の交差トレーサリーでは、ほとんど線描のみで構成された三角形が二連重なり合い、その足元を装飾トレーサリーが曖昧にぼかすため、塔本体と、皮膜としてのトレーサリーとの関係は、いっそう不明瞭となる。トレーサリーが溶け合い柔化したピラミッド状の建造物の表層を、三角飾破風が螺旋を描くように包み込むことで、滑らかな形体はますます連続的になり、揺れ動くような動勢が加えられる。観る者の視線は、点在する三角破風の間で漂いながら、円錐状の輪郭に助けられ、いつまでもさまようのである。ヴェールの背後に隠された巨大石造構造物の存在を、忘失しかねないほどである。

　南塔は、控壁の研磨作用によって、従来にないほどの滑らかなシルエットを獲得したわけだが、しかし独特の優美な造形は、同時代における柔軟様式からの要請があって初めて完璧なものとなった。その造形上の要となるのが、大トレーサリー、あるいは三角形のモティーフであった（図3）。換言すれば大トレーサリーは、塔全体の造形的特質において不可欠の要素となっているのである。なるほどトレーサリーは、建造物の皮膜となりその量塊性を解体

113

第Ⅰ部　外観の造営

し、ピラミッド状の滑らかなシルエットを獲得するための鍵となるモティーフである。しかし大トレーサリーは、それ以上の機能を有す。この三角形モティーフは、観る者の視線を対角線状に大きく上方へと導く。これに加えて、類似の三角形モティーフが大小幾度も繰り返されることで、視線のスパイラルは滑らかさを増し、塔周囲を絶え間なく漂い続けるのである。こうした柔軟様式の特質が発揮された上層部分と比べて、第一層目では、控壁を分解するという努力は認められるものの、いまだ建造物の重厚さを脱し切れていない（図18）。その理由のひとつは、下層部分においては、優雅さを誇る透彫り尖塔としてよりも、内陣塔としての役割が期待されているためだと考えられる。つまり、上層部にて観察された軽やかな造形より、下層部ではむしろ、三連の尖頭アーチを備えた荘重なる扉口としての印象が重要なのである。二連窓は、明らかに西側構造の二重礼拝堂から引用されたものであり、いわば記号の共有を通じて、内陣塔と西側構造にある王の礼拝堂とが関連付けられている（図1）。これは、懸案の大トレーサリーが南塔全体の造形的特質を決定付けているのとは、対照的な役割である。こうした状況は、飾破風が、外陣からの借り物ではなく、自らの芸術意欲を発揮させるために南塔が創出したものだということの証左のひとつになろう。

　以上から、南塔において大トレーサリーを設ける自発的な理由が、飾破風の系譜や造形的役割に確認された。したがって本聖堂における飾破風モティーフの発端は、南塔にあると結論付けられる。なお大トレーサリーの発案時期に関しては、原案が構想された14世紀中葉である可能性は否定されないものの、上述のとおり、その造形的特質が1400年頃の柔軟様式のそれに適ったものである点を、あわせて強調しておく。

4.　〈フリードリヒ破風〉の機能

　ザンクト・シュテファン聖堂の外陣外壁において、トレーサリー破風の設置に対する内在的な動機が認めがたい点は、すでに確認した（図2）。しかし、南塔との関係を考慮したならば、いまや、外壁に飾破風の設置が求められた

第四章　皇帝の〈フリードリヒ破風〉

積極的な理由が見出される。すなわちその発端は、南塔の完成後、大聖堂造営の理念が、再度大転換したことにあったに違いない。つまりハプスブルク家の内紛を終息させ、後には同家で初の皇帝となるフリードリヒ三世が、ザンクト・シュテファン聖堂の造営に強い関心を示し、皇帝大聖堂の理念を復活させたのである。この転換を端的に示すのが、1450年に着工された北塔である。北塔の着工を機に、対となる南塔は、再び皇帝の多塔計画へと組み込まれることとなった。しかし南塔は、すでに市民の手で当初案よりも巨大化してしまっていた。そのため、ルードルフ四世による皇帝大聖堂構想へと単純に回帰することはできず、南塔に、あるいはそのコンセプトと積極的な関わりをもつ周囲の環境に、何かしらの修正を加える必要が生じたのである。その対策のひとつが、おそらく、原案よりも大きな屋根の建設であった。この屋根は、巨大化した南塔とのバランスを保つことが目的であったと推察されている。

　もうひとつの対策が、屋根と共に設けられた、〈フリードリヒ破風〉を筆頭とするトレーサリー切妻であった（図2）。ここには、おおよそふたつの機能が要請されたと考えられる。第一に、通例よりもあまりに大きくなった屋根を、視覚的に支える機能である。第二に、よりいっそう重要な要件として期待されたのが、南塔において最も印象的な大トレーサリーのモティーフ（図3）を外陣へと転用することで、南塔の独立を視覚的に防ぎ、聖堂建築本体のコンセプトへ再統合する役割である（図1）。前節で指摘したとおり、仮に外陣外壁の原案において、ピナクルを並べた、柔らかで曖昧な輪郭線が構想されていた場合、これをそのまま実行に移していたならば、市民により巨大化された南塔の存在感は現状以上のインパクトを与えることとなったに違いない（図14）。こうした、南塔が潜在的に有している独立した単塔としての性質こそが、異例ともいえる独創的な屋根と飾破風の導入を必要としたのである。一時は単独モニュメントとなった南塔を、再び群塔のひとつとして聖堂本体と結び付けるために、破風モティーフの引用は最良のアイディアであった。隣人からモティーフを借用するのであるから、両者の結び付きは保証されたも同然である。

第 I 部　外観の造営

　なお、既存のモティーフを転用するという手法は、南塔の地上階において
すでに認められるものであり、例えば、1380 年頃までに完成していた南塔
の壁体構造も、身廊の造形を踏まえたものであった。[28]つまり、先ほど簡単に
触れたとおり、すでに完成していた二重礼拝堂との調和を保つ目的もあって、
二連窓モティーフが、塔へと転用されていたのである（図 1, 18）。さらにコー
ニスも、二重礼拝堂と南塔、そしてこれらに先行する内陣の高さに同調して
いる。この結果、外陣におけるコーニスの高さを揃え、さらに二連窓モティー
フ、三角破風、控壁といった要素を共有することで、たとえ南塔が単独で巨
大化しようとも、大聖堂は解体してしまわないのである。

　無論のこと、飾破風のモティーフを丹念に比較観察したならば、南塔と外
陣それぞれのデザインには少なからぬ相違が見つかるであろう。しかし細か
な翻案や誤謬は、ほんのささやかな事象にすぎない。それよりも驚嘆すべき
は、百年近くの時を隔て、幾人もの棟梁が交代し、施主も変転し、計画が変
更され、それにもかかわらず、なおも旧いモティーフが継承され、調和が目
指されているという点である。二連窓や飾破風という類似モティーフの一体
化作用は、小さな相違を超越して決定的である。

　外陣の飾破風は水平に連続して並べられるため、平面性が強化される。こ
の特質は、再度バート・ドイチュ・アルテンベルクの聖母受胎聖堂[cat. 52]と比較し
たならば、いっそう明らかであろう（図 14）。さらに強調すべきは、立体的
なシュプールを描く南塔の破風とも、まったく性質を違える点である。同一
モティーフでありながら、飾破風が担う使命は、上昇性と水平性、立体性と
平面性というように、対照的なものなのである。南塔によって垂直要素が勝
りかけた大聖堂へ、飾破風による水平要素が導入されることで、相反する作
用の衝突が生じた。この衝突が、単なるモティーフの羅列に留まらない、緊
迫した効果をもたらすのである。

　以上を踏まえた上で、最後にザンクト・シュテファン聖堂における飾破風
の展開をたどりたい。15 世紀の大トレーサリーの発展は、南塔の第一層目
では、おそらくまだ予想されていなかった（図 18）。殊に二連窓というモティー

第四章　皇帝の〈フリードリヒ破風〉

フは、上層部の三次元性とは相反する平面的な造形であるとともに、外陣にも二連窓が採用されていることから、聖堂本体との一体化が運命付けられていた（図1）。しかしこうした造営意図は、第二層目の鐘楼階で一転する。鐘楼階に設けられた大トレーサリーは、ふたつの機能を担った（図3, 17）。第一に、大トレーサリーの下辺部の小さな三連三角形を二連窓のグリッドに対応させることにより、静的で平面的な最下層部から、三次元的な上層部への連続的な接続を可能とする役割である。これはいわば、ルードルフ四世の時代の造形から市民の造形へと、スムーズに移行させる機能ともいえる。第二の役割は、これより上層階において、単塔として聖堂本体から独立する端緒となるライト・モティーフを提示することにあった。すなわち大トレーサリーの三角形が、その後も幾度となく再現され、ワルツのステップを踏むように華麗にくるくると変転しながら上昇してゆく。大きさを変え、形体を変えながらの繰り返しが、観る者の視線を旋回させる原動力となる。この動力により、塔は上昇するとともに、溶解しかけた建築躯体をまとめ上げるのである。

　ここまでは自由で独立した発展を見せた南塔であるが、15世紀半ば、皇帝フリードリヒ三世が造営に関与するようになると、独立した南塔を聖堂本体へと接合し、皇帝大聖堂の理念を復活させようとする意志が働く。そのための方策として、大トレーサリーのモティーフが外陣へと連ねられ（図2）、この連続性により、聖堂と塔の一体化が再度可能となった（図1）。こうした飾破風の展開によって、ザンクト・シュテファン聖堂の外観は、比類なき美しさを獲得するに至ったのである。

［註］
　1　飾破風（[Maßwerk]wimperg）とは、扉口や窓の上部に設けられた切妻形態の装飾要素を指す。飾破風という用語は、装飾的な切妻（Giebel）に対しても使用されることが多い。しかし切妻は、切妻屋根という構造に起因する形態であって、付加的な装飾物とは異なるものである。そこで本稿では、総称としての「飾破風」とは別に、区別を要する場合には、切妻屋根に由来する要素を「破風」、これを装飾する要素を「切妻飾り」と呼ぶこととする。またザンクト・シュテファン聖堂の破風モティーフはともに「飾破風」と称されるのが通例であるが、本

第 I 部　外観の造営

稿では必要に応じて、南塔のそれを「大トレーサリー」、外陣のそれを「トレー
サリー破風（Maßwerkgiebel）」と呼ぶこととする。

2　ただしゴシック期に表面のトレーサリー飾りも含むすべてが完成したのは西の
一枚のみで、残りの東側三枚は、1853 年から 1855 年にようやく透彫り装飾が
施され今日の姿となった。Dehio Wien; Brucher 2003b, S. 224.

3　Begrich 1965, S. 22; Zykan (M) 1970, S. 48; Wagner-Rieger 1988, S. 154; Böker
2007, S. 196.

4　この点について M・ツューカンは、矩形平面の鐘楼階が計画変更によって挿
入されたためだと指摘しているが、その説に従い原案の八角形平面の鐘楼階を
想定したとしても、外陣のトレーサリー破風は完全には露出しえないであろう。
Zykan (M) 1970, S. 48.

5　Bureš 1986, Anm. 62.

6　前者を代表する研究者としてはドーニンが、後者にはクレツルが挙げられる。
Donin 1943, S. 241-245; Kletzl 1934, S. 43-62. なお M・ツューカンが 20 世紀
前半における研究経緯を簡潔に概観している。Zykan (M) 1970, S. 28. 序・第
二章 2.3 節も参照されたい。

7　Kletzl 1934, S. 55.

8　外陣外壁の原案と見なされる設計図は、後世の複写を含めて現存しない。また、
外陣にトレーサリー破風が 14 世紀当初から設けられていたことを証明する論
考を、筆者は寡聞にして知らない。

9　Tietze 1931; Koepf 1969; Perger (R) 1970; Zykan (M) 1970; Perger (R) 2005;
Böker 2005a.

10　Tietze 1931, S. 11; Perger (R) 1970, Anm. 13; Zykan (M) 1970, Anm. 8-9.

11　棟梁についてはペルガーが詳しい。Perger (R) 1970, S. 70-72, 76-83.

12　ウィーン・バウヒュッテに由来するゴシック期の図面は、現在、ウィーンの造
形美術アカデミー、およびウィーン・ミュージアムに所蔵されている。本稿では、
前者が所有する図面については ABK の略号を、後者については WM の略号を、
その所蔵番号と組み合わせて使用することとする。なお図面群については、第
II 部・第四章にて詳述する。

13　Zykan (M) 1970, bes. S. 53-57; Saliger 2005, S. 34-35; Böker 2005a, S. 68-71. ケ
プフは、そもそもこの設計図は 14 世紀の原案には依拠しないとの見解を示し
ている。Koepf 1969, S. 29.

14　例えばヴィーナー・ノイシュタットの十字架記念碑《シュピンネリン・アム・
クロイツ》[cat. 76] との類似性が指摘されている。Brucher 2000, S. 282-284.

15　Bony 1979, pp. 386-389.

16　パリ大聖堂の翼廊正面については、以下が詳しい。Kimpel / Suckale 1985, S.

第四章　皇帝の〈フリードリヒ破風〉

410-421.

17　Klotz 1998, S. 299-301. なお、ストラスブール大聖堂の中央扉口飾破風は、
　　1318 年までに完成したと推察される。Frankl 1962 (2000), p. 171.

18　Zykan (M) 1970, S. 38; Saliger 2005, S. 24.

19　Saliger 1995a, S. 264-268.

20　Gruber (K) 1952 (1976), S. 110-112; Gruber (K) 1952 (jp), p. 114.

21　註 1 参照。

22　本作と、ザンクト・シュテファン聖堂外陣の間では、控壁の類似性が指摘され
　　ている。Brucher 2000, S. 289.

23　柔軟様式の特徴については、第 I 部・第三章を参照されたい。

24　Böker 2007, S. 123, 196.

25　ただし北塔は、オスマン帝国のウィーン侵攻などを理由に、1511 年、造営が
　　中断された。

26　Wagner-Rieger 1979, bes. S. 138-139.

27　Wagner-Rieger 1967, S. 352; Zykan (M) 1970, S. 37; Zykan (M) 1981, S. 101-
　　102.

28　Zykan (M) 1981, S. 101; Saliger 2005, S. 36.

119

第 II 部　荘厳空間の創出

第 II 部　荘厳空間の創出

図1　ウィーン、ザンクト・シュテファン聖堂

　ザンクト・シュテファン聖堂に足を踏み入れた者は、直ちに荘厳な雰囲気に圧倒されるに違いない。頭上を豪奢なヴォールトが覆い、かなた奥では静謐な内陣が輝く。この絵画的ともいえる神秘の光景に目を奪われつつも、しかし内陣と外陣の接続部分に眼を向けたならば、不可思議な点に気が付かされる。そこには6メートルもの天井の高低差があり、空間がきっぱりと二分されているのである。

　こうした不整合をもたらす要因は、15世紀中葉に建設された外陣に求められる。なぜなら外陣では拡張に際し、その建築タイプとして、これと接続する14世紀前半の内陣に倣ったホールではなく、段形ホール（Staffelhalle）という新しい形式が採用され、なおかつ、最新の時代様式に基づく壮麗なリブ・ヴォールトが架けられたためである。その結果、内陣と外陣の間には、物理的な高低差と、おおよそ百年に及ぶ時代様式の差が生じてしまったのであった。

第Ⅰ部では、バーベンベルク家からハプスブルク家の皇帝フリードリヒ三世に至るまで、約三世紀の間に、造営意図や様式の変遷によって、ザンクト・シュテファン聖堂に多彩な要素が蓄積されてゆく経緯を観察するとともに、こうした既存の多様性を克服し、最終的にはフリードリヒ三世の治世下において、ハプスブルク家の大聖堂にふさわしい、印象的でありながらも調和のとれた外観を完成させる、その創意を考察した。そこでは、時代差・様式差を示す諸要素を調和的に共存させる策が採られていた。一方、上述のとおり、内陣と外陣との間に不整合をきたす内部空間には、調和共存の意志を認めることが難しい。ゆえに、内部空間と外観では、その造形原理を違えているかに思われてしまうのである。

　ところが先行研究は、こうした問題に対して十分な検討を加えたとは言いがたい状況にある。そもそも先行研究は、段形ホールが採用された背景やリブ・ヴォールトとの造形的関係性などについて、ほとんど説明をしていない。また何よりも内部空間では、その造営理念が、調和を重んじた外観の造営理念と違えるかに思われるが、それにもかかわらず生じる荘厳な効果がいかなる建築的構造や装飾を通じて導き出されたのか、いまだ解明されていないのである。

　実のところドイツのゴシック建築は、研究史において、ゴシック生誕の地フランスの亜流として、あるいは統一的理念を欠いた地方様式として、長らく低評価を受けてきたという事情がある。ゴシック建築研究の中心にあるのは、概してフランスの大聖堂であった。19 世紀のロマン主義者たちが、超地上的なヴォールトの技術を賞賛して以来、まずは構造論が中心となり、20世紀前半までは「尖頭アーチ、リブ・ヴォールト、飛び梁」がゴシック建築の定義とされた。だが 19 世紀末にはヴェルフリンにより、大聖堂における、あらゆる重さから解放された、制止しがたい上昇性にゴシックの精神性の表出が認められ[1]、さらに 20 世紀初頭には、ヴォーリンガーによって、ゴシックの空間に精神的高揚感が読み取られるとともに[2]、ヤンツェンにより「ディアファーン」の概念が提示されると[3]、ゴシック建築の空間分析への道が開か

第Ⅱ部　荘厳空間の創出

れる。さらにゼードルマイヤーは、ステンドグラスを「光の壁」と呼び、ゴシック建築を天上のエルサレム、あるいは、神の家の再現と考え、フォン・ジムソンは光について、その神学的意味を考察した。[4]

　一方、ドイツのゴシック建築に関しては、その評価自体が遅れていた。ドイツでのゴシック受容は遅く、何よりも、生地フランスとかけ離れた独自の発展を遂げたため、こうした時間差と様式差により、ドイツ・ゴシックはフランスの亜流と見なされ、研究の進展が妨げられたのである。殊にデーヒオは、ドイツ・ゴシックには様式の連続的な発展が認められず、形態が多様であり、したがって様式的あるいは地域的中心を欠き、突発的な変化のみが観察される点を指摘し、ゆえに「ドイツは統一的なシステムを欠く」と非難した。[5]

　しかしながら、他国を尺度とした考察には限界があり、ドイツ・ゴシックの本質への到達が困難であることは自明である。ドイツ・ゴシックの評価における第一の問題は、いうなれば、時代と地域の差異を、いかに捉えるかという点にあった。グロースは、1300 年前後に「純粋な」ゴシックがその明快な形態と構造によって中世的傾向を払拭する点を指摘し、後期ゴシックを初期ルネサンスに位置付け、またヴァイゼも、フランスとの対立関係ではなく、時代の相違を重視した発展史的考察に基づき、ゴシックの伝統とは別の、リアリズムへと向かうアンチ・ゴシックの傾向だという結論に至った。[6]

　ドイツ・ゴシックをめぐる第二の問題は、形態の多彩さにある。この問題にひとつの解決策を示したのは、ゲルステンベルクであった。彼は、フランス起源としてのゴシックではなく、ドイツ固有の様式を強く意識し、その独自の形態、殊に「ホール」という建築タイプに着目して、「特異ゴシック（Sondergotik）」という概念を提案した。[7] この切り口は現在まで支持され続けており、例えばオーストリア・ゴシックに関しては、ドーニンやブルッハーにより、ホール式聖堂の発展史が体系化されている。[8]

　もうひとつ解決すべきは、リブ・ヴォールトへのアプローチ方法であった。この問題に関しては、ゴシックとルネサンス双方の観点から、幾何学分析や思想的解釈が加えられ、また近年には、コンピューター技術による解析も試

124

みられてきた。こうした先行研究の中でヌスバウムおよびレプスキーは、リブ・ヴォールトの千変万化の形態を、その形態の原理と発展史に基づいて類型化しており、その功績は大きい。しかし、表層にある装飾形態の考察が進む一方で、それが空間に及ぼす作用に関する考察は、遅滞していると言わざるをえず、今後の空間研究の発展が期待される。

　以上の研究史を踏まえ、第II部では、ザンクト・シュテファン聖堂にて観察される荘厳な空間効果に着目する。その原理を解明する手掛かりとして、15世紀後半に建設された、外陣の段形ホールと、独創的なリブ・ヴォールトに注目し、その空間造形が創出されるまでのプロセスと、空間造形がもたらす作用や効果について考察したい。これは、シュテファン大聖堂研究のみならず、表層的な形態分析に偏りがちであったドイツ・ゴシック建築の研究としても、意義のあるものだと考える。

　考察に際しては、序章で述べたとおり、大聖堂を完成に導いた棟梁に要請されていたであろうふたつの課題を想定し、その検証を通じて、空間の原理の解明を目指す。その課題とは、第一に、施主であるフリードリヒ三世からの政治上の要請が規定するものであり、第二に、第I部にて検討してきたように、造営長期化の結果として混在した諸要素を、調和的に共存させようとするような、審美上の要請に基づくものである。そして段形ホールとリブ・ヴォールトを、こうした課題の解決策として位置付け、各々が発案された背景と、空間作用上の役割を検証してゆく。

　考察手順は、以下のとおりである。まず第一章と第二章では、外陣で採用された段形ホールに焦点を絞り、それが伝統をもたない新しい建築タイプであることを再確認し、こうした発想が、フリードリヒ三世の君主としての権威を表象するという動機に導かれて案出されたものである可能性を検討する。続く第三章と第四章では、リブ・ヴォールトの造形について、建築や絵画を広く比較検討しつつ、従来にはなかった新しい表現方法が確立するまでのプロセスの中に、ザンクト・シュテファン聖堂のリブ・ヴォールトを位置付けることで、その空間演出の意図と審美的価値を考察する。最後に第五章では、

125

第Ⅱ部　荘厳空間の創出

空間的な齟齬のもたらされている、既存の内陣と新しい外陣の関係について、審美上の要請を検討する。以上の考察を通じて、段形ホールという特異な建築タイプと革新的なリブ・ヴォールトが発案され、ついに荘厳な空間効果が創出されるまでの、その経緯が明らかとなるであろう。

［註］

1　ヴェルフリンは、「建築のフォルムはいかにして、ある心的なもの、ある気分の表出となることができるか」と命題を立て、これに対し、ロマネスクからゴシックのフォルムを導いたのが、「より多くの崇高と自由」という衝動であり、スコラ哲学と精神主義が表出した結果、尖った形態が出現したという結論に至った。Wölfflin 1946 (jp), pp. 74-80.

2　ヴォーリンガーはゴシック建築を「根拠のない構築熱」、「崇高なヒステリー」、「病的に緊張した表現欲求」の現われだとした。Worringer 1921 (jp), pp. 92-110.

3　Jantzen 1999 (jp).「ディアファーン」の概念については、第Ⅱ部・第五章で詳述する。

4　ゼードルマイヤーはヤンツェンの光の壁の思想を受け継ぎ、ステンドグラスを天上のエルサレムの聖なる建築材料と同義として、したがってゴシック建築を模造芸術、あるいは再現芸術（Abbildungkunst）と見なした。一方でフォン・ジムソンは、聖堂と天上の類似性の根拠を光輝性と幾何学的秩序に求め、ゴシック建築は模造ではなく、象徴だと考えた。Sedlmayr 1950 (1993); Simson 1956 (jp); 前川（道）1978; 飯田 1989. さらにゼーヴィは、柱やリブなど線状の構造体がダイナミックで緊張した空間を完成させたと主張した。Zevi 1948 (jp).

5　デーヒオは、ドイツのゴシック受容を4段階に分けた。第一段階は「移行様式（Übergangstil）」で、末期ロマネスクがリブなどゴシックの要素を採り入れる段階である。次は、ドイツ・ロマネスクとフランス・ゴシックが融合する段階で、さらに、フランス・ゴシックをそのまま受容する段階へと進む。そして第四段階からゴシックはドイツ化し、それとともに多様な形態を採り始めるのである。この多彩な展開に対し、デーヒオは、「地理的な中心地もなければ、造形の中心原理もない」と酷評したのである。Dehio 1921, bes. S. 154.

6　Gross 1948; Weise 1950.

7　Gerstenberg 1913.

8　Donin 1935; Brucher 1990.

9　Crossley 1993; Möbius 1995; Müller 2005 (W); Schurr 2007; Kavaler 2012.

10　Nussbaum 1985 (1994); Nussbaum / Lepsky 1999.

第一章　段形ホールの特異性

　ザンクト・シュテファン聖堂において、内部の空間印象を決定付ける鍵となるのが、段形ホールという建築タイプである。段形ホールは、確かにザンクト・シュテファン聖堂においては重要な役割を担っているものの、しかし類例の限られた希有な建築タイプであるため、先行研究はほとんど存在しない。驚くべきことに、ザンクト・シュテファン聖堂の研究史においても段形ホールは注目されておらず、この建築タイプが発案された時期ですら、定かではないのである。

　そこで、段形ホールの空間作用や考案の動機などは次章以降で検討することとし、まずは本章にて、ザンクト・シュテファン聖堂に段形ホールが導入された時期と、その状況を明らかにしたい。本章における結論を先に述べるならば、少なくとも南ドイツ語圏における段形ホール式聖堂の最初の作品は、まさしくこのザンクト・シュテファン聖堂であり、あわせてザンクト・シュテファン聖堂は、他聖堂における段形ホールを模倣したのではなく、ある動機——これについては次章以降で検討する——に基づき、独自にこの新しい建築タイプを発案したのであった。本章では、第一に、ザンクト・シュテファン聖堂が段形ホールの最初の作品であることを示し、第二に、段形ホールが発案された時期を可能な限り絞り込むことを目標とし、本聖堂、および周辺作例の造営経緯を考察してゆきたい。

1.　計画の経緯

　ザンクト・シュテファン聖堂は、第Ｉ部でも考察したとおり、バーベンベルク家およびハプスブルク家のカテドラル昇格という目標を実現させるべく造営されてきた聖堂である。殊に大公ルードルフ四世は、これをハプスブル

第Ⅱ部　荘厳空間の創出

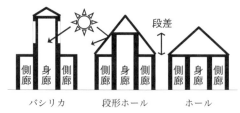

図1　建築タイプの断面模式図

ク家の権威の象徴たる霊廟とするべく、多塔や二重礼拝堂など、ロマネスク期より観察される皇帝大聖堂の伝統的な建築図像を積極的に採り入れた[1]。ザンクト・シュテファン聖堂を完成させた皇帝フリードリヒ三世も、北塔など象徴的な要素の造営に着手しており[2]、したがってフリードリヒ三世が伝統の重要性を理解していたであろうことは、疑うべくもない。ところが外陣については、前例の無い、換言すれば、図像的価値を欠いた、段形ホールという建築タイプを採用したのである。

　段形ホールとは、各廊の天井高が等しいホールに対し、身廊部分の天井のみを高くした建築タイプのことで、階段状の断面を特徴とする（図1）。バシリカ式聖堂も身廊のみ上方へ突出しているが、しかしその天井部に採光窓が嵌め込まれている点において、段形ホール式聖堂とは異なるのである。したがって「疑似バシリカ」との異名が示すように、バシリカの身廊から採光窓を排除した形式が段形ホールだと考えることもできるだろう。作例は決して多くはなく、しばしばホール式聖堂、あるいはバシリカ式聖堂のヴァリアントのひとつと見なされるため、ハンケの論考を除いて、先行研究はほとんど存在しない[3]。ザンクト・シュテファン聖堂研究史においても、段形ホール式という特殊性が追究されることはなかった。しかし、伝統的な図像を積極的に利用してきたザンクト・シュテファン聖堂の造営史を踏まえたならば、完成を目前にした段階で、突如として新しい建築タイプが導入された点は、重視されるべきである。

　ザンクト・シュテファン聖堂にて、段形ホールという特異な建築タイプが導入された理由として、先行研究は、巨大化した南塔と釣り合うサイズの

第一章　段形ホールの特異性

屋根を架けるために、構造上必要な措置だったと考えてきた。実際、ザンクト・シュテファン聖堂の屋根は類例を見ないほどの大きさであり、さらにはこれが多彩色のタイルで飾られたという点は、特異な例として注目されている（図2）。巨大化した南塔のために巨大な屋根が必要とされ、巨大な屋根を架けるために段形ホールが必要とされたという説明は、バランスのとれた外観を見たならば、なるほど納得のいくものであろう。だがその結果として、内部空間にて、外陣空間と内陣空間との間に齟齬が生じてしまった

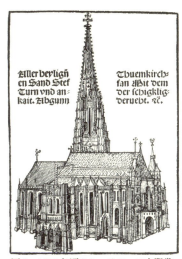

図2　1502年頃のシュテファン大聖堂

点については、いまだ適切な説明がなされていないのである（図3, 4）。

第I部にて観察したような従来の造営方針に則るならば、いかなる事情があろうとも、外陣と内陣を共存させるための策が講じられるはずであろう。ましてやこの時期、フリードリヒ三世は自身の皇帝大聖堂を完成させようとしていたわけであり、こうした状況においてはなおさら、調和を破綻させかねない結果を甘受するというのは、不可解ですらある。それにもかかわらず内部空間の齟齬が放置されていたというのは、裏を返せば、そこに何かしらの利点が見出されたからにほかなるまい。

　結論から述べるならば、段形ホールこそが、ザンクト・シュテファン聖堂の内部において荘厳なる空間作用をもたらす主要因であり、さらには、ハプスブルク家の君主としての権威を表象するための要となる建築タイプだと考えられる。つまり段形ホールには、屋根という外観の要因のみならず、内部空間においても、導入されるべき積極的な理由があったのである。あわせて指摘したいのは、ザンクト・シュテファン聖堂では段形ホールという建築タイプを、他の作例を手本として採り入れたのではなく、自ら考案したと考えられる点である。

129

第Ⅱ部　荘厳空間の創出

図3　ウィーン、ザンクト・シュテファン聖堂、内陣

図4　同、内陣と外陣の接続部分

　段形ホールがもたらす空間作用については次章以降で考察することとして、まず本章では、ザンクト・シュテファン聖堂こそが段形ホールの最初の作例であるという仮説を検証したい。ザンクト・シュテファン聖堂で段形ホールという建

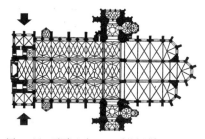
図5　同、平面図（→：二重礼拝堂）

築タイプの採用が決定された時期として、先行研究が提唱する最も早い説は、ザーリガーが主張する、14世紀中葉である。その場合に想定される、段形ホールの着想源とは、ルードルフ四世の父アルブレヒト二世が1330年に創設し自身の墓所とした、ガミングのカルトゥジオ会修道院聖堂である。その説によると、本聖堂は次のふたつの要素において、ザンクト・シュテファン聖堂の手本となった。まず本聖堂の内陣には、アプシスを挟んでふたつの二重礼拝堂が設けられているが、この構法は、ルードルフ四世によってザンクト・

130

第一章　段形ホールの特異性

図6　ガミング、カルトゥジオ会修道院聖堂

図8　プラハ大聖堂

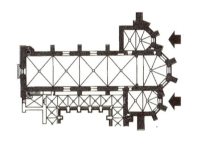

図7　同、平面図（→：二重礼拝堂）

シュテファン聖堂の二重礼拝堂が建設される際、着想源となったと推察される（図5, 7）。あわせて、本カルトゥジオ会修道院の単廊式聖堂がもつ、高い天井に沿って内陣中央の墓所へと視線をまっすぐ導く方向性も、おそらくはザンクト・シュテファン聖堂外陣の規範となった（図4, 6）。つまり三廊式タイプのザンクト・シュテファン聖堂では、単廊式と同様の空間効果をもたらすべく、段形ホールが発案されたというわけである。実際ルードルフ四世は、自身の墓碑をザンクト・シュテファン聖堂の中央アプシスに設置しており、さればこそ墓碑を力強く目指すかのような空間印象は、理想的であったことだろう。この説に従うならば、ザンクト・シュテファン聖堂の外陣身廊の天井高を6メートル上げる段形ホール式プランは、二重礼拝堂導入時である1360年前後、すなわち外陣の着工時には、

131

第Ⅱ部　荘厳空間の創出

すでに決定されていたことになる。[5]

　ガミングのカルトゥジオ会修道院聖堂を手本にしたという主張は、建築図像や空間印象の観点からは、妥当であるかに思われる。しかし次節で詳述するように、南ドイツ語圏にて段形ホール式聖堂の登場し始める時期が15世紀後半である点を踏まえたならば、これより一世紀も遡る時代をザンクト・シュテファン聖堂における段形ホール発案の時期と見なすのは、あまりに早すぎるのではないだろうか。事実、多くの研究者が推察している、14世紀中葉時点におけるザンクト・シュテファン聖堂の外陣の青写真とは、内陣に倣った、一般的なホール式タイプなのである[6]（図3）。また、方向性を重視するのであれば、あえて段形ホールという異形の建築タイプを用いるのではなく、バシリカ式を導入するというのが自然であろう。そもそもルードルフ四世がザンクト・シュテファン聖堂の拡張に際して手本としていたプラハ大聖堂は、バシリカ式聖堂なのである[cat. 25]（図8）。

　ここで、「擬似バシリカ（Pseudobasilika）」の異名が示すように、段形ホールがバシリカのヴァリアントとして導入された可能性について検討したい。つまり、一見したところ新しい形式に思われる段形ホールではあるものの、当時はバシリカとして認識されていたという可能性である[7]。この仮定の上に立つならば、ザンクト・シュテファン聖堂外陣の「擬似バシリカ」の手本は、プラハ大聖堂ということになろう[8]（図8）。しかしこれは、次のふたつの理由から、成立しがたい仮定だと言わざるをえない。第一の理由は、「真」のバシリカではなく、「擬似」のバシリカが採用された点である。当時のプラハとウィーンは、政治・社会ともに緊密な関係にあったのみならず、芸術家同士の交流も深かった。ルードルフ四世も、皇帝カール四世によって建設されたプラハ大聖堂の要素を積極的に採り入れることで、ハプスブルク家の権威を強調しようと目論んでいた点は、すでに考察したとおりである[9]。しかしそれならばいっそう、ザンクト・シュテファン聖堂の外陣が、プラハ大聖堂を忠実に模倣した「真」のバシリカではなく、「擬似」のバシリカだというのは、奇妙だと言わざるをえまい。第二の理由は、15世紀におけるプラハ大聖堂の影響力の低下である。ルードルフ四世が外陣拡張に乗り出した際、プラハ

第一章　段形ホールの特異性

大聖堂が念頭にあったというのは、疑うべくもない。しかしプラハ大聖堂の
バシリカという建築タイプは、15世紀、パルラー家の平行線ネット・ヴォー
ルトが支持を得ていた南ドイツにおいてすら、実はほとんど受容されていな
かった。[10] またウィーンでも、南塔の造形分析からも明らかなように、[11] おおよ
そ1400年以降はプラハからの影響がほとんど見られなくなる。何より、プ
ラハでは15世紀初頭にフス戦争が始まり大聖堂の造営が中断するなど、混
乱が続いていた。したがって、プラハ大聖堂のバシリカを手本として段形ホー
ルが考案されたとは、考えにくいのである。

　仮に外陣がホール式にて建設されていたならば、それは、慣習に従った順
当な決定であり、特に注意を要するものではなかったであろう。ホール式は、
14世紀以降のドイツ語圏において圧倒的な支持を得ていた建築タイプであ
り、[12] 実際、ザンクト・シュテファン聖堂の内陣でも採用されている（図3）。
あわせて、ザンクト・シュテファン聖堂の造営最終段階を担ったハンス・プ
クスバウムが手掛けたシュタイアーの聖堂は、完全なホール式である。こう
した諸事情を勘案したならば、ザンクト・シュテファン聖堂の外陣が建設さ
れる際、少なくとも最初期の段階では、ホール式として計画されていた可能
性が高い。つまり着工後、いずれかの段階で、段形ホール式へと計画が変更
されたのである。その決断の背景には、通常の建築タイプでは解決すること
のできない、特殊な要請があったと予想される。

　では、いつ、いかなる事情によって、段形ホールの採用が決定されたので
あろうか。外陣の造営状況について、順を追って見てみよう。着工後、南
外壁が14世紀末から15世紀初頭にかけて建てられ、1400年までには現在
のコーニスの高さに達した。[13] その後ロマネスク様式の外陣が取り壊された
1420年代に南外壁がようやく完成したと推察され、同じ頃、窓にガラスも
嵌め込まれた。[15] なお、段形ホールの性質上、外壁が完成した時点ではまだ、
その建造物が果たして段形ホール式とホール式のいずれとして建設されたの
か、判断することはできない。それから後、およそ20年間にわたる外陣造
営の進捗状況は、詳らかではない。段形ホールに注目した、ほとんど唯一の
研究者であるハンケが、ザンクト・シュテファン聖堂の外陣がホール式から

133

第Ⅱ部　荘厳空間の創出

段形ホール式へと計画変更された時期として主張するのは、この 1420 年代である[16]。

　しかしながら次の三点の理由から、計画変更を 1420 年代とするハンケの説に、筆者は異を唱えたい。第一に、この時点ではまだ、通常のバシリカ式を導入することも不可能ではなかったはずであり、それにもかかわらず、あえて段形ホールという特殊な建築タイプの導入を決断するだけの積極的な動機が、この時代には見当たらない。仮に、この時期にバシリカ式へと計画が変更されたという主張があったとしても、バシリカ式が選択肢に上がる可能性自体が極めて低いということは、すでに述べた。第二に、1420 年代が計画変更の時期だとすると、その主体は、14 世紀以降に経済力を付け、聖堂造営に積極的に関与していた、ウィーン市民ということになる。しかし彼らの関心事は、南塔を市民の象徴である単塔として巨大化させることにあった[17]。つまりこの時期の市民たちは、南塔の建設に専念していたはずであり、一方、外陣建設はそれほど進められてはいなかったに違いない。そして第三に、上述のとおり、当時の造営の主体は市民であり、一方で外陣を完成に至らしめたのが、1440 年に王位に就き造営権を掌握したフリードリヒ三世であることを踏まえるならば、仮に市民が段形ホール式へと計画変更していた場合、その計画を皇帝がそのまま受け継いだとは考えにくい。このことは、市民の単塔として完成した南塔を、再び皇帝大聖堂のコンセプトへと組み込むべく、外陣外壁に飾破風を並べるというアイディアを実行している点からも保証される[18]。

　計画が段形ホール式へと変更されたのは、1446 年、ヴォールトを架けて聖堂を完成させる命を受けたプクスパウムが棟梁に着任した[19]時と考えるのが、最も自然であろう。あわせて 1440 年、フリードリヒ三世がドイツ王の座に就いたことを考慮するならば、市民聖堂に傾きかけた造営計画を一新するためにも、段形ホールという新しい建築タイプに挑戦するフリードリヒ三世の動機が十分に認められる。何よりも注目したいのは、すでに造営は長期化し、14 世紀中葉のルードルフ四世による拡張工事着手からも、約一世紀の時が経っていたという点である。この間、時代様式の変遷や施主の交代にともな

第一章　段形ホールの特異性

い、ザンクト・シュテファン聖堂には、すでにさまざまな要素が蓄積していた。これはすなわち、聖堂完成を前にした棟梁が、造形的な課題に直面していたことを示唆している。〈フリードリヒ破風〉のアイディアがそうであったように、諸々の課題を克服する必要があった、この時期にこそ、大胆な発想が生まれる契機が認められるのである。

　段形ホールは、15世紀中葉、ドナウ流域にて突如として発生し、広まった建築タイプである。[20]この頃に建設された段形ホールの作例としては、ウィーンのザンクト・シュテファン聖堂のほかに、グラーツ大聖堂[cat. 181]、インゴルシュタットの聖母聖堂[cat. 127]、ブラウナウのザンクト・シュテファン聖堂[cat. 128]が挙げられる。その建設時期の前後関係が精査されたことはこれまでなかったが、しかし聖堂の規模や影響力を考慮すると、後にカテドラルへと昇格することとなるウィーンのザンクト・シュテファン聖堂こそが、その発端である可能性が高い。ウィーンのザンクト・シュテファン聖堂にて段形ホールが考案された動機については、次章以降で検討することとして、本章ではまず、本聖堂とほぼ同時期に建設された段形ホール式の上記諸聖堂について、そのクロノロジーと影響関係を確認したい。ただしグラーツ大聖堂については、ザンクト・シュテファン聖堂と同じ皇帝フリードリヒ三世が施主を務めたため、ザンクト・シュテファン聖堂を手本に建設されたことが容易に想像されることから、次章にて、フリードリヒ三世の意図の解明とあわせて検討する。

　考察を進める前に、ウィーンのザンクト・シュテファン聖堂における段形ホールの造営経緯を確認しておきたい。フリードリヒ三世が王位に就いてから、プクスパウムが棟梁に着任するまで、その間に6年の空白ができた理由は、広く優れた建築家を探していたからであろう。その中でプクスパウムは、諸々の課題の克服を可能とする段形ホールの導入を提案し、それが採用されたために、棟梁への着任を果たしたと推察される。その後、1449年に屋根が架けられたことは、出納記録からも明らかである。[21]ここに至るまでの3年間で、外陣の柱とアーケードも完成したに違いない。屋根の完成後、直ちにヴォールトに着手されたはずであるが、しかしヴォールトの完成時期を示す史料は現存しない。これに関しては研究者によって見解が微妙に異なる

135

第Ⅱ部　荘厳空間の創出

ものの、祭壇聖別の年を主たる根拠に、概して 1459 年から 1466 年頃が完成年と見なされている[22]。例外的に 1475 年とするベーカーの説もあるが[23]、後述する周辺作例と比べたならば、時代を下げすぎた感がある。

　以上から、ザンクト・シュテファン聖堂における段形ホールの構想が生まれたのは 1446 年前後、完成の年代については 1460 年前後と考え、あわせて、ヴォールト完成時期の上限は、屋根建設直後の 1450 年代中葉、下限は北塔着工直前の 1466 年頃であることも踏まえておきたい。

2.　インゴルシュタットの聖母聖堂

　バイエルンのほぼ中心に位置するインゴルシュタットは、1407 年、上バイエルン＝インゴルシュタット公シュテファン三世の治世下において、公国第二の小教区に指定された宮廷都市である。シュテファン三世はその頃からすでに聖堂の建設を目論んでいたものの[24]、実際に造営が始まったのは 1425 年[25]、息子ルートヴィヒ鬚公の治世においてであった。これが、段形ホールとして完成することとなる聖母聖堂の始まりである（図 9, 10）[cat. 127]。

　聖母聖堂は、小教区聖堂として着工されたものの、しかし間もなくして、その位置付けを大きく変更するできごとが生じる。すなわち 1429 年、ルートヴィヒ鬚公が、埋葬のための寄進を行ったのである。これをもって聖母聖堂のコンセプトは、霊廟としての「大公の聖堂」へ修正されたと考えられている[26]。ハンケは、実行はルートヴィヒ鬚公の歿後という但し書きを付けつつ、この年が、本聖堂におけるホール式タイプから段形ホール式タイプへの変更の時だと主張した[27]。なるほど造営計画を変更し、ましてや段形ホールという特殊な建築プランを導入する契機としては、十分にありうるできごとである。しかしハンケの主張は、ウィーンのザンクト・シュテファン聖堂外陣が段形ホール式へ変更された時期が 1420 年代であることを前提としたものであった。実はルートヴィヒ鬚公とウィーン宮廷とは緊密な関係にあり、1422 年にルートヴィヒ鬚公がウィーンを訪問した際には、ザンクト・シュテファン聖堂から感銘を受けたという指摘もある[28]。しかし当時のザンクト・シュテファ

第一章　段形ホールの特異性

図9　インゴルシュタット、聖母聖堂

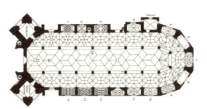

図10　同、平面図

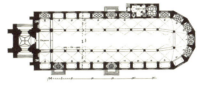

図11　シュトラウビング、ザンクト・ヤーコプ聖堂、平面図

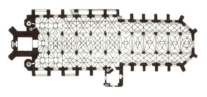

図12　ネルトリンゲン、ザンクト・ゲオルク聖堂、平面図

ン聖堂では、外陣外壁が建設中の段階にあり、段形ホールは完成していないばかりか、発案すらされていなかったはずである。したがって、たとえルートヴィヒ鬚公の寄進が聖堂コンセプトを変更することになったとしても、これを段形ホール導入と直接的に関連付けることは難しい。

　ここで改めて、聖母聖堂の建築史をたどってみよう。1425年の着工時には、これより10年ほど早く着工されていたシュトラウビングのザンクト・ヤーコプ聖堂のような市民的ホール式聖堂が計画されていたであろうことは、平面図の比較からも明らかである（図10, 11）。その後1429年に、ルートヴィヒ鬚公は自らの霊廟としての構想を実行へと移し始めたわけだが、しかし周歩廊式プラン自体は変更されることのないままに、内陣が1438/9年に完成する。ただしこのとき、ヴォールトは未完成だったとの指摘がある。

　さて、1439年から1441年にかけて、ルートヴィヒ鬚公は聖母聖堂に対

137

第Ⅱ部　荘厳空間の創出

して法外な額の寄進を行う[31]。ボイムラーはこの寄進を、西内陣を含む西側構造の造営と関連付けた。彼の説によれば、この聖母聖堂は、一見しただけでは二重内陣と見なしえないものの、しかし西端部分を多角形として処理する特徴的な平面プランは、例えば 1427 年に着工されたネルトリンゲンのザンクト・ゲオルク聖堂[cat. 228]の東内陣にも観察される特徴であることから（図 12）、これを根拠として、聖母聖堂の西側が西内陣として建設されたと解釈することも可能だという。さらには、この西内陣と西の双塔と併せることで、西構えが構想されていたというのである[32]。ボイムラーが主張するところの、西内陣としての解釈については、さらなる検証が必要と思われるが、しかし西の双塔を多角形平面に組み込むという特異な構法に関する指摘は、なるほど注目に値するものであり、ここに計画変更の痕跡を認めることができそうである。すなわち、おそらく原案では、ネルトリンゲンのザンクト・ゲオルク聖堂をはじめとする南ドイツの多くの聖堂がそうであるように、本聖堂でも西の単塔の建設が予定されていたはずである。だがルートヴィヒ鬚公は多額の寄進を行い西側のプランを変更させ、ここに単塔ではなく双塔を建設させたのであろう。西側の塔を単塔から双塔へ修正するというのは、建築図像上、重要な意味をもつ変更であり、その目的は、君主権を強調することにあったと考えられる。仮に本聖堂の西側に西内陣を読み取る解釈が正当であった場合、その図像的意味合いはさらに強まることになるであろう。

　1443 年、ルートヴィヒ鬚公が廃位されると、造営はバイエルン゠ランツフート公に引き継がれた。外陣南壁面に着手されたのが 1460 年、献堂が 1495 年、外陣のヴォールト建設が 1503 年である[33]。聖母聖堂の外陣南壁面に着手された 1460 年というのは、ウィーンのザンクト・シュテファン聖堂にて段形ホールが完成した時期である。ゆえに聖母聖堂が、ウィーンの完成作品を実見した上で、あるいは少なくとも計画を詳細に知った上での施工だったという可能性は十分に考えられる。あわせて注目したいのは、本聖堂の段形ホールの造形や空間印象がウィーンのそれと酷似している点である。当然ながら一口に段形ホールといっても、それぞれの聖堂で様々な特徴が認められる。しかし聖母聖堂における盾状壁面の使用方法やそのプロポーショ

ンはウィーンの段形ホールと類似しており、こうした諸状況を踏まえたならば、聖母聖堂がウィーンの段形ホールを手本にしたという可能性は極めて高いといえる。

　以上を総括すると、次のようになる。聖母聖堂は 1425 年に小教区聖堂として建設が開始されるも、1429 年のルートヴィヒ髭公の寄進により、君主の霊廟としての性格を帯びるようになる。そして 1440 年以降は、西の双塔や段形ホールなど、君主を象徴する建築要素が採用され始めた。ここで注意すべきは、聖母聖堂における段形ホールの手本がザンクト・シュテファン聖堂であったとしても、その他の建築要素に関しては、この限りではないという点である。例えばウィーンのザンクト・シュテファン聖堂は周歩廊式内陣も二重内陣も備えず、またインゴルシュタットの聖母聖堂に二重礼拝堂は存在しない。つまり本聖堂は、ザンクト・シュテファン聖堂全体を模倣したのではなく、段形ホールというひとつの建築要素を、おそらくは象徴的なモティーフであるとの認識に基づき、引用したわけである。ここから、段形ホールという建築タイプに対する同時代の人々の評価の高さをうかがい知ることができよう。

3.　ブラウナウ・アム・インのザンクト・シュテファン聖堂

　次に、ブラウナウ・アム・インのザンクト・シュテファン聖堂[cat. 128]を検討したい（図 13, 14, 15）。オーバーエスターライヒにあるブラウナウは、ドイツとの国境線を形成するイン川ほとりの小都市である。1439 年、それまで小さな礼拝堂のあった場所で、新しい聖堂の建設が始まった[35]。その造営資金は、手工業ツンフトを筆頭とする市民が担ったとされており、本聖堂の礼拝堂にはそれぞれ寄進したツンフトの名が冠されている[36]。1466 年に本聖堂は段形ホールとして完成し、さらに小教区聖堂となったのは 1517 年のことであった。27 年間の造営で全長 60 メートルに及ぶ聖堂を完成させたわけだから、順調な造営であったことが察せられよう。なおこの造営期間内に、ウィーンでは段形ホールが構想され完成したことになる。つまり両者の完成年は極

第Ⅱ部　荘厳空間の創出

図13　ブラウナウ、ザンクト・シュテファン聖堂

図14　同

めて近いが、段形ホールの発案の順序については、どのように説明されるべきであろうか。

　まずもって指摘したいのは、ブラウナウとウィーンでは、空間印象が異なるという点である（図4, 13）。

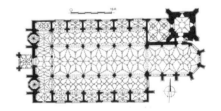

図15　同、平面図

そもそもブラウナウのザンクト・シュテファン聖堂は、ウィーンとは平面プランを違えており、つまり第一に、ブラウナウの内陣はウィーンのような三連のアプシスではなく、単独のアプシスである（図5, 15）。第二に、側廊幅が身廊幅の約半分しかなく、こうした幅の差異化によって、身廊の優位性が保たれている。また第三に、側壁控壁を礼拝堂として活用するという、南ドイツのホール式聖堂に典型的な手法が採られている。以上の三点が、ウィーンのザンクト・シュテファン聖堂との相違点として指摘できよう。

　しかしブラウナウとウィーンを比較した際の、その空間印象の差異をも

140

第一章　段形ホールの特異性

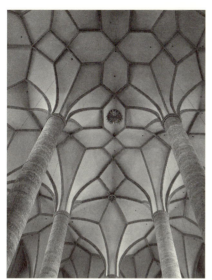

図16　ザルツブルク、フランシスコ会修道院聖堂

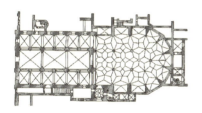

図17　同、平面図

たらす最大の要因は、身廊上部の仕切りアーチの処理に求められる（図14）。そもそも段形ホール式聖堂としてのブラウナウの特徴とは、身廊と側廊のアーチ・ヴォールトの起拱点の高さが同一だという点にある。例えばウィーンのザンクト・シュテファン聖堂やインゴルシュタットの聖母聖堂[cat. 127]における身廊の実質的な起拱点は、側廊より上方、すなわち盾状壁面の平面上にあったため、この仕切りアーケードの生み出す水平の帯が、まっすぐに連なって内陣へ向かい、強烈な方向性を作り出していた（図4, 9）。しかしブラウナウでは、身廊の起拱点が仕切りアーチの起拱点と同じ高さにあるため、仕切りアーケードの連続性を起拱点から伸びるアーチが曖昧にし、ゆえに内陣へ向かう方向性が弱まってしまうのである（図13, 14）。あわせて仕切りアーチに施された竜骨アーチによって、この方向性はさらに不明瞭なものとなる。

　空間印象における相違が認められる一方で、造営時期および地域の近しさを考慮したならば、ブラウナウの段形ホールが、ウィーンのザンクト・シュテファン聖堂と無関係に導入されたとは考えにくいというのも事実である。そこで改めて検討したいのは、ブラウナウの棟梁が、ザンクト・シュテファン聖堂の段形ホールをすでに知っていた可能性である。本聖堂を建設した棟梁シュテファン・クルメナウアーは、パッサウの棟梁ハンス・クルメナウアー

141

第Ⅱ部　荘厳空間の創出

の息子として 1400 年頃クルマウに誕生し、ザルツブルクやバイエルンを中心に活動した後、遅くとも 1452 年にはザルツブルクで棟梁となった人物である[37]。概して父の下で修行したと推察されるが、1429 年にはウィーンのザンクト・シュテファン聖堂の造営に関わった記録がある[38]。あわせて先に言及したルートヴィヒ鬚公は、この S・クルメナウアーがバウヒュッテの棟梁を務めたザルツブルクとも縁の深い人物であり[39]、ゆえにインゴルシュタットでの造営事情を、おそらく S・クルメナウアーも把握していたであろう。さらに注目すべきは、棟梁たちの交流である。すなわち当時は、ウィーンやストラスブール、ケルン、ベルンなどの棟梁たちによって石工組合が結成されていた。石工組合が開催した集会[40] を通じて、S・クルメナウアーとウィーンの棟梁との間で情報交換がなされていたであろうことは、想像にかたくない。

　以上を踏まえた上で浮上するのは、ブラウナウのザンクト・シュテファン聖堂が、ウィーンの段形ホールから着想を得つつも、その空間効果を意図的に改変したという可能性である。棟梁 S・クルメナウアーは、ハンス・フォン・ブルクハウゼンと師弟関係にあり、両者が関わった代表的な作品としては、ザルツブルクにあるフランシスコ会修道院の内陣が挙げられる（図16, 17）[cat. 276]。その造営経緯とは、1408 年頃に師が着工したものを、その歿後の1432 年より弟子たる S・クルメナウアーが引き継ぎ、15 世紀半ば、完成に至らしめたというのが通説である[41]。グリッドの無い円柱は、柱頭を強調することなく、滑らかな聖杯のごとき膨らみを見せ、そのリブからは、星形ヴォールトが均質に伸び広がる。この優美な空間は、まさしく柔軟様式に位置付けられるべきものである[42]。これほどの均質空間に従事した棟梁にとって、段形ホールのように明快な方向性をもった聖堂は、馴染みの無いものであったに違いない[43]。だからこそ、ブラウナウでは盾状壁面を竜骨アーチで飾ることによって、仕切りアーケードの明快な方向性を減じ、柱からリブへの有機的な連続性を保とうと試みたのではないだろうか。換言すれば、この竜骨アーチ装飾には、未知の盾状壁面を使用する棟梁の模索や葛藤を読みとることができるのである。

　最後に、ブラウナウで段形ホール式が導入された動機についても触れてお

第一章　段形ホールの特異性

く。本聖堂の造営資金の担い手がツンフトであったことを鑑みるならば、君主権の図像を意図しての導入とは考えにくい。つまり彼らにはその認識は無く——段形ホールは伝統的な形式ではないのだから当然である——、皇帝霊廟で発案された最先端の建築タイプを欲したにすぎなかったのではないか。この点については、後に、皇帝大聖堂以外でも段形ホール式が広く採用されていることからもうかがい知れる。翻って前節で考察したインゴルシュタットの聖母聖堂における段形ホール式の採用も、必ずしも君主権の図像を企図したものではなく、皇帝が新たに示したシンボル的要素に準じた結果と見なした方が、実は適切なのかもしれない。

　以上の考察は専ら造形分析に主眼を置いたものであり、段形ホールの始まりをブラウナウのザンクト・シュテファン聖堂と主張する論に対して、必ずしも十分に反駁できるものではないかもしれない。しかし仮に本聖堂が最初の作例であったとしても、その空間作用はいまだ旧時代に属するものであり、一方でウィーンのザンクト・シュテファン聖堂の空間は、旧来のホール式空間とはまったく異なる、新しい作用をもたらすものである。よって、新しい建築タイプという意における段形ホールは、やはりウィーンのザンクト・シュテファン聖堂にこそ、その端緒を認めるべきであろう。

　本章では、15世紀中葉、ほぼ同時に発生した段形ホールの諸作例について、その造営経緯および施主や棟梁の意図を検討した。その結果、ウィーンのザンクト・シュテファン聖堂にこそ、他の作例に先んじて、従来に無い建築タイプを導入した栄誉を認めるべきとの結論に至った。手本と模倣の関係を識別することが困難なほどに造営年代が集中しているという事実は、ウィーンの段形ホールが有していたインパクトの強さを物語るものである。こうした現象の背景には、皇帝フリードリヒ三世の政治的戦略もあったに違いない。

143

第 II 部　荘厳空間の創出

［註］

1　Saliger 2004, S. 109-115.

2　Wagner-Rieger 1972, S. 128-153; Wagner-Rieger 1988.

3　Hanke 2007.

4　Wagner-Rieger 1967, S. 352; Zykan (M) 1981, S. 101-102; Zykan (M) 1970, S. 37; Brucher 2003b, S. 222.

5　Saliger 2005, S. 40.

6　Zykan (M) 1981, S. 101-102; Wagner-Rieger 1988, S. 154; Brucher 2003b, S. 222.

7　M・ツューカンやフランクルは、「国王の聖堂」であるバシリカとの類似性から、フリードリヒ三世が段形ホールを好んだ可能性を指摘した。Frankl 1962 (2000), p. 206; Zykan (M) 1981, S. 102.

8　ザンクト・シュテファン聖堂の外陣の手本になった聖堂が存在したと仮定する場合、手本となりうる建築は、第一に、遅くとも 1430 年以前に完成しており、また第二に、皇帝の霊廟建築にふさわしい伝統を有している、という条件を満たす必要があるだろう。以上の条件を満たすことができる聖堂は、プラハ大聖堂以外には見当たらない。

9　第 I 部・第二章を参照されたい。

10　例えばランツフートのザンクト・マルティン聖堂 cat.213 は、プラハ大聖堂のネット・ヴォールトを継承したが、建築タイプはホールである。

11　第 I 部・第三章および第四章を参照されたい。

12　ウィーンが属していた司教区を統括したパッサウ大聖堂 cat. 9 では、ハンス・クルメナウアーの構想により、1407 年に内陣の建て替えが始まっているが、これは段形ホール式ではなかったようである。Schedl 2009, S. 109-121. またザルツブルクやミュンヘンなどでも、当時はホールが主流の建築タイプであった。

13　南壁面がコーニスの高さまで完成した時期に関して、各研究者の見解には若干の相違が見られる。ザーリガーは 1392 年の完成と見なし、同時期にカタリーナ礼拝堂も聖別されたと推測した。M・ツューカンは、南壁面を 14 世紀、北壁面を 1440 年の完成と見なした。ブルッハーは 15 世紀初頭に南壁と南塔の第一層目の高さまでが完成したと推察した。Zykan (M) 1981, S. 101; Brucher 2000, S. 282; Saliger 2005, S. 36.

14　ロマネスクの壁体の解体に関しては、ザンクト・シュテファン聖堂の「教会管理者の出納記録」における 1426, 27, 30 年の記述で報告されている。Zykan (M) 1981, S. 101. 本史料に関しては序・第二章の註 1 を参照されたい。

15　ザンクト・シュテファン聖堂の「教会管理者の出納記録」に 1422 年の記録がある。Tietze 1931, S. 23; Donin 1955, S. 41.

16 外陣取り壊し直後に柱およびアーケードの建設に着手したはずであるから、段形ホール式への変更は1420年代だというのが、ハンケの主張である。Hanke 2007, S. 99.

17 第I部・第三章を参照されたい。

18 第I部・第四章を参照されたい。

19 Tilmez 1721 (1722), S. 43; Tietze 1931, S. 23-24; Grimschitz 1947, S. 6. 序・第二章2.5節を参照されたい。

20 ハンケの調査からも明らかなとおり、北ドイツでは14世紀すでに段形ホールの作例が認められる。Hanke 2007. しかしいずれも小作品にすぎず、また地域的・時代的な関連性も無いことから、南ドイツにおける段形ホールの手本になったとは考えにくい。この点については、附録の建築カタログも参照されたい。

21 Perger (R) 1970, S. 94-95.

22 ティーツェやR・ペルガーは、オゲッサーの記録を根拠に、1466年をヴォールト完成の年と考えた。この翌年には北塔の造営が再開していることからも、この年代同定は理に適ったものである。ただしここで根拠となるオゲッサーの記述は、ヴォールトではなく天蓋に関するものだとするベーカーの解釈もある。またツューカンとブルッヒャーは1459年に完成したと考えているようだが、その根拠は示されていない。Ogesser 1779, S. 138; Tietze 1931, S. 24-25; Perger (R) 1970, S. 95; Zykan (M) 1981, S. 107; Brucher 2003b, S. 224; Böker 2007, S. 207, 215, 229.

23 ベーカーの根拠は、第一に、ネット・ヴォールトの発案者はプクスパウムの後継シュペニングだと推察されること、関連して第二に、ヴォールトの完成を西トリビューン完成後と見なした方が、様式展開上筋が通ること、第三に、1467年に造営の再開した北塔の控え柱と、外陣の北東部分のリブとがつながっていること、以上の三点に求められる。Böker 2007, S. 215.

24 例えば1407年、シュテファン三世によって、租税より100グルデンが教会へ寄進されている。Bäumler 2009, S. 9.

25 南扉口にある銘板から知られる。

26 Hanke 2007, S. 73; Schönewald 2007, S. 55. なおルートヴィヒ鬚公の寄進については、以下が詳しい。Straub 1987, S. 20-144.

27 Hanke 2007, S. 73, Anm. 7.

28 Hanke 2007, S. 73-74; Schönewald 2007, S. 51.

29 1429年にルートヴィヒ鬚公の領地となった。

30 Reitzenstein / Brunner 1974, S. 402; Bäumler 2009, S. 25.

31 Schönewald 2007, S. 56-57.

32 Bäumler 2009, S. 28. なお、以下でも、西部分が西内陣と見なされている。

第II部　荘厳空間の創出

Dehio Bayern IV.

33　Bäumler 2009, S. 29.

34　段形ホールに関連する用語として、本稿では以下のように使用することとする。まず、段形ホールを考察する際には、ハンケも強調するように、アーチが始まる部分を見極めることが重要となる。Hanke 2007, S. 80. そのため、アーチを受ける部分を意味する「迫持台（Kämpfer）」という用語とは別に、特にアーチの始まりを意味する場合には、「起拱点（Kämpferpunkt）」との用語を用いることとする。また段形ホールにおいて、側廊より天井が高いことで生まれる身廊上部の壁面に対して、これを「仕切りアーチ（Scheidbogen）」と呼び、しかし特に、例えばウィーンのザンクト・シュテファン聖堂のように、身廊の起拱点が側廊の起拱点より上方の場合には「盾状壁面（Schildwand）」との呼称を用いる。あわせて「仕切りアーチ」の連続についてはこれを、「仕切りアーケード（Scheidarkade）」と呼ぶこととする。

35　Nussbaum 1984, S. 114, Anm. 143.

36　本聖堂の側廊には、伯爵や大公の礼拝堂とともに、醸造業者、石工、鍛冶屋、パン屋、織工、そして商人の礼拝堂などが観察される。Weidl 1999, S. 3, 10.

37　例えば以下を参照のこと。Liedke 1986, S. 133.

38　Liedke 1986, S. 128.

39　例えばルートヴィヒ鬚公は、ザルツブルク大司教から支援を受けていた。Puchta 1984, S. 79.

40　最も有名な 1459 年のレーゲンスブルクで開催された石工組合の集会には、ウィーンのシュペニングらが参加していた。Böker 2010, S. 165-166.

41　Liedke 1984, S. 4. なお S・クルメナウアーとの関連を示すものとして、ブラウナウの礼拝堂におけるトレーサリーの図案が、ザルツブルクの内陣の南面に使用されている点が指摘されている。Nussbaum 1984, S. 116.

42　Petrasch 1951, S. 23-25.

43　S・クルメナウアーのもうひとつの代表作は、ヴァッサーブルクのザンクト・ヤーコプ聖堂 [cat. 227] の内陣である。そのネット・ヴォールトは、中央に大きなリングを設け、その周囲をゆるやかな円弧が花びら状にとり囲む優美なもので、やはりそこに方向性を認めることはできない。

44　註 36 参照。

第二章　権威の表象

　皇帝フリードリヒ三世は、15世紀後半というゴシックからルネサンスへの移行期の中で、換言すれば、中世から新しい時代へと移り変わるその中で、君主に相応しい表現方法を模索していた。実は段形ホールの登場は、フリードリヒ三世からの要請のみならず、移行期という時代性からも説明されるべきものである。次章でも検討するように、外陣の複雑な空間作用は、移行期ゆえの特質が空間造形に刻印された結果といえる。時代の転換期における新しい表現方法の模索が、ザンクト・シュテファン聖堂の外陣という、特異な空間造形を生み出したのである。

　本章では、フリードリヒ三世による権威の表象という観点から、建築に限らず宮廷芸術全般を考察することで、ゴシックからルネサンスへの移行期の特質を解明したい。考察手順としては、まず第1節および第2節において、ヴィーナー・ノイシュタット宮廷に建設されたザンクト・ゲオルク礼拝堂の東壁面装飾〈紋章壁〉がもつ聖俗の両義的な性格を検討し（図1, 2）、そこから、フリードリヒ三世の権威の表象に求められた要件を明らかにする。さらに第3節において、教皇ピウス二世によるピエンツァ大聖堂[cat. 202]を手掛かりとして、段形ホールという新しい表現手段が採用された背景について検討する。

1.　肖像の展開

　ヴィーナー・ノイシュタットは、バーベンベルク家の治世より発展した都市である。今でこそウィーンの南に位置する小都市にすぎないが、実はエルンスト鉄公以来の宮廷都市であり、また、フリードリヒ三世夫妻の息子皇帝マクシミリアン一世が誕生したのも、さらには、ゴシック末期を代表する彫刻家ニコラウス・ゲルハールト・フォン・ライデンが皇帝に招かれて工房

第II部　荘厳空間の創出

図1　ヴィーナー・ノイシュタット、ザンクト・ゲオルク礼拝堂、東面〈紋章壁〉

図2　同、東面〈紋章壁〉「皇帝フリードリヒ三世」

を構え、後に歿したのも、当地であった。また、オーストリアに司教座が設置された際、ヴィーナー・ノイシュタットがウィーンとともにカテドラルへ昇格した点からも、本都市の重要性がうかがい知れよう。

　フリードリヒ三世は、おそらく1440年頃から1460年頃にかけて、ヴィーナー・ノイシュタットの宮廷の西側に新しい礼拝堂を建設させた（図3）。これが、ザンクト・ゲオルク礼拝堂である。造営に従事したのは、当地で活動していた棟梁ペーター・プシカであった。本礼拝堂は、西城門の上部という特殊な位置に設けられており、西側が都市に面し、東側が宮廷の中庭に接している。この礼拝堂の東壁面を飾るのが、総計107にのぼる紋章で大窓の周囲を埋め尽くした〈紋章壁〉である（図1, 2）。壁面上部には聖母子像を中央とした三体の聖人像が、下辺部にはフリードリヒ三世の立像が配される（図2）。フリードリヒ三世を囲む14帖の紋章がその統治下にあった国のものであるのに対して、上部にある残りの93帖については、実在しない、空想的な要素を含んだものと推察されるが、この点については後述したい。

148

第二章　権威の表象

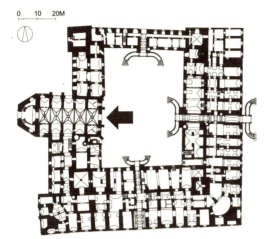

図3　ヴィーナー・ノイシュタット宮廷、平面図
（→：〈紋章壁〉）

図4　大公ルードルフ四世の印章
（1359年）

図5　皇帝フリードリヒ三世の印章
（1438年）

　下辺部中央のフリードリヒ三世像は、鋭い鋸歯状の輪郭を描く大公冠を頂き、そこから細かく波打つ豊かな髪が流れ落ちる。甲冑に守られた肢体はわずかにS字カーブを描き、右足を一歩前に出して、剣と笏を手にする。肩から足元にゆったりと広がる長いマントが、この像にさらなる威厳を付与する。最下段両脇の天使が掲げるのは、後述するフリードリヒ三世の標語「AEIOU」と、1453の年記である。なお、上部にて聖母子の左右に配される聖人像はネオ・ゴシック期の模造であるが、そもそもこの三体の彫刻群はいずれも壁龕のサイズに比して小さいことから、元来は別の像が納められていたと推察されている。

　〈紋章壁〉の研究は、19世紀のリント、および20世紀初頭のヨプスによって進展し、フリードリヒ三世像の顔部分が破損するなどの甚大な被害を受けた第二次大戦後の調査と修復を経て、現在に至る。研究史において注目されたのは、聖堂というよりは、むしろ凱旋門を髣髴とさせるような、その独特の形式であり、これは、城門上部という礼拝堂の特異な位置関係ばかり

149

第Ⅱ部　荘厳空間の創出

ではなく、君主像を紋章が取り囲むという構図にも大いに起因するものである[7]。こうした、プロパガンダ的ともいえる性質を有す作品が制作された背景としてヴァーグナー゠リーガーは、後述のとおりルードルフ四世の「大特許状」との関係を重視し、あわせて着想源として、ルードルフ四世像の刻まれた、1359 の年記をもつ印章を指摘した[8]（図 4）。

　〈紋章壁〉と印章の密接な関係性について、異論の余地はあるまい[9]。ルードルフ四世像の印章は、〈紋章壁〉だけでなく、1438 年のフリードリヒ三世の印章にもすでに影響を与えていた（図 5）。そこでは、壁龕に納められたフリードリヒ三世が甲冑をまとった立像として描写され、鋸歯状の大公冠をかぶり、剣と笏を手にし、左足を軽く開いた、堂々たる姿勢を示す。たっぷりと波打つマントが緞帳のようでもあり、像に厳かな雰囲気を添える。左右には小尖塔のごとく支柱が立ち上がり、そこに紋章が 6 帖ずつ納められる。以上の形式を比較したならば、こうした印章が巨大化したものとして〈紋章壁〉を捉えたとしても過言ではないほどに、両者は類似している。ゆえに〈紋章壁〉の特質とは、宗教建築を構成する装飾要素でありながら、ルードルフ四世の印章という特定の人物のイメージと、さらには世俗的な表現語彙とを、果敢に採り入れた点にあるといえよう。換言すれば、聖堂とはおよそ関係のないモティーフを礼拝堂壁面に導入することによって、「もはや神聖なる礼拝堂とは思えない[10]」ほどの政治的な造形が実現したわけである。

　〈紋章壁〉にルードルフ四世のイメージが重ねられた、その理由とは、フリードリヒ三世の政治上の立場を踏まえたならば、自ずと明らかになる。14 世紀末以降のハプスブルク家は、分裂の危機に見舞われていた。ルードルフ四世歿後に生じた、アルブレヒト三世およびレオポルト三世の後継争いに端を発し、オーストリアは分割統治され、その結果、同家の当主を兄アルブレヒト三世が継承し、フリードリヒ三世の祖父である弟レオポルト三世は傍系に甘んずることとなった。1424 年、エルンスト鉄公が 47 歳で歿した時、その長男フリードリヒ三世は若干 9 歳にすぎず、したがってエルンスト鉄公の弟チロル公フリードリヒ四世を後見人として、弟アルブレヒト六世と共に家督を継ぐ。さて 1437 年、ハプスブルク家に好機が訪れる。皇帝ジギスムント

が跡継ぎを残さず殁したため、その娘婿であるアルブレヒト系のアルブレヒト五世が、ドイツ王に着任したのである。ハプスブルク家からドイツ王が選出されたのは、フリードリヒ美公以来、実に百年ぶりのことであった。ところがアルブレヒト五世は、就任直後の 1439 年、急死してしまう。ハプスブルク家は翌年誕生したアルブレヒト五世の長男ラディスラウスによって継承されたが、この幼子の後見人を務めたのが、フリードリヒ三世であった。なお叔父であるチロル公フリードリヒ四世は、奇しくもアルブレヒトと同年に殁していた。こうして 1440 年、フランクフルトにてドイツ王に選出されたのはフリードリヒ三世その人であり、1452 年、彼はついに皇帝の戴冠を受けたのであった。

　フリードリヒ三世は、ルードルフ四世の殁後に分裂していたオーストリアの再統一を果たし、そればかりか同家で初めて皇帝となったわけだが、しかしそうした地位が、傍系出身のフリードリヒ三世にとって、最初から約束されたものであったはずはない。だからこそフリードリヒ三世は、自身の権力の表象に強い関心を抱いていたと察せられる。その自己顕示欲を象徴するのが、彼の標語であろう。おそらくは世界の支配者としてのハプスブルク家の権力を意味する「AEIOU」の 5 文字が、印章や硬貨、写本や工芸品、そして聖堂建築など、フリードリヒ三世周辺の様々なものに、繰り返し刻まれたのである。[11]

　君主としてのイメージを構築するという要請は、肖像制作へも向けられた。フリードリヒ三世は、ハプスブルク家史上、肖像がまとまって存在する最初の人物とされる。[12] シュミットによると、フリードリヒ三世の肖像は多様な媒体にて 90 点以上現存しており、それらはドルニク＝エーガーらによって年代同定や解釈がなされてきた。[13] 現存最古のフリードリヒ三世の肖像は、甲冑に身を固めた父エルンスト鉄公と共に描かれたステンドグラスである（図6）。これは、ヴィーナー・ノイシュタット宮廷の東側に建設された聖遺骸礼拝堂を飾るため 1424 年以前に制作されたもので、伝統的な寄進者像の形式が採用されている。

　一方、それから四半世紀を経た 1447/48 年の祈祷書における肖像画は、

151

第Ⅱ部　荘厳空間の創出

政治的メッセージの織り込まれた作品と考えられる（図7）。この祈祷書は、フリードリヒ三世の名前やモノグラム、そして標語「AEIOU」が散りばめられた豪華写本で、そのタイトルページには、天蓋の下に座すフリードリヒ三世が、7人の人物とともに描かれている（図8）。ドレーパリーが強いハイライトを得て柔らかにたわむ様子や、人体の凹凸を無視して滑らかな曲線を描きつつ床に広がって装飾的に波打つ描写などに、柔軟様式の精神が認められよう。画面中央の壁面にはタピスリーが掛けられており、そこが要人の席であることを強調している。タピスリーの

図6　《エルンスト鉄公と息子たち》1424年以前（ヴィーナー・ノイシュタットに由来）

前に座るのは、冠を頂く2人の人物である。彼らは対等な関係で座しており、左の鬚をたくわえた人物は王笏を手に、右の鬚のない人物は宝珠を手にして、互いに手を差し出しあい、言葉を交わすような仕草をする。この二人の内の一人が、フリードリヒ三世である点に相違あるまい。だが、左右のいずれがフリードリヒ三世であるかは明確ではなく、あわせて、もう一人の人物の特定も難しい。第一の可能性は、左をフリードリヒ三世、右の鬚のない若い人物を、フリードリヒ三世が後見人となったアルブレヒト系の宗主ラディスラウスと見なす解釈である[14]。第二の可能性は、逆に、鬚のない方をフリードリヒ三世と考える解釈であり、この場合、左の人物については、ラディスラウスの祖父である、ルクセンブルク家の故ジギスムントだとされる[15]。後者の説は、右の人物の衣服が最も豪奢である点からも妥当に思われ、何より、フリードリヒ三世にとって政敵たるラディスラウスの肖像を描く必然性などはなく、むしろ前皇帝であるジギスムントとの関係性を強調することで、帝位への布

152

第二章　権威の表象

図7　オピフェックス『皇帝フリードリヒ三世の祈祷書』1447/48年、ウィーン

図8　同、部分

石としたと言えそうである。

　肖像画として新しい傾向を見せるのは、1460年頃に制作された、フォラウ修道院の寄進者像としてのフリードリヒ三世像である（図10）。これは、暗色の背景から浮かび上がる四分の三面観の胸像で、その象徴性を強調するかのように、鋭い鋸歯状の大公冠がくっきりと示されており、その下からは軽く波打つ柔らかい髪が豊かに広がる。この肖像画が、ルードルフ四世の肖像画の形式に準じたものであるというのは自明であろう[16]（図9）。だがその表現方法には、時代に応じた変化が認められる。改めて観察してみよう。フリードリヒ三世は細かな装飾の施された豪奢な衣服をまとい、首元は高い襟で覆われる。眉は細く水平に伸び、眉間には深い皺が刻まれ、さらに頬や首にも、皺やたるみが容赦なく描き込まれており、何よりも、長い鼻と細く突き出た顎は、歴代のハプスブルク家の肖像を髣髴とさせるものである。このように顔貌の特徴を巧みに捉えた本作は、自然主義的な、あるいは人相学的

153

第Ⅱ部　荘厳空間の創出

図9　《大公ルードルフ四世の肖像》　　　図10　《皇帝フリードリヒ三世の肖像》1460
1359～1365年頃、ウィーン　　　　　　　年頃、フォラウ

な正確さを期したものと見なされ、アルプス以北で最初の、君主の真なる肖像画に位置付けられている。[17]

　興味深いことにフリードリヒ三世の肖像には、イタリア・ルネサンスの芸術家も関与している。皇帝は、その生涯に2回ローマへ赴いており、一度目の1451年から1452年にかけては結婚と戴冠のため、そして二度目の1468年は、まさしくザンクト・シュテファン聖堂のカテドラル昇格の許可を得るためであった。そして、おそらくは最初の滞在の際、イタリアの画家に、自身のプロフィールを描かせたのである[18]（図11）。それは青地を背景に、波打つ長いブロンドを垂らし、豪奢な刺繍の施された衣装をまとう姿にて描写されたもので、衣服の赤と白、そして髪の黄金色など、華やかな色彩に満ちた肖像画であった。また、おそらく二度目の滞在では、ベルトルド・ディ・ジョヴァンニによってメダルが制作され、毛皮の帽子を深くかぶり、長い鼻と豊かな髪を見せたフリードリヒ三世の横顔が、1469の年記と共に刻まれた（図12）。特筆すべきは、これが、ドイツ語圏における最初期のメダルに位置付けられる点である。[19] メダルは、14世紀末、「古代的な」肖像の刻まれたイタリアの作品を皮切りに、15世紀中葉、同地にて本格的な制作が開始された

154

第二章　権威の表象

図11　《皇帝フリードリヒ三世の肖像》1452年以前、フィレンツェ

図12　ベルトルド・ディ・ジョヴァンニ《皇帝フリードリヒ三世の肖像》1469年

ばかりであったが、皇帝は、プロパガンダに適したこの新しいメディアにさっそく注目し、自身の姿をイタリア風のプロフィールで刻ませたのである。

　この頃になると、人相学的正確さは無論のこと、君主権の表象という観点からも、戦略的な手法が採られ始めていた。中でも特筆すべきは、1468年の肖像画である。原作は現存しないものの、16世紀初頭、マクシミリアン一世の治世下におけるハンス・ブルクマイア（父）によるコピー

図13　ブルクマイア（父）《皇帝フリードリヒ三世の肖像》15世紀末～16世紀初頭、ウィーン

がリンツとウィーンに伝わっており、前者の画面右上に「Aetatis 53」すなわち「53歳」との銘文があることから、原作の制作が1468年だと知られる（図13）。本作は、豪奢な衣服を身に付け、宝飾品の散りばめられた王冠と王笏を手にするという、実にモニュメンタルなものであり、また、皇妃エレオノーレの肖像画と対で制作されたことからも、これは、支配者としての

155

第Ⅱ部　荘厳空間の創出

権威を表わした、公的な肖像画と見なされる[21]。原作自体がどれほどのプロパガンダ的な性格を有していたかという点については予断を許さないながらも、少なくとも当時、肖像画を通じて、フリードリヒ三世の権威を表わす手法が模索されていた状況をうかがわせよう。

　ここまで、ゴシックからルネサンスへの移行期におけるフリードリヒ三世の肖像画形式の展開をたどり、そこに、少なからぬイタリア・ルネサンスからの影響を確認することができた。しかしながら新しい表現方法を模索するプロセスにおいて、その探求の目が向けられた先は、アルプス以南に限らない。冒頭で指摘したとおり、印章という小芸術も、君主の権威を表象するために重視され

図14　ゲルハールト《皇帝フリードリヒ三世の墓碑》1467～1473年、ウィーン

た形式のひとつであったということは、これが、〈紋章壁〉のみならず、フリードリヒ三世の墓碑にも採用された点からも察せられる（図14）。フリードリヒ三世は1463年、彫刻家ニコラウス・ゲルハールト・フォン・ライデンをストラスブールから招き、自身の墓碑制作に当たらせた。石材としては、加工が困難な赤大理石が選ばれたが、これは、古代にあっては皇帝の肖像彫刻に用いられた石であり、したがって素材の意味を重視した上での選択だったと推察されている[22]。ゲルハールトの歿後にようやく完成したこの墓碑は、棺周囲のレリーフが全長9メートルにも及び、およそ200人もの人物像から構成されるという、モニュメンタルなものであった。蓋となるプレート上面には、枕の上に頭を乗せた皇帝が横臥像として描写されている。豪奢

第二章　権威の表象

な鋸歯状の冠をかぶり、その上部の天蓋には、聖クリストフォルスを中央として、聖バルトロメウスと聖マタイが左右に並ぶ。皇帝は宝石で豊かに飾られた衣服を身にまとっており、その大きく垂れて広がる袖口から伸ばされた手には宝珠と剣が握られ、左肩には「AEIOU」の銘文帯が掛かる。周囲には、皇帝に関連する９つの紋章が、王冠を頂き、あるいは兜を付けた生き物によって掲げられながら敷き詰められており[23]、墓主はあたかも、紋章で作られた壁龕に納められているかのようである。印章が有する、紋章に囲まれた君主という、単純ながらもプロパガンダ色の強い構図は、墓碑にも適した表現方法だと判断されたのである。

　本節の冒頭にて指摘したとおり、〈紋章壁〉における特質のひとつは、印章という世俗的な表現語彙が使用された点にある。しかしながら〈紋章壁〉において、印章という小芸術を礼拝堂壁面へと転用させるという大胆な発想が生まれた動機は、印章の形式がもつ、明快なメッセージ性にばかりあるわけではない。もうひとつの重要な動機とは、大公ルードルフ四世との関係を強調することで、フリードリヒ三世の権力を裏付けることにあった。〈紋章壁〉下辺の天使が掲げる銘文帯によって示された1453年、フリードリヒ三世は、ルードルフ四世が「大公」という詐称の根拠として偽造したとされる「大特許状」を、帝国法へと正式に組み込んでいる。したがってここでルードルフ四世の印章が使用されることの意義とは、第一に「大特許状」を帝国法に採り入れたことの記念であり[24]、第二には、フリードリヒ三世こそがルードルフ四世の真の後継者であることの宣言だったといえよう。

2.　君主権の表象と伝統

　〈紋章壁〉のコンセプトについて、先行研究では、その構図における印章との類似性や、これに起因する世俗的な性格が注目されてきたわけだが、こうした特異な形式の採用が決断された背景には、形式自体がもつ表現力の価値のみならず、この形式が内包している、ルードルフ四世のイメージの利用を介して、フリードリヒ三世自身の権威を強調しようとする思惑があった。

157

ならば、ルードルフ四世が、自身の、そして一族の霊廟として着手したウィーンのザンクト・シュテファン聖堂に対して、〈紋章壁〉が無関係に成立したとは考えにくい。ここで改めて、〈紋章壁〉の本来の機能である、礼拝堂の壁面装飾という観点へと立ち返ったならば、ウィーンのザンクト・シュテファン聖堂における〈聖歌隊門〉が、いっそうの重要性を帯びてくることになるだろう(図2, 15)。〈紋章壁〉が印章からその形式と政治

図15 ウィーン、ザンクト・シュテファン聖堂、南扉口〈聖歌隊門〉「ルードルフ四世と紋章持ち」

的意味を踏襲したのならば、〈聖歌隊門〉からは、教会権威を通じた君主権の表象というコンセプトを継承したに違いない。第Ⅰ部・第二章にてすでに考察したとおり、〈聖歌隊門〉には、紋章持ちを従えたルードルフ四世夫妻の立像が観察される。概して寄進者像を聖堂に設ける狙いは、教会の権威を背景として、人々の信頼と忠誠を得ることにあった。中でも〈聖歌隊門〉の特殊性とは、これが、支配者夫妻の存命中に、世俗の権力者として聖堂の扉口に描写された、欧州で最初期の作例に位置付けられている点にある。[25]〈紋章壁〉は、〈聖歌隊門〉のルードルフ四世像という、世俗的な寄進者像から着想を得るとともに、これを礼拝堂ファサードにて大胆に展開させることで、より強力な君主像を描き出したのである。

〈紋章壁〉を、聖堂ファサードにおける伝統的な寄進者像からの派生形として捉えたとき顕著となるその特質とは、ルードルフ四世夫妻像が、扉口の左右に侍る寄進者として描写されていたのに対して、〈紋章壁〉のフリードリヒ三世像が、聖堂壁面の中心軸上に主役として立ちはだかり、あたかも聖堂の支配者であるかのごときモニュメンタルな性格を有している点であろう。この形式は直ちに、ゴシック聖堂におけるトリュモのキリスト像や、ファサー

第二章　権威の表象

図 16　フライブルク大聖堂、西扉口

ドで展開した旧約聖書の王たちのイメージを連想させるものである。中でも、君主権の表象を考察する上で重要となる図像が「エッサイの樹」である。「エッサイの樹」とは、端的にいえば、エッサイに始まり、ダヴィデ王、ソロモン王、そしてその後数代を経て、ヨセフ、イエスに至るまでの家系樹を表わしたものである。[26] これはドイツ語圏の聖堂にて好んで採り上げられたモティーフのひとつで、その代表例であるところのフライブルク大聖堂の西塔扉口ホール[cat. 48]では、トリュモの聖母子像と、その足元で眠るエッサイ像を中心に、タンパンには「生誕」から「磔刑」までが、アーキヴォルトには預言者とイスラエルの王、そして旧約聖書の人物たちが配された（図16）。この図像はステンドグラスでも少なからず観察されるもので、概してキリスト像を頂点に、エッサイの像からダヴィデ王、そして聖母を積み重ねる構図が採られることが多い。

　ここで興味深いのが、〈紋章壁〉の大窓の左右にある紋章群に対する解釈である。大窓の真下、すなわちフリードリヒ三世像の左右に配された14帖の紋章は、彼の支配下にあった国を示すことが明らかなのに対して、大窓の左右にある紋章群については、その同定が難航した。当初これらの紋章は、

159

第Ⅱ部　荘厳空間の創出

ゲオルク騎士団の創設メンバーのものとも考えられたが[27]、しかし本礼拝堂が騎士団へと委ねられるのは、〈紋章壁〉の年記が示す1453年より四半世紀もの時を経た後のことである。そこで着目されたのは、15世紀の僧マテウス・ハーゲンが著した年代記にある、オーストリアの発祥に関する説話であった。その登場人物たちが、〈紋章壁〉の紋章によって示されていると指摘されたのである[28]。この説に従うならば、〈紋章壁〉には、君主フリードリヒ三世と、そこに至るまでの、いわばオーストリアの創世記とでもいうべき歴史物語が紡がれていることになり、まさしくこれは家系樹に通ずるコンセプトだといえる。

図17 《皇帝マクシミリアン一世とその家族、キリストの洗礼》1574～1582年、ヴィーナー・ノイシュタット

　〈紋章壁〉の解釈に際してあわせて手掛かりとなるのが、中央窓のステンドグラスである。建設当初のステンドグラスは失われたため、そのプログラムは不明であるものの、1500年には、フリードリヒ三世の息子である皇帝マクシミリアン一世によって制作が約束され、さらにその孫の皇帝フェルディナント一世によって実行されたものが、現存するステンドグラスである。それは、上部にキリストの洗礼図を配し、下部には、中央にマクシミリアン一世と二番目の妻ビアンカ・マリア・スフォルツァ、その両脇に、最初の妻マリー・ド・ブルゴーニュと息子フィリップ美公が並び、下辺には紋章が配されるというものである[29]（図17）。ザンクト・シュテファン聖堂の二重礼拝堂にてハプスブルク一族の肖像を描いた〈支配者の窓〉[30]も考え合わせたならば、現存しないフリードリヒ三世時代のステンドグラスにおいても、現状のステンドグラスのごとく、洗礼図等の君主権を連想させる図像とともに一族の肖像が展開していた可能性は高い。以上を根拠として、〈紋章壁〉に家系樹というコンセプトを見出す解釈は妥当と思われ、究極的にはキリストの家系樹をも含めた、宗教的な意味も内包していた

第二章　権威の表象

 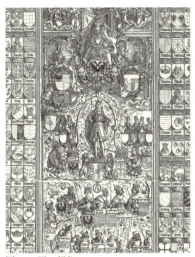

図18　デューラーほか《皇帝マクシミリアン一世の凱旋門》1515年　　図19　同、部分

と推察される。

　ところで、〈紋章壁〉から影響を受けたのが、皇帝マクシミリアン一世の治世下にてアルブレヒト・デューラーらが制作に従事した木版画大作《皇帝マクシミリアン一世の凱旋門》である（図18）。これは、総計195点の版木を組み合わせてできた巨大な画面に、古代ローマ帝国に由来する凱旋門を描写した作品で、仰々しいコラムやクーポラで飾られた古代的建造物の左右には、皇帝の功績を伝える歴史的物語が展開し、一方、紋章の列に囲まれた中央部分の頂点にはマクシミリアン一世が玉座に就き、その両脇には二人の皇妃が、足元には後継者たる孫の皇帝フェルディナント一世の立像と、さらに下には一族の家系樹が描きこまれる（図19）。この家系樹の構図が〈紋章壁〉に由来することは明らかである。なお、《凱旋門》におけるマクシミリアン一世は、いまやキリストのごとく頂点の玉座に就いている。こうした表現からは、フリードリヒ三世の〈紋章壁〉と比べ、マクシミリアン一世の宮廷美術では君主権のイメージの表象がいっそう強められ、新たな展開を見せたことがわかるであろう。

　本章ではここまで、〈紋章壁〉におけるルードルフ四世のイメージを基軸

161

第Ⅱ部　荘厳空間の創出

として、その世俗的な、そして宗教的な形式との関係性を考察してきた。その結果、〈紋章壁〉は、フリードリヒ三世の君主としての権威を表象すべく、聖俗双方の要素を貪欲に採り入れたものであることがわかった。ゆえに本作は政治的、宗教的、そして祝祭的な雰囲気を兼ね備えるに至ったのである。こうした複合的な表現方法が用いられた理由としては、〈紋章壁〉が、礼拝堂装飾であり、なおかつ宮廷の城門でもあるという、聖俗の両義的な機能を備えていたという点こそが、まず指摘されるべきであろう。だがこうした機能上の要請のみならず、ゴシックからルネサンスへの移行期という条件があってこそ、〈紋章壁〉の多彩な表現は初めて可能となったのである。これは、同じくフリードリヒ三世の治世下に完成したザンクト・シュテファン聖堂の内部空間を考察する上で、重要な手掛かりとなるものである。

3.　君主の理想空間

　フリードリヒ三世の後継者マクシミリアン一世は、ドイツ・ルネサンスにおける最初の君主と見なされる人物である。彼は自身を理想的君主として描き出す際、系譜学や歴史、古代の伝統を拠り所として新しい表現方法を生み出したが、その背景となった人文主義への興味の萌芽は、実はフリードリヒ三世の宮廷にてすでに観察されるものであった。フリードリヒ三世は体系的に書籍を収集し、宮廷に知識人を集めていた。例えばウィーン大学で神学の学位を取得し、同大学で教授を務めたほか、ザンクト・シュテファン聖堂の参事会員でもあったトーマス・エーベンドルファーは、フリードリヒ三世の助言者であり、また同時にドイツ諸侯に対するスポークスマンの役割を担い、そして 1449/50 年には、フリードリヒ三世の要請により『オーストリア年代記』の執筆を開始している[32]。

　さらに注目すべきは、エネア・シルヴィオ・ピッコローミニ、すなわち後の教皇ピウス二世である。彼はシエナ近郊に生まれ、18 歳より 8 年間、シエナおよびフィレンツェの大学で法学を学び、人文主義の教養を身に付けた人物である。1432 年バーゼル公会議に参加したのを皮切りに活躍の場を

第二章　権威の表象

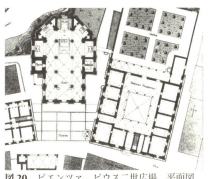
図20　ピエンツァ、ピウス二世広場、平面図

図21　ピエンツァ大聖堂

図22　同

広げてゆき、1442年から1455年までフリードリヒ三世の宮廷に仕えた。その間、オーストリアからの使者としてローマの教皇庁訪問を繰り返したほか、1452年、フリードリヒ三世がシエナでポルトガルのエレオノーレと対面して、ローマで結婚し、そして戴冠するための旅にも同行している。このように皇帝と親しく、また信頼を得ていたであろうピウス二世は、イタリアの思想をオーストリアへもたらした点が高く評価され、アルプス以北における最初の人文主義者と称されており、実際、皇帝フリードリヒ三世の伝記や、オーストリアの歴史書も多数記しているのである。[33]

さて1458年、教皇に選出されたピウス二世は、[34]自身が生まれた町コルシニャーノを司教座都市とすべく、ここに、ルネサンス様式の宮殿が立ち並ぶ新しい都市を建設した。これが、現在のピエンツァである。大広場に採用されたのは、目抜き通りから徐々に広くなるという台形平面プランで、これは遠近法的な演出効果を狙ったものであった[35]（図20）。そしてこの大広場の中心に立つのが、ピエンツァ大聖堂である[cat.202]（図21, 22）。大聖堂を設計したベルナルド・ロッセリーノは、1458年9月までフィレンツェで活動しており、[36]したがって彼がルネサンス建築に精通していたであろうことは疑うべくもな

163

い。事実、三角破風を頂くファサードに半円アーチと円柱で縁取られた壁龕を3つ並べ、これによって三廊式の内部空間を示すという整然とした形式は、イタリア・ルネサンスの語彙に由来するものである。

　ところが大聖堂に採用された建築タイプは、驚くべきことにホール式であった。イタリアにも、フランシスコ会の平天井の修道院聖堂などホール式聖堂は存在するものの、しかし三廊のすべてにおいて天井高も幅も等しいという本大聖堂の直接的な着想源となりうるものは、存在しない。あわせて、礼拝堂を備えた多角形内陣という構成も、イタリアでは例外的な平面プランである。したがって、ピウス二世が20年近くの歳月を過ごしたドイツ語圏のゴシック聖堂に、その手本を求めるのが妥当であろう[37]。廊のプロポーションもイタリアとしては高めで、そして何よりも、ゴシック的な尖頭アーチの大窓が内陣に設けられており、このため、聖堂を長軸方向に貫く印象的な光の流れが生まれる。柱頭は直接的にヴォールトを担うのではなく、二重にコーニスが刻まれることで柱上部に梁のごとき面が生じ、これが観る者の水平方向へ進む視線の移動を補う。同時に、等高等分に区画化された空間は、ホール式ならではの明瞭な空間の分節を保持している。

　ピエンツァ大聖堂には、ザンクト・シュテファン聖堂をはじめとする段形ホール式聖堂と類似した空間効果が認められる。ゆえにこうした効果こそが、教皇と皇帝が造営理念として抱いた、権力者のカテドラルにあるべき理想的空間の要件だったと考えられるのである。実はピウス二世はピエンツァ大聖堂に関する記述を残しており、ここから本大聖堂の理念を読み解くことができる[38]。ピウス二世は本大聖堂における内部空間の第一印象として、「神の家には差し込む光が満ち溢れ、この世のものとは思えない様相を呈しており、その建築の輝かしい明るさは卓越したものである」と賞賛する。そして、こうした効果がもたらされた要因として、聖堂の天井高がすべて同じというホール式聖堂の特質を指摘し、「こうした構法は、他の構法よりも美しく、聖堂を全体的に明るくするのである」と述べる。さて、ホール式聖堂の特徴のひとつとして、外壁に設けられた窓が身廊と同じ高さであることに起因する、聖堂全体に広がる均質な光が挙げられるが、ピウス二世はこの現象にも

第二章　権威の表象

言及しており、すなわち側廊には大きな窓が設けられているため、「太陽が輝くと、多量の光線が差し込まれ、この神の家を光で満たしており、あたかも、石造建築ではなく、ガラスに囲まれた建物であるかのようである」と指摘している。以上のピウス二世の記述からも、イタリアになじみのないホールという建築タイプがあえて採用された背景には、ホール特有の効果が聖堂の空間表現にふさわしいとする判断があったということは、明らかなのである[39]。

　ピエンツァ大聖堂の研究史において注目されてきたのが、ホールというドイツ・ゴシックに由来する建築タイプが採用されながらも、柱頭などの細部やファサードなどでイタリア・ルネサンスの建築語彙が観察される点である。アルプス以北に起源をもつ異国風の建築タイプが採用された背景として、ピウス二世からの強い要請があったことに疑念の余地は無い。聖堂空間の詳細な描写を書き残していることからも、ピウス二世は大聖堂造営に際して、造形に関する細かい指示を与えていたと推察される。こうしたピウス二世の意図にもかかわらず、建設された大聖堂に観察されるイタリア・ルネサンス的な要素は、イタリア人建築家ロッセリーノが北方ゴシックに関する知識をまったく持たなかったために生じた結果だと考えられてきた。すなわちロッセリーノは、光に満ちた聖堂空間という教皇からの要請を、トスカーナにおける伝統的な聖堂タイプの中で実現しようと試みたと解されたのである[40]。

　ピエンツァ大聖堂に観察される、ドイツ・ゴシックの奇妙ともいえる解釈、あるいはドイツ・ゴシックとイタリア・ルネサンスのいびつな融合は、一見したところ、施主と棟梁の間の意思疎通が不十分だった結果とも思われるが、実はそこには、「ルネサンス」や「ゴシック」という概念では図りきれない、移行期であるがゆえの、理想的空間の追求があったと考えるべきではないだろうか。

　ピエンツァ大聖堂とほぼ同時期に、フリードリヒ三世が宮廷聖堂として建設したグラーツ大聖堂にも、ピエンツァ大聖堂と同様の空間効果が認められるのは、偶然ではあるまい（図23）。グラーツは、1276年以降ハプスブルク家の支配下に置かれ、レオポルト三世の代からは、レオポルト系ハプスブルク家の城下町として栄えた都市である。現在の大聖堂は、フリードリヒ三世

165

第Ⅱ部　荘厳空間の創出

図23　グラーツ大聖堂

図24　マリア・ザール、聖母被昇天聖堂

による宮廷拡張施策の際に、宮廷付属聖堂として建設された。造営経緯については、大聖堂内に「AEIOU」の標語とともに付された年記から推定することが可能である。

　1464年に完成したこの空間を支配するのは、段形ホール式の外陣がもたらす、内陣への強い方向性である。その先の内陣は、単廊式であるため光が充満しており、聖堂内部空間がもつ方向性はますます強められる。また、身廊と内陣の天井が等高であり、そのため空間の明瞭性が保たれるものの、しかし内陣前には勝利門が設けられているがゆえ、内陣の聖域としての効果が妨げられることはない。前章で細かく検討したように、ウィーンのザンクト・シュテファン聖堂における段形ホール導入経緯が実に複雑であるのとは対照的に、このグラーツ大聖堂は新しく建設されたものであること、換言すれば、建築タイプを選択する上でほとんど制約が無かったことを考慮するならば、本来は伝統を重視するはずの宮廷礼拝堂に、奇抜ともいえる段形ホールがあえて採用されたという事実は、強調されてしかるべきである。フリードリヒ三世は、段形ホールがもたらす効果を理想的空間と見なし、なおかつこれを、自らが深く関与した聖堂へ導入することで、プロパガンダ的役割を期待したのではないだろうか。

　あわせて興味深いのが、ケルンテンのマリア・ザールにて1490年に完成した大聖堂である（図24）。これは、ケルンテン公の封土授与の式典に用いられた、いわばケルンテンの「戴冠聖堂」に位置付けられる重要な聖堂であっ

166

た。実はこの聖堂建設に際して、フリードリヒ三世は資金援助をしている[43]。
本大聖堂では、当時としてはもはや稀になった双塔式ファサードが採用され
た点を根拠に、伝統的な形式が重んじられていたと察せられるのだが、とこ
ろがその外陣の建築タイプとして選ばれたのは、段形ホールであった[44]。この
点に対してヴァーグナー゠リーガーは、バシリカに類似した断面が戴冠式な
どの儀礼と結び付けられた形式だったためと推察しており[45]、なるほどその光
がもたらす直線的な効果は、祝祭的な効果を高めているといえよう。

　ここで改めて、ザンクト・シュテファン聖堂の空間に対する、フリードリ
ヒ三世の要請を検討したい。ザンクト・シュテファン聖堂は、バーベンベル
ク家以来、司教座聖堂とすべく造営されてきた聖堂であり、また、ルードル
フ四世がハプスブルク家の霊廟と定めた聖堂である。したがって、フリード
リヒ三世がザンクト・シュテファン聖堂を完成させること自体が、ルードル
フ四世から権威を継承し、宗家の支配下にあったウィーンの掌握を顕示する、
象徴的な事業だったといえる。様々な事物に標語「AEIOU」を刻ませ、ま
た歴史を記録させることによって権力の誇示に努めてきたフリードリヒ三世
が、この造営がもちうる政治的効果を重視しない理由などない。ましてやザ
ンクト・シュテファン聖堂は、いまやフリードリヒ三世の霊廟としての役割
も期待されていたのである[46]。

　もっともフリードリヒ三世の墓碑に関しては、その設置場所として最初に
構想されていた聖堂の特定をめぐり、研究者の意見が大きく分かれている[47]（図
14）。なぜならこの墓碑は、設置場所を変更すべく幾度かにわたり移送が繰
り返されており、原案やその後の計画変更の事情などが、明らかにされてい
ないのである。ヴィーナー・ノイシュタット宮廷のザンクト・ゲオルク礼
拝堂[cat. 182]も、当初計画されていた墓所の可能性のひとつとして考慮されてはいる
ものの、より有力視されているのは、同地の大聖堂[cat. 183]や新修道院[cat. 184]である。殊に
後者は、フリードリヒ三世がシトー会修道院を創設した場所であるとともに、
皇帝の幼くして歿した子供たちや皇妃エレオノーレも埋葬されており、ゆえ
にフリードリヒ三世も新修道院を自身の墓所にする予定であったというのは、
説得力のある説だといえる。だがいずれにせよ、墓碑設置場所として最終的

第Ⅱ部　荘厳空間の創出

に選ばれたのは、ウィーンのザンクト・シュテファン聖堂であった。[48]本聖堂
が選ばれた、その目的とは、フリードリヒ三世とルードルフ四世との関連性
を強調するためだと考えられる。実際、規模としても意味としても、ザンク
ト・シュテファン聖堂こそが皇帝の墓所にふさわしく、そうであればなおさ
ら、その空間には、プロパガンダ的な役割が求められたことであろう。

　フリードリヒ三世の時代は、ゴシックからルネサンスへの移行期であった。
しかし様式とは、当然ながら、古い時代から新しい時代へと、時系列に沿っ
て整然と展開するものではなく、あるいは、ふたつの時代の様式が明快な棲
み分けを果たしていたわけでもない。そうした移行期にあって、この時代の
宮廷芸術は、君主権を表象するための表現手法を模索していた。肖像に限ら
ず、建築空間についても、伝統的な形式へ新たな解釈を加えつつ、新しい造
形が求められたのであろう。その中で、段形ホールという建築タイプは、フ
リードリヒ三世の要請を実現するに際して、重要な役割を果たしたと考えら
れる。段形ホールに特有の効果である、強い光の流れや空間の明瞭性は、皇
帝や教皇といった、権力を有する者が建設する司教座聖堂に求められる、理
想的空間の要件だったのである。

［註］
　1　ヴィーナー・ノイシュタット宮廷の変遷は、以下に詳しい。Gerhartl 1966, S.
　　　104-131.
　2　Hertlein 1997, S. 139.
　3　Gerhartl 1966, S. 109; Kat. Wien 1967, S. 389-390.
　4　棟梁プシカに関しては、以下が詳しい。Richter 1940.
　5　Schmidt 1986, S. 317.
　6　Lind 1865, S. 1-32; Jobst 1908, S. 131-151; Zykan (J) 1951, S. 123; Kat. Wiener
　　　Neustadt 1982.
　7　例えば Wagner-Rieger 1972, S. 149; Schmidt 1986, S. 315.
　8　Wagner-Rieger 1972, S. 149.
　9　Kat. Wien 1967, S. 389-390; Wagner-Rieger 1972, S. 149; Schmidt 2006/07, S.
　　　10-59.

168

第二章　権威の表象

10　Rosenauer 2003, S. 317.

11　Lhotsky 1962, S. 167-170; Feuchtmüller 1966, S. 197-198.「AEIOU」の 5 つの
アルファベットが表わす意味については、以下を参照のこと。Lhotsky 1962,
bes. S. 172-222.

12　Schütz 2009, S. 33.

13　Schmidt 2006/07, S. 10; Dornik-Eger 1966, S. 64-86.

14　Kat. Wien 1967, Nr. 98.

15　Ziegler 1988, S. 76-77.

16　Dornik-Eger 1966, S. 65; Schmidt 2006/07, S. 17.

17　Pächt 1929, S. 82; Dornik-Eger 1965, S. 13.

18　Dornik-Eger 1966, S. 69.

19　Dornik-Eger 1966, S. 76; Winter 2009, S. 13.

20　Scher 2000, p. 3; Winter 2009, S. 13.

21　Dornik-Eger 1965, S. 44-45; Dornik-Eger 1966, S. 75-76.

22　Söding 2002, S. 44.

23　神聖ローマ帝国やオーストリアの紋章をはじめ、ニーダーエスターライヒや
シュタイアーマルクなど支配下にあった都市の紋章、そして聖ゲオルク騎士団
の紋章が観察される。Saliger 1995b, S. 18.

24　Wagner-Rieger 1972, S. 149. 関連して、年記にある 1453 を、完成年としてで
はなく、「大特許状」を帝国法に採り入れた年を記念する目的で本作が構想さ
れた年として考えることも可能である。Schmidt 1986, S. 16.

25　関連事例として、1365 年に着工されたパリのケレスティヌス会修道院礼拝堂
における扉口のシャルル五世夫妻像が指摘されている。Ginhart 1972, S. 17

26　「エッサイの樹」の表現は、主に、イザヤ書（11:1-2）の記述に基づく。

27　Lind 1865, S. 25; Jobst 1908, S. 138.

28　Lind 1865, S. 25; Jobst 1908, S. 133-149.

29　Frodl-Kraft 2003.

30　第 I 部・第二章、図 7 を参照されたい。

31　Lüken 1998, S. 456-457; Werkner 1981, S. 101-114.

32　Thomas 1993, S. 40.

33　Lhotsky 1971, S. 234; Worstbrock 1989, bes. S. 637.

34　ピウス二世は、1447 年にトリエステ司教、1450 年にシエナ司教、1457 年にポー
ランドのヴァルミア司教となり、1455 年からはイタリアに戻り、1456 年に枢
機卿となった。

35　類似の形態をもった広場としては、ローマのカンピドーリオ広場やヴェネツィ
アのサン・マルコ広場がある。Pieper 1997, S. 129.

169

第II部　荘厳空間の創出

36　Pieper 1997, S. 248.

37　Donin 1946b, bes. S. 10-11, 17-18.

38　Totaro 1984; Worstbrock 1989, S. 659; Pieper 1997, S. 234-235. 詳細は資料編の
　　抄訳「教皇ピウス二世のコメンタリー」を参照のこと。

39　光の効果と直接的に関連付けた記述ではないものの、ヴォールトに観察される
　　星形の装飾について、「真なる天上の光景を模倣している」と描写している点
　　は興味深い。すなわちピウス二世は、天上世界の再現を念頭におきつつ、神の
　　家としての、光にあふれた聖堂空間を建設したと解釈できるのである。

40　Mack 1987, p. 82. ピエンツァ大聖堂の手本としては、シエナ大聖堂 cat. 206 など
　　近郊のカテドラルが指摘されている。Tönnesmann 1990, S. 39-45.

41　Wagner-Rieger 1972, S. 135.

42　グラーツ大聖堂には合計9箇所、標語「AEIOU」とともに年記が残る。主要
　　箇所の年記は以下のとおり。バルバラ礼拝堂（1438）、フリードリヒ礼拝堂
　　（1449）、内陣（1450）、西扉口（1456）、側廊（1464）。Steinböck 1989, S. 10-
　　11; Ponn-Lettner 2010, Anm. 14.

43　Wagner-Rieger 1988, S. 201.

44　Wagner-Rieger 1988, S. 201.

45　「国王の聖堂」という概念に加え、高さを強調することで生まれる祝祭性が重
　　視されたと指摘されている。Wagner-Rieger 1967, S. 352.

46　霊廟は、権力のデモンストレーションとして有効な手段だと指摘されている。
　　Ehlers 1997; Schauerte 2011, S. 380.

47　フリードリヒ三世の墓碑は、現在、ウィーンのザンクト・シュテファン聖堂に
　　納められているが、実は墓碑は、ゲルハールトが歿して6年を経た1479年、ニー
　　ダーエスターライヒの某所から、ドナウの水運を利用してウィーンを経由し
　　ヴィーナー・ノイシュタットへ移送され、さらにフリードリヒ三世が歿する直
　　前の1493年7月、再びウィーンへ戻された。こうした複雑な経緯を背景として、
　　1463年に墓碑制作契約を結んだ際に予定されていた墓碑の設置場所が、研究
　　史における争点のひとつとなっている。詳細は以下を参照のこと。Hertlein
　　1997.

48　図像プログラムを根拠として、ウィーンのザンクト・シュテファン聖堂こそが、
　　原案における設置場所であったと主張する研究者もいる。Saliger 1995b, S. 15.

第三章　リブ・ヴォールトの空間表現

　ゴシック後期のドイツでは、リブ・ヴォールトが多彩な形態を発展させた。その表現力を観察したならば、リブはもはや一構造要素に留まることなく、造形言語の上でも重要な地位を獲得するに至ったと理解されよう。殊にウィーンのザンクト・シュテファン聖堂外陣では、実に複雑な編目のリブ・ヴォールトが展開した。これが、段形ホールという新しい建築タイプと共に、独創的な空間を作り出しているのである。このリブはおそらく、単なる表面的な装飾要素などではなく、明確な表現上の意図の下に考案されたものと考えられる。さらにいえば、その造形は、段形ホールとあわせて、皇帝フリードリヒ三世の要請に応じて創出されたものであることが予想されるのである。

　本章では、外陣のリブ・ヴォールトの造形が案出された、その真の意図を明らかにすべく、造形と棟梁に注目したい。考察手順としては、第1節にてザンクト・シュテファン聖堂の外陣リブ・ヴォールトの形態を分析し、その形態の起源や採用動機について検討する。第2節では、段形ホールという建築タイプとリブ・ヴォールトとが、各々別の棟梁によって発案された可能性を提案し、まずは段形ホールの造営に関わった棟梁ハンス・プクスパウムの様式傾向を明らかにするとともに、第3節にて同時代のリブ・ヴォールトの傾向を考察する。一方、ザンクト・シュテファン聖堂の外陣リブ・ヴォールトを実行した棟梁ロウレンツ・シュペニングの様式傾向については、引き続き第四章でも検討を続けることとする。

1.　リブ・ヴォールト形態の着想源

　ウィーンのザンクト・シュテファン聖堂では、造営最終段階である15世紀後半、段形ホール式の外陣に、実に複雑なリブ・ヴォールトが架けられた

第Ⅱ部　荘厳空間の創出

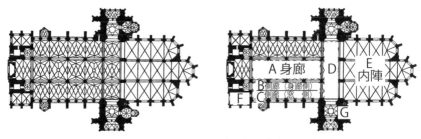

図1　ウィーン、ザンクト・シュテファン聖堂、平面図（右は筆者による加工）

（図1）。一見しただけでは全体を把握しきれないほどに複雑な形態ではあるが、しかし部分ごとに観察したならば、そこに、ある種の法則を見出すことができよう。

　まずは身廊ヴォールトであるが（図1-A, 2）、これは、オーストリアで初めてネット・ヴォールトが使用された、ウィーンのマリア・アム・ゲシュターデ聖堂のヴォールトから着想を得たものである[1]（図6, 7）。このマリア・アム・ゲシュターデ聖堂のヴォールトは、ペーター・パルラーが手掛けたプラハ大聖堂の身廊ヴォールトを発展させたものとして指摘されている[2]（図8）。そこでさっそくプラハ大聖堂の身廊ヴォールトを観察すると、そこでは、二本の平行線を交差させるという簡潔な方法によって、菱形の連続パターンを作り出していることがわかる。マリア・アム・ゲシュターデ聖堂は、プラハ大聖堂から菱形の連続パターンを借用して長軸上に並べ、さらに、ベイ幅いっぱいに広がる星形をこれと重ねることによって、いっそう複雑で立体的なパターンを生み出した（図7）。ザンクト・シュテファン聖堂の身廊ヴォールトは、これをさらに発展させ、長軸上における菱形の連続パターンを踏襲しつつも、マリア・アム・ゲシュターデ聖堂の星形を、交互に登場する菱形と八角形のパターンに置き換えたのである[3]。あるいは視点を変えたならば、むしろ、マリア・アム・ゲシュターデ聖堂の中心軸を走る菱形と八角形のチェーンを（図7塗りつぶし部分）、ザンクト・シュテファン聖堂は、主要モティーフへと昇格させたと見なすこともできよう。いずれにせよ、ザンクト・シュテファン聖堂の身廊ヴォールトでは、交互に登場する菱形と八角形のモティーフに

172

第三章　リブ・ヴォールトの空間表現

図2　同、外陣身廊（図1-A）

図3　同、外陣側廊（図1-B・C）

図4　同、交差部（図1-D）

図5　同、二重礼拝堂上階（図1-F）

173

第Ⅱ部　荘厳空間の創出

図6　ウィーン、マリア・アム・ゲシュターデ聖堂、外陣

図7　同、平面図（下は筆者による加工）

よって、心地よいリズムが生み出されているのである。

　一方、ザンクト・シュテファン聖堂の外陣側廊の窓側を見ると、身廊とは性質をまったく違えた、時代遅れともいえる均質なリブが観察される（図1-C, 3）。この均質な形態は、リブが接している外壁に起因するものである。外陣外壁は1400年頃すでに完成していたもので、細身の長窓によって均質に細分化されていた。ゆえに側廊のリブの造形を決定するに際して、外壁面との整合性を図るべく、柔軟様式に準じた均質なリブが採用されたと推察されるのである。なお同様の原理は、これより一世紀前に建設された二重礼拝堂上階にて、二連窓にあわせて五分ヴォールトが採用された点にも見出すことができる（図1-F, 5）。ところが同じ側廊ヴォールトであっても、身廊側へと目を転ずると、そこに配されたリブは折れ曲がった複雑な形態を示している（図1-B, 3）。実はこの複雑な形態は、身廊の形態を半分、鏡面のごとく繰り返したものである。つまり側廊ヴォールトでは、外壁側では外壁の、身廊側では身廊の様式をそれぞれ反映させた結果、そのリブは、類例の無い、非対称形となってしまったのである。これは実に珍しい現象である。

　さて最後に、内陣と外陣の境界部分であるが（図1-D, 4）、ここでは複雑に編み込まれた八角形が3つ、南北方向に並ぶ。あたかも内陣と外陣の境界線を示すかのようにリブ形態を横断させるというのも、リブの使用方法としては特異である。何よりも、これに接する内陣の天井が簡潔な交差ヴォールトであるため（図1-E）、段形ホールがもたらす高低差と相まって、内陣と

174

第三章　リブ・ヴォールトの空間表現

図8　プラハ大聖堂、平面図

外陣との対照性が、いっそう強調されてしまう。これは、側廊のリブを各々の隣接部分の様式に同化させた策とは、対極的な処置である。

以上のように、外陣ヴォールトを部分ごとに観察すると、各々の形態は、何かしらの法則に基づき決定されていると理解できる。ところが全体として見たとき、部分ごとのスタイルや性質が異なるため、一貫性を欠く印象が否めない。この現象は、次の二点を理由として、奇妙に思われる。第一に、ザンクト・シュテファン聖堂では、これ以前からリブ・ヴォールトの表現性を理解し、活用する傾向が観察される。例えば二重礼拝堂の上階では五分ヴォールトが（図1-F, 5）、カタリーナ礼拝堂ではペンダント・ボスを伴う立体的な星形ヴォールトが架けられたが[4]（図1-G）、各々の形態が選択された背景には、いまだ地方の一君主にすぎなかったハプスブルク家の政治的な思惑があったと推察される。すなわち二重礼拝堂では、ハイリゲンクロイツの修道院聖堂内陣にて観察されるオーストリア的なリブ形態を継承することで、同家が伝統保持者であることを国内にアピールし、またカタリーナ礼拝堂では、当時の皇帝カール四世が建設したプラハ大聖堂のリブ形態を、権力者のモティーフとして引用することで、一族の霊廟であるザンクト・シュテファン聖堂に権威を付与した。こうしたヴォールトは、天井を支えるだけの単なる構造材ではなく、表現上の意図をもって架けられたものである。一方、外陣のリブ・ヴォールトについては、上述のとおり、個別の系譜や個々の形態が決定された背景をたどることは可能であっても、全体の構成方法が極めて独創的であるため、すべての要素を勘案した際、そのパッチワークのように複雑で入り組んだ形態と比較しうる、類似作例を指摘すること自体が困難であり、ゆえに外陣ヴォールトの形態には、統一的な意図や図像的な意味を見出すことが難しいといえる。

ザンクト・シュテファン聖堂の外陣ヴォールトが奇妙に思われる、第二の

第Ⅱ部　荘厳空間の創出

図9　グラーツ大聖堂

図10　マリア・ザール、聖母被昇天聖堂

理由は、これが、段形ホールにて多く採用されている典型的なリブ・ヴォールトの形態とは異なっている点である。なるほど外陣ヴォールトの表面的な形態に一貫性を見出せないのであれば、次に、その形態が段形ホールという新しい建築タイプによって規定された可能性を検討すべきであろう。ところが段形ホールの他の作例を観察すると、そこに見られるリブ・ヴォールトは、概して簡潔なものなのである。例えば前章で確認したとおり、皇帝フリードリヒ三世の宮廷礼拝堂として建設されたグラーツ大聖堂のネット・ヴォールトは、直線を交差させただけの均質な網状である（図9）。また、皇帝が造営を支援したケルンテンのマリア・ザールにある聖母被昇天聖堂のヴォールトも、菱形を主体としたものとなっている（図10）。ゆえに、仮に段形ホールという建築タイプがリブ・ヴォールトの形態を決定しているとするならば、段形ホールという建築タイプが求めるのは、単純で明瞭なリブ形態だということになろう。実のところ段形ホールの特質は高身廊がもたらす力強い方向性にあり、これは、グラーツやマリア・ザールの聖堂で観察されるような直線を交差させただけの明快なネット・ヴォールトによってこそ、最大限に発

176

第三章　リブ・ヴォールトの空間表現

揮されるものである。したがって、ザンクト・シュテファン聖堂外陣の、不明瞭といえるほどに入り組んだリブ・ヴォールトは、段形ホールのコンセプトに準じたものとは言いがたい。さらには、側廊で身廊のモティーフを半分繰り返し、両者を再統合させるかのような処置は、段形ホールが生み出した段差の否定とも捉えることができる。外陣はあたかも、異なった複数の志向の下に形成されているかのようである。

2.　棟梁プクスパウム

　ザンクト・シュテファン聖堂の外陣空間は、いかなる構想の下に創出されたのか。結論から述べるならば、外陣ヴォールトの建設には、2人の棟梁が関わっていた。一人は、1446年、棟梁に着任したハンス・プクスパウムであり、もう一人は、その弟子で、師の歿後1455年に棟梁の座を引き継いだロウレンツ・シュペニングである。史料によれば、1446年、プクスパウムの棟梁着任に際して、フリードリヒ三世は彼に「設計図の作成、聖堂の建設、ヴォールト建設」を命じている[5]。これと前後して、プクスパウムは全体の構想を決定していたはずである。しかしプクスパウムは屋根が架けられた頃に歿したため、実際にリブ・ヴォールトを建設したのはシュペニングであった。したがって問われるべきは、棟梁の交代が空間造形に及ぼした影響であり、端的にいうと、プクスパウムの原案をシュペニングが修正した可能性ということになる。

　外陣内部空間における複雑な造形は、おそらく、一人の統一的な意志に基づき作り出されたものではなく、複数の異なる意志が混じり合った結果だと考えられる。そこで二人の棟梁の個人様式を踏まえた考察を行うべく、まずは師プクスパウムの作品分析を通じ、その造形的傾向を把握したい。ただし、ザンクト・シュテファン聖堂における当時の内装や付属作品を、プクスパウムとシュペニングのいずれに帰属させるかという問題に関しては異論も多く、したがって、両者の様式を把握することは容易ではない。そのため、帰属がほぼ確実視されている三点の作品を手掛かりに、まずはプクスパウムの様式

177

第 II 部　荘厳空間の創出

図 11　ウィーン、《シュピンネリン・アム・クロイツ》

図 12　ヴィーナー・ノイシュタット、《シュピンネリン・アム・クロイツ》

図 13　ニュルンベルク、《美しの泉》

傾向の把握を目指すこととする。

　第一の考察対象は、ウィーンの記念柱である（図 11）。本作は、プクスパウムによって 1451 年に着工され、そして翌 1452 年に完成したことが、史料から知られる。設置場所が旧市街中心部より南へおよそ 8 km 離れた辺境の高台にあることから、ウィーン市の南の境界線を示すものであるとも、あるいはハプスブルク家がウィーンに敬愛の意を表して建設したモニュメントともいわれるが、この記念柱の設置目的に関する定説はない。本作に認められる十字架モニュメントのコンセプトの起源は、13 世紀の英国における、いわゆるエリナー・クロスにあるといわれる。これに倣ったモニュメントはドイツ語圏でも散見され、その中でもウィーンの記念柱と直接の比較対象となりうるのは、15 世紀に制作されたニュルンベルクの《美しの泉》と、14 世紀後半にヴィーナー・ノイシュタットで建設された記念柱であろ

178

第三章　リブ・ヴォールトの空間表現

図 14　シュタイアー、ザンクト・エギディウスとザンクト・コロマン聖堂、聖体安置塔

う（図12, 13）。とりわけ後者は、ウィーンの柔軟様式時代を代表するマイスター・ミヒャエルへ帰属されており、ゆえに、プクスバウムの様式を検討する上で、最適な比較作例といえる。

ウィーンとヴィーナー・ノイシュタットの記念柱は、ともに3層構成となっており、最下層部は、平面にトレーサリー模様が浮き彫られただけの簡潔なデザインである（図11, 12）。その上部、すなわち中間層では三角破風の天蓋装飾が細い柱に支えられており、その中に人物像（後補）が立ち、上方ではガーゴイルおよび飛び梁のごときモティーフが飛び出す。ウィーンの記念柱では、この組み合わせは一度しか用いられないが、ヴィーナー・ノイシュタットの記念柱では、2層にわたり二度繰り返される構成となっている。最後に最上層部では、ピナクルが聳え立ち、拳葉飾りや頂花などによって、塔の先端の周辺が華やかに彩られる。以上のように基本的な構成を共有しながらも、マイスター・ミヒャエルの記念柱では、各層が順次縮小しながらピラミッド状の滑らかなシルエットを描くのに対し（図12）、プクスバウムの造形では、土台からすでにまっすぐとピナクルが聳え立ち、決して内側へと縮小することなく、垂直線が勝った造形になっている（図11）。ウィーンの記念柱と同様の、直線を主体とした明瞭な様式的傾向は、シュタイアーの小教区聖堂たるザンクト・エギディウスとザンクト・コロマン聖堂の内陣に設置された、複数の細い柱から構成される聖体安置塔（サクラメンツハウス）にも認められるものである（図14）。[cat. 212]

シュタイアーの小教区聖堂は、プクスバウムによって着工されたものである。彼は上述した聖体安置塔のみならず、内陣のネット・ヴォールト建設にも携わった（図15）。その造形は、まず側廊部ではベイを単位とした花弁風の形態を並べ、そして身廊部では、直線を交差させた単純な形態を、ベイ区

179

画を越えて滑らかに連ねるというものである。こうした明瞭なネット・ヴォールトの形状は、すでに観察したウィーンの記念柱やシュタイアーの聖体安置塔と共通する様式傾向であり、これこそが、彼の個性を示すものなのであろう（図11, 14）。そしてこのネット・ヴォールトは、段差によって空間を区切り、明快な方向性を示す段形ホールの性格に合致するものであり（図9, 10）、しかし一方で、ウィーンのザンクト・シュテファン聖堂外陣にて観察されるリブ・ヴォールトとは性質を違えるものなのである。おそらくプクスパウム自身は、ザンクト・シュテファン聖堂において、シュタイアーの小教区聖堂のような直線を交差させたネット・ヴォールトを段形ホールと組み合わせることにより、力強い方向性がもたらす明瞭な空間効果を狙っていたのではないだろうか。

図15　同、内部

　概して段形ホールでは、とりわけその堅固な壁面がもたらす方向性において、明快さを好む傾向が顕著に認められる。ところがザンクト・シュテファン聖堂の外陣にて観察される状況はこれとは対極的なものであり、すなわちヴォールトの線状要素が交錯しあい、混沌とした空間を生み出しているのである。

　時代は、転換期を迎えていた。皇帝フリードリヒ三世の宮廷では、前章で触れたとおり、イタリアの人文主義者やネーデルラントから招かれた芸術家らが活躍しており、彼らを通じて新しい時代の思想や造形がウィーンへ流入し、ゴシックからルネサンスへと移り変わろうとしていた。プクスパウムが皇帝のために段形ホールを発案した背景には、理性を慮る新しい時代の建築理念が垣間見られる。しかしドイツ語圏における発展は必ずしも一方向へ進

第三章　リブ・ヴォールトの空間表現

む直線的なものではなく、ゴシックの要素とルネサンスの要素がせめぎ合い
ながら、独特の造形が生み出されていた[10]。師プクスバウムの様式傾向を新し
い時代の影響と見るならば、おそらくリブ・ヴォールトの原案を修正し実行
したであろう弟子シュペニングの様式傾向は、いまだ根強く残るドイツ・ゴ
シックの精神と解釈できるのではないか。あわせてザンクト・シュテファン
聖堂における外陣ヴォールトの造形は、従来は建築構造という条件の下に抑
圧されていたドイツ・ゴシックの表現欲求が、新しい時代に入り、ようやく
発現したものであるという可能性も検討すべきであろう。

3.　ヴォールトの発展

　ザンクト・シュテファン聖堂に限らず、15 世紀末、中世からルネサンス
への転換期にあったドイツ語圏では、リブ・ヴォールトが実に様々な形態へ
と発展していた。その百花繚乱とでもいうべき状況は、幾何学を用いた図形
遊びという印象すら否めないほどであるが、しかし筆者はそこに、聖堂の総
合的な空間演出の意図を読み取ることが可能だと考える。そこで本節では、
ルネサンスへの転換期におけるリブ・ヴォールトの意図と、その表現力が飛
躍的に発展した背景について概観することで、次章における、シュペニング
の個人様式と、ザンクト・シュテファン聖堂のリブ・ヴォールトの造形に関
する考察の手掛かりとしたい。

　15 世紀末から 16 世紀にかけて、リブ・ヴォールトをはじめとする聖堂装
飾に観察された現象のひとつが、「植物化」、つまり植物を想起させる有機的
な形態の発展である。その初期の開花は、オーストリア北部のフライシュタッ
トにて 15 世紀末に完成したザンクト・カタリーナ聖堂[cat. 244]の内陣で観察される
（図 16）。ここでは大小のリブの円弧が密に重ね合わせられており、大輪を
七重八重に敷き詰めたかのような印象を与えよう。また、16 世紀初頭に完
成したクトナ・ホラにある聖バルバラ聖堂[cat. 242]の外陣では、リブの数が抑制さ
れることでモティーフの間に空間が生じ、花びらが頭上でゆっくりとたゆとう
かのようである（図 17）。一方、これとほぼ同時期に建設されたオーバーエ

181

第Ⅱ部　荘厳空間の創出

図16　フライシュタット、ザンクト・カタリーナ聖堂、内陣

図17　クトナ・ホラ、聖バルバラ聖堂

スターライヒのペルネックの修道院聖堂では、リブが葉脈のごとく左右に展開し、その中央にただひとつの花が咲き誇る（図18）。[cat. 249]

　有機的な形態を示すリブ・ヴォールトの中でも特筆すべき作例は、ザクセンのアンナベルクにあるザンクト・アンナ聖堂である（図19）。本聖堂はアプシスをピラミッド状に3つ備えた三廊のホール式聖堂で、内部には八角柱が立ち並ぶ。その上端に柱頭は無く、リブがねじれて湾曲しながら滑らかに伸び上がり、各ベイの浅い穹窿にて円弧を描いて重なり合うことで、あたかも六弁形の花のような形態を天井全面に編み込んでいる。[cat. 241]

　こうした「植物化」ともいえる有機的な表現の背景には、神の家である聖堂の表象方法の模索があったと考えられる。旧約および新約聖書をたどると、アブラハムは神の啓示に従い至聖所としての「幕屋」を設け（出エジプト記25:8-9）、また別の箇所では、木の下に祭壇を築いたとある（創世記13:18）。幕屋については、天上がこれに例えられることもあり（詩篇104:1-3）、またイエスは、神の国を「からし種」に例えて説明し、それを「蒔くと、成長してどんな野菜よりも大きくなり、葉の陰に空の鳥が巣を作れるほど大きな枝

182

第三章　リブ・ヴォールトの空間表現

図18　ペルネック、ザンクト・アンドレアス聖堂　　図19　アンナベルク、ザンクト・アンナ聖堂

を張る」と説いた（マルコ 4:30-32）。このように、天上と至聖所、すなわち聖堂を、樹木などの植物の比喩を介して関連付ける記述が散見されるのである。

　実際、中世の聖堂では、柱頭やタンパンが植物の装飾によって飾られていた。その一例として、13世紀に制作されたナウムブルク大聖堂の西内陣を仕切る障壁では、多彩な種類の葉状装飾が観察される（図20）。ニガヨモギは苦難を象徴する植物であり、イチジクは楽園にある「知恵の樹」と解釈される。あるいは後者をセイヨウヅタと見なしたならば、永遠の生命、すなわちキリストの受難と復活のシンボルとなる。たとえ同じブドウであっても、枝や葉、果実など、実に生き生きとそれぞれの個性が表現豊かに描き分けられている点にも注目したならば、これを手掛けたマイスターは、神による創造物であるところの植物の再現を通じて、自然界における形態の豊富さや調和的な秩序を賞賛したと理解することも可能であろう。
　また、マールブルクにあるザンクト・エリーザベト聖堂のファサードに設けられたタンパンでは、マリアが幼児イエスとともに立ち現われ、両脇に2

183

第Ⅱ部　荘厳空間の創出

図20　ナウムブルク大聖堂、西内陣障壁、柱頭　　図21　マールブルク、ザンクト・エリーザベト聖堂、西扉口タンパン

人の天使が王冠を手にしてひざまずく。そしてその背後は、右にバラの生け垣、左にブドウの葉という、象徴的な植物で覆い尽くされている[14]（図21）。

　こうした聖堂における植物の具象的な描写は、長らく、柱頭やタンパンの彫刻、あるいは壁画やステンドグラスなど、建築の一部分に留まっていた。ところが15世紀後半になると、植物描写の領域が飛躍的に拡大する。例えばエスリンゲンのザンクト・ディオニシウス聖堂に設けられたローレンツ・レヒラーの聖体安置塔[cat.293]は根となり、ストラスブール大聖堂北扉口の天蓋は枝[cat.49]となり、ウルム大聖堂の柱頭を飾る女性像[cat.50]も、その頭部が森のごとく変容した（図22, 23）。そしてついにはリブ・ヴォールトなどの構造要素までが、植物風の形を帯びるに至ったのである。

　ゴシック後期のリブ・ヴォールトは、当初は直線を主体とするものであり、それは必ずしも有機的ではなく、ましてや具象的なものではなかった。しかしながらフェルトが指摘するように、ヴォールトは15世紀初頭から植物風の文様で飾られるようになり、時代が下るとともに、その表現の写実性が増していった[15]。つまりヴォールトには、リブが有機的形態を帯びるようになる

184

第三章　リブ・ヴォールトの空間表現

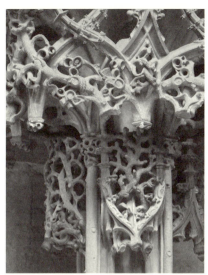 

図22　エスリンゲン、ザンクト・ディオニシウス聖堂、聖体安置塔

図23　ウルム大聖堂、柱頭

以前から、植物のイメージが投影されていたのである。

　そして一部のリブ・ヴォールトは、その構造的役割から「解放」され、ほとんど具象的といって良いほどの、自由な展開を遂げた。その代表的作例が、ケルンテンに現存する、16世紀前半にバルトルメ・フィルタラーによって建設された、ふたつの聖堂である。まずラースのザンクト・アンドレアス聖堂の外陣では、柱から伸びたリブが、隣り合うリブと絡み合いながら円を描き、六弁花を形成する（図24）。三分岐したリブの先端の形状は、若芽や花のつぼみを彷彿とさせよう。もうひとつ、ラース近郊ケチャハに建設された聖母聖堂の外陣身廊のリブ・ヴォールトは、よりいっそう複雑な形態となっており、螺旋や曲線を描きながら、小枝や蔓のごとく絡み合う（図25）。そのリブの先端は跳ね上がって、ブドウやユリ、ワスレナグサなどの象徴的な植物を象り、また、リブの起点となる柱頭部分は、あたかも籠細工のような網目を織り成している。あわせて注目したいのが、バイエルンのインゴルシュタットにある聖母聖堂である。ここでは16世紀初頭、棟梁ハイデンライヒ兄弟によって、「植物化」したリブ・ヴォールトのメルクマールともいえる

185

第Ⅱ部　荘厳空間の創出

図24　ラース、ザンクト・アンドレアス聖堂

図25　ケチャハ、聖母聖堂

側廊礼拝堂が外陣に設けられた。すなわちその礼拝堂の天井部では、それぞれ、棘のようなリブが絡み合いながら垂れ下がり、あるいはそこからペンダント・ボスが果実のように吊り下げられているのである[17]（図26）。

　聖堂の内装や構造要素が「植物化」するという後期ゴシック特有の現象に対して、先行研究は、主にふたつの解釈を示した。第一に、これを「天上の庭園」の再現と見なすエッティンガーに代表される見解である[18]。この解釈は、直ちにブラウン＝ライヘンバッハーやビュッヒナーらによって支持され[19]、中でもベーリングは、ゴシック大聖堂の植物表現を幅広く観察し、詳細な解釈を加えた[20]。一方でメビウスは、リブ・ヴォールトを天空と捉えるフェールの説[21]も踏まえつつ、楽園と宇宙の双方が同義的なものとして描写されていた可能性を示した[22]。

　1990年代になると、イタリア・ルネサンスにおける建築理論からの影響を強調した新しい見解がクロスリーによって提示される。すなわち15世紀にイタリアで注目を集めたウィトルウィウスの『建築十書』では、建築の起源が樹木にあると指摘されており、またタキトゥスは、その著書『ゲルマニ

186

第三章　リブ・ヴォールトの空間表現

図26　インゴルシュタット、聖母聖堂、側廊礼拝堂

ア』において、ゲルマン民族は神殿を設けず、森の中で木々に囲まれて礼拝を行ったと記している。クロスリーは、こうした記述がドイツ後期ゴシックにおける聖堂建築の形態を連想させることを根拠として、イタリアに端を発する建築理論が人文主義者を通じてアルプス以北へと伝えられ、その結果として、ドイツの聖堂では植物風の形態が積極的に採用されるようになったと主張したのである[23]。ギュンターもこの見解を支持し、建築論に基づいた合理的な建築システムを、北方における、ゴシックからルネサンスへの時代転換を示す指標に位置付けるに至った[24]。

　このように、聖堂を植物風の装飾で覆うというアイディアの背景には、植物や森に対する思想が想定されうるわけだが、しかしリブ・ヴォールトの形態自体に立ち返り観察したならば、その多くは、ルネサンスというよりは、いまだゴシックの精神に根ざしているかに思われる。ウィーンのザンクト・シュテファン聖堂においても、その平面図自体は、なるほど複雑に計算された幾何学図形ではあるものの（図1）、しかし実際の空間は、比例に基づく明瞭性や理性の表明というよりは、うねりながら絡み合うリブの遊戯めいた様子にも顕著なように、むしろ明瞭性や理性を拒み、無機質な構造システムを曖昧に包み隠すことで、神秘性の創出を目指しているようにさえ思われる。換言すればこのリブ・ヴォールトの形態は、比例や理性といった、ルネサンス的な指標の基盤となる「幾何学」ではなく、『知恵の書』に記されているような、神が世界を創造する際に用いた秩序を象徴するものとして、あるいは神性を表現するための「幾何学」[25]に基づくものとして決定されていると考えるべきであろう。もしくは、とりわけ15世紀末以降の植物風のリブ・ヴォー

187

第Ⅱ部　荘厳空間の創出

図27　アンナベルク、ザンクト・アンナ聖堂

図28　ヴィッテン《説教壇》、フライベルク大聖堂

ルトに関しては、その動的なエネルギーに満ちた表現を、時代精神に合致するものとして捉えることも可能である。アルブレヒト・デューラーが「ルネサンス」の概念について記した時、「再び生まれる（Wiedergeburt）」ではなく、「再び芽吹く（Wiedererwachsung）」という表現を用いたのは実に示唆的であり、これは、勢いよく伸びあがる柱や、絡み合いながら広がりゆくリブに観察される、植物が繁茂するがごとき様相に合致した言葉であるように思われる。

　ゴシック末期におけるリブ・ヴォールトの発展には、その植物風の形態を手掛かりに、様々な思想的背景を推察することができるが、その中でも、特定の図像イメージの具現化を試みた作例として注目されるのが、本節冒頭で触れたアンナベルクのザンクト・アンナ聖堂である（図27）。アンナベルクは鉱山都市であることから、植物風のリブ形態が採用された理由を山岳都市固有の民間信仰から説明することも、なるほど可能かもしれない。例えばアンナベルク近郊にある鉱山都市フライベルクの大聖堂では、ハンス・ヴィッ

188

第三章　リブ・ヴォールトの空間表現

図29　アンナベルク、ザンクト・アンナ聖堂、ヴォールト

図30　ダウハー父子《エッサイの樹祭壇》、アンナベルク、ザンクト・アンナ聖堂

テンにより、地方の伝承に基づき、チューリップのごとき有機的な形態の説教壇が制作された[27]（図28）。ザンクト・アンナ聖堂でも、北アプシスにある《鉱員組合祭壇》の裏面には、ハンス・ヘッセによって鉱山労働の様子が描きこまれている。生活や労働の場であった森林のイメージが信仰と結び付き、さらには聖堂空間へと投影されるのは、ごく自然なことだったと推察される。

　だが、ザンクト・アンナ聖堂が捧げられた聖アンナに注目したならば、その花弁風のリブ・ヴォールトは直ちに、この聖女に関わる図像的な意味をもつことになる。ヴォールトのイメージを解釈するためにまず考慮したいのは、そこに、旧約聖書の預言者（北側廊）やイスラエルの諸王（南側廊）の胸像が付されている点である（図29）。このことから、ヴォールトには「エッサイの樹」が表わされていると解される[28]。「エッサイの樹」のテーマは内陣の主祭壇でも繰り返され、そのプレデッラにはエッサイが横たわって眠り、その腹からは枝が伸び、この枝は、厨子下段の先祖像を経て、最上段の聖母子とヨセフ像へと続く[29]（図30）。ここで着目したいのは、厨子のほぼ中央に、

189

第Ⅱ部　荘厳空間の創出

図31　《ライザー祭壇》、ウルム大聖堂　　図32　ショルンドルフ聖堂、北内陣ヴォールト

夫ヨアキムと向かい合うアンナが描写されている点である。「エッサイの樹」はイエスの父であるヨセフ方の系譜図であるが、それにもかかわらず、マリアとその母であるアンナを伴うという表現は他の作例にも認められ、その背景には、アンナの懐胎とマリアの誕生を重視するアンナ信仰があったと考えられている（図31）。さらにはシラーらが指摘しているように、ゴシック末期、アンナの懐胎を表現する際、娘マリアを「アンナの花」として描く表現が観察されるようになった[30]。こうした状況を踏まえたならば、ザンクト・アンナ聖堂にてリブ・ヴォールトの花弁状の形態が決定された背景にも、図像的理由があったことが期待される。すなわち本聖堂では、有機的なリブ・ヴォールトの形態や、そこに付された胸像、そして主祭壇を通じて、アンナ信仰にまつわるイメージが表わされていると結論付けられるのである。

　植物表現を主体とする「エッサイの樹」の図像は、ザンクト・アンナ聖堂に限らず、リブ・ヴォールトを構想する棟梁たちの想像力を刺激するモティーフであったに違いない。中でも個性的な表現が実現したのは、バーデン・ヴュルテンベルクにて1500年頃に建設されたショルンドルフ聖堂である（図[cat.252]

190

第三章　リブ・ヴォールトの空間表現

図33　同

32, 33)。その北内陣のネット・ヴォールトでは、まず西壁面に眠るエッサイ像が設けられ、その胸から伸びる枝がネット・ヴォールトへと変化する。そこから展開する網目の交差部分には、それぞれイエスの祖先の胸像が配され、終結部分である東端には聖母子像が観察されるのである。

　ゴシック末期の聖堂では、神学や人文主義の思想を背景に、世界の「秩序」たる幾何学に基づき、多層的な象徴性が空間へと織り込まれていた。その表現欲求に促されることで、柱やリブ・ヴォールトは有機的な形態を発達させ、従来は図像表現に関与していなかった構造要素までもが、新たな造形言語を獲得するに至った。その結果リブ・ヴォールトは、表層的な装飾に留まらない、総合的な空間創出の手段にまで昇華することとなったのである。ウィーンのザンクト・シュテファン聖堂の外陣における、気ままに多彩な要素を組み合わせたかのような複合的なリブ・ヴォールトも、特定の空間効果を目指したひとつの意図の下に構成されていたはずである。その形態は、おそらくはまだ、新しい造形を模索する段階にあったと推察されるが、しかしそこに、ドイツ・ゴシックの精神の発露とでもいうべき、15世紀末に進展する自由な表現力の予兆を読み取ることも、可能であろう。

第II部　荘厳空間の創出

　ゴシック末期においてリブや装飾形態が発展する原動力のひとつは、造営
の根幹を担っている図面にあったと筆者は考える。この時代の図面は、その
造形語彙を飛躍的に豊かなものにしていた。次章では、引き続きザンクト・
シュテファン聖堂の二人の棟梁の問題を念頭に置きつつ、図面の考察を通じ、
新しい時代の表現の発展と、それを担った棟梁シュペニングの個人様式につ
いて検討したい。

［註］

1　プラハ大聖堂のヴォールトや、英国で観察される星形ヴォールトからの影響
　　も指摘されている。Nussbaum 1985 (eng), p. 180; Nussbaum / Lepsky 1999, S.
　　244-245; Brucher 2000, S. 285-288; Brucher 2003b, S. 223; Saliger 2005, S. 41-
　　42.

2　註1参照。

3　このヴォールト形態は、ウィーン・バウヒュッテ以外にも、オーストリア西部
　　およびバイエルンへと速やかに伝播し、15世紀後半、ニーダーエスターライヒ
　　南西部で多くの後継者を見出すことになる。Nussbaum / Lepsky 1999, S. 244-
　　245; Brucher 2003a, S. 203-204.

4　第I部・第二章、図25を参照されたい。

5　Tilmez 1721 (1722), S. 93; Tietze 1931, S. 23-24; Grimschitz 1947, S. 6; Perger
　　(R) 1970, S. 92. 序・第二章2.5節を参照されたい。

6　Benda 1953, S. 11; Perger (R) 1970, S. 93. 制作経緯については、以下を参照の
　　こと。Dahm 1991a, S. 9-12.

7　Benda 1953, S. 12. プクスパウムによる記念柱が設置される以前、この場所に
　　置かれていた記念柱は、14世紀、バーベンベルク家のレオポルト三世がマイス
　　ター・ミヒャエルに制作を依頼したものであった。

8　英国王エドワード一世が、亡き妻エリナーのために設けた記念碑。殊に、ハー
　　ディンストーンの十字架との関連性が指摘される。Dahm 1991b, S. 71. エリ
　　ナー・クロスの作例のひとつとして、ロンドンの《チャリング・クロス》[cat.73]
　　が挙げられる。

9　Dahm 1991b, S. 62; Brucher 2000, S. 285.

10　移行期の状況については、以下を参照のこと。Weise 1950, S. 68-80.

11　ナウムブルク大聖堂の西内陣障壁は、左右に聖母と聖ヨハネを配した磔刑像を
　　中心に構成され、上部には受難伝のレリーフがフリーズ状に並べられている。

12　Harting 2011, S. 269.

第三章　リブ・ヴォールトの空間表現

13　Wittekind 2011, S. 261-266.

14　Müller 1997.

15　Feld 1989, S. 2.

16　Tropper 2004.

17　Kavaler 2005, S. 230-248.

18　Oettinger 1962, S. 201-228.

19　Braun-Reichenbacher 1966; Büchner 1967, S. 265-302.

20　Behling 1964.

21　Fehr 1961, S. 55, 58.

22　Möbius 1995, S. 69-103.

23　Crossley 1993. なお、「木の円柱」(fol. 218r) が掲載されたフィリベール・ド・ロルム著『建築第一の書』(1567 年) は、アルプス以北で柱を樹木として表現した建築書の一例である。Nizet 1894, fol. 218r; Börsch-Supan 1967, S. 175.

24　Günther 2003, S. 31-87.

25　Wittekind 2011, S. 261-266.

26　Trier 1952, S. 144-167; Rupprich 1966, S. 144-145; Möbius 1995, S. 100.

27　Möbius 1995, S. 96.

28　Magirius 1985, S. 34.

29　この祭壇は、ザンクト・アンナ聖堂の建設にも関与したザクセン公ゲオルクによって、1518 年にアウクスブルク・バウヒュッテのダウハー父子へと制作が依頼された。Magirius 1985, S. 45-46; Koeppe 2002, pp. 9, 41-62.

30　Lindgren-Fridell 1938/39, S. 289-308; Schiller 1980 (IV-2), S. 160-161.

第Ⅱ部　荘厳空間の創出

第四章　図面とトレーサリー

　15 世紀後半のリブ・ヴォールトが、その造形を飛躍的に発展させた背景
には、前章で指摘したとおり、新しい時代の建築理論の流入や、表現の可能
性の模索があった。あわせて筆者が注目するのは、図面というジャンルにお
ける発展史である。

　ウィーン・バウヒュッテに関しては、総計 294 葉、その表裏を併せれば
約 440 図にものぼる、欧州でも比類なき量のゴシック末期の図面群が現在
へと伝えられている[1]。ザンクト・シュテファン聖堂研究における本図面群の
重要性とは、第一に、造営経緯を解明するための一次史料としての役割に求
められるであろう。しかしながら第二に、特に本稿で重要となるのは、記録
としてではなく、棟梁の芸術理念がスケッチされた作品としての側面である。

　図面自体の研究は、主にケプフおよびベーカーらによる調査を軸に進展し[2]、
時代や制作者の同定をめぐる検討が重ねられてきたものの、各図面に対する
解釈は研究者によって大きな隔たりを見せ、いまだ統一的な見解を得られて
いない。とりわけ造形面に対するアプローチは、検討の余地を残す。その最
たる例が、15 世紀後半の《天蓋図》(ABK16.957) および《鷲門図》(ABK16.872r)
の対照性であろう（図 1, 2）。両図面はほぼ同時期に描かれながらも、殊に
造形面において相反する性質を有している。端的にいえば、《天蓋図》の描
線は極めて実務的で単調なものであり[3]、一方《鷲門図》では多彩な装飾形態
が活力漲る筆線にて描き上げられ[4]、他の図面と比較しても、その美しさが際
立つ。こうした性質の差異にこそ、外陣の複雑なリブ・ヴォールトを実行し
た棟梁の理念を読み解く鍵があるのではないか。そこで本章では、現存する
ウィーンの設計図を、外陣の複雑なリブ・ヴォールトをはじめとするウィー
ン・バウヒュッテにおけるリブ形態の発展経緯の一端を伝えるものとして注
目し、その造形を考察したい。

194

第四章　図面とトレーサリー

1.　天蓋彫刻

　まずは《天蓋図》について、その実行作品である《プクハイム天蓋》と比較しつつ検討する（図1, 3）。両作品を取り巻く状況は、複雑である。図面と実際の天蓋とを比較したときに見出される相違点としては、第一に、天蓋の正面パネルを覆うオジー・アーチの中心に位置する三葉形装飾が、図面では四葉形として描かれている点、第二に、同アーチの起拱点近く、つまり正面パネルの下端左右にある円形装飾において、実施作品にあった十字文を、図面では欠く点、また第三に、正面パネルを挟んで両脇に立ち上がるピナクルにおいて、実施作品にあった葉状装飾を、図面では欠く点が挙げられるが、以上のささやかな差異を除けば、その造形はほとんど一致しており、両者の密接な関係性は自明といえる。したがって、概して図面と実施作品の制作者は同一と判断されてきたが、しかし制作に携わった棟梁の同定をめぐり、各研究者の見解は大きな隔たりを見せる。その主たる要因は、実施作品のクロノロジーが確定していない点にある。

　実施作品《プクハイム天蓋》は、プクハイム家の未亡人により寄進されたとの記録が残る祭壇用の天蓋と同一視されており[5]、したがって寄進のあった1434年が、天蓋制作に着手された年と見なされる。制作者に関しては、ティーツェが、当時の棟梁を務めたハンス・フォン・プラハティッツと同定したのに対し[6]、グリムシッツは、1446年に棟梁着任を果たすハンス・プクスパウムがこの頃すでに助手として大聖堂造営に従事していたとの推察に基づき、この若き棟梁へと本作を帰属させた[7]。

　年代同定について補足するならば、《プクハイム天蓋》を1434年と捉える見解は、天蓋の様式分析、すなわち、《プクハイム天蓋》と、これと類似した形態をもつ大聖堂外陣南東の《ヒュクセル天蓋》（図4）との比較において、前者には15世紀前半の柔軟様式を、後者には15世紀半ばの「角ばった」様式の特質を認めたペトラシュの様式分析とも[8]、合致するものであった。なお《ヒュクセル天蓋》は、奉献記録のある1448年を完成の年と見なし、当時の棟梁プクスパウムへと帰属させるのが通例である[9]。

　しかし以上の従来説を覆す説が、ベーカーにより提示された。すなわち

195

第Ⅱ部　荘厳空間の創出

図1　《天蓋図》(ABK16.957)

図2　《鷲門図》(ABK16.872r)（部分）

図3　ウィーン、ザンクト・シュテファン聖堂、外陣北西、《プクハイム天蓋》

図4　同、外陣南東、《ヒュクセル天蓋》

　ベーカーは新たに、18世紀のオゲッサーが言及した「石造穹窿」を本天蓋彫刻と同一視し、さらには《天蓋図》のウォーター・マークを根拠として、

第四章　図面とトレーサリー

天蓋は 1466 年から 1476 年頃、図面は 1465 年頃の制作であるという、先行研究よりも 30 年近く時代を下げた説を提示して、実施作品と図面をともに、プクスパウムの後継者ロウレンツ・シュペニングへと帰属させたのである[10]。あわせてベーカーは《ヒュクセル天蓋》についても、制作開始を 1466 年、完成を 1476 年とし、同様にシュペニングへ帰属させたのであった[11]。

　ベーカーの説に疑問を投げ掛けるとすれば、それは、《プクハイム天蓋》と《ヒュクセル天蓋》の間には明確な造形的差異が認められるという点に対してであろう。なるほどともに、オジー・アーチ形のトレーサリーを大きく配した透彫りパネルで構成されている[12]。アーチの外辺には有機的な突起物が施され、その輪郭が背後に溶け込むのに対し、アーチの内側は円形や矩形、流線形にて金細工のごとく優美に飾られ、暗い空間を背景に、ほっそりとエレガントなフォルムを浮き立たせている。このように一見したところ両者は酷似しているが、しかし細部は大きく異なる。第一の相違は、天蓋を支える柱の形状に認められる。《プクハイム天蓋》が、滑らかな円柱と古典的な柱頭によって支えられているのに対し、《ヒュクセル天蓋》では、柱も柱頭も八角形に角ばっている。第二の相違は、パネル下辺中央から優美に垂れ下がったペンダント・ボスである。《プクハイム天蓋》のボスが三葉形に細かな縁取りを施した植物状のデザインであるのに対し、《ヒュクセル天蓋》では水滴の滴り落ちるような、たっぷりとした重みを含ませたものになっている。

　同様の差異は、オジー・アーチ内部のトレーサリー模様にも観察される。《プクハイム天蓋》の最大の特質は、ペンダント・ボスの真上に配された、魚の浮袋形と呼ばれる一対の曲線形態であろう。この魚の浮袋形と、それとは反対方向へうごめくパネル下辺の流線形によって、この天蓋では、柔軟様式を彷彿とさせるような、波打つように柔らかな動勢が生まれるのである。透彫りの空所部分、すなわち闇に沈んだ部分の形態に注目したならば、アーチに詰め込まれた矩形や円形のフォルムの結び付きが連続的なものであると理解されよう。これらの形態は、曲線の生み出す波の流れに応じて、くるくると回転するかのようでもある。

　一方《ヒュクセル天蓋》には、空所部分の連続性がない。代わりに、中心

197

軸上において三葉形と四葉形が 3 つ連なることで形成されるマスに顕著なように、各々の形態の輪郭線が連結することで、全体が堅固にまとめ上げられているのである。このような閉じた形態は、《ヒュクセル天蓋》にのみ設置された上方二階席部分のパネルにも現われており、そこでは三角形の鋭角部分が上下に向き、その間に菱形を挟みこむことで形態は均衡し、さらにこの塊を囲む輪郭線が連続することで、同一形態が水平方向へと繰り返されてゆく。もはや波打つ流れはない。曲線や不定形で構成されているにもかかわらず、垂直と水平が形態を支配し、静的で堅固な印象をもたらす。《プクハイム天蓋》と《ヒュクセル天蓋》とは、一見したところ似た形態であるかにも思われるが、各々ではトレーサリーの要素を構成する原理が異なっているのである。

　実は《ヒュクセル天蓋》と同様の特質が、1450 年代に制作された外陣南外壁の〈フリードリヒ破風〉に認められる（図 5）。そこで次に、この破風と、おそらく 15 世紀初頭に設けられた南塔の大トレーサリーとの比較を通じて、その造形の特徴を観察したい（図 6）。両者はともに、三角形の明確な輪郭線をもち、その下辺に沿って小さな三角形を 3 つ並べるという基本構造を共有しつつ、しかしその造形的特徴は、まったく異なったものである。例えば下辺に並んだ小三角形の内部を飾るのが、南塔では柔らかな流線形の魚の浮袋形であったのに対し、〈フリードリヒ破風〉ではこれが円形と菱形に代えられ、その内部がさらに四葉形と三葉形にて分割されるという、厳格な構成が採られる。あわせて南塔では、中央に並ぶ 2 本の細いピナクルの上部に流線形が架けられているのに対し、〈フリードリヒ破風〉では、空間が円形などの形態によって分割されている。このように〈フリードリヒ破風〉では、南塔のコンセプトを継承しつつも、新しい造形的傾向が認められるわけだが、その理由として推察されるのは、制作手法の相違である。すなわちトレーサリー制作のための図面は、当然ながら製図器具を使用して描かれるのだが、〈フリードリヒ破風〉においては、より技巧的に定規とコンパスを使用して、形態を、いわば幾何学的に分割してゆくという、整然とした作図プロセスが垣間見られるのである。

第四章　図面とトレーサリー

図5　同、外陣南面、〈フリードリヒ破風〉　　図6　同、南塔西面、大トレーサリー

　以上の様式分析を踏まえたならば、いまや、《プクハイム天蓋》と《ヒュクセル天蓋》だけでなく、《プクハイム天蓋》と《天蓋図》の相違も自明であろう（図1,3）。例えばオジー・アーチの中心に位置する形態が、実施作品における逆三角形状の三葉形から、図面においては十字の四葉形に代えられるとともに、その上方左右に配された四葉形の傾斜も弱められ、むしろ中心軸へ向かって傾くことによって、実施作品にあった、オジー・アーチに沿って外側へと流れ出すかのような動きが、均衡した求心的なベクトルに置き換わっている。あわせて、中央最下段で対になった魚の浮袋形の尾の部分が、図面では、上方へ湾曲することなく、ほとんど水平のまま途切れるため、動勢がますます弱められる。また、実施作品では対角方向を示していたアーチ足元の十字文が、図面ではニュートラルな整円に代えられた点も、動勢を抑制する効果をもたらした。さらに図面における空所部分に注目したならば、中心軸に沿って円形が垂直に連なり、下辺も水平に広がるという、しごく安定した構図となっていることがわかる。おそらくこれは、中心軸と、これに直交する軸を基準線として、定規とコンパスで厳密に作図した結果であろう。
　このように、流れるような動勢のある《プクハイム天蓋》に対して、《天蓋図》

199

第Ⅱ部　荘厳空間の創出

にはむしろ、《ヒュクセル天蓋》に観察されたような整然とした堅固さが認められる。果たして《プクハイム天蓋》と《天蓋図》の間に生じている造形感覚の差異が、単なる時代差であるのか否かについて、本稿での結論は差し控えたい。しかし少なくとも実施作品における、幾何学の制約からは解放されたかのような、生き生きとした創造力にあふれる線の動きと、これとは対照的といえる、定規とコンパスが作り出す幾何学の原則の中に閉じ込められたかのような、厳格で実直な図面の描線を観察する限り、両者を隔てる造形的差異の要因としては、理想と実行のギャップではなく、むしろティーツェが主張したように、原案とコピーの関係を想定すべきだと思われる[13]。《プクハイム天蓋》の流れるような形態は、手で描き上げたからこそ可能な発想であり、コンパスと定規のみでは到達し得ないものであろう。同じ時代の作品であろうとも、また、たとえ同一作品の図面と実行作であろうとも、その造形上の傾向が異なるという、この結論には、構想と実行、模倣と継承、さらには棟梁の帰属問題など、ゴシック末期のバウヒュッテにおける造形的問題が凝縮されているといえるのではないだろうか。

2.　図面の機能と目的——設計図・見本帳・理想図

　そもそもゴシック期の図面とは、いかなるものであったのか。なるほど図面の第一義は、実行のための計画にある。ウィーンの図面コレクションの中にも、全体像を施主に伝えるためのヴィジールングや、建築家が使用した専門的な平面図・立面図のほか、石切用の型紙（ABK16.854v）や、銘文に用いたのであろうアルファベットの型紙（ABK16.839r）など、実に様々な図面が観察される。当然ながらすべての図面が実施に移されたわけではなく、変更前の原案に位置付けられる図面（例えばABK16.819v）や、経済的事情等で実行に至らなかったと推察される図面（例えばABK16.836）も、少なからず認められる。さらに、ウィーンの図面コレクションは、ウィーン・バウヒュッテに関わる建造物の設計図のみで構成されるわけではなく、これらは全体のおよそ三割程度にすぎない。例えば当時交流のあったプラハやストラスブー

200

第四章　図面とトレーサリー

ルなどのバウヒュッテに関連する設計図も20点ほど含まれており、こうした図面は、研究目的で収集ないし複製されたものと推察されている。[14] 同様に、見本帳として、あるいは記録や研究の目的で制作されたと思われるトレーサリーおよびリブ・ヴォールトのパターン図が全体のおよそ二割、聖体顕示台などの小型作品[15]の図面も二割程度を占める。

しかし多彩な性質を帯びた図面群に対して、その美的な側面を評価する試みが必ずしも十分になされてきたわけではないという点は、前節で述べたとおりである。同様のことは、ゴシック期の図面全般についてもいえる。その理由は、金工品素描に関するタンナーの記述に、端的に示されている。

図7　シュトース《あざみの柱頭》

　それらは、金細工師が伝統によって規定された金工作品のイメージを定着させるために描いた素描である。客観的な表現がまずもって重要なのであり、素描形式そのものは副次的な意味しかもたない。金工図面と画家や彫刻家が描く金工のための素描の相違はこの点にある。[16]

では制作のための下絵と、芸術家による素描との境界線は、いかにして引かれるのか。この疑問に対して、金細工師の下絵が、殊にエングレーヴィングの分野において芸術性を獲得してゆくプロセスは、15世紀当時の図面の発展史を考察する上で重要な手掛りを提供することとなるだろう。中世のバウヒュッテでは、建築の設計図とともに、祭壇や聖体安置塔など聖堂内装の構想図、さらには柱頭や工芸品を飾る葉状装飾など、実に様々な図面が描かれ、その一部は、15世紀になると、ファイト・シュトースによる《あざみの柱頭》のように、エングレーヴィングとしても制作されるようになってい

201

た（図7）。そもそもエングレーヴィングの起源は金工品に求められ、その題材についても、金細工師の下絵や見本帳としての機能を有していたと推察されるようなものが少なくなく、これらは、素描と同様に、構想図や下絵としての役割を担っていたのである。[17]

ここで、図面の発展経緯を概観するための一例として、葉状装飾の展開を観察したい。葉状装飾とは、建築の柱頭や金細工など多岐にわたり使用されたモティーフであり[18]、ヴィラール・ド・オヌクールによる13世紀前半の画帳をはじめ[19]、ハンス・ベー

図8　メッケネム《葉状装飾》（部分）

ブリンガー（父）による1435年の画帳などにおいて、広く観察される。葉状装飾は15世紀後半以降になると、おそらくはこうした既存の見本帳が参照されながら、マルティン・ショーンガウアーらによりエングレーヴィングの題材としても採り上げられ、さらにはイスラエル・ファン・メッケネムのような複製版画を得意とする画家の手によってコピーされていった（図8）。ウルム大聖堂にある、彫刻家イェルク・ジルリン（父）の代表作である木彫[cat.50]の内陣席には見事な葉状装飾が彫り上げられているが、これは、ショーンガウアーのエングレーヴィングなどを参照して制作された可能性が指摘されている作品である[20]（図9, 10）。

ここで興味深いのは、メッケネムによる金細工風オーナメントのエングレーヴィングである（図11）。画面いっぱいに描かれた植物モティーフが、しなやかさと艶やかな光沢を得て闇から浮かび上がる様相は、詩的ですらある。本作品は、金細工を思わせる形式が採られているが、しかしその絵画的表現は、もはや下絵の範疇を超えている。さらにいうならば、この版画作品は、金細工師の下図としての役割から解き放たれ、絵画的なコンポジションを獲得し、自立した芸術作品へ発展したものと解されよう[21]。こうして、当初

第四章　図面とトレーサリー

図9　ジルリン（父）、内陣席、ウルム大聖堂

図10　ショーンガウアー《梟のいるオーナメント》

図11　メッケネム《カップルのいる装飾パネル》

203

第Ⅱ部　荘厳空間の創出

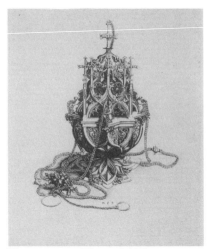

図12　ショーンガウアー《香炉》

図13　Wと鍵の画家《聖小ヤーコブ》

は職人の下絵として制作された図面であったが、殊に15世紀後半のエングレーヴィングにおいては、その写実表現を発達させるなど絵画芸術としての価値を高め[22]、もはや実現不可能なほどに精妙な金工品や建築画も描かれるようになったのである。中でもショーンガウアーによる《香炉》は、鑑賞に値うるほどの芸術性を獲得した好例であり、もはや設計図というより、香炉の理想図と評されるべき作品である[23]（図12）。

　あわせて興味深いのが、Wと鍵の画家が描いた建築モティーフのエングレーヴィングである（図13）。それは、おそらくは「小建築」と呼ばれる建築を模した金細工の制作に関連して制作されたものと推察されるが、その繊細で優美な建築モティーフは、同時代におけるゴシック建築の理念を絵画化したものとして解されている[24]。あわせて、聖なる建築に聖人が立つという、実際の建築では成しえない絵画的手法によって、その神秘性はいっそう高められる。こうした理想図とでもいうべき版画に、設計図という制約から解き放たれた建築図面の、新しい自由な展開を看取することができよう。

第四章　図面とトレーサリー

図14 ピルグラム《説教壇図》(ABK16.855r)（部分）　　**図15** エクスル《北塔立面図》(WM105.061)（部分）

　同様の理想化は、建築図面にも認められる。例えば16世紀初頭のアントン・ピルグラムによるウィーンのザンクト・シュテファン聖堂のための説教壇図では、なるほど理論に裏付けされた、文字どおり「設計図」としての側面が際立つ（図14）。しかし一方で、ほぼ同時代のイェルク・エクスルによる同聖堂北塔の立面図は、これとは対照的な性質を示している（図15）。本図面はまず何よりも、実際の北塔とはデザインが異なっており、時代様式の解釈を加えた柔軟な発想で描かれている。確かにコンパスや定規を使用した作図ではあるものの、それ以上に、自由な線による修正も随所に施され、幾何学形体が歪められるなど試行錯誤の痕跡も少なくない。このように一口に図面といっても、その性質は様々であり、幾何学に基づき精密に描かれた設計図がある一方で、理想図とでもいうべき、実施作品からは乖離した、自由で空想に満ちた図面も存在するのである。[25]

205

第Ⅱ部　荘厳空間の創出

図16　《鷲門図》(ABK16.872r)（部分）

図17　ウィーン、ザンクト・シュテファン聖堂、北塔扉口〈鷲門〉

3.《鷲門図》とリブ・ヴォールト

　ウィーンの図面コレクションの中で、理想図という性格を顕著に認めることのできる作品のひとつが、ザンクト・シュテファン聖堂北塔扉口の設計図《鷲門図》である（ABK16.872r, 図16）。これを、実際に建てられた北塔扉口〈鷲門〉と比較すると（図17）、図面では中央の柱が細く、そして紋章の付される点が異なる。さらにはトレーサリーの形態にも両者の間で若干の相違が観察されるものの、しかし全体の印象としては、図面も実際の扉口も、ほとんど同一である。本図裏面（ABK16.872v）が北塔平面図であることを考慮するまでもなく、これが北塔扉口に対応する図面であることは、自ずと明らかであろう。

　北塔は、1450年および1467年の二度にわたって着工の記録があることから、まず1450年、棟梁プクスパウムによって基礎が造られ、しかしその直後に造営が中断し、1467年、後継者シュペニングによって造営が再開されたというのが通説である[26]。したがって《鷲門図》をめぐる最大の争点とは、

206

第四章　図面とトレーサリー

果たして本図面が、北塔に着手したプクスパウムと、本格的な造営を率いた
シュペニングのどちらの手に帰せられるかという点にある。ティーツェやケ
プフら主な研究者は概して、実施作品と細部が異なることを根拠に、本図面
はプクスパウムが描いたものであり、この構想に改変を加えた上でシュペニ
ングが現状のように実行したと推察したが、一方でベーカーは、描写様式に
基づき本図面をシュペニングへ帰属させ、実際の作品との相違点については、
実施に際して加えられた修正と考えた。[27]

　以上の先行研究に対して筆者は、いずれの立場でもなく、〈鷲門〉と図面
の相違は、この時代の図面がもつ多様な性質を反映させた結果であると考え
る。具体的に観察すると、《鷲門図》のオジー・アーチ内のトレーサリーは、
連続的というよりは、ひとつひとつの形態の組み合わせとして構成されてお
り、ゆえに柔軟様式に観察された流動性はもはや無い。むしろ、菱形や三角
形、円形、魚の浮袋形など、見本帳を垣間見るかのごとき様々なパターンを
組み合わせることによって、万華鏡の中で次々と移り変わる華の形態を愛で
るかのような感覚が認められる。だが本図面を、トレーサリーの集積として
ではなく、オジー・アーチの組み合わせとして捉えたならば、その印象は一
転する。本図面では、起拱点を同一とするオジー・アーチが、その軸線を違え、
頂点の高さを違えながら階段状に重ねられることによって、動勢が獲得され
ているのである。だがそこにあるのは、柔軟様式に見た、線がもたらす絶え
間なき流れではなく、形態を連続させることで生まれるリズムである。形態
は、上下左右に一定のリズムを刻みつつ、さらにアーチを前後に重ねて層を
形成し、三次元性をも示唆している。ただし、トレーサリーの層が浮き上が
るかのような空間的効果は、図面でこそ十分に発揮されるものであり、実行
に移された建築レリーフでは、もはや実現不可能な、幻想的ともいえる表現
であった。ここに、《鷲門図》と実施作品の決定的な相違がある。ドーニン
が指摘するように、こうした「不明瞭さ」ゆえに、本図面は構造的な厳格さ
よりも、絵画的性質の勝った作品だといえるのである。[28]

　《天蓋図》と実施作品との相違は、形態の柔らかさ、あるいはトレーサリー
がもたらす流れの有無という、形態の様式ないし解釈に認められた。しかし

207

第Ⅱ部　荘厳空間の創出

《鷲門図》と実施作品との間に横たわる最大の相違とは、解釈にあるのではなく、実現可否にこそある。《鷲門図》はもはや建築のための設計図ではなく、理想化された絵画なのである。

　先に考察した《天蓋図》は、実施作品である《プクハイム天蓋》とほとんど同一のデザインでありながら、天蓋に観察されたような柔軟様式に特徴的な流動性を欠き、むしろ硬く閉じた造形であった。おそらく図面の作者は、天蓋の特性を十分に理解しないままに模写を行ったか、あるいは画家自身が生きた時代様式に基づくアレンジを施して描いたと推察される。換言すれば、《天蓋図》には、見本帳などの記録としての性格が見出されるといえる。一方《鷲門図》は、実際の〈鷲門〉と比べて細部に相違があること、さらにその描法が絵画的であることから、制作のための設計図というよりも、構想図やヴィジールングとしての性格が強い。もはや現実のレリーフでは実現できないほどの想像力に満ちた形態であるがゆえに、《鷲門図》は、扉口の理想図であるといって良いだろう。こうした自由な造形は、例えば〈フリードリヒ破風〉や《天蓋図》のように、コンパスと定規に基づく幾何学的な発想では、おそらくは描きえない、新しいタイプの図面だといえる。すなわちこれは、15 世紀後半における図面の多様化の中で、設計図としての拘束から解き放たれ、想像力に満ちたファンタジーを獲得することで生まれた、絵画的な構想図なのである。

　ここまで観察してきたように、15 世紀後半になると、それまで下図としての役割に従事してきた図面は、絵画的な価値を高め、これにともない建築装飾やリブ・ヴォールトも、構造要素としての本来の責務から解放されたかのように、自由で多彩な形態を発展させた。いわば、絵画的なファンタジーが、図面を介して建築空間へ移入されることで、ヴォールトは、新しい表現力を獲得したのである。ザンクト・シュテファン聖堂の外陣身廊ヴォールトにおいて、菱形と八角形が交互に登場し、直線と曲線の緩急がダイナミズムをもたらす造形は、精神性の表現を追求したゴシック末期のリブ・ヴォールトにおける、ひとつの到達点である。こうした動的な様式と、同時代の傾向

第四章　図面とトレーサリー

図18　同、外陣、側廊より身廊を望む

図19　同、外陣より内陣を望む

を踏まえたならば、ザンクト・シュテファン聖堂の外陣ヴォールトは、シュペニングが構想したものだと結論付けられよう。

　側廊にて身廊のモティーフを半分繰り返すという型破りなアイディアも、シュペニングの自由な発想に基づくものに違いない。しかしそれは、身廊と側廊を区切るというプクスパウムの構想自体を否定するものではない。むしろシュペニングにとっても、段形ホールによって生まれた、身廊と側廊の高

第 II 部　荘厳空間の創出

低差は、自身のイマジネーションを発揮できる舞台であった。すなわち壁面の均質性を利用し、そこから放射されるリブが、網目を複雑化させ、ついには上段の身廊ヴォールトへと跳躍するプロセスを通じ、観る者の注意を、主廊たる身廊へと誘導しているのである（図 18）。

　こうして観る者の視線は、側廊から身廊へ、そして内陣へと導かれる（図 19）。ところが、内陣との間には段差が設けられており、観る者の視線は、突如として止まらざるをえない。段差を強調するかのように八角形を横断させるというアイディアも、やはりシュペニングに帰せられるものであろう。外陣の身廊と側廊の連続性を重視したシュペニングであったが、しかし彼も、外陣と内陣を分断させるという、師の構想に同意を示したことにほかならず、内陣への視線は、ここで完全に止められてしまうのである。

［註］

1　現在、ウィーンの造形美術アカデミー（所蔵番号表記では ABK を使用）、およびウィーン・ミュージアム（所蔵番号表記では WM を使用）に所蔵されている。その大半は、1839 年、建築家レガート＝フランツ・イェーガーから遺贈されたものだが、これ以前の来歴は詳らかではない。Böker 2005a, S. 15-20.

2　Koepf 1969; Böker 2005a; Kat. Wien 2011.

3　Tietze 1931, S. 15.

4　Grimschitz 1947, S. 47; Donin 1955, S. 44-45.

5　まず 1434 年にヴィルヘルム・フォン・プクハイムの妻エルスペットが寄進を行い、次いで 1437 年に „Capelln“ が聖別されたとの記録が残る。Tietze 1931, S. 29; Böker 2007, S. 229.

6　ただしティーツェは、本図面を、ハンス・フォン・プラハティツによる原図面の複写と見なした。Tietze 1931, S. 29.

7　Grimschitz 1947, S. 5-6, 15.

8　Petrasch 1951, S. 7-31.

9　1448 年および 1476 年に寄進があったと記録されている。Tietze 1931, S. 29; Grimschitz 1947, S. 20; Böker 2007, S. 235.

10　ベーカーの根拠は以下のとおり。第一に、記録にある „Capelln“ を天蓋と見なす従来の解釈には違和感がある。第二に、オゲッサーの記録（Ogesser 1779, S. 138）には、「この祭壇の置かれた石造穹窿（Das steinerne Gewölbe）は、〔……〕

市の記録によると、1466年に建てられた」という記述がある（ただしこれを、天蓋ではなく、外陣側廊ヴォールトに関する記述と見なす解釈もある。例えばTietze 1931, S. 24）。第三に、外陣外壁の完成を1440年頃と見るならば、これに接した天蓋は、これ以降の完成でなくてはならない。第四に、《プクハイム天蓋》と同定される設計図には、1464年と同定されるウォーター・マークがある。Böker 2007, S. 229-234.

11　1476年の寄進記録にこそ、本天蓋との関連性を認めたわけである。Böker 2007, S. 235.

12　以下のディスクリプションでは、ペトラシュによる、柔軟様式と「角ばった」様式の比較考察を参考にした。Petrasch 1951, S. 8-11.

13　Tietze 1931, S. 15.

14　Donin 1943, S. 234.

15　建築装飾と金細工との関係性は、しばしば指摘されるところである。例えばKoepf 1977, Nr. 16-32.

16　Tanner 1991, S. 10. 翻訳は田辺 2004, pp. 89-105, hier n. 23.

17　Koreny 1968; Fritz 1994, pp. 175-183; 田辺 2004, pp. 89-105.

18　Krohm / Nicolaisen 1991, S. 140-141.

19　この画帳は、「作業図面ではなく、将来の設計のヒントにするためのスケッチ」と解されている。Gimpel 1958 (jp), p. 176.

20　Behling 1964, S. 151-158.

21　Winther 1972, S. 81; Riether 2006, S. 272.

22　クロームは、ロヒール・ファン・デル・ウェイデンらによる金工品の写実的描写を考慮しつつ、もはや設計図の範疇を超えた、静物画的な、モデルとしての描写をそこに見出した。Krohm 1994, pp. 185-207.

23　Krohm 1994, pp. 185-207; 田辺 2004, pp. 97-98; Heinrichs 2005, S. 389-418.

24　Krohm 1994, p. 199.

25　ウルム大聖堂[cat. 50]に由来する図面に関しても、例えば、15世紀末のジルリン（父）とマテウス・ベーブリンガーの各々に帰属されるウルム大聖堂の西塔の立面図の比較において、同様の傾向が観察される。図面については、以下を参照のこと。Böker / Brehm 2011.

26　Perger (R) 1970, S. 91-93. 詳細は序・第二章2.5節を参照されたい。

27　Tietze 1931, S. 18; Koepf 1969, S. 4; Böker 2005a, Nr. 16.872.《鷲門図》を原図のコピーと捉える見解もある。Egger 1910, Nr. 4; Grimschitz 1947, S. 47.

28　Donin 1955, S. 44-45.

第Ⅱ部　荘厳空間の創出

第五章　内陣問題

　ザンクト・シュテファン聖堂では、14世紀のホール式内陣と、15世紀の段形ホール式外陣という、まったく異なる空間が接合している。第一章から第四章において、段形ホールとリブ・ヴォールトの創意が解明されたいまや、内陣と外陣の空間的特質の差異は、いっそう明らかである。

　ここで今一度、序章にて提示した疑問と仮説に立ち戻りたい。造営が長期化したザンクト・シュテファン聖堂では、実に様々な要素が混在していた。造営最終段階となる15世紀中葉、ヴォールトを架け、外陣を完成させる任を負った棟梁は、相矛盾するふたつの課題に直面していたはずである。その課題とは第一に、皇帝フリードリヒ三世からの要請に従い、この聖堂を皇帝にふさわしいものにするという、造営主の政治的な意図に基づいた課題であり、第二に、長い造営史がもたらした様々な要素を調和的に共存させるという、審美上の課題である。事実、外陣には、棟梁ハンス・プクスパウムと棟梁ロウレンツ・シュペニングにより、最先端のリブ・ヴォールトが架けられ、なるほどその空間は、皇帝の大聖堂にふさわしいものとして完成した。しかし大聖堂全体として見たとき、14世紀のホール式内陣と、15世紀の段形ホール式外陣とが接続した空間は、果たして成功といえるだろうか。あわせて、外陣が最新様式のリブ・ヴォールトを備えた、天井の高い、華やかな空間であるのに対し、聖職者が集う内陣空間の方が簡素だというのは、聖堂建築として致命的な問題となるのではないだろうか。

　この最終章では、ザンクト・シュテファン聖堂の内部空間における、内陣と外陣の接続の問題に取り組む。だがまずもって指摘したいのは、上述した欠点ともいえる問題があるにもかかわらず、本聖堂の内部空間は荘厳な雰囲気に満たされ、訪れた者を圧倒する力をもつという点である。つまり棟梁は、欠点を見事に克服したのである。聖堂を完成させた棟梁は、内部空間の問題

212

第五章　内陣問題

に対して、いかなる解決策を示し、また、どのような創意によって、こうした荘厳な空間作用を創出たらしめたのか。以下では、宗教建築に期される空間の効果を踏まえた上で、ザンクト・シュテファン聖堂における荘厳空間が生ずるまでのプロセスを解明したい。

1.　聖域としての聖堂空間

　ザンクト・シュテファン聖堂の内陣、通称〈アルベルト内陣〉は、三廊ともに幅および天井高が等しいホール式空間である（図1）。14世紀初頭に始まった建設は、半世紀に及んだ。側廊に開かれた大きな窓によって聖堂内は光に満ち溢れており、この空間には、明るさや均質性といった、ホール式固有の特色が認められる[1]。広い空間に立ち並ぶ束ね柱は、差し込む光を受けて、一本一本の要素が溶けあい、石とは思えないほどの柔らかみを呈す。こうした内陣に対し、一世紀以上の時を隔てた15世紀後半の棟梁は、明快な方向性をもった段形ホールを発案し、これを外陣に採り入れ、さらには、曲線と直線を駆使した壮大なリブ・ヴォールトを架けた。これほど複雑な空間が創出される時代にあって、簡素な交差ヴォールトを頂くだけの単純なホール式内陣は、外陣の手本とはなりえなかったのであろう。そこには、時代様式の差だけでなく、ホール式空間固有の問題があったと考えられる。本節ではまず、ホール式空間について、バシリカ式空間との比較から検討したい。

　フランスなどで一般的であったバシリカ式聖堂の、その空間における最大の特質とは、光の流れにある（図2）。空間に聳え立つ壁面は、柱や付け柱など線状の要素によって垂直方向に細分化され、背の高いプロポーションがいっそう強調される。はるか高みに設けられた採光窓の、そのステンドグラスからは、色彩豊かな光が地上へと降り注ぐ。身廊の先の内陣は、礼拝堂を伴った周歩廊に取り囲まれることで、あたかも光のヴェールに裏打ちされたかのような作用を生じさせる。こうしてフランスのゴシック聖堂では、訪れる者の視線は、壁面と光の作用によって、身廊の先にある内陣へ、あるいは頭上のはるか上にある天井部へと導かれ、崇高な効果が高められるのである。

第Ⅱ部　荘厳空間の創出

図1　ウィーン、ザンクト・シュテファン聖堂、内陣

図2　アミアン大聖堂

　一方、ドイツ語圏で最も普及したホール式聖堂では、バシリカ式聖堂とはまったく異なった空間作用が観察される。ここで改めて、その構造について説明を加えたい。ホール式聖堂とは、「等高式聖堂」という訳語からも明らかなように、三廊すべて同じ高さの立面プランを備えた建築タイプを指す[2]。例えばアミアン大聖堂[cat. 335]のようなバシリカ式聖堂では、壁体が天井を支え、また同時に、壁体によって側廊と身廊が明確に区切られ、さらには、その壁体を水平・垂直方向に分割することで、奥行きと高さが強調された（図2）。一方、ホール式の天井を支えるのは、壁ではなく、独立柱である。独立柱は、廊の境界線に沿って並べられる。したがって身廊と側廊の区分は、柱によって暗示されるにすぎない。あわせて、水平要素たる壁面が存在しないことから、祭壇への方向性は弱まるのである。

　特筆すべきは、光の効果であろう。バシリカ式聖堂では光が身廊上部のクリアストーリーから降り注ぐのに対し、ホール式聖堂では身廊に採光窓がなく、また、窓は側廊に限定されるので、光は水平に流れ込む。この結果、光の流れを通じた、視線を上昇させる力、つまり垂直方向の力も弱くなる。む

214

第五章　内陣問題

図3　ゾースト、ザンクト・マリア・ツア・ヴィーゼ聖堂　　図4　ニュルンベルク、ザンクト・ローレンツ聖堂、内陣

しろ、ホール式タイプがもつ審美上の魅力とは、均質でどこにも優位性の無い、広く安定した一体感と明快さであり、例えばそれは、ゾーストのザンクト・マリア・ツア・ヴィーゼ聖堂において実現したような、東西軸の方向性が排除された、完全な均質性にこそ認められるべきものなのである（図3）。

　この一体化空間は、ドイツ・ゴシックのもうひとつの特質である、ヴォールトを飾るリブ形態の多様化によって、さらなる進展を遂げた。ザルツブルクにあるフランシスコ会修道院聖堂の内陣は、およそ方向性というものを欠いた均質な空間である（図12, 13）。均質性をもたらす、第一の要因は、滑らかに伸びる柱が、建築としての物理的制約から解放され、自由に立ち並ぶかのような印象を与える点に認められる。分節化されていない華奢な円柱は滑らかに伸び、柱頭において、つぼみが花開くかのように、あるいは聖杯のごときふくらみを見せ、星形のヴォールトへと変容する。リブのしなやかな輪郭は曖昧で、方向性は無く、波打つように揺らめきながら展開し、柔らかな光が空間全体に行き渡る。何処たりとも強調される部分は無い。何ものも視線を妨げることなく、滑らかで、空間には静けさと軽やかさが広がるので

215

第Ⅱ部　荘厳空間の創出

ある[4]。

　ザルツブルクのフランシスコ会修道院聖堂とは異なった傾向を示すのが、ニュルンベルクのザンクト・ローレンツ聖堂である（図4）。ザルツブルクの細く華奢な円柱は、光の条のようであった。それが今や、六角形核に四分の三円柱を組み合わせた複雑な刳型を呈し、太くごつごつと角ばる。そこから立ち上がるリブも折れ曲がり、力強いメッシュを編み上げ、空間に重厚感を付与するのである[5]。そこにはもはや、ザルツブルクのフランシスコ会修道院聖堂内陣に

図5　ボーヴェ大聖堂

て観察された、無限に広がるような浮遊感はない。その柔らかな輪郭とは対照的に、すべての線が、明快で鋭く、空間の輪郭を削り出すかのようである。

　ホール式空間における柱やリブの働きは、バシリカ式聖堂において壁面が担うところの、空間を明快に分割するという機能とは、異なったものである。ホール式空間における柱やリブ・ヴォールトは、空間の統一性を保つことをまず最優先事項とし、空間の差異化については、暗示するに留まる。その空間に動きはなく、静かに穏やかに、光が満ちる。壁面がないからこそ、柱とリブは自由な発展を遂げ、バシリカ式聖堂の威圧的な空間とは対照的ともいえる、穏やかで幻想的な、光が均質に広がる空間が達成されたのである。

　しかし均質で不明瞭という特性は、聖堂建築においては、時として欠点となる危険をはらむ。なぜなら、聖堂は概して、内陣を頂点としたヒエラルキーを空間に演出すべき建築だからである。内陣は、第一に、主祭壇の設置場所として、第二に、聖職者がミサを執り行う聖域としての機能を担う、聖堂の本質的な部分である。初期の聖堂においては、内陣として半円形の簡潔なアプシスが形成され、そのドーム部分であるコンチや手前の勝利門は、キ

第五章　内陣問題

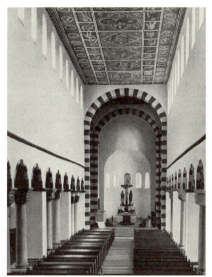

図6 ヒルデスハイム、ザンクト・ミヒャエル聖堂　　**図7** ノワイヨン大聖堂

リストなどを描いたモザイクで飾られた。これがロマネスク期になると、内陣がクリプト上階へ持ち上げられるなど、単純だったアプシスが多様化の様相を呈し始める。殊にフランスでは、典礼の複雑化と祭壇数の増加に対応すべく、アプシスが袖廊などに複数設けられていたが、やがて周歩廊式内陣が発案される。内陣の周辺にアプシスを放射状に設けることで、統一的な新しい建築的解決が見出されたのである。こうしてフランス・ゴシック聖堂の内陣は、周歩廊から差し込む光を背景に輝き、聖域としての空間効果を高めていった（図5）。

　一方ドイツでは、二重内陣という特徴的な形式が発達した。例えばオットー朝芸術の代表作であるヒルデスハイムのザンクト・ミヒャエル聖堂では、ふたつの内陣が縦軸を、ふたつの袖廊が横軸を創出し、観る者は縦と横の交差を二度体験することとなる（図6）。その身廊では、アーケードの半円アーチとともに、角柱1本と円柱2本が交互に登場することで、軽快なステップが刻まれる。この水平方向の空間作用に対し、交差部には天蓋が架けられ、その奥で内陣が立ちはだかるのである。フランクルは、ロマネスクが「付加」

217

第II部　荘厳空間の創出

であるのに対し、ゴシックが「分割」という性質をもつ点を指摘したが[7]、本聖堂はまさしく、独立した要素の付加的な集合体であり、各々の空間が、互いに力を及ぼしあうことで生じる緊張感が漲っている。水平壁面と内陣における垂直要素の衝突が、分断したパーツを分かちがたく一体化するのに貢献しているのである。

　柱の交代システムによって内陣への方向性を強調する手法は、初期キリスト教時代の建築からすでに観察され、フランス・ゴシックの大聖堂まで引き継がれた、空間の演出方法である[8]。その一例であるノワイヨン大聖堂[cat.334]では、地上階の高さで見ると、束ね柱と太いコラムが交互に並んでいるが、次にこれをトリビューンの高さで見ると、それは太い束ね柱と線状組織の交代システムと化す（図7）。さらに柱は、柱頭の高さを変化させながら、天井のリブ・ヴォールトへと立体的な展開を遂げる。この壁面の分節システムが、バシリカ式聖堂の内陣へ向かう力を、いっそう強めるのである。

　フライは、こうしたリズムや方向性がもたらす運動体験に注目した。初期キリスト教時代の聖堂に採用されたバシリカ式という建築タイプは、縦軸方向に伸びる構造を特徴とし、その通路は、実際の儀式において信者が御供物を祭壇へと奉納する道であり、また同時に、黙示録にいう「神の玉座」であるところのアプシスへと向かう「救済の道」を象徴するものであった。聖堂がもつ「通路」としての機能は、盛期ゴシック建築においても同様に求められた。その空間の特質は、垂直性と、奥へ進む軸に求められ、このふたつの特質を通じて、奥行き方向へ進行するゴシックの空間が、時間的進行として体験されることとなる。ルネサンスを幾何学的なものとするならば、ゴシックは時間的なものであり、空間と時間が、運動を媒介として結び付いているのである[9]。

　ここで、ホール式聖堂の空間に戻ろう。上述した聖堂の機能を踏まえたならば、ホール式建築において、方向性や上昇性、あるいは分離の作用が著しく弱いということは、内陣を頂点とするヒエラルキーの構築が難しいことを意味し、これはすなわち精神的な高揚感を欠くということでもあり、こうした性質は、聖堂建築において、むしろ欠点になりうると筆者は考える。ホー

ル式聖堂では、空間が均質に広がるため、どこにも優位性をもたないことから、聖堂建築に不適切な建築タイプだとゼードルマイヤーは批判し[10]、またバウムガルトも、フランス・ゴシックと比べ、ドイツのホール式聖堂では「もはや厳格な祭儀性や神秘的な上昇指向は影をひそめた」と酷評した[11]。おそらくザンクト・シュテファン聖堂の外陣造営に携わった15世紀の棟梁も、ホールという建築タイプに対して同様の不安を抱えていたのではないか。外陣を建設した棟梁が、ホールではなく段形ホールを採用した背景には、こうした、聖堂に求められるヒエラルキーの問題があったに違いない。

2. ホール式聖堂の空間演出

　前節において、ホール式聖堂がもつ審美上の特質と、聖堂としての潜在的な欠点が明らかとなったわけだが、しかし逆説的ながら、ホール式聖堂においても、空間を差異化し、聖堂にふさわしいヒエラルキーを生み出そうとする意識は認められる。もっともその主たる方法は、バシリカ式聖堂のように壁面や光という確固たる存在感をもって空間の差異を明示するものではなく、リブや柱による「暗示」にすぎない。しかし、そのプランや形態の豊富さを観察したならば、一見単純に思われるホール式聖堂であっても、内陣の演出が懸案事項であったことが察せられよう。例えば14世紀前半に建設されたエンスのヴァルゼール礼拝堂[cat. 288]は、ホール式空間の分節という問題に対する巧妙な解決策を示した初期の作例である（図8, 9）。そこは簡素なホール式空間ではあるものの、外陣を二廊に、内陣を三廊にすることで、ひとつの空間でありながら、これを内陣空間と外陣空間へと差異化しているのである。空間の区分を可能としたのは、リブ・ヴォールトに施された特異な工夫である。すなわち二廊を隔てていた中央の柱からリブがデルタ状に放出され、三放射式のリブへと展開している。この過程で中央に廊がひとつ増幅し、その両脇で圧されたふたつのベイは、南北へと分割される。こうして、物理的な意味で空間を追加するのではなく、リブが空間を分節することで、新たな空間を暗示しているのである。この場合、たとえ空間が増殖しても、当然ながら

第Ⅱ部　荘厳空間の創出

統一感は保たれたままであり、したがって一体感の保持と空間の差別化という矛盾するふたつの課題を、リブは同時に解決したことになる。

同様に、リブの工夫によって空間の分節化を成し遂げているのが、〈アルベルト内陣〉の直接的な手本として指摘されている、ウィーン近郊ハイリゲンクロイツのシトー会修道院の聖堂内陣である（図10, 11）。14世紀末に建設された内陣は、縦横3ベイずつ計9区画の正方形から構成された、極めて単純で均質な空間である。各ベイは、対角線状に交差する四分ヴォールトを基本としつつ、窓側のベイでは五分ヴォールト（角部では六分ヴォールト）が架けられており、これによって壁面が分解され、そこに細身のランセット窓が並び、空間の均質感は高められる。ここで注目すべきは、壁面に沿って五

図8　エンス、旧フランシスコ会修道院聖堂、ヴァルゼール礼拝堂

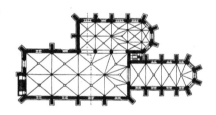

図9　同、平面図

分ヴォールトが並ぶことにより、内陣空間が縁取られ、内陣周歩廊が暗示されている点であろう。この内陣にはさらに精妙なる仕掛けがあり、すなわち窓側のベイは五分ヴォールト（角部では六分ヴォールト）なのに対し、主廊の東端に限っては四分ヴォールトが配され、ベイ幅いっぱいに大きなランセット窓が立ち上がっている。こうしたリブ・ヴォールトの差異化と巨大な窓の効果により、東西方向に伸びる中心軸と、内陣空間の優位性が確保されているのである。[12]

リブだけでなく、ホール特有の独立柱も、重要な役割を演ずる。第三章で

第五章　内陣問題

図10　ハイリゲンクロイツ、シトー会修道院聖堂、内陣

図12　ザルツブルク、フランシスコ会修道院聖堂、内陣

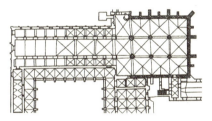

図11　同、平面図

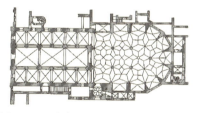

図13　同、平面図

考察したように、リブ・ヴォールトが自由な形態を発達させることができたのは、独立柱という構造要素に依拠するところが大きい。殊に円柱からリブが放出される様態は、13世紀後半頃からクリプタや小さな礼拝堂などで観察される、いわゆる傘状ヴォールト[13]の発展形だと指摘されている[14]。四方へリブが放出する形態は、柱が壁面の一部となっているバシリカ式聖堂では成立しえず、したがって柱が壁から独立して立つホールという形式こそが、その発達を促した要たる要素なのである。独立柱は、リブの形態発展に貢献したのみならず、空間作用にも積極的に関与した。中でも興味深いのは、内

221

陣東端の中央に孤立する独立柱である。ヌスバウムはこれを「内陣中央柱」と呼び、聖堂空間を支配する印象的な作用を重視した。例えば15世紀中葉に完成したザルツブルクのフランシスコ会修道院の内陣中央柱は、東端中央に独特の存在感をもって立っており、その柱頭を欠いた頂点からヴォールトへと、滞ることなくリブが放出されている（図12, 13）。この印象的な柱が内陣の中央に立つことによって、この空間には内陣を上位とするヒエラルキーが確立するのである。

図14　レーゲンスブルク大聖堂、内陣

ではザンクト・シュテファン聖堂の内陣においても、聖域としての空間演出が考慮さているのであろうか。本聖堂の空間としての特質に光を当てるべく、類似の平面プランをもった、ふたつの作例と比較したい。まずはレーゲンスブルク大聖堂である

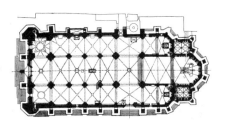

図15　同、平面図

（図14, 15）。本大聖堂では、ドイツ風の解釈が少なからず加わってはいるものの、バシリカ式タイプが採用されており、フランスからの影響が色濃く残されている。内陣は14世紀前半に建設されたもので、3つのアプシスから構成される。各アプシスの間には壁が設けられており、この壁は、一部では有孔化されているが、しかしその太い柱と平面がもつ量塊性によって、障壁としての機能を遺憾なく発揮している。中央アプシスは、両脇のアプシスと比べ、天井高と奥行きが2倍あり、あわせて高所の窓より光が降り注がれていることから、地層階にしか窓をもたない両脇のアプシスとの明暗差が明ら

第五章　内陣問題

図16　ウィーン、ザンクト・シュテファン聖堂、内陣

図18　シュタイアー、ザンクト・エギディウスとザンクト・コロマン聖堂

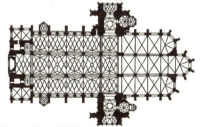

図17　同、平面図

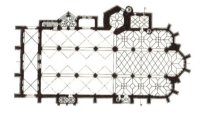

図19　同、平面図

かである。こうして、壁面および高所からの光というバシリカ式聖堂に固有の作用により、レーゲンスブルク大聖堂の3つのアプシスは、中央の光り輝くアプシスを頂点として、各々が独立した空間として認識されるのである。これと比して、ザンクト・シュテファン聖堂の〈アルベルト内陣〉は、3つのアプシスの高さと幅がほぼ同じで、それらを区分する障壁も無く、独立柱と交差ヴォールトが三廊を暗示するのみの、典型的なホール式空間である（図16, 17）。それゆえヒエラルキーを欠いた抑揚の無い印象は否めないものの、しかし明暗差のあるレーゲンスブルク大聖堂とは異なり、〈アルベルト内陣〉

223

第Ⅱ部　荘厳空間の創出

では空間全体に光が充満し、光の塊のごとき一体化空間が生まれていること
がわかる。

　続いて、15世紀中葉、〈アルベルト内陣〉を手本に造営された、シュタイアー
の小教区聖堂の内陣と比較したい（図18, 19）。アプシスがピラミッド状に
並ぶ平面プランは〈アルベルト内陣〉に準じたものであるが、しかしここでは、
側廊の幅を狭め、中央アプシスを短くするなどの修正がなされている。その
結果としてアプシスの多角形部分は、アプシス間の境界を越え、ほぼ連続し
て展開することとなる。あわせて、太さの均質な簇柱から滞ることなくまっ
すぐに伸びるリブが、均質なリブ・ヴォールトを編み込むことで、空間の一
体化が促進されるのである。これと比べると〈アルベルト内陣〉では、中央
アプシスのみが東へ突出し、さらに簇柱が大小の要素から構成されることに
よって空間に彫塑性が付与されていると気が付かされる。こうした立体的な
建築要素の効果によって、空間の輪郭は変化に富んだものとなり、光が精妙
な屈折を見せる。この光がホール式内陣に満ち溢れることで、〈アルベルト
内陣〉は、聖域にふさわしい効果を獲得するのである。

　ザーリガーは光の満ち溢れる〈アルベルト内陣〉をパリのサント゠シャ
ペルに例えたが、その真意を理解するためには、ゴシック建築の空間論への
道を開いたヤンツェンの主要テーゼである「ディアファーン（diaphan）」と
いう概念について説明する必要があるだろう。この概念の要となるのが、「空
間限界」という考え方である。フランスのゴシック建築における空間限界は、
感覚としては、側廊の壁ではなく、側廊と身廊を隔てる壁面にある。この印
象は、彫塑性を帯びた壁が、レリーフのごとく、空間の地、あるいはステン
ドグラスなどによる光の地に裏打ちされていることに起因する。ここでいう
「彫塑性」とは、具体的にはアーケードの細分化された分節材（格子壁など）
を指し、その立体性によって、その背後の空間の薄膜としての機能が期待さ
れるのである。こうして形成される「空間限界」、すなわち「ディアファーン」
が、フランス・ゴシックの本質と見なされたのであった。

　さて、聖王ルイによって1243年に着手された、聖遺物匣のごときパリの
宮廷礼拝堂サント゠シャペルでは、構造要素が極力排され、四方がステンド

第五章　内陣問題

図20　パリ、サント゠シャペル　　　図21　アミアン大聖堂、内陣周歩廊、中央祭室

グラスによって埋め尽くされており、ヤンツェンはこれを「彩られた光の中で溶解する広い壁体」と形容した（図20）。その空間限界を観察したならば、突出したレリーフのごとき束ね柱とリブ・ヴォールトが層の前面として知覚され、その奥では、窓が光の地として現われるのである[18]。あわせて、本礼拝堂のインスピレーション・ソースとされる、アミアン大聖堂の内陣周歩廊に設けられた中央祭室も観察してみよう（図21）。ここは、細身で背の高いステンドグラスに囲まれた多角形の空間である。その聳え立つ壁面を分割するのは、彩色された、細く彫塑的なピリエ・カントネであり、その上端は、扇状に広がる立体的なスパンドレルへと続く。こうした立体的な構造要素が、窓から差し込む光とともに、空間作用に貢献しているのである。サント゠シャペルは、アミアン大聖堂の祭室にて実現した軽やかな光の空間を、独立の建築物として再現したものだといえる。ゼードルマイヤーは、次のように描写する。

　〔……〕それは大聖堂の諸傾向を絶頂へ導いている。なぜならそれはすっ

かり光り化することと、空間を平面と立面にしたがって統一することと、材料を最高度に昇華することとにおいて最大限のものを達成しているからである。高窓———しかしそれは余すところなく『神的な輝きで満たされた』壁である———が印象を支配する。〔……〕すべては宝石のようなものへ、貴金属へ変えられている[19]。

　サント＝シャペルでは、ランセット窓の立ち上がる明快な多角形プランや、彫塑的な束ね柱が、光り化や崇高化といった空間作用をもたらす。ザンクト・シュテファン聖堂の〈アルベルト内陣〉においても、深い中央アプシスの空間と、浅い脇アプシスの空間を組み合わせることによって生じる、空間の層の変化や、空間層を縁取る簇柱の、その彫塑的な効果を通じて「空間限界」が示され、光り化や昇華といった効果が生じているのである。
　しかしながら、ホール式タイプである〈アルベルト内陣〉の特質は、横から流れ込む光、あるいは、それにより達成された統一空間にこそあり、バシリカ式聖堂に観察されるような、身廊上部の窓から差し込む光に起因する上昇感といったものは、当然ながら認められない。〈アルベルト内陣〉は、柱もヴォールトも、すべてが光に溶解して均質に溶け込むかのような、光の塊のごとき空間である。その審美的効果は、どこにも優劣の無い、ホール式タイプが生み出す一体化空間でこそ、実現しうるものであろう。しかしここまでの観察からも明らかなとおり、ホール式聖堂の審美的価値は、限られた条件下でのみ有効なもののようである。ザンクト・シュテファン聖堂において、仮に、外陣までもホールとしたならば、内陣の輝きは色褪せ、広いだけの凡庸な空間へと陥っていたに違いないのである。

3.　ホール式内陣の聖域化

　〈アルベルト内陣〉の、そのホール式空間としての審美性を保持するという観点に立つならば、内陣と外陣を別個の空間として分断させるのは、理にかなった策だったといえる。そもそも外陣から内陣を分離させるというのは、

第五章　内陣問題

聖堂空間の演出として広く観察される方法である。その最も一般的な手段は、内陣障壁であろう。初期キリスト教の時代より、聖職者が典礼を行う内陣を、平信徒が集う外陣から区別するために、内陣の前には障壁が設けられていた。ゴシック期になると、この障壁は巨大な構造物にまで発展する[20]。また、内陣と外陣の接続部分のアーチを利用した勝利門や、交差部にクーポラや採光塔を設ける手法も、内陣に対する結界としての効果を期待できよう。あるいは、各々の空間の構造自体を違えさせ、内陣と外陣の相違を決定的にしたのが、托鉢修道会である。托鉢修道会の聖堂では、聖職者の領域である内陣にのみヴォールトを架け、一方で平信徒の集う外陣は質素な平天井に抑制することで、内陣を聖域化したのであった[21]（図22）。

　多くの聖堂が、内陣を聖域として差異化するために様々な工夫を施しているように、ザンクト・シュテファン聖堂でも、内陣と外陣の建築タイプを違えることによって、聖堂内に抑揚が生まれることを期待したに違いない。この手法は、ホール式空間の美点を保持することができるばかりか、外陣を、一世紀以上前に建てられた内陣の様式に縛られることなく、皇帝にふさわしい最新の様式にて建設することをも可能とした。このように、内陣と外陣で異なった建築タイプを採用することには、いくつもの利点が見出される。しかし革新的な外陣を前に、内陣がその簡素な形態を露にさせるというのは、その聖域としての優位性を脅かす行為であり、さらには、調和を尊重するというウィーン・バウヒュッテのこれまでの造営理念からも逸脱してしまったかに思われる。

　以上のような個別の観察に基づく懸念にもかかわらず、いまひとたび大聖堂空間に身を置いたならば、予想された矛盾は、すでに「解決されている」と、直ちに了解されよう。

　ここで改めて、ザンクト・シュテファン聖堂の外陣に段形ホールが導入された、その理由に目を向けたい。おそらくその採用動機のひとつは、段形ホールがもつ方向性にあった。この方向性は、バシリカ式聖堂も同様に有している特質であり、これがホールの発展したドイツ語圏でも受け入れられていたことは、例えば15世紀に建設されたウルム大聖堂[cat. 50]においてバシリカ式

第Ⅱ部　荘厳空間の創出

図22　ローテンブルク、フランシスコ会修道院聖堂

図23　ウルム大聖堂

が採用された点からも知られる（図23）。実はこの大聖堂では、内陣完成後に、外陣がホール式からバシリカ式へと計画変更されるという、ザンクト・シュテファン聖堂とは逆の決断が下されていた。この計画変更により、バシリカ式外陣は方向性を獲得し、観る者の視線を内陣へと力強く導く。内陣の手前には勝利門が立ち上がっており、こうした物理的な壁面と、内陣と外陣の間の明暗差が、内陣と外陣の差異を決定的なものとし、また同時に、観る者の視線を一時的に遮断することで、内陣は踏み込みがたい聖域としての性格を強めるのである。

　遮断という手段を通じて内陣をヒエラルキーの頂点に置く場合、その効果を最大限に引き出すことのできる建築タイプは、外陣に強い方向性をもつバシリカである。一方でウィーンのザンクト・シュテファン聖堂においても、外陣には強い方向性が認められる（図24）。その要因のひとつは、段形ホールが有する仕切りアーケードであり、もうひとつは、外陣身廊ヴォールトの効果にある。仕切りアーケードの効果については、すでに第二章で触れたの

第五章　内陣問題

図24　ウィーン、ザンクト・シュテファン聖堂　　図25　ザルツブルク、フランシスコ会修道院聖堂

で、ここでは後者について補足しておく。ゼードルマイヤーは、ベイ区画と、これを支える4本の柱によって構成される「天蓋」を単位として、ゴシック建築を捉えるよう主張した。彼の主張に従うならば、例えばアミアン大聖堂の場合、内陣や周歩廊も含めると、聖堂空間は68の「天蓋」から構成されていることになる。バシリカの身廊では、壁面に挟まれた「天蓋」が連続的に並ぶことで、内陣へ向かう進路はスムーズになる。一方でホールの場合、前後左右に壁の無い、完全に独立して立ち上がる天蓋が聖堂を埋め尽くすことで、均質性が保たれるのである。ザンクト・シュテファン聖堂の身廊では、ベイはひとつひとつ大きく窪んでおり、こうして生まれる「天蓋」は、菱形と亀甲形のリブで交互に装飾され、内陣へ向かって並べられる。フライは通路モティーフに関して、ルネサンスが幾何学的であるのに対し、ゴシックは時間的であると指摘した。ならば、アミアン大聖堂の時間が速やかに流れていたのに対し、ザンクト・シュテファン聖堂では、深いリズムがひとつひとつゆっくりと刻まれる、重厚な時間が流れているといえよう。そこには

229

第Ⅱ部　荘厳空間の創出

ゴシック的な軽やかさは無く、重々しい響きが余韻を残している。

　ザンクト・シュテファン聖堂の「天蓋」がもたらす、力強い流れをせき止めるのが、勝利門である。接続部分のベイを区切り、リブで殊更に強調された交差部も、同様の遮断効果をもつ。しかも15世紀当時、ここにはホール式の内陣障壁が設けられていた[24]。こうした諸々の要素が協同して隔離機能を担っていたのである。

　しかし再び問われるべきは、バシリカではなく、段形ホールという建築タイプが採用された埋由であろう。内陣へ向かう方向性が必要だったのであれば、ウルム大聖堂のように、外陣をバシリカ式へと計画変更しても良かったはずである。なぜバシリカ式ではなく、天井部に採光窓をもたない段形ホール式がわざわざ発案されたのか。段形ホールには、バシリカに無いメリットがあったのだろうか。

　この疑問に対する手掛かりを示すのが、ザルツブルクのフランシスコ会修道院である（図25）[cat. 276]。この聖堂では、ロマネスク期の薄暗いバシリカ式外陣と、ゴシック期の明るいホール式内陣が接続しており、外陣と内陣の明暗差が、バロック的ともいえる光の効果を生み出しているのである。この劇的な光の作用について、リーグルは、次のように描写する。

　　外陣は、狭く暗い通路を形成する。この通路は、広く、輝きに満ちた、
　　光の差し込む空間へと続く。しかし眼に入るのは、その空間の断片だけ
　　である。〔……〕暗から明への眺望、そのコントラストの作用は、卓越
　　した絵画的なものである。〔……〕特筆すべきは、内陣に対する視野が、
　　無造作に切り取られている点である。観る者は全体の一部分しか見るこ
　　とができず、残りの部分を補おうと、想像力が刺激されるのである[25]。

　ザルツブルクのフランシスコ会修道院をめぐる重要な議論のひとつは、明暗差がもたらす審美的効果が生じた経緯である。この劇的な光は、果たして意図的に計画されたものか、偶然がもたらしたものなのか。原案や造営経緯を示す史料に乏しく、さらにバロック期には窓などに変更が施され、光の作

230

第五章　内陣問題

用が変更された点も注意を要する[26]。それにもかかわらず多くの研究者が、このバロック的な光の効果を意図的なものとして認める傾向にある。リーグルは、「絵画的効果を計算していた」と結論付け[27]、またヤンツェンも、棟梁は異なった建築様式と異なった光を対立させることによって、聖域の効果を最大限に高める手法を熟知していたと主張した[28]。同様にフランクルも、ロマネスク様式の外陣を保持することが後代の決定であったにせよ、しかし棟梁も信徒もともに、身廊の闇と内陣の光のコントラストに盲目的であったはずはないと考え、クックもこれを意図的なものと見なした[29]。さらにバルダスは、抑圧されたバシリカと、天上へと上る内陣を対置させていると述べ、あわせてこうした異なる空間がもたらすコントラストの作用に後期ゴシックの特質を認めようと試み、モイレンやフルマンは、構造やリブ・ヴォールトの分析から、これが計画された効果であることを証明しようとした[30]。

　ザルツブルクの劇的な明暗効果は、ゴシック期の棟梁の意図に基づくものなのか、という問いに対する結論は、慎重に導き出されねばならない。だがこの光の効果は、ザンクト・シュテファン聖堂を考察する上で重要となる（図24）[31]。光輝性はゴシック建築において最も重視されてきた要素のひとつであり、光の効果によって聖堂空間の神秘性が増すのみならず、天上のエルサレムを再現する際の要となる要素でもあった[32]。こうした概念が15世紀後半当時においても有効であったという点は、教皇ピウス二世が「神の家」を建設する際に光を重視したことからもうかがい知れよう[33]。

　だがザンクト・シュテファン聖堂の空間効果を考察するに際して、光と共に重要な意味をもつのが、これと対峙する暗闇である。段形ホールは身廊に採光窓をもたないため、身廊天井部を薄暗い闇に沈める。そこは、神秘的ともいえる、ほのかな薄暗さが支配する空間となる[34]。内陣の明るさを背景に、外陣の陰影はその美しさを深め、逆に、陰影に縁取られた内陣はさらに輝きを増す。こうして生まれる明暗のコントラストこそが、ザンクト・シュテファン聖堂の空間における最大の特質なのである。

　明暗のコントラストは、審美性だけに従事するわけではない。空間印象の差異は、ある種の障壁としての機能をも担う。外陣から内陣へ至る「最後の

231

第Ⅱ部　荘厳空間の創出

門[35]」は、勝利門に限らないのである。ザンクト・シュテファン聖堂は、翼廊をもたず、代わりとして南北に塔が配された。このため内部空間は、横軸方向に伸びる強力な闇の帯で区分されることになる[36]。闇の帯を「交差部」として強調することにより、勝利門にも似た、あるいは、それ以上に強烈な印象の障壁が生じたわけである[37]。外陣において、重く暗い厳粛な雰囲気が高まるほどに、光に満ち溢れた内陣空間は、いっそう際立つ。その光輝性が、ホール式内陣を聖なる領域にまで高めているのである。

［註］

1　他のホールの作例に比して、「ザンクト・シュテファン聖堂の内陣ホールは、空間的同質性（Homogenität）が首尾一貫している」とも指摘される。Saliger 2005, S. 19.

2　第Ⅱ部・第一章、図1を参照されたい。

3　Busch 1969, S. 19-20; Bony 1983, pp. 452-455.

4　ここでの記述は、以下でのディスクリプションを参考にした。Petrasch 1951, S. 23-25; Franz 1990; Brucher 2000, S. 296.

5　ここでの記述は、以下でのディスクリプションを参考にした。Petrasch 1951, S. 25-26; Greiselmayer 1993, S. 111-112.

6　内陣の発展史については、以下を参照のこと。Gall 1954a; Gall 1954b.

7　Frankl 1962 (2000), S. 821.

8　Zevi 1948 (jp), pp. 130-140; Kimpel / Suckale 1985, S. 39-40.

9　Frey 1929, S. 75-80; Frey 1949, S. 94-100.

10　Sedlmayr 1950 (jp), pp. 470-473.

11　以下を典拠とする。Sedlmayr 1950 (jp), pp. 471-472. さらにバウムガルトは、ホール式を中心としたドイツ後期ゴシックの聖堂を酷評する。例えばゾーストのザンクト・マリア・ツア・ヴィーゼ聖堂では「骨組み構造の鋭さと冷徹さは消え」るなど、ドイツのホールでは、彫塑的だった柱などの要素が「ひとつの統一体に融和してしまっている」。プラハ大聖堂[cat. 25]も、「もはや厳格な祭儀性や神秘的な上昇指向は影をひそめた」と評価する。Baumgart 1969 (jp), pp. 213-216.

12　ヴァーグナー゠リーガーはここに、「内陣と周歩廊の組み合わせ」という新しいプログラムを見出し、あわせて、「周歩廊」が主廊に遮られてしまう点について、「軸性が周歩廊を支配して」いると指摘した。Wagner-Rieger 1988, S. 126.

第五章 内陣問題

13 傘状ヴォールトとは、英国にて発展した扇状ヴォールトと、構造上の原理を一にするものである。作例としては、ベーベンハウゼンのシトー会修道院聖堂 [cat. 285] などが挙げられる。

14 Nussbaum / Lepsky 1999, S. 260-261.

15 Nussbaum 1985 (1994), S. 142-145.

16 Saliger 2005, S. 17.

17 Jantzen 1951; Jantzen 1957.

18 Jantzen 1962 (1997), S. 18-19. なお本礼拝堂について、グロデッキは「光を通し輝く壁面」に囲まれた至上の美しさを讃えた。この空間は、フォン・ジムソンが主張するところの「光」に満ちた、あるいはゼードルマイヤーのいう「宝石類」に囲まれた、天上の再現といえよう。Grodecki 1976 (Dt), S. 180; Simson 1956 (jp); Sedlmayr 1950 (jp).

19 Sedlmayr 1950 (jp), p. 436.

20 内陣障壁については、以下が詳しい。Schmelzer 2004.

21 Grodecki 1976 (jp), p. 157.

22 Sedlmayr 1959, S. 80-139.

23 Frey 1929, S. 80.

24 当時、内陣の三廊すべてを覆い広がる、ゴシック様式のホール式内陣障壁が設けられていたと考えられる。ホール式内陣障壁は、13世紀中葉に登場し、以後は主流を占めることになる内陣障壁のタイプで、正面にはアーケードが設けられており、これにより、平信徒に開かれているのが特徴である。Neumann 1882, S. 45-46; Doberer 1956, Anm. 1, 9; Joss 1976, bes. 159; Zykan (M) 1981, S. 48.

25 Riegl 1904 (1929), S. 117-118.

26 当初、ロマネスクの外陣では、採光ギャラリーから外光が流れ込んでいた。バロック期の改修により、外陣では西端の窓が閉じられ、身廊へ直接差し込む光は無くなり、側廊のトリビューンからの光のみとなった。したがってキアロスクーロが高められたのはバロック期以降のことであり、ゴシック後期の空間では、コントラストはさほど強くなかったと思われる。Meulen 1959, S. 59.

27 Riegl 1904 (1929), S. 117-119.

28 Jantzen 1957, S. 67; Jantzen 1999 (jp), p. 98.

29 Frankl 1962 (2000), p. 223; Cook 1976, pp. 97-104.

30 Baldass 1946, S. 77-81; Meulen 1959; Fuhrmann 1993/94.

31 フルマンは、ザルツブルクのフランシスコ会修道院聖堂ほどには強くはないものの、類似の効果が認められる作例として、ウィーンのザンクト・シュテファン聖堂とハイリゲンクロイツの修道院聖堂 [cat. 287]、そしてニュルンベルクのザ

233

第Ⅱ部　荘厳空間の創出

ンクト・ゼーバルト聖堂 [cat. 93] を挙げている。Fuhrmann 1993/94, S. 204-205, Anm. 16.

32　ゴシック建築の特質である光の効果は、研究史において注目を集めてきたテーマである。中でも、ゼードルマイヤーが「光の壁」と呼んだステンドグラスは、重要な要素であった。例えばフォシヨンは、大聖堂の身廊は光り輝くガラスの籠によって包まれていると描写した。またシェネーは、現象として、窓が直接の光源のように感じられると強調し、ドヴォルシャックは、窓から差し込む自然の光線のために、ステンドグラスの人物像が超自然的に輝く力を獲得すると指摘する。このようにステンドグラスの効果が様々に評価される一方で、光そのものの象徴性に着目したのは、フォン・ジムソンである。当時の信仰によれば、そもそも建設は悪であったのに対し、サン゠ドニ修道院 [cat. 193] を建設した大修道院長シュジェは、聖堂を象徴と見なす解釈により、建築を正当化した。すなわちフォン・ジムソンによれば、シュジェは世俗の物質主義から建築を遠ざけ、光の空間を創出することで、天上のエルサレムを想起させる新様式を創造したのである。Focillon 1938 (jp); Dvořák 1944 (jp); Sedlmayr 1950 (jp); Schöne 1954 (jp); Simson 1956 (jp).

33　第Ⅱ部・第二章、および、資料編の抄訳「教皇ピウス二世のコメンタリー」を参照されたい。

34　Donin 1955, S. 43; Buchowiecki 1964, S. 118; Brucher 2003b, S. 222.

35　Frey 1949, S. 94-100.

36　Donin 1955, S. 43; Zykan (M) 1970, S. 37.

37　第Ⅱ部・第三章、図4も参照されたい。

結　論

結　論

　本研究は、ウィーンのシュテファン大聖堂について、その造形原理の解明
を目指したものである。殊に注目したのは、内陣と外陣の間に生じている空
間的な齟齬である。こうした不整合にもかかわらず、大聖堂では神秘的で厳
粛な空間が創出されている。この空間作用は、いかなる原理から生まれてい
るのであろうか。

　上記の疑問に対して筆者は、15 世紀中葉、聖堂完成の責を負った棟梁に
対して課されたであろう、ふたつの要請に基づく課題を仮定した。すなわち
第一に、造営主であるハプスブルク家からの政治的意図に拠る要請と、第二
に、聖堂を調和的に完成させようとする審美上の要請である。この課題を解
決するためには、伝統という基礎の上に新たな造形を構築しなければならな
らなかった。実のところこうした行為は、これまでのシュテファン大聖堂の
造営の中で繰り返し試みられてきたものである。ただし 15 世紀中葉、すな
わち造営が長期化し、多様な要素が混在していた状況にあっては、いまや決
して容易に解決できる課題ではなかった。それにもかかわらず当時の棟梁は、
見事にこの難題を解決し、荘厳なる大聖堂を完成させたのである。以下では、
シュテファン大聖堂の造営史をたどりつつ、その造形原理を解き明かしてゆ
きたい。

　ウィーンのシュテファン大聖堂、すなわち、かつてのザンクト・シュテファ
ン聖堂は、ロマネスク後期からゴシック末期に至るまで、長期に及ぶ造営を
経て完成した大聖堂である。造営期間中には、時代様式が移り変わり、また
造営主の交代にともなって、その意図や建築図像が変更された。したがって
この造営は、例えばケルン大聖堂が時代を超えてひとつの原案を忠実に実現
させたように、統一的な意思に基づくものではない。しかしながら多くの中
世の聖堂でそうであったように、各時代の造営主の都合によって既存部分を
取り壊して改築や増築を行い、あるいは改修による表層的な修正を試みるよ
うなタイプの造営でもなかった。さらには、各々の時代における造営部分を
寄せ集めただけの、単純な複合体でもないのである。

　ザンクト・シュテファン聖堂の造営に携わった人々は、全時代を通じて、

将来的なカテドラルの建設という目標を共有しつつも、各時代で必要と判断された要素を、ひとつひとつ、先行者が積み上げたものの上に、さらに積み重ねていった。ザンクト・シュテファン聖堂の造営は、このように連続的なものであった。しかし同時に、棟梁は、自身の表現欲求を決して抑制せず、なおかつ造営主からの要請を最大限に実現することを目指した。ただし彼らは、前時代の要素に対して物理的な干渉を加えることは極力避け、むしろ既存の要素を尊重し、整合性や調和というものを重視した。

　ザンクト・シュテファン聖堂の造営が始まったのは、12世紀前半、バーベンベルク家の治世下でのことである。当初は、しかしながら、パッサウ司教の主導で建設が進められていた可能性を否めない。当時のオーストリアは、オストマルク辺境伯領からオーストリア公領へと昇格したばかりであり、バーベンベルク家は、いまだ十分な統治基盤を築いていなかったのであろう。だからこそ同家は、オーストリアに司教座を設立し、いまだ根強いパッサウ司教やザルツブルク大司教など宗教勢力の一掃を目指すようになった。ところがこの目論見はパッサウ司教からの猛反対を受け、司教座設立は難航の兆しを見せた。そこでフリードリヒ二世（好戦公）は打開策のひとつとして、ザンクト・シュテファン教会を掌握し、さらには将来的なカテドラルとしての役割を期待して、聖堂の建て直しを図ったのである。現在まで受け継がれている、この〈第II聖堂〉の西側構造は、双塔を備える重厚な様相を呈した、ドイツ・ロマネスク建築の典型ともいえる形式である。また、その扉口は、ノルマン様式の影響を受け、様々な幾何学文様の刻まれた円柱と角柱が交互に並び、さらに迫持台には聖人の胸像が設けられるという、壮麗なものであった（図1, 2）。このように、時代の粋を集めた聖堂を完成させ、司教座設立の好機を掴んだ好戦公であったが、その直後に戦歿し、これにともないバーベンベルク家は断絶を余儀なくされ、司教座設立も白紙に戻ってしまう。

　13世紀末、新たにオーストリア公となったのは、ハプスブルク家であった。しかし当初の政権は決して安定したものではなく、おそらく聖堂造営に向ける余力は無かったものと思われる。この時代、君主に代わり、聖堂造営とカ

結 論

図1 ウィーン、シュテファン大聖堂、西面　　図2 同、西扉口

テドラル昇格への情熱を燃やしたのは、市民であった。彼らはカテドラルにふさわしい規模を備えた内陣を建設するため、土地を購入し、内陣拡張に着手したのである。それは、修道院建築に倣い装飾を抑制した簡潔なホール式聖堂であったが、しかし光り輝く一体化空間は、ドイツ後期ゴシックの審美的理想を最大限に実現させたものといえる（図3）。また同時に、ホール式内陣の完成によって典礼に必要な物理的広さが確保されるとともに、参事会も設立されるなど、司教座設置に向けた準備は着実に進められていった。

　造営最終段階である15世紀中葉を除いたならば、ザンクト・シュテファン聖堂造営における最も重要な局面は、皇帝大聖堂の建設という理念を掲げ、ハプスブルク家の霊廟建設を目指した、大公ルードルフ四世による拡張事業であろう。ルードルフ四世は、二重礼拝堂や西側構造、そして多塔といった、建築図像上重要な箇所の造営に注力した。ただしこの時に建設された部分をそれぞれ観察すると、それらは互いに様式傾向を違えていることがわかる。端的にいえば、西側構造の拡張ではロマネスク様式が保持され、南塔では、ルクセンブルク家によるプラハ大聖堂[cat. 25]の様式が採用され、そして二重礼

238

図3 同、内陣

拝堂では、ウィーン周辺の修道院にて観察される様式が採り入れられた。造営時期がほとんど同じであったにもかかわらず、これほどの多彩な要素が混在した理由とは、おそらく、各々の建築要素がもつ象徴性を、十二分に発揮させるためであったと推察される。すなわちルードルフ四世は、南塔を通じて、帝位にあったルクセンブルク家との関係性を強調するとともに、自身の権威を誇示し、また二重礼拝堂を通じて、自らがオーストリアの伝統を保護する者であることを示し、そうして人々の信頼と忠誠の獲得に努めたのである。中でも興味深いのは、西側構造の拡張方法である。ここでは、おそらくはバーベンベルク家からの支配権の継承を強調するため、同家が建設したロマネスクの西側構造を保持しながら、さらに、その様式を模した外壁をもつ二重礼拝堂を両脇に増設することによって、時代を超えた、連続的な拡張に成功したのである。この異例ともいえる拡張方法には、既存の要素を尊重しつつ、同時にこれを、自己の造営方針に組み込むという、全時代を通じて観察されるハプスブルク家の造営理念が、顕著に現われているといえよう。

結 論

図4 《大公ルードルフ四世》(ウィーン、シュテファン大聖堂に由来)

図5 ウィーン、シュテファン大聖堂、〈聖歌隊門〉「ルードルフ四世と紋章持ち」

　ルードルフ四世はさらに、自身と一族の肖像を聖堂に展示した。ルードルフ四世自身の肖像だけでも少なくとも5回繰り返され、これらは、伝統的な寄進者像の系譜を汲むステンドグラスや、フランス・ゴシック風の細身のシルエットを特徴とする墓碑、そしてパルラー風の柔らかな肉体表現が観察される扉口の寄進者像など、様式やコンセプトも様々であった（図4, 5）。おそらくルードルフ四世は、ハプスブルク家の権威の表象に執着しており、そうした大公の要請を満たしうる、建築図像や肖像におけるあらゆる要素を、ザンクト・シュテファン聖堂へと貪欲なまでに詰め込んだのである。

　こうして、強力な象徴性をもった君主のための霊廟建設がいよいよ本格化するかに思われたが、しかしその直後、ハプスブルク家に危機が訪れ、造営方針も変転を迫られる。すなわちルードルフ四世の歿後、兄弟間の相続争いに端を発して、ハプスブルク家は分裂してしまったのである。こうした経緯を背景に、ハプスブルク家の聖堂造営に対する関心が薄れた14世紀末から15世紀初頭にかけて、代わりに造営を進めたのは、ウィーン市民であった。

彼らは、ルードルフ四世によって着工された南塔を原案よりも巨大化させることで、これを、君主ではなく市民の象徴として完成させたのである（図6）。この時代のドイツ諸都市では、経済力を付けた市民たちが、力強い単塔を備えたミュンスターを次々と建設しており、ウィーン市民もこれに倣ったわけである。あわせて南塔は、着工時にはルクセンブルク家のプラハ大聖堂を手本として建設されていたが、市民が造営を担うようになってからは、ストラスブールやフライ^{cat. 49}ブルク^{cat. 48}のミュンスターに観察されるような、多数のトレーサリーをまとっ

図6　同、南塔、上層部分

た華麗なものへと修正された。それは、同時代の柔軟様式における造形的傾向を、巨大な石造建築にて実現させたといえるものであり、南塔は、金細工にも匹敵する優美さと繊細さを備えた、まさしくゴシック後期の都市市民の自我を象徴するモニュメントとなったのである。

　そして1440年、フリードリヒ三世がドイツ王となる。分裂していたハプスブルク家の再統一を果たしたフリードリヒ三世は、今度こそ宗教的な自立を果たすべく、カテドラル昇格を目指して、再びザンクト・シュテファン聖堂の造営に取り組んだ。聖堂完成の命を受けたプクスパウムが棟梁に着任したのは、1446年のことである。

　プクスパウムに課せられた任務とは、未完成のまま残されていた外陣と、未着手の北塔を建設することであり、技術面においては、ヴォールト建設が重視されていたはずである。だがこの時点ですでに、バーベンベルク家が聖堂造営に着手してから、およそ二世紀に及ぶ時が流れていた。すなわちザン

結　論

クト・シュテファン聖堂には、すでに様々な様式と建築図像が堆積していた。棟梁プクスパウムが応じるべき要請は、ふたつあった。第一に、皇帝の大聖堂にふさわしい荘厳な空間を創出させるという、フリードリヒ三世からの政治上の要請であり、第二に、長期にわたる造営期間中に積み重ねられた、諸々の要素との調和的共存を維持しつつ、なおかつ、新しい時代の様式を踏まえるという、審美上の要請である。

　外観において、棟梁がまずもって対峙すべき課題は、ウィーン市民の象徴として立ちはだかっていた南塔であった。果たして、皇帝大聖堂を意味する多塔というコンセプトに南塔を再び採り込むためには、これと対になる北塔の着工が、方策として十分であっただろうか。いまや巨大化し、華麗なトレーサリーをまとって聳え立つ南塔の優位性は絶対的であり、もはや聖堂本体からも独立した印象を醸し出していた。したがって北塔の建設だけで南塔の優位性を覆すことは、おそらくは不可能であっただろう。そこで棟梁は、南塔の造形的な要である大トレーサリーというモティーフを外陣外壁へと引用し、これを連続させるという類例のない手法によって、視覚的にも、建築図像の上でも、南塔を再び聖堂全体の総合的なコンセプトへと組み込むことに成功した（図7）。南塔という既存要素に対して、破壊や修正などの否定的な行為を加えることなく、あるいは、不可侵なものとして放置するのでもなく、南塔の存在を尊重し、その造形にオマージュを捧げると同時に、そこから引用したモティーフによって、柔軟様式にはありえなかった軽快な鋸歯状のラインを描き、新しい時代の造形を作り上げたのである。

　一方、内部空間にて対峙すべき課題は、内陣であった。造営最終局面において、それより150年前に建設された内陣は、なるほど光り輝く美しい空間ではあるが、しかし背の低い簡潔なホール式内陣がもたらすその均質性は、もはや古びた印象を免れえないものであったに違いない（図3）。このとき解決すべき問題は、次の二点である。第一に、外陣を、新しく革新的な空間として建設するための造形であり、第二に、既存の内陣空間との折り合いの付け方である。こうした諸問題を解決した時、フリードリヒ三世が要請した、荘厳な空間が実現されるのである。

図7 同、南西面

　だが、革新性を追求しつつ、既存要素との調和を図るというのは、完全に矛盾しあう課題であった。もし内陣に倣い外陣までもホール式にて建設したならば、既存空間との整合性は確実に保たれるものの、しかし完成した聖堂が広いだけの凡庸な空間へと陥るであろうことは、想像にかたくない。どこにも優位性のない空間は、聖堂建築としては致命的な欠点となりうるものであり、ましてやそこから、皇帝聖堂に相応しい空間を創出することは、不可能であっただろう。一方、仮に外陣をバシリカ式にて建設したならば、その場合の外陣は、水平に向かう方向性とともに、光の作用に起因する垂直方向の上昇性をもった、天井の高い、軽やかな空間を達成できたと想像されるが、しかし、もしこの空間が天井の低い簡潔なホール式内陣と接続したならば、聖堂空間にあるべきヒエラルキーを壊す結果となったに違いない。

　革新的な新しい要素を生み出しつつ、既存の要素と調和させるという、背反する課題を克服するための、その画期的な策が、まさしく、外陣に導入さ

結　論

れた段形ホールとリブ・ヴォールトであった（図8）。

　段形ホールは新しい建築タイプであり、したがってそこに伝統的価値や象徴性を認めることは難しい。それにもかかわらず、聖堂完成を目前にしたこの重要な局面において段形ホール式が採用された理由とは、矛盾しあう問題を克服し、皇帝にふさわしい空間の演出を可能とする、審美的な価値が期待されたからであろう。段形ホール式聖堂における、仕切りアーケードという重厚な壁面が作り出す確固たる方向性は、バシリカ式聖堂において、線状要素から構成される壁面が作り出す方向性とも異なった、より明快なものであった。ドイツ・ゴシックで好まれたホール式聖堂とは、あまりにも対極的な、その力強い奥行きは、施主の絶対的な権力を示すためにも、有効な演出であった。

　段形ホールの力強い表現力に対し、その天井に施されたリブ・ヴォールトは、直線と曲線のリブが複雑に絡み合うことで、混沌とした造形を編み出している。それはもはや、自由な表現力を追求するあまり構造要素としての役割を放棄してしまったかのような、あるいはドイツ・ゴシックの精神性がようやく発露したとでもいうべき、新しい形態であった。不明瞭なリブ・ヴォールトが生み出す空間効果は、明快な段形ホールを発案した棟梁の意図とは、必ずしも合致するものではなかったかもしれない。しかしリブ・ヴォールトがその表現力を発揮するために、段形ホールは最適の舞台となった。すなわち、モティーフが繰り返し交互に登場することで、身廊と側廊の段差間をリブがうごめき、ヴォールトが立体的に展開するのである。こうして、高低差ゆえに分離したかに思われた身廊と側廊は、再び結び付けられる。また同時に、力強い方向性を示す身廊には、リブ・ヴォールトの織り成す重厚感が備わり、訪れた者の頭上へと、重々しく覆い被さるのである。

　だが、外陣空間の真の意図が明らかとなるのは、段形ホールとリブ・ヴォールトが内陣と対峙した、その時である。

　段形ホールとリブ・ヴォールトから構成される新しい時代の外陣空間が、前時代の内陣と対峙したとき、外陣空間の特質は、いまや明白なものとして眼前に示される。外陣空間の第一の特質は、段形ホール式外陣の身廊部分が

図8　同、外陣より内陣を望む

突出した高さをもつ点にある。ゆえに内陣と外陣の接続部分では、両者の高低差が、空間を物理的に分断することとなる。しかしこの突出部分は、内陣からの分離だけでなく、逆説的ながらも、内陣に対する希求とでもいうべき、強い方向性をも意図している。この方向性により、外陣の天井を高くすることによって生じかねない、聖堂におけるヒエラルキーの逆転が、巧みに回避されることとなる。そればかりではない。うねるように編み込まれた外陣リブ・ヴォールトの効果により、さらに感情的な、憧憬ともいえる効果が高められる。また同時に、長軸方向に連なる菱形のチェーンを内包する八角形と、横軸方向に広がる斜方形という、相反するふたつのリブ・モティーフを律動的に連鎖させることによって、緩急の付けられた悠然たるリズムを刻み、対照的な性質をもつ内陣と外陣の差異を、鷹揚として包み込むのである。

　外陣空間の第二の特質は、外陣身廊が高窓をもたないことに起因して、身

結　論

廊上部が暗く闇に沈み、明るいホール式内陣に対する明暗のコントラストが
生まれる点にある。薄暗い外陣空間との対照性により、内陣は、平信徒の集
う外陣からは切り取られ、その空間を満たす光がいっそうの輝きを増し、そ
れとともに神性を強めるのである。一方、光輝を放つ内陣の前景となる外陣
は、なるほど薄暗い空間ではあるが、しかしそれは、ザルツブルクのフラン
シスコ会修道院聖堂におけるロマネスク期の外陣のような、均質で一様なも
のではない。ザンクト・シュテファン聖堂外陣の暗く沈む天井部では、リブ
がわずかな光の中で屈折しながら仄かに輝く。その、執着といえるほどの陰
影へのこだわりが、空間に精妙な陰翳のグラデーションをもたらすのである。
　そうして外陣空間は、いまや神秘の空間と化した内陣へと向かって、まっ
すぐ力強い志向性を示す。その運動は、単一な直線ではない。光と闇のせめ
ぎ合う中で、ヴォールトが抑揚のあるリズムを刻み、空間に時間的要素を加
えながら、内陣に向かう歩みを入念なものとするのである。
　外陣に生じた水平方向の運動が、その先に聳え立つ勝利門という垂直要素
と衝突することで、空間には緊張感が生まれる。外陣の張りつめられた空間
の先に広がるのは、軽やかな内陣空間である。広がりゆく内陣空間が一部分
しか見えない状況により、観る者のファンタジーが刺激され、そうして内陣
は、聖域としての神秘性をいっそう高める。光と闇、動と静の対照性が、聖
堂を、崇高な空間へと昇華させるのである。

　こうしてシュテファン大聖堂では、皇帝にふさわしい大聖堂を望んだ皇帝
フリードリヒ三世からの要請の下、ゴシックからルネサンスへの移行期にお
いて、異なった傾向を示す二人の棟梁の個性が融合し、荘厳な空間が創出さ
れた。異なった様式のせめぎ合いによって、所与の空間を自らの造形へ組み
込む、このダイナミズムは、いくつもの様式を乗り越え、包括し、そして新
しい空間を生み出してきた、シュテファン大聖堂の基本原理なのである。

資　料

資　料

系　図

棟梁の系譜図（ウィーン、シュテファン大聖堂）
家系図 I （バーベンベルク家）
家系図 II （ハプスブルク家）
家系図III （ハプスブルク家）

棟梁の系譜図（ウィーン、シュテファン大聖堂）

R・ベルガーに基づく（Perger (R) 1970）

棟　梁	棟梁在任期間
コンラート（ミヒャエル・クナップ／マイスター・ミヒャエル）	1359-92/94
ウルリヒ・ヘルプリング	1392/94-1400
ヴェンツェル	1400-1404
ペーター・フォン・プラハティツ	1404-1429
ハンス・フォン・プラハティツ	1429-1435/37
マテス・ヘルプリング	1435/37-1444
N. N.	1444-1446
ハンス・プクスパウム	1446-1454/55
ロウレンツ・シュペニング	1454/55-1476/78
シモン・アヒライトナー	1476/78-1482/88
イェルク・クリング	1482/88-1506
イェルク・エクスル	1506-1510
アントン・ピルグラム	1510-1515
グレゴール・ハウザー	1515-1520

系　図

家系図 I（バーベンベルク家）

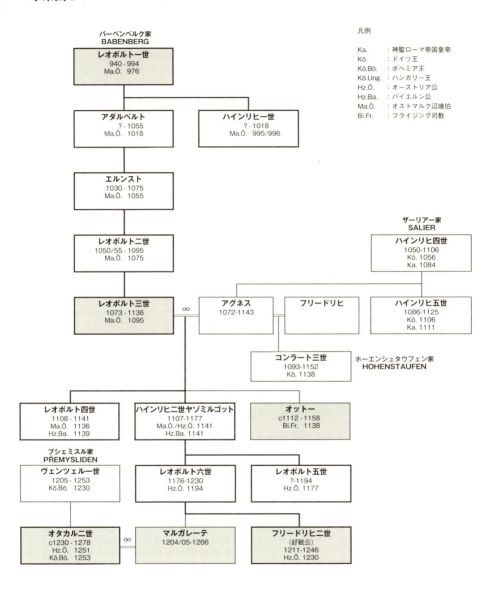

資 料

家系図 II
（ハプスブルク家）

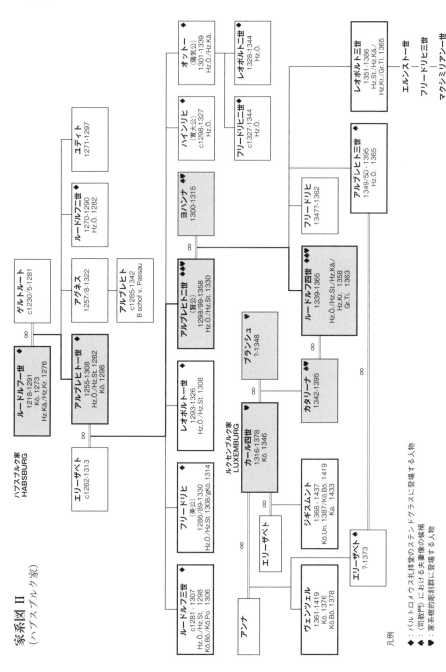

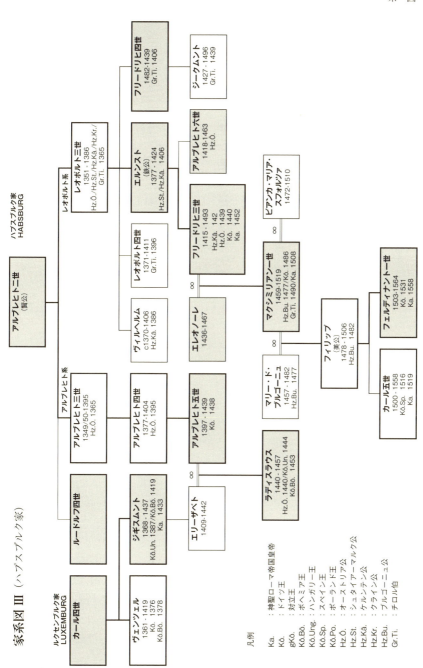

家系図III（ハプスブルク家）

251

資　料

「教皇ピウス二世のコメンタリー」（抄訳）

　「教皇ピウス二世のコメンタリー（*Commentarii rerum memorabilium*）」とは、教皇ピウス二世が殁する直前の 1462 年から 1463 年にかけて執筆したコメンタリーで、全 12 巻から構成される（第 13 巻は未完）[1]。アゴスティーノ・パトリツィ（Agostino Patrizi, 1436-1496）によって編纂された写本がヴァチカン図書館に所蔵されているほか[2]、1584 年にはローマで出版もされた[3]。

　「教皇ピウス二世のコメンタリー」の第 1 巻には、教皇に就任するまでの自伝が、第 2 巻以降には、就任から 1463 年までのできごとが綴られている。第 9 巻は、建築や景観など、自然と芸術をテーマにした記述が集められており、その第 23 節にはピエンツァ大聖堂に隣接するピッコローミニ宮[cat. 202]について記され、続く第 24 節には、ピエンツァ大聖堂について書かれている。この第 24 節の前半部分では、ファサードを中心とした外観に関して、その構成要素やサイズについて述べられ、そして後半部分では、大聖堂の内部空間が描写される。

　以下に抄訳したのは、第 9 巻・第 24 節後半部分の、ピエンツァ大聖堂の内部空間に関する記述である。訳出にあたっては、ピーパーによるドイツ語訳を参照した[4]。なお、本文第 II 部・第二章で引用した箇所には、下線を施してある。

* 　* 　*

　中央の扉口より内部へ入ったならば、あらゆる礼拝堂と祭壇を含む神殿全体を一瞬で目にすることとなる。神の家には差し込む光が満ち溢れ、この世のものとは思えない様相を呈しており、その建築の輝かしい明るさは卓越したものである。人々はこれを、三廊から構成される、完璧な建造物だと断言する。中央の廊は幅広であるが、しかし天井は三廊すべてにおいて同じ高さである。これを命じたのは、ピウスである。彼はその手本を、オーストリアにおけるドイツ的なものに見出したのであった。こうした構法は、他の構法よりも美しく、聖堂を全体的に明るくするのである。高さと太さを一にする 8 本の角柱が、ヴォールトのすべての荷重を支えている。角柱の基礎を堅固に作り、柱身に 4 本の半円柱を付与し、その上に柱頭を

252

「教皇ピウス二世のコメンタリー」（抄訳）

設けたその時、棟梁は、ヴォールトが適切な高さよりも低く架けられようとしていることに気が付いたのであろう。そこで柱頭の上にもう一度、高さ７フースの矩形の柱を設け、その上にもうひとつ柱頭を載せ、その上方をヴォールトの横断リブへとつなげたのである。こうした作為的な誤用は、好ましいものであった。なぜなら全体に対して多様性と美しさが付与されたからである。側廊は三番目の円柱までは同じ幅だが、その後は徐々に細くなってゆき、最終的には聖堂空間全体が半円形の内陣にて終結する。その上方部分——あたかも、冠を頂く頭のようである——は、５つの礼拝堂へと分割され、礼拝堂は、外側へ向かって展開する。礼拝堂にも同様にヴォールトが架けられており、廊でそうであったように、ここでもまたすべてのヴォールトが同じ高さとなっている。ヴォールト頂部に付与された黄金の星と、それ以外の金箔で覆われた部分が、真なる天上の光景を模倣している。廊のヴォールトは様々な色彩で塗られており、また既述のとおり、高さの間違いを修正するために設けられた柱頭には、斑岩や宝石を模したものが施され、色彩が際立っている。これに対して、柱の下の部分は加工されず、白い石材の自然の色のままに残されている。このため聖堂や残りの建築全体の壁は、驚異的な白い光の中で輝いているのである。

　中央の礼拝堂には、司教席および司祭席が設けられている。これらは高価な素材によって、いわゆる寄木の技法で制作されており、さらには、彫刻や絵画による装飾が施されている。残りの４つの礼拝堂には、シエナの著名な画家が手掛けた板絵を伴う祭壇が設置されている。司教席から左に二番目の礼拝堂には、万聖のサクラメンツが設置された。これは、全体が純白の石で作られた、素晴らしき傑作である。すべての礼拝堂には、高く広い窓が備わっており、それぞれは、小さな円柱や石の花によって、技巧的に構成される。その窓には、「クリスタル」と呼ばれるガラスが嵌め込まれている。礼拝堂の窓以外にも、さらに４つの同様の窓が側廊に設けられており、太陽が輝くと、多量の光線が差し込まれ、この神の家を光で満たしており、あたかも、石造建築ではなく、ガラスに囲まれた建物であるかのようである。扉口のすぐ横にある２本の柱には、２つの鉢が固定されており、その中から訪問者へ聖水を撒布することができる。この鉢も傑作であり、凡庸な代物ではない。主祭壇は、一番奥に設けられた柱の間の、４段上ったところにある。司祭と典礼を助ける侍者は民衆に背中を向けて読誦し、聖歌隊は教皇席の近くに立ち民衆と向かい合う。聖堂の前方には、さらに２つの祭壇があり、それは民衆が使用するものと定められている。聖堂の右手には祭具室が設けられ、左手には鐘楼が建てられて

資　料

いる。鐘楼は 160 フースの高さになる予定であるが、しかし目下のところ、およそ、その三分の一の高さである。地下の聖堂から屋根の上までは、左右の 132 段ある螺旋階段で上ることになるが、この階段は重厚な壁によって隠されている。

　広場に目をやると、宮廷のすぐ横に深い泉があり、湧水が供給されている。泉の両脇には、2 本の石造円柱が立ち、その上には技巧的に作られた屋根組みが架けられるなど、周囲は美しく飾られている。泉には、水を汲むための鎖と桶が備え付けられている。鐘楼上部は、まだ完成していないものの、それ以外はすべて、基礎から屋根に至るまで、わずか 3 年で建設されたものである。

［註］
1　Worstbrock 1989, S. 659; Pieper 1997, S. 234-235. 全体の原文およびイタリア語訳については、以下を参照のこと。Totaro 1984.
2　Città del Vaticano, Bibl. Apost., Reg. lat. 1995.
3　Bayerische Staatsbibliothek, 1122845 4 P.lat. 1174.
4　Pieper 1997. 第 9 巻・第 24 節のドイツ語訳は、S. 243-244.

図 1　ピエンツァ大聖堂、外陣より内陣を望む

文献目録

*ÖZKD: Österreichische Zeitschrift für Kunst und Denkmalpflege

Appelt 1961: Heinrich Appelt: *Stift Göss. Geschichte und Kunst*, Wien 1961.

Arias 1999: Lorenzo Arias: *The Preromanesque in Asturias. The Art of the Asturian Monarchy*, Gijón 1999.

Atzbach 2007: Katrin Atzbach: *Gotische Gewölbe aus Holz in Utrecht, Gent und Brugge*, Berlin 2007.

Bachmann 1938: Erich Bachmann: Zu einer Analyse des Prager Veitsdomes, in: Karl Swoboda / Erich Bachmann (Hg.): *Studien zu Peter Parler*, Brünn 1938, S. 26-67.

Bachmann 1969: Hilde Bachmann: Plastik bis zu den Hussitenkriegen, in: Karl Swoboda (Hg.): *Gotik in Böhmen*, München 1969, S. 110-166.

Badstübner 1992: Ernst Badstübner: *Kirchen der Mönche. Die Baukunst der Reformorden im Mittelalter*, Berlin 1992.

Badstübner 2008: Ernst Badstübner: *Mühlhausen, St. Marien* (Schnell, Kunstführer, MMDCLXXXIII), Regensburg 2008.

Baldass 1946: Peter von Baldass: *Hans Stethaimer. Sein Name, sein Hauptwerk, seine Spätwerke*, Diss., Wien 1946.

Bandmann 1958: Günter Bandmann: Doppelkapelle, in: *Reallexikon zur deutschen Kunstgeschichte*, IV, 1958, S. 196-213.

Barker 1994: Philip Barker: *A Short Architectural History of Worcester Cathedral*, Worcester 1994.

Bartsch VIII: Jane C. Hutchison (ed.): *Early German Artists. Martin Schongauer, Ludwig Schongauer, and Copyists* (The Illustrated Bartsch, VIII), New York 1980.

Bartsch IX: Fritz Koreny (ed.): *Early German Artists. Israhel van Meckenem* (The Illustrated Bartsch, IX), New York 1981.

Batisweiler 2003: Martin Batisweiler: *Die evang.-luth. Kirchen Feuchtwangens*, Feuchtwangen 2003.

Bauer / Hirschmann 1977: Herbert Bauer / Gerhard Hirschmann: 500 Jahre Hallenchor St. Lorenz zu Nürnberg, 1477-1977, in: *Nürnberger Forschungen*, XX, Nürnberg 1977.

Baumgart 1969: Fritz Baumgart: *Stilgeschichte der Architektur*, Köln 1969.

Baumgart 1969 (jp): バウムガルト 『西洋建築様式史』杉本俊多訳（SD 選書 176 / 177）、

資 料

鹿島出版会、1983 年. → Baumgart 1969

Bäumler 2009: Suzanne Bäumler: *Das Ingolstäder Münster. Zur Schönen Unserer Lieben Frau*, Berlin / München 2009.

Baumüller 1999: Barbara Baumüller: Figurierte Gewölbe der Spätgotik in Spanien und Österreich. Ein Kunsttransfer im Zeitalter der Katholischen Könige und Kaiser Maximilians I., in: *Gotische Architektur in Spanien*, Frankfurt am Main 1999, S. 301-316.

Begrich 1965: Ursula Begrich: *Die fürstliche „Majestät" Herzog Rudolfs IV. von Österreich*, Diss., Wien 1965.

Behling 1964: Lottlisa Behling: *Die Pflanzenwelt der mittelalterlichen Kathedralen*, Köln 1964.

Benda 1953: Ignaz Benda: *500 Jahre Spinnerin am Kreuz. Eine kunst- und kulturgeschichtliche Studie*, Wien 1953.

Bengel 2011: Sabine Bengel: *Das Straßburger Münster. Seine Ostteile und die Südquerhauswerkstatt*, Petersberg 2011.

Białostocki 1972: Jan Białostocki: *Spätmittelalter und beginnende Neuzeit* (Propyläen Kunstgeschichte, VII), Berlin 1972.

Biedermann / Leitner 2001: Gottfried Biedermann / Karin Leitner: *Gotik in Kärnten*, Klagenfurt 2001.

Binding 1999: Günter Binding: *Hochgotik. Die Zeit der großen Kathedralen*, Köln 1999.

Blazek 2003: Thomas Blazek: *Der Stephansdom. Ein Entwurf für den unvollendeten Nordturm*, Diss., Graz 2003.

Bleicher 1990: Kurz Bleicher: *Studiern zur Baugeschichte der Liebfrauenkirche in Wiener Neustadt*, Diss., Wien 1990.

Böker 1988: Hans Josef Böker: *Die mittelalterliche Backsteinarchitektur Norddeutschlands*, Darmstadt 1988.

Böker 1996: Hans Josef Böker: „...ITA PIUS IUSSERAT QUI EXEMPLAR APUD GERMANOS IN AUSTRIA VIDISSET." Der Dom von Pienza und seine Spätgotischen Vorbilder in Österreich, in: *Wiener Jahrbuch für Kunstgeschichte*, IL, 1996, S. 57-74.

Böker 2001a: Hans Josef Böker: *Hanns Puchsbaum und Laurenz Spenning*, Wien 2001.

Böker 2001b: Hans Josef Böker: Laurenz Spenning und der Wiener Dombau im 15. Jahrhundert, in: *Geheimnis im Stein. Das Erbe der mittelalterlichen Dombauhütte und ihrer Meister*, Wien 2001.

Böker 2003: Hans Josef Böker: Der Chor der Stadtpfarrkirche von Steyr und seine Baumeister, in: *ÖZKD*, LVII, 2003, S. 213-232.

Böker 2005a: Hans Josef Böker: *Architektur der Gotik. Bestandskatalog der weltgrößten Sammlung an gotischen Baurissen (Legat Franz Jäger) im Kupferstichkabinett der Akademie der bildenden Künste Wien*, Salzburg / München 2005.

Böker 2005b: Hans Josef Böker: Der spätgotische Umbau der Klosterkirche der Kartause Gaming, in: *ÖZKD*, LIX, 2005, S. 223-234.

Böker 2007: Hans Josef Böker: *Der Wiener Stephansdom. Architektur als Sinnbild für das Haus*

Österreich, Salzburg 2007.

Böker 2010: Hans Josef Böker: Laurenz Spenning und die Entwicklung des Architektenberufes im späten Mittelalter, in: Stefan Bürger / Bruno Klein (Hg.): *Werkmeister der Spätgotik. Personen, Amt und Image*, Darmstadt 2010, S. 162–170.

Böker / Brehm 2011: Hans Josef Böker / Anne-Christine Brehm et als: *Architektur der Gotik. Ulm und Donauraum. Ein Bestandskatalog der mittelalterlichen Architekturzeichnungen aus Ulm, Schwaben und dem Donaugebiet*, Salzburg / Wien 2011.

Bony 1979: Jean Bony: *The English Decorated Style*, Oxford 1979.

Bony 1983: Jean Bony: *French Gothic Architecture of the 12th and 13th Centuries*, London 1983.

Bork 2003: Robert Bork: Into Thin Air. France, Germany, and the Invention of the Openwork Spire, in: *Art Bulletin*, XXII, 2003, pp. 25-53.

Bork 2004: Robert Bork: Turmhelme und Kleinkunst der Parlerzeit, in: *Parlerbauten Architektur, Skulptur, Restaurierung*, Stuttgart 2004, S. 189-195.

Bork 2005: Robert Bork: Plan B and Geometry of Façade Design at Strasbourg Cathedral, 1250-1350, in: *Journal of the Society of Architectural Historians*, LXIV, 2005, pp. 442-473.

Bork / Mark 1997: Robert Bork / Robert Mark / Stephen Murray: The Openwork Flying Buttresses of Amiens Cathedral. „Postmodern" Gothic and the Limits of Structural Rationalism, in: *Journal of the Society of Architectural Historians*, LVI, 1997, pp. 473-493.

Börsch-Supan 1967: Eva Börsch-Supan: *Garten-, Landschafts- und Paradiesmotive im Innenraum. Eine ikonographische Untersuchung*, Berlin 1967.

Bouvet 2013 (2014): Camille Bouvet: *Découvrez nos plus belles églises et abbayes*, Paris 2013 (éd. 2014).

Brandl / Grimminger 2007: Ludwig Brandl / Christina Grimminger (Hg.): *Liebfrauenmünster Ingolstadt*, Regensburg 2007.

Braunfels 1981: Wolfgang Braunfels: *Reichsstädte, Grafschaften, Reichsklöster* (Die Kunst im Heiligen Römischen Reich Deutscher Nation, III), München 1981.

Braun-Reichenbacher 1966: Margot Braun-Reichenbacher: *Das Ast- und Laubwerk. Entwicklung, Merkmale und Bedeutung einer spätgotischen Ornamentform*, Nürnberg 1966.

Brucher 1990: Günter Brucher: *Gotische Baukunst in Österreich*, Salzburg / Wien 1990.

Brucher 2000: Günter Brucher (Hg.): *Gotik* (Geschichte der bildenden Kunst in Östrreich, II), München / London / New York 2000.

Brucher 2003a: Günter Brucher: Architektur von 1430 bis um 1530, in: Artur Rosenauer (Hg.): *Spätmittelalter und Renaissance* (Geschichte der bildenden Kunst in Östrreich, III), München / London / New York 2003, S. 195-208.

Brucher 2003b: Günter Brucher: Dom- und Metropolitankirche St. Stephan, in: Artur Rosenauer (Hg.) : *Spätmittelalter und Renaissance* (Geschichte der bildenden Kunst in Östrreich, III), München / London / New York 2003, S. 222-224.

Büchner 1967: Joachim Büchner: Ast-, Laub- und Masswerkgewölbe der endenden Spätgotik.

資 料

Zum Verhältnis von Architektur, dekorativer Malerei und Bauplastik, in: Hans Sedlmayr / Wilhelm Messerer (Hg.): *Festschrift Karl Oettinger zum 60. Geburtstag am 4. März 1966 gewidmet*, Erlangen 1967, S. 265-302.

Buchowiecki 1952: Walther Buchowiecki: *Die gotischen Kirchen Österreichs*, Wien 1952.

Buchowiecki 1964: Walter Buchowiecki: Die Stephanskirche, in: Karl Ziak (Hg.): *Unvergängliches Wien. Ein Gang durch die Geschichte von der Urzeit bis zur Gegenwart*, Wien 1964, S. 111-119.

Bureš 1972: Jaroslav Bureš: Zum Werk des Meisters Laurenz Spenning, in: *Évolution génerale et développements régionaux en historie de lart. Actes du 11e Congrès International d'Historie de l'Art*, Budapest 1972, pp. 539-542.

Bureš 1983: Jaroslav Bureš: Die Prager Domfassade, in: *Acta Historiae Artium*, XXIX, 1983, S. 3-50.

Bureš 1986: Jaroslav Bureš: Der Regensburger Doppelturmplan. Untersuchungen zur Architektur der ersten Nachparlerzeit, in: *Zeitschrift für Kunstgeschichte*, XLIX, 1986, S. 1-28.

Bürger 2008: Stefan Bürger: Rezipierend und initiierend. Die Baukunst Arnold von Westfalens und ihre Neubewertung im mitteleuropänischen Kontext, in: *Zeitschrift für Kunstgeschichte*, LXXII, 2008, S. 497-512.

Bürger 2011: Stefan Bürger (Hg.): *Erfurt. Führer zu den kunsthistorischen Kostbarkeiten des Mittelalters*, Weimar 2011.

Busch 1969: Harald Busch: *Deutsche Gotik*, Wien / München 1969.

Bushart 1994: Bruno Bushart: *Die Fuggerkapelle bei St. Anna in Augsburg*, München 1994.

Camille 1996: Michael Camille: *Gothic Art. Visions and Revelations of the Medieval World*, London 1996.

Carr 1999: Wesley Carr: *Westminster Abbey*, London 1999.

Casaseca 1994: Antonio Casaseca: *The Cathedrals of Salamanca*, Madrid 1994.

Chotěbor 1994: Petr Chotěbor: *Prager Burg*, Praha 1994.

Clark 1987: William W. Clark: Laon Cathedral, in: *Architectura. The Aesthetics of Space, Plan and Structure*, London 1987.

Clifton-Taylor 1967 (1986): Alec Clifton-Taylor: *The Cathedrals of England*, London 1967 (revised ed. 1986).

Coldstream 2002: Nicola Coldstream: *Medieval Architecture*, New York 2002.

Cook 1952: George Henry Cook: *The Story of Gloucester Cathedral*, London 1952.

Cook 1975: John W. Cook: St. Martin, *Landshut and the Architecture von Hans Burghausen*, Diss., New Haven 1975.

Cook 1976: John W. Cook: A New Chronology of Hanns von Burghausen's Late Gothic Architecture, in: *Gesta*, XV, 1976, pp. 97-104.

Crossley 1993: Paul Crossley: The Return to the Forest. Natural Architecture and the German Past in the Age of Dürer, in: Thomas W. Gaehtgens (Hg.): *Künstlerischer Austausch*, II, Berlin 1993, S. 71–80.

258

文献目録

Crossley 1998: Paul Crossley: The Man from Inner Space. Architecture and Meditation in the Choir of St Laurence in Nuremberg, in: Gale R. Owen-Crocker / Timothy Graham (ed.): *Medieval Art. Recent Perspectives. A Memorial Tribute to C. R. Dodwell*, New York 1998.

Dahm 1991a: Friedrich Dahm: Die Geschichte der Spinnerin am Kreuz. Vorgänger-Erbauung-Restaurierungen, in: *Die Wiener Spinnerin am Kreuz*, Wien 1991, S. 9-59.

Dahm 1991b: Friedrich Dahm: Die Architektur der Spinnerin am Kreuz. Struktur-Typus-Stil, in: *Die Wiener Spinnerin am Kreuz*, Wien 1991, S. 60-84.

Dahm 2008: Friedrich Dahm: Die skulpturale Ausstattung des Riesentores. Meisterhände - Werkstattbetrieb - Stil- und Strukturanalyse - bauhistorische Zusammenhänge, in: Friedrich Dahm (Hg.): *Das Riesentor*, Wien 2008, S. 131-177.

Dehio 1921: Georg Dehio: *Geschichte der deutschen Kunst*, II, 2 Bde., Berlin 1921.

Dehio Baden-Württemberg I: Georg Dehio: *Baden-Württemberg. Regierungsbezirke Stuttgart und Karlsruhe* (Dehio-Handbuch), München / Berlin 1993.

Dehio Baden-Württemberg II: Georg Dehio: *Baden-Württemberg. Regierungsbezirke Freiburg und Tübingen* (Dehio-HandbuchI), München / Berlin 1997.

Dehio Bayern I: Georg Dehio: *Bayern. Franken* (Dehio-Handbuch), München / Berlin 1998.

Dehio Bayern II: Georg Dehio: *Bayern. Niederbayern* (Dehio-Handbuch), München / Berlin 1988.

Dehio Bayern III: Georg Dehio: *Bayern. Schwaben* (Dehio-Handbuch), München / Berlin 1989.

Dehio Bayern IV: Georg Dehio: *Bayern. München und Oberbayern* (Dehio-Handbuch), München / Berlin 1990.

Dehio Bayern V: Georg Dehio: *Bayern. Regensburg und die Oberpfalz* (Dehio-Handbuch), München / Berlin 1991.

Dehio Bremen, Niedersachsen: Georg Dehio: *Bremen, Niedersachsen* (Dehio-Handbuch), München / Berlin 1992.

Dehio Graz: Georg Dehio: *Graz* (Dehio-Handbuch), Wien 1979.

Dehio Hessen: Georg Dehio: *Hessen* (Dehio-Handbuch), München / Berlin 1982.

Dehio Kärnten: Georg Dehio: *Kärnten* (Dehio-Handbuch), 1981.

Dehio Magdeburg: Georg Dehio: *Der Bezirk Magdeburg* (Dehio-Handbuch), München / Berlin 1974.

Dehio Niederösterreich: Georg Dehio: *Niederösterreich* (Dehio-Handbuch), 2 Bde., Wien 2003-2010.

Dehio Oberösterreich: Georg Dehio: *Oberösterreich* (Dehio-Handbuch), Wien 1958.

Dehio Rheinland: Georg Dehio: *Nordrhein-Westfalen I. Rheinland* (Dehio-Handbuch), München / Berlin 2005.

Dehio Sachsen I: Georg Dehio: *Sachsen I. Regierungsbezirk Dresden* (Dehio-Handbuch), München / Berlin 1996.

Dehio Sachsen II: Georg Dehio: *Sachsen II. Dehio Regierungsbezirke Leipzig und Chemnitz*

259

資　料

(Dehio-Handbuch), München / Berlin 1998.

Dehio Sachsen-Anhalt I: Georg Dehio: *Sachsen-Anhalt* (Dehio-Handbuch), München / Berlin 2002.

Dehio Schleswig-Holstein: Georg Dehio: *Hamburg Schleswig-Holstein* (Dehio-Handbuch), 2009.

Dehio Thüringen: Georg Dehio: *Thüringen* (Dehio-Handbuch), München / Berlin 1998.

Dehio Tirol: Georg Dehio: *Tirol* (Dehio-Handbuch), Wien 1980.

Dehio Westfalen: Georg Dehio: *Nordrhein-Westfalen II. Westfalen* (Dehio-Handbuch), München / Berlin 2011.

Dehio Wien: Georg Dehio: *Wien* (Dehio-Handbuch), Wien 2003.

Dehio / Bezold 1901: Georg Dehio / Gustav von Bezold: *Die kirchliche Baukunst des Abendlandes. Historisch und systematisch dargestellt*, 5 Bde., Stuttgart 1887-1901.

Delpal 1981: Jacques-Louis Delpal: *Frankreich* (Knaurs Kulturführer in Farbe), Berlin 1981.

Deuchler 1980: Florens Deuchler: *Elsaß* (Reclams Kunstführer, II), 1980.

Dittrich 1993: Konrad Dittrich: *850 Jahre Kirche in Lübeck*, Branenburg / Havel 1993.

Doberer 1956: Erika Doberer: Der Lettner, seine Bedeutung und Geschichte, in: *Mitteilungen der Gesellschaft für vergleichende Kunstforschung in Wien*, IX, 1956.

Doberer 1967: Erika Doberer: Der plastische Schmuck am Vorbau des Riesentores, in: Hans Sedlmayr / Wilhelm Messerer (Hg.): *Festschrift Karl Oettinger zum 60. Geburtstag am 4. März 1966 gewidmet*, Erlangen 1967, S. 353-366.

Dommuseum 2000: Erzbischöfliches Dom- und Diözesanmuseum (Hg.): *1945, Chronologie einer Zerstörung. Der Dom zu St. Stephan*, Wien 2000.

Donin 1915: Richard Kurt Donin: *Romanische Portale in Niederösterreich*, Wien 1915.

Donin 1935: Richard Kurt Donin: *Die Bettelordenskirchen in Österreich. Zur Entwicklungsgeschichte der österreichischen Gotik*, Baden bei Wien 1935.

Donin 1943: Richard Kurt Donin: Der Wiener Stephansdom als reifstes Werk bodenständiger Bautradition, in: *Zeitschrift des Deutschen Vereins für Kunstwissenschaft*, X (3/4), Berlin 1943, S. 209-254.

Donin 1946a: Richard Kurt Donin: *Der Wiener Stephansdom und seine Geschichte*, Wien 1946.

Donin 1946b: Richard Kurt Donin: *Österreichische Baugedanken am Dom von Pienza*, Wien 1946.

Donin 1951: Richard Kurt Donin: Bauherren und Baumeister der Wiener Stephanskirche, in: *Zur Kunstgeschichte Österreichs*, Wien / Innsbruck / Wiesbaden 1951, S. 194-201.

Donin 1955: Richard Kurt Donin: Die Baukunst der Gotik in Wien, in: Richard Kurt Donin (Hg.): *Geschichte der bildenden Kunst in Wien*, 1955, S. 9-67.

Dorn 1978: Reinhard Dorn: *Mittelalterliche Kirchen in Braunschweig*, Niemeyer 1978.

Dornik-Eger 1965: Hanna Eger: *Ikonographie Kaiser Friedrichs III.*, Diss., Wien 1965.

Dornik-Eger 1966: Hanna Dornik-Eger: Kaiser Friedrich III. in Bildern seiner Zeit, in: Peter Weninger (Red.): *Friedrich III. Kaiserresidenz Wiener Neustadt*, 1966, Wien 1966, S. 64-86.

文献目録

Droste 1989: Thorsten Droste: *Romanische Kunst in Frankreich*, Köln 1989.

Droste 2012: Thorsten Droste / Hilja Droste: *Paris. Spaziergänge durch die Seine-Metropole* (DuMont Kunst Reiseführer), Ostfildern 2012.

Droste / Budeit 1998: Thorsten Droste / Hans Joachim Budeit: *Burgund*, München 1998.

Dudák 1998: Vladislav Dudák: *Prague Castle Hradčany*, Praha 1998.

Dupeux 1995: Cécile Dupeux: *Musée du l'Œuvre Notre-Dame*, Strasbourg 1995.

Dvořák 1944: Max Dvořák: *Kunstgeschichte als Geistesgeschichte, Studien zur Abendländischen Kunstentwicklung*, München 1944.

Dvořák 1944 (jp): マックス・ドヴォルジャーク『精神史としての美術史－ヨーロッパ芸術精神の発展に関する研究』中村茂夫訳、岩崎美術社、1966 年. → Dvořák 1944

Egger 1910: Hermann Egger (Hg.): *Architektonische Handzeichnungen alter Meister*, Wien 1910.

Ehlers 1997: Joachim Ehlers: Magdeburg-Rom-Aachen-Bamberg. Grablege des Königs und Herrschaftsverständnis in ottonischer Zeit, in: Bernd Schneidmüller (Hg.): *Otto III. - Heinrich II. Eine Wende?*, Sigmaringen 1997, S. 47-76.

Erlande-Brandenburg 1979: Alain Erlande-Brandenburg: *Der Stellenwert der Entdeckungen innerhalb der Geschichte der Bildhauerkunst*, Biel 1979.

Erlande-Brandenburg 1993: Alain Erlande-Brandenburg: *Musée National du Moyen Age. Thermes de Cluny*, Paris 1993.

Ernst 1994: Anita Ernst: *Die Propsteipfarr- und Wallfahrtskirche Maria Saal. Ein Beitrag zur Kunstgeschichte Kärntens*, Diss., Innsbruck 1994.

Fast 1990: Kirsten Fast: *Untersuchungen zu Architektur und Skulptur der Westportale des Straßburger Münsters*, Diss., München 1990.

Fehr 1961: Götz Fehr: *Benedikt Ried. Ein deutscher Baumeister zwischen Gotik und Renaissance in Böhmen*, München 1961.

Fehring / Ress 1982: Günter P. Fehring / Anton Ress: Die Stadt Nürnberg, in: *Bayerische Kunstdenkmale*, X, München 1982 (2. Aufl. Bearbeitet von Wilhelm Schwemmer).

Feld 1989: Marion Feld: *Heilige Ranken. Spätgotische ornamentale Wand- und Gewölbemalerei in rheinischen Kirchen*, Diss., Köln / Wien 1989.

Feldmann 2008: Hans-Christian Feldmann: *Hauptkirche St. Petri in Hamburg* (DKV-Kunstführer, DCIX), München 2008.

Fenzl 2010: Annemarie Fenzl: Von der Bürgerkirche zur Bischofskirche, in: Karin Domany / Johann Hisch (Hg.): *Der Stephansdom. Orientierung und Symbolik*, Wien 2010, S. 11-53.

Feuchtmüller 1961: Rupert Feuchtmüller: Die Baukunst, in: Wilfried Zeller-Zellenberg (Hg.): *Gotik in Österreich*, Wien / Hannover / Bern 1961, S. 5-26.

Feuchtmüller 1966: Rupert Feuchtmüller: Die Kirchliche Baukunst am Hof des Kaisers und ihre Auswirkungen, in: Peter Weninger (Red.): *Friedrich III. Kaiserresidenz Wiener Neustadt, 1966*, Wien 1966, S. 197-213.

Feuchtmüller 1972: Rupert Feuchtmüller: *Kunst in Österreich. Vom frühen Mittelalter bis zur*

261

資 料

Gegenwart, Wien 1972.

Feuchtmüller 1978a: Rupert Feuchtmüller: Bildnis Herzog Rudolfs IV., in: *Die Parler und der Schöne Stil 1350-1400*, II, Köln 1978, S. 423-424.

Feuchtmüller 1978b: Rupert Feuchtmüller: *Der Wiener Stephansdom*, Wien 1978.

Feuchtmüller 1981: Rupert Feuchtmüller: *Rudolf der Stifter und sein Bildnis*, Wien 1981.

Fickel / Kurmann 1985: Alfred Fickel / Peter Kurmann / Markus Hilbich (Hg.): *St. Martin zu Landshut* (Serie Band Hans von Burghausen und seine Kirchen, I), Landshut 1985.

Fillitz 1969: Hermann Fillitz: *Das Mittelalter I* (Propyläen Kunstgeschichte, V), Berlin 1969.

Fillitz 1998: Hermann Fillitz: *Frühmittelalter und Hochmittelalter* (Geschichte der bildenden Kunst in Östrreich, I), München / London / New York 1998.

Fletcher 1848 (1998): Banister Fletcher: *Sir Banister Fletcher's A History of Architecture*, London 1848 (ed. Oxford 1998).

Fletcher 1896 (jp): フレッチャー『フレッチャー世界建築の歴史　建築・美術・デザインの変遷』飯田喜四郎、小寺武久監訳、西村書店、1996 年. → Fletcher 1848 (1998)

Flieder 1968: Viktor Flieder: *Stephansdom und Wiener Bistumsgründung. Eine diözesan- und rechtsgeschichtliche Untersuchung*, Wien 1968.

Focillon 1938: Henri Focillon: *Art d'Occident. Le moyen âge roman et gothique*, Paris 1938.

Focillon 1938 (jp): アンリ・フォション『西欧の芸術 ゴシック』神沢栄三、加藤邦男、長谷川太郎、高田勇訳、上・下、鹿島出版会、1976 年. → Focillon 1938

Frankl 1924: Paul Frankl: Der Beginn der Gotik und das allgemeine Problem des Stilbeginnes, in: *Festschrift Heinrich Wölfflin*, München 1924, S. 107-126.

Frankl 1960: Paul Frankl: *The Gothic. Literary Sources and Interpretations through Eight Centuries*, Princeton, NJ 1960.

Frankl 1960 (jp): パウル・フランクル『ゴシックとは何か　八世紀にわたる西欧の自問』黒岩俊介訳、中央公論美術出版、2016 年. → Frankl 1960

Frankl 1962 (2000): Paul Frankl: *Gothic Architecture*, New Haven 1962 (revised by Paul Crossley, 2000).

Frankl 1962 (jp): パウル・フランクル著、ポール・クロスリー校訂『ゴシック建築大成』佐藤達生、辻本敬子、飯田喜四郎訳、中央公論美術出版、2011 年. → Frankl 1962 (2000)

Franz 1990: Heinrich Gerhard Franz: Zum Problem des Weichen Stils in der gotischen Baukunst um 1400, in: Götz Pochat / Brigitte Wagner (Hg.): *Internationale Gotik in Mitteleuropa*, Graz 1990, S. 316-331.

Frey 1929: Dagobert Frey: *Gotik und Renaissance als Grundlagen der modernen Weltanschauung*, Augsburg 1929.

Frey 1949: Dagobert Frey: *Grundlegung zu einer vergleichenden Kunstwissenschaft. Raum und Zeit in der Kunst der afrikanisch-eurasischen Hochkulturen*, Innsbruck 1949.

Fritz 1994: Johann Michael Fritz: Martin Schongauer und die Goldschmiede, in: *Le beau Martin. Études et mises au point*, Colmar 1994, pp. 175-183.

Frodl-Kraft 1962: Eva Frodl-Kraft: *Die mittelalterlichen Glasgemälde in Wien* (Corpus

文献目録

Vitrearum Medii Aevi, Österreich I), Wien / Graz / Köln 1962.

Frodl-Kraft 1972: Eva Frodl-Kraft: *Die mittelalterlichen Glasgemälde in Niederösterreich* (Corpus Vitrearum Medii Aevi, Österreich II, Teil I), Wien / Köln 1972.

Frodl-Kraft 2003: Eva Frodl-Kraft: *Die Bildfenster der Georgskapelle in der Burg zu Wiener Neustadt*, Wien 2003.

Fuchsberger 2004: Hermann Fuchsberger: Der Entwurf des Südportals der Stiftskirche von Göß und seine Meister, in: Keil Matthias / Heimo Kaindl (Hg.): *Stift Göß. Die Stifts-, Kathedral- und Pfarrkirche zum hl. Andreas*, Graz 2004, S. 57-62.

Fuhrmann 1961: Franz Fuhrmann et als: *Salzburg, Tirol, Vorarlberg, Kärnten, Steiermark. Baudenkmäler* (Reclams Kunstführer, Österreich II), Stuttgart 1961 (3. Aufl.).

Fuhrmann 1993/94: Franz Fuhrmann: Der Chor der Franziskanerkirche in Salzburg und sein „Massgrund", in: *Wiener Jahrbuch für Kunstgeschichte*, XLVI/XLVII, 1993/94, S. 195-209.

Gall 1925: Ernst Hans Gall: *Die gotische Baukunst in Frankreich und Deutschland*, Leipzig 1925.

Gall 1954a: Ernst Hans Gall: Chor, in: *Reallexikon zur deutschen Kunstgeschichte*, III, Stuttgart 1954, S. 488-514.

Gall 1954b: Ernst Hans Gall: Chorumgang, in: *Reallexikon zur deutschen Kunstgeschichte*, III, Stuttgart 1954, S. 575-590.

Gerhartl 1966: Gertrud Gerhartl: Wiener Neustadt als Residenz, in: Peter Weninger (Red.): *Friedrich III. Kaiserresidenz Wiener Neustadt, 1966*, Wien 1966, S. 104-131.

Gerhartl 1979: Gertrud Gerhartl: *Der Dom zu Wiener Neustadt*, Wien 1979.

Gerstenberg 1913: Kurt Gerstenberg: *Deutsche Sondergotik*, München 1913.

Geyer 2000: Roderich Geyer: *Kirchlihe Bauwerke der Pfarre St. Stephan in Tulln* (Christliche Kunststätten Österreichs, CCCLXIX), Salzburg 2000.

Gimpel 1958: Jean Gimpel: *Les Batisseurs de Cathédrales*, Paris 1958.

Gimpel 1958 (jp): ジャン・ジャンペル『カテドラルを建てた人びと』飯田喜四郎訳、鹿島出版会、1969 年. → Gimpel 1958

Ginhart 1972: Karl Ginhart: *Die Fürstenstatuen von St. Stephan in Wien und die Bildwerke aus Großlobming*, Bonn 1972.

Göhler 1929: Hermann Göhler: Zur Geschichte der Eligiuskapelle des Wiener Stephansdomes, in: *Jahrbuch für Landeskunde von Niederösterreich*, XX, Wien 1929.

Grant 1993: Lindy Grant: Rouen Cathedral, 1200-1237, in: Jenny Stratford (ed.) : *Medieval Art, Architecture and Archaeology at Rouen*, Leeds 1993, pp. 60-68.

Greiselmayer 1993: Volkmar Greiselmayer: Beobachtungen zur Raumgrenze der obersächsischen Hallenkirche. Ein Beitrag zur Ästhetik des spätgotischen Kirchenraumes, in: *Das Münster. Zeitschrift für christliche Kunst und Kunstwissenschaft*, XLVI (2), München 1993, S. 107-114.

Grimme 1975: Ernst Günther Grimme: Belgien, in: *Mitteilungen der Gesellschaft für Vergleichende Kunstforschung in Wien*, IV, Köln 1975, S. 33-36.

263

資　料

Grimme 2000: Ernst Günther Grimme: Das gotische Rathaus der Stadt Aachen, in: *Krönungen. Könige in Aachen, Geschichte und Mythos*, Mainz 2000, pp. 509-513.

Grimschitz 1947: Bruno Grimschitz: *Hans Puchspaum*, Wien 1947.

Grodecki 1976: Louis Grodecki: *Architecture gothique*, Paris 1976.

Grodecki 1976 (Dt): Louis Grodecki: *Architektur der Gotik*, Stuttgart 1976. → Grodecki 1976

Grodecki 1976 (jp): ルイ・グロデッキ『ゴシック建築』前川道郎、黒岩俊介訳（図説世界建築史 8）、本の友社、1997 年. → Grodecki 1976

Gross 1948: Werner Gross: *Die abendländische Architektur um 1300*, Stuttgart 1948.

Gross 1972: Werner Gross: Deutsche Architektur, in: Otto von Simson (Hg.): *Das Mittelalter II. Das hohe Mittelalter* (Propyläen Kunstgeschichte, VI), Berlin 1972, S. 174-190.

Gruber (K) 1952 (1976): Karl Gruber: *Die Gestalt der deutschen Stadt. Ihr Wandel aus der geistigen Ordnung der Zeiten*, München 1952 (2. überarb. Aufl. 1976).

Gruber (K) 1952 (jp): カール・グルーバー『ドイツの都市造形史』宮本正行訳、西村書店、1999 年. → Gruber (K) 1952 (1976)

Gruber (R) 2005: Reinhard H. Gruber: *Der Stephansdom*, Wien 2005.

Grusnick / Zimmermann 1996: Wolfgang Grusnick / Friedrich Zimmermann: *Der Dom zu Lübeck*, Königstein im Taunus 1996.

Guillier 2001: Gérard Guillier: *Saint-Séverin*, Laval 2001.

Günther 2003: Hubertus Günther: Die ersten Schritte in die Neuzeit. Gedanken zum Beginn der Renaissance nördlich der Alpen, in: Norbert Nussbaum / Claudia Euskirchen (Hg.): *Wege zur Renaissance*, Köln 2003, S. 31-87.

Hahn-Woernle 1997: Birgit Hahn-Woernle: *Die Frauenkirche in Esslingen*, Esslingen 1997.

Halbwachs 1969: Ursula Halbwachs: *Kaiser Friedrich III. und seine Klöster- und Ordensgründungen in Wiener Neustadt*, Diss., Wien 1969.

Hamann 1938: Richard Hamann: *Die Elisabethkirche zu Marburg*, Marburg 1938.

Hanfstaegl 1911: Eberhard Hanfstaegl: *Hans Stethaimer. Eine Studie zur spätgotischen Architektur Altbayerns*, Diss., Leipzig 1911.

Hanika 1991: Günter Hanika: *Imbach*, St. Pölten 1991 (2. Aufl.).

Hanke 2007: Eva Hanke: Studien zum Bautypus der Staffelhalle, in: *Wallraf-Richartz-Jahrbuch*, LXVIII, 2007, S. 73-116.

Harl 1990: Örtolf Harl: Archäologische Beiträge zur Baugeschichte des Westwerks von St. Stephan in Wien, in: *ÖZKD*, XLIV, 1990, S. 39-47.

Harting 2011: Elisabeth Harting: Der Stil der Naumburger Pflanzenwelt aus botanischer Sicht, in: Jens-Fietje Dwars / Siegfried Wagner (Hg.): *Fortgesetzte Spiegelungen. Bilder und Geschichten zur Entdeckung des Naumburger Meisters aus fünf Jahrhunderten*, Naumburg 2011, S. 267-280.

Hasse 1983: Max Hasse: *Die Marienkirche zu Lübeck*, München 1983.

Hassmann 1996: Elisabeth Hassmann: *Meister Michael von Wiener Neustadt, genannt Meister Michael Chnab, Baumeister der Herzoge von Österreich. Ein Beitrag zur Architektur der*

文献目録

Wiener Bauhütte von 1350-1450, Diss., Wien 1996.

Hassmann 2002: Elisabeth Hassmann: *Meister Michael. Baumeister der Herzöge von Österreich*, Wien / Köln / Weimar 2002.

Heinrichs 2005: Ulrike Heinrichs: *Martin Schongauer. Maler und Kupferstecher. Kunst und Wissenschaft unter dem Primat des Sehens*, München 2005.

Heirman / Santvoort 2000: Michiel Heirman / Linda Santvoort: *Le guide de l'architecture en Belgique*, Bruxelles 2000.

Herrgott 1773: Marquardi Herrgott: *Pinacotheca Principum Austriae* (Monumenta Aug. Domus Austriacae, III), Berlin 1773.

Herrmann / Winterfeld 2015: Christofer Herrmann / Dethard von Winterfeld (Hg.): *Mittelalterliche Architektur in Polen. Romanische und gotische Baukunst zwischen Oder und Weichsel*, 2 Bde., Petersberg 2015.

Hertlein 1997: Edgar Hertlein: Das Grabmal Kaiser Friedrichs III. im Lichte der Tradition, in: Lothar Kolmer (Hg.): *Der Tod des Mächtigen. Kult und Kultur des Todes spätmittelalterlicher Herrscher*, Paderborn 1997, S. 137-164.

Herzog 1969a: Theo Herzog: Zur Person des Meisters Hanns von Burghausen, in: *Verhandlungen des historischen Vereins für Niederbayern*, XCV, 1969, S. 54-67.

Herzog 1969b: Theo Herzog: Alt- St. Martin in Landshut. Archäologische Nebenergebnisse bei den Untersuchungen zur Standfestigkeit der Martinskirche, in: *Verhandlungen des historischen Vereins für Niederbayern*, XCV, 1969, S. 11-36.

Herzog 1969c: Theo Herzog: Die Baugeschichte des St. Martinsmünsters und anderer Landshuter Kirchen im Lichte der Jahrring-Chronologie, in: *Verhandlungen des historischen Vereins für Niederbayern*, XCV, 1969, S. 36-53.

Hildebrand 2004: Walter Hildebrand (Hg.): *Kartause Gaming*, Innsbruck 2004.

Höggerl 1954: Adolf Höggerl: *Alt-Neustadt*, Wiener Neustadt 1954.

Hohenzollern 1965: Johann Georg Prinz von Hohenzollern: *Die Königsgalerie der französischen Kathedrale. Herkunft, Bedeutung, Nachfolge*, München 1965.

Homolka 1978: Jaromír Homolka: Prag, Veitsdom, Büstenzyklus im Unteren Triforium, in: *Die Parler und der Schöne Stil 1350-1400*, II, Köln 1978, S. 655-657.

Höppner 1985: Henning Höppner: *Die Baugeschichte der Jakobikirche zu Lübeck*, Kiel 1985.

Hubel 1977 (1999): Achim Hubel: *Cathedral of Regensburg* (Kleine Kunstführer, XLI), Regensburg 1977 (3rd. eng. ed. 1999).

Hubel / Schuller 1995: Achim Hubel / Manfred Schuller: *Der Dom zu Regensburg. Vom Bauen und Gestalten einer gotischen Kathedrale*, Regensburg 1995.

Hubel / Schuller 2000: Achim Hubel / Manfred Schuller: *Regensburger Dom. Das Hauptportal*, Regensburg 2000.

Hudec 1997: Alfred Hudec: *Enns St. Marien* (Christliche Kunststätten Österreichs, CCCIV), Salzburg 1997.

Hussl-Hörmann 2011: Marianne Hussl-Hörmann (Hg.): *Rudolf von Alt. Die Ölgemälde*, Wien

265

資　料

2011.

Hüttner 1987: Lorenz Hüttner: *Die Stadtpfarrkirche St. Nikolaus zu Neuötting*, Neuötting am Inn 1987 (2. Aulf.).

Isnard 2010: Isabelle Isnard: Un cas d'utilisation de modèle architectural vers 1300 en Champagne, in: *Zeitschrift für Kunstgeschichte*, LXXIII, 2010.

Jantzen 1951: Hans Jantzen: Über den gotischen Kirchenraum, in: *Über den gotischen Kirchenraum und andere Aufsätze*, Berlin 1951, S. 7-20.

Jantzen 1957: Hans Jantzen: *Kunst der Gotik, Klassische Kathedralen Frankreichs. Chartres, Reims, Amiens*, Hamburg 1957.

Jantzen 1959 (1990): Hans Jantzen: *Ottonische Kunst*, Hamburg 1959 (Berlin 1990).

Jantzen 1962 (1997): Hans Jantzen: *Die Gotik des Abendlandes. Idee und Wandel*, Köln 1962 (Neuaufl. 1997).

Jantzen 1999 (jp): ハンス・ヤンツェン『ゴシックの芸術　大聖堂の形と空間』前川道郎訳、中央公論美術出版、1999 年．→ Jantzen 1957; Jantzen 1962 (1997)

Jenkyns 2006: Richard Jenkyns: *Westminster Abbey*, London 2006.

Jobst 1908: Johann Jobst (Hg.): *Die Neustädter Burg und die k. u. k. Theresianische Militärakademie. Ein Führer in militärischer und kunstgeschichtlicher Beziehung*, Wien 1908.

Joss 1976: Johannes Ev. Joss: Volksaltar und Altäre des Mittelalters im Stephansdom, in: *ÖZKD*, XXX, 1976.

Jooß / Jooß 2002: Hannelore Jooß / Rainer Jooß: *Esslingen am Neckar, evang. Stadtkirche St. Dionys* (Schnell, Kunstführer, MMCCXCIX), Regensburg 2002 (2. Aufl.).

Kaiser 2000: Jürgen Kaiser: *Köln. St. Aposteln* (Schnell, Kunstführer, DCCXLIV), Regensburg 2000.

Kammel 2000: Frank Matthias Kammel: *Kunst in Erfurt 1300-1360. Studien zu Skulptur und Tafelmalerei*, Berlin 2000.

Kat. Albertina 2012: Eva Michel / Manfred Hollegger (Hg.): *Kaiser Maximilian I. und die Kunst der Dürerzeit* (Ausst.-Kat.), München 2012.

Kat. London 2003: Richard Marks (ed.): *Gothic. Art for England 1400-1547* (exh. cat.), London 2003.

Kat. Ulm 1997: *Hans Multscher. Bildhauer der Spätgotik in Ulm* (Ausst.-Kat.), Ulm 1997.

Kat. Wien 1967: Harry Kühnel (Hg.): *Gotik in Österreich* (Ausst.-Kat.), Krems an der Donau 1967.

Kat. Wien 1997: Renata Kassal-Mikula: *850 Jahre St. Stephan. Symbole und Mitte Wiens* (Ausst.-Kat.), Wien 1997.

Kat. Wien 2011: Michaela Kronberger / Barbara Schedl (Hg.): *Der Dombau von St. Stephan. Die Originalpläne aus dem Mittelalter* (Ausst.-Kat.), Wien 2011.

Kat. Wiener Neustadt 1966: Peter Weninger (Red.): *Friedrich III. Kaiserresidenz Wiener Neustadt*, 1966 (Ausst.-Kat.), Wien 1966.

Kat. Wiener Neustadt 1982: *Wiener Neustadts Kunstdenkmäler im Zweiten Weltkrieg. Vorsorge*

文献目録

für die Erhaltung des kulturellen Erbes in Zeiten der Not und Gefahr (Ausst.-Kat.), Wiener Neustadt 1982.

Kaufmann 1957: Hans Kaufmann: Die Masswerkhelme des Freiburger Münsters und des Kölner Doms, in: *Festschrift Kurt Bauch, Kunstgeschichtliche Beiträge zum 25 Novemer 1957*, München 1957, S. 121-122.

Kavaler 2005: Ethan Matt Kavaler: Nature and the Chapel Vaults at Ingolstadt. Structuralist and Other Perspectives, in: *Art Bulletin*, LXXXVII, 2005, pp. 230-248.

Kavaler 2012: Ethan Matt Kavaler: *Renaissance Gothic. The Authority of Ornament, 1470-1540*, New Haven 2012.

Keyh 1992: Robert Keyh: *Die Frauenkirche zu Nürnberg*, München / Zürich 1992.

Kier / Reuther 2005: Hiltrud Kier / Hermann-Josef Reuther: *Köln, St. Georg* (Schnell, Kunstführer, MMDLXXIII), Regensburg 2005.

Kieslinger 1949: Alois Kieslinger: *Die Steine von St. Stephan*, Wien 1949.

Kieslinger 1952/53: Alois Kieslinger: Der Bau von St. Michael in Wien und seine Geschichte, in: *Jahrbuch des Vereins für Geschichte der Stadt Wien*, X, 1952/53, S. 1-74.

Kimpel / Suckale 1985: Dieter Kimpel / Robert Suckale: *Die gotische Architektur in Frankreich 1130-1270*, München 1985.

Kimpelinger 1993: Wolfgang Kimpelinger (Bearb.): Baudenkmale in Niedersachsen. I. Stadt Braunschweig, in: *Denkmaltopographie Bundesrepublik Deutschland*, Hameln 1993.

Kirgus 2003: Isabelle Kirgus: *Die Rathauslaube in Köln (1569-1573). Architektur und Antikerezeption*, Bonn 2003.

Kitschenberg 1990: Matthias Kitschenberg: *Die Kleeblattanlage von St. Maria im Kapitol zu Köln. Ihr Verhältnis zu den kirchlichen Trikonchen des frühen Christentums und des Frühmittelalters sowie die Frage nach der Entstehung des allseitigen Umganges*, Köln 1990.

Klein / Albrecht 2007: Bruno Klein / Thorsten Albrecht / Birgit Franke (Hg.): *Gotik* (Geschichte der bildenden Kunst in Deutschland, III), München 2007.

Kletzl 1934: Otto Kletzl: Zur Identität der Dombaumeister Wenzel Parler d. Ä. von Prag und Wenzel von Wien, in: *Wiener Jahrbuch für Kunstgeschichte*, IX, Wien 1934, S. 43-62.

Kloft 2009: Matthias Theodor Kloft: *Kaiserdom St. Bartholomäus in Frankfurt am Main* (Schnell, Kunstführer, MMCXXIV), Regensburg 2009.

Klotz 1998: Heinrich Klotz: *Mittelalter 600-1400* (Geschichte der deutschen Kunst, I), München 1998.

Kobler 1978: Friedrich Kobler: Alt Bayern, in: Anton Lenger (Hg.): *Die Parler und der Schöne Stil 1350-1400*, I, Köln 1978, S. 388-389.

Koch 1993a: Rudolf Koch: Ergebniss der Bauuntersuchungen der Westfassade von St. Stephan 1992/3, in: *ÖZKD*, XLVII, 1993, S. 116-129.

Koch 1993b: Rudolf Koch: Vorbericht zu den Bauuntersuchungen im südlichen Heidenturm von St. Stephan, in: *ÖZKD*, XLVII, 1993, S. 129-133.

Koch 2003: Wilfried Koch: *Baustilkunde. Das Standardwerk zur europäischen Baukunst von der*

資 料

Antike bis zur Gegenwart, Gütersloh / München 2003 (24. Aufl.).

Koepf 1967: Hans Koepf: Forschungen zur Frage der Urheberschaft der Wiener Planrisse von St. Stephan, in: Hans Sedlmayr / Wilhelm Messerer (Hg.): *Festschrift Karl Oettinger zum 60. Geburtstag am 4. März 1966 gewidmet*, Erlangen 1967, S. 177-191.

Koepf 1969: Hans Koepf: *Die gotischen Planrisse der Wiener Sammlungen*, Wien / Köln / Graz 1969.

Koepf 1977: Hans Koepf: *Die gotischen Planrisse der Ulmer Sammlungen*, Ulm / Stuttgart 1977.

Koeppe 2002: Wolfram Koeppe: An Early Meissen Discovery. A „Shield Bearer" Designed by Hans Daucher for the Ducal Chapelin the Cathedral of Meissen, in: *Metropolitan Museum Journal*, XXXVII, 2002.

Kohlbach 1948: Rochus Kohlbach: *Der Dom zu Graz. Die Fünf Rechnungsbücher der Jesuiten*, Graz 1948.

Kohlbach 1950: Rochus Kohlbach: *Die gotischen Kirchen von Graz*, Graz 1950.

Köhler 2014: Mathias Köhler: *Kloster und Schloss Bebenhausen*, Stuttgart 2014 (3. Aufl.).

Koreny 1968: Fritz Koreny: *Über die Anfänge der Reproduktionsgraphik nördlich der Alpen*, Diss., Wien 1968.

Kosch 2000 (2005): Clemens Kosch: *Kölns romanische Kirchen. Architektur und Liturgie im Hochmittelalter*, Regensburg 2000 (2. Aufl. 2005).

Krantz-Domasłowska 2001: Liliana Krantz-Domasłowska: Der Dom und die Burg in Marienwerder (Kwindzyn), in: Thomas Biller (Hg.): *Burgen kirchlicher Bauherren*, München / Berlin 2001, S. 215-222.

Krause / Albrecht 2007: Katharina Krause / Uwe Albrecht / Thomas Biller (Hg.): *Spätgotik und Renaissance* (Geschichte der bildenden Kunst in Deutschland, IV), München 2007.

Krautheimer 1925 (2000): Richard Krautheimer: *Die Kirchen der Bettelorden in Deutschland*, 1925 (Berlin 2000).

Kreisel / Gundermann 1930: Heinrich Kreisel / Leo Gundermann: *Würzburg*, Berlin 1930.

Krohm 1994: Hartmut Krohm: Der „Modellcharakter" der Kupferstiche mit dem Bischofsstab und Weihrauchfaß, in: *Le beau Martin. Études et mises au point*, Colmar 1994, pp. 185-207.

Krohm / Nicolaisen 1991: Hartmut Krohm / Jan Nicolaisen (Hg.): *Martin Schongauer. Druckgraphik im Berliner Kupferstichkabinett* (Bilderhefte der Staatlichen Museen Preußischer Kulturbesitz, LXV/LXVI), Berlin 1991.

Kubach 1972: Hans Erich Kubach: *Romanesque architecture*, Milano 1972.

Kubach 1972 (jp): ハンス・エリッヒ・クーバッハ『ロマネスク建築』飯田喜四郎訳（図説世界建築史 7）、本の友社、1996 年. → Kubach 1972

Kubach 1974 (1998): Hans Erich Kubach: *Der Dom zu Speyer*, Darmstadt 1974 (4. Aufl. 1998).

Kunst 1971: Hans Joachim Kunst: Zur Ideologie der deutschen Hallenkirche als Einheitsraum, in: *Architectura. Zeitschrift für Geschichte der Baukunst*, I, 1971, S. 38-53.

文献目録

Kunst 1984: Hans-Joachim Kunst: Die Kirchen in Lüneburg. Architektur als Abbild, in: Friedrich Möbius / Ernst Schubert (Hg.): *Architektur des Mittelalters. Funktion und Gestalt*, Weimar 1984, S. 273-285.

Landolt 1968: Hanspeter Landolt: *German Painting. The Late Middle Ages (1350-1500)*, Genova 1968.

Lang 1987 (1999): Holger G. Lang: *Ansbach. Evang.-Lth. Stadt-Pfarrkirche St. Johannis* (Schnell, Kunstführer, MDCXXVI), Regensburg 1987 (3. Aufl. 1999).

Laule 2004: Ulrike Laule: *Architektur des Mittelalters*, Berlin 2004.

Lauro 2007: Brigitta Lauro: *Die Grabstätten der Habsburger. Kunstdenkmäler einer europäischen Dynastie*, Wien 2007.

Ledebur 1977: Alkmar von Ledebur: *Der Chormittelpfeiler. Zur Genese eines Architekturmotives des Hanns von Burghausen*, Diss., München 1977.

Lehmann / Schubert 1988: Edgar Lehmann / Ernst Schubert: *Dom und Severikirche zu Erfurt*, Leipzig 1988.

Lenger 1978: Anton Lenger (Hg.): *Die Parler und der Schöne Stil, 1350-1400* (Ausst.-Kat.), 3 Bde., Köln 1978.

Lhotsky 1962: Alphons Lhotsky: *Österreichische Historiographie*, Wien 1962.

Lhotsky 1964: Alphons Lhotsky: Vom Geist der Gotik, in: Karl Ziak (Hg.): *Unvergängliches Wien. Ein Gang durche die Geschichte von der Urzeit bis zur Gegenwart*, Wien 1964, S. 119-122.

Lhotsky 1971: Alphons Lhotsky: Die Bibliothek Kaiser Friedrichs III., in: Hans Wagner / Heinrich Koller (Hg.): *Aufsätze und Vorträge. Alphons Lhotsky*, II, Wien 1971, S. 223-238.

Lhotsky 1974: Alphons Lhotsky: Wiens spätmittelalterliches Landesmuseum. Der Dom zu St. Stephan, in: Hans Wagner / Heinrich Koller (Hg.): *Aufsätze und Vorträge. Alphons Lhotsky*, IV, Wien 1974, S. 55-73.

Liedke 1984: Volker Liedke: Hanns Purgbauser, genannt Meister Hanns von Burghausen sein Neffe Hanns Stethaimer und sien Sohn Stefan Purghauser, in: *Ars Bavarica*, XXXVI/XXXVII, 1984, S. 1-70.

Liedke 1986: Volker Liedke: Burghauser Steinmetzen und Maurer der Spätgotik, in: *Ars Bavarica*, XXXIX/XL, 1986, S. 99-130.

Liess 1991: Reinhard Liess: Der Rahnsche Riss A des Freiburger Münsterturms und seine Straßburger er Herkunft, in: *Zeitschrift des Deutschen Vereins für Kunstwissenschaft*, XLV, 1991, S. 7-66.

Lincke 1977: Julius Lincke: Der Chor von St. Lorenz im „rechten maß" der mittelalterlichen Bauhütten, in: *Nürnberger Forschungen*, XX, Nürnberg 1977, S. 197-212.

Lind 1865: Karl Lind: Die St. Georgskirche in der Ehmaligen Burg zu Wiener-Neustadt, in: *Berichte und Mitteilungen des Altertumsvereins zu Wien*, IX, 1865, S. 1-32.

Lindgren-Fridell 1938/39: Marita Lindgren-Fridell: Der Stammbaum Mariä aus Anna und Joachim. Ikonographische Studie eines Formbestandes des Spätmittelalters, in: *Marburger*

269

資　料

Jahrbuch für Kunstwissenschaft, XI/XII, 1938/39, S. 289-308.

Loidl 1983: Franz Loidl: *Geschichte des Erzbistums Wien*, Wien 1983.

Lüken 1998: Sven Lüken: Kaiser Maximilian I. und seine Ehrenpforte, in: *Zeitschrift für Kunstgeschichte*, LXI, 1998, S. 449-490.

Maas 2001: Walter Maas: *Der Aachener Dom*, Köln 2001.

Machat 1987: Christoph Machat: *Der Wiederaufbau der Kölner Kirchen*, Köln 1987.

Mack 1987: Charles R. Mack: *Pienza. The Creation of a Renaissance City*, Ithaca 1987.

Macku 1947: Anton Macku: *Der Wiener Stephansdom nach dem Brand im April 1945*, Wien 1947.

Mader 1928: Felix Mader: *Der Dom zu Würzburg*, Augsburg 1928.

Magirius 1985: Heinrich Magirius: *Die Sankt-Annen-Kirche zu Annaberg*, Berlin 1985 (2. veränd. Aufl.).

Mantuani 1903: Joseph Mantuani: *Das Riesentor von St. Stephan und Friedrich von Schmidts Projekt für dessen Wiederherstellung*, Wien 1903.

Mayr 1982: Vincent Mayr: *St. Jakob in Rothenburg o.d.T.* (DKV-Kunstführer, CCCXII), München 1982.

Mayrhofer 2000: Renate Mayrhofer: *Die Kirchen in der Pfarre St. Valentin*, St. Valentin 2000.

McAleer 1984: J. Philip McAleer: Romanesque England and the Development of the Façade Harmonique, in: *Gesta*, XXIII (2), 1984, pp. 87-105.

Mehling 1978: Franz N. Mehling: *Italien* (Knaurs Kulturführer in Farbe), Stuttgart 1978.

Melly 1850: Eduard Melly: *Stephansdom. Das Westportal des Domes zu Wien in seinen Bildwerken und ihrer Bemalung*, Wien 1850.

Meulen 1959: Jan van der Meulen: Die baukünstlerische Problematik der Salzburger Franziskanerkirche. Baukünstlerische Systematik als Hilfsmittel für die baugeschichtliche Analyse, in: *ÖZKD*, XIII, 1959, S. 52-59.

Mittmann 2001: Heike Mittmann (ed.): *The Minster at Freiburg im Breisgau*, Lindenberg 2001.

Möbius 1967: Helga Möbius: *Der Dom zu Magdeburg*, Berlin 1967.

Möbius 1972: Helga Möbius: *Das Liebfrauenkloster in Magdeburg*, Berlin 1972.

Möbius 1995: Friedrich Möbius: Himmelsideen im gotischen Kirchengewölbe, in: Hans-Jürgen Bachorski / Werner Röcke (Hg.): *Weltbildwandel. Selbdeutung und Fremderfahrung im Epochenübergang vom Spätmittelalter zur Frühen Neuzeit*, Trier 1995, S. 69-103.

Morsbach / Spitta 2003: Peter Morsbach / Wilkin Spitta: *Stadtkirchen in Niederbayern*, Regensburg 2003.

Muchka 1994: Ivan Muchka: *St. Veits Dom Prag*, Regensburg 1994.

Müller 1883: Paul Müller: Das Riesenthor des St. Stephansdomes zu Wien, seine Beschreibung und seine Geschichte, in: *Mitteilungen des Instituts für Österreichische Geschichtsforschung*, Wien / München 1883, S. 232-336.

Müller 1997: Matthias Müller: *Der zweitürmige Westbau der Marburger Elisabethkirche. Die*

文献目録

Vollendung der Grabeskirche einer „königlichen Frau". Baugeschichte, Vorbilder, Bedeutung, Marburg 1997.

Müller (W) 1977: Werner Müller: Das Sterngewölbe des Lorenzer Hallenchores. Seine Stellung innerhalb der spätgotischen Gewölbekonstruktionen, in: *500 Jahre Hallenchor St. Lorenz zu Nürnberg, 1477-1977* (Nürnberger Forschungen, XX), Nürnberg 1977, S. 171-196.

Müller (W) 2005: Werner Müller: *Virtuelle Steinmetzkunst der österreichischen und böhmischsächsischen Spätgotik,* Petersberg 2005.

Murray 1989: Stephen Murray: *Beauvais Cathedral. Architecture of Transcendence,* Princeton, NJ 1989.

Musset 1967: Lucien Musset: *Normandie romane 1. La Basse Normandie,* La Pierre-qui-Vire 1967.

Muth 1998: Hanswernfried Muth: *Evangelisch-Lutherische Kirche St. Maria. Ehemalige Franziskanerkirche. Rothenburg ob der Tauber* (Schnell, Kunstführer, MMCCCXXIII), Regensburg 1998.

Nagel 1965: Herbert Nagel: *Wasserburg am Inn,* Oettingen 1965.

Neagley 1998: Linda Elaine Neagley: *Disciplined Exuberance. The Parish Church of Saint-Maclou and Late Gothic Architecture in Rouen,* University Park, PA 1998.

Neckheim 1956: Günther Hermann Neckheim: *Die Dom- und Wallfahrtskirche Maria Saal,* Klagenfurt 1956.

Nenze 1959 (1975): Anton Nenze et als: *Rheinlande und Westfalen* (Reclams Kunstführer, Deutschland III), Stuttgart 1959 (5. Aufl. 1975).

Neumann 1882: Wilhelm Anton Neumann: Über den ehmaligen Lettner im St. Stephansdom, in: *Wiener Dombauvereins-Blatt,* II, 1882, S. 45-47.

Neumann 1902: Wilhelm Anton Neumann: *Zur Riesentorfrage, Wiener Dombauvereins-Blatt,* XI, 1902, S. 37-44.

Neunteufel 1994: Thomas Neunteufel: *Die Abteikirche St. Georg in Ják. Ein Juwel der Spätromanik in Westungarn,* Wien 1994.

Niemetz 1979 (2003): Georg Niemetz: *Dom. Wiener Neustadt* (Schnell, Kunstführer, MCXCVI), Regensburg 1979 (4. neu Aufl. 2003).

Nizet 1894: C. Nizet (éd.): *L'œuvre de Philibert de l'Orme. Comprenant le premier tome de l'architecture et les nouvelles inventions pour bien bastir et à petits frais,* Paris 1894.

Noehles-Doerk 1986: Gisela Noehles-Doerk: *Madrid und Zentralspanien* (Reclams Kunstführer, Spanien), Stuttgart 1986.

Novotny 1930: Fritz Novotny: *Romanische Bauplastik in Österreich,* Wien 1930.

Nussbaum 1982: Norbert Nussbaum: *Die Braunauer Bürgerspitalkirche und die spätgotischen Dreistützenbauten in Bayern und Österreich. Ein raumbildnerisches Experiment des 15. Jahrhunderts,* Diss., Köln 1982.

Nussbaum 1984: Norbert Nussbaum: Die Braunauer Spitalkirche und die Bauten des Hans von Burghausen. Rezeption und Innovation in der Bayerischen Spätgotik, in: *Ars Bavarica,*

資　料

XXXVI/XXXVII, 1984, S. 83-117.

Nussbaum 1985 (1994): Norbert Nussbaum: *Deutsche Kirchenbaukunst der Gotik. Entwicklung und Bauformen*, Köln 1985 (Neuaufl. 1994).

Nussbaum 1985 (eng): Norbert Nussbaum: *German Gothic Church Architecture*, New Haven 2000. → Nussbaum 1985 (1994)

Nussbaum / Lepsky 1999: Norbert Nussbaum / Sabine Lepsky: *Das gotische Gewölbe. Eine Geschichte seiner Form und Konstruktion*, München 1999.

Oberhaidacher-Herzig 1993: Elisabeth Oberhaidacher-Herzig: Fundator oder Stifter? Ein Beitrag zur Stifter-Ikonographie in der Glasmalerei des späten 13. Jahrhunderts, in: *ÖZKD*, XLII, 1993, S. 138-143.

Oettinger 1951: Karl Oettinger: *Das Werden Wiens*, Wien 1951.

Oettinger 1961: Karl Oettinger: *Wien, Niedeösterreich* (Reclams Kunstführer, Österreich I), Stuttgart 1961.

Oettinger 1962: Karl Oettinger: Laube, Garten und Wald. Zu einer Theorie der süddeutschen Sakralkunst 1470-1520, in: *Festschrift für Hans Sedlmayr*, München 1962, S. 201-228.

Ogesser 1779: Joseph Ogesser: *Beschreibung der Metropolitankirche zu St. Stephan in Wien*, Wien 1779.

Ordax 2000: Salvador Andres Ordax: *Burgos Cathedral*, León 2000.

Ottmann 1905: Franz Ottmann: *Die romanischen Skulpturen am Riesentor der Wiener Stephanskirche*, in: *Jahrbuch der K.K. Zentral-Kommission zur Erforschung und Erhaltung der Kunst- und historischen Denkmale*, N.F. III, 1905, S. 9-26.

Pächt 1929: Otto Pächt: *Österreichische Tafelmalerei der Gotik*, Augsburg / Wien 1929.

Pagitz 1974: Franz Pagitz: Versuch einer Rekonstruktion des Konrad-III.-Domes, in: Hans Spatzenegger (Red.): *200 Jahre Dom zu Salzburg*, Salzburg 1974, S. 83-89.

Palladino 1992: Pia Palladino: *Pius II and the Sienese Renaissance. The Altarpieces for Pienza Cathedral*, Diss., Columbia 1992.

Pangratz 1999: Claudia Pangratz: *Herzogskapelle, Fürstenfenster im Wiener Stephansdom. Stifter-Memoria?*, Mag., Wien 1999.

Pechloff 2006: Ursula Pechloff: *Donauwörth. Münster zu Unserer Lieben Frau* (PEDA Kunstführer, CDXLI), Passau 2006 (2. Aufl.).

Perger (A) 1854: Anton Ritter von Perger: *Der Dom zu Sanct Stephan in Wien*, Triest 1854.

Perger (R) 1963/64: Richard Perger: Die Grundherren im mittelalterlichen Wien, I. Teil. Die ältesten geistlichen Grundherrschaften, in: *Jahrbuch des Vereins für Geschichte der Stadt Wien*, XIX/XX, 1963/64, S. 11-68.

Perger (R) 1965/66: Richard Perger: Die Grundherren im mittelalterlichen Wien, II. Teil, in: *Jahrbuch des Vereins für Geschichte der Stadt Wien*, XXI/XXII, 1965/66, S. 120-183.

Perger (R) 1970: Richard Perger: Die Baumeister des Wiener Stephansdomes im Spätmittelalter, in: *Wiener Jahrbuch für Kunstgeschichte*, XXIII, 1970, S. 66-107.

Perger (R) 2005: Richard Perger: *Wiener Künstler des Mittelalters und der beginnenden Neuzeit,*

文献目録

Wien 2005.

Petrasch 1951: Ernst Petrasch: „Weicher" und „Eckiger" Stil in der deutschen spätgotischen Architektur, in: *Zeitschrift für Kunstgeschichte*, XIV, 1951, S. 7-31.

Pevsner 1948: Nikolaus Pevsner: *An Outline of European Architecture*, London 1948.

Pevsner 1948 (jp): ニコラウス・ペヴスナー『新版　ヨーロッパ建築序説』小林文次、山口廣、竹本碧訳、彰国社、1989 年．→ Pevsner 1948

Pfarrblatt 2000: *Pfarrblatt der Dompfarre St. Stephan*, LVI (2), 2000.

Pfeffer / Schröder 2004: Christina Pfeffer / Franz Schröder: *Propstei und Wallfahrtskirche Maria Saal*, Passau 2004.

Pieper 1997: Jan Pieper: *Pienza. Der Entwurf einer humanistischen Weltsicht*, Stuttgart 1997.

Pinder 1910 (1953): Wilhelm Pinder: *Deutsche Dome des Mittelalters*, Düsseldorf 1910 (Stuttgart 1953).

Pinder 1923: Wilhelm Pinder: Zum Problem der „Schönen Madonnen" um 1400, in: *Jahrbuch der preußischen Kunstsammlungen*, XLIV, Berlin 1923, S. 147-171.

Pinder 1937 (1952): Wilhelm Pinder: *Die Kunst der ersten Bürgerzeit bis zur Mitte des 15. Jahrhunderts* (Vom Wesen und Werden deutscher Formen, II), Leipzig 1937 (3. Aufl., Köln 1952).

Ponn-Lettner 2010: Gudrun Ponn-Lettner: Der spätgotische Bauzustand des Grazer Doms. (Pfarrkirche Hl. Ägidius, Hofkirche Friedrichs III., seit 1786 Domkirche). Kritische Überlegungen zu seiner bisherigen kunsthistorischen Einordung, in: *Zeitschrift für Kunstgeschichte*, LXXIII, 2010, S. 335-362.

Puchta 1984: Hans Puchta: Zur Stellung des Hans von Burghausen in der Entwicklung der spätgotischen Gewölbe Süddeutschlands, in: *Ars Bavarica*, XXXVI/XXXVII, 1984, S. 71-82.

Rappersberger 1993: Othmar Rappersberger: *Freistadt. Einst und jetzt in Wort und Bild*, Weitra 1993.

Reidel / Huber 1967 (2001): Hermann Reidel / Alfons Huber: *Die St. Jakobskirche in Straubing* (Schnell, Kunstführer, DCCCLXX), Regensburg 1967 (9. veränd. Aufl. 2001).

Reitzenstein / Brunner 1974: Alexander von Reitzenstein / Herbert Brunner: *Bayern* (Reclams Kunstführer, Deutschland I), Stuttgart 1974 (8. Aufl.).

Richter 1940: Ewald Richter: *Die St. Georgskirche zu Wiener-Neustadt*, Diss., Wien 1940.

Richter 1999: Horst Richter: *Restaurierung der St. Annenkirche Annaberg-Buchholz, 1973-1998*, Annaberg-Buchholz 1999.

Riegl 1904 (1929): Alois Riegl: Salzburgs Stellung in der Kunstgeschichte, in: *Gesammelte Aufsätze*, Augsburg / Wien 1929, S. 111-132.

Riegl 1904 (jp): アーロイス・リーグル論文集「美術史におけるザルツブルクの位置」『ヴァフィオの杯』細井雄介訳、中央公論美術出版、2008 年、150-173 頁．→ Riegl 1904 (1929)

Riether 2006: Achim Riether: *Israhel van Meckenem. Kupferstiche. Der Münchner Bestand* (Ausst.-Kat.), München 2006.

資　料

Rona 1979: Jutka Rona: *Holland. Kunst, Kultur und Landschaft* (DuMont Kunst Reiseführer), Köln 1979.

Rosemann 1967: Heinz-Rudolf Rosemann (Hg.): *Niedersachsen, Hansestädte Schleswig-Holstein* (Reclams Kunstführer, Deutschland V), Stuttgart 1967 (3. neubearb. Aufl.).

Rosenauer 2003: Artur Rosenauer (Hg.): *Spätmittelalter und Renaissance* (Geschichte der bildenden Kunst in Östrreich, III), München / London / New York 2003.

Rupprich 1966: Hans Rupprich: *Dürer. Schriftlicher Nachlass*, II, Berlin 1966.

Sager 1977: Peter Sager: *Südengland* (DuMont Kunst Reiseführer), Köln 1977.

Sager 1990: Peter Sager: *Ostengland* (DuMont Kunst Reiseführer), Köln 1990.

Saliger 1989 (2003): Arthur Saliger. *Maria am Gestade in Wien* (Christliche Kunststätten Österreichs, XIV), Salzburg 1989 (5. neubearb. Auflage 2003).

Saliger 1990: Artur Saliger (Hg.): *Mittelalterliche Glasmalereien aus St. Stephan*, Wien 1990.

Saliger 1995a: Arthur Saliger: Gedanken zur „Goldenen Pforte" des Prager Veitsdomes, in: *umění*, XLIII, 1995, S. 264-268.

Saliger 1995b: Arthur Saliger: Triumph im Tode. Beobachtungen zum Grabmal Kaiser Friedrichs III. im Wiener Stephansdom, in: *Belvedere. Zeitschrift für bildende Kunst*, I, 1995, S. 14-33.

Saliger 1997: Arthur Saliger: Zur Problematik der Fürstentore des Wiener Stephansdomes, in: *umění*, XLV, 1997, S. 26-31.

Saliger 1998: Arthur Saliger: *Der Wiener Stephansdom* (Kleine Kunstführer, MDC), Regensburg 1998.

Saliger 2004: Arthur Saliger: Zur kunsthistorischen Wechselwirkung parlerischer Aktivitäten in Prag und in Wien. Protoparlerische und postparlerische Stilresultate, in: *Parlerbauten Architektur, Skulptur, Restaurierung*, Stuttgart 2004, S. 109-115.

Saliger 2005: Arthur Saliger: *Der Wiener Stephansdom* (PEDA Kunstführer, DC), Passau 2005.

Saliger 2008: Arthur Saliger: Neue Aspekte zur Kunsthistorischen Einordung des Singertores des Wiener Stephansdomes, in: Markéta Jarošová / Jiří Kuthan et al. (Hg.): *Prag und die grossen Kulturzentren Europas in der Zeit der Luxemburger*, Praha 2008, S. 395-405.

Sancho 1997: José Luis Sancho: *Guide to Toledo Cathedral*, Spain 1997.

Sauerländer 1979: Willibald Sauerländer: Die Naumburger Stifterfiguren, Rückblick und Fragen, in: Reiner Haussherr (Hg.): *Die Zeit der Staufer*, V, Stuttgart 1979, S. 169-245.

Sava 1871: Karl von Sava: *Die Siegel der österreichischen Regenten bis zu Kaiser Max I.*, Wien 1871.

Schäffer 1991: Roland Schäffer: Das Vorauer „Kaiserbild" Friedrichs III. Zur Datierung und Deutung, in: *Blätter für Heimatkunde*, LXV, 1991, S. 31-39.

Schäfke 1995: Werner Schäfke: *Mittelalterliche Backsteinarchitektur von Lübeck zur Marienburg*, Köln 1995.

Schäfke 1996: Werner Schäfke: *Kölns romanische Kirchen*, Köln 1996.

Schauerte 2001: Thomas Ulrich Schauerte: *Die Ehrenpforte für Kaiser Maximilian I. Dürer und*

文献目録

Altdorfer im Dienst des Herrschers, München 2001.

Schauerte 2011: Thomas Schauerte: Annäherung an ein Phantom. Maximilians I. Grabmalspläne im Kontext europäischer Traditionen, in: Heinz Noflatscher (Hg.): *Maximilian I. (1459-1519). Wahrnehmung - Übersetzungen - Gender*, Innsbruck / Wien 2011, S. 373-400.

Schedl 2009: Barbara Schedl: Der Dom von Passau. Mittelalterliche Baugeschichte und spätgotischer Chor, in: Michael Hauck / Herbert W. Wurster (Hg.): *Der Passauer Dom des Mittelalters*, Passau 2009, S. 109-121.

Scher 2000: Stephen K. Scher: An Introduction to the Renaissance Portrait Medal, in: *Perspectives on the Renaissance Medal*, New York 2000, pp. 1-23.

Schiller 1980 (IV-2): Gertrud Schiller: *Maria* (Ikonographie der christlichen Kunst, IV-2), Gütersloh 1980.

Schleif 1990: Corine Schleif: Die mehrfache Zweckbezogenheit spätmittelalterlicher Kunststiftungen in der Lorenzkirche in Nürnberg, in: *Das Münster. Zeitschrift für christliche Kunst und Kunstwissenschaft*, XLIII, München 1990, S. 57-58.

Schlicht 2002: Markus Schlicht: Pour la plus grande gloire de l'archevêque. L'architecture de la cathédrale de Rouen sous Guillaume de Flavacourt, in: *Revue de l'art*, 2002, pp. 5-18.

Schmelzer 2004: Monika Schmelzer: *Der mittelalterliche Lettner im deutschsprachigen Raum*, Petersberg 2004.

Schmid 1997: Peter Schmid: Sterben – Tod – Leichenbegängnis Kaiser Maximilian I., in: Lothar Kolmer (Hg.): *Der Tod des Mächtigen. Kult und Kultur des Todes spätmittelalterlicher Herrscher*, Wien 1997, S. 185-1125.

Schmidt 1882: Friedrich von Schmidt: *Das Riesentor des Domes zu St. Stephan in Wien*, *Wiener Dombauvereins-Blatt*, II, 1882, S. 37.

Schmidt 1986: Gerhard Schmidt: Die Madonna von der Wiener Neustädter Wappenwand, in: *Orient und Okzident im Spiegel der Kunst. Festschrift Heinrich Gerhard Franz zum 70. Geburtstag*, Graz 1986, S. 315-328.

Schmidt 1992: Gerhard Schmidt: *Gotische Bildwerke und ihre Meister*, 2 Bde., Wien / Köln 1992.

Schmidt 2006/07: Gerhard Schmidt: Porträt oder Typus. Zur Frage der Ähnlichkeit in den Darstellungen Kaiser Friedrichs III., in: *Jahrbuch des Kunsthistorischen Museums Wien*, XIII/IX, 2006/07, S. 10-59.

Schmitz 1983: Karl J. Schmitz: *Dom zu Paderborn*, Paderborn 1983.

Schneider 1939 (2010): Wolfgang Schneider: *Marienkapelle Würzburg* (Schnell, Kunstführer, CCCXLV), Regensburg 1939 (6. Auflage 2010).

Schock-Werner 1995: Barbara Schock-Werner: Die Münsterbauhütte in Straßburg. Unser Lieben-Frauen-Werk. Œuvre Notre-Dame, in: *Die Baukunst im Mittelalter*, Solothurn 1995, S. 221-232.

Schöne 1954: Wolfgang Schöne: *Über das Licht in der Malerei*, Berlin 1954.

Schöne 1954 (jp): ヴォルフガング・シェーネ『絵画に現れた光について』下村耕史訳、中央公論美術出版、2009 年. → Schöne 1954

Schönemann 1963: Heinz Schönemann: Die Baugeschichte der Annenkirche in Annaberg, in: *Wissenschaftliche Zeitschrift der Martin-Luther-Universität*, XII, 1963, S. 745-756.

Schönewald 2007: Beatrix Schönewald: Das Münster zur Schönen Unserer Lieben Frau in Ingolstadt. Eine Herzogskirche, in: Ludwig Brandl / Christina Grimminger (Hg.): *Liebfrauenmünster Ingolstadt*, Regensburg 2007, S. 44-59.

Schoubroeck / Schneider 2003: Raymond van Schoubroeck / Hans-Günter Schneider: *Cathedral of St. Michael and St. Gudula. Brussels* (Schnell, Kunstführer, MMCDLXIII), Regensburg 2003 (2nd. eng. ed.).

Schramm 2005: Gottfried Schramm (Hg.): *Das Freiburger Münster. Der schönste Turm der Christenheit*, Freiburg im Breisgau 2005.

Schubert 1975: Ernst Schubert: *Der Magdeburger Dom*, Wien 1975.

Schultz 1943: Otto Schultz: Der Chorbau von St. Lorenz zu Nürnberg und seine Baumeister, in: *Zeitschrift des Deutschen Vereins für Kunstwissenschaft*, X (3/4), Berlin 1943, S. 55-80.

Schurr 2003: Marc Carel Schurr: *Die Baukunst Peter Parlers. Der Prager Veitsdom, das Heiligkreuzmünster in Schwäbisch Gmünd und die Bartholomäuskirche zu Kolin im Spannungsfeld von Kunst und Geschichte*, Ostfildern 2003.

Schurr 2007: Marc Carel Schurr: *Gotische Architektur im mittleren Europa 1220-1340*, München 2007.

Schütz 2009: Karl Schütz: Die Geschichte der Österreichischen Habsburger in Bildern, in: Heinz Winter / Karl Schütz (Hg.): *Glanz des Hauses Habsburg. Die habsburgische Medaille im Münzkabinett des Kunsthistorischen Museums*, Wien 2009, S. 33-66.

Schütz / Müller 1989: Bernhard Schütz / Wolfgang Müller: *Deutsche Romanik*, Freiburg im Breisgau / Basel / Wien 1989.

Schwarz (M) 1976: Mario Schwarz: *Romanische Architektur in Niederösterreich*, St. Pölten / Wien 1976 (2. bearb. Aufl. 1979).

Schwarz (M) 2013: Mario Schwarz: *Die Baukunst des 13. Jahrhunderts in Österreich*, Wien 2013.

Schwarz (MV) 1986: Michael Viktor Schwarz: *Höfische Skulptur im 14. Jahrhundert. Entwicklungsphasen und Vermittlungswege im Vorfeld des Weichen Stils*, Worms 1986.

Sedlmayr 1950 (1993): Hans Sedlmayr: *Die Entstehung der Kathedrale*, Zürich 1950 (Aufl. 1993).

Sedlmayr 1950 (jp): ハンス・ゼードルマイヤー『大聖堂の生成』前川道郎、黒岩俊介訳、中央公論美術出版、1995 年. → Sedlmayr 1950 (1993)

Sedlmayr 1959: Hans Sedlmayr: Das erste mittelalterliche Architektursystem, in: *Epochen und Werke. Gesammelte Schriften zur Kunstgeschichte*, I, Wien 1959, S. 80-139.

Simon 2002: Achim Simon: *Österreichische Tafelmalerei der Spätgotik. Der niederländische Einfluß im 15. Jahrhundert*, Berlin 2002.

文献目録

Simson 1956: Otto von Simson: *The Gothic Cathedral. Origins of Gothic Architecture and the Medieval Concept of Order*, New York 1956.

Simson 1956 (jp): オットー・フォン・ジムソン『ゴシックの大聖堂　ゴシック建築の起源と中世の秩序概念』前川道郎訳、みすず書房、1985 年. → Simson 1956

Simson 1972: Otto von Simson (Hg.): *Das Mittelalter II. Das hohe Mittelalter* (Propyläen Kunstgeschichte, VI), Berlin 1972.

Snethlage 1984: Rolf Snethlage (Red.): *Das Südportal des Augsburger Domes. Geschichte und Konservierung*, XXIII, München 1984.

Söding 2002: Ulrich Söding: Nikolaus Gerhaert von Leiden. Bildwerke der Spätgotik am Oberrhein und in Österreich, in: Saskia Durian-Ress (Hg.): *Habsburg und der Oberrhein. Gesellschaftlicher Wandel in einem historischen Raum*, Waldkirch 2002, S. 33-50, 235-255.

Soffner 2002: Monika Soffner: *Stadtpfarrkirche St. Nikolaus. Ehm. Frauenbergkirche. Stein an der Donau* (PEDA Kunstführer, CLXXXVI), Passau 2002.

Spille 2011: Irene Spille: *Dom St. Peter in Worms* (Schnell, Kunstführer, MMDXIII), Regensburg 2011.

St. Lorenz 2011: Evang.-Luth. Kirchengemeinde St. Lorenz (Hg.): *St. Lorenz in Nürnberg*, Lindenberg im Allgäu 2011.

Stein 1962: Rudolf Stein: *Romanische, gotische und Renaissance-Baukunst in Bremen. Erhaltene und verlorene Baudenkmäler als Kultur- und Geschichtsdokumente*, Bremen 1962.

Steinböck 1989: Wilhelm Steinböck: *Der Dom zu Graz*, Graz 1989.

Stoddard 1972: Whitney S. Stoddard: *Art and Architecture in Medieval France*, New York 1972.

Stolt / Dencke 2008: Peter Stolt / Axel Dencke: *Die St.-Katharinen-Kirche zu Hamburg*, München 2008.

Stolz 2006: Georg Stolz: *Die St. Lorenzkirche zu Nürnberg* (DKV-Kunstführer, CCCXVI), München 2006 (15. Aufl.).

Stracke 1989: Gottfried Stracke: *Die St. Apostelnkirche zu Köln. Baugeschichtliche Untersuchungen*, Diss., Bonn 1989.

Straub 1987: Theodor Straub: Die Hausstiftung der Wittelsbacher in Ingolstadt, in: *Sammelblatt des Historischen Vereins Ingolstadt*, LXXXVII, 1987, S. 20-144.

Strauch 1900: Philipp Strauch (Hg.): *Jansen Enikels Werke*, Hannover / Leipzig 1900.

Strobel / Siefert 2004: Richard Strobel / Annette Siefert et al.: *Parlerbauten Architektur, Skulptur, Restaurierung. Internationales Parler-Symposium Schwäbisch Gmünd 17.-19. Juli 2001*, Stuttgart 2004.

Swoboda 1902: Heinrich Swoboda: *Zur Lösung der Riesentorfrage*, Wien 1902.

Swoboda 1969: Karl Maria Swoboda (Hg.): *Gotik in Böhmen*, München 1969.

Tanner 1991: Paul Tanner (Hg.): *Das Amerbach-Kabinett. Die Basler Goldschmiederisse*, Basel 1991.

Tejón 2001: Luis Díez Tejón: *Prerománico y Románico en Asturias*, Madrid 2001.

Teuchert 1956: Wolfgang Teuchert: *Die Baugeschichte der Petrikirche zu Lübeck*, Lübeck 1956.

資　料

Thomas 1993: Christiane Thomas: Wiener Konkordat von 1448, in: *Beiträge zur Wiener Diözesangeschichte*, XXXIV, Wien 1993, S. 36-39.

Thome 2007: Markus Thome: *Kirche und Klosteranlage der Zisterzienserabtei Heiligenkreuz. Die Bauteile des 12. und 13. Jahrhunderts*, Petersberg 2007.

Tietze 1931: Hans Tietze: *Geschichte und Beschreibung des Stephansdomes in Wien* (Österreichische Kunsttopographie, XXIII), Wien 1931.

Tilmez 1721 (1722): Friedrich Tilmez (Hg.): *Memorabilia de templo, ac turri ad S. Stephan Viennae Austriae*, Wien 1721 (deutsche Aufl. unter dem Titel „Auserlesene Denkwürdigkeiten von der St. Stephans-Dom-Kirchen und Thürmen zu Wien in Österreich", Wien 1722).

Tönnesmann 1990: Andreas Tönnesmann: *Pienza*, München 1990.

Torbus 2002: Tomasz Torbus: *Polen* (DuMont Kunst Reiseführer), Köln 2002.

Totaro 1984: Luigi Totaro: *Enea Silvio Piccolomini, Papa Pio II, Commentarii*, 2 vols., Milano 1984.

Trachtenberg 1991: Marvin Trachtenberg: Gothic / Italian „Gothic". Toward a Redefinition, in: *Journal of the Society of Architectural Historians*, L, 1991, pp. 27-37.

Trier 1952: Jost Trier: Zur Vorgeschichte des Renaissance-Begriffs, in: *Holz. Etymologien aus dem Niederwald*, Münster 1952.

Tropper 2004: Christine Tropper: *Kötschach / Laas* (Christliche Kunststätten Österreichs, CC), Salzburg 2004.

Tropper 2007: Peter G. Tropper: Dom- oder Stiftskirche Maria Saal? Zu den kirchlichen Institutionen Kollegiatstift, Propstei und Dechantei in Maria Saal, in: *Marktgemeinde Maria Saal. Geschichte, Kultur, Natur*, Klagenfurt 2007, S. 331-344.

Tschischka 1843: Franz Tschischka: *Die Metropolitankirche zu St. Stephan in Wien*, Wien 1843.

Varas 2001: Lázaro Sastre Varas: *St Stephen's Priory. Art and History of the Dominicans*, León 2001.

Vetters 1974: Hermann Vetters: Die mittelalterlichen Dome in archäologischer Sicht, in: Hans Spatzenegger (Red.): *200 Jahre Dom zu Salzburg*, Salzburg 1974, S. 73-82.

Wagner / Reikerstorfer 1999: Rudolf Wagner / Gerhard Reikerstorfer: *Ybbs an der Donau und seine Stadtpfarrkirche St. Laurentius*, Ybbs an der Donau 1999.

Wagner-Rieger 1967: Renate Wagner-Rieger: Architektur, in: Harry Kühnel (Hg.): *Gotik in Österreich* (Ausst.-Kat.), Wien 1967, S. 330-368.

Wagner-Rieger 1972: Renate Wagner-Rieger: Die Bautätigkeit Kaiser Friedriches III., in: *Wiener Jahrbuch für Kunstgeschichte*, XXV, Festschrift für Otto Demus und Otto Pächt, Wiener Neustadt 1972, S. 128-153.

Wagner-Rieger 1979: Renate Wagner-Rieger: Bildende Kunst. Architektur, in: *Die Zeit der frühen Habsburger. Dome und Klöster 1279-1379* (Ausst.-Kat.), Wiener Neustadt 1979, S. 103-126.

Wagner-Rieger 1988: Renate Wagner-Rieger: *Mittelalterliche Architektur in Österreich*, St.

文献目録

Pölten / Wien 1988.

Wahl 2004: Elisabeth Wahl: Die Pfarrkirche zum Hl. Andreas in Göß. Modelle zum tausend-jährigen Baugeschichte, in: Keil Matthias / Heimo Kaindl (Hg.): *Stift Göß. Die Stifts-, Kathedral- und Pfarrkirche zum hl. Andreas*, Graz 2004, S. 43-56.

Warnke 1999: Martin Warnke: *Spätmittelalter und Frühe Neuzeit 1400-1750* (Geschichte der Deutschen Kunst, II), München 1999.

Watkin 1979: David Watkin: *English Architecture*, London 1979.

Weichselbaumer 2009: Erich Weichselbaumer: *Eferding. Stadtpfarrkirche St. Hippolyt*, Passau 2009.

Weidl 1991 (2007): Reinhard Weidl: *Pfarrkirche Mariä Himmelfahrt in Königswiesen*, Salzburg 1991 (3. Aufl. 2007).

Weidl 1999: Reinhard Weidl et als: *Die Kirchen der Stadtpfarre Braunau am Inn, Oberösterreich* (Christliche Kunststätten Österreichs, CCCXXXV), Salzburg 1999.

Weidl 2012: Reinhard Weidl: *Die Kirchen der Stadtpfarre Freistadt* (Christliche Kunststätten Österreichs, DXXXVIII), Salzburg 2012.

Weise 1950: Georg Weise: Stilphasen der architektonischen Entwicklung im Bereich der Deutschen Sondergotik, in: *Zeitschrift für Kunstgeschichte*, XIII, 1950, S. 68-80.

Werkner 1981: Patrick Werkner: Der Wappenturm Kaiser Maximilians I. in Innsbruck, in: *Wiener Jahrbuch für Kunstgeschichte*, XXXIV, 1981, S. 101-114.

Wilhelm-Kästner 1924: Kurt Wilhelm-Kästner: *Die Elisabethkirche zu Marburg und ihre künstlerische Nachfolge*, I, Marburg 1924.

Wilhelmy 2007: Winfried Wilhelmy: *Dom St. Martin in Mainz* (Schnell, Kunstführer, DCVIII), Regensburg 2007.

Wilson 1990 (2004): Christopher Wilson: *The Gothic Cathedral. The Architecture of the Great Church 1130-1530*, London 1990 (2nd ed. 2004).

Winter 2009: Heinz Winter: Die Habsburgische Medaille im Münzkabinett des kunst-historisches Museums, in: Heinz Winter / Karl Schütz (Hg.): *Glanz des Hauses Habsburg. Die habsburgische Medaille im Münzkabinett des Kunsthistorischen Museums*, Wien 2009, S. 11-31.

Winterfeld 1993: Dethard von Winterfeld: *Die Kaiserdome Speyer, Mainz, Worms und ihr romanisches Umland*, Würzburg 1993.

Winther 1972: Annemarie Winther: Zu einigen Ornamentblättern und den Darstellungen des Moriskentanzes im Werk des Israhel van Meckenem, in: Elisabeth Bröker (Red.): *Israhel van Meckenem und der deutsche Kupferstich des 15. Jahrhunderts*, Bocholt 1972, S. 81-100.

Wittekind 2011: Susanne Wittekind: Bauornamentik als Kunsttheorie? Naturnachahmung in der Bauskulptur des Naumburger Meisters, in: Jens-Fietje Dwars / Siegfried Wagner (Hg.): *Fortgesetzte Spiegelungen. Bilder und Geschichten zur Entdeckung des Naumburger Meisters aus fünf Jahrhunderten*, Naumburg 2011, S. 261-266.

Wittekind / Albrecht 2009: Susanne Wittekind / Stephan Albrecht (Hg.): *Romanik* (Geschichte

資　料

der bildenden Kunst in Deutschland, III), München 2009.

Wolff 1980: Arnold Wolff: *Dombau in Köln*, Stuttgart 1980.

Wolff 1995: Arnold Wolff: *Cologne Cathedral*, Köln 1995.

Wölfflin 1946: Heinrich Wölfflin: Prolegomena zu einer Psychologie der Architektur, 1886, in: *Kleine Schriften (1886-1933)*, Basel 1946.

Wölfflin 1946 (jp): ハインリッヒ・ヴェルフリン『建築心理学序説』上松佑二訳、中央公論美術出版、1988 年.　→ Wölfflin 1946

Worringer 1921: Wilhelm Worringer: *Abstraktion und Einfühlung*, München 1921.

Worringer 1921 (jp): ヴォリンゲル『抽象と感情移入』草薙正夫訳、岩波書店、1953 年.　→ Worringer 1921

Worstbrock 1989: Franz Josef Worstbrock: Piccolomini, Aeneas Silvius (Papst Pius II.), in: Kurt Ruh (Hg.): *Die deutsche Literatur des Mittelalters. Verfasserlexikon*, VII, Berlin 1989, S. 634-669.

Wortmann 1972: Reinhard Wortmann: *Das Ulmer Münster*, Stuttgart 1972.

Wortmann 2000: Reinhard Wortmann: *Das Ulmer Münster* (DKV-Kunstführer, CCLXXXVI), München / Berlin 2000 (7. Aufl.).

Wortmann 2004: Reinhard Wortmann: Zu den Parlern in Ulm, in: *Parlerbauten Architektur, Skulptur, Restaurierung*, Stuttgart 2004, S. 81-86.

Wurster 1996: Herbert W. Wurster: *Das Bistum im hohen und späten Mittelalter*, Strasbourg 1996.

Zahn 1929: Karl Zahn: *Der Dom zu Regensburg*, Augsburg 1929.

Zevi 1948: Bruno Zevi: *Space vedere l'architettura*, Torino 1948.

Zevi 1948 (jp): ブルーノ・ゼーヴィ『空間としての建築』上下（SD 選書 125）、鹿島出版会、1977 年.　→ Zevi 1948

Ziegler 1988: Charlotte Ziegler: *Martinus Opifex. Ein Hofminiator Friedrichs III.*, Wien 1988.

Zucconi 1995 (2001): Guido Zucconi: *Florence an Architectural Guide*, Verona 1995 (ed. 2001).

Zykan (J) 1951: Josef Zykan: Die Burg in Wiener-Neustadt und ihre Wiederherstellung, in: *ÖZKD*, V, 1951, S. 120-125.

Zykan (J) 1952a: Josef Zykan: Der Stephansdom 1945-1952, in: *Mitteilungen der Gesellschaft für Vergleichende Kunstforschung in Wien*, IV, 1952, S. 33-36.

Zykan (J) 1952b: Josef Zykan: Das Grabmal Rudolf des Stifters, in: *ÖZKD*, 1952, S. 21-31.

Zykan (J) 1964: Josef Zykan: Die Restaurierungsarbeiten der Werkstätten des bundesdenkmalamtes für die Ausstellung „Romanische Kunst in Österreich", in: *ÖZKD*, XVIII, 1964, S. 58-76.

Zykan (J) 1972: Josef Zykan: Das romanische „Westwerk" von St. Stephan in neuer Sicht nach den Fundamentuntersuchungen des Jahres 1970, in: *Mitteilungen der Gesellschaft für vergleichende Kunstforschung in Wien*, XXIV (3), 1972, S. 14-16.

Zykan (M) 1967: Marlene Zykan: *Der Hochturm von St. Stephan in Wien*, Diss., Wien 1967.

文献目録

Zykan (M) 1970: Marlene Zykan: Zur Baugeschichte des Hochturmes von St. Stephan, in: *Wiener Jahrbuch für Kunstgeschichte*, XXIII, 1970, S. 28-65.

Zykan (M) 1981: Marlene Zykan: *Der Stephansdom*, Wien / Hamburg 1981.

飯田 1989: 飯田喜四郎『ゴシック建築のリブ・ヴォールト』、中央公論美術出版、1989 年.

加藤 2012: 加藤耕一『ゴシック様式成立史論』、中央公論美術出版、2012 年.

越 2001: 越宏一『ヨーロッパ中世美術講義』、岩波書店、2001 年.

越 2016: 越宏一『ラヴェンナのモザイク芸術』、中央公論美術出版、2016 年.

志子田 1999: 志子田光男、志子田富壽子『イギリスの大聖堂』、晶文社、1999 年.

田辺 2004: 田辺幹之助、ベッティーナ・ザイデルヘルム責任編集『聖杯　中世の金工美術』、国立西洋美術館、2004 年.

辻本 1984: 辻本敬子「ヴェストヴェルクの研究」『建築史学』3 号、1984 年、31-59 頁.

西田 2006: 西田雅嗣『シトー会建築のプロポーション』、中央公論美術出版、2006 年.

前川（誠）1962: 前川誠郎「ドイツ美術史　ロマネスクよりバロック・ロココ」『ドイツ美術』（世界美術大系 18）、講談社、1962 年、97-133 頁.

前川（道）1978: 前川道郎『ゴシックと建築空間』、ナカニシヤ出版、1978 年.

資　料

図版一覧・出典一覧

［　］内に図版出典を記した。記載の無い図版は、筆者が撮影したものである。

■序

扉　　　ルードルフ・フォン・アルト《シュテファン大聖堂広場》1834 年、カンヴァス・油彩、
　　　　58.0×68.5 cm、ウィーン・ミュージアム［Hussl-Hörmann 2011］

■序・第一章

図 1　　ウィーン、シュテファン大聖堂、南西面［Brucher 1990］
図 2　　ウィーン、シュテファン大聖堂、外陣より内陣を望む
図 3　　ウィーン、シュテファン大聖堂、平面図［Busch 1969］
図 4　　ウィーン、シュテファン大聖堂、断面図［Feuchtmüller 1978b］
図 5　　建築タイプの断面模式図〔筆者作図〕
図 6　　ウィーン、シュテファン大聖堂、内陣を望む

■序・第二章

図 1　　ウィーン、シュテファン大聖堂、西面
図 2　　ウィーン、シュテファン大聖堂、西扉口図（復元案）［Schmidt 1882］
図 3　　ウィーン、シュテファン大聖堂、西扉口図（現状）［Schmidt 1882］
図 4　　ウィーン、シュテファン大聖堂、内陣
図 5　　ウィーン、シュテファン大聖堂、南二重礼拝堂
図 6　　ウィーン、シュテファン大聖堂、南扉口〈聖歌隊門〉
図 7　　ウィーン、シュテファン大聖堂、南塔
図 8　　ウィーン、シュテファン大聖堂、南塔、第一層目
図 9　　ウィーン、シュテファン大聖堂、南塔、第二層目（鐘楼階）と大トレーサリー
図 10　　ウィーン、シュテファン大聖堂、外観、南面
図 11　　ウィーン、シュテファン大聖堂、外陣ヴォールト
図 12　　ウィーン、シュテファン大聖堂、北塔
図 13　　ウィーン、シュテファン大聖堂、北塔扉口〈鷲門〉
図 14　　ウィーン、シュテファン大聖堂、南扉口〈聖歌隊門〉外観
図 15　　アントン・ピルグラム《オルガン支持台》1513 年頃、ウィーン、シュテファン大
　　　　聖堂
図 16　　ルードルフ・フォン・アルト《シュテファン大聖堂広場》1834 年、カンヴァス・油彩、
　　　　58.0×68.5 cm、ウィーン・ミュージアム［Hussl-Hörmann 2011］
図 17　　ウィーン、シュテファン大聖堂、第二次大戦後の被害状況

図版一覧・出典一覧

■第I部

扉　　　ウィーン、シュテファン大聖堂、外陣南面、〈フリードリヒ破風〉

図1　　ウィーン、シュテファン大聖堂 [Brucher 1990]

■第I部・第一章

図1　　地図（中世のウィーン）〔筆者加工〕[Feuchtmüller 1978b]

図2　　ウィーン、シュテファン大聖堂、西面

図3　　ウィーン、シュテファン大聖堂、西扉口〈大門〉

図4　　バンベルク大聖堂、南西扉口〈恩寵の門〉

図5　　レーゲンスブルク、ザンクト・ヤーコプとザンクト・ゲルトルート聖堂、北扉口

図6　　ヴィーナー・ノイシュタット大聖堂、南扉口〈花嫁の門〉

図7　　トゥルン、納骨堂

図8　　ウィーン、シュテファン大聖堂、内陣外壁

図9　　ウィーン、シュテファン大聖堂、平面図（14世紀）[Wagner-Rieger 1988]

図10　　レーゲンスブルク大聖堂、内陣外観

図11　　レーゲンスブルク大聖堂、平面図 [Zahn 1929]

図12　　ハイリゲンクロイツ、シトー会修道院聖堂、内陣外壁 [Brucher 2000]

図13　　ハイリゲンクロイツ、シトー会修道院聖堂、平面図 [Brucher 2000]

図14　　ウィーン、シュテファン大聖堂、内陣

図15　　パリ、サント＝シャペル

図16　　プラハ大聖堂、内陣

■第I部・第二章

図1　　シュパイアー大聖堂、東面

図2　　シュパイアー大聖堂、二重礼拝堂、下階 [Kubach 1974 (1998)]

図3　　ウィーン、シュテファン大聖堂、西側構造と二重礼拝堂

図4　　ウィーン、シュテファン大聖堂、二重礼拝堂、上階、バルトロメウス礼拝堂

図5　　ウィーン、シュテファン大聖堂、平面図〔筆者加工〕[Busch 1969]

図6　　ガミング、カルトゥジオ会修道院聖堂、平面図〔筆者加工〕[Brucher 2000]

図7　　《支配者の窓》1370～1380年頃、ステンドグラス、各約99×35 cm、ウィーン・ミュージアム（ウィーン、シュテファン大聖堂に由来）[Frodl-Kraft 1962]

図8　　《バーベンベルク家の肖像》1280年代、ステンドグラス、各約74.5×38 cm、ハイリゲンクロイツ、シトー会修道院聖堂 [Thome 2007]

図9　　《大公ルードルフ四世と妻カタリーナの墓碑》1359～1363年頃、大理石・砂岩、上面パネル 292×147.5 cm、ウィーン、シュテファン大聖堂 [Brucher 2000]

図10　　図9と同じ [Saliger 2005]

図11　　メンツェル《大公ルードルフ四世夫妻の墓碑》1725年、エングレーヴィング (Anton Steyerer: *Commentarii pro historia Alberti II. Ducis Austriae Cognomento Sapientis*, Lipsiae 1725) [Zykan 1952]

283

資　料

図 12　マイヤー・ペトルス《大公ルードルフ四世夫妻の墓碑》1772 年、エングレーヴィング (Marquard Herrgott: *Taphographia Principum Austriae*, St. Blasien 1772, tab. XV)［Zykan 1952］

図 13　《メルク修道院における聖コロマンの墓碑》1722 年、エングレーヴィング (*Austria ex archivis Mellicensibus illustrata*, Lipsiae 1723, App. III, Abb. V)［Zykan 1952］

図 14　《大公ルードルフ四世の肖像》1359 ～ 1365 年頃、羊皮紙・テンペラ、39×22 cm、ウィーン、大司教区美術館（ウィーン、シュテファン大聖堂に由来）［Brucher 2000］

図 15　ウィーン、シュテファン大聖堂、南扉口〈聖歌隊門〉

図 16　ウィーン、シュテファン大聖堂、南扉口〈聖歌隊門〉「ルードルフ四世と紋章持ち」

図 17　ウィーン、シュテファン大聖堂、南扉口〈聖歌隊門〉「大公妃カタリーナ」

図 18　ウィーン、シュテファン大聖堂、北扉口〈司教門〉

図 19　ウィーン、シュテファン大聖堂、北扉口〈司教門〉「大公妃」

図 20　《皇帝カール四世》1359 ～ 1365 年、砂岩、像高 210 cm、ウィーン・ミュージアム（ウィーン、シュテファン大聖堂に由来）［Brucher 2000］

図 21　《大公ルードルフ四世》1359 ～ 1363 年頃、砂岩、像高 220 cm、ウィーン・ミュージアム（ウィーン、シュテファン大聖堂に由来）［Brucher 2000］

図 22　《ヘルマンとレグリンディス》13 世紀中葉、ナウムブルク大聖堂、西内陣

図 23　《トゥルン、旧ドミニコ会修道院聖堂のルードルフ一世像》1760 年、エングレーヴィング (Marquard Herrgott: *Taphographia Principum Austriae*, St. Blasien 1760)［Sauerländer 1979］

図 24　《皇帝カール四世》、1385 年頃、プラハ大聖堂、内陣、トリフォリウム［Chotěbor 1994］

図 25　ウィーン、シュテファン大聖堂、カタリーナ礼拝堂

図 26　プラハ大聖堂、聖具室、東側

図 27　プラハ大聖堂、聖具室、西側

図 28　プラハ大聖堂、ヴェンツェル礼拝堂

図 29　プラハ大聖堂、南翼廊扉口〈黄金門〉

図 30　プラハ大聖堂、南塔と南翼廊扉口〈黄金門〉

図 31　プラハ大聖堂、平面図（東側）［筆者加工］［Chotěbor 1994］

図 32　ウィーン、シュテファン大聖堂、南塔、南面

図 33　ウィーン、シュテファン大聖堂、平面図（東側）［筆者加工］［Busch 1969］

■第 I 部・第三章

図 1　ウィーン、シュテファン大聖堂、南塔［筆者加工］［Brucher 1990］

図 2　ウィーン、シュテファン大聖堂、南塔（八角形階）

図 3　プラハ大聖堂、南塔と南翼廊正面

図 4　ウィーン、マリア・アム・ゲシュターデ聖堂

図 5　プラハ大聖堂、南翼廊正面、上階

図 6　ウィーン、シュテファン大聖堂、南塔（鐘楼階・八角形階）

284

図版一覧・出典一覧

図 7　ストラスブール大聖堂、西正面
図 8　《クルマウの聖母子》1400 年頃、石灰岩・彩色、像高 112 cm、ウィーン、美術史美術館［Bachmann 1969］
図 9　ヤーコプ・カッシャウアー《聖母子》1443 年以前、クルミノキ、像高 173 cm、ミュンヘン、バイエルン国立博物館［Rosenauer 2003］
図 10　楽園の園丁のマリアの画家《楽園の園丁のマリア》1410 ～ 1420 年頃、板、26.3×33.4 cm、フランクフルト、シュテーデル美術研究所［Landolt 1968］
図 11　コンラート・ヴィッツ《聖カタリーナと聖マグダレーナ》1444/46 年、板、161×130 cm、ストラスブール大聖堂美術館［Dupeux 1995］
図 12　聖ヴェロニカの画家《聖バルバラ》（《エンドウの聖母祭画》右翼）1410 ～ 1415 年、板、59×19.5 cm、ケルン、ヴァルラフ＝リヒャルツ美術館［Landolt 1968］
図 13　コンラート・ヴィッツ《聖バルトロマイ》1434 ～ 1435 年、カンヴァス（板で裏打ち）・テンペラ、99.5×69.5 cm、バーゼル美術館［Landolt 1968］
図 14　バート・ドイチュ・アルテンブルク、聖母受胎聖堂、外陣南面、控壁
図 15　ウィーン、シュテファン大聖堂、外陣南面、控壁
図 16　ウィーン、シュテファン大聖堂、南塔
図 17　ウィーン、シュテファン大聖堂、北塔
図 18　ストラスブール大聖堂、北塔

■第 I 部・第四章
図 1　ウィーン、シュテファン大聖堂、南面
図 2　ウィーン、シュテファン大聖堂、外陣南面、〈フリードリヒ破風〉
図 3　ウィーン、シュテファン大聖堂、南塔西面、大トレーサリー
図 4　《ウィーン大聖堂南塔平面図》羊皮紙・黒インク、46×78 cm、ウィーン、造形美術アカデミー (Inv.Nr. 16.819v)［Böker 2005a］
図 5　《ウィーン大聖堂南塔立面図》羊皮紙・黒インク、140×64 cm、ウィーン・ミュージアム (Inv.Nr. 105.066v)［Böker 2005a］
図 6　パリ、サント＝シャペル、南面
図 7　パリ大聖堂、南翼廊
図 8　オッペンハイム、ザンクト・カタリーナ聖堂、南面
図 9　ランツフート、ザンクト・マルティン聖堂、西塔
図 10　ウィーン、マリア・アム・ゲシュターデ聖堂、南面
図 11　ミンデン大聖堂、南面
図 12　レーゲンスブルク大聖堂、内陣南面
図 13　ドイツにおける屋根のタイプ［Gruber (K) 1952 (1976)］
図 14　バート・ドイチュ・アルテンブルク、聖母受胎聖堂、南東面
図 15　フライブルク大聖堂、西塔［Zykan (M) 1970］
図 16　ケルン大聖堂、西面
図 17　ウィーン、シュテファン大聖堂、南塔（鐘楼階・八角形階）

資　料

図18　ウィーン、シュテファン大聖堂、南塔（扉口）
図19　《クルマウの聖母子》1400年頃、石灰岩・彩色、像高112 cm、ウィーン、美術史
美術館［Bachmann 1969］

■第II部
扉　　ウィーン、シュテファン大聖堂、ヴォールト
図1　ウィーン、シュテファン大聖堂

■第II部・第一章
図1　建築タイプの断面模式図〔筆者作図〕
図2　「シュテファン大聖堂」（『ウィーンの聖遺物の書』タイトルページ）1502年、木版（ヨ
ハン・ヴィンターブルガー）［Gruber (R) 2005］
図3　ウィーン、シュテファン大聖堂、内陣
図4　ウィーン、シュテファン大聖堂、内陣と外陣の接続部分
図5　ウィーン、シュテファン大聖堂、平面図［Busch 1969］
図6　ガミング、カルトゥジオ会修道院聖堂
図7　ガミング、カルトゥジオ会修道院聖堂、平面図［Brucher 2000］
図8　プラハ大聖堂
図9　インゴルシュタット、聖母聖堂
図10　インゴルシュタット、聖母聖堂、平面図［Bäumler 2009］
図11　シュトラウビング、ザンクト・ヤーコプ聖堂、平面図［Morsbach 2003］
図12　ネルトリンゲン、ザンクト・ゲオルク聖堂、平面図［Nussbaum 1985 (eng)］
図13　ブラウナウ、ザンクト・シュテファン聖堂
図14　ブラウナウ、ザンクト・シュテファン聖堂
図15　ブラウナウ、ザンクト・シュテファン聖堂、平面図［Wagner-Rieger 1988］
図16　ザルツブルク、フランシスコ会修道院聖堂
図17　ザルツブルク、フランシスコ会修道院聖堂、平面図［Brucher 2000］

■第II部・第二章
図1　ヴィーナー・ノイシュタット、ザンクト・ゲオルク礼拝堂、東面〈紋章壁〉
図2　ヴィーナー・ノイシュタット、ザンクト・ゲオルク礼拝堂、東面〈紋章壁〉「皇帝フ
リードリヒ三世」［Rosenauer 2003］
図3　ヴィーナー・ノイシュタット宮廷、平面図〔筆者加工〕［Dehio Bayern II］
図4　大公ルードルフ四世の印章（1359年）［Sava 1871］
図5　皇帝フリードリヒ三世の印章（1438年）［Sava 1871］
図6　《エルンスト鉄公と息子たち》1424年以前、ステンドグラス、69×46.5 cm、ウィー
ン、応用美術館（ヴィーナー・ノイシュタット宮廷、聖遺骸礼拝堂に由来）［Kat.
Wiener Neustadt 1966］

286

図版一覧・出典一覧

図7　マルティヌス・オピフェックス『皇帝フリードリヒ三世の祈祷書』タイトルページ、1447/48 年、53×36.5 cm、ウィーン、国立図書館、Cod. 1767, fol. 1v［Rosenauer 2003］

図8　図7と同じ（部分）［Rosenauer 2003］

図9　《大公ルードルフ四世の肖像》1359 ～ 1365 年頃、板・テンペラ、39×22 cm、ウィーン大聖堂司教区美術館［Brucher 2000］

図10　《皇帝フリードリヒ三世の肖像》1460 年頃、板・テンペラ、43.7×33 cm、フォラウ修道院［Schäffer 1991］

図11　《皇帝フリードリヒ三世の肖像》1452 年以前、板（本来は紙／羊皮紙）、22.5×16 cm、フィレンツェ、ウフィッツィ美術館［Kat. Wiener Neustadt 1966］

図12　ベルトルド・ディ・ジョヴァンニ《皇帝フリードリヒ三世の肖像》1496 年、メダル［Winter 2009］

図13　ハンス・ブルクマイア（父）《皇帝フリードリヒ三世の肖像》15 世紀末～ 16 世紀初頭（原作は 1468 年）、板、78.5×51.5 cm、ウィーン、美術史美術館［Kat. Albertina 2012］

図14　ニコラウス・ゲルハールト・フォン・ライデン《皇帝フリードリヒ三世の墓碑》1467 ～ 1473 年、赤大理石、全体 620×465×230 cm、上面パネル 301×165 cm、ウィーン、シュテファン大聖堂［Rosenauer 2003］

図15　ウィーン、シュテファン大聖堂、南扉口〈聖歌隊門〉「ルードルフ四世と紋章持ち」

図16　フライブルク大聖堂、西扉口

図17　《皇帝マクシミリアン一世とその家族、キリストの洗礼》1574 ～ 1582 年、約 3.76 × 2.5 m、ヴィーナー・ノイシュタット、ザンクト・ゲオルク礼拝堂［Frodl-Kraft 2003］

図18　アルブレヒト・デューラー、アルブレヒト・アルトドルファーほか《皇帝マクシミリアン一世の凱旋門》1515 年、木版、340.1×292.2 cm（計 195 点／ 36 枚）［Kat. Albertina 2012］

図19　図18と同じ（部分）［Schauerte 2001］

図20　ピエンツァ、ピウス二世広場、平面図［Pieper 1997］

図21　ピエンツァ大聖堂

図22　ピエンツァ大聖堂

図23　グラーツ大聖堂

図24　マリア・ザール、聖母被昇天聖堂

■第 II 部・第三章

図1　ウィーン、シュテファン大聖堂、平面図〔筆者加工〕［Busch 1969］

図2　ウィーン、シュテファン大聖堂、外陣身廊（A）

図3　ウィーン、シュテファン大聖堂、外陣側廊（B・C）

図4　ウィーン、シュテファン大聖堂、交差部（D）

図5　ウィーン、シュテファン大聖堂、二重礼拝堂上階（F）

287

資　料

図 6　　ウィーン、マリア・アム・ゲシュターデ聖堂、外陣
図 7　　ウィーン、マリア・アム・ゲシュターデ聖堂、平面図〔筆者加工〕［Brucher 2000］
図 8　　プラハ大聖堂、平面図［Chotěbor 1994］
図 9　　グラーツ大聖堂
図 10　マリア・ザール、聖母被昇天聖堂
図 11　ウィーン、《シュピンネリン・アム・クロイツ》
図 12　ヴィーナー・ノイシュタット、《シュピンネリン・アム・クロイツ》［Brucher 2000］
図 13　ニュルンベルク、《美しの泉》
図 14　シュタイアー、ザンクト・エギディウスとザンクト・コロマン聖堂、聖体安置塔
図 15　シュタイアー、ザンクト・エギディウスとザンクト・コロマン聖堂、内部
図 16　フライシュタット、ザンクト・カタリーナ聖堂、内陣
図 17　クトナ・ホラ、聖バルバラ聖堂
図 18　ペルネック、ザンクト・アンドレアス聖堂
図 19　アンナベルク、ザンクト・アンナ聖堂
図 20　ナウムブルク大聖堂、西内陣障壁、柱頭
図 21　マールブルク、ザンクト・エリーザベト聖堂、西扉口タンパン
図 22　エスリンゲン、ザンクト・ディオニシウス聖堂、聖体安置塔
図 23　ウルム大聖堂、柱頭
図 24　ラース、ザンクト・アンドレアス聖堂
図 25　ケチャハ、聖母聖堂
図 26　インゴルシュタット、聖母聖堂、側廊礼拝堂
図 27　アンナベルク、ザンクト・アンナ聖堂
図 28　ハンス・ヴィッテン《説教壇》1510 年頃、フライベルク大聖堂
図 29　アンナベルク、ザンクト・アンナ聖堂、ヴォールト
図 30　アドルフ・ダウハー、ハンス・ダウハー《エッサイの樹祭壇》1522 年、高 738 cm、
　　　　アンナベルク、ザンクト・アンナ聖堂
図 31　《ライザー祭壇》1378 年、ウルム大聖堂
図 32　ショルンドルフ聖堂、北内陣ヴォールト、西側
図 33　ショルンドルフ聖堂、北内陣ヴォールト

■第 II 部・第四章
図 1　　《ウィーン大聖堂天蓋図》紙・黒インク、29.4×43.8 cm、ウィーン造形美術アカデミー
　　　　(Inv.Nr. 16.957)［Böker 2005a］
図 2　　《ウィーン大聖堂鷲門図》（部分）羊皮紙・黒インク、82×83 cm、ウィーン造形美
　　　　術アカデミー (Inv.Nr. 16.872r)［Böker 2005a］
図 3　　ウィーン、シュテファン大聖堂、外陣北西、《プクハイム天蓋》
図 4　　ウィーン、シュテファン大聖堂、外陣南東、《ヒュクセル天蓋》
図 5　　ウィーン、シュテファン大聖堂、外陣南面、〈フリードリヒ破風〉
図 6　　ウィーン、シュテファン大聖堂、南塔西面、大トレーサリー

図版一覧・出典一覧

図7　ファイト・シュトース《あざみの柱頭》エングレーヴィング、12.6×9.4 cm (L. 10)〔Behling 1964〕

図8　イスラエル・ファン・メッケネム《葉状装飾》（部分）エングレーヴィング、13.4×17.1 cm (L. 413; H. 594)〔Behling 1964〕

図9　イェルク・ジルリン（父）、内陣席、1469～1474年、ウルム大聖堂

図10　マルティン・ショーンガウアー《梟のいるオーナメント》エングレーヴィング、14.5×10.2 cm (L. 115; B. 108)〔Bartsch VIII〕

図11　イスラエル・ファン・メッケネム《カップルのいる装飾パネル》エングレーヴィング、16.5×24.2 cm (L. 619; B. 205)〔Bartsch IX〕

図12　マルティン・ショーンガウアー《香炉》エングレーヴィング、29.1×21.2 cm (L. 106; B. 107)〔Bartsch VIII〕

図13　Wと鍵の画家《聖小ヤーコプ》エングレーヴィング、33.8×25.1 cm (L. 65)〔Bartsch IX〕

図14　アントン・ピルグラム《ウィーン大聖堂説教壇図》（部分）紙・黒インク、43.8×51.6 cm、ウィーン造形アカデミー (Inv. Nr. 16.855r)〔Böker 2005a〕

図15　イェルク・エクスル《ウィーン大聖堂北塔立面図》（部分）羊皮紙・黒インク、189.5×90.6 cm、ウィーン・ミュージアム (Inv. Nr. 105.061)〔Böker 2005a〕

図16　《ウィーン大聖堂鷲門図》（部分）羊皮紙・黒インク、82×83 cm、ウィーン造形美術アカデミー (Inv.Nr. 16.872r)〔Böker 2005a〕

図17　ウィーン、シュテファン大聖堂、北塔扉口〈鷲門〉

図18　ウィーン、シュテファン大聖堂、外陣、側廊より身廊を望む

図19　ウィーン、シュテファン大聖堂、外陣より内陣を望む

■第II部・第五章
図1　ウィーン、シュテファン大聖堂、内陣
図2　アミアン大聖堂
図3　ゾースト、ザンクト・マリア・ツア・ヴィーゼ聖堂
図4　ニュルンベルク、ザンクト・ローレンツ聖堂、内陣
図5　ボーヴェ大聖堂
図6　ヒルデスハイム、ザンクト・ミヒャエル聖堂、東内陣を望む〔Fillitz 1969〕
図7　ノワイヨン大聖堂
図8　エンス、旧フランシスコ会修道院聖堂、ヴァルゼール礼拝堂
図9　エンス、旧フランシスコ会修道院聖堂、平面図〔Wagner-Rieger 1988〕
図10　ハイリゲンクロイツ、シトー会修道院聖堂、内陣
図11　ハイリゲンクロイツ、シトー会修道院聖堂、平面図〔Brucher 2000〕
図12　ザルツブルク、フランシスコ会修道院聖堂、内陣
図13　ザルツブルク、フランシスコ会修道院聖堂、平面図〔Brucher 2000〕
図14　レーゲンスブルク大聖堂、内陣
図15　レーゲンスブルク大聖堂、平面図〔Zahn 1929〕

289

資　料

図 16　ウィーン、シュテファン大聖堂、内陣
図 17　ウィーン、シュテファン大聖堂、平面図［Busch 1969］
図 18　シュタイアー、ザンクト・エギディウスとザンクト・コロマン聖堂
図 19　シュタイアー、ザンクト・エギディウスとザンクト・コロマン聖堂、平面図［Rosenauer 2003］
図 20　パリ、サント = シャペル
図 21　アミアン大聖堂、内陣周歩廊、中央祭室
図 22　ローテンブルク、フランシスコ会修道院聖堂、外陣より内陣を望む
図 23　ウルム大聖堂、外陣より内陣を望む
図 24　ウィーン、シュテファン大聖堂、外陣より内陣を望む
図 25　ザルツブルク、フランシスコ会修道院聖堂、外陣より内陣を望む

■結論
図 1　ウィーン、シュテファン大聖堂、西面
図 2　ウィーン、シュテファン大聖堂、西扉口
図 3　ウィーン、シュテファン大聖堂、内陣
図 4　《大公ルードルフ四世》1359 ～ 1363 年頃、砂岩、像高 220 cm、ウィーン・ミュージアム（ウィーン、シュテファン大聖堂に由来）［Brucher 2000］
図 5　ウィーン、シュテファン大聖堂、〈聖歌隊門〉「ルードルフ四世と紋章持ち」
図 6　ウィーン、シュテファン大聖堂、南塔、上層部分
図 7　ウィーン、シュテファン大聖堂、南西面
図 8　ウィーン、シュテファン大聖堂、外陣より内陣を望む

■資料　「教皇ピウス二世のコメンタリー」（抄訳）
図 1　ピエンツァ大聖堂、外陣より内陣を望む

290

要　約

序

　ウィーンの中心部に聳えるシュテファン大聖堂は、ハプスブルク家の皇帝霊廟として建設された、ドイツ語圏のゴシック建築を代表する聖堂である。造営は、ゴシック期だけでもおよそ 150 年、ロマネスク期も含めたならば三世紀以上もの長きにわたり、その期間中には、各時代の最新の様式が導入され、また、施主の意図も移り変わった。その結果シュテファン大聖堂には、実に様々な時代の要素が混在しているが、それにもかかわらず全体の調和が保たれ、皇帝の大聖堂にふさわしい神秘性と威厳を備えた、荘厳な効果が実現している。先行研究では、大聖堂の複雑な造営経緯、および、建築図像の解明に注力されてきたが、その一方で、大聖堂の荘厳な効果がいかなる建築的構造や装飾を通じて導き出されたのか、その原理はいまだ明らかにされていない。

　こうした研究状況を受けて筆者は、時代とともに様々な要素が混在してゆく経緯に着目し、各要素の造形と、それが決定された意図とを検討することによって、シュテファン大聖堂の造形原理が明らかになると考えた。殊に注目するのは、造営の最終局面となった、15 世紀中葉である。このとき、ハプスブルク家の皇帝フリードリヒ三世の命を受けて大聖堂を完成に導いた棟梁には、およそふたつの課題が課されていたと考えられる。その課題とは、第一に、造営主フリードリヒ三世の政治上の意図から要請される課題であり、第二に、造営長期化の結果として混在した諸要素を、調和的に共存させようとする、審美上の課題である。この両課題を解決することで初めて、伝統と革新が共存するという、シュテファン大聖堂の独自の造形が実現されるに至ったのである。

　結論から述べるならば、これらの課題に対する棟梁の解決策を考察した結果、外観と内部空間において、それぞれ対照的ともいえる造形的手段が採られていることがわかった。本論では、第 I 部において外観を、第 II 部において内部空間を考察対象とし、それぞれの特質の解明に努めることとする。

291

資　料

第I部　外観の造営

　第I部では、まず、歴代の造営主の変遷、および、彼らの造営に対する要請に注目しつつ、シュテファン大聖堂（以下では、カテドラル昇格前の造営史を論ずるため、ザンクト・シュテファン聖堂と記す）における各時代の造形や図像が決定された背景と、そうした要素が混ざり合いながら発展してきた経緯をたどる。これを踏まえた上で、15世紀中葉、聖堂完成の命を受けた棟梁が、外観を完成させるに際して対峙した課題を明らかにするとともに、その解決策を考察したい。

第一章　司教座設立への模索

　ザンクト・シュテファン聖堂のロマネスク期における〈第I聖堂〉は、オストマルク辺境伯であったバーベンベルク家により小教区聖堂として建設されたものである。また同時に、この聖堂には、将来的なカテドラルとしての役割が期待されていた。聖堂設立の最大の目的は、ウィーンに司教座を置くことにより、パッサウ司教やザルツブルク大司教の影響から脱することにあったのである。しかし既得権益の喪失を嫌ったパッサウ司教の反対により、司教座の設置は阻まれ続ける。13世紀になると、フリードリヒ二世（好戦公）は〈第I聖堂〉を、壮麗な扉口と堅固な西構えを備えた〈第II聖堂〉へと建て替え、その際、ついに司教座設立許可の勅諭を得るに至る。ところが好戦公は、その直後に継嗣を残すことなく歿したため、一家は断絶し、司教座昇格計画も白紙に戻ってしまった。

　14世紀初頭、ハプスブルク家がオーストリア公となった後、ロマネスク期のアプシスが、ゴシック様式の内陣へと改築された。この造営には、いまだ基盤の不確かであったハプスブルク家よりも、むしろ市民が積極的に介入していたと推察される。こうして完成した〈アルベルト内陣〉では、当時のドイツで圧倒的主流を占めたホール式タイプが採用されることで、司教座聖堂として必要になる物理的な広さなど、機能上の要件が満たされた。大公ルードルフ四世はさらに、パッサウ司教から独立した参事会を設置するとともに、大学を創設するなど、司教座設置に向けた準備を精力的に進める。だがウィーンが司教座都市昇格を認められたのは、それから一世紀を経た1469年、皇帝フリードリヒ三世の治世下でのことであり、しかしなおも頑なに反対し続けるパッサウ司教のために、ザンクト・シュテファン聖堂が正式にカテドラルとなったのは、ようやく1480年のことであった。

要 約

第二章　ルードルフ四世の皇帝大聖堂構想

　本章では、14 世紀中葉、建設公ルードルフ四世が率いた聖堂造営に注目する。自らを「大公」と詐称した 1359 年、ルードルフ四世は、ザンクト・シュテファン聖堂の、さらなる拡張工事に着手した。その目的は、伝統的な皇帝大聖堂、あるいは、同時代における皇帝のカテドラルを模すことによって、ザンクト・シュテファン聖堂の重要性を強調し、なおかつ、権威の象徴とすることにあった。

　大公は、本聖堂を自身の墓所と定め、伝統的な皇帝大聖堂の図像を意識した造営を遂行した。あわせて、ロマネスクの西側構造を保持したまま、これを調和的に拡張させたわけだが、この特異な増築方法により、バーベンベルク家からの支配権継承をアピールしたと指摘されている。大公はさらに本聖堂にて自身と一族の肖像を繰り返し展示することで、ハプスブルク家の権威を強調した。中でも注目されるのは、外観を飾った肖像彫刻群である。外陣南の〈聖歌隊門〉では、聖堂模型を手にしたルードルフ四世と、紋章をあしらったドレスをまとう妻カタリーナが、紋章持ちを従えて立つ。これは、欧州の聖堂扉口において、存命の人物が世俗の権力者として描写された最初の作品に位置付けられている。ルードルフ四世は、こうした肖像彫刻群を通じ、民衆に権威を知らしめ、信頼と忠誠を得ようとしたのである。

　ここで興味深いのは、聖堂に、舅であるプラハの皇帝カール四世の肖像も置かれていた点である。帝位にあったルクセンブルク家との婚姻関係を示すことは、ルードルフ四世の権威の強調ともなり、さらにいえば、自らが将来的な帝位の継承者として名乗りを上げたとも解釈できよう。実際、大公が着手した南塔は、その扉口が独特の三連アーチを描くが、これは、皇帝カール四世のプラハ大聖堂にて王宮に接する南面に設けられた儀礼用の〈黄金門〉を手本としたものである。つまり大公は、彫刻によって系譜を主張するとともに、現皇帝が建設した大聖堂の象徴的なモティーフを導入することで、その権威を我がものにしようと目論んだのである。

第三章　市民の南塔

　ハプスブルク家の権威の象徴として着工された南塔であるが、その後まもなくして、そのコンセプトは変更され、塔の一部が取り壊される。実はルードルフ四世の歿後、兄弟間の抗争に端を発して同家が分裂したため、皇帝フリードリヒ三世によって再統一が図られるまでの間、聖堂の造営は市民によって率いられていたのである。15 世紀は、ドイツの諸都市において、経済力を付けた市民が自治を始めた時代であり、彼らは自分たちの力の象徴として、単塔を備えたミュンスターを建設

293

資　料

した。ウィーン市民もこれに倣い、多塔を構成する一要素として計画されていた南
塔を、原案よりも巨大化させ、市民の力を示す単塔として完成させたのである。
　南塔は、建築図像だけでなく、おそらくその造形も修正された。取り壊された部
分は、プラハ大聖堂に倣った様式であったと推察される。一方、完成した南塔は、
同時代のドイツで発達した、華麗な透彫り尖塔となったのである。この尖塔は、プ
ラハ大聖堂の影響からはもはや脱却したもので、そこには同時代の柔軟様式に準じ
た造形的特徴が観察される。南塔の表層が多数のトレーサリーに覆われ、建築本体
の重量感が消されてしまった点などは、なるほど柔軟様式の絵画や彫刻を髣髴とさ
せよう。
　南塔が有するもうひとつの特徴は、起伏を研磨する、控壁の順次縮小システムに
ある。これと反対の傾向を示すのが、15 世紀末に建設された北塔である。北塔も
表層が多数のトレーサリーで覆われるものの、しかし控壁の順次縮小システムは働
かず、表層の下にある控壁の起伏が露になっており、構造物としての量塊性が保持
されているのである。これと比べて南塔には、堅固な石造建築というよりは、繊細
な金細工に匹敵する、軽やかで柔らかい造形が観察され、ゆえにこの塔は、柔軟様
式期の芸術意欲が遺憾なく発揮された、同時代の都市市民を象徴するにふさわしい
作品だといえよう。

第四章　皇帝の〈フリードリヒ破風〉

　市民の象徴として建設された南塔は、しかしながら、フリードリヒ三世が王位を
継承し、ハプスブルク家が再度造営に介入するようになると、その図像的位置付け
が修正された。ここで注目したいのが、南塔で最も印象的なモティーフである、第
二層目の鐘楼階に設けられた大トレーサリーである。これは、外陣外壁側面を飾る、
類似の形態を帯びたトレーサリー破風と共に連なることで、印象的な外観を作り出
し、都市に彩りを添えている。南塔から外陣にかけて連続する破風は、先行研究で
は、原案にてすでに構想されていたアイディアとして考えられてきた。しかし、そ
の造形と設置の動機を検討したならば、通説とは逆に、まず塔の大トレーサリーの
みが計画され、その後、屋根が架けられる際に、外陣外壁へ新たに塔の大トレーサ
リー・モティーフが採り込まれたと考えられるのである。さらにいうならば、この
模倣にこそ、フリードリヒ三世の造営意図を解明する重要な手掛かりが見出される
のである。
　南塔に関する先行研究では、1407 年、塔の一部分が取り壊されたことを伝える

史料の解釈と、実際の取り壊しの年代同定が、最大の争点であった。筆者が指摘したいのは、この論争の過程において、南塔の大トレーサリーのモティーフが、外陣の〈フリードリヒ破風〉を含む総合的なデザインの下に構想されたものとして誤解された可能性である。結論からいえば、当初の計画に関してはいまだ不明な点が多いものの、大トレーサリーというモティーフは、殊に巨大化した後の南塔自体の造形原理から説明されるのが適切である。換言すれば、大トレーサリーは、外陣からは切り離された自律的なモティーフなのである。これに対して、飾破風を類似の方法で用いた作例が稀であることから、外陣外壁のトレーサリー破風については、原案にて最初から計画されていたとは考えにくい。むしろ、ハプスブルク家の意に反し、市民によって南塔が巨大化した経緯にこそ、外陣にトレーサリー破風を導入する積極的な動機が見出されよう。すなわち、外陣に連なるトレーサリー破風は、南塔の破風モティーフを採用することで、南塔を皇帝大聖堂のコンセプトへと再度採り込み、なおかつ、調和的で印象的な外観を達成するための、斬新な創意であったと考えられるのである。

第 II 部　荘厳空間の創出

　第 II 部では、内部空間の原理を考察する。殊に注目されるのは、造営の最終段階である 15 世紀中葉、外陣に採用された段形ホールと、そこに架けられた豪奢なリブ・ヴォールトである。このふたつの要素を通じ、外陣は革新的な造形を達成したが、しかしその結果、外陣と内陣の間には、およそ 150 年の建設年代差に起因する様式差と、建築タイプの相違に起因する物理的高低差が生じてしまった。これは、外観を完成させるに際して講じられた、既存要素との調和的共存策とは、相反する状況だといえる。だが、こうした空間の齟齬にもかかわらず、内部空間は荘厳な雰囲気に満たされているのである。果たしてこの空間効果は、いかなる建築的構造や装飾を通じて導き出されたものなのか。第 II 部では、その原理の解明を目指したい。

第一章　段形ホールの特異性

　内部空間を考察するにあたり、まずもって検討されるべきは、段形ホールという特殊な建築タイプが外陣で採用された理由である。皇帝フリードリヒ三世は、すで

資　料

に造営が長期化していたザンクト・シュテファン聖堂の完成を目指し、大公ルードルフ四世の皇帝大聖堂構想を受け継いで、君主の権威を象徴するような、建築図像において重要な建築部分の造営に着手した。その中で、唯一、外陣の建築タイプに関しては、伝統的なバシリカ式タイプや、あるいはドイツで圧倒的な支持を得ていたホール式タイプではなく、まったく新しい、ゆえに図像的な重要性を欠くかに思われる、段形ホールが採用されたのである。

　段形ホールという特異な建築タイプが導入された理由として、先行研究が指摘したのは、巨大な屋根の建設であった。すなわち先行研究は段形ホールを、巨大な屋根の建設に必要な構造上の要件と見なしたわけである。しかしこれだけでは、ハプスブルク家が伝統の無い建築タイプを導入した理由を十分に説明できまい。ましてや、外陣に段形ホールが導入された結果、内陣空間との間に齟齬をきたすことになってしまったというのは、外観にて観察された、調和と伝統重視の造営理念にも反する措置だといえる。したがって、外陣での造営理念を覆してまで導入されるにふさわしい強力な動機を段形ホールに認めるべきであろう。

　考察の結果、ザンクト・シュテファン聖堂の段形ホールは、すでに完成していた諸々の要素を考慮した上で、新たに発案された建築タイプであるとの結論に至った。段形ホールは、これまで考えられてきたような、バシリカなどの他の建築タイプの亜流などではなく、それ自体に、独自の価値が認められていたのである。

第二章　権威の表象

　本章では、聖堂建築を通じて君主としての権威の表象を目論んだフリードリヒ三世の造営意図を明らかにすべく、対象を絵画や彫刻まで広げ、権威の表象のための芸術施策を考察する。フリードリヒ三世がザンクト・シュテファン聖堂を完成させるという行為は、ルードルフ四世から権威を継承し、宗家の支配下にあったウィーンをも手中にしたことを示す、象徴的な事業であった。同様の意図は、肖像を筆頭とする宮廷芸術にも認められる。中でも興味深いのは、ヴィーナー・ノイシュタット宮廷にあるザンクト・ゲオルク礼拝堂の東面を飾る〈紋章壁〉であろう。これは、フリードリヒ三世の立像を中心に、その周囲を 107 の紋章が取り囲むという、およそ聖堂装飾に似つかわしくない世俗的な性格を有したもので、その直接的な着想源としては、ルードルフ四世の印章が指摘されている。〈紋章壁〉ではさらに、一方ではザンクト・シュテファン聖堂におけるルードルフ四世像や、一族の家系樹の表現を参照しつつ、他方では聖堂ファサードの伝統的なプログラムを翻案すること

要 約

で、宗教的権威を背景にした、より強力な君主権の表象を目指していた。

　フリードリヒ三世による芸術施策の背景には、少なからず、イタリア人文主義からの影響があった。殊に重要な役割を果たしたのは、教皇ピウス二世である。彼はトスカーナ出身の人文主義者で、1440年より約15年間フリードリヒ三世に仕え、その栄光を伝える歴史書を執筆するなどの活動を経て、イタリアへ帰国した後の1458年、教皇となり、シエナ近郊にある自身の生誕の地にルネサンスの理想都市ピエンツァを建設した人物である。ピエンツァの中心に建てられた大聖堂は、概して古典主義的な建築要素から構成されるにもかかわらず、建築タイプとしては、イタリアでは珍しいホール式タイプが採用されており、ゆえにオーストリアの聖堂を手本にした可能性が指摘されている。この大聖堂とザンクト・シュテファン聖堂に共通する、明瞭な空間の分節と、内陣へ突き進む光の流れという要素は、ゴシックともルネサンスとも異なる独特なものであり、これこそが、教皇と皇帝が抱いていた、君主としての権威を表象するための、理想的空間の条件だったと考えられる。

第三章　リブ・ヴォールトの空間表現

　ザンクト・シュテファン聖堂における空間表現の意図を知るためには、段形ホールという形式のみならず、そこに付されたリブ・ヴォールトの、実に複雑な形態を分析する必要がある。しかし外陣ヴォールトは、多様なモティーフを無作為に組み合わせたかのような複合的構成であり、そこに一貫したコンセプトを見出すことは困難に思われてしまう。あわせて、他の段形ホール式聖堂の多くでは直線を交差させただけの簡潔なネット・ヴォールトが架けられている点を踏まえたならば、本聖堂のリブ・ヴォールトのデザインが、段形ホールという建築タイプに適合していない印象を与えよう。

　ザンクト・シュテファン聖堂においてヴォールト形態が複雑化した背景には、第一に、棟梁の交代があり、第二に、ヴォールトがもつ表現力の飛躍的な発展があった。段形ホールやリブ・ヴォールトを含む全体的な構想を決定したのは、1446年、棟梁に着任したハンス・プクスバウムである。彼が計画したリブ・ヴォールトは、おそらく、段形ホールの力強い方向性に似つかわしい、直線を主体とする明快な形状だったに違いない。しかし実際のヴォールト建設に従事したのは、プクスバウムの歿後、棟梁に着任したロウレンツ・シュペニングであった。したがって現在観察されるリブ・ヴォールトの造形は、プクスバウムの原案に対して、シュペニングが、新しい時代傾向を踏まえた上で変更を加えた結果である可能性が極めて高い。

297

資　料

　15 世紀後半、ゴシックからルネサンスへの転換期にあって、リブの形態を通じ、
聖堂空間の表現の可能性が模索されていた。リブが新たに獲得した有機的な表現言
語は、同時に、ドイツ特有の精神性の表現欲求に合致するものでもあった。その潜
在的な表現能力に気が付いた棟梁たちは、聖堂空間に、具体的な図像イメージの投
影を試みていたのである。ザンクト・シュテファン聖堂のリブ・ヴォールトは、こ
うした発展の前段階に位置付けられるものである。聖堂を完成させた棟梁は、多彩
な形態を駆使することによって、政治上の、そして審美上の要請に応じ、空間を効
果的に演出しようとしたのである。

第四章　図面とトレーサリー

　空間効果と、その表現手段としてのリブ・ヴォールトが発達した要因のひとつと
して、また同時に、ザンクト・シュテファン聖堂の外陣リブ・ヴォールトに込めら
れた意図を読み解く鍵として筆者が重視するのは、図面の発展史である。ウィーン・
バウヒュッテにおけるゴシック期の図面は現在まで伝わっており、比類なき膨大な
量を誇る。その中で注目したいのは、同時代に描かれた、《天蓋図》（ABK16.957）
と《鷲門図》（ABK16.872r）の対照的な性格である。端的にいえば、《天蓋図》の
描線は、極めて実用的な、単調なものである。これを実施作品と比較すると、両者
はほとんど同一のデザインでありながら、《天蓋図》では、実際の天蓋に観察され
たような、柔軟様式に特徴的な流動性を欠き、むしろ硬く閉じた造形を有してい
る。おそらく図面の作者は、天蓋の特性を十分に理解しないままにこれを模写した
か、あるいは、異なる時代様式に基づいたアレンジを施したと推察される。換言す
れば、この《天蓋図》には、見本帳などの記録としての性格が見出されるのである。
一方《鷲門図》では、実に多彩な装飾形態が、活力漲る筆線にて描き上げられてお
り、他の図面と比較しても、その美しさが際立つ。この絵画的な性格は、もはや実
行性を考慮したものではあるまい。

　同じ図面という範疇にありながら、その性質がこれほどまでに相違するに至った
背景には、15 世紀後半の図面が、絵画から影響を受け、芸術性を獲得したという
事情があった。バウヒュッテの図面は、もはや実現不可能なほどに精妙なものとなっ
たのである。したがって《鷲門図》は、いわば、設計図としての拘束から解放され、
想像力あふれるファンタジーを駆使して描かれた、絵画的な理想図だといえよう。

　図面が審美的価値を高めることにより建築形態の多様化が促され、また同時に、
絵画の分野で育まれたファンタジーが実際の空間へも投影されるようになった。こ

要 約

うした同時代の状況を背景として、ザンクト・シュテファン聖堂の外陣リブ・ヴォールトを完成させたシュペニングは、原案よりも動的なリブにすることにより、空間を連続的でニュアンスに富んだものへと変更したのである。

第五章　内陣問題

　ファンタジーが模索される時代の中で、君主の要請と、棟梁の創造力が交差するところに現われたのが、本聖堂の段形ホールであり、リブ・ヴォールトであった。フリードリヒ三世は、皇帝の大聖堂に相応しい、最新の様式を駆使した空間の創出を要請したに違いない。ところが、外陣が革新的な空間であるほどに、これと接続する古いホール式内陣の簡素さが際立ってしまう。これは、調和という理念に反するばかりではなく、聖職者が祭式を執り行う内陣を聖堂空間のヒエラルキーの頂点とする、聖堂建築の原則からも逸脱する結果となりかねない。それにもかかわらず、外陣身廊の天井は高くされ、新しい時代のリブ・ヴォールトが架けられた。なぜ内部空間では、調和的な解決策が採られなかったのか。

　ここで、ホール式内陣の特質について再検討する必要があるだろう。ホール式空間は概して、どこにも優位性のない均質性を特徴とする。ザンクト・シュテファン聖堂の〈アルベルト内陣〉は、光に満ち溢れた一体化空間であり、ホール式聖堂のひとつの理想形ともいえる作品であるが、しかしその均質性は、聖堂建築において欠点となりかねない。なぜなら上述のとおり、聖堂建築では伝統的に、聖職者の領域である内陣の差別化が常に至上の課題だったからである。したがって、空間の均質性や一体化を特徴とするホール式聖堂は、聖堂としての根本を揺るがしうる危険性を内包していたといえる。ザンクト・シュテファン聖堂の外陣も、おそらく最初の構想では、内陣に倣ったホール式として建設される予定だったと推察されるが、しかしこれほどの巨大な建築が完全にホール式聖堂として完成したならば、それは、おそらく凡庸な空間へと陥っていたに違いない。

　ザンクト・シュテファン聖堂を完成に導いた棟梁は、ホール式聖堂がもつ欠点を理解していた。そこで講じられた策が、空間の分離である。内陣と外陣の間に観察される、空間的性質の差異は、予期せぬ過誤でも失敗でもなく、意図したものだったのである。ザンクト・シュテファン聖堂があわせて用いた空間差異化の手段とは、光と闇という、神秘的な空間効果であった。すなわち外陣に段形ホールを導入することで、その天井部は闇に沈み、明るいホール式内陣との明暗の対照性が際立つ。また同時に、段形ホールとリブ・ヴォールトの作用によって、内陣へ向かう力

299

資　料

強い方向性が生ずる。こうして内陣と外陣の結び付きは堅固なものとなり、さらに
は、およそ150年前に建設された古い簡素なホール式内陣が、いまや聖域として、
聖堂空間のヒエラルキーの頂点として、光り輝くのである。

結論

　最後に結論として、まずは、各々の時代における施主からの要請と、これを実現
するために実行された造形に着目しながら、シュテファン大聖堂の造営史を概観し
た。その上で、15世紀中葉、聖堂完成の命を受けた棟梁に課された課題と、その
解決策を考察の上、シュテファン大聖堂の造形原理を明らかにし、結びとした。

附録

建築カタログ

附録　建築カタログ

このカタログは、南ドイツ語圏における後期ゴシックの聖堂を中心とした諸建築を、本文の各章におけるテーマに応じて体系化したものである。本論での考察を補足することを主眼としたものであって、必ずしも中世の聖堂建築を網羅的に集めたものではない点に注意されたい。

＊各章番号は、本文の章番号と対応したものである。ただし第II部・第五章については、分類の都合上、二部に分けた。また、第II部・第四章は、建築ではなく図面研究を中心としたものであるため、この建築カタログからは除外した。
＊本文にて言及した作品については、【See】の項目に、本文のページ番号と図版番号を記した。図版番号は、部・章・図版番号で表している。例えば「II-3-4」は、第II部・第三章・図4を意味する。
＊固有名詞等は、原則として現代の現地読みを採用した。ただし慣用表現はその限りではない。
＊東欧都市で、ドイツ語名がある場合は、[ ]内に併記した。
＊大聖堂は、原則として「現地読みの都市名＋大聖堂」で示した。
＊オーストリアとドイツについては、（ ）内に州名を略記した。以下の対応表を参照されたい。

州名略記対応表

オーストリア
KÄ　：Kärnten（ケルンテン）
NÖ　：Niederösterreich（ニーダーエスターライヒ）
OÖ　：Oberösterreich（オーバーエスターライヒ）
ST　：Steiermark（シュタイアーマルク）
TI　：Tirol（チロル）

ドイツ
BW　：Baden-Württemberg（バーデン゠ヴュルテンベルク）
BY　：Bayern（バイエルン）
HE　：Hessen（ヘッセン）
NI　：Niedersachsen（ニーダーザクセン）
NRW：Nordrhein-Westfalen（ノルトライン゠ヴェストファーレン）
RP　：Rheinland-Pfalz（ラインラント゠プファルツ）
SH　：Schleswig-Holstein（シュレースヴィヒ゠ホルシュタイン）
SN　：Sachsen（ザクセン）
ST　：Sachsen-Anhalt（ザクセン゠アンハルト）
TH　：Thüringen（テューリンゲン）

建築カタログの構成

序

I-1　司教座設立への模索
　（1）オーストリアの聖堂
　（2）扉口の形式

I-2　ルードルフ四世の皇帝大聖堂構想
　（1）皇帝大聖堂とその周辺作例
　（2）君主の聖堂、宮廷礼拝堂
　（3）集中式聖堂
　（4）外壁の装飾

I-3　市民の南塔
　（1）透彫り尖塔
　（2）塔、西側構造
　（3）記念柱、泉
　（4）市庁舎

I-4　飾破風
　（1）トレーサリー
　（2）切妻
　（3）扉口、ファサードの装飾、屋根

II-1　段形ホール
　（1）段形ホール式聖堂（南ドイツ語圏）
　（2）段形ホール式聖堂
　　　　（北ドイツとその周辺）
　（3）ホール式聖堂

II-2　権威の表象
　（1）君主の聖堂
　（2）寄進者と聖堂
　（3）フランス・イギリスにおける
　　　　王権の表象
　（4）イタリアの聖堂

II-3　リブ・ヴォールト
　（1）平行線、菱形
　（2）星形
　（3）花弁形、植物風
　（4）扇状、その他

II-5-1　空間の差異化
　（1）柱が空間へ与える効果
　（2）リブを利用した空間の差異化
　（3）内陣障壁の効果
　（4）平天井の空間
　（5）内陣プランの工夫
　　　　（ケルンのロマネスク聖堂）
　（6）採光塔の利用

II-5-2　ゴシック建築の多様性
　（1）フランスのゴシック聖堂
　（2）ノルマンディの聖堂
　（3）フランシスコ会系の聖堂
　（4）ゴシック建築の多様性

地図
一覧（カタログ番号順）
索引 1（都市名順）
索引 2（国別・アルファベット順）

附録　建築カタログ

序

この建築カタログの目的は、ふたつある。第一に、ウィーンのシュテファン大聖堂を構成
している多様な要素と、その造形的特質の理解である。そのため、これは必ずしも網羅的
なカタログを目指したものではなく、シュテファン大聖堂との影響関係に重きを置いて編
纂したものとなっている。

　第二の目的は、ドイツ語文化圏におけるゴシックの発展史を明らかにすることにある。
シュテファン大聖堂の造営は、ロマネスク期から数えれば三世紀半にも及ぶ長期にわたる
ものであった。その長い歳月の中で、施主が変遷し、造営理念には幾度となく修正が加え
られ、また時代様式も移り変わり、その結果として本大聖堂は、実に多彩な要素の集積と
して完成に至った。こうした造営プロセスは、ドイツ語文化圏がフランス発祥のゴシック
様式を受容し、それを変容させ、独自のゴシック様式を作り出してゆく過程を凝縮してい
るともいえよう。以上の事情に基づきこの建築カタログは、シュテファン大聖堂を切り口
として、とりわけオーストリアやドイツといったドイツ語文化圏の中世末期における建築
の発展史や諸相に光を当てることも、あわせて目指している。

cat. 1

WIEN, Dom- und Metropolitankirche St. Stephan
ウィーン、シュテファン大聖堂　　　　　　　　　　　　　　　　　　　　　　地図：8B

1304年頃〜15世紀	オーストリア

現在見られる大聖堂は、主に、14世紀初頭から15世紀後半にかけて、ハプスブルク家によって建
設されたものである。特に14世紀中葉の大公ルードルフ四世と、15世紀後半の皇帝フリードリヒ
三世の治世下において造営が進展し、今日の姿となった。

　南塔は後期ゴシックの代表作で、欧州で最も美しいと称賛される。塔と外陣外壁には飾破風が連
続的に架けられており、巨大で色彩豊かな屋根と共に、独特の外観を作り出している。

　内部空間は、14世紀前半のホール式内陣と、15世紀後半の段形ホール式外陣から構成されており、
皇帝の大聖堂に似つかわしい、厳かな雰囲気に満たされる。内陣には、ルードルフ四世とフリード
リヒ三世の墓碑が設置されている。

1137-1147年	ロマネスク様式の〈第Ⅰ聖堂〉が造営される
1230-1240年	この頃、バーベンベルク家のフリードリヒ二世 (好戦公) により、〈第Ⅱ聖堂〉が造営される
1304年	この頃、内陣の建設が開始される

序

1340年	4月23日、内陣が聖別される
1359年	ルードルフ四世の下で、拡張のための造営が開始される
1407年	トーマス・エーベンドルファーの記録によると、南塔の一部が取り壊される
1433年	南塔が完成する
1446年	設計図の制作、聖堂の造営、および、ヴォールト建設を目的として、ハンス・プクスパウムが棟梁に着任する
1469年	カテドラル昇格の勅諭が出される
1511年	北塔の建設が中止される

【図版1】外観、南面

【図版2】内部、内陣を望む

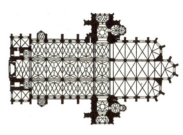
【平面図】　　出典：Busch 1969

【See】
建築部分
〈大門〉(Riesentor)：pp. 10-13, 30, 43, 44, 53; 図序-1, 序-2, 序-3, I-1-2, I-1-3, 結-1, 結-2; cats. 6, 13, 16, 17.
〈異教の塔〉(Heidentürme)：pp. 10, 12, 30, 43; 図序-1.
〈アルベルト内陣〉(Albertinischer Chor)：第I部・第二章、第II部・第五章
〈聖歌隊門〉(Singertor)：pp. 15-18, 25, 30, 64-66, 68, 76, 77, 158, 240, 293; 図序-6, 序-14, I-2-15, I-2-16, I-2-17, II-2-15, 結-5; cats. 106, 212.
〈司教門〉(Bischofstor)：pp. 30, 65, 66, 76, 250; 図I-2-18, I-2-19.
南塔 (Südturm)：第I部・第三章、第四章
北塔 (Nordturm)：pp. 24, 30, 33, 34, 78, 80, 94, 95, 97, 115, 119, 128, 136, 145, 205-207, 241, 242, 294; 図序-2-12, 序-2-13, I-3-17, II-4-15, II-4-17.
二重礼拝堂 (Doppelkapelle)：pp. 12, 15, 16, 18, 30, 57-60, 70, 107, 114, 116, 128, 131, 160, 174, 175, 238, 239; 図序-5, I-2-3, I-2-4, I-2-5, I-3-5; cat. 185.
バルトロメウス礼拝堂 (Bartholomäuskapelle)：pp. 17, 59-61, 250; 図I-2-4.
カタリーナ礼拝堂 (Katharinenkapelle)：pp. 19, 71, 73, 78, 144, 175; 図I-2-25, I-2-32; cat. 324.
モティーフ・建築要素
〈フリードリヒ破風〉(Friedrichsgiebel)：第I部・第四章
大トレーサリー(南塔) (Maßwerk)：第I部・第三章、第四章
段形ホール (Staffelhalle)：第II部・第一章
ヴォールト (Gewölbe)：第II部・第三章、第四章
内装
《大公ルードルフ四世と妻カタリーナの墓碑》(Grabmal Rudolfs IV. und seiner Gemahlin Katharina)：pp. 61-63; 図I-2-9, I-2-10, I-2-11, I-2-12.
《皇帝フリードリヒ三世の墓碑》(Grabmal Kaiser Friedrichs III.)：pp. 156, 167, 170; 図II-2-14; cat. 184.
《ヒュクセル天蓋》(Füchselbaldachin)：pp. 195-200; 図II-4-4.
《プクハイム天蓋》(Puchheimbaldachin)：pp. 195-200, 208, 210, 211; 図II-4-3.
オルガン支持台 (Orgelfuß)：pp. 25, 26; 図序-15.
ホール式内陣障壁 (Hallenlettner)：pp. 230, 233.

附録　建築カタログ

I-1　司教座設立への模索

ウィーンのシュテファン大聖堂における現存最古の部分は、後期ロマネスク様式の西側構造である。特にその西扉口〈大門〉には、ノルマン様式からの影響が指摘されている。そこで本章では、扉口をはじめとしたロマネスク様式の聖堂や、ザルツブルク・パッサウ両司教区に関連した作例を通じて、当時の状況を概観したい。

（1）オーストリアの聖堂

cat. 2

WIEN, Ruprechtskirche
ウィーン、ザンクト・ルプレヒト聖堂

地図：8B
11世紀～13世紀　　　　　　　　　　　　　　　　　　　　　　　　　　オーストリア

ウィーン最古の聖堂のひとつ。バーベンベルク家の治世には、おそらくザルツブルク大司教の影響下にあったと推察されている。

740年　　伝承によれば、これ以降に創設される
11世紀　　外陣および塔の下三層が建設される
1276年　　火災の被害を受け、これ以降、勝利門と内陣が建設される
1434年　　側廊が建設される
1829年　　内陣が改修される

  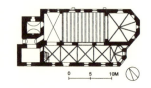

【図版1】外観、南西面　　【図版2】内部、内陣を望む　　【平面図】　　　　　　出典：Dehio Wien

【Lit.】Dehio Wien.
【See】p. 40; 図I-1-1.

306

cat. 3
WIEN, Kollegiat- und Stadtpfarrkirche St. Peter
ウィーン、ザンクト・ペーター聖堂

地図：8B

1703～1708年　　　　　　　　　　　　　　　　　　　　　　　　オーストリア

　ウィーンの中心に位置する聖堂。カール大帝によって792年に創建されたとの伝承が残る。12世紀初頭まで、ウィーンの小教区権が本聖堂に置かれていた可能性が指摘されている。12世紀末までシュテファン大聖堂が市壁の外側に位置していたのに対し、本聖堂がそれ以前から市壁の内側にあったことを考え合わせたならば、中世における本聖堂の重要性が自ずと明らかになろう。
　中世以降、幾度となく改修が繰り返された。今日見られる、楕円形平面プランをもったバロック様式の聖堂は、1703年から1708年にかけて、ルーカス・フォン・ヒルデブラントによって建設されたものである。

4世紀後半	最初のホール式聖堂が造営される
1276年	火災の被害を受けたため、その後、再建される
1555-1557年	ヴォルフガング・ラツィウスによって、再建される
17世紀初頭	バロック様式で改装される
1643年	再建される
1703-1708年	ルーカス・フォン・ヒルデブラントによって、計画が変更された後、聖堂が完成する

【図版1】外観、西面　　【図版2】内部、ヴォールト　　【平面図】　　出典：Dehio Wien

【Lit.】Dehio Wien; Oettinger 1951, S. 211.
【See】pp. 39, 40; 図I-1-1.

附録　建築カタログ

cat. 4
WIEN, Benediktinerabtei Unser Lieben Frauen zu den Schotten
ウィーン、ショッテン修道院聖堂

地図：8B

1155年創設　　　　　　　　　　　　　　　　　　　　　　　　　　オーストリア

　この修道院は、オーストリアが辺境伯領から大公領へと格上げされる前年の1155年、クロスターノイブルクからウィーンへ宮廷が移されるのを契機として、オストマルク辺境伯にしてバイエルン公であったバーベンベルク家のハインリヒ二世ヤゾミルゴットによって開かれた。創設にあたっては、バイエルン公の宮廷所在地であったレーゲンスブルクのザンクト・ヤーコブ聖堂(cat. 12)より、スコットランド人修道僧が招かれた。当時の宮廷が置かれていたアム・ホーフの近くに建設されたことから、バーベンベルク家の私的な聖堂に位置付けられていたと推察される。
　現存しない建設当初の修道院は、クロスターノイブルクの修道院(cat. 7)を手本としたもので、聖堂はアプシスをひとつ備えた三廊式バシリカであった。現在の聖堂は主に19世紀末頃の改修によるものである。

1155年	この頃、バーベンベルク家のハインリヒ二世ヤゾミルゴットにより、修道院が創設される
1177年	バーベンベルク家のハインリヒ二世ヤゾミルゴットが突然歿し、おそらくこの頃までに完成していた内陣の下に埋葬される
1200年	パッサウ司教ヴォルフガングにより、献堂される
1304-1317年	この頃、火災の被害を受けたため、後に再建される
1446-1449年	地震の被害を受けて、内陣が再建される
1638-1648年	内陣、外陣、西ファサードが改修される
1883-1893年	内装、および外装が改修される

  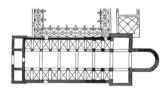

【図版1】外観、西面　　【図版2】内部、内陣を望む　　【平面図】中世当時　出典：Wagner-Rieger 1988

【Lit.】Fillitz 1998, Kat. 58; Wagner-Rieger 1988, S. 75-76.
【See】pp. 41, 44; 図I-1-1.

I-1 司教座設立への模索

cat. 5
WIEN, Minoritenkirche Maria Schnee
ウィーン、フランシスコ会修道院聖堂（ミノリーテンキルヒェ）

地図：8B

1317年着工

オーストリア

　三廊のホール式聖堂。各ベイには単純な交差ヴォールトが架けられており、明快な印象を与える空間となっている。建設当初は3つのアプシスを備えていたと推察されるが、現在は東側に壁面が設けられてアプシスとの間が遮られるなど、改変の手が入っている。
　西ファサードの扉口に見られる簇柱が、これとほとんど同時代に建設された、ウィーンのシュテファン大聖堂外陣に観察される簇柱と、類似した形態をもつ点が指摘されている。

1230年	フランシスコ会修道士によって、当時の市壁の外側に、聖堂が造営される
1251年	献堂
1317年	新しい聖堂の造営が開始される
1339年	これ以前に、ゴシック様式の西ファサードの建設が開始される
14世紀末	この頃、完成する

  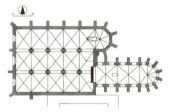

【図版1】外観、西面　　【図版2】内部、内陣を望む　　【平面図】　　出典：Brucher 2000

【Lit.】Dehio Wien, S. 34-36; Donin 1935, S. 205-208, 234-250; Brucher 1990, S. 93-107; Brucher 2000, S. 216-217, Kat. 14.
【See】p. 49; 図I-1-1.

309

附録　建築カタログ

cat. 6

WIEN, Ehem. Hofpfarr- und Barnabitenkirche St. Michael
ウィーン、ザンクト・ミヒャエル聖堂

地図：8B

1327〜1349年　　　　　　　　　　　　　　　　　　　　　　　　　　オーストリア

　おそらく11世紀頃には、前身となる聖堂があったと推察される。13世紀、シュテファン大聖堂の〈大門〉が建設された頃、バーベンベルク家により宮廷聖堂として造営が進められた。造営には、ウィーンのシュテファン大聖堂と同じ工匠が関わっていたと考えられる。実際のところ、アプシスを3つ備えるという点において、ウィーンのシュテファン大聖堂と平面プランを共有している。しかし本聖堂の場合、3つのアプシスは壁体にて完全に分割されており、したがって各々の空間は独立している。ゆえに内陣プランに対する解釈が、両聖堂ではまったく異なっているといえよう。
　南アプシスにはゴシック的な特徴が残されているものの、主祭壇や内装など少なからぬ部分がバロック様式へと変更されている。

11世紀後半	この頃、最初の聖堂が造営される
1221年	11月18日、バーベンベルク家のレオポルト六世によって、聖堂造営のための寄進がなされる
1252年	これ以前に完成する
1327年	火災の被害を受けたため、その後、内陣が再建される
1330年	外陣が建設される
1340年	この頃、新しい中央アプシスが聖別される
1350年	脇内陣のニコラウス礼拝堂が増築される
1631年	バロック様式で改装される

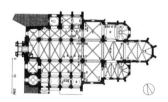

【図版1】外観、西面　　【図版2】内部、内陣を望む　　【平面図】　　出典：Dehio Wien

【Lit.】Dehio Wien; Oettinger 1961, S. 524-526; Wagner-Rieger 1988, S. 102; Fillitz 1998, Kat. 74.
【See】図I-1-1; cat. 185.

310

I-1 司教座設立への模索

cat. 7
KLOSTERNEUBURG (NÖ), Stifts- und Pfarrkirche Unser Lieben Frauen
クロスターノイブルク、聖母聖堂

地図：8B

1136年献堂　　　　　　　　　　　　　　　　　　　　　　　　オーストリア

　バーベンベルク家のレオポルト三世が、自身の私的な礼拝堂とするため、1114年から1136年に建設した聖堂。レオポルト三世は、聖堂の北西に宮廷（現存せず）を設けており、それゆえデーヒオやヴァーグナー＝リーガーは本聖堂に、君主のための聖堂というコンセプトを読み取っている。
　本聖堂は後世の改修が甚だしく、現状から創建当初の姿を推察することは難しい。しかしおそらくは、シュパイアー大聖堂（cat. 21）などの皇帝大聖堂を手本として、ヴォールトが架けられ、トリビューンを備えた三廊式バシリカだった可能性が指摘されている。レオポルト三世は、皇帝大聖堂を模倣した建築を通じて、まだ辺境地に過ぎないオストマルクを治める自身の権威を高めることを欲したのであろう。
　回廊内側には、二連窓を備えた礼拝堂が配されている。この礼拝堂は、史料から、ウィーンのマリア・アム・ゲシュターデ聖堂（cat. 226）などの造営に従事したマイスター・ミヒャエルへの帰属が確実視されている、重要な作例である。

1108年	参事会修道院が創設される
1114年	バーベンベルク家のレオポルト三世によって、修道院の造営が開始される
1133年	修道院にアウグスティナ修道会が入る
1136年	9月29日、献堂
1156年	これ以前に、レオポルト三世あるいはその息子ハインリヒ二世ヤゾミルゴットにより、修道院に接して宮廷が建設される
1158年	火災の被害を受けたため、その後、1114年のプランに従って再建される
1394年	一部がゴシック様式で改修された後、聖別される
1634-1637年	バロック様式で改装される
1887-1892年	フリードリヒ・フォン・シュミットにより、ネオ・ロマネスク様式で改修される

【図版1】外観、南面　　　【図版2】回廊、礼拝堂　　　【平面図】　出典：Fillitz 1998

【Lit.】Oettinger 1961, S. 183; Feuchtmüller 1972, S. 30-31; Wagner-Rieger 1988, S. 65-67; Fillitz 1998, Kat. 57; Brucher 2000, S. 288-289, Kat. 59.
【See】pp. 31, 39; cats. 4, 75.

311

附録　建築カタログ

cat. 8

SALZBURG, Dom St. Rupert und St. Virgil
ザルツブルク大聖堂

地図：7C

774年献堂

オーストリア

オーストリアに強い影響力を有する大司教座が置かれていた。現在の姿は、17世紀にバロック様式で改装された後のものである。

700年	これ以前に、聖ルペルト（ルプレヒト）によって、大聖堂の前身となる、ザンクト・ペーター修道院が創設される
761年	この頃、最初の大聖堂の造営が開始される
774年	9月24日、献堂
1127年	火災の被害を受けたため、その直後、修復される
1181年	大司教コンラート三世によって、後期ロマネスク様式の聖堂の造営が開始される
1200年	これ以前に、献堂される
1614-1628年	バロック様式で改装される

  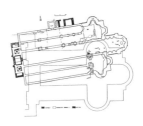

【図版1】外観、西面　　【図版2】内部、内陣を望む　　【平面図】（上：ロマネスク後期）　出典：Vetters 1974

【Lit.】Vetters 1974; Pagitz 1974; Fillitz 1998, Kat. 17.
【See】cat. 14.

I-1 司教座設立への模索

cat. 9
PASSAU (BY), Dom St. Stephan
パッサウ大聖堂

地図：7B

1407年着工　　　　　　　　　　　　　　　　　　　　　　　　　　　ドイツ

幾たびもの改修を経て現在に至る。ゴシック後期に果たしてどのような経緯で造営がなされていたかということは、わかっていない。ただしゴシック後期の建造物は、内陣および翼廊の東に、一部現存している。

796年　　　　大聖堂修道院として記録される
12世紀中葉　　おそらく司教コンラート一世により、聖堂が造営される
13世紀中葉　　財政の改善を受け、おそらく大聖堂の東部分が改築される
1405年　　　棟梁ハンス・クルメナウアーが招聘され、7/12角形平面プランの内陣の建設が構想される
1407年　　　司教ゲオルクの下で、内陣の建て替えが開始される
1662年　　　大火災により、後期ゴシック様式の聖堂が焼失する

【図版1】外観、西面

【図版2】外観、東面

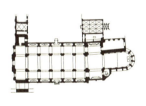
【平面図】　出典：Dehio Bayern II

【Lit.】Dehio Bayern II; Reitzenstein / Brunner 1974; Schedl 2009.
【See】pp. 42, 144.

313

附録　建築カタログ

(2) 扉口の形式

cat. 10

BAMBERG (BY), Dom St. Peter und St. Georg
バンベルク大聖堂　　　　　　　　　　　　　　　　　　　　　　　　　地図：6B

1237年献堂　　　　　　　　　　　　　　　　　　　　　　　　　　　　ドイツ

　1007年、皇帝ハインリヒ二世が当地に司教区を設けるのを機に建設された大聖堂。11世紀後半の火災後に再建が始まり、1180年頃に東内陣が完成する。これ以降の造営は停滞していたものの、1225年には皇帝フリードリヒ二世から4,000マルクの資金援助を得たことによって西内陣がようやく完成し、1235年に聖別された。

　東のゲオルク内陣と西のペーター内陣という、二重内陣を備えている。この形式は、ニュルンベルクのザンクト・ゼーバルト聖堂 (cat. 93) の手本になったと指摘されている。

　東内陣を挟んだ南北には扉口が設けられており、北は〈アダムの門〉、南は〈恩寵の門〉と呼ばれる。〈アダムの門〉は、伝統から逸脱した独特の人像を備えた扉口となっており、そこにタンパンは無く、また、ノルマン様式風の鋸歯文様で飾られている。これに対し、南の〈恩寵の門〉は人像を欠いた列柱式扉口となっており、聖人像で飾られたタンパンを備えている。大聖堂の北面では、〈君主の門〉と呼ばれる、聖人像が上下二段に配された扉口が観察される。

1007年	皇帝ハインリヒ二世によって当地に司教座が設けられ、聖堂が造営される
1012年	〈第I聖堂〉が聖別される
1081年	火災の被害を受けたため、再建される
1180年	火災の被害を受けたため、再建される
1210年代	この頃、〈アダムの門〉の建設が開始される
1225年	皇帝フリードリヒ二世により、4,000マルクが投入される
1235年	この頃、〈アダムの門〉に彫像が設けられる
1237年	献堂

  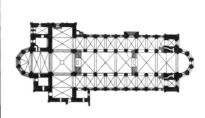

【図版1】外観、東北面と〈恩寵の門〉　【図版2】内部、西内陣を望む　【平面図】　出典：Dehio / Bezold 1901, I

314

I-1　司教座設立への模索

【Lit.】Dehio / Bezold 1901, I; Fillitz 1969, Kat. 44; Reitzenstein / Brunner 1974; Wagner-Rieger 1988, S. 81-82; Wittekind / Albrecht 2009, Kat. 235.
【See】pp. 11, 43, 44, 57; 図I-1-4; cat. 289.

▌cat. 11

GURK (KÄ), Pfarr- und ehem. Domkirche Mariä Himmelfahrt
グルク、聖母被昇天聖堂

地図：8D

12世紀　　　　　　　　　　　　　　　　　　　　　　　　　　　　　　　　オーストリア

　グルクは、中欧で最も古い司教区のひとつである。本聖堂は、堅固な双塔式西ファサードを備えた三廊式バシリカで、元来は板張り天井だったが、16世紀にリブ・ヴォールトが架けられた。あわせて側廊ヴォールトには、湾曲したリブが観察される。
　内陣の下のクリプタは、寄進者であるヘマ（Hemma）の霊廟として作られたものである。6本の支柱と96本の細円柱が配されており、〈百本柱のクリプタ〉と呼ばれる。力強い多面体の柱頭が類似していることから、ウィーンのシュテファン大聖堂における西側構造の造営年代を推察する手掛かりともなった。
　西側構造のトリビューンには、2ベイから構成される司教礼拝堂が設けられている。本礼拝堂では、1260年に生じた火災後の修復に際して、壁画が制作された。西側には「天上のエルサレム」、「キリストの変容」、「キリストのエルサレム入城」、東側には、東のアーチに「玉座の聖母子」を、その頭上の天蓋には「神とアダム」など「楽園追放」の諸場面が描かれており、これら四場面は、壺から流れ出る川のようなもので分割されている。

1072年	ザルツブルク大司教ゲルハルトの下、グルクが司教区となる
1131-1167年	聖堂が造営される
1174年	クリプタが献堂され、寄進者ヘマ（1045年歿）の遺骸が安置される
1220年	西扉口の植物状レリーフが制作される
1220-1260年	この頃、西側構造にある司教礼拝堂のフレスコ画が制作される
13世紀中葉	翼廊が建設される
1264年	この頃までに、西トリビューンが完成する
1446年	この頃、司教ヒンターキルヒャーによって、ヴォールトの建設が開始される
1500年	この頃、内陣ヴォールトが完成する
1591年	パッサウの棟梁レオンハルト・ウットナー、および、クラーゲンフルトの石工フィリップ・ヴェルナーソンによって、外陣ヴォールトが架けられ、聖人像が描かれる
1678年	塔の尖頂が完成する

附録 建築カタログ

【図版1】西扉口　　【図版2】〈百本柱のクリプタ〉　　【平面図】　　出典：Wagner-Rieger 1988

【Lit.】Fillitz 1969, Kat. 268, 272; Feuchtmüller 1972, S. 30; Wagner-Rieger 1988, S. 44-46; Fillitz 1998, Kat. 41-43; Baumüller 1999, S. 304; Biedermann / Leitner 2001, S. 46-47.
【See】p. 12; cat. 14.

cat. 12
REGENSBURG (BY), Schottenkirche St. Jakob
レーゲンスブルク、ザンクト・ヤーコプ聖堂　　　　　　　　　　　　　地図：6C

12世紀　　　　　　　　　　　　　　　　　　　　　　　　　　　　　　ドイツ

この聖堂は、スコットランド人巡礼僧のためのショッテン修道院として建設されたものである。12世紀に三廊式聖堂へと拡張された。〈スコットランド門〉と呼ばれる北扉口には、「玉座の聖母子」をはじめ、十二使徒像や動物、植物、さらには、ひざまずく人物像などが描写されている。その図像プログラムはいまだ解明されていないものの、造形的な手本は、ニュルンベルクの城塞に設けられた二重礼拝堂（cat. 29）だと考えられている。

1090年	修道院が創設される
1111年	献堂
1120年	この頃、修道院が完成する
1150-1160年	この頃、北扉口が建設される
1153-1177/81年	三廊式の〈第II聖堂〉へと拡張される
1515年	スコットランドのベネディクト会修道院として使用されるようになる

I-1 司教座設立への模索

【図版1】外観、北扉口 　【図版2】同 　　　　【平面図】　出典：Dehio / Bezold 1901, I

【Lit.】Dehio / Bezold 1901, I; Fillitz 1969, Kat. 253; Wittekind / Albrecht 2009, Kat. 69, 211.
【See】pp. 11, 44; 図I-1-5; cats. 4, 15.

cat. 13

JÁK, Ehem. Benediktinerstiftskirche
ヤーク、旧ベネディクト会修道院聖堂　　　　　　　　　　　　　　　　　　　地図：9

1256年献堂　　　　　　　　　　　　　　　　　　　　　　　　　　　　　　　ハンガリー

オーストリアとの国境近くにある聖堂。西扉口は、幾何学文様の施された柱とアーキヴォルトが重ねられ、豪華なものとなっている。扉口上部の三角形破風に設けられた11の壁龕には人像が収められている。ウィーンのシュテファン大聖堂の西側構造にある〈大門〉の様式を考察する上で、重要な比較作例でもある。

  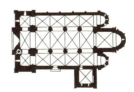

【図版1】外観、西面 　【図版2】内部、内陣を望む 　【平面図】　出典：Neunteufel 1994

【Lit.】Neunteufel 1994; Dahm 2008, S. 133.
【See】pp. 11, 44; cats. 15, 16.

317

cat. 14
MILLSTATT (KÄ), Ehem. Stiftskirche St. Salvator und Allerheiligen
ミルシュタット、旧ベネディクト会修道院聖堂　　　　　　　　　　　　地図：7C
1517年完成　　　　　　　　　　　　　　　　　　　　　　　　　　　オーストリア

ミルシュタット湖の傍に建設された、三廊の段形ホール式聖堂。東には3つの半円形アプシスを、西にはトリビューンを備える。内部空間には、ベイ区画を打ち消すかのように、連続的な造形のリブ・ヴォールトが架けられる。身廊と側廊は、堅固な角柱と、これに支えられたアーケードによって隔てられている。

双塔式の西ファサードは、グルクの聖母被昇天聖堂（cat. 11）の西ファサードなどと同様に、ザルツブルク大聖堂（cat. 8）を手本として建設された。

1060-1088年　　この頃、修道院が創設される
1274-1291年　　修道院長オットー四世の下で、聖堂が建て替えられる
1478年　　　　　オスマン帝国軍の侵攻を受け、焼失する
1508-1533年　　棟梁ヨハン・ゴイマンの下で再建される
1517年　　　　　聖堂にヴォールトが架けられる

  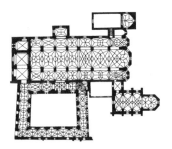

【図版1】西扉口　　【図版2】内部、内陣を望む　　【平面図】　　出典：Wagner-Rieger 1988

【Lit.】Dehio Kärnten; Fillitz 1998, Kat. 39; Biedermann / Leitner 2001, S. 44-45.

I-1 司教座設立への模索

cat. 15

BAD DEUTSCH ALTENBURG (NÖ), Karner St. Leonhard
バート・ドイチュ・アルテンブルク、納骨堂　　　　　　　　　　　　　地図：8B

1217～1219年　　　　　　　　　　　　　　　　　　　　　　　　　オーストリア

後期ロマネスク様式で建設された、円筒形の集中式建築。半円形のアプシスを備える。扉口の両脇では、角柱と円柱を階段状に交互に並べるという、列柱式扉口の形式が採られている。この扉口の様式に関しては、レーゲンスブルクのザンクト・ヤーコプ聖堂 (cat. 12) や、ヤークの旧ベネディクト会修道院聖堂 (cat. 13) 等との類似性が指摘されている。

【図版】扉口

【立・平面図】出典：Fillitz 1998

【Lit.】Wagner-Rieger 1988, S. 59; Fillitz 1998, Kat. 83; Schwarz (M) 2013, S. 200-208.

cat. 16

TULLN AN DER DONAU (NÖ), Karner St. Johannes Evangelist
トゥルン、納骨堂　　　　　　　　　　　　　　　　　　　　　　　　　地図：8B

1242～1246年頃　　　　　　　　　　　　　　　　　　　　　　　　オーストリア

円筒形の集中式建築。円錐形の屋根と、半円形のアプシスを備える。網目模様やスパイラルなど、華麗な幾何学文様の彫り込まれた柱を階段状に並べる扉口は、ヤークの旧ベネディクト会修道院聖堂 (cat. 13) の西扉口とともに、この時代の扉口を代表する作品に位置付けられる。ウィーンのシュテファン大聖堂における西側構造〈大門〉の様式を考察する上で重要な比較作例でもある。

【図版】扉口

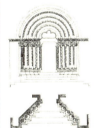
【立・平面図】　出典：Fillitz 1998

【Lit.】Wagner-Rieger 1988, S. 82-85; Fillitz 1998, Kat. 93; Schwarz (M) 2013, S. 287-293.
【See】p. 44; 図I-1-7.

319

附録　建築カタログ

cat. 17

TULLN AN DER DONAU (NÖ), Pfarrkirche St. Stephan
トゥルン、ザンクト・シュテファン聖堂　　　　　　　　　　　地図：8B

13世紀　　　　　　　　　　　　　　　　　　　　　　　　　オーストリア

本聖堂の西扉口は、ウィーンのシュテファン大聖堂における西側構造の〈大門〉の様式を考察する上で、重要な作例に位置付けられる。扉口の左右には、6つずつ胸像が配されている。

5世紀	この頃、すでにキリスト教の聖堂が存在していた
1014-1068年	この頃、双塔を備えた三廊のバシリカ式聖堂が造営される
13世紀初頭	西扉口が建設される
1486-1513年	ヴォールトが架けられる
1752年	塔に尖頂が建設される

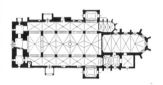

【図版1】西扉口　　【図版2】内部、内陣を望む　　【平面図】　　出典：Geyer 2000

【Lit.】Wagner-Rieger 1988, S. 57; Fillitz 1998, Kat. 60.

cat. 18

FREIBERG (SN), Ev. Dom St. Marien
フライベルク大聖堂　　　　　　　　　　　　　　　　　　　地図：6B

1500年頃　　　　　　　　　　　　　　　　　　　　　　　　ドイツ

南外壁部には、1230年頃に制作されたロマネスク様式の〈黄金門〉が残る。外陣に設けられた、チューリップのごとき有機的な形態の説教壇は、1505年から1510年、ハンス・ヴィッテンにより制作されたものである。

320

I-1 司教座設立への模索

  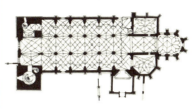

【図版1】〈黄金門〉　　【図版2】内部、内陣を望む　　【平面図】　　出典：Dehio Sachsen II

【Lit.】Dehio Sachsen II; Krause 2007, S. 246, Kat. 117, 231.
【See】pp. 188, 189; 図II-3-28.

cat. 19
SALZBURG, Benediktiner-Erzabtei St. Peter
ザルツブルク、ザンクト・ペーター聖堂　　　　　　　　　　　地図：7C

1130～1143年　　　　　　　　　　　　　　　　　　　　オーストリア

旧ベネディクト会修道院聖堂。扉口は1240年頃のものである。17世紀から18世紀にかけて、大改装がなされた。

  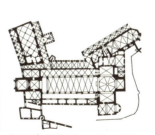

【図版1】西扉口　　【図版2】外観　　【平面図】　出典：Wagner-Rieger 1988

【Lit.】Fillitz 1969, S. 236-239, Kat. 32-34.

321

附録　建築カタログ

I-2　ルードルフ四世の皇帝大聖堂構想

14世紀中葉、ルードルフ四世は、ザンクト・シュテファン聖堂のカテドラル昇格を目指すとともに、この聖堂をハプスブルク家の霊廟とすることを目論む。本章では、ドイツの伝統的な皇帝大聖堂をはじめとする、君主の聖堂造営施策を概観したい。

(1) 皇帝大聖堂とその周辺作例

cat. 20

AACHEN (NRW), Dom, ehem. Pfalz- und Stiftskirche St. Marien
アーヘン大聖堂　　　　　　　　　　　　　　　　　　　　　　　　　地図：6A

796～1414年　　　　　　　　　　　　　　　　　　　　　　　　　　　　ドイツ

8世紀末に建設されたカール大帝の宮廷の、その北側に設けられた礼拝堂。創建当初、八角形堂の東側に方形アプシスを配し、西には西構えとアトリウムを備えていた。地上階には半円形のアーケードが設けられるなど、ラヴェンナのサン・ヴィターレ聖堂 (cat. 34) 等に観察される要素が採り込まれている。後に、カール大帝の霊廟となった。

　方形アプシスに代わり、皇帝カール四世の治世下である1355年から15世紀初頭にかけて建設されたゴシック様式の内陣は、三方をステンドグラスに囲まれ、光に満ちた空間となっている。そのグリッドの細さや空間の険しさが、ゴシック的な精神性を強調する点を根拠として、パリのサント＝シャペル (cat. 337) を範にしたものと見なされている。内陣の東は9/14角形で閉じる。バロック後期と19世紀に修復の手が加えられた。

789年	カール大帝の宮廷が完成する
796-805年	宮廷礼拝堂が建設される
805年	宮廷礼拝堂が聖別される
12世紀	八角形身廊の軒先に、破風と盲アーケードが建設される
1355年	皇帝カール四世がドイツ王の戴冠を受ける
1355-1414年	元来の方形アプシスが、現在のゴシック様式の長堂内陣へと改修される
1400年	この頃、マティアス礼拝堂 (南東) が完成する
1442年	皇帝フリードリヒ三世がドイツ王の戴冠を受ける
1449年	アンナ礼拝堂 (南) が完成する
1487年	これ以前に、ニコラウス礼拝堂 (北東) が完成する

I-2　ルードルフ四世の皇帝大聖堂構想

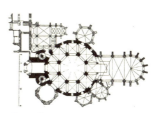

【図版1】外観、北面　【図版2】内部　【平面図】　出典：Dehio / Bezold 1901, I

【Lit.】Dehio / Bezold 1901, I; Fillitz 1969, Kat. 139; Busch 1969, S. 21-22; Simson 1972, Kat. 139; Nussbaum 1985 (eng), S. 125; Maas 2001.
【See】pp. 47, 57; cat. 26.

cat. 21
SPEYER (RP), Dom St. Maria und St. Stephan
シュパイアー大聖堂　　　　　　　　　　　　　　　　　　　　　　　　　　　　地図：6D

1030年頃～1061年　　　　　　　　　　　　　　　　　　　　　　　　　　　　　　ドイツ

　皇帝コンラート二世が自身の霊廟として建設した、現存するロマネスク期の聖堂としては最大規模を誇る大聖堂。コンラート二世らにより造営された大聖堂は〈第Ⅰ聖堂〉、その後、皇帝ハインリヒ四世によって計画変更がなされ拡張されたものは〈第Ⅱ聖堂〉と呼ばれる。コンラート二世夫妻をはじめ、その息子である皇帝ハインリヒ三世らザーリアー朝当主のほか、ハプスブルク家の初代ドイツ王ルードルフ一世も埋葬されている。
　西構えは幾度かの再建を経ており、19世紀に改修された現在の姿は、3つの扉口と小人ギャラリー、そして八角形塔から構成されるものとなっている。東面はドイツ・ロマネスクの古典というべき造形が観察される場所で、すなわち、水平・垂直のグリッドと、小人ギャラリー、ロンバルディア帯といったモティーフが、半円状に突き出た建築躯体をリズミカルに分割している。なお小人ギャラリーは、同時代のロンバルディア建築やピサ大聖堂 (cat. 43) などイタリアに観察されるものでもある。
　内陣は、10世紀末の慣例に倣い、ホール式クリプタの上階に設けられた。コンラート二世は、従来のように内陣席ではなく、クリプタの西壁前にあたる、身廊の東端に埋葬された。半円形平面プランのアプシスや、柱が交互に交換する身廊などは、〈第Ⅱ聖堂〉に属するものである。外陣の半円柱には多面体柱頭が観察される。

7世紀　　　シュパイアー司教に関する史料初出
1025-1030年　この頃、皇帝コンラート二世の下で、〈第Ⅰ聖堂〉の造営が開始される
1041年　　クリプタが聖別される

323

附録　建築カタログ

1061年	皇帝ハインリヒ三世の下で、〈第I聖堂〉の西構え、内陣の交差部、および内陣下のホール式クリプタが聖別される
1080年	この頃、皇帝ハインリヒ四世の下で、聖堂拡張の造営が開始される
1106年	この頃、〈第II聖堂〉が完成する
1159年	火災の被害を受けたため、翼廊ヴォールトが改修される
13世紀	塔の尖頂が建設される
1409年	聖具室が増築される
1689年	改修される
19世紀	改修される

  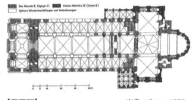

【図版1】外観、東面　　【図版2】内部、内陣を望む　　【平面図】　　　　出典：Gross 1972

【Lit.】Fillitz 1969, Kat. 157; Gross 1972, Kat. 157; Winterfeld 1993, S. 47-118; Wittekind / Albrecht 2009, Kat. 182, 197.
【See】pp. 57, 58; 図I-2-1, I-2-2; cats. 7, 22, 23.

cat. 22
MAINZ (RP), Dom St. Martin und St. Stephan
マインツ大聖堂
地図：6A

1239年聖別　　　　　　　　　　　　　　　　　　　　　　　　　　　　　　　　　　ドイツ

マインツは、4世紀に司教区となり、8世紀以降は15もの司教区を管轄するまでに拡大した、欧州最大規模の大司教区であった。そのため本大聖堂は、一般的な聖堂としてではなく、司教の、あるいは参事会のための聖堂という性格が強い。現在の建築は、11世紀から12世紀にかけて建設された東部分と、12世紀から13世紀にかけて建設された外陣、および西部分から構成される。
　本大聖堂では、二重内陣の形式が採用された。それぞれの内陣には、2基の内陣塔と八角形の中央塔が設けられており、合計6基の塔が、独特の力強い外観を生みだしている。北翼廊前に設けられたゴットハルト礼拝堂は、大司教の私的な礼拝堂として、シュパイアー大聖堂（cat. 21）を手本に建設されたものである。ほかにも、東内陣の分節方法や小人ギャラリーの手法などに、シュパイアー大聖堂からの影響が認められる。
　中世の聖堂では、典礼を行う領域が内陣よりも広い場合が少なくなく、その場合、障壁は外陣側

324

I-2 ルードルフ四世の皇帝大聖堂構想

に設置されることになるが、本大聖堂の西内陣の障壁は、その好例である。

1009年	新しく建設された大聖堂が、聖別の前日に炎上したため、再建される
1036年	皇帝コンラート二世列席の下、大司教バトにより献堂される
1100/1125年	皇帝ハインリヒ四世の下で改修が開始され、東内陣の下にホール式クリプタが、その上部には塔が設けられるなど、東部分が拡張される
1137年	この頃、大司教アダベルト一世の下、東側に二階建てのゴットハルト礼拝堂が建設される
1190年	この頃、側廊が建設され、側廊、身廊、翼廊、および北内陣のヴォールトが架けられる
1200年	この頃、西側の建設が開始される
1239年	西構え、および外陣が完成し、7月4日、皇帝コンラート四世列席の下で聖別される
1361年	東内陣塔に尖頂を伴ったゴシック様式の鐘楼階が建設される
1482年	西の塔が、時計階の下まで建設される
1767年	西の塔群が火災の被害を受けたため、ネオ・ゴシック様式で再建される
1870年	この頃、東の塔が、ネオ・ロマネスク様式で改修される

  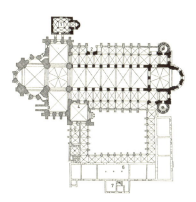

【図版1】外観、北面　【図版2】内部、西内陣を望む　【平面図】　　　出典：Dehio Rheinland

【Lit.】Dehio Rheinland; Doberer 1956, S. 118; Fillitz 1969, Kat. 248; Gross 1972, Kat. 168; Winterfeld 1993, S. 119-164; Wilhelmy 2007.
【See】p. 57.

325

附録　建築カタログ

cat. 23
WORMS (RP), Dom St. Peter
ヴォルムス大聖堂

地図：6A

1106〜1200年頃

ドイツ

　ヴォルムスはライン川の交通の要所で、カール大帝の治世下には、帝国議会が開催されたこともあった。955年、レッヒ川の戦いで歿した、ザーリアー朝の祖先であるロートリンゲン公コンラートが、本大聖堂に埋葬される。12世紀初頭になると、父である皇帝ハインリヒ四世を埋葬するため、皇帝ハインリヒ五世が新しい聖堂を造営したが、これが現在見られる大聖堂の基礎となった。

　本大聖堂では、二重内陣形式が採用された。それぞれの内陣には八角形平面の中央塔と2基の階段塔が備わっており、これは、シュパイアー大聖堂 (cat. 21) を髣髴とさせる形式といえる。東内陣は平面で閉じられており、小人ギャラリーとロンバルディア帯、破風を中央に挟んで、両脇には円形平面の南北両塔が建てられる。西内陣は、オーバーライン地方のロマネスク建築の傑作に数えられるもので、八角形平面上に内陣が立ち上がり、三塔を頂く様相が彫塑的な力強さを湛えている。外陣では、ほぼ正方形の身廊のベイが、柱によってリズミカルに結び付けられる。総じて、ドイツ盛期ロマネスクの代表作というにふさわしい作品である。

　回廊を飾っていた《エッサイの樹》など後期ゴシック様式のレリーフは、現在では北側廊に移されている。

955年	ザーリアー朝の墓所となる
1000-1025年	司教ブルヒャルト一世により、現状とほぼ同規模の大聖堂が造営される
1018年	完成前に、皇帝ハインリヒ二世によって献堂される
1020年	西内陣が倒壊する
1106年	皇帝ハインリヒ五世の下で、新しい聖堂の造営が開始される
1110年	主祭壇が聖別される
1181年	ラウレンティヌス内陣が聖別される
1230-1240年	西内陣が建設される
1300年	この頃、南扉口およびニコラウス礼拝堂が建設される
1429年	北側の西塔が倒壊する
1484年	これ以降、回廊が後期ゴシック様式で改修される

【図版1】外観、南面

【図版2】内部、西内陣を望む

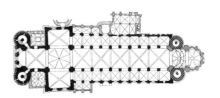
【平面図】

出典：Dehio / Bezold 1901, II

【Lit.】Dehio / Bezold 1901, II; Fillitz 1969, Kat. 270; Winterfeld 1993, S. 165-208; Wittekind / Albrecht 2009, Kat. 198; Spille 2011.
【See】p. 57.

cat. 24
FRANKFURT AM MAIN (HE), Dom St. Bartholomäus
フランクフルト、ザンクト・バルトロメオ聖堂

地図：6A

13世紀〜15世紀以降

ドイツ

遅くとも7世紀末、当地にはすでに石造聖堂が存在しており、794年にはカール大帝の下に帝国議会が開催された。883年、フランク王国のカール三世（肥満王）によって、宮廷礼拝堂に定められる。現在のゴシック大聖堂が建設されたのは、13世紀以降のことである。聖堂完成間近の15世紀初頭、ウィーンのシュテファン大聖堂やストラスブール大聖堂（cat. 49）にも観察されるような透彫り尖塔の建設が開始されるも、16世紀の中断を経て、19世紀になってようやく、1420年の設計図に基づき完成に至る。

　南北の幅に比して東西の長さが短い平面プランをもつため、交差部と翼廊空間が作り出す横軸が強調されることになる。1409年、棟梁ゲルテナーにより、交差部には、プラハ大聖堂（cat. 25）を模した平行リブ・ヴォールトが架けられた。この交差部は、内陣障壁の前で戴冠式が行われるなど、重要な場所であった

　細かく区切られた壁龕に聖人像が立ち並ぶ豪奢な南翼廊扉口は、14世紀のフライブルクやストラスブールで活動していたアンツェルによって建設されたもので、主要扉口としての機能を担っていた。一方、北翼廊扉口は、新しく選ばれた皇帝が内陣へ入るための〈皇帝の扉口〉として機能していた。

7世紀末	この頃すでに、フランク王の王宮近くに、石造聖堂が存在していた
855年	9月1日、マインツ大司教ラバヌス・マウルスにより、〈第III聖堂〉が献堂される
883年	宮廷礼拝堂となる
13世紀後半	三廊のホール式外陣が建設される
1315年	内陣の建て替えが開始される
1349年	内陣が聖別される
1350/51年	棟梁アンツェにより、南翼廊扉口が建設される
1409年	マデルン・ゲルテナーが棟梁となる（銘文に基づく）
1415年	塔の建設が開始される
1514年	この頃、造営がほぼ完了する
1562年	最初のドイツ王戴冠式が、交差部に設けられた内陣障壁前にて執り行われる
1792年	最後の皇帝戴冠式が執り行われる
1870年	1420年に描かれた《設計図A》に基づき、塔が完成する

附録　建築カタログ

  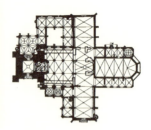

【図版1】西塔　　　【図版2】内部、内陣を望む　　【平面図】　　出典：Dehio Hessen

【Lit.】Dehio Hessen; Dehio / Bezold 1901, S. 356; Nussbaum 1985 (eng), S. 150-151; Bork 2003, pp. 289-294; Kloft 2009.
【See】p. 57.

328

I-2　ルードルフ四世の皇帝大聖堂構想

(2) 君主の聖堂、宮廷礼拝堂

cat. 25

PRAHA [PRAG], Dom Katedrála sv. Víta
プラハ大聖堂　　　　　　　　　　　　　　　　　　　　　　　　　　　　地図：9

1344年着工　　　　　　　　　　　　　　　　　　　　　　　　　　　　チェコ

本大聖堂は、ボヘミア公ヴェンツェルにより聖ヴィトゥスへ捧げられたロトンダに由来する。後にヴェンツェルが聖人として敬われるようになり、これにともない、本聖堂がその霊廟となった。

　14世紀、ルクセンブルク家の皇帝カール四世の治世下において、本大聖堂はカテドラルへ昇格する。これとともに、大聖堂建築の造営が開始された。最初の棟梁であるフランス人のマチュー・ダラスは、フランス的なバシリカ式大聖堂の建設を目指していた。しかしその歿後、新たに棟梁となった若きペーター・パルラーは、その前任者であるマチュー・ダラスの方針を基本的には受け継ぎつつも、より個性的な造形へと変更していく。例えば内陣の壁面は、一見滞りなく連続するかに思われるが、柱の形態を比較すると、棟梁交代の痕跡が、造形の差異として色濃く残されていることがわかる。あわせてP・パルラーは革新的なネットヴォールトを考案し、さらにはモニュメンタルな南塔の建設にも着手した。南翼廊扉口〈黄金門〉は、三連尖頭アーチの開口部とフライング・リブを備えた、独創的な扉口である。

　総じて本大聖堂はパルラー家を代表する建築であり、殊にネット・ヴォールトの形態は、ドイツ後期ゴシックの規範となるものであった。P・パルラーの歿後は、その息子ヴェンツェル・パルラーとヨハン・パルラーが造営を引き継ぐこととなる。

925年	ヴェンツェルの下、四葉形ロトンダが建設され、聖ヴィトゥスへ捧げられる
1061-11世紀後半	ロトンダが、2つの内陣と双塔を伴う三廊式バシリカへと改修される
1344年	4月にカテドラルとなり、11月に聖堂拡張の造営が開始される
1352年	棟梁マチュー・ダラスが歿する
1356年	ペーター・パルラーが棟梁に着任する
1360年代	南翼廊扉口〈黄金門〉が完成する
1370年	〈黄金門〉のモザイク「最後の審判」が完成する
1385年	内陣が聖別される
1396年	南塔の建設が開始される
1398年	ヨハン・パルラーが棟梁に着任する
1399年	P・パルラーが歿する
1420年	フス戦争の混乱により、造営が中断される
1873年	外陣の建設が再開される
1929年	9月28日、聖堂が完成する

329

附録　建築カタログ

  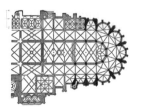

【図版1】外観、南面　　【図版2】内部、内陣を望む　　【平面図】(中世当時) 出典：Chotěbor 1994

【Lit.】Bachmann 1938; Swoboda 1969; Lenger 1978; Nussbaum 1985 (eng); Chotěbor 1994; Muchka 1994; Strobel 2004.
【See】pp. 18, 20, 34, 52, 55, 56, 68-73, 75, 78, 79, 81-84, 97, 101, 105, 132, 133, 144, 172, 175, 192, 232, 238, 241, 293, 294; 図I-1-16, I-2-24, I-2-26～31, I-3-3, I-3-5, II-1-8, II-3-8; cats. 24, 213, 220, 226, 280.

cat. 26
WIEN, Augustiner- und Pfarrkirche, ehem. Hofpfarrkirche
ウィーン、ザンクト・アウグスティン聖堂　　　　　　　　　　　　地図：8B

1349年献堂　　　　　　　　　　　　　　　　　　　　　　　　　　オーストリア

　ハプスブルク家のフリードリヒ美公によって造営された、ウィーン王宮に隣接するホール式聖堂。これ以前のウィーンのホール式聖堂と異なり、コーニスなどで廊それぞれが独立した空間であるかのように強調されることはなく、三廊が均質に広がる空間印象を有す。外陣身廊では横長ベイが、外陣側廊では縦長ベイが採用されており、そのため、バシリカ的な平面システムと見なされている。ホール式聖堂であるにもかかわらず、こうした平面構成を有する聖堂は、わずかしか観察されない。
　一方、アプシスの形式として、集中式建築を彷彿とさせる多角形平面が採られている点に、ドイツの托鉢修道会からの影響を認める説がある。あわせて、アーヘン大聖堂 (cat. 20) の内陣タイプに類似しているとも指摘されている。
　聖堂の南に建設されたゲオルク礼拝堂は、ハプスブルク家のオットー陽気公が設立したゲオルク騎士団の集会所として、また同時に、アウグスティナ修道会の参事会ホールとして使用されていた。

1327年	ハプスブルク家のフリードリヒ美公により、寄進がなされる
1330-1339年	聖堂が造営される
1341年	ゲオルク礼拝堂が聖別される
1349年	献堂
1399年	この頃まで、内陣の建設が続く
1631年	バロック様式で改装される
1652年	棟梁ゲオルク・ゲルシュテンブラントにより、塔が建設される

I-2 ルードルフ四世の皇帝大聖堂構想

  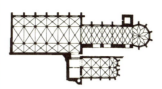

【図版1】外観、北東面　【図版2】内部、内陣を望む　【平面図】　出典：Wagner-Rieger 1988

【Lit.】Dehio Wien, S. 17-19; Donin 1935, S. 203-205, 225-234; Oettinger 1961, S. 526-528; Gross 1972, S. 187; Wagner-Rieger 1988, S. 139; Brucher 2000, S. 261-263, Kat. 42.
【See】図 I-1-1; cat. 182.

cat. 27
WIEN, Burgkapelle Mariä Himmelfahrt
ウィーン、宮廷礼拝堂

地図：8B

1447～1449年　　　　　　　　　　　　　　　　　　　　　オーストリア

現在見られるウィーンの王宮は広大であるが、中世におけるハプスブルク家の王宮は、〈スイス門〉付近に限られる、小さなものであった。本礼拝堂は、王宮の二階に位置している。

1296年	史料初出
1447-1449年	新しい聖堂が造営される
17世紀-18世紀	バロック様式で改装される
1802年	トリビューンの装飾をはじめ、根本的な改修がなされる

【図版1】外観、北面　【図版2】内部、内陣　【平面図】　出典：Wagner-Rieger 1988

【Lit.】Dehio Wien, S. 19-20; Wagner-Rieger 1988, S. 152, 191.
【See】p. 52; 図 I-1-1.

331

附録　建築カタログ

cat. 28
NÜRNBERG (BY), Kath. Stadtpfarrkirche Unser Lieben Frauen
ニュルンベルク、聖母聖堂

地図：6B

1358年献堂　　　　　　　　　　　　　　　　　　　　　　　　　　　　　　　　　ドイツ

　皇帝カール四世の治世下において、ニュルンベルクの中心地であるマルクト広場に面して建設された、小さなホール式聖堂。当地には元々シナゴーグが設けられていたが、これが、本聖堂の造営をもってキリスト教の聖堂に代えられたわけである。

　本聖堂は、ゴシック後期のフランケンにおける最初のホール式聖堂と考えられている。造営に際して、ペーター・パルラーが関与した可能性が指摘されている。西側構造の上階には、ミヒャエル内陣が設けられており、見事なトレーサリーで飾られる。この内陣は、皇帝の礼拝堂に位置付けられるものであり、皇帝席が設けられていた。

1349年	シナゴーグとして認可を受ける
1350-1352年	キリスト教聖堂とすべく、造営が開始される
1355年	この頃、西側構造着工か
1358年	7月、献堂
1360年	これ以降、内装の彫刻が制作される

  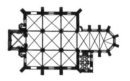

【図版1】外観、西面　　【図版2】内部、内陣を望む　　【平面図】　出典：Nussbaum 1985

【Lit.】Reitzenstein / Brunner 1974, S. 681-683; Braunfels 1981, S. 125-126; Nussbaum 1985 (eng), p. 124; Keyh 1992.

cat. 29

NÜRNBERG (BY), Burgkapelle
ニュルンベルク、城塞礼拝堂　　　　　　　　　　　　　　　　　　　　　　　地図：6B
12世紀後半　　　　　　　　　　　　　　　　　　　　　　　　　　　　　　　　ドイツ

ザーリアー朝期、城砦の東に建設された礼拝堂を起源とする。ホーエンシュタウフェン朝期の皇帝フリードリヒ一世（赤髭王）により城砦が拡張された際、新たに造営された。城塞に付属する二重礼拝堂の好例でもある。吹き抜けによって上下に接している、下階のマルガレーテ礼拝堂と、上階の皇帝礼拝堂は、ともに、縦3ベイ・横3ベイの、独立柱に支えられたホール式聖堂となっている。三連アーチの施された西トリビューンは、君主のための席として使用されていた。

1267/68年　史料初出
1420年　　火災の被害を受ける
1945年　　戦争の被害を受ける

【図版1】外観、北東面　　【図版2】内部、上階　　【平面図】　出典：Fehring / Ress 1982

【Lit.】Reitzenstein / Brunner 1974, S. 670-671; Fehring / Ress 1982; Braunfels 1981, S. 114-115; Schütz 1989.
【See】cat. 12.

cat. 30

TROYES, Basilique Saint-Urbain
トロワ、サン゠テュルバン聖堂　　　　　　　　　　　　　　　　　　　　　　地図：4C
1262年着工　　　　　　　　　　　　　　　　　　　　　　　　　　　　　　　フランス

アミアン大聖堂（cat. 335）の周歩廊祭室に類似した空間効果が指摘されている聖堂。1262年より、教皇ウルバヌス四世の礼拝堂として造営が始まった。3つのアプシスが並ぶ内部空間とともに、外観を華やかに飾るトレーサリーも注目される。

333

附録　建築カタログ

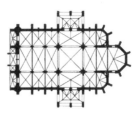

【図版1】外観、西面　　【図版2】内部、内陣を望む　　【平面図】　　出典：Wagner-Rieger 1988

【Lit.】Frankl 1962 (2000); Wagner-Rieger 1988, S. 17; Camille 1996; Binding 1999; Isnard 2010.
【See】p. 50; cats. 51, 335.

cat. 31
LANDSHUT (BY), Burgkapelle St. Georg
ランツフート、ザンクト・ゲオルク礼拝堂

地図：6C

13世紀〜1517/18年　　　　　　　　　　　　　　　　　　　　　　　　　　　　ドイツ

13世紀に由来する二重礼拝堂。城塞の北西に位置する。上階は君主らのための空間として使用された。バイエルン公ルートヴィヒ十世の治世下になると、宮廷の棟梁ヤーコプ・アンベルガーによって、後期ゴシック様式のリブ・ヴォールトが架けられた。

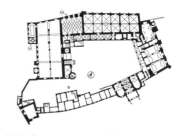

【図版1】内部、上階　　【図版2】同　　【平面図】　　出典：Dehio Bayern II

【Lit.】Dehio Bayern II; Reitzenstein / Brunner 1974, S. 489-490.

334

I-2 ルードルフ四世の皇帝大聖堂構想

cat. 32
SCHWAZ (TI), Totenkapelle Hl. Michael und Hl. Veit
シュヴァーツ、死者礼拝堂

1504〜1506年

地図：7D
オーストリア

聖母被昇天聖堂(cat. 284)に接して建設された、二階建ての礼拝堂。各々の空間は独立しており、外付けの階段で結ばれている。各階とも内部にはネット・ヴォールトが架けられている。

【Lit.】Dehio Tirol.

【図版】外観、南西面

【平面図】上階礼拝堂　　出典：Dehio Tirol

cat. 33
OVIEDO, S. María del Naranco
オビエド、サンタ・マリア・デル・ナランコ聖堂

848年頃

地図：11
スペイン

スペイン北部アストゥリアスにある、後期ロマネスク、ビザンティン、そしてパルティア・ササン朝等の要素が混在した、初期キリスト教時代の建築。848年、アストゥリアス王ラミオ一世によって祭壇が設けられたといわれる。住居として使用されていたが、また同時に上階東側のロッジャが聖母に捧げられていた。二階建ての宮廷礼拝堂の発展を知る上で、注目すべき作例だといえよう。

【図版】外観、西面

【平面図】　　出典：Arias 1999

【Lit.】Fillitz 1969, Kat. 140, 141; Arias 1999, pp. 132-162; Tejón 2001, pp. 17-25.

335

附録　建築カタログ

(3) 集中式聖堂

cat. 34

RAVENNA, Basilica di S. Vitale
ラヴェンナ、サン・ヴィターレ聖堂

地図：10

526年頃～547年

イタリア

　八角形平面プランにアプシスとナルテックスを備えた集中式聖堂。東ローマ帝国の皇帝ユスティニアヌスの治世下における、ビザンティン芸術の傑作のひとつに位置付けられる。本聖堂の施主は、司教エクレシウスであった。身廊を二階建ての側廊で囲むという形式は、東ローマに由来するものである。
　内陣部分は、キリストや十二使徒をはじめとする、旧約および新約聖書の聖人像が描写されたモザイクで飾られる。あわせて、内陣の南北の側壁ではそれぞれ、皇帝ユスティニアヌスと皇妃テオドラが従者を従える姿で描写されたモザイク壁画が観察される。

525年	これ以降、司教エクレシウスにより、聖堂の造営が開始される
548年	4月19日、司教マクシミアンにより、献堂される
1780年	ドームのフレスコ画が描かれる

  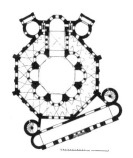

【図版1】内部、八角形堂　　【図版2】内部、内陣　　【平面図】出典：Dehio / Bezold 1901, I

【Lit.】Dehio / Bezold 1901, I; 越 2016.
【See】cat. 20.

cat. 35
KÖLN (NRW), Pfarrkirche St. Gereon
ケルン、ザンクト・ゲレオン聖堂　　　　　　　　　　　　　　　　地図：5D

1219〜1227年　　　　　　　　　　　　　　　　　　　　　　　　　　ドイツ

　4世紀に建設された、半円形アプシスを伴う楕円形平面プランの集中式聖堂を前身とする。13世紀になると、ゴシック様式に改修された。
　デーヒオは本作を、ドイツのロマネスクとフランスのゴシックが融合し始める、ドイツ・ゴシックの第二段階に位置付けている。またゼードルマイヤーは、古代後期に属する聖堂がフランス的なゴシック様式の空間へと改められた作例として注目している。

4世紀末	楕円形平面プランの集中式聖堂が、高官の祈祷のために設けられる
612年	聖堂が聖ゲレオンへと捧げられる
1067年	大司教アンノ二世により、三廊のホール式クリプタを伴う西の内陣が聖別される
1156年	長堂内陣に双塔が建設される
12世紀後半	内陣が拡張される
1180年	町の拡張にともない、市壁内に位置するようになる
1219-1227年	当初の楕円形平面プランの建造物が、トリビューンを伴う十角形平面プランの集中式建築（デカゴン）へと改築される

  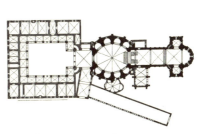

【図版1】内部、内陣を望む　　【図版2】同　　【平面図】　　出典：Dehio / Bezold 1901, II

【Lit.】Dehio / Bezold 1901, II, S. 262; Sedlmayr 1950 (jp), p. 505; Fillitz 1969, Kat. 267; Gross 1972, Kat. 164; Machat 1987, S. 64-75; Kosch 2000 (2005), S. 36-44.

附録　建築カタログ

cat. 36
ROMA, Mausoleo di S. Costanza
ローマ、サンタ・コスタンツァ廟

地図：10

4世紀

イタリア

キリスト教を公認したローマ帝国の皇帝コンスタンティヌス一世の娘コスタンティナが自身の霊廟として建設した集中式建築。後に洗礼堂として、さらには聖堂として使用されるようになった。ヴォールトのモザイク画は4世紀のものである。

【図版】内部

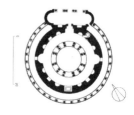
【平面図】　出典：Koch 2003

cat. 37
RAVENNA, Mausoleo di Galla Placidia
ラヴェンナ、ガッラ・プラチディア廟

地図：10

425年頃

イタリア

十字形平面プランにペンデンティヴ・ドームを備えたレンガ造の集中式建築。おそらくは、ローマ帝国の皇帝テオドシウス一世の娘で、ローマで殁したガッラ・プラチディアの霊廟として建設された。建設後、地盤が高くなってしまったことから、現在は天井が当初よりも低くなっている。

【図版】内部

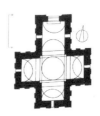
【平面図】出典：Koch 2003

338

I-2　ルードルフ四世の皇帝大聖堂構想

cat. 38

RAVENNA, Battistero degli Ortodossi
ラヴェンナ、正教徒洗礼堂

5世紀前半

地図：10

イタリア

八角形平面プランの集中式建築。四方に4つのアプシスを備える。モザイク「十字架崇敬の聖ペテロと聖パウロ」、「善き羊飼いとしてのキリスト」、「聖ラウレンティウスの殉教」などは、440年頃に制作されたものである。

【図版】内部

【平面図】　出典：Koch 2003

cat. 39

ISTANBUL, St. Sergios- und St. Bacchos
イスタンブール、聖セルギオスと聖バッコス聖堂 (キュチュックアヤソフィア)

527～536年

トルコ

八角形平面プランの集中式建築。現在はモスクとして使用されている。

【Lit.】Maas 2001, S. 23-24.

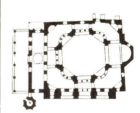
【図版】内部　　【平面図】　　　出典：Maas 2001

339

附録　建築カタログ

cat. 40
FIRENZE, Battistero di S. Giovanni
フィレンツェ、サン・ジョバンニ洗礼堂　　　　　　　　　　地図：10

1060〜1150年頃　　　　　　　　　　　　　　　　　　　　イタリア

八角形平面プランの洗礼堂。現在の建物は、教皇ニコラウス二世によって1060年に造営が開始されたものである。元来は半円形平面プランのアプシスを備えていたが、後に今日のような矩形平面プランに代えられた。1296年に外壁が大理石で覆われた。北・東・南の三方にブロンズ製の扉が備わっており、中でも東の作品はロレンツォ・ギベルティが手掛けたもので、〈天国の門〉と呼ばれる。

1060年　　教皇ニコラウス二世の下で、造営が開始される
1128年　　洗礼堂として使用できるほどには、完成する
1150年　　この頃、完成する

  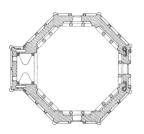

【図版1】外観、北西面　　【図版2】内部　　　　【平面図】　　　　出典：Fillitz 1969

cat. 41
PISA, Battistero di S. Giovanni
ピサ、サン・ジョバンニ洗礼堂
　　　　　　　　　　地図：10
1153年〜14世紀　　　　イタリア

円形平面プランの集中式建築。

cat. 42
PARMA, Battistero di S. Giovanni
パルマ、サン・ジョバンニ洗礼堂
　　　　　　　　　　地図：10
1196〜1260年頃　　　　イタリア

八角形平面プランの集中式建築。

(4) 外壁の装飾

▍cat. 43

PISA, Cattedrale di S. Maria Assunta
ピサ大聖堂   地図：10

1063〜1118年   イタリア

ファサード上部には、小人ギャラリーが4層にわたって積み上げられており、独特の景観を作り出している。

1063年　造営が開始される
1118年　この頃、献堂
1152年　洗礼堂の建設が開始される
12世紀末　外陣が西へ拡張される

【図版】外観、西面

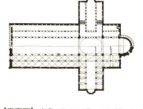
【平面図】出典：Dehio / Bezold 1901, I

【Lit.】Dehio / Bezold 1901, I; Fillitz 1969, Kat. 235-236.
【See】cat. 21.

▍cat. 44

PIACENZA, Cattedrale di S. Maria Assunta e S. Giustina
ピアツェンツァ大聖堂   地図：10

1122〜1233年   イタリア

かつての大聖堂が1117年の地震で崩壊したため、1122年より建て直された。三廊のバシリカ式聖堂で、三廊式の翼廊、および内陣のそれぞれにアプシスが設けられている。1333年、鐘楼が完成した。ファサードは小円柱と円形窓によって装飾的に彩られている。

【図版】外観、西面

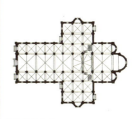
【平面図】出典：Dehio / Bezold 1901, II

【Lit.】Dehio / Bezold 1901, II; Fillitz 1969, Kat. 225.

附録　建築カタログ

cat. 45
PARMA, Cattedrale di S. Maria Assunta
パルマ大聖堂

地図：10

12世紀〜13世紀

イタリア

11世紀、パルマ司教によって大聖堂の造営が始められ、1106年に献堂された。その後、1117年の地震で崩壊したため建て直されたのが、現在の大聖堂である。1284年から1294年には鐘楼が、1285年には礼拝堂が建設された。ファサードには小人ギャラリーのモティーフが三層にわたって観察される。

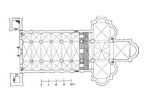

【図版】外観、西面　　【平面図】　　出典：Fillitz 1969

【Lit.】Fillitz 1969, Kat. 223.

cat. 46
DIJON, Église Notre-Dame
ディジョン、聖母教会

地図：4C

1230〜1251年

フランス

三廊のバシリカ式聖堂。交差部に採光塔を備える。ファサードでは、小円柱の並ぶ小人ギャラリー風のモティーフが、二層にわたって観察される。

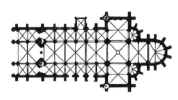

【図版1】外観、南西面　　【図版2】内部、内陣を望む　　【平面図】　　出典：Droste 1998

I-3　市民の南塔

15世紀初頭、造営の最中にあったウィーンのシュテファン大聖堂は、ひとつの転換期を迎える。この頃、ハプスブルク家に代わり、ウィーン市民が聖堂造営を率いるようになったのである。造営主の交代が造形として現われているのが、南塔である。市民が南塔に望んだのは、大公ルードルフ四世が目指した皇帝大聖堂の多塔としての機能ではなく、市民を象徴する単塔としての役割であった。本章では、まず聖堂の構成要素としての塔に注目し、次いで、市庁舎など、都市市民たちが造営に力を注いだ建築を見てゆきたい。

(1) 透彫り尖塔

cat. 47
KÖLN (NRW), Dom St. Peter und St. Maria
ケルン大聖堂

地図：5D

1248〜1880年　　　　　　　　　　　　　　　　　　　　　　　　ドイツ

本聖堂は、おそらくアミアン大聖堂 (cat. 335) やパリのサント＝シャペル (cat. 337) など、フランス・ゴシックの聖堂を手本として建設されたものである。造営は13世紀中葉に始まったものの、16世紀中葉以降は造営が中断していた。しかし19世紀ロマン主義の時代、《設計図F》と呼ばれるファサード立面図が再発見されたため、中世当時のデザインの再現が可能となり、1842年に造営が再開された。なお、本大聖堂に関する中世の設計図はAからGu3まで現存する。塔のプランは1300年頃のもので、棟梁ヨハンネスに帰されている。

　ケルンの町は1世紀に作られ、4世紀にはすでに司教座が置かれていたことからもわかるように、長い歴史をもつ重要都市であった。13世紀、司教座聖堂を建て替える際にゴシック様式が採用された理由として、対外的な権威の強化を狙った大司教コンラート・フォン・ホホシュターデンの野望があったとボルクは指摘している。

313-314年	最初の聖堂が造営される
1248年	焼失したため、8月15日、新しい聖堂の造営が開始される
1269年	内陣と翼廊が完成する
1322年	内陣が聖別される
1350年代末	南の塔の建設が開始される
1528年	造営が中断される
1842年	《設計図F》の発見を受け、9月4日、造営が再開される
1880年	10月15日、南塔の完成をもって、すべての造営が完了する

附録　建築カタログ

  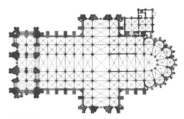

【図版1】外観、西面　　【図版2】内部、内陣を望む　　【平面図】　　　　　　　出典：Simson 1972

【Lit.】Simson 1972; Wolff 1980; Wolff 1995; 飯田 1995; Bork 2003.
【See】pp. 82, 96, 110, 111, 236; 図I-4-16; cats. 48, 160, 335.

cat. 48
FREIBURG IM BREISGAU (BW), Münster Unser Lieben Frauen
フライブルク大聖堂　　　　　　　　　　　　　　　　　　　　　　　　地図：6D

1220/30〜1536年　　　　　　　　　　　　　　　　　　　　　　　　　　　　ドイツ

　市民のための小教区聖堂として建てられた。殊に注目を集めるのは、透彫り尖頂を備える西塔である。ボルクによれば、中世後期のドイツにおける透彫り尖塔の発展は、フランスのデザインからの影響と、市民のプライドと寄進により可能となったものである。その中でも、同時代に建設されたストラスブール大聖堂 (cat. 49) やケルン大聖堂 (cat. 57) の塔との比較から、本大聖堂における単塔の着想時期と施工期間が論点のひとつとなってきた。
　例えばカウフマンは、自由な形態が採られているフライブルク大聖堂の単塔より、保守的な形態であるケルン大聖堂の塔の方がよりシステマティックだとして、後者を新しい発想だと考えた。一方、現存するフライブルク大聖堂の設計図が、リースが主張するとおり1280年のオリジナルのコピーであるのなら、そのアイディアは、1300年頃に同定されるケルン大聖堂の《設計図F》より早いことになる。そして上述したボルクによると、フライブルク大聖堂の塔は、ケルンとストラスブール両大聖堂から引き出された仲介者的なアイディアに位置付けられるという。

1091年	この頃、町が作られ、最初の小教区聖堂が造営される
1200-1210年	この頃、新しい聖堂へと建て替えられる
1220/30-1256年	東の2ベイが建設される
1270-1290年	この頃、塔の下層が建設される
13世紀末	西扉口における《エッサイの樹》と《聖母子》を中心とした彫刻群が制作される
1300-1330/40年	この頃、八角形層および尖頂が建設される
1301年	この頃までに、身廊が完成する

344

I-3 市民の南塔

1354年	この頃、ペーター・パルラーの兄であるヨハン・フォン・グミュントの下で、内陣の建設が開始される
1471-1478年	棟梁ハンス・ニーゼンベルガーが、内陣造営に従事する
1510年	内陣ヴォールトが架けられる
1513年	コンスタンツ司教により、献堂される
1877年	交差部勝利門に「聖母戴冠」が描かれる

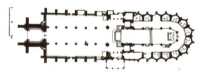

【図版1】西塔　　【図版2】内部、内陣を望む　　【平面図】　　出典：Dehio Baden-Württemberg II

【Lit.】Dehio Baden-Württemberg II; Dehio 1921; Kaufmann 1957, pp. 121-122; Simson 1972, S. 206-207, Kat. 41; Mittmann 2001; Bork 2003; Schramm 2005; 飯田 1995.
【See】pp. 82, 96, 104, 109-111, 159, 241; 図I-4-15, II-2-16.

cat. 49

STRASBOURG, Cathédrale Notre-Dame
ストラスブール大聖堂　　　　　　　　　　　　　　　　　　　　　　　　　地図：6D

1250年頃～1439年　　　　　　　　　　　　　　　　　　　　　　　　　　　フランス

　かつてはドイツ語文化圏に属していたアルザスを代表する大聖堂。西ファサードは、「ハープの弦」とも呼ばれる華麗で繊細なトレーサリー装飾の施されたもので、ドイツで発展した透彫り尖塔の重要作品のひとつに数えられる。塔の高さは142メートル。着工時には双塔式ファサードが計画されていたが、幾度かの計画変更を経て、南塔は未完成に終わった。そのため、本聖堂はしばしば単塔式ファサードと見なされる。
　西ファサードに関する設計図は3種類現存し、それぞれ《設計図A》(1265年頃に描かれたオリジナルの設計図を、1300年頃に複写したもの)、《設計図B》(1276/77年頃、棟梁エルヴィンが制作したもの)、《設計図C》(14世紀に描かれたオリジナルを、18世紀に複写したもの)と呼ばれる。このうち《設計図B》が、現状に最も近いものである。
　内部空間は、ロマネスク期の様相を色濃く残す。ゴシック期の内陣障壁の一部が、大聖堂付属美術館に残されている。エクレシアとシナゴーグの像がある南翼廊扉口は13世紀、植物状の装飾が確認される北翼廊扉口は16世紀に建設されたものである。

345

附録　建築カタログ

826年	史料初出
1015年	ロマネスク様式の大聖堂が造営される
1176-1180年	火災の被害を受けた後、バーゼル大聖堂に倣い、アプシスが再建される
1250年	この頃、おそらく棟梁エルヴィンの前任者により《設計図A》が描かれ、外陣の建設が開始される
1275年	外陣が完成する
1276-1277年	エルヴィンにより、《設計図B》が描かれる
1277年	エルヴィンの下で、西ファサードの建設が開始される
1298年	火災の被害を受け、西ファサードの建設が中断し、その間、エルヴィンによりデザインの一部が変更される
1318年	この頃、歿したエルヴィンの息子ヨハンネスが棟梁となり、西ファサードの中間層が完成する
1382年	棟梁ミヒャエル・フォン・フライブルクにより、双塔案が廃され、双塔間が壁体で埋められる
1399年	棟梁ウルリヒ・フォン・エンジンゲンにより、双塔案が復活し、建設が再開される
1419年	棟梁ヨハンネス・ヒュルツの下で、西ファサード八角形階上層が半分まで完成する
1439年	北塔の完成をもって、西ファサードの建設が完了する

  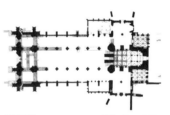

【図版1】外観、西面　【図版2】内部、内陣を望む　【平面図】　　　　出典：Bengel 2011

【Lit.】Bony 1983, pp. 425-426, 535; Fast 1990; Schock-Werner 1995; Liess 1991; 飯田 1995; Bork 2003; Bork 2005; Bengel 2011.
【See】pp. 61, 82, 84, 85, 88, 91, 94-97, 104, 119, 184, 241; 図I-3-7, I-3-18; cats. 24, 48, 50, 94, 289.

I-3 市民の南塔

cat. 50

ULM (BW), Ev. Münster
ウルム大聖堂

地図：6C

1377年〜15世紀

ドイツ

　初代棟梁ハインリヒ・パルラーをはじめとする、パルラー家に所縁のある棟梁たちによって造営された大聖堂。着工当初は段形ホール式聖堂の建設が計画されていたが、ミヒャエル・パルラーによって、バシリカ式聖堂へと計画が変更されたと考えられる。西の単塔はストラスブール大聖堂 (cat. 49) の造営でも活躍したウルリヒ・フォン・エンジンゲンの計画に基づき建設された透彫り尖塔で、その設計図も現存している。

　内陣には、ドイツ後期ゴシックを代表する彫刻家イェルク・ジルリン（父）による内陣席等が設けられており、内装も注目に値する。二廊式の側廊には、星形ヴォールトが架けられている。

　内陣の奥行は15メートル、外陣の奥行は124メートルある。

1377年	ハインリヒ・パルラーの下で、内陣の建設が開始される
1383年	この頃、ミヒャエル・パルラーにより、外陣の建築タイプがバシリカへと変更か
1391年	この頃、ウルリヒ・フォン・エンジンゲンにより、西の尖塔が計画される
1400年	この頃、南西の扉口が、現状の形式となる
1449年	内陣ヴォールトが完成する
1450/60年	この頃までに、塔の二層目までが完成する
1471年	側廊も含め、ヴォールトすべてが完成する
1477-1494年	この頃、マテウス・ベーブリンガーにより、鐘楼階が建設される
1875-1880年	中世に作られた土台の上に、内陣塔が完成する
1885-1890年	八角形層と尖頂が建設され、塔が完成する

【図版1】西塔

【図版2】内部、内陣を望む

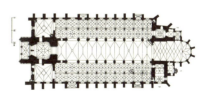
【平面図】　　　出典：Dehio Baden-Württemberg II

【Lit.】Dehio Baden-Württemberg II; Wortmann 1972; Wortmann 2000; Wortmann 2004.
【See】pp. 22, 32, 202, 211, 227, 228; 図II-3-23, II-3-31, II-4-9, II-5-23.

347

附録　建築カタログ

cat. 51
REGENSBURG (BY), Dom St. Peter
レーゲンスブルク大聖堂

地図：6C

1270年代〜1400年頃

ドイツ

　8世紀の廟を起源とする大聖堂。13世紀末以降に建設された現在の大聖堂は、内外ともに、フランスのレーヨナン様式から影響を受けたものであった。アプシスを3つ並べる形式はバイエルンの伝統であるが、その立面に関しては、トロワのサン＝テュルバン聖堂（cat. 30）など、フランスの作例を参照した可能性が指摘されている。内陣は、旧プランの外壁の内側に当たる、北と中央アプシスから着手された。最後に建設された南アプシスは、北と比較して、形態が明快である。
　棟梁コンラート・ロリツァーやマテウス・ロリツァーも従事した西ファサードは、華麗なトレーサリーと透彫り尖塔で飾られた。三角形平面プランという独特の形式をもつ中央扉口の起源などに関しては、いまだ詳らかではないが、エアフルト大聖堂（cat. 106）の北扉口〈トライアングル〉との関係性も示唆されている。なお西ファサードの設計図は、現状のような双塔式のものと、一種の理念図とも推定される単塔式のものが現存する。

700年	現在の大聖堂の北東の位置に、簡素なホールが設けられ、聖エアハルトが埋葬される
739年	司教座の設置にともない、聖堂が現在の位置へ移されたか
11世紀	聖堂が拡張される
1270年代	新しい聖堂の造営が開始される
1273年	火災の被害を受けたため、修復される
1325年	3つの内陣アプシスおよび翼廊（交差部のドームを除く）が完成する
1330/40年	外陣ヴォールトが架けられる
1341年	西ファサードの南塔および中央部分の建設が開始される
1380年	この頃までに、西ファサードの第二層目が完成する
1390-1395年	この頃、中央扉口の造形が決定される
1496年	北塔が完成する

  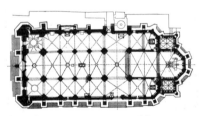

【図版1】外観、西面　　【図版2】内部、内陣を望む　　【平面図】　　出典：Zahn 1929

【Lit.】Dehio 1921; Zahn 1929; Frankl 1962 (2000), p. 169; Hubel 1977 (1999); Nussbaum 1985 (eng), S. 84-85, 211-213; Bureš 1986; Hubel 1995; Hubel 2000.
【See】pp. 50, 105, 106, 222, 223; 図 I-1-10, I-1-11, I-4-12, II-5-14, II-5-15; cat. 106.

I-3 市民の南塔

cat. 52

BAD DEUTSCH ALTENBURG (NÖ), Pfarrkirche Mariä Empfängnis
バート・ドイチュ・アルテンブルク、聖母受胎聖堂

地図：8B

1213〜1400年頃

オーストリア

　本聖堂は、ロマネスク様式の外陣に対し、内陣のみがゴシック様式で新たに建設されたものである。様式の相違は、殊に内部空間の明暗差において顕著に現われており、ロマネスク期の外陣が暗く狭い空間であるのに対し、ゴシック期の内陣は天井が高く、光に満たされている。

　内陣の着工年、および、棟梁の帰属に関しては、ともに未解決の問題である。棟梁に関しては、ウィーンのマリア・アム・ゲシュターデ聖堂 (cat. 226) の造営に従事したマイスター・ミヒャエルに内陣を帰属させる見解が長らく主流を占めていたが、マイスター・ミヒャエルのモノグラフを著したハースマンは、この解釈に疑問を呈している。

　本聖堂で特筆すべきは、内陣外壁に並ぶ華麗な控壁である。地上部分では堅固なブロックの様相を帯びていた控壁が、ひとつ層を上がるごとに、トレーサリーで飾られ、タベルナクルとなり、そして尖頂と化して、最後には消失する。こうした控壁の順次縮小システムは、マイスター・ミヒャエルが棟梁を務めたと推察される、ウィーンのシュテファン大聖堂の外陣外壁でも観察されるものである。

　西塔は、あたかも独立して聳え立つモニュメントのごとく、堅固な様相を示している。そのピラミッド状の尖頂形体は、ニーダーエスターライヒの聖堂建築に影響を与えることとなった。

1213年	これ以降、外陣が建設される
1350-1380年	この頃、西塔が建設される
1380年代	内陣の建設が開始される
1400年	内陣が完成する

【図版1】外観、南西面

【図版2】内部、内陣を望む

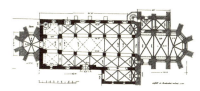
【平面図】　　　出典：Hassmann 2002

【Lit.】Donin 1943, S. 238, 242; Brucher 2000, Kat. 60; Hassmann 2002, S. 427-445.
【See】pp. 91, 92, 108, 115, 116; 図I-3-14, I-4-14.

附録　建築カタログ

(2) 塔、西側構造

cat. 53
KÖLN (NRW), Ehem. Benediktinerkirche St. Pantaleon
ケルン、ザンクト・パンタレオン聖堂　　　　　　　　　　　　　　　地図：5D

980年献堂　　　　　　　　　　　　　　　　　　　　　　　　　　　　ドイツ

オットー朝期に由来する、平天井を備えた三廊のバシリカ式聖堂。カロリング朝期における西側構造の形式を忠実に踏襲し、円筒形の双塔と矩形の大塔という3基の塔を群立させた、簡潔ながらも壮大な外観が特徴である。ドイツ・ロマネスクの特質が顕著に認められる作例といえよう。西側構造内部の玄関ホールの上層階は、アーケードで開かれ、トリビューンが設けられている。ゴシック様式の壮麗な内陣障壁が設置されている。

957年	皇帝オットー一世の弟であるケルン大司教ブルノにより、ベネディクト会修道院が創設される
980年	西側構造を備えた聖堂が聖別される
12世紀後半	単廊式聖堂が、三廊式バシリカへと拡張される
1180年	町の拡張にともない、聖堂が市壁内となる
17世紀	アプシスおよび身廊のギャラリーが改修される
19世紀	西側構造が、11世紀初頭当時のものへと修正される

【図版1】外観、西面

【図版2】内部、内陣を望む

【平面図】　　出典：Dehio / Bezold 1901, I

【Lit.】Dehio / Bezold 1901, I; Fillitz 1969, Kat. 147, 148; Kosch 2000 (2005), S. 87-98.
【See】cats. 56, 316.

cat. 54
HILDESHEIM (NI), Kath. Dom St. Mariä Himmelfahrt
ヒルデスハイム大聖堂

地図：5C

11世紀　　　　　　　　　　　　　　　　　　　　　　　　　　　　　　　ドイツ

第二次大戦で甚大な被害を受けたため再建された大聖堂。平天井を備えた三廊式バシリカで、重厚な西側構造と、内陣アプシス、そして側廊礼拝堂が備わる。西扉口を飾るのは、11世紀初頭、司教ベルンヴァルトの注文により制作されたブロンズ製の扉で、旧約・新約聖書の諸場面が描かれた、オットー朝芸術の傑作のひとつに数えられる作品である。

9世紀	創設
872年	司教アルトフリートにより、大聖堂が新しく建設される
1013年	火災
1035年	西側構造が建設される
1061/77年	司教アツェリンにより、新しい聖堂が造営され、献堂される
11世紀初頭	司教ベルンヴァルトにより、大聖堂が拡張される
1317-1333年	側廊に礼拝堂が設けられる
1945年	3月22日、第二次大戦により、ほぼ全壊する
1950年	再建が開始される

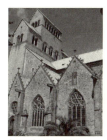

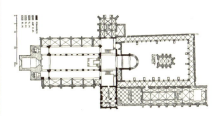

【図版1】外観、南面　　【図版2】内部、内陣を望む　　【平面図】　　出典：Dehio Bremen, Niedersachsen

【Lit.】Dehio Bremen, Niedersachsen.

附録　建築カタログ

cat. 55

MAGDEBURG (ST), Prämonstratenserstift Unser Lieben Frauen
マグデブルク、聖母修道院　　　　　　　　　　　　　　　　　　地図：5C

1129年以降～1200年頃　　　　　　　　　　　　　　　　　　　　　ドイツ

1126年にマグデブルク大司教となったノルベルト・フォン・クサンテンが、大聖堂参事会の改革を目指して創設した修道院。西側には円筒形の双塔を備える。

【Lit.】Möbius 1972; Wittekind / Albrecht 2009, Kat. 211.

【図版】外観、南面　　　【平面図】　　　出典：Möbius 1972

cat. 56

SOEST (NRW), Stiftskirche St. Patrokli
ゾースト、ザンクト・パトロクルス聖堂　　　　　　　　　　　　地図：5D

11世紀～1200年頃　　　　　　　　　　　　　　　　　　　　　　ドイツ

954年、ケルンの大司教ブルノによって創設された修道院に由来する。11世紀以降、ケルンのザンクト・パンタレオン聖堂（cat. 53）に類似した単廊式聖堂が建設された。単塔を備えた堅固な印象の外観である。

【図版】外観、南西面　　　【平面図】　　　出典：Dehio Westfalen

954年	ケルンの大司教ブルノによって修道院が創立される
11世紀	西側構造が建設される
1118年	これ以前に、ヴォールトが架けられる
1166年	献堂
1200年	この頃、西側構造が単塔へと変更される

【Lit.】Dehio Westfalen; Nenze 1959 (1975); Fillitz 1969, Kat. 262.

352

I-3　市民の南塔

cat. 57
KÖLN (NRW), St. Ursula
ケルン、ザンクト・ウルスラ聖堂

地図：5D

12世紀　　　　　　　　　　　　　　　　　　　　　　　　　　　　　　　　　ドイツ

三廊のバシリカ式聖堂で、3/8角形で閉じる長堂内陣と、方形平面プランの力強い単塔を備える。17世紀、聖堂の南側に設けられた聖遺物室である〈黄金の部屋〉には、中世からバロック期に至るまでの聖遺物が多数収められており、聖遺物工芸の観点からも重要である。

4世紀　　　　市壁外の北側にある古代の墓地に、宗教的建造物が建設される
12世紀前半　バシリカ式聖堂が造営される
1200年　　　これ以降、塔が建設される
17世紀　　　南側が拡張される
1680年　　　塔の尖頂が建設される

  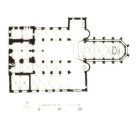

【図版1】外観、南西面　　【図版2】内部、内陣を望む　　【平面図】　　出典：Dehio Rheinland

【Lit.】Dehio Rheinland; Machat 1987, S. 152-163; Kosch 2000 (2005), S. 73-80.

附録　建築カタログ

cat. 58

PADERBORN (NRW), Dom St. Mariae, St. Kiliani und St. Liborius
パーダーボルン大聖堂

地図：5D

1220〜1280年　　　　　　　　　　　　　　　　　　　　　　　　　　　　ドイツ

量塊的でモニュメンタルな単塔を備えたホール式大聖堂。側壁に並ぶ飾破風が、印象的な外観を作り出している。

　836年にフランスのル・マン大聖堂より聖遺物が譲り渡されたことからも明らかなとおり、両大聖堂の関係は深い。13世紀の聖堂再建も、ル・マンにて建設された新しい大聖堂から刺激を受けたためと推察されている。

　1002年には皇帝ハインリヒ二世の妻クニグンデの戴冠式が行なわれた。

815年	この頃、最初の聖堂が造営される
1068年	新しい聖堂が造営され、聖別される
1133年	焼失する
1144/45年	新しい聖堂が造営され、聖別される
1220-1280年	外陣が建設される
1231年	これ以前に、西塔の玄関前ホールが完成する
13世紀	建築タイプが、バシリカからホールへと変更される
1350年	この頃、外陣南面のトレーサリー窓が完成する

  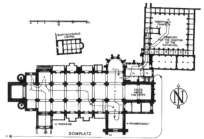

【図版1】外観、南面　　【図版2】内部、内陣を望む　　【平面図】　　　　　　　　出典：Schmitz 1983

【Lit.】Nenze 1959 (1975), S. 594-599; Schmitz 1983.

cat. 59
LÜBECK (SH), Marienkirche
リューベック、マリア聖堂

地図：5B

1280年頃～1351年

ドイツ

　レンガ造のバシリカ式聖堂で、いわゆるバックシュタイン・ゴシックの代表作に位置付けられる。都市の中心的存在として機能していた。ソワッソン大聖堂 (cat. 66) など、北フランスにあるゴシック建築を手本に造営されたともいわれる。周歩廊式内陣を備えた平面プランや、垂直性の勝る内部の空間作用などにおいて、なるほどフランス・ゴシックの精神を認めることができよう。西ファサードでは双塔式が採用されたが、バックシュタイン・ゴシック独特の力強い造形となっている。
　本聖堂北塔の礼拝堂では、ふたつの中心点からリブが放射状に広がるという、星形ヴォールトが使用されている。これは、英国、中でも、扇状ヴォールトではなく三角形セルに放射状リブを組み合わせたリンカーン大聖堂 (cat. 265) のようなヴォールトから影響を受けた結果と考えられている。

1163年	最初の木造の小教区聖堂が、司教座統括下の法廷となる
1200年	新しいレンガ造の聖堂が造営される
1260年代	周歩廊式内陣の建設が開始される
1304年	この頃、北塔下に礼拝堂が建設され、星形ヴォールトが架けられる
1304年	南塔をはじめとする南側が完成する
1315-1330年	この頃、棟梁ハルトヴィッヒにより、バシリカ式外陣が建設される
1351年	塔の外装が完成する

【図版1】外観、北面

【図版2】内部、内陣を望む

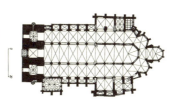
【平面図】　出典：Dehio Schleswig-Holstein

【Lit.】Dehio Schleswig-Holstein; Hasse 1983; Böker 1988, S. 137-188; Frankl 1962 (2000), p. 190.
【See】cat. 291.

cat. 60
STRAUBING(BY), Pfarrkirche St. Peter
シュトラウビング、ザンクト・ペーター聖堂　　　地図：6C
1029年以降　　　　　　　　　　ドイツ

ファサードに双塔を備えた、ロマネスク様式のバシリカ式聖堂。

cat. 61
WELS (OÖ), Stadtpfarrkirche Hl. Johannes Evangelist
ヴェルス、ザンクト・ヨハンネス聖堂　地図：8A
12世紀後半　　　　　　　　　オーストリア

888年に創設されたバシリカ式聖堂。ロマネスク期の外陣には、ゴシック初期の交差ヴォールトが架けられている。13世紀に内陣が建て替えられた。

cat. 62
STRASBOURG, Église Saint-Thomas
ストラスブール、サン＝トマ聖堂　地図：6D
13世紀～14世紀　　　　　　　　フランス

重厚な西側構造は、1200年から1230年頃に建設されたものである。14世紀、五廊式ホールとして外陣が建設された。

cat. 63
BUDAPEST, Mátyás-templom
ブダペスト、聖マーチャーシュ聖堂　地図：9
1342～1453年　　　　　　　　ハンガリー

ロマネスク期に創設された聖堂。オスマン朝期にはモスクとして用いられた。19世紀、ネオ・ゴシックへと改装された。内部はロマン主義のステンドグラスやフレスコ画で飾られる。

cat. 64
KOLÍN [KOLIN], Dom Chrám sv. Bartoloměje
コーリン、聖バルトロメウス聖堂　地図：9
1360～1378年　　　　　　　　　チェコ

元来はボヘミア王オタカル二世の時代に建設された聖堂であったが、皇帝カール四世の治下において再建された。その際ペーター・パルラーが造営に従事したといわれる。

cat. 65
PRAHA [PRAG], Kostel Matky Boží před Týnem
プラハ、ティーン聖堂　　　　地図：9
1365～1511年　　　　　　　　　チェコ

プラハの旧市街側に位置する、三廊のバシリカ式聖堂。ファサードに双塔を備える。

I-3 市民の南塔

cat. 66
SOISSON, Cathédrale Saint-Gervais et Saint-Protais
ソワッソン大聖堂　　　　　地図：4A
1212〜1240年　　　　　　フランス

北塔は百年戦争時に破壊されたため、現在は南塔のみが残されている。

【See】cat. 59.

cat. 67
BAYEUX, Cathédrale Notre-Dame
バイユー大聖堂　　　　　地図：3A
1240年頃　　　　　　　　フランス

ノルマンディの盛期ゴシックを代表する大聖堂のひとつに数えられる。身廊では、ロマネスク期のアーケードが観察される。

cat. 68
COUTANCES, Église Saint-Pierre
クータンス、サン=ピエール聖堂
　　　　　　　　　　　　地図：3A
14〜16世紀　　　　　　　フランス

双塔式ファサードを備えたバシリカ式聖堂。交差部にマッシヴな矩形の塔が聳えており、力強い印象をもたらす。

cat. 69
BURGOS, Catedral de S. María
ブルゴス大聖堂　　　　　地図：11
1221年着工　　　　　　　スペイン

双塔式ファサードを備えたバシリカ式聖堂。スペインにおける盛期ゴシックの幕開けを告げる作例に位置付けられる。

cat. 70
LEÓN, Catedral de S. María de Regla
レオン大聖堂　　　　　　地図：11
13世紀頃　　　　　　　　スペイン

スペイン・ゴシックを代表する建築のひとつ。ファサードの両脇に塔を備える。ステンドグラスは、主に13世紀から15世紀にかけて制作されたものである。

cat. 71
POMPOSA, Abbazia
ポンポーザ修道院　　　　地図：10
9世紀　　　　　　　　　　イタリア

9世紀に創設されたベネディクト会修道院。11世紀初頭に拡張され、1036年には聖堂の隣に高さ48メートルの鐘楼が建てられた。内部のフレスコ画は、14世紀に描かれたものである。

357

附録　建築カタログ

(3) 記念柱、泉

cat. 72
WIEN, Spinnerin am Kreuz
ウィーン、《シュピンネリン・アム・クロイツ》
1451〜1452年

地図：8B
オーストリア

　本作は、18世紀頃の説話に基づき「十字架の糸つむぎ(Spinnerin am Kreuz)」との愛称を付けられた、ウィーンの十字架記念碑である。ウィーンのシュテファン大聖堂の棟梁であったハンス・プクスバウムが制作に従事した。着工は1451年、翌1452年に完成したことが史料から知られる。設置場所が旧市街中心部よりおよそ8km離れた南辺境の高台にあることから、ウィーンの南の境界線を示すものであるとも、あるいはハプスブルク家がウィーンに敬愛の意を表して建設したモニュメントともいわれるが、定説はない。
　十字架記念碑のコンセプトの起源は、13世紀英国のいわゆるエリナー・クロスにあるといわれ、これに倣ったモニュメントはオーストリアおよびその周辺でも散見される。中でも直接の比較対象となりうるのは、形式的な類似性の指摘されている、同時代ニュルンベルクの《美しの泉》(cat. 74)と、14世紀後半にヴィーナー・ノイシュタットで建設された十字架記念碑《シュピンネリン・アム・クロイツ》(cat. 76)であろう。とりわけ後者は、ウィーンの柔軟様式を代表するマイスター・ミヒャエルの作品であるが、彼は同時に、ウィーンの本十字架記念碑が建て替えられる以前の元来の記念柱、いわば、一世代前のウィーン記念柱を手掛けた人物である。
　16世紀および17世紀にオスマン帝国からの進軍に際して損傷を被ったことに加え、1710年にはマティアス・ロットによって彫刻が刷新されており、建設当初の本来の姿を推察する際には注意が必要であろう。
　1451年の建設に関する記録をめぐっては、ドーニンおよびケプフにより、異なった解釈も提示されている。彼らの説に従うならば、本作の基礎部分は14世紀末に建設された旧来のものが使用されており、15世紀に新しく建て直したのは、それより上部ということになる。この点は様式からも裏付けることが可能であり、すなわち記念柱の少なくとも下層部分に見られる二連のトレーサリー・モティーフの特異性から、この部分は1400年頃に活躍したウィーン・バウヒュッテの棟梁、マイスター・ミヒャエルが1375年に制作した可能性が高い。

1375年　　マイスター・ミヒャエルにより、十字架記念碑が造営される
1451年　　従来の十字架記念碑が撤去され、新しい十字架記念碑が建設される (史料初出)
1452年　　8月、聖堂が完成する
1529年　　オスマン帝国軍の侵攻により損傷を被る
1710年　　彫刻家マティアス・ロットにより彫刻が刷新される

【See】pp. 178, 180, 192; 図II-3-11; cat. 76.

I-3 市民の南塔

| cat. 73
LONDON, Charing Cross
ロンドン、《チャリング・クロス》　地図：1
1290年　　　　　　　　　　　　　　イギリス

英国王エドワード一世が、妻エリナーの葬儀に際して設けさせた十字架モニュメントのひとつ。

【See】p. 192.

| cat. 74
NÜRNBERG (BY), Schöner Brunnen
ニュルンベルク、《美しの泉》　地図：6B
1389～1396年　　　　　　　　　　　ドイツ

マルクトの北西に位置するモニュメント。皇帝カール四世に仕える棟梁ハインリヒ・ベハイムによって建設された。完成後、幾度か改修されたものの、形状は保持されていると考えられる。

【See】p. 178; 図II-3-13; cat. 72.

| cat. 75
KLOSTERNEUBURG (NÖ), Tutzsäule
クロスターノイブルク、十字架記念碑
　　　　　　　　　　　　　　　地図：8B
1381年　　　　　　　　　　　　　オーストリア

クロスターノイブルクの聖母聖堂(cat. 7)近くに設けられている十字架記念碑。銘文から、ペスト流行後の1381年、ミヒャエル・トゥッツによって制作されたことがわかっており、この人物が、マイスター・ミヒャエルと同一人物である可能性が指摘されている。1968年に改修の手が加えられた。

| cat. 76
WIENER NEUSTADT (NÖ), Spinnerin am Kreuz
ヴィーナー・ノイシュタット、《シュピンネリン・アム・クロイツ》　地図：8C
1382～1384年　　　　　　　　　　オーストリア

マイスター・ミヒャエルに帰属されている十字架記念碑。ウィーンの十字架記念碑(cat. 72)よりも細やかな装飾が施されている。1649年以前は、「十字架(Kreuz)」とのみ呼ばれていた。1803年、「糸紡ぎの十字架」として、初めて言及される。

【See】pp. 118, 178, 179; 図II-3-12; cat. 72.

| cat. 77
ULM (BW), Brunnen
ウルム、泉　　　　　　　　　　　地図：6C
1482年　　　　　　　　　　　　　　ドイツ

ウルムなどで活躍した後期ゴシックの彫刻家イェルク・ジルリン(父)が手掛けた泉。市庁舎(cat. 78)の正面に位置する。

cat.73　　cat.74　　cat.75　　cat.76　　cat.77

359

(4) 市庁舎

cat. 78
ULM (BW), Rathaus
ウルム、市庁舎　　地図：6C
14世紀〜15世紀末　　ドイツ

14世紀に建設された市庁舎が、15世紀末に改装された。1530年から1540年にかけて建設された東ファサードには、レンガ造による二連の階段破風モティーフが観察される。カール大帝や紋章持ちなどの人像彫刻は、ハンス・ムルチャーに帰属される。
1580年、時計が設置される。

【See】cat. 77.

cat. 79
BRAUNSCHWEIG (NI), Rathaus
ブラウンシュヴァイク、市庁舎　地図：5C
1393〜1396年　　ドイツ

妻側には階段破風が、平側にはトレーサリー窓を伴う連続的な破風が観察される。1302年頃までに建設されており、1347年、南の飾破風が設けられる。1350年頃、西翼が北へ拡張される。1447年から1468年にかけて、北翼が建設される。

cat. 80
WROCŁAW [BRESLAU], Ratusz
ヴロツワフ、市庁舎　　地図：9
14世紀〜16世紀　　ポーランド

元来は商館であったが、市庁舎として使用するため、1326年頃から拡張に着手された。広場に面したファサードの装飾は、1510年頃のものである。

cat. 81
KÖLN (NRW), Rathaus
ケルン、市庁舎　　地図：5D
1569〜1573年　　ドイツ

棟梁コルネリス・フロリスらが建設に従事した。

I-3 市民の南塔

▎cat. 82
AACHEN (NRW), Rathaus
アーヘン、市庁舎　　　　　地図：6A
14世紀　　　　　　　　　　　ドイツ

▎cat. 83
MÜNSTER (NRW), Rathaus
ミュンスター、市庁舎　　　地図：5D
1355年　　　　　　　　　　ドイツ

▎cat. 84
BRUGGE / BRUGES, Stadhuis
ブリュージュ、市庁舎　　　地図：2
1375〜1420年　　　　　　　ベルギー

▎cat. 85
BRUSSEL / BRUXELLES, Stadhuis
ブリュッセル、市庁舎　　　地図：2
1402年着工　　　　　　　　ベルギー

▎cat. 86
LEUVEN / LOUVAIN, Stadhuis
ルーヴェン、市庁舎　　　　地図：2
1438〜1468年　　　　　　　ベルギー

▎cat. 87
MECHELEN / MALINES, Stadhuis
メッヘレン、市庁舎　　　　地図：2
13世紀〜1690年頃　　　　　ベルギー

附録　建築カタログ

cat. 88
GDAŃSK [DANZIG], Ratusz
グダンスク、市庁舎　　　　　地図：9
1587〜1595年　　　　　　　　ポーランド

cat. 89
LÜBECK (SH), Rathaus
リューベック、市庁舎　　　　地図：5B
1435年　　　　　　　　　　　ドイツ

cat. 90
SIENA, Palazzo Pubblico
シエナ、市庁舎　　　　　　　地図：10
13世紀後半〜14世紀前半　　　イタリア

地上階は石造だが、それより上層はレンガ造。アンブロージョ・ロレンツェッティによるフレスコ画が残されている。鐘楼の高さは88メートル。

cat. 91
FIRENZE, Palazzo Vecchio
フィレンツェ、ヴェッキオ宮　地図：10
1299〜1314年　　　　　　　　イタリア

アルノルフォ・ディ・カンビオにより政庁として建設された。塔の高さは94メートル。

I-4　飾破風

ゴシック期のドイツ語圏では、透彫りトレーサリーや飾破風が飛躍的な発達を遂げた。この飾破風を特殊な方法で使用したのが、ウィーンのシュテファン大聖堂である。本聖堂は、外陣外壁に飾破風を並べ、南塔の大トレーサリーと連続させるという革新的な方法によって、巨大化した南塔を再び聖堂本体へと組み込むことに成功した。本章では、ゴシック後期を中心に、飾破風やトレーサリーの発展について概観したい。

(1) トレーサリー

cat. 92
OPPENHEIM (RP), Pfarr- und ehem. Stiftskirche St. Katharina
オッペンハイム、ザンクト・カタリーナ聖堂

地図：6A

13世紀〜1439年　　　　　　　　　　　　　　　　　　　　　　ドイツ

小高い丘の上に立つ、三廊のバシリカ式聖堂。採光窓が大きく穿たれているため、堂内は光に満たされる。東内陣は、多角形アプシスを寄せ集めたかのような構成をとる。一方、15世紀に増築された西内陣では、細身の窓が天井まで伸び、天井部には幾何学形体のリブ・ヴォールトが架けられている。

本聖堂において、最も独創的な部分は、外壁側面に認められる。そこでは、側廊と身廊の採光窓がそれぞれトレーサリーに彩られ、上下二段にわたり立体的に重ねられている。さらに上段のトレーサリー窓には華麗な飾破風が設けられており、これが、コーニスを越えて上方へと突き上がることによって、独特の景観を作り出しているのである。こうして、殊に町に面した南面は、あたかもファサードとしての役割を担っているがごとき華やぎを見せる。ゴシック期のドイツでは飾破風が多彩に発展したが、その中でも本聖堂の飾破風は、傑作のひとつに数えられよう。

1226-1260年　　最初の聖堂が造営される
1258年　　　　小教区聖堂となったのを機に、内陣と袖廊が建設される
1300年　　　　この頃、外陣の建設が開始される
1317-1340年　　この頃、礼拝堂が建設される
1360年　　　　この頃、塔と袖廊の飾破風が完成する
1415-1439年　　西内陣が建設される

附録　建築カタログ

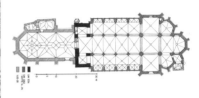

【図版1】内部、内陣を望む　【図版2】西内陣ヴォールト　【平面図】　出典：Dehio Rheinland

【図版3】外観、南面

【Lit.】Dehio Rheinland; Dehio / Bezold 1901, II, S. 297-298; Klotz 1998, p. 300.
【See】p. 104; 図I-4-8.

I-4 飾破風

cat. 93
NÜRNBERG (BY), Ev. Stadtpfarrkirche St. Sebald
ニュルンベルク、ザンクト・ゼーバルト聖堂　　　　　　　　　　　　　地図：6B

1230年頃〜1379年　　　　　　　　　　　　　　　　　　　　　　　　ドイツ

　二重内陣を備えた三廊式聖堂。西内陣と西身廊はロマネスク様式のバシリカのまま、東内陣と東身廊のみ、14世紀にゴシック様式のホールへと建て替えられた。そのため、西側は開口部の少ないアーケードから構成されているのに対し、東側は細身の独立柱から構成される。こうした構造上の相違により、例えば重厚な趣きの西側に対し、東内陣の軽快さが際立つなど、東西で空間印象を違える結果となった。
　東内陣には、ドイツ・ルネサンスの彫刻家ペーター・フィッシャー（父）らが1519年に完成させたブロンズの《聖ゼーバルトの墓》が設置されている。
　西面では双塔式が採用されており、扉口に挟まれるように半円形平面プランの西アプシスが突出している。側壁から東内陣にかけて飾破風を頂く窓が連続し、華やかな様相をもたらす。

11世紀	最初の聖堂が造営される
1230/40-1273年	二重内陣を備えたバシリカ式聖堂の造営が開始される
1270年	この頃、西内陣と西の双塔が完成する
1360年	この頃、旧東内陣が取り壊され、再建される
1379年	8月、東内陣が聖別される
1481-1490年	ネルトリンゲンの棟梁ハインリヒ・クーグラーにより、西の双塔が完成する
1519年	彫刻家ペーター・フィッシャー（父）らによる《聖ゼーバルトの墓》が設置される

【図版1】外観、西面

【図版2】内部、東内陣を望む

【平面図】　　出典：Nussbaum 1985

【Lit.】Reitzenstein / Brunner 1974, S. 672-677; Frankl 1962 (2000), p. 278; Nussbaum 1985 (eng).
【See】pp. 105, 106, 233, 234; cat. 10.

365

附録　建築カタログ

cat. 94
MÜHLHAUSEN (TH), Marienkirche
ミュールハウゼン、マリア聖堂

地図：5C

1317〜1370/80年　　　　　　　　　　　　　　　　　　　　　　　　　　　　ドイツ

　3つのアプシスを備えた、五廊のホール式聖堂。外観は美しい飾破風で彩られる。各所の装飾形態にはストラスブール大聖堂 (cat. 49) からの、そして彫刻には1360年代のウィーンからの影響があったと指摘されている。
　総じて独創的な外観を備えている本聖堂の中で、最も印象的な部分は、翼廊ファリードであろう。それは階段破風を備え、尖頭アーチの大きな扉口の上には三連の窓が観察される。さらに窓の周辺は、王をはじめとする彫像で飾られている。

1243年	聖堂造営が、ドイツ騎士団の手にゆだねられる
1317年	ゴシック様式のホール式聖堂の造営が開始される
1327年	内陣が聖別される
1512/17年	この時点で、塔は完成していない
1690/94年	塔がバロック様式で改装される
1890-1903年	塔がネオ・ゴシック様式で改装される

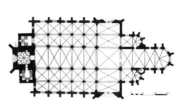

【図版1】外観、南面　　【図版2】外観、東面　　【平面図】　　　　出典：Badstübner 2008

【Lit.】Pinder 1937 (1952), Fig. 19; Lenger 1978, II, S. 55-61.

(2) 切妻

cat. 95
MINDEN (NRW), Kath. Dompfarrkirche St. Gorgonius und St. Petrus
ミンデン大聖堂

地図：5D

13世紀後半　　　　　　　　　　　　　　　　　　　　　　　　　　　　ドイツ

　カロリング朝期の建築に由来する大聖堂。幾度もの建て替えを経て、重厚な西側構造と5/8角形アプシスを備える聖堂として完成した。内部には三廊の均質なホール式空間が広がる。この空間は、北ドイツにおけるホール式聖堂の典型と見なされており、その明瞭な空間表現が高く評価されている。
　外陣側壁には破風が並び、その下を飾るトレーサリー窓の形体は実に多様で、さながらトレーサリー窓のカタログのようだともいわれる。13世紀中葉のドイツでは、聖堂の外観をトレーサリーで華やかに彩るようになったが、本聖堂はその最初期の作例に位置付けられる。

10世紀後半	モニュメンタルな西側構造を備えた〈第II聖堂〉が造営される
1071年	聖別
12世紀	西側構造に、鐘楼が建設される
13世紀後半	ホール式聖堂が造営される
1340年	この頃、内陣が改修される
19世紀前半	内陣障壁が撤去される

【図版1】外観、西面

【図版2】内部、内陣を望む

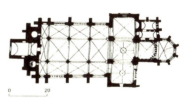
【平面図】　　　　　　　　出典：Koch 2003

【Lit.】Dehio Westfalen; Busch 1969, S. 20; Fillitz 1969, Kat. 261; Bony 1983, p. 453; Klotz 1998, p. 300; Koch 2003; Schmelzer 2004, S. 67-68; Klein / Albrecht 2007, S. 268-269.
【See】p. 105; 図I-4-11; cat. 161.

附録　建築カタログ

cat. 96
BREMEN, Ev. Pfarrkirche Unser Lieben Frauen
ブレーメン、聖母聖堂

地図：5A

1230年　　　　　　　　　　　　　　　　　　　　　　　　　　　　　ドイツ

市場の北西に位置する、ブレーメン最古の小教区聖堂。ホール式聖堂で、側壁にはレンガ造の破風が並ぶ。

1012年	大司教ウンヴァンにより聖堂が造営される
1230年	外陣が拡張される
14世紀末	内陣が拡張される

  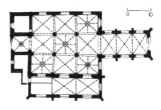

【図版1】外観、南面　　【図版2】内部、内陣を望む　　【平面図】出典：Dehio Bremen, Niedersachsen

【Lit.】Dehio Bremen, Niedersachsen; Stein 1962, S. 75-104; Böker 1988, S. 65-67.

I-4 飾破風

cat. 97
BRAUNSCHWEIG (NI), Ev. Kirche St. Martini
ブラウンシュヴァイク、ザンクト・マルティン聖堂

地図：5C

13世紀～14世紀

ドイツ

三廊のホール式聖堂。双塔を備えた西側構造を有する。側廊外壁には切妻飾りが並び、印象的な景観を作り出している。南翼廊に設けられた5/8角形平面のアンナ礼拝堂には、「アンナゼルプドリット」やヨアキム、聖母子像などの彫刻が観察される。

1190-1200年　この頃、東側の建設が開始される
13世紀初頭　西側構造の建設が開始される
13世紀前半　バシリカ式聖堂が完成する
14世紀前半　側廊が建設される
1400年　　この頃、内陣が増築される
1434年　　アンナ礼拝堂が聖別される
1700年　　この頃、内陣外壁にトレーサリー破風が設けられる

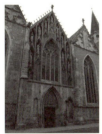

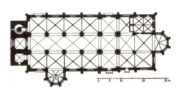

【図版1】外観、北面　　【図版2】内部、内陣を望む　　【平面図】出典：Dehio Bremen, Niedersachsen

【Lit.】Dehio Bremen, Niedersachsen; Dorn 1978, S. 230-237.

附録　建築カタログ

cat. 98
BRAUNSCHWEIG (NI), Ev. Dom
ブラウンシュヴァイク大聖堂

地図：5C

1173年～13世紀　　　　　　　　　　　　　　　　　　　　　　　　　ドイツ

バイエルン公にしてザクセン公であったハインリヒ獅子公によって建設された大聖堂。堂内には、獅子公夫妻の横臥像を伴う墓碑が収められている。内陣には『創世記』を描いた天井画が残る。ゴシック様式の側廊には、ねじれ柱が観察される。

【図版1】外観、南面

【図版2】内部、北側廊

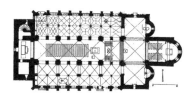
【平面図】　　　出典：Dehio / Bezold 1901, II

【Lit.】Dehio / Bezold 1901, II; Dehio Bremen, Niedersachsen; Dorn 1978, S. 215-223; Nussbaum / Lepsky 1999, S. 259.
【See】cat. 281.

cat. 99
BRUSSEL / BRUXELLES, Sint-Michiel en Sint-Goedelekathedraal
ブリュッセル大聖堂

地図：2

1226～1480年　　　　　　　　　　　　　　　　　　　　　　　　　ベルギー

ブラバント・ゴシックの好例。外観の礼拝堂は、大きな三葉形の浮彫られた三角破風で飾られるが、これは北フランスのカンブレー大聖堂以来、ブラバントで好まれた手法であった。

【Lit.】Heirman 2000, p. 107; Schoubroeck 2003.

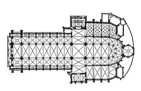

【図版】外観、南面　　【平面図】　　出典：Grimme 1975

370

I-4　飾破風

■ cat. 100
MINDEN (NRW), Marienkirche
ミンデン、マリア聖堂
地図：5D

12世紀　　　　　　　　　　　　ドイツ

ベネディクト会修道院に由来する、三廊のホール式聖堂。991/93年に修道院が創設された後、1040年に最初の聖堂が完成した。現在の建築は、12世紀に造営されたものである。

■ cat. 101
MÜHLHAUSEN (TH), Ev. Pfarrkirche Divi-Blasii
ミュールハウゼン、聖ブラジウス聖堂
地図：5C

1276年着工　　　　　　　　　　ドイツ

外壁に細身の窓が立ち上がり、さらにその上部に切妻飾りが並ぶという、華麗な外観を特徴とする。

■ cat. 102
GENT / GAND, Sint-Niklaaskerk
ヘント、シント・ニコラース聖堂
地図：2

1200～1684年　　　　　　　　ベルギー

外壁に大きなトレーサリー窓と切妻飾りが連続して立ち並び、印象的な景観を作り出している。

■ cat. 103
MECHELEN / MALINES, Sint-Romboutskathedraal
メッヘレン大聖堂
地図：2

1225年頃～1519年　　　　　　ベルギー

翼廊ファサードに巨大な破風を置き、内陣外壁は切妻飾りによって囲まれている。

■ cat. 104
AMSTERDAM, Oude Kerk
アムステルダム、旧聖堂
地図：2

14世紀～16世紀　　　　　　　オランダ

14世紀にホール式聖堂として建設されたものの、16世紀にはバシリカ式へと増改修された。幅広のランセット窓と切妻屋根が独特の景観を作り出している。

■ cat. 105
BRUSSEL / BRUXELLES, Onze-Lieve-Vrouw-ter-Kapellekerk
ブリュッセル、聖母聖堂
地図：2

13世紀～1483年　　　　　　　ベルギー

内陣は13世紀に建設されたもの。身廊は15世紀初頭に火災の被害にあい、建て替えられ、1483年に聖別された。側廊側壁に切妻飾りが並ぶ。

附録　建築カタログ

(3) 扉口、ファサードの装飾、屋根

cat. 106
ERFURT (TH), Kath. Dom, ehem. Kollegiatstiftskirche St. Marien
エアフルト大聖堂   地図：6B
14世紀〜15世紀中葉   ドイツ

旧市街南西部の小高い丘の上で、ザンクト・セヴェリウス聖堂 (cat. 171) と寄り添うように建つ、三廊のホール式聖堂。本聖堂で最も注目されるのは、14世紀に北扉口として建設された、二角柱形の扉口〈トライアングル〉であろう。デーヒオはこれを、ドイツ・ゴシックの「宝石」と呼んでいる。この特徴的な形式が、レーゲンスブルク大聖堂 (cat. 51) の西中央扉口や、ウィーンのシュテファン大聖堂における〈聖歌隊門〉の前に設けられたホールの形式と類似しているといわれるが、その影響関係などは、いまだ明らかにされていない。〈トライアングル〉の外壁は、使徒像や「聡き乙女と愚かな乙女」といった彫像で飾られている。

　エアフルトの町が大聖堂の東側に位置するという地理的条件に拠り、交差部塔の東側がファサードのごとき壮大な造形となっている。

1330年　　　　この頃、北扉口〈トライアングル〉が建設される
1349-1370年　 この頃、長堂内陣が完成する
1416-1454年　 この頃、火災の被害を受けたため、東塔3基が再建される
1455年　　　　ロマネスク様式の外陣が三廊式ホールへと建て替えられる

【図版1】外観、北面

【図版2】内部、内陣を望む

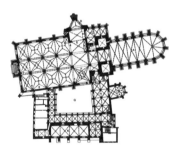
【平面図】　　　　　出典：Dehio Thüringen

【Lit.】Dehio Thüringen; Frankl 1962 (2000), pp. 220, 253; Nussbaum 1985 (eng), pp. 105, 156; Lehmann / Schubert 1988; Klotz 1998, Abb 341; Saliger 1995a; Kammel 2000; Klein / Albrecht 2007, S. 181-182, Kat. 58.
【See】cats. 51, 171.

I-4　飾破風

cat. 107
MÜNSTER (NRW), St. Lamberti
ミュンスター、ザンクト・ランベルト聖堂

地図：5D

12世紀～15世紀　　　　　　　　　　　　　　　　　　　　　　　　ドイツ

単塔を備えた、後期ゴシックのホール式聖堂。多角形の主アプシスおよび南アプシスを備える。外観はピナクル等で壮麗に飾られており、特に南扉口には、レリーフ《エッサイの樹》が観察される。

1000年	この頃には、最初の聖堂が存在したと考えられる
11世紀	西塔を備えたホール式聖堂が造営される
12世紀	ヴォールトの架けられた単廊式の聖堂が造営される
13世紀	三廊のホール式聖堂が造営される
1375年	火災の被害を受けたため、再建される
1422年	この頃、主アプシスの完成か

【図版1】外観、南面　　【図版2】内部、内陣を望む　　【図版3】南扉口上部

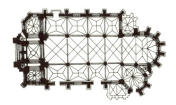

【平面図】　　出典：Klein / Albrecht 2007

【Lit.】Dehio Westfalen; Nenze 1959 (1975), S. 542.

373

附録　建築カタログ

cat. 108
AUGSBURG (BY), Dom Mariä Heimsuchung
アウクスブルク大聖堂

地図：6C

1431年献堂

ドイツ

二重内陣を備えた五廊のバシリカ式大聖堂。西内陣では5/8角形平面のアプシスが、東内陣では周歩廊式が採用された。本大聖堂は東内陣と外陣との境目に双塔を備えるという珍しい形式となっているが、この双塔は、1065年に聖別された聖堂の東の双塔に由来するものである。アウクスブルクの町に面した南面には、前ホールを備え、「マリア伝」の描写されたタンパンをはじめとする彫刻（一部は1900年頃の復元）で飾られた華やかな扉口が設けられた。

造営には、ハインリヒ・パルラーも関わったと推察されている。総長は113.25メートルに及ぶ。

807年	カロリング朝期の大聖堂が献堂される
995年	おそらく現在の大聖堂の造営が開始される
1065年	献堂
1229年	西内陣が建て替えられる
1321年	大聖堂拡張の造営が開始される
1334年	これ以前に、西内陣ヴォールトが架けられる
1343年	北扉口が建設される
1356年	東内陣の建設が開始される
1410-1413年	身廊ヴォールトが架けられる
1431年	献堂

  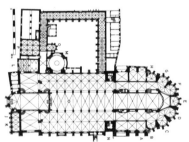

【図版1】外観、南扉口　【図版2】内部、西内陣を望む　【平面図】　　　出典：Dehio Bayern III

【Lit.】Dehio Bayern III; Dehio / Bezold 1901, I; Reitzenstein / Brunner 1974, S. 86-92; Snethlage 1984.

I-4　飾破風

cat. 109
MILANO, Cattedrale di S. Maria Nascente
ミラノ大聖堂　　　　　　　　　　　　　　　　　　　　　　　　地図：10
1387～1577年　　　　　　　　　　　　　　　　　　　　　　　　イタリア

　五廊を備えたバシリカ式の大聖堂。外観のほぼ全面が執拗なまでにトレーサリーで覆い尽くされており、イタリアながらもゴシック特有の壮麗さを呈している。しかし一方で、西ファサードは安定した三角形を形成しており、アルプス以北のゴシック建築とは一線を画する。側廊天井が高く、一見したところホールのような印象も与える。
　造営に際しては各地の専門家に助言が求められたが、おそらくそのうちの一人に、ドイツ語圏で活躍していたパルラー一族の棟梁ハインリヒ・フォン・グミュントがいた。またヴェンツェル・パルラーも棟梁としてミラノへ招かれる予定であったが、その前に本人が歿したため、実現しなかった。

1386年	内陣から、造営が開始される
1404年	この頃、ヴェンツェル・パルラーを棟梁として招く計画があったものの、本人が歿したため実現せず
1450年	この頃までに、交差部までが完成し、外陣の建設が開始される
1490-1550年	交差部の採光塔が建設される
1577年	未完成のまま献堂される
1805-1813年	ナポレオンの命令により、外装が完成する

  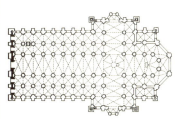

【図版1】外観、西面　　【図版2】外観、西面頂部　　【平面図】　　出典：Grodecki 1976 (jp)

【Lit.】Grodecki 1976 (Dt), S. 346-350.

附録　建築カタログ

cat. 110

PARIS, Cathédrale Notre-Dame
パリ大聖堂

1160年頃～1250年頃

地図：4A

フランス

　初期ゴシックの傑作に位置付けられる大聖堂。1163年、教皇アレクサンデル三世の鍬入れにより、造営が始まった。12世紀末に内陣が完成したのち、外陣造営に着手されたと推察される。13世紀中葉以降、翼廊が拡張され、あわせて南北ファサードが刷新された。翼廊ファサードは、主にふたりの棟梁ジャン・ド・シェル、およびピエール・ド・モントルイユが手掛けたもので、レーヨナン様式の傑作とされる。19世紀中葉には、ヴィオレ＝ル＝デュクにより改装された。
　身廊には円柱が用いられており、六分ヴォールトが架けられた。側廊は二廊から構成され、ギャラリーは内側の廊に設けられている。なおギャラリー部分は、13世紀前半に改装された。
　西ファサード中央扉口には「最後の審判」、南扉口には「玉座の聖母子」を中心とする「マリア伝」、そして北扉口には「聖母の死」と「聖母戴冠」、そしてタンパンの下辺には、君主像あるいは預言者像が並ぶ。

1163年	この頃、聖堂の造営が開始される
1177年	ヴォールトを除き、内陣が完成する
1182年	内陣が聖別される
1196年	屋根が架けられ、その後、西ファサードの建設が開始される
1200-1245年	この頃、西ファサードが建設される
1215年	この頃、外陣の西ベイまでが完成する
1225年	この頃、北翼廊および周歩廊礼拝堂の建設が開始される
1258年	ジャン・ド・シェルの下で、南翼廊の建設が開始される
1260年	この頃から、ピエール・ド・モントルイユが造営を率いる
19世紀中葉	ヴィオレ＝ル＝デュクにより、改装がなされる

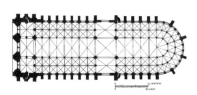

【図版1】外観、西面　　【図版2】外観、南面　　【平面図】　　出典：Frankl 1962 (2000)

【Lit.】Simson 1972, Kat. 5, 7, 17, 45, 52-63; Erlande-Brandenburg 1979; 飯田 1995; Frankl 1962 (2000), pp. 76-80.
【See】pp. 69, 103, 104, 118; 図 I-4-7; cats. 111, 333.

376

I-4　飾破風

cat. 111
ROUEN, Cathédrale Notre-Dame
ルーアン大聖堂

地図：3B

1230年〜16世紀初頭　　　　　　　　　　　　　　　　　　　　　　フランス

　12世紀末より、ロマネスク様式の聖堂をゴシック様式へと改修する造営が始められるが、火災等もあり、聖堂が完成したのは、13世紀中葉であった。その後、翼廊ファサードや西ファサードの改修が行われ、大聖堂が現在の姿となったのは、16世紀初頭のことである。
　1281年から1300年頃にかけて建設された北扉口は、フランス・ゴシックのファサード装飾を考察する上で重要な作例である。従来の双塔に挟まれる形で建設されているが、その造形は、パリ大聖堂（cat. 110）の翼廊ファサードをさらに発展させた、壮麗なものとなっている。この扉口は、15世紀頃より〈本屋の門〉と呼ばれるようになった。

11世紀	ロマネスク様式の聖堂が造営される
1170年	この頃、ゴシック様式で改修が開始される
1200年	火災
1201年	棟梁ジャン・ダンドリにより、身廊の建設が開始される
1230年	この頃、西ファサードが建設される
13世紀中葉	この頃、聖堂がほぼ完成する
1281-1300年	この頃、北扉口が建設される
15世紀	この頃から、北扉口が〈本屋の門〉と呼ばれるようになる
1485-1506年	鐘楼が建設される
16世紀初頭	西ファサードの中央部分が完成する

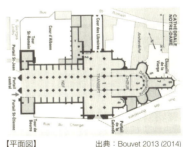

【図版1】外観、西面　　【図版2】外観、北扉口〈本屋の門〉　　【平面図】　　出典：Bouvet 2013 (2014)

【Lit.】Frankl 1962 (2000), p. 112; Simson 1972, Kat. 21; Grodecki 1976 (jp), pp. 69, 91, 94; Grant 1993; Schlicht 2002.
【See】p. 104.

377

cat. 112
ROUEN, Église Saint-Maclou
ルーアン、サン＝マクルー聖堂

1436年着工

地図：3B
フランス

フランボワイヤン様式の傑作に位置付けられる聖堂。ルーアンが英国の占領下にあった時代に着工された。1437年からは、パリの宮廷に仕えていた棟梁ピエール・ロビンが建設に関わるようになる。ファサードの5つの開口部には、ほとんどトレーサリーと化した、華麗な飾破風が並ぶ。

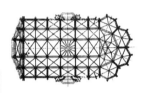

【図版】外観、西面　　【平面図】　出典：Frankl 1962 (2000)

1436年	英国の支配下にて、内陣礼拝堂より造営が開始される
1437年	パリから棟梁ピエール・ロビンが招聘される
1514年	聖堂が完成する
1516年	中央塔の建設が開始される
1736年	中央塔が倒壊する
1868年	16世紀の設計図に基づき、塔が再建される

【Lit.】Frankl 1962 (2000), p. 242; Białostocki 1972, Kat. 386, 388; Neagley 1998.

cat. 113
ROUEN, Église Saint-Ouen
ルーアン、サン＝トゥーアン聖堂

地図：3B

1318年～16世紀

フランス

旧ベネディクト会修道院聖堂。グロデッキにより、ゴシックのアカデミックな保守性を示す例として挙げられている。

cat. 114
ROUEN, Église Saint-Laurent
ルーアン、サン＝ローラン聖堂

地図：3B

15世紀

フランス

I-4 飾破風

cat. 115
VENDÔME, Abbaye de la Trinité
ヴァンドーム、ラ・トリニテ聖堂

地図：3C

1500年頃　　　　　　　　　　　　　　　　　　　　　　　　　　　　　フランス

フランボワイヤン様式を代表する聖堂のひとつ。本聖堂の造営史をたどると、1300年頃からフランボワイヤン様式に至るまでの諸段階を観察することができるといわれる。西ファサードが建設される際には、おそらくシャルトルの棟梁ジャン・ド・ボースが関わったと考えられる。扉口上部に透彫りの飾破風を備え、尖頭アーチのトレーサリー窓や、両脇のマッシヴな控壁とともに、力強いファサードを作り出している。

1035年　　　　修道院が創設される
1306年　　　　修道院の新しい聖堂造営が決定される
1318-1342年　　ゴシック様式のヴォールトが架けられる
1342年　　　　外陣の造営が開始される
1350年　　　　これ以前に、内陣が完成する
1485-1506年　　この頃、外陣の西側3ベイおよびファサードが建設される

【図版1】外観、西面　　【図版2】同、破風　　【平面図】　　　　出典：Bouvet 2013 (2014)

【Lit.】Frankl 1962 (2000), p. 242; Simson 1972, Kat. 29; Białostocki 1972, Kat. 387; Delpal 1981.

379

附録　建築カタログ

cat. 116
ALENÇON, Basilique Notre-Dame
アランソン、聖母聖堂　　　地図：3C
14世紀末〜16世紀初　　　フランス

多角形平面プランの西扉口が、透彫りの飾破風によって華麗に装飾される。

cat. 117
BRUGGE / BRUGES, Basiliek van het Heilig Bloed
ブリュージュ、聖血礼拝堂　　地図：2
15世紀　　　　　　　　　ベルギー

地上階にある、フランボワイヤン様式のファサードは、15世紀に建設されたものである。

cat. 118
LÜBECK (SH), Heilig-Geist-Hospital
リューベック、聖霊施療院
　　　　　　　　　　　　地図：5B
1285年　　　　　　　　　ドイツ

バックシュタイン・ゴシックの作例。

cat. 119
KRAKÓW [KRAKAU], Kościół św. Franciszka z Asyżu
クラクフ、フランシスコ会修道院聖堂
　　　　　　　　　　　　地図：9
1269年〜15世紀　　　　ポーランド

1269年以降にギリシア十字形平面プランにて建設された。15世紀には身廊が拡張された。

cat. 120
KRAKÓW [KRAKAU], Kościół św. Trójcy
クラクフ、ドミニコ会修道院聖堂　　地図：9
1400年頃　　　　　　　　　　　ポーランド

本修道院の創設は、1222年に遡る。1400年頃に建設された後、1850年に火災の被害にあったため、再建された。

【Lit.】Torbus 2002.

【図版】外観、西面　　【平面図】　　出典：Torbus 2002

I-4　飾破風

cat. 121
DEN HAAG, Riddarzaal
デン・ハーグ、騎士の館　　　地図：2
1248〜1280年　　　　　　　　オランダ

大きな破風と、左右に塔を備えたファサードを有する。

cat. 122
VALLADOLID, Iglesia de S. Pablo
バリャドリッド、サン・パブロ聖堂　地図：11
16〜17世紀　　　　　　　　　スペイン

本聖堂のファサードは、シモン・フォン・ケルンによって建設された。

cat. 123
PETERBOROUGH, Cathedral
ピーターバラ大聖堂　　　　地図：1
1200年以降　　　　　　　　イギリス

12世紀末、修道院長ベネディクトにより建設された、ロマネスク様式の大聖堂。ファサードに3つ設けられた開口部の上部には、装飾的な破風が観察される。

【See】cat. 264.

cat. 124
FERRARA, Cattedrale di S. Giorgio
フェッラーラ大聖堂　　　　地図：10
12世紀　　　　　　　　　　イタリア

破風を3つ並べた華麗なファサードが観察される。

cat. 125
BEAUNE, Hôtel-Dieu
ボーヌ、施療院
　　　　　　　　　　　　　地図：4C
1462年　　　　　　　　　　フランス

印象的な屋根は、多彩色の釉薬が施された瓦によって装飾されたものである。

cat. 126
SĘKOWA, Kościół św. Filipa i św. Jakuba
センコヴァ、聖フィリップと聖ヤーコブ聖堂
　　　　　　　　　　　　　地図：9
16世紀前半　　　　　　　　ポーランド

南ポーランドで多く見られる木造聖堂の作例。巨大な屋根が特徴的である。

附録　建築カタログ

II-1　段形ホール

15世紀中葉、ドナウ流域を中心に、突如として、段形ホールという新しい建築タイプが広まった。その発端は、ウィーンのシュテファン大聖堂にあったと考えられる。本章では、段形ホールの作例をはじめ、これに先行して観察される、やや性質の異なった北ドイツの「段形ホール」の作例、および、ドイツ・ゴシックで最も一般的だったホールの作例を概観する。

(1) 段形ホール式聖堂（南ドイツ語圏）

▍cat. 127

INGOLSTADT (BY), Kath. Stadtpfarrkirche Unser Lieben Frauen
インゴルシュタット、聖母聖堂　　　　　　　　　　　　　　　地図：6C

1425年着工　　　　　　　　　　　　　　　　　　　　　　　　ドイツ

南ドイツにおける段形ホール式聖堂としては、最初期の作例のひとつに数えられる。オーバーバイエルン＝インゴルシュタット公シュテファン三世が建設を志し、息子ルートヴィヒ鬚公が実際の造営に着手した。当初はホール式聖堂の建設が予定されていたが、1429年、ルートヴィヒ鬚公の墓碑の設置が決まったことを契機として、聖堂の造営コンセプトが見直され、最終的には、おそらくウィーンのシュテファン大聖堂を手本として、段形ホール式聖堂として完成に至った。ただし、本聖堂で周歩廊式内陣が採用されたというのは、シュテファン大聖堂とは大きく異なる点である。

段形ホールという建築タイプとともに本聖堂にて注目されるのは、側廊に設けられた6つの礼拝堂で観察される、有機的な形体をもったリブ・ヴォールトである。これらは、16世紀初頭、棟梁ハイデンライヒ兄弟によって制作されたもので、棘のようなリブが絡み合いながら垂れ下がり、あるいはペンダント・ボスが果実のように吊り下げられている。植物のごとく有機的な形体と化したゴシック後期におけるリブ・ヴォールトの、メルクマールともいえる作品である。

1407年	オーバーバイエルン＝インゴルシュタット公シュテファン三世により、100グルデンが寄進される
1418年	ルートヴィヒ鬚公が、教皇マルティヌス五世より、新しい聖堂造営の許可を得る
1425年	聖堂の造営が開始される（南扉口の銘文に基づく）
1429年	ルートヴィヒ鬚公の墓所となる
1438年	内陣が完成する（ヴォールトは未完）
1439年	ルートヴィヒ鬚公により、大規模な寄進がなされる
1441年	ルートヴィヒ鬚公により、大規模な寄進がなされる

II-1 段形ホール

1443年	ルートヴィヒ鬚公が廃位され、造営がバイエルン=ランツフート公へと引き継がれる
1460年	献堂
1460年	外陣南壁面の建設が開始される
1503年	身廊ヴォールトの建設が開始される
1510年	これ以降、側廊礼拝堂の建設が開始される
1522年	この頃までに、南塔が完成する

【図版1】内部、内陣を望む

【図版2】側廊礼拝堂

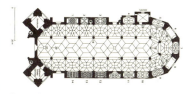
【平面図】　　　　　出典：Bäumler 2009

【図版3】同

【Lit.】Dehio Bayern IV; Reitzenstein / Brunner 1974, S. 402-405; Straub 1987; Kavaler 2005; Brandl / Grimminger 2007; Hanke 2007; Krause 2007, Kat. 9; Schönewald 2007.
【See】pp. 135-139, 141-143, 145, 185, 186; 図II-1-9, II-1-10, II-3-26.

383

附録　建築カタログ

cat. 128

BRAUNAU AM INN (OÖ), Stadtpfarrkirche St. Stephan
ブラウナウ、ザンクト・シュテファン聖堂

地図：7B

1439〜1466年　　　　　　　　　　　　　　　　　　　　　　　オーストリア

　段形ホール式聖堂の最初期の作例のひとつに位置付けられる。研究史においては、側廊に備わる礼拝堂が、身廊および側廊と同じ高さで建設された点が注目されている。
　本聖堂を建設した棟梁シュテファン・クルメナウアーは、ザルツブルクのフランシスコ会修道院聖堂 (cat. 276) にて、その内陣造営にも関わった人物である。その際、共に従事していたハンス・フォン・ブルクハウゼンからの影響を強く受けたことが指摘されている。ゆえに、例えばブルッハーは、本聖堂をランツフートのザンクト・マルティン聖堂 (cat. 213) と比較している。なお、S・クルメナウアーの墓碑が、本聖堂の南外壁に残されている。

1138年	ザルツブルクの大司教コンラート一世により、ザンクト・シュテファン礼拝堂が聖別される
13世紀中葉	紛争の際に崩壊したため、末期ロマネスク様式ないし初期ゴシック様式で、礼拝堂が再建される
1439年	10月26日、聖堂の造営が開始される
1461年	棟梁シュテファン・クルメナウアー歿（南外壁に墓碑あり）、イェルク・ペルクあるいはヴォルフガング・ヴィージンガーが棟梁に着任か
1466年	4月18日、パッサウ司教により聖別される
1485年	外陣ヴォールトの一部が落下、2年後に修復される
1492年	ヴァッサーブルクの棟梁ヴォルフガング・ヴィージンガーの下で、塔の建設が開始される
1517年	小教区聖堂となる

【図版1】内部、内陣を望む

【図版2】内部、側廊

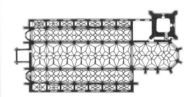
【平面図】　　　　出典：Wagner-Rieger 1988

【Lit.】Riegl 1904 (1929); Oettinger 1961, S. 38-40; Nussbaum 1984, S. 114-116; Nussbaum 1985 (eng), p. 162; Fuhrmann 1993/94; Brucher 2003a, S. 211-213, Kat. 3; Rosenauer 2003, S. 212; Hanke 2007, S. 73-116.
【See】pp. 135, 139-143, 146; 図II-1-13, II-1-14, II-1-15; cat. 135.

Ⅱ-1 段形ホール

cat. 129
RETZ (NÖ), Dominikanerkirche
レツ、ドミニコ会修道院聖堂

地図：8B

1280年頃　　　　　　　　　　　　　　　　　　　　　　　　　　　オーストリア

長堂内陣を備えた三廊式聖堂。本聖堂は、ウィーンのシュテファン大聖堂における段形ホールの着想源としてドーニンおよびヴァーグナー゠リーガーにより指摘された。ただし本聖堂では、側廊側にも盾状壁面が観察される。したがって本聖堂の建築タイプは、身廊部分のみ天井の突出した擬似バシリカではなく、アーケードによって天井を支えるタイプに分類されるべきものであり、ゆえに、少なくともウィーンのシュテファン大聖堂と同じ種類の段形ホールではない。このように構造自体は異なるものの、しかしアーケードがもたらす、内陣へと向けられた力強い方向性や外陣の薄暗さは、なるほどシュテファン大聖堂の外陣と類似のものといえ、したがって空間作用の手本になった可能性も否めまい。

1295年	聖堂が造営される
1425年	フス戦争の後に一部が修復され、一部が再建される
1447年	献堂
1481年	ヴォールトが架けられる
17世紀	バロック様式で改装される

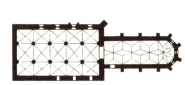

【図版1】内部、内陣を望む　【図版2】内部、側廊　【平面図】　出典：Wagner-Rieger 1988

【Lit.】Donin 1935, S. 212-224; Kohlbach 1948, S. 12; Oettinger 1961, S. 364-365; Wagner-Rieger 1988, S. 124-125; Rosenauer 2003.

附録　建築カタログ

cat. 130

WÜRZBURG (BY), Marienkapelle
ヴュルツブルク、マリア礼拝堂

1377年着工

地図：6B

ドイツ

フランケン地方の重要都市に建設された、三廊式の礼拝堂。北側に塔を備える。外陣身廊には、二本の平行線を交差させ菱形を作り出すネット・ヴォールトが架けられている。長堂内陣は短いベイで細かく区切られており、全体として、高さの勝る細いプロポーションが実現している。

わずかであるが身廊の天井部に盾状壁面が観察されることから、段形ホール式聖堂のひとつと考えることもできよう。

南扉口では、アーキヴォルトの両脇に、ドイツ後期ゴシックの彫刻家ティルマン・リーメンシュナイダーが手掛けた《アダム》と《エヴァ》が設けられており（現在はレプリカに代えられ、本物はマインフランケン博物館に収められている）、その足元の迫持台は、植物風のモティーフで飾られている。

1377年	5月16日、司教ゲルハルト・フォン・シュヴァルツブルクにより、現在の礼拝堂の造営が開始される
1392年	おそらく8月25日、内陣が聖別される
1440年	この頃、外陣完成か
1479年	塔が完成する
1493年	ティルマン・リーメンシュナイダーによる南扉口の《アダム》と《エヴァ》が完成する

【図版1】外観、南面

【図版2】内部、内陣を望む

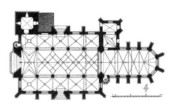
【平面図】　出典：Schneider 1939 (2010)

【Lit.】Kreisel / Gundermann 1930, S. 54-61; Hanke 2007, Fig. 8.

II-1 段形ホール

cat. 131
ANSBACH (BY), Ev. Pfarrkirche St. Johannis
アンスバッハ、ザンクト・ヨハンネス聖堂　　　　　　　　　　　　　地図：6C

1410～1458年　　　　　　　　　　　　　　　　　　　　　　　　　　ドイツ

三廊の段形ホール式聖堂。東側に双塔を備える。身廊のネット・ヴォールトでは、平行線の組み合わせによって作り出された菱形という単純な形体を基本としながらも、鋸歯状の非対称形体を描くという、特異なデザインが採られている。

1139年　　　　史料初出
1410-1413年　西側より、新しい聖堂の造営が開始される
1435年　　　　外陣に屋根が架けられ、双塔が建設される
1441年　　　　内陣の建設が開始される
1458年　　　　内陣が完成し、聖別される

【図版1】内部、内陣を望む　【図版2】内部、側廊　　【平面図】　　出典：Lang 1987 (1999)

【Lit.】Reitzenstein / Brunner 1974; Lang 1987 (1999).

附録　建築カタログ

cat. 132

DONAUWÖRTH (BY), Kath. Stadtpfarrkirche Unser Lieben Frauen
ドナウヴェルト、聖母聖堂

地図：6C

1444〜1467年　　　　　　　　　　　　　　　　　　　　　　　　　　　　　ドイツ

三廊の段形ホール式聖堂。巨大な屋根が架けられている。身廊側に、段形ホール式固有の盾状壁面をはっきりと観察することができる。こうした仕切りアーチがもたらす、内陣へ向けられた強い方向性は、菱形の連なった明快な形状のネット・ヴォールトによって、いっそう強調されることとなった。
　1458年以降の聖堂造営は、アウクスブルクの棟梁ウルリヒ・ヴァルターが担った。また、内陣ヴォールトは、同じくアウクスブルクの棟梁アンドレアスによって架けられたと推察されている。

1044年	この頃、ウルリヒ礼拝堂が建設される
1100年	この頃、小教区聖堂となる
1444年	棟梁ハンス・クネーベルの下で、現在の聖堂の造営が開始される
1458年	これ以降、アウクスブルクの棟梁ウルリヒ・ヴァルターにより聖堂が拡張され、また、おそらくアウクスブルクの棟梁アンドレアスにより内陣ヴォールトが架けられる
1461年	聖堂がほぼ完成する
1467年	12月4日、アウクスブルク司教ヨードックにより、献堂される

【図版1】内部、内陣を望む

【図版2】内部、側廊

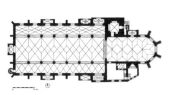
【平面図】

出典：Pechloff 2006

【Lit.】Dehio Bayern III; Reitzenstein / Brunner 1974, S. 243-244; Pechloff 2006.

cat. 133
KREMS AN DER DONAU (NÖ), Piaristernkirche Unser Lieben Frauen
クレムス、聖母聖堂

地図：8B
1457〜1508年　　　　　　　　　　　　　　　　　　　　　　　　　オーストリア

三廊式聖堂。一見したところホール式聖堂であるが、ごく浅い盾状壁面を観察することができる。殊に簇柱形態に関して、棟梁ハンス・プクスバウムが従事したウィーンのシュテファン大聖堂外陣や、シュタイアーのザンクト・エギディウスとザンクト・コロマン聖堂（cat. 212）との類似性が指摘されている。なおベーカーは、本聖堂の造営に、シュテファン大聖堂の棟梁ロウレンツ・シュペニングが関わった可能性を示唆している。

1014年	基礎が築かれる
1457年	聖堂拡張の造営が開始される
1508年	この年に献堂された後も、10年ほど造営が続き、ヴォールトが架けられる

  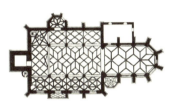

【図版1】内部、内陣を望む　　【図版2】内部、側廊　　【平面図】　　出典：Wagner-Rieger 1988

【Lit.】Buchowiecki 1952; Oettinger 1961, S. 198-199; Rosenauer 2003, S. 229-230, Kat. 14; Brucher 2003a, S. 201; Böker 2005a, S. 33.
【See】cat. 215.

附録　建築カタログ

cat. 134
YBBS AN DER DONAU (NÖ), Pfarrkirche St. Lorenz
イプス、ザンクト・ローレンツ聖堂

地図：8A

1466〜1485年　　　　　　　　　　　　　　　　　　　　　　　　オーストリア

三廊を備えた、奥行き38メートルの小さな段形ホール式聖堂。身廊には、平行線を交差させただけの簡潔なネット・ヴォールトが架けられる。ウィーンのシュテファン大聖堂を直接の手本として、ウィーン・バウヒュッテの棟梁を務めたロウレンツ・シュペニングにより造営された可能性が、ブルッハーによって指摘されている。

1466年　　ロウレンツ・シュペニングが建設に関わり、その徒弟が外陣ヴォールトを架ける
1512年　　この頃までに、矩形の内陣が完成する

  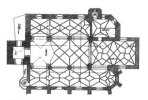

【図版1】内部、内陣を望む　【図版2】同　　　【平面図】　出典：Wagner / Reikerstorfer 1999

【Lit.】Wagner / Reikerstorfer 1999; Brucher 2003a, S. 202.

cat. 135
SPITZ (NÖ), Pfarrkirche St. Mauritius
シュピッツ、ザンクト・マルティウス聖堂

地図：8A

14/15世紀　　　　　　　　　オーストリア

段形ホール式聖堂。

cat. 136
MELK (NÖ), Pfarrkirche Mariä Himmelfahrt
メルク、聖母被昇天聖堂

地図：8A

1481年　　　　　　　　　　オーストリア

段形ホール式聖堂。ウィーンのシュテファン大聖堂からの影響が色濃いといわれる。

II-1　段形ホール

▍cat. 137
KILB (NÖ), Pfarrkirche St. Simon und St. Judas
キルプ、ザンクト・シモンとザンクト・ユーダ聖堂

地図：8B

1470年頃着工　　　　　　　　　　　　　　　　　　　　オーストリア

3つのアプシスを備えた、三廊の段形ホール式聖堂。1070年に小教区聖堂として創設された。現在の聖堂は1476年に献堂されたものである。

【図版1】内部、内陣を望む

【図版2】身廊ヴォールト

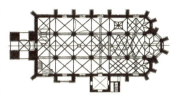
【平面図】　　　　出典：Rosenauer 2003

【Lit.】Rosenauer 2003, S. 228-229, Kat. 13.

▍cat. 138
STEIN AN DER DONAU (NÖ), Pfarrkirche St. Nikolaus
シュタイン、ザンクト・ニコラウス聖堂

地図：8B

1400年頃～15世紀後半　　オーストリア

ドナウ川流域にある、段形ホール式聖堂の作例。11世紀中葉当時の聖堂は、聖ミヒャエルへ捧げられていたが、12世紀になると、聖ニコラウスへ献堂される。1400年頃に長堂内陣が、15世紀中葉に段形ホール式外陣が完成した。バロック様式の鐘楼は、1711年から1714年のもの。

▍cat. 139
KEFERMARKT (OÖ), Pfarrkirche St. Wolfgang
ケファーマルクト、ザンクト・ヴォルフガング聖堂

地図：8A

1473～1476年　　オーストリア

段形ホール式聖堂。聖堂の造営開始は1473年、献堂は1476年である。逸名の彫刻家によって15世紀末に制作された主祭壇は、後期ゴシックの木彫祭壇を代表する作品のひとつに数えられる。

391

附録　建築カタログ

cat. 140
EFERDING (OÖ), Stadtpfarrkirche St. Hippolyt
エファーディング、ザンクト・ヒポリート聖堂

地図：8A

1451〜1497年頃

オーストリア

　三廊の段形ホール式聖堂。側廊の脇には天井高の低い礼拝堂が備えられており、両者の間には盾状壁面が観察される。造営に従事したのは、レーゲンスブルク、およびパッサウのバウヒュッテで活躍したシュテファン・クルメナウアーである。そのため、この棟梁が関わったブラウナウのザンクト・シュテファン聖堂（cat. 128）のコンセプトを受け継いだ段形ホールで本聖堂が完成したと考えられる。

　外陣身廊には菱形を主体とした簡潔なリブ・ヴォールトが架けられているが、各ベイごとにヴォールトが大きく窪むため、単純ながらも抑揚の付けられたリズムが生じる。段形ホール式外陣と長堂アプシスの間には浅いアーチが設けられており、これによって光り輝く内陣と薄暗い外陣の対照性がいっそう強められる。

1451-1457年　　棟梁イェルク・ヴィンディシュの下で、内陣が建設される
1466年　　　　外陣の建設が開始され、後に、棟梁シュテファン・クルメナウアーへと造営が受け継がれる
1468-1471年　　南扉口が建設される
1497年　　　　この頃、外陣が完成する
1505年　　　　階段が建設される

  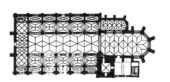

【図版1】内部、内陣を望む　【図版2】内部、身廊　【平面図】　出典：Weichselbaumer 2009

【Lit.】Rosenauer 2003, S. 197-198, S. 213-214, Kat. 4.

cat. 141
MONDSEE (OÖ), Pfarrkirche, ehem. Benediktinerstiftskirche St. Michael
モントゼー、旧ベネディクト会修道院聖堂　　　　　　　　　　　地図：7B
1487年献堂　　　　　　　　　　　　　　　　　　　　　　　　オーストリア

三廊の段形ホール式聖堂。ブルッハーは本聖堂について、ウィーンのシュテファン大聖堂の外陣から影響を受けた作例と見なしている。あわせてデーヒオは本聖堂に、ブラウナウ、あるいは、ブルクハウゼン派からの影響を指摘している。

1104年　　修道院長ルートベルトの下で、最初の聖堂が聖別される
1470年　　修道院長ベネディクト二世の下で、新しい聖堂の造営が開始される
1487年　　聖堂および主祭壇が聖別される
1497年　　さらなる祭壇が聖別される
1600年　　これ以降、拡張が進められる

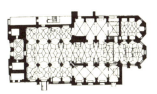

【図版1】内部、内陣を望む　【図版2】内陣脇、扉口　【平面図】　　出典：Wagner-Rieger 1988

【Lit.】Dehio Oberösterreich; Feuchtmüller 1972, S. 139-140; Brucher 2003a, S. 201.

附録　建築カタログ

cat. 142
HEILIGENBLUT AM GROSSGLOCKNER (KÄ), Pfarrkirche St. Vinzenz
ハイリゲンブルート、ザンクト・ヴィンツェンツ聖堂

地図：7C

1491年献堂　　　　　　　　　　　　　　　　　　　　　　　　　　オーストリア

標高1300メートルの場所に建てられた、三廊の段形ホール式聖堂。身廊における側廊との境目には、起拱点から立ち上がる半円状の仕切りアーチが観察される。

1271年　　聖遺物（聖血）を礼拝堂に納めた巡礼聖堂として建設される
1430年　　この頃、内陣が完成する
1483年　　外陣の勝利門が完成する
1491年　　献堂

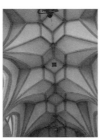
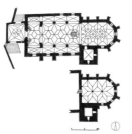

【図版1】内部、内陣を望む　　【図版2】外陣ヴォールト　　【平面図】　　出典：Dehio Kärnten

【Lit.】Feuchtmüller 1972, S. 138; Biedermann / Leitner 2001, S. 59-60; Rosenauer 2003.

cat. 143
GRAZ (ST), Stadtpfarrkirche Hl. Blut
グラーツ、聖血聖堂

地図：8D

1439/40年　　　　　　　　　　　　　　　　　　　　　　　　　　オーストリア

元来はドミニコ会修道院として使用されていた、段形ホール式聖堂。グラーツ大聖堂（cat. 181）と類似の空間印象を有する。本聖堂最古の部分となる南側廊は、1439/40年に皇帝フリードリヒ三世が建てた礼拝堂に由来する部分である。1478年以降、身廊が増築された。

1439/40年　　この頃、皇帝フリードリヒ三世によって、聖遺骸礼拝堂が建設される
1484年　　　内陣が完成する
1586年　　　小教区聖堂となる

II-1 段形ホール

  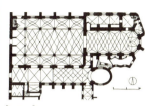

【図版1】内部、内陣を望む 　【図版2】外陣ヴォールト 　【平面図】 　出典：Dehio Graz

【Lit.】Donin 1935; Kohlbach 1948, S. 9; Kohlbach 1950, S. 205-244.

cat. 144
TÜBINGEN (BW), Stiftskirche St. Georg
テュービンゲン、ザンクト・ゲオルク聖堂　　　　　　　　　　　　　　　地図：6D

1470年着工　　　　　　　　　　　　　　　　　　　　　　　　　　　　　　ドイツ

三廊の段形ホール式聖堂で、5/8角形で閉じる長堂内陣を備える。内陣との間に障壁が設けられている。1491年に制作された内陣席は、イェルク・ジルリン（父）工房と関連する作品である。1550年より、ヴュルテンベルク伯の墓所となった。

1191年　　小教区聖堂となり、その後、新しい聖堂の造営が開始される
1470年　　新しい内陣の建設が開始される
1478年　　参事会聖堂となったのを機に、新しい外陣の建設が開始される
17-18世紀　バロック様式で改装される
1866/67年　ネオ・ゴシック様式で改装される

  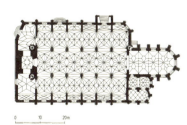

【図版1】内部、内陣を望む 　【図版2】内陣 　　【平面図】　　出典：Dehio Baden-Württemberg II

【Lit.】Dehio Baden-Württemberg II.

395

附録　建築カタログ

cat. 145
WASSERBURG AM INN (BY), Frauenkirche
ヴァッサーブルク、聖母聖堂
　　　　　　　　　　　　　　地図：6C
14世紀前半～1386年　　　　　　ドイツ

ゴシック期に建設された三廊式の聖堂。バロック期に改装されたものの、疑似バシリカとでもいうべき段形ホール風の構造が観察される。

cat. 146
EGGENFELDEN (BY), Pfarrkirche St. Nikolaus und St. Stephan
エッゲンフェルデン、ザンクト・ニコラウスとザンクト・シュテファン聖堂　地図：6C
1444年献堂　　　　　　　　　　ドイツ

段形ホール式聖堂。複雑な幾何学形体を描くリブ・ヴォールトが架けられている。1444年、献堂。1465年、内陣ヴォールトが完成する。1488年、外陣ヴォールトが完成する。

cat. 147
HÖCHSTÄDT AN DER DONAU (BY), Kath. Stadtpfarrkirche Mariä Himmelfahrt
ヘーヒシュテット、聖母被昇天聖堂　地図：6C
1442年着工　　　　　　　　　　ドイツ

段形ホール式聖堂。採光窓のモティーフがあるため、ハンケは本聖堂を、擬似バシリカに分類した。

cat. 148
RAIN AM LECH (BY), Kath. Stadtpfarrkirche St. Johannes der Täufer
ライン、ザンクト・ヨハンネス聖堂　地図：6C
1480年完成　　　　　　　　　　ドイツ

疑似バシリカに近い、段形ホール式聖堂。

（2）段形ホール式聖堂（北ドイツとその周辺）

cat. 149
LÜBECK (SH), Ev. Kirche St. Jakobi
リューベック、ザンクト・ヤコービ聖堂

地図：5B

1334年献堂

ドイツ

バックシュタイン・ゴシックの作例。元来はホール式聖堂として建設されていたが、13世紀末、バシリカ式聖堂から影響を受けた改修が始まり、段形ホールとして完成する。これ以外にも幾度にもわたり改修がなされており、現在ではかつての盲窓の痕跡のようなものが観察される。

1227年	史料初出
13世紀中葉	ブラウンシュヴァイクやヴェストファーレン地方の聖堂を手本として、ホール式聖堂が造営される（現在の西外壁に痕跡が残る）
13世紀末	内陣がホール式タイプから段形ホール式タイプへ改修される
1334年	内陣が聖別される
1889年	14世紀の壁画が発見される

【図版1】外観、北面

【図版2】内部、内陣を望む

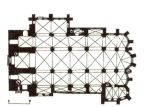
【平面図】出典：Dehio Schleswig-Holstein

【Lit.】Dehio Schleswig-Holstein; Höppner 1985; Böker 1988, S. 137-151; Dittrich 1993, S. 44; Hanke 2007, S. 95.

附録　建築カタログ

cat. 150
LÜNEBURG (NI), Ev. Hauptkirche St. Johannis
リューネブルク、ザンクト・ヨハンネス聖堂

地図：5B

1300〜1370年頃　　　　　　　　　　　　　　　　　　　　　　　ドイツ

五廊を備えた幅広のホール式聖堂。堅固な西の単塔が設けられている。一見したところ、段形ホール式聖堂であるかのような印象を与える作品である。事実、起拱点を比べると、側廊より身廊の方が高い。しかし側廊の起拱点は柱頭と一致しておらず、したがってハンケによれば、正確な意味での段形ホールには該当しない。

1174年	この頃、洗礼堂として、初めて言及される
1289年	これ以前に、聖堂の造営が開始される
13世紀末	三廊式聖堂として完成する
1300-1370年	この頃、ゴシック様式の聖堂として建設される
15世紀	この頃までに、北の礼拝堂群が増築される

【図版1】外観、南面

【図版2】内部、内陣を望む

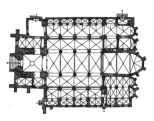
【平面図】　出典：Rosemann 1967

【Lit.】Rosemann 1967, S. 221-224; Dehio Bremen, Niedersachsen; Kunst 1984; Böker 1988, S. 165-168; Hanke 2007, Fig. 12.
【See】cats. 151, 168.

398

Ⅱ-1　段形ホール

cat. 151
HAMBURG, Ev. Hauptkirche St. Petri
ハンブルク、ザンクト・ペトルス聖堂

地図：5B

1327年献堂　　　　　　　　　　　　　　　　　　　　　　　　　　　　　ドイツ

ハンブルク最古の小教区聖堂。ホール式聖堂ではあるものの、リューネブルクのザンクト・ヨハンネス聖堂（cat. 150）と同様に、身廊の天井部が、ごくわずかに持ち上げられている。

1195年　　　　マルクト聖堂と呼ばれる
14世紀前半　　リューネブルクのザンクト・ヨハンネス聖堂を手本に、三廊のホール式聖堂として
　　　　　　　建設される
1327年　　　　この頃までに、おそらく東部分も完成し、献堂される
1418-1419年　 南側に側廊が増築される

【図版1】外観、南面　　【図版2】内部、内陣を望む　　【図版3】身廊天井部

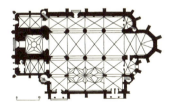

【平面図】　出典：Dehio Schleswig-Holstein

【Lit.】Dehio Schleswig-Holstein; Böker 1988, S. 171-173; Feldmann 2008.
【See】cat. 152.

附録　建築カタログ

cat. 152
HAMBURG, Ev. Hauptkirche St. Jakobi
ハンブルク、ザンクト・ヤコービ聖堂

地図：5B

1340年頃～15世紀初頭　　　　　　　　　　　　　　　　　　　　　　　　　　　　ドイツ

三廊のホール式聖堂。ベーカーによれば、並行して建設されたハンブルクのザンクト・ペトルス聖堂（cat. 151）と類似の空間形態を有している。デーヒオが「すべての廊がほぼ等高」と記述しているように、完全なホール式聖堂としての印象を与える。ただしハンケが指摘するとおり、身廊ヴォールトの起拱点が、柱頭より下げられている点は特異といえる。

1255年	史料初出
1340年	この頃、ザンクト・ペトルス聖堂を手本として、レンガ造で新しい聖堂の造営が開始される
1380年	この頃、西塔の建設が開始される
15世紀初頭	聖堂が完成する
1493-1503年	南側廊が増築される

  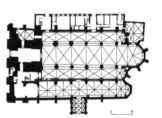

【図版1】外観、南面　　【図版2】内部、内陣を望む　　【平面図】　出典：Dehio Schleswig-Holstein

【Lit.】Dehio Schleswig-Holstein; Böker 1988, S. 173; Hanke 2007, S. 89-90.

II-1 段形ホール

cat. 153
HAMBURG, Ev. Hauptkirche St. Katharinen
ハンブルク、ザンクト・カタリーナ聖堂

地図：5B

14世紀後半〜15世紀

ドイツ

段形ホール式聖堂。疑似バシリカともいえよう。

1249-1251年	史料初出
15世紀初頭	3つのアプシスに代わり、東側へ3ベイ拡張された内陣が建設される
14-15世紀	聖堂が造営される
1425年	屋根が架けられる
1425/26年	ヴォールトが架けられる
1450年	この頃までに、建築タイプが段形ホールへと変更される

  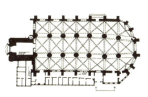

【図版1】外観、北東面　　【図版2】内部、内陣を望む　　【平面図】出典：Dehio Schleswig-Holstein

【Lit.】Dehio Schleswig-Holstein; Stolt 2008; Böker 1988, S. 173-175.

附録　建築カタログ

cat. 154

GÖTTINGEN (NI), Ehem. Paulinerkirche der Dominikaner
ゲッティンゲン、ザンクト・パウリ聖堂

地図：5C

1331年献堂

ドイツ

段形ホール式聖堂の初期の作例。1737年以降、大学図書館として利用されている。

1294年	ドミニコ会修道院が創設される
1331年	献堂
1531年	武器庫として使用され始める
1586年	寄宿舎として使用され始める
1737年	大学図書館として使用され始める

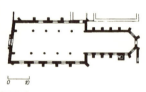

【図版1】外観、北西面　　【図版2】内部、東を望む　　【平面図】出典：Dehio Bremen, Niedersachsen

【Lit.】Dehio Bremen, Niedersachsen; Hanke 2007, S. 95.

402

II-1 段形ホール

cat. 155
BRAUNSCHWEIG (NI), Brüdernkirche St. Ulrich
ブラウンシュヴァイク、ザンクト・ウルリヒ聖堂

地図：5C

1451年完成

ドイツ

三廊の段形ホール式聖堂。5/8角形アプシスを備えた3ベイの長堂内陣の手前に、内陣障壁が設けられている。

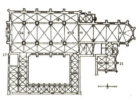

【図版】内部、内陣を望む　【平面図】　聖堂刊行冊子

1232年	フランシスコ会修道院が創設される
1343年	聖堂の造営が開始される
1361年	内陣が聖別される
1375年	外陣が取り壊される
1451年	再建された外陣が完成する

【Lit.】Krautheimer 1925 (2000), S. 94-97; Dorn 1978, S. 209-212; Kimpelinger 1993, S. 108-110; Hanke 2007, S. 95.

cat. 156
KWIDZYN [MARIENWERDER], Katedra św. Jana Ewangelisty
クフィディン大聖堂

地図：9

1430年代

ポーランド

cat. 157
GÖTTINGEN (NI), Ev. Pfarrkirche St. Albani
ゲッティンゲン、ザンクト・アルバン聖堂

地図：5C

15世紀

ドイツ

附録　建築カタログ

(3) ホール式聖堂

cat. 158

LILIENFELD (NÖ), Zisterzienserabtei Mariä Himmelfahrt
リリエンフェルト、シトー会修道院　　　　　　　　　　　　　　　　　　　地図：8B

1230年内陣聖別　　　　　　　　　　　　　　　　　　　　　　　　　　オーストリア

オーストリアにおける最初期のホール式聖堂。造営は、およそ二期に分けられる。第一期に造営された参事会ホールや回廊と、南側廊とをつなぐ扉口には、いまだ後期ロマネスク様式の名残りが認められる。

内陣にホール式が採用されたのは、造営第二期でのことである。すなわちバシリカ式の外陣に対して、内陣では、フランス・ゴシックからの影響を受け、多角形アプシスの周囲に、二廊のホール式周歩廊がめぐらされた。この内陣こそが、オーストリアに初めて登場したホール式空間として注目されるものである。建設時期は、おそらくマールブルクのザンクト・エリーザベト聖堂 (cat. 160) より早い。ただし周歩廊礼拝堂は、それぞれのベイに祭壇が設けられるものの、壁体で分割されているわけではなく、そのため、全体として空間が一体化している点において、ホール式空間への志向を読み取ることができよう。奥行き82メートル超という本聖堂の規模は、オーストリア最大である。

1202年	バーベンベルク家のレオポルト六世によって、聖堂の造営が開始される
1217年	パッサウ司教により4つの祭壇が聖別された直後、レオポルト六世が十字軍に参加するため、造営が中断する
1230年	ザルツブルク大司教により修道院建築および主祭壇が聖別される
1256年	外陣が未完成のまま聖別される
1263年	外陣が完成する
1638年	バロック様式への改装が開始される
1775年	西ファサードに彫刻装飾が施される

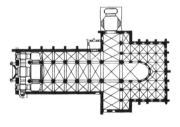

【図版1】内部、内陣を望む　　【図版2】内部、内陣　　【平面図】　　出典：Wagner-Rieger 1988

【Lit.】Oettinger 1961, S. 237-239; Schwarz (M) 1976, S. 39; Wagner-Rieger 1988, S. 91-92; Fillitz 1998, S. 299-301, Kat. 69-72; Schwarz (M) 2013, S. 87-95, 141-144, 303-306.
【See】p. 49; cat. 333.

cat. 159
MÜNSTER (NRW), Dom St. Paul
ミュンスター大聖堂

地図：5D

1225〜1264年　　　　　　　　　　　　　　　　　　　　　　　　　　　ドイツ

双塔と周歩廊式内陣を備えた重厚な大聖堂。ホール式聖堂の初期の作例に位置付けられている。建設は13世紀であるものの、旧来の慣習に従って、内陣が交差部に設置された点が注目されている。

804/05年	司教区が創設され、修道院が造営される
1090年	司教エルフォの下で、〈第II聖堂〉が造営される
1225年	〈第III聖堂〉の造営が開始される
1264年	献堂
1663年	東の周歩廊に、礼拝堂が建設される

【図版1】外観、南面

【図版2】内部、内陣を望む

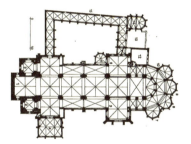
【平面図】　　　出典：Dehio Westfalen

【Lit.】Dehio Westfalen; Gall 1954a, S. 504; Nenze 1959 (1975), S. 542; Gross 1972, S. 195-196, Kat. 170, 171; Schmelzer 2004, S. 69.

附録　建築カタログ

cat. 160
MARBURG AN DER LAHN (HE), Elisabethkirche
マールブルク、ザンクト・エリーザベト聖堂

地図：6A

1235～1283年　　　　　　　　　　　　　　　　　　　　　　　　　　　　　ドイツ

　三葉形内陣を備えた三廊のホール式聖堂。ドイツ語圏におけるホール式聖堂の最初期の作品に位置付けられている。同時期に建設されたケルン大聖堂（cat. 47）では、フランス・ゴシックからの強い影響を受けバシリカ式が採用されたが、これとは対照的に、本聖堂では、ドイツ的な嗜好が認められるわけである。ただし、その後のドイツで発展するホール式聖堂の空間的特徴を踏まえたならば、本聖堂では、ホール式の特質、すなわち、身廊と側廊が一体化して統一的な空間が創出されるという特質は、まだ観察されない。むしろ、本聖堂の空間限界は、いまだ「主廊を限界付ける柱列」にあり、空間は融合されていないとヤンツェンが主張するように、身廊の軸性が強く残されているのである。

　柱頭や障壁には多彩な葉状装飾が観察される。殊に西扉口のタンパンでは、マリアが幼児イエスと共に立ち現われ、両脇にふたりの天使が王冠を手にしてひざまずく姿が描写されるとともに、その背後は、右にバラの生け垣、左にブドウの葉という、象徴的な植物で覆い尽くされている。

1228年	エリーザベト・フォン・テューリンゲン方伯により、ザンクト・フランツィスクス施療院聖堂の造営が開始される
1234年	施療院聖堂が、ドイツ騎士団へと受け継がれる
1235年	8月14日、聖堂の造営が開始される
1243年	この頃までに、内陣が完成する
1244年	この頃、ホール式身廊の建設が開始される
1283年	塔とファサードを除いて聖堂が完成し、献堂される

  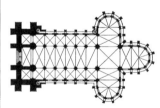

【図版1】西扉口タンパン　　【図版2】内部、内陣を望む　　【平面図】　　出典：Dehio Hessen

【Lit.】Dehio Hessen; Wilhelm-Kästner 1924; Hamann 1938; Frankl 1962 (2000); Kunst 1971; Jantzen 1957 (jp); Grodecki 1976 (jp); Nussbaum 1985 (eng), S. 55; Müller 1997.
【See】pp. 183, 184; 図II-3-21; cat. 158.

II-1 段形ホール

cat. 161
SOEST (NRW), Pfarrkirche St. Maria zur Wiese
ゾースト、ザンクト・マリア・ツア・ヴィーゼ聖堂

地図：5D

1313年着工   ドイツ

3つの多角形アプシスを備えた三廊の小さなホール式聖堂。ドイツ・ゴシックが好んだホール式聖堂の、ひとつの頂点ともいえる作品である。

　本聖堂は比較的小さく、また開口部が広いために、ガラスで構成された構造物であるかのような、軽やかな印象を与える。身廊のベイの幅が広く、一方で、側廊のベイは縦軸方向に長い。こうした平面プランは、ミンデン大聖堂 (cat. 95) にも観察される、ヴェストファーレン地方の典型的なプランとして指摘されている。

1313年	棟梁ヨハンネス・シェンデラーにより、造営が開始される（中央アプシスの銘文に基づく）
1376年	中央アプシス、および南アプシスが聖別される
15世紀初頭	外陣外壁が完成する
1421年	棟梁ヨハンネス・フェアラッハの下で、西側構造の建設が開始される
16世紀初頭	外陣が完成する
1846-1882年	西の双塔が完成する

【図版1】外観、東面

【図版2】内部、内陣を望む

【平面図】出典：Dehio / Bezold 1901, II

【Lit.】Dehio Westfalen; Dehio / Bezold 1901, II; Frankl 1962 (2000), p. 196; Busch 1969, S. 19-21; Gross 1972, Kat. 188; Nussbaum 1985 (eng), S. 129-131; Camille 1996; Klotz 1998.
【See】pp. 215, 232; 図II-5-3.

附録　建築カタログ

cat. 162
SCHWÄBISCH GMÜND (BW), Kath. Pfarrkirche Hl. Kreuz
シュヴェービッシュ・グミュント、聖十字架聖堂

地図：6C

1410年内陣聖別

ドイツ

　南ドイツにおけるホール式聖堂の、最初期の作例のひとつ。周歩廊式内陣プランの帰属をめぐっては、ハインリヒ・パルラー、その息子である青年期のペーター・パルラー、あるいはその他の棟梁など、研究者の間で意見が分かれ、大論争となっている。
　外陣完成後、造営の中断を経たのちに内陣が建設され、15世紀末、棟梁アベルリン・イェルクにより細かい網目を織り成すネット・ヴォールトが架けられた。内陣に関しては、ホールという建築タイプやネット・ヴォールトだけでなく、控壁の間を礼拝堂として使用する構法も注目されている。

1310-1330年	この頃、三廊のバシリカ式聖堂を建設する計画に基づき、造営が開始される
1330年	この頃、聖堂の西側部分が完成し、その後、建築タイプがホールへと変更される
1347/48年	この頃までに外陣が完成するが、その後は黒死病の流行により、造営が中断される
1351年	7月17日、内陣の建設が開始される
1377年	造営が中断される
1410年	内陣が聖別される
1491年	これ以降、棟梁アベルリン・イェルクにより、内陣のリブ・ヴォールトが架けられ、外陣のリブ・ヴォールトも改修される

【図版1】外観、東面

【図版2】内部、内陣

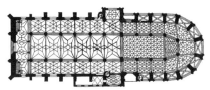
【平面図】　　　　　　　　出典：Nussbaum 1985

【Lit.】Dehio Baden-Württemberg I; Dehio 1921; Frankl 1962 (2000), pp. 195-196.
【See】cat. 230.

II-1 段形ホール

cat. 163
STRAUBING (BY), Pfarrkirche St. Jakob
シュトラウビング、ザンクト・ヤーコプ聖堂

地図：6C

1415年頃～1480年代

ドイツ

奥行き82メートルという、比較的大きな三廊のホール式聖堂。周歩廊式内陣を備える。ハンス・フォン・ブルクハウゼンに帰属される建築である。

1415年	この頃、着工され、東から西へとゆっくり造営が進展する
1423年	これ以前に、内陣が完成する
1432年	外陣の建設が開始される
1512年	西のベイが完成する
18世紀	多くの礼拝堂がバロック様式で改装される

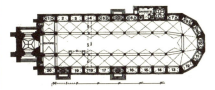

【図版1】外観、北面　　【図版2】内部、内陣を望む　　【平面図】　　出典：Reidel 1967 (2001)

【Lit.】Reidel 1967 (2001); Reitzenstein / Brunner 1974, S. 894-897.
【See】p. 137; 図II-1-11.

409

附録　建築カタログ

cat. 164
DINKELSBÜHL (BY), Kath. Stadtpfarrkirche St. Georg
ディンケルスビュール、ザンクト・ゲオルク聖堂

地図：6C

1448〜1499年

ドイツ

棟梁ニコラウス・エーゼラー父子の下で建設された、三廊のホール式聖堂。周歩廊式内陣を備える。同棟梁が従事した、ネルトリンゲンのザンクト・ゲオルク聖堂 (cat. 228) との類似性が指摘されている。内陣と外陣が完全に一体化した空間に、異なる形体を組み合わせたリブ・ヴォールトが架けられた。

12世紀	旧聖堂が造営される
1220-1230年	後期ロマネスク様式の塔が建設される（西ファサード第一層目に現存）
1448年	5月5日、棟梁ニコラウス・エーゼラー（父）の下で、聖堂造営が開始される
1463年	ニコラウス・エーゼラー（父）から同名の息子へ、棟梁が交代する
1469年	外装が造営される
1492-1499年	ヴォールトが架けられる

  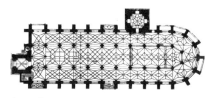

【図版1】外観、西面　　【図版2】内部、内陣を望む　　【平面図】　　　　　出典：Nussbaum 1985

【Lit.】Frankl 1962 (2000), p. 227; Reitzenstein / Brunner 1974, S. 237-239; Dehio Bayern I; Nussbaum 1985 (eng), p. 169.
【See】cats. 227, 228.

cat. 165
ESSLINGEN AM NECKAR (BW), Ev. Frauenkirche
エスリンゲン、聖母聖堂

地図：6D

1500年頃　　　　　　　　　　　　　　　　　　　　　　　　　　　ドイツ

5/8角形アプシスを伴う三廊のホール式聖堂。ドイツ後期ゴシックを代表する棟梁ウルリヒ・フォン・エンジンゲンが造営に関与した。柱には、1440年より棟梁を務めたハンス・ベーブリンガー（父）の紋章が観察される。

1335年	内陣に祭壇が設置される
1340-1350年	外陣の東のベイが建設される
1400-1410年	棟梁ウルリヒ・フォン・エンジンゲンの下で、外陣の西のベイおよび塔の下層部分が建設される
1424年	早ければこの頃から、棟梁ウルリヒの息子マテウス・エンジンガーが造営に関与する
1440年	棟梁ハンス・ベーブリンガー（父）が、塔の建設を引き継ぐ
1494年	塔が完成する

【図版1】外観、南扉口　　【図版2】内部、内陣を望む　　【平面図】　　出典：Hahn-Woernle 1997

【Lit.】Dehio Baden-Württemberg I; Warnke 1999; Klein / Albrecht 2007, Kat. 64, 220.

附録　建築カタログ

cat. 166

HALL IN TIROL (TI), Stadtpfarrkirche Hl. Nikolaus
ハル、ザンクト・ニコラウス聖堂

地図：7D

1438年　　　　　　　　　　　　　　　　　　　　　　　　　　　　オーストリア

チロルにおけるホール式聖堂の作例。13世紀後半に献堂された後、ゴシック様式のホール式聖堂として建設された。内部はバロック様式で改装されている。

1281年	献堂
1312-1318年	内陣が建設される
1345年	塔が建設される
1352年	外陣が建設される
1420-1437年	外陣と内陣が拡張される
1438年	屋根が完成する
1489-1494年	棟梁ヴィルヘルム・シュタインペルガーの下で、扉口の前ホールおよび礼拝堂が建設される
1751/52年	バロック様式で改装される

  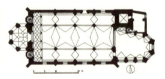

【図版1】外観、西面　　【図版2】内部、内陣を望む　　【平面図】　　出典：Dehio Tirol

【Lit.】Dehio Tirol.

II-1 段形ホール

cat. 167
MÜNCHEN (BY), Kath. Pfarr-kirche Hl. Geist
ミュンヘン、聖霊聖堂
地図：6C

1327年以降～1392年　　　　ドイツ

1208年に建設された、巡礼者のための施設に由来する。1327年の火災後、新しい聖堂が再建され、1392年に完成した。1723年から1730年にかけて、バロック様式で改装された。

cat. 168
STRAUBING (BY), Karmeliten-kirche
シュトラウビング、カルメル会修道院聖堂
地図：6C

1371～1466年　　　　ドイツ

三廊のホール式聖堂。ハンス・フォン・ブルクハウゼンが関与したと考えられている。1367年、造営が開始される。1466年、内陣ヴォールトが完成するも、外陣ヴォールトは未着手のまま残される。1700年から1701年にかけて、バロック様式で改装される。

cat. 169
BRATISLAVA, Katedrála sv. Martina
ブラティスラヴァ大聖堂
地図：9

14世紀　　　　スロヴァキア

三廊のホール式聖堂。ウィーンの棟梁ハンス・プクスバウムが建設に関わったとされる。1458年に同じくウィーンの棟梁ロウレンツ・シュペニングが助言を求められた。

cat. 170
INGOLSTADT (BY), Bürger-spitalkirche Hl. Geist
インゴルシュタット、聖霊聖堂
地図：6C

15世紀中葉　　　　ドイツ

1319年、皇帝ルートヴィヒ四世によって創設された施療院に由来する。15世紀中葉に拡張され、ヴォールトが架けられた。

附録　建築カタログ

cat. 171
ERFURT (TH), Benediktinerinnen Kloster St. Severi
エアフルト、ザンクト・セヴェリウス聖堂

地図：6B

13世紀

ドイツ

5/8角形アプシスを備えた、五廊のホール式聖堂。エアフルトの町の西、エアフルト大聖堂 (cat. 106) の北西に位置する。そのため聖堂の東側にファサードのごとく壮大な塔が設けられるという、特異な構成となっている。

 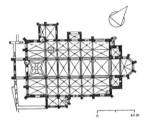

【図版】内部、内陣を望む　【平面図】出典：Lehmann/Schubert 1988

935年	史料初出
1273年	この頃、造営が開始される
1308年	主祭壇が聖別される
1472年	火災の被害を受け、西内陣が取り壊される

【Lit.】Dehio Thüringen; Lehmann / Schubert 1988; Bürger 2011, S. 65-70.
【See】cat. 106.

cat. 172
LÜBECK (SH), Ev. Kirche St. Petri
リューベック、ザンクト・ペトルス聖堂

地図：5B

14世紀前半

ドイツ

単塔を備えたレンガ造の聖堂。ゴシック期には3つのアプシスを備えた三廊のホール式聖堂であったが、その後、増改築がなされた。

1170年	史料初出
1220-1240年	後期ロマネスク様式で、新しい聖堂が造営される
13世紀-1305/10年	内陣が、幅はそのままに天井高のみ高くされ、3つのアプシスを備えたホール式内陣へと改修される
1330年	ホール式外陣が建設される
14-15世紀	側廊礼拝堂が建設される
15世紀	塔が建設される

II-1 段形ホール

【図版1】外観、南東面　【図版2】内部、内陣を望む　【平面図】出典：Dehio Schleswig-Holstein

【Lit.】Dehio Schleswig-Holstein; Teuchert 1956; Böker 1988, S. 180-181.

cat. 173
LÜNEBURG (NI), Ehem. Benediktinerklosterkirche St. Michaelis
リューネブルク、ザンクト・ミヒャエル聖堂　　　　　　　　　　　地図：5B

1376～1412年　　　　　　　　　　　　　　　　　　　　　　　　　ドイツ

アプシスを備えた三廊のホール式聖堂。リューネブルクのザンクト・ヨハンネス聖堂 (cat. 150) を手本として建設された。

1373年　　ミヒャエル修道院が、城壁内部に新しい聖堂造営の用地を獲得する
1376年　　聖堂の造営が開始される
1390年　　内陣が聖別される
1418年　　聖堂が完成する
1430-1434年　西塔が完成する

  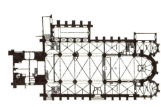

【図版1】外観、東面　【図版2】内部、内陣を望む　【平面図】　　　出典：Böker 1988

【Lit.】Dehio Bremen, Niedersachsen; Böker 1988, S. 165, 210-219.

415

附録　建築カタログ

cat. 174
MÜNSTER (NRW), Stifts- und Pfarrkirche St. Ludgeri
ミュンスター、ザンクト・ルートゲル聖堂
地図：5D

1200/20年頃　　　　　　　　　ドイツ

1170年頃に建設された木造の礼拝堂に由来する。1200/20年頃に三廊のホール式聖堂が完成し、1400/20年に内陣が拡張された。

cat. 175
MÜNSTER (NRW), Stiftskirche Liebfrauen-Überwasser
ミュンスター、水上の聖母聖堂
地図：5D

1340～1346年　　　　　　　　　ドイツ

cat. 176
SOEST (NRW), Ev. Pfarrkirche, ehem. Minoritenkirche Neu-St. Thomä
ゾースト、新ザンクト・トメ聖堂
地図：5D

14世紀中葉　　　　　　　　　ドイツ

cat. 177
HALBERSTADT (ST), Ev. Kirche St. Martini
ハルバーシュタット、ザンクト・マルティン聖堂
地図：5C

1433年　　　　　　　　　ドイツ

Ⅱ-1　段形ホール

cat. 178
SOEST (NRW), Ev. Kirche St. Maria zur Höhe
ゾースト、ザンクト・マリア・ツア・ヘーエ聖堂

地図：5D

1225年頃　　　　　　　　　　　　　　　　　　　　　　　　　ドイツ

ドイツ・ホール式聖堂の、初期段階における典型的な作例。わずか3ベイの空間ではあるが、3つのアプシスが設けられている。

【図版1】外観・東面

【図版2】内部、内陣を望む

【平面図】　出典：Dehio Westfalen

【Lit.】Dehio Westfalen; Simson 1972, Kat. 172a; Kubach 1972 (jp), 図266; Schütz 1989.

cat. 179
NÖRDLINGEN (BY), Spitalkirche Hl. Geist
ネルトリンゲン、聖霊聖堂

地図：6C

13世紀初頭以降　　　　　　　　　　　ドイツ

cat. 180
FEUCHTWANGEN (BY), Ev. Nebenkirche St. Johannis
フォイヒトヴァンゲン、ザンクト・ヨハンネス聖堂

地図：6C

15世紀　　　　　　　　　　　　　　　ドイツ

417

附録　建築カタログ

II-2　権威の表象

皇帝フリードリヒ三世は、ウィーンのシュテファン大聖堂を完成させるにあたり、この聖堂において、自身の君主としての権威が表象されることを要請したと考えられる。ここでは、フリードリヒ三世が関わった建築や、同時代の君主の聖堂を概観する。あわせて、フリードリヒ三世の造営理念に影響を与えた可能性のある、教皇ピウス二世が建設したピエンツァ大聖堂と、これに関連するイタリアの諸聖堂についても見てゆきたい。

(1) 君主の聖堂

cat. 181
GRAZ (ST), Dom St. Ägydius
グラーツ大聖堂

地図：8D

1438〜1462年　　　　　　　　　　　　　　　　　　　　　　　　　　　　　　　　オーストリア

グラーツ最古の小教区聖堂に由来する、段形ホール式聖堂。グラーツは、レオポルト三世以降、レオポルト系ハプスブルク家の宮廷都市となった。1438年には、皇帝フリードリヒ三世の下で城砦が築かれ、宮廷礼拝堂が建設された。それが今日のグラーツ大聖堂である。計9箇所に標語「AEIOU」と年記が残されており、これを手掛かりに造営経緯を知ることができる。造営を担った棟梁は、後にフライブルクやミラノで活躍したハンス・ニーゼンベルガーである。本聖堂では、ウィーンのシュテファン大聖堂を手本として段形ホールが採用されたといわれるが、しかし長堂内陣と5ベイの段形ホールを組み合わせるという手法は、ドーニンによれば、托鉢修道会、殊にヴィーナー・ノイシュタットの新修道院聖堂 (cat. 184) の形式に基づくものだという。

内陣北側には二重礼拝堂が備わる。外観ではほとんど装飾が施されず、西ファサードに紋章等の要素が観察されるのみである。外陣側廊では、ヴォールトに植物文様が、壁面には聖クリストフォロスを描いたフレスコ画が残されている。殊に南側壁面に描かれた聖人像は、大公冠をかぶるため、フリードリヒ三世の肖像と考えられている。

1174年　　　史料初出
1371年　　　小教区聖堂として記録される
1433年　　　この頃、宮廷を拡張して聖堂と統合させるために、土地が購入される
1438年　　　内陣北の二重礼拝堂の下階、バルバラ礼拝堂が建設される (年記あり)
1450年　　　内陣ヴォールトが完成する (年記あり)
1460/70年　　この頃、側廊にクリストフォロスのフレスコ画が描かれる

418

II-2　権威の表象

1462年　旧祈祷所が建設される（年記あり）
1464年　側廊が完成（年記あり）、ヴォールトのフレスコ画が描かれる
1577年　聖堂がイエズス会へ譲渡される
1786年　カテドラルとなる
1931年　南側廊にて聖クリストフォロスのフレスコ画が発見される

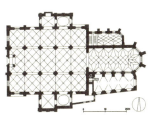

【図版1】外観、西面　　【図版2】内部、内陣を望む　　【平面図】　　出典：Dehio Graz

【図版3】ヴォールト

【Lit.】Kohlbach 1948; Kohlbach 1950, S. 39-56; Fuhrmann 1961, S. 148-150; Wagner-Rieger 1972, S. 135; Wagner-Rieger 1988, S. 182; Steinböck 1989; Nussbaum / Lepsky 1999, S. 238; Brucher 2003a, S. 215-216, Kat. 5; Ponn-Lettner 2010.
【See】pp. 135, 165, 166, 170, 176, 177; 図II-2-23, II-3-9; cats. 138, 215.

419

附録 建築カタログ

cat. 182

WIENER NEUSTADT (NÖ), Burgkapelle St. Georg
ヴィーナー・ノイシュタット、ザンクト・ゲオルク礼拝堂

地図:8C

1445/49年頃～1460年　　　　　　　　　　　　　　　　　　　　　オーストリア

　1378年に建設された宮廷の城門上部という、特殊な位置に設けられた礼拝堂。なお、反対側の東翼には、1379年から1440年頃、二階建ての聖遺骸礼拝堂が建設されていた。
　本礼拝堂は、比較的小さなホール式建築であり、身廊のベイが横軸方向に長く、ウィーンのザンクト・アウグスティン聖堂 (cat. 26) を連想させる形式が採られている。太い滑らかな円柱に柱頭はなく、上部から突如としてリブが生じ、交差 (四分) ヴォールトを形成する。身廊東側2ベイのみ六分ヴォールトが架けられ、差別化が図られている。
　外観東面には、〈紋章壁〉と呼ばれる、総計107の紋章盾で覆われた、プロパガンダ色の強い装飾が観察される。大窓の左右は空想上の紋章93帖で飾られ、その上部には《桜の聖母子》を中心とする3体の聖人像 (後補) が並ぶ。大窓の下辺では、皇帝フリードリヒ三世の立像を、その支配下にあった14の国の紋章が取り囲み、最下段には、標語「AEIOU」と、1453の年記を掲げる天使が左右に配される。現存する大窓のステンドグラスには、皇帝マクシミリアン一世、および、皇帝フェルディナント一世らの肖像が描かれている。

1437年　　皇帝フリードリヒ三世の下で、宮廷の建設が開始される
1445/49年　この頃、聖堂の造営が開始される
1453年　　東面の〈紋章壁〉に、この年の年記が刻まれる
1459/60年　皇帝フリードリヒ三世の下で、参事会が創設される
1460年　　6月8日、聖別される
1478年　　ゲオルク騎士団に礼拝堂が委ねられる

  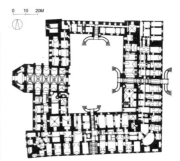

【図版1】外観、西面　　【図版2】内部、内陣を望む　　【平面図】　　出典:Dehio Niederösterreich

【Lit.】Buchowiecki 1952; Höggerl 1954, S. 45-57; Halbwachs 1969, S. 95-113; Rosenauer 2003, S. 227-228; Frodl-Kraft 2003.
【See】pp. 147-151, 156-162, 167-169, 296; 図II-2-1, II-2-2, II-2-17.

cat. 183

WIENER NEUSTADT (NÖ), Pfarrkirche Mariä Himmelfahrt
ヴィーナー・ノイシュタット大聖堂

地図：8C

1400年頃～15世紀　　　　　　　　　　　　　　　　　　　　　　　　　　　　オーストリア

　12世紀末に建設されたバシリカ式聖堂。14世紀初頭に翼廊が建設された後、15世紀に再び皇帝フリードリヒ三世によって拡張された。1469年に皇帝フリードリヒ三世がヴィーナー・ノイシュタット司教区を設立して以来、1785年まで、カテドラルの機能を有していた。

　1449年に設けられた脇内陣のトリビューンや内陣ヴォールトなどに、皇帝フリードリヒ三世の標語「AEIOU」が観察される。ロマネスク様式の南扉口〈花嫁の門〉には、ノルマン様式からの影響が認められる。

1192年	レオポルト二世（バーベンベルク家）の治世下で、ヴィーナー・ノイシュタットの町が建設される
1198-1230年	レオポルト四世（バーベンベルク家）の治世下で、聖堂の造営が開始される
1238年	フリードリヒ二世（バーベンベルク家）の姉の結婚式を機に、南扉口〈花嫁の門〉が設置される
1241年	ハンガリーから来た棟梁により、ノルマン様式の装飾の施された西扉口が設置される
1279年	献堂
1300年	この頃、内陣手前の勝利門に「最後の審判」が描かれる
1400年	この頃、内陣とアプシス、翼廊などの東部分が、ゴシック様式で改修・拡張される
1410年代	市民の資金により、袖廊と内陣がゴシック様式で拡張される
1449年	脇内陣の西側にトリビューンが建設される
1467年	皇帝フリードリヒ三世の下で、内陣ヴォールトに紋章が取り付けられる
1469年	皇帝フリードリヒ三世の下で、カテドラルとなる
1912年	勝利門のフレスコ画が発見される

【図版1】外観、南西面　　【図版2】内部、内陣を望む　　【平面図】　　出典：Dehio / Bezold 1901, II

【Lit.】Dehio / Bezold 1901, II; Höggerl 1954, S. 5-18; Niemetz 1979 (2003); Gerhartl 1979; Wagner-Rieger 1988, S. 103-104, 183; Bleicher 1990; Fillitz 1998, S. 308-310, Kat. 76.
【See】pp. 34, 44, 148, 167; 図I-1-6.

421

附録　建築カタログ

cat. 184
WIENER NEUSTADT (NÖ), Neuklosterkirche (Zisterziensterklosterkirche)
ヴィーナー・ノイシュタット、新修道院（シトー会修道院）聖堂　　　　　　地図：8C
1444年　　　　　　　　　　　　　　　　　　　　　　　　　　　　　　　オーストリア

13世紀末に建設された三廊のバシリカ式聖堂が、1433年の火災後、皇帝フリードリヒ三世によって、ヴォールトの架けられた聖堂へと改修された。あわせて、フリードリヒ三世により、シトー会修道院が創設された。
　内陣には、皇后エレオノーレ（1467年歿）の墓碑をはじめ、フリードリヒ二世の子供であるヨハンネス（1467年歿）、ヘレナ（1462年歿）、クリストフ（1456年歿）の墓が設置されている。このため、現在はウィーンのシュテファン大聖堂にあるフリードリヒ三世の墓碑も、当初はこの聖堂に設置される予定であったと推察することもできるが、この問題に関しては異説も多く、予断を許さない。外陣ヴォールトなどに、フリードリヒ三世の紋章および標語「AEIOU」が観察される。

13世紀	ドミニコ会修道院が創設される
14世紀	内陣が完成する
1444年	皇帝フリードリヒ三世の下で、シトー会修道院が創設される
15世紀	身廊天井が、現状の高さまで建設される

  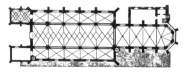

【図版1】外観、西面　　【図版2】内部、内陣を望む　　【平面図】　　出典：Wagner-Rieger 1988

【Lit.】Dehio Niederösterreich; Höggerl 1954, S. 24-34; Halbwachs 1969, S. 7-37; Wagner-Rieger 1988, S. 83-84.
【See】p. 167; cat. 181.

cat. 185

GAMING (NÖ), Kartäuserklosterkirche Mariä Himmelfahrt
ガミング、カルトゥジオ会修道院聖堂　　　　　　　　　　　地図：8A

1342年献堂　　　　　　　　　　　　　　　　　　　　　　　オーストリア

　1332年、アルブレヒト二世（賢公）が自身の墓所とするために設立した修道院。居城も含む広大な施設であった。なお、1314年には、賢公の兄であるフリードリヒ美公も、マウアーバッハにカルトゥジオ会修道院を創設し、自身の墓所としていた。
　聖堂は居城の東側に設けられた。多角形アプシスの両脇には二重礼拝堂が建てられており、ここにこそ、本聖堂における最大の特徴が認められよう。これにより平面プランの上では、内陣が、ウィーンのシュテファン大聖堂のようなピラミッド状を形成する点が指摘されている。あわせて皇帝フリードリヒ三世の時代には、本聖堂の空間効果を模すことで、段形ホールが発案された可能性も示唆されている。
　八角形塔は、ウィーンのザンクト・ミヒャエル聖堂（cat. 6）やシュトラッセンゲルの巡礼聖堂にも見られる、ハプスブルク家の好んだ形体だと、ブルッハーによって指摘されている。
　17世紀に北の礼拝堂が増築されたため、現在では両礼拝堂の長さが異なる。18世紀にはバロック様式で改修され、外陣ではゴシック期の交差ヴォールトの下にクーポラの天井が架けられた。

1330年	パッサウ司教アルベルトの名の下、アルブレヒト二世（賢公）により、カルトゥジオ修道会が創設される
1332年	修道院聖堂の造営が開始される
1340年	参事会ホールが聖別される
1342年	献堂
1351年	アルブレヒト二世の妻ヨハンナ歿、本聖堂内陣に埋葬される
1358年	アルブレヒト二世歿、本聖堂内陣にある妻の墓所の隣に埋葬される
1373年	アルブレヒト三世の妻で、皇帝カール四世の娘エリーザベトが埋葬される（本修道院におけるハプスブルク家最後の埋葬）
1453年	後期ゴシック様式のヴォールトが架けられる
17世紀初頭	内陣北にある礼拝堂の西側が拡張される
1742-1756年	バロック様式で改装される

  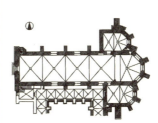

【図版1】外観、西面　　【図版2】内部、内陣を望む　　【平面図】　　出典：Brucher 2000

附録　建築カタログ

【Lit.】Oettinger 1961, S. 95-98; Wagner-Rieger 1988, S. 160-161; Brucher 2000, S. 273-274, Kat. 49; Hildebrand
　　2004; Saliger 2005, S. 40; Böker 2005b.
【See】pp. 58, 130-132; 図I-2-6, II-1-6, II-1-7.

▌cat. 186

MARIA SAAL (KÄ), Propstei- und Wallfahrtskirche Mariä Himmelfahrt
マリア・ザール、聖母被昇天聖堂

地図：8D

1430〜1490年

オーストリア

　1490年に完成した段形ホール式聖堂。ケルンテン公の封土授与の式典に用いられるなど、重要な
機能を担っていた。皇帝フリードリヒ三世は、この聖堂造営に際して資金的援助をしたが、そこに
は政治的な思惑があったと、ヴァーグナー＝リーガーが指摘している。
　聖堂は段形ホールとして建設され、西トリビューンが備わる。内陣と外陣の間には大きな勝利門
が掲げられており、これにより、明るい内陣と暗い外陣という、明暗のコントラストが生まれている。
　外陣天井には、キリストの家系図が描かれている。そこでは、まず西端にペンを手にする福音書
記者マタイの姿が描かれ、「イエス・キリストの家系」との銘文が付される。リブで細分化されるこ
とで生じた総計70の面は、人物や植物で装飾され、東端には花に包まれた聖母子像が、そしてこ
れに接する勝利門には、全能の救世主としてのキリストが表されている。
　本聖堂では、当時としては珍しい双塔式ファサードが採用され、これによって外観には力強い印
象がもたらされている。双塔という伝統的な形式が採用された理由として、本聖堂が担っていた政
治的機能の重要性が指摘されている。

8世紀	ザルツブルク大司教により聖堂が造営される
12世紀	3つのアプシスを備え、翼廊を伴わない、三廊のバシリカ式聖堂が造営される
1430年	内陣と交差部が建設され、交差部に天井画が描かれる
1450年	この頃、外陣の建設が開始される
1459年	外陣がほぼ完成する
1490年	身廊の天井画が制作される（年記あり）
1670-1674年	屋根、塔などが再建される
1927年	身廊の天井画が再発見され、修復される

II-2　権威の表象

【図版1】外観、西面

【図版2】内部、内陣を望む

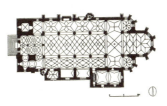
【平面図】　出典：Dehio Kärnten

【図版3】ヴォールト

【Lit.】Neckheim 1956; Fuhrmann 1961, S. 406-414; Kat. Wien 1967, S. 390-391, Kat. 368; Feuchtmüller 1972, S. 138; Ernst 1994; Wagner-Rieger 1988, S. 201; Biedermann / Leitner 2001, S. 37-41; Rosenauer 2003, Kat. 31; Pfeffer / Schröder 2004; Tropper 2007.
【See】pp. 166, 167, 176, 177; 図II-2-24, II-3-10.

附録　建築カタログ

(2) 寄進者と聖堂

cat. 187
NAUMBURG (ST), Ev. Dom St. Peter und St. Paul
ナウムブルク大聖堂　　　　　　　　　　　　　　　　　　　　　　地図：5C

1210年頃着工　　　　　　　　　　　　　　　　　　　　　　　　　ドイツ

二重内陣を備えた大聖堂。1250年頃に制作された西内陣障壁中央には、磔刑のキリスト像を中心として、左右にマリアと福音書記者ヨハネが立つ。西内陣には、《エッケハルト》や《ウタ》といった彫像が設けられており、先行研究ではその彫像の機能や図像的意味が問われている。

【図版】西内陣障壁　　【平面図】　出典：Dehio / Bezold 1901, I

【Lit.】Dehio / Bezold 1901, I; Schmelzer 2004, S. 70-73.
【See】pp. 68, 77, 183, 192; 図 I-2-22, II-3-20.

cat. 188
BOURGES, Cathédrale Saint-Étienne
ブールジュ大聖堂　　　　　　　　　　　　　　　　　　　　　　　地図：4D

1324年献堂　　　　　　　　　　　　　　　　　　　　　　　　　　フランス

五廊のバシリカ式大聖堂。5つの扉口をもつ力強いファサードは13世紀に構想されたものであるが、14世紀、ベリー公ジャン（華麗公）の時代に修正が加えられ、大きな開口部が設けられた。下堂には1430年に歿したジャンの墓碑が設置されている。

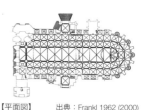

【図版】外観、西面　　【平面図】　出典：Frankl 1962 (2000)

【Lit.】Frankl 1962 (2000).

II-2 権威の表象

cat. 189

DIJON, La Chartreuse de Champmol
ディジョン、シャルトルーズ修道院礼拝堂

地図：4C

1400年   フランス

ヴァロワ家のブルゴーニュ公フィリップ二世（豪胆公）が創設したカルトゥジオ会修道院に設けられた礼拝堂。その扉口には、聖母子像を中心として、その左右に守護聖人を伴いひざまずくフィリップ豪胆公と、その妻マルグリットが、寄進者像として配されている。これは同時代を代表する彫刻家クラウス・スリューテルが手掛けたものである。

【図版】西扉口

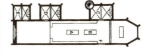
【平面図】　　　出典：Droste 1998

【Lit.】Grodecki 1976 (jp), p. 241; Droste 1998.

cat. 190

MEISSEN (SN), Dom
マイセン大聖堂

地図：5C

1250年頃着工   ドイツ

ザクセン選帝侯フリードリヒ一世（好戦公）は、自身の墓所とすべく、本大聖堂の西側に礼拝堂を設けた。そこには、トレーサリーを模したかのような、華麗なヴォールトが架けられている。

968年	カテドラルとなる
1250年	この頃、新しい聖堂の造営が開始される
1291年	八角形堂の上階にある礼拝堂について言及される
1370-1390年	この頃までに、西側構造の下層部が完成する
1423年	選帝侯フリードリヒ一世（好戦公）の墓所とするため、西側に礼拝堂が建設される

427

附録　建築カタログ

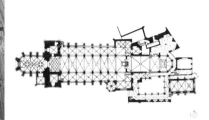

【図版1】外観、西面　　【図版2】西の君主礼拝堂　　【平面図】　　　　　出典：Dehio Sachsen I

【Lit.】Nussbaum 1985 (eng), S. 265; Warnke 1999, S. 23-24; Bürger 2008; Klein / Albrecht 2007, Kat. 39.

cat. 191
INNSBRUCK (TI), Hofkirche
インスブルック、宮廷聖堂

地図：7D

1553～1563年　　　　　　　　　　　　　　　　　　　　　　　　　　オーストリア

皇帝マクシミリアン一世の霊廟とすべく、その孫である皇帝フェルディナント一世によって建設された宮廷聖堂。内部には、マクシミリアン一世像を中心に、28体に及ぶ等身大超の祖先像をはじめ、24体の聖人小像、34体の皇帝胸像が並ぶ。

1553年	アンドレア・クリヴェッリの計画に基づき、インスブルックの棟梁ニコラウス・テューリンク（子）によって、造営される
1558年	マルクス・デッラ・ボッラが棟梁となる
1563年	聖堂が完成する
1700年	この頃、内部がバロック様式で改装される
1847年	ファサードが改装される

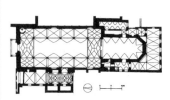

【図版1】外観、東面　　【図版2】内部、南を望む　　【平面図】　　　　出典：Dehio Tirol

428

【Lit.】Dehio Tirol; Schmid 1997; Rosenauer 2003; Schauerte 2011.

cat. 192
AUGSBURG (BY), Ehem. Karmelitenklosterkirche St. Anna
アウクスブルク、ザンクト・アンナ聖堂   地図：6C

15世紀   ドイツ

三廊のバシリカ式聖堂。東に長堂内陣を備える。西に設けられたフッガー家礼拝堂は、フッガー家のヤーコプ二世 (1525年歿) によって、1509年、自身と兄のゲオルク (1506年歿) のための霊廟として建設されたものである。この礼拝堂は、イタリア・ルネサンスからの影響を受けた、ドイツにおける最初期の建築に位置付けられている。1748年にバロック様式のヴォールトが架けられた。

1321年	カルメル会修道院が創設される
1474年	火災の被害を受ける
1487-1497年	内陣が建設される
1509年	フッガー家礼拝堂の寄進がなされる
1518年	フッガー家礼拝堂が聖別される
1602年	塔が建設される
1748年	内部がバロック様式で改装される

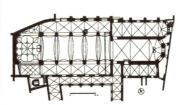

【図版1】内部、東内陣を望む   【図版2】内部、西を望む   【平面図】   出典：Dehio Bayern III

【Lit.】Dehio Bayern III; Reitzenstein / Brunner 1974; Bushart 1994; Baumüller 1999, S. 307; Krause 2007, Kat. 8.

附録　建築カタログ

(3) フランス・イギリスにおける王権の表象

cat. 193
SAINT-DENIS, Basilique
サン＝ドニ修道院聖堂

地図：4A

1125年頃着工

フランス

　フランス国王の霊廟を兼ねた修道院聖堂。何よりも、ゴシック建築の幕開けを告げる作品として注目されており、ノワイヨン大聖堂(cat. 334)やパリのサン＝ジェルマン＝デ－プレ聖堂(cat. 338)といった後継作品を多数もたらした。
　西ファサードは、フランス革命に際して破壊された後に修復されたものである。内部では、束柱と有孔化された壁面が高く伸び、機能と形態が明瞭に表現されており、なおかつ繊細でエレガントな造形が達成されている。
　ゴシック期の本聖堂を造営した修道院長シュジェは、聖職者であると同時に、フランス王ルイ六世とルイ七世の摂政をも務めた人物である。シュジェの下にて西ファサードと内陣の建設が進められ、その歿後、1230年代頃からは、ピエール・ド・モントルイユが造営を率い、内陣を完成させた。

775年	カロリング朝期、大修道院長フェルラの下で、聖堂が完成する
1125年	修道院長シュジェが、造営について言及する
1130-1135年	この頃、造営開始か
1140年	西側の扉口とナルテックスが完成し、聖別される
1144年	内陣が聖別される
1231年	この頃、ピエール・ド・モントルイユにより内陣上部が取り壊され、改修される
1282年	聖堂が完成する

  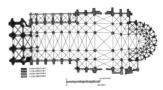

【図版1】内部、内陣　　【図版2】内部、内陣周歩廊　　【平面図】　　出典：Frankl 1962 (2000)

【Lit.】Simson 1956 (jp); Simson 1972, Kat. 1-3, 18, 19; Kimpel / Suckale 1985, S. 80, 92; Frankl 1962 (2000), pp. 61-64, 67f.; 加藤 2012.
【See】pp. 70, 234; cats. 196, 342, 344.

cat. 194
CHARTRES, Cathédrale Notre-Dame
シャルトル大聖堂

1134～1230年頃

地図：3C
フランス

　イル゠ド゠フランスにある三廊のバシリカ式聖堂。ゴシック期に制作されたステンドグラスが現存することから、空間効果の原状を考察する上で重要な作例に位置付けられる。内部にて身廊と側廊とを隔てる壁面は、アーケードと、その上部に設けられた簡潔なトリフォリウム、そしてプレート・トレーサリーを備えた採光窓の三層から構成される。この壁面システムは、なるほど慣習的なものではあるものの、しかしその造形は、穴の穿たれたロマネスク的な壁面ではなく、ゴシックの特色を示している。

　西ファサードの〈王の扉口〉は、初期ゴシックを代表する彫刻群である。中央扉口のタンパンには「マエスタス・ドミニ」を頂き、南には「玉座の聖母子」を頂点に、「受胎告知」や「聖誕」が、北には「昇天」が描写される。また、扉口両脇に並ぶ人像円柱に関しては、18世紀初頭から現在に至るまで、その解釈をめぐり議論がなされている。

1134年	町の火災の被害を受けた後、西ファサードおよび北塔の建設が開始される
1145年	西ファサードの〈王の扉口〉および南塔が建設される
1194年	火災の被害を受けるも、クリプタと西ファサードの一部が焼け残る
1210-1230年	この頃、内陣のステンドグラスが完成する
1220年	ヴォールトが架けられる
1221年	内陣席が設置される
1230年	この頃、完成か
16世紀	西ファサードの北塔がフランボワイヤン様式で再建される

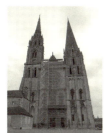

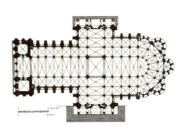

【図版1】外観、西面　　【図版2】内部、身廊壁面　　【平面図】　　出典：Frankl 1962 (2000)

【Lit.】Simson 1972, Kat. 1, 42-44, 55-61; Kimpel / Suckale 1985, S. 235-260, 515.
【See】p. 69; cats. 195, 335, 336.

431

附録　建築カタログ

cat. 195
REIMS, Cathédrale Notre-Dame
ランス大聖堂

地図：4B

1211年着工　　　　　　　　　　　　　　　　　　　　　　　　フランス

　盛期ゴシックを代表するバシリカ式大聖堂。五廊を備えた内陣では、歴代フランス国王の戴冠式が催されたことから、君主にとって重要な意味をもつ大聖堂であった。
　西ファサードには華やかな飾破風の冠された3つの扉口が並んでおり、多数の人像彫刻によって飾られている。この扉口は、シャルトル大聖堂 (cat. 194) の西ファサード〈王の扉口〉にて観察された人像門柱を発展させ、新たなモニュメンタリティを獲得した作品に位置付けられるものであり、中でも西ファサードの中央扉口にある「受胎告知」および「ご訪問」を構成する彫像は、もはや大聖堂という構造物からは独立した存在となっている。なお、本扉口におけるすべてのプログラムが解明されているわけではなく、例えば南翼廊扉口にある王の像については、フランス国王とも、あるいは旧約聖書の王ともいわれる。

1211年	旧聖堂が火災の被害を受けたため、新しい聖堂の造営が開始される
1221年	内陣周歩廊および周歩廊礼拝堂が使用可能となる
1233-1235年	市民と、司教および参事会との間に抗争が生じ、造営が中断される
1241年	内陣、翼廊および外陣の東側4ベイが使用可能となる
1255年	この頃、西ファサードの建設が開始される
14世紀	西ファサードが完成する
1475年	尖頂は未完のままに、鐘塔が完成する

【図版1】外観、西面

【図版2】内部、内陣を望む

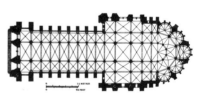
【平面図】　　　　　　出典：Frankl 1962 (2000)

【Lit.】Simson 1972, Kat. 15, 50, 69-75; Kimpel / Suckale 1985, S. 534-535.
【See】p. 70.

432

cat. 196
REIMS, Basilique Saint-Rémis
ランス、サン゠レミ修道院聖堂

地図：4B

1165/70〜1200年頃　　　　　　　　　　　　　　　　　　　　フランス

ロマネスク期からゴシック初期にかけて造営されたバシリカ式聖堂。メロヴィング朝クロヴィス一世の洗礼を遂行したランス司教、聖レミギウスの墓碑をはじめ、その他の司教やフランス国王らの墓碑が置かれている。

聖堂は三廊から構成され、ロマネスク期のアーケードにゴシック期のヴォールトが架けられている。内陣ではいまだに半円形アプシスが採用されており、放射状祭室も同様に半円形平面プランが採られるなど、ロマネスク期の傾向を強く残す。その一方で、繊細な内陣壁面の造形は、修道院長シュジェが構想したサン゠ドニ修道院聖堂(cat. 193)を髣髴とさせる、すなわちゴシックを予見するものだとして、フォン・ジムソンにより評価されている。

852年	前身となる二重礼拝堂を備えた聖堂が聖別される
1005年	新しい修道院聖堂の造営が開始される
1049年	献堂
1162年	ピエールが修道院長に着任する
1165-1170年	この頃、修道院長ピエールの下で、改修が開始される
1200年	この頃、ヴォールトが架けられる

  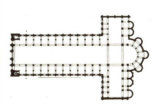

【図版1】外観、西面　　【図版2】内部、内陣を望む　　【平面図】　出典：Dehio / Bezold 1901, II

【Lit.】Dehio / Bezold 1901, II; Fillitz 1969, Kat. 162; Kubach 1972 (jp); Simson 1972, Kat. 11, 52, 53; Kimpel / Suckale 1985, S. 535; Frankl 1962 (2000), p. 81.

附録　建築カタログ

cat. 197

LONDON, Westminster Abbey
ロンドン、ウェストミンスター・アビー

地図：1

13世紀　　　　　　　　　　　　　　　　　　　　　　　　　　　　　　　イギリス

英国の垂直式ゴシックを代表するバシリカ式聖堂。13世紀に修道院聖堂が建設されたのち、16世紀初頭、テューダー朝のイングランド王ヘンリー七世が、内陣の東側に新しい礼拝堂を建設し、自身の墓所とした。このヘンリー七世礼拝堂は、小聖堂にも匹敵する規模の建造物であり、扇状ヴォールトを原型とする華やかなリブ・ヴォールトの架けられた印象的な空間となっている。

1220年	プランタジネット朝のイングランド王ヘンリー三世の下で、聖堂の造営が開始される
1250年	チャプター・ハウスが建設される
1259年	この頃までに、内陣および翼廊が完成する
1272年	この頃までに、身廊の5ベイが完成する
1500-1517年	身廊のヴォールトが完成し、西窓にガラスが嵌められる
1503-1509年	イングランド王ヘンリー七世の礼拝堂が建設される

【図版1】外観、西面

【図版2】外観、北面

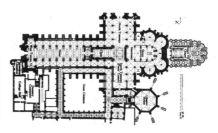
【平面図】　　　　　　　　　　　　　　出典：Jenkyns 2006

【Lit.】Simson 1972, Kat. 131, 132a; Białostocki 1972, Kat. 397; Frankl 1962 (2000), p. 251; Carr 1999, Abb. 3, 4.
【See】cats. 47, 324.

434

cat. 198
AMBOISE, Château
アンボワーズ城　　　　　地図：3C
1492〜1497年　　　　　　フランス

ヴァロワ朝のフランス王シャルル八世とルイ十二世により大改修がなされた城。サン=テュベール礼拝堂は、フランボワイヤン様式の代表作のひとつである。

cat. 199
BLOIS, Château
ブロワ城　　　　　　　　地図：3C
13世紀〜16世紀　　　　　フランス

ヴァロワ朝のフランス王ルイ十二世により大改修のなされた城。ゴシック、ルネサンス、古典主義など、複数の様式が観察される。

cat. 200
FONTAINEBLEAU, Château
フォンテーヌブロー城　　地図：4D
16世紀　　　　　　　　　フランス

ヴァロワ朝のフランス王フランソワ一世により大改修のなされた城。

cat. 201
CHENONCEAUX, Château
シュノンソー城　　　　　地図：3C
1513〜1521年　　　　　　フランス

ヴァロワ朝のフランス王フランソワ一世、アンリ二世、そしてその妃であるカトリーヌ・ド・メディシスが関わった城。

cat. 198【図版】礼拝堂

附録　建築カタログ

(4) イタリアの聖堂

cat. 202

PIENZA, Cattedrale di S. Maria Assunta
ピエンツァ大聖堂

地図：10

1459〜1464年   イタリア

教皇ピウス二世は、自身の生誕の地であるコルシニャーノ (Corsignano) に、ルネサンスの理想都
市を建設した。この都市は、ピエンツァと名付けられた。本聖堂は、ピエンツァの中心に建てられ
た大聖堂である。1459年よりわずか4年の造営期間を経て、教皇が殁する前年に完成した。

　大聖堂が建設された場所には、元来、サンタ・マリア聖堂があった。この前身たる聖堂では、慣
例どおり、内陣が東に置かれていたが、しかし現在のピエンツァ大聖堂は、その向きを90度変更
させ、南に内陣が設けられるという異例の決定がなされた。その理由は、東西に伸びる都市の大通
りに適応させる必要性があったためだと、ドーニンは指摘する。大聖堂広場の北西側には、教皇の
宮殿も建設された。

　内部は三廊のホール式聖堂で、三廊すべてにおいて、廊の幅および高さが等しい。多角形内陣に
設けられた天井も等高である。廊を区切る柱には、柱頭が上下二重に付されている。天井は交差
ヴォールトとなっており、短軸方向に太いアーチが横切る。ファサードは三角形破風を頂く古典主
義的なもので、ピラスターと壁龕により、三廊という内部の構造が暗示されている。

　ドイツ的なホール式聖堂であることから、本大聖堂の手本は、イタリア・ゴシックではなく、施
主であるピウス二世が20年ちかい歳月を過ごしたオーストリアの聖堂であったと考えられる。な
おピウス二世が1462年から1463年にかけて記したコメンタリーには、本大聖堂に関する詳細な記
述が残されている (資料編の抄訳「教皇ピウス二世のコメンタリー」参照)。

1458年	2月21日、コルシニャーノの町にて、新都市建設のための調査が実施される
1458年	8月19日、ピウス二世が教皇に選出される
1459-1463年	聖堂が造営される
1462年	ピウス二世がピエンツァに滞在する
1462-1463年	ピウス二世がコメンタリーを記し、本大聖堂について言及する
1464年	7月4日、ピウス二世が殁する
1486-1498年	塔が建設される
1932年	修復の際に、大聖堂の前身である聖堂の遺構が発見される

436

II-2　権威の表象

【図版1】外観、北面　　【図版2】内部、内陣を望む　　【平面図】出典：Pieper 1997

【Lit.】Donin 1946b; Tönnesmann 1990; Palladino 1992; Böker 1996; Pieper 1997.
【See】pp. 147, 163-165, 170, 252, 197; 図II-2-21, II-2-22.

cat. 203

MILANO, Basilica di S. Ambrogio
ミラノ、サンタンブロジオ聖堂　　　　　　　　　　　　　　地図：10

11世紀後半～12世紀前半　　　　　　　　　　　　　　　　　イタリア

ロンバルディアを代表するロマネスク期の聖堂。赤レンガ像の建物で、ファサードではなだらかな切妻の形状が採られ、両脇に塔を備える。外陣のアーケードは、大きな半円アーチを、さらに二連の半円アーチで分割したものとなっており、クリアストーリーは設けられていない。ゼーヴィによれば、柱のシステムは単純なa-b-a-b-aに過ぎないが、しかし円天井の梁やリブに伸びる付け柱により、A-b-A-b-Aという強弱が与えられている。内陣は外陣よりも高くなっており、その下にはクリプタが設けられている。

  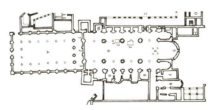

【図版1】外観、西面　　【図版2】内部、内陣を望む　　【平面図】　　出典：Mehling 1978

【Lit.】Zevi 1948 (jp), pp. 130-140; Fillitz 1969, S. 213-214, Kat. 218-219; Kubach 1972 (jp), pp. 114-116; Koch 2003, S. 132.

附録　建築カタログ

cat. 204
MODENA, Cattedrale di S. Maria Assunta in Cielo e S. Geminiano
モデナ大聖堂

地図：10

1099年〜13世紀前半　　　　　　　　　　　　　　　　　　イタリア

トスカーナ辺境伯の支配下で造営された大聖堂。1106年にクリプタが建設される。西ファサードは、棟梁ウィリゲルムスにより彫刻で飾られた。1200年以降に東部分が修復される。1160年から1180年にかけて、豊かなレリーフで彩られた説教台が制作された。

【図版】内部、内陣を望む

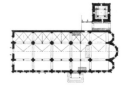
【平面図】出典：Dehio / Bezold 1901, I

【Lit.】Dehio / Bezold 1901, I; Fillitz 1969, Kat. 216, 217.
【See】cat. 205.

cat. 205
VERONA, Basilica di S. Zeno Maggiore
ヴェローナ、サン・ツェーノ・マッジョーレ聖堂

地図：10

1125〜1178年　　　　　　　　　　　　　　　　　　　　　イタリア

西ファサードは、モデナ大聖堂（cat. 204）に倣った形式が採用された。三葉形断面の木造天井が比較的高く設けられているのは、アルプス以北からの影響だと推察されている。内陣は14世紀に改修された。七廊式クリプタは、1140年頃に建設されたものである。

【図版】内部、内陣を望む

【平面図】出典：Dehio / Bezold 1901, I

【Lit.】Dehio / Bezold 1901, I.

II-2 権威の表象

cat. 206

SIENA, Cattedrale di S. Maria Assunta
シエナ大聖堂   地図：10

12世紀後半   イタリア

三廊のバシリカ式大聖堂。外観は白と黒の大理石で壮麗に飾られ、内部には交差ヴォールトが、交差部には六角形平面のドーム架けられる。1339年、今日の大聖堂部分を北翼廊とする巨大な聖堂の建築が構想されるも、実現しなかった。1492年、教皇ピウス二世の蔵書を収めるためのピッコローミニ図書室が建設された。壁面には教皇の伝記が描かれ、その中には、皇帝フリードリヒ三世の結婚場面もある。

 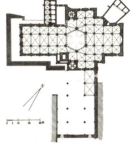

【図版】外観、西面　　【平面図】　　出典：Simson 1972

【Lit.】Simson 1972.
【See】p. 170.

cat. 207

FIRENZE, Basilica di S. Croce
フィレンツェ、サンタ・クローチェ聖堂   地図：10

1314年   イタリア

平天井が架けられた、フランシスコ会修道院聖堂。回廊に面して、フィリッポ・ブルネレスキの下で1430年より建設された、フィレンツェの有力商人パッツィ家の礼拝堂がある。

【Lit.】Badstübner 1992, S. 268-280.

 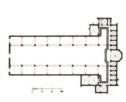

【図版】内部、内陣を望む　　【平面図】　　出典：Simson 1972

439

附録　建築カタログ

cat. 208

FIRENZE, Cattedrale di S. Maria del Fiore
フィレンツェ大聖堂

地図：10

1420年　　　　　　　　　　　　　　　　　　　　　　　　　　　　イタリア

三廊のバシリカ式大聖堂。三葉形平面プランの内陣を備え、その中央には、高さ107メートルある八角形平面プランのドームを頂く。このドームは、競技設計を経て、フィリッポ・ブルネレスキの計画に基づき建てられたもので、二重構造になっている。大聖堂の全長は153メートル、鐘楼の高さは34.7メートルである。

1296年	アルノルフォ・ディ・カンビオの指揮下にて造営が開始される
1334-1337年	ジョットにより、鐘楼が建設される
1355年	この年までに、ファサードと身廊壁面のみが完成する
1366年	身廊のヴォールトが架けられる
1410-1413年	この頃、ドームを支えるドラムが完成する
1418年	8月、ドーム模型の競技設計が布告される
1420年	8月7日、ドーム建設が開始される
1436年	3月25日、受胎告知の祝日に献堂される

  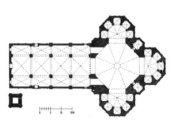

【図版1】外観、西面　　【図版2】内部、内陣を望む　　【平面図】　　　　　出典：Simson 1972

【Lit.】Mehling 1978; Badstübner 1992, S. 269.

cat. 209
FIRENZE, Basilica di S. Miniato al Monte
フィレンツェ、サン・ミニアト・アル・モンテ聖堂

地図：10

1018〜1062年　　　　　　　　　　　　　　　　　　　　　　　　　　イタリア

初期キリスト教時代の形式を踏襲した、三廊のバシリカ式聖堂。木造天井と半円形アプシスを備える。列柱が縦方向に三等分され、そのため内陣への方向性が強調される。床モザイクは1207年、西ファサードは1170年頃に建設されたものである。

  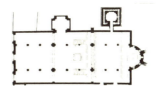

【図版1】外観、西面　　【図版2】内部、内陣を望む　　【平面図】　　出典：Zucconi 1995 (2001)

【Lit.】Zucconi 1995 (2001).

cat. 210
PADOVA, Basilica di S. Antonio
パドヴァ、サンタントニオ聖堂

地図：10

1232年着工　　　　　イタリア

造営は14世紀中葉まで続いた。1690年以降には、クーポラが架けられた。

cat. 211
PRATO, Cattedrale di S. Stefano
プラート大聖堂

地図：10

13世紀〜15世紀　　　　イタリア

10世紀に聖堂が造営されたのち、1221年、再び新しい聖堂が造営され、さらに1317年、聖堂拡張が開始された。ファサードの装飾は1385年から1457年、ヴォールトは1676年のものである。

附録　建築カタログ

II-3　リブ・ヴォールト

ゴシック後期のドイツでは、実に様々な形体のリブ・ヴォールトが展開した。その萌芽は、ペーター・パルラーが従事したプラハ大聖堂 (cat. 25) で実現した、平行線を交差させ菱形のチェーンを連ねるネット・ヴォールトに求められる。その後15世紀のドイツでは、豊かな表現力を得たリブ・ヴォールトが、複雑な幾何学形体や具象的とでもいうべき形体を作り出し、百花繚乱の様相を呈するに至った。ウィーンのシュテファン大聖堂の外陣に架けられたリブ・ヴォールトも、こうした発展史の中から説明されるべき作品である。本章ではリブ・ヴォールトについて、シュテファン大聖堂に至るまでの発展経緯と、その後の自由な展開を概観する。

(1) 平行線、菱形

cat. 212
STEYR (OÖ), Stadtpfarrkirche St. Ägidius und St. Koloman
シュタイアー、ザンクト・エギディウスとザンクト・コロマン聖堂

地図：8A

1443〜1513年　　　　　　　　　　　　　　　　　　　　オーストリア

3つのアプシスを備えた三廊のホール式聖堂。ハンス・プクスバウムという、ウィーンのシュテファン大聖堂にも従事した棟梁が、本聖堂の着工時から造営に関わった点も注目されている。内陣形式の着想源が、同じく3つのアプシスをピラミッド状に並べた平面プランをもつウィーンのシュテファン大聖堂の〈アルベルト内陣〉であることに、疑問の余地はない。しかしシュテファン大聖堂と比べて、本聖堂は側廊が狭く、また、各々のアプシスが浅い。こうした工夫によって、シュテファン大聖堂とは異なり、本聖堂の空間は真に一体化されているといえよう。

　外陣の北扉口において採用された五角形平面プランは、シュテファン大聖堂の〈聖歌隊門〉の前ホールと類似している。ゆえに本扉口は、〈聖歌隊門〉の前ホールの建設に従事したプクスバウムのアイディアだと推察されている。なお南扉口は、矩形平面上にオジー・アーチがふたつ連なった構成である。

　身廊のヴォールトでは、リブを交差させてできる菱形を基調とした単純明快で連続的な造形が採られているのとは対照的に、側廊ではヴォールトの頂点に矩形を配し各ベイを強調する形状となっている。なお現状とは一部異なるゴシック期の設計図 (ABK16.890v) が現存するが、これを作成した棟梁は、まだ確定されていない。中央アプシスの北壁面には、垂直性の勝った聖体安置塔が設置されている。

442

II-3　リブ・ヴォールト

1443年	棟梁ハンス・プクスパウムの下で、内陣の建設が開始される
1455-1483年	この頃、プクスパウムの後継者として、メルト・クランシャハが棟梁となる
1470年	この頃、外陣の建設が開始される
1483-1513年	ヴォルフガング・テンクが、その歿年まで、棟梁として造営に従事する
1513年	これ以降、棟梁ハンス・シュヴェッティヒョイアーにより、外陣ヴォールトが架けられる
1522年	外陣ヴォールトが、火災の被害を受ける

【図版1】内部、内陣を望む

【図版2】内陣ヴォールト

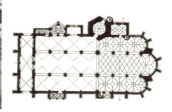
【平面図】　出典：Rosenauer 2003

【図版3】身廊ヴォールト

【Lit.】Böker 2001a; Böker 2003; Brucher 2003a, S. 224-226, Kat. 11; Böker 2005a, S. 203-205.
【See】pp. 22, 133, 179, 180, 224; 図II-3-14, II-3-15, II-5-18, II-5-19; cat. 133.

443

附録　建築カタログ

cat. 213

LANDSHUT (BY), Stadtpfarr- und Kollegiatsstiftskirche St. Martin
ランツフート、ザンクト・マルティン聖堂

地図：6C

1380年代～1430年代　　　　　　　　　　　　　　　　　　　　　　　　　　ドイツ

長堂内陣を備えた、三廊のホール式聖堂。内陣を造営した棟梁はハンス・クルメナウアー（シュテファン・クルメナウアーの父）、外陣を造営した棟梁はハンス・フォン・ブルクハウゼンと考えられている。1380年代に着工された内陣は、聖ベロニカ像が手に有する聖顔布のレリーフに刻まれた「1392」という年記や、紋章にある「1398」の年記を根拠に、この頃に完成したと考えられている。外陣の造営は、1400年頃に始まり、ヴォールトのほぞに「1429」、南西扉口墓碑レリーフに「1433」と年記があることから、1430年代初頭には、ほぼ完成されたと推察されている。

　内部では、ほとんど無装飾のままに立ち上がった八角形柱および険しい壁面の上に、ネット・ヴォールトが架けられている。ホール式タイプであるにもかかわらず、高いエレヴェーションと、東西の方向性が獲得されている点が、本聖堂の空間的特徴である。ネット・ヴォールトは、プラハ大聖堂 (cat. 25) の内陣に観察される連続的なネット・ヴォールトがホール式聖堂に転用された初めての作例といわれる。

1204年	この頃までに、ロマネスク様式の聖堂が完成する
1385-1398年	この頃、ハンス・クルメナウアーにより内陣が建設される
1400-1430年	この頃、ハンス・フォン・ブルクハウゼンにより外陣が建設される
1430年初頭	この頃までに、聖堂が完成か
1434年	この頃、南北の扉口がハンス・シュテートハイマーにより建設される
1444/45年	塔の建設が開始される
1500年	この頃、塔が完成する

【図版1】内部、内陣を望む

【図版2】内陣

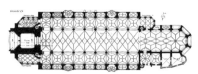
【平面図】　　　　　　　　　出典：Dehio Bayern II

【Lit.】Dehio Bayern II; Herzog 1969a; Herzog 1969b; Herzog 1969c; Cook 1975; Cook 1976; Kobler 1978; Fickel 1985; Liedke 1986.
【See】pp. 104, 144; 図 I-4-9; cats. 128, 214, 277.

444

Ⅱ-3　リブ・ヴォールト

cat. 214
NEUÖTTING (BY), Kath. Stadtpfarrkirche St. Nikolaus
ノイエッティング、ザンクト・ニコラウス聖堂

地図：6C

1429年頃～1623年　　　　　　　　　　　　　　　　　　　　　　　　　　　　ドイツ

ハンス・フォン・ブルクハウゼンに帰属される、長堂内陣を備えた三廊のホール式聖堂。ランツフートのザンクト・マルティン聖堂 (cat. 213) とプランが類似している。

1410年	塔および内陣から、造営が開始される
1429年	この頃までに、塔および内陣が完成する
1484年	外陣の建設が開始される
1622年	平天井に代わり、石造ヴォールトが架けられる
1878年	ルネサンスのストゥッコが取り除かれ、ネット・ヴォールトが施される

  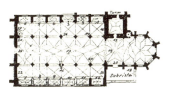

【図版1】外観、東面　　【図版2】ヴォールト　　【平面図】　　出典：Hüttner 1987

【Lit.】Hanfstaegl 1911; Reitzenstein / Brunner 1974, S. 646-647; Hüttner 1987.

445

附録　建築カタログ

cat. 215
EGGENBURG (NÖ), Pfarrkirche St. Stephan
エッゲンブルク、ザンクト・シュテファン聖堂

1515年以前献堂

地図：8B

オーストリア

長堂内陣を備えた三廊のホール式聖堂。内陣両脇に一対の塔が設けられ、巨大な外陣の屋根と共に、壮麗な外観を作りだす。建設にはウィーン・バウヒュッテが関わったと推察される。あわせて手本としては、ウィーンのシュテファン大聖堂やグラーツ大聖堂 (cat. 181)、そしてクレムスの聖母聖堂 (cat. 133) などが挙げられている。説教壇などの内装にも、ウィーン・バウヒュッテからの影響が観察される。

　本聖堂は、三廊が同じ幅のホールとなっている。身廊ヴォールトでは、複雑な形態の簇柱から伸びたリブが八角形を主体とする細かい網目を形成し、これがベイを超えて連続的に続くというシステムが採用されている。一方で側廊には、各ベイに四芒星をモティーフとした星形ヴォールトが架けられている。

12世紀	東の双塔が建設される
14世紀	内陣が聖別される
1482-1485年	外陣外壁が建設される
1491-1515年	この頃、外陣が献堂される

  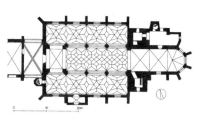

【図版1】内部、内陣を望む　【図版2】ヴォールト　【平面図】

出典：Dehio Niederösterreich

【Lit.】Buchowiecki 1952, S. 270-277; Wagner-Rieger 1988, S. 42; Rosenauer 2003, S. 230-231, Kat. 15.

II-3　リブ・ヴォールト

cat. 216

NÜRNBERG (BY), Ev. Stadtpfarrkirche St. Lorenz
ニュルンベルク、ザンクト・ローレンツ聖堂　　　　　　　　　　　　　　　　　地図：6B

1250年頃～1477年　　　　　　　　　　　　　　　　　　　　　　　　　　　　　ドイツ

周歩廊式内陣を備えた聖堂。外陣は13世紀に建設されたバシリカである。これに対して15世紀に建設された内陣は、後期ゴシック様式のホールとなった。ヴォールトについても、外陣は簡潔な交差ヴォールトが架けられているのに対し、内陣は華麗なリブ・ヴォールトで飾られた。内陣の造営に関わった主な棟梁としては、コンラート・ハインツェルマン、コンラート・ロリツァー、その息子マテウス・ロリツァー、ヤーコプ・グリムらが挙げられる。

内陣完成後、ニュルンベルクの富裕な市民たちは、同時代を代表する彫刻家に彫刻を制作させ、これを本聖堂へ寄進した。例えば、ファイト・シュトースが手掛けた木彫《天使の挨拶》は、ニュルンベルクの有力者アントン・トゥッヒャー二世が、そしてアダム・クラフトが手掛けた聖体安置塔は、ニュルンベルクの商人ハンス・イムホフが寄進したものである。

1250年	この頃、ロマネスク様式の小聖堂が、ゴシック様式のバシリカ式聖堂へと建て替えられ始める
1439年	旧内陣が取り壊され、棟梁コンラート・ハインツェルマンの下で、新しい内陣の建設が開始される
1455年	ハインツェルマンの歿後、コンラート・ロリツァーが棟梁となる
1462年	K・ロリツァーが1456年にレーゲンスブルクの棟梁となったため、その不在の間の造営監督者として、いとこのハンス・パウア・フォン・オクセンフルトが着任する
1477年	内陣が完成する
1496年	内陣にアダム・クラフトによる聖体安置塔が設置される
1518年	7月17日、内陣にファイト・シュトース作《天使の挨拶》が吊るされる

【図版1】内部、内陣

【図版2】内部、内陣を望む

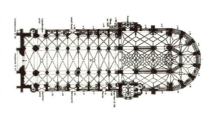
【平面図】　　　　　　　　　　　　　　　出典：St. Lorenz 2011

【Lit.】Schultz 1943; Frankl 1962 (2000), p. 356 (n. 134A); Reitzenstein / Brunner 1974, S. 677-681; Bauer 1977; Lincke 1977; Müller 1977; Schleif 1990; Crossley 1998; Stolz 2006; St. Lorenz 2011.
【See】p. 216; 図II-5-4.

447

附録　建築カタログ

cat. 217

SALZBURG, Benediktinerinnenstift Nonnberg, Stiftskirche Mariä Himmelfahrt und St. Erentrudis
ザルツブルク、ベネディクト会修道院聖堂

地図：7C

1463〜1506/07年

オーストリア

ザルツブルク旧市街の南東、小高い山の上に位置する女子修道院の聖堂。三廊のバシリカ式聖堂で、それぞれ同じ天井高の3つのアプシスを備える。外陣と内陣の間には、勝利門が架けられている。外陣身廊と側廊、そして内陣では、それぞれ異なった形体のリブ・ヴォールトが観察される。

11世紀	聖堂が造営される
12世紀前半	西内陣と西塔が建設される
1423年	ロマネスク様式の聖堂が焼失する
1475年	内陣と七廊式クリプタが聖別される

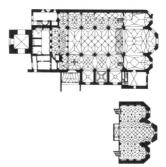

【図版1】内部、内陣を望む　【図版2】ヴォールト　【平面図】　出典：Wagner-Rieger 1988

【Lit.】Wagner-Rieger 1988, S. 20, 52, 53, 54, 200, 201; Rosenauer 2003, Kat. 35.

448

II-3 リブ・ヴォールト

cat. 218

WAIDHOFEN AN DER YBBS (NÖ), Stadtpfarrkirche St. Maria Magdalena und St. Lambert

ヴァイトホーフェン、ザンクト・マリア・マグダレーナとザンクト・ランベルト聖堂　地図：8A

1439～1510年　　　　　　　　　　　　　　　　　　　　　　　　　　　　　オーストリア

3つのアプシスを備えた、三廊の小さなホール式聖堂。脇アプシスが1/4円形となっているため、3つのアプシスはほとんど一体化している印象を与える。細い簇柱から伸びるリブが菱形のヴォールトを形成する。

1470年　　この頃、改修される
1474年　　祭壇が制作・設置される
1662年　　マリア礼拝堂が建設される

【図版1】内部、内陣を望む　【図版2】内部、西を望む　【平面図】出典：Wagner-Rieger 1988

【Lit.】Buchowiecki 1952, S. 286; Wagner-Rieger 1988, S. 203-204; Brucher 2003a, S. 202.

449

附録　建築カタログ

cat. 219

LANDSHUT (BY), Kath. Pfarrkirche St. Jodok
ランツフート、ザンクト・ヨードク聖堂

地図：6C

15世紀中葉　　　　　　　　　　　　　　　　　　　　　　　　　　ドイツ

三廊のバシリカ式聖堂。19世紀中葉、ネオ・ゴシック様式で改装された。

1338年	聖ヨードクの聖遺物を保管するための聖堂が寄進される
1369年	この頃までに、聖堂が完成する
1403年	一部、火災の被害を受ける
15世紀中葉	聖堂が修復される

【図版1】外観、南西面

【図版2】内部、内陣を望む

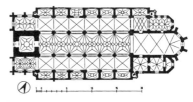
【平面図】　　　　　出典：Dehio Bayern II

【Lit.】Dehio Bayern II.

cat. 220

PRAHA [PRAG], Karlův most

プラハ、カレル橋門

地図：9

1357年〜15世紀初頭　　　　　チェコ

モルダウ川に架けられた橋の門として、プラハ大聖堂 (cat.25) に従事したペーター・パルラーにより建設されたもの。ネット・ヴォールトが観察される。

cat. 221

MAINZ (RP), Ehem. Stiftskirche St. Stephan

マインツ、ザンクト・シュテファン聖堂

地図：6A

1310年頃着工　　　　　ドイツ

長堂内陣を備えた三廊のホール式聖堂。参事会聖堂として、975年から992年頃に建設された。現在の建物は14世紀のもので、複雑なネット・ヴォールトの架けられた回廊は、1499年に完成した。

II-3 リブ・ヴォールト

cat. 222
FREISTADT (OÖ), Liebfrauenkirche
フライシュタット、聖母聖堂

地図：8A

1447年完成　　　　　　　　オーストリア

身廊に四分ヴォールトが架けられているのに対し、側廊では、身廊側をさらに分割した五分ヴォールトが架けられている。これは、例えばハイリゲンクロイツのシトー会修道院聖堂 (cat. 287) で観察される、外壁側を分割する五分ヴォールトとは、逆の分割方法といえる。1345/54年、史料初出。1360年頃、火災の被害を受ける。1422年、改修される。1447年、内陣が完成する。

cat. 223
ST. WOLFGANG AM ABERSEE (OÖ), Pfarrkirche St. Wolfgang
ザンクト・ヴォルフガング（ザルツカンマーグート）、ザンクト・ヴォルフガング聖堂

地図：7C

1440～1477年頃　　　　　　オーストリア

二廊式の聖堂。南廊側に内陣が備わる。主祭壇は、ミヒャエル・パッハーの代表作にして、ドイツ後期ゴシック木彫祭壇の最高傑作に位置付けられるものである。

cat. 224
NEUÖTTING (BY), Spitalkirche Hl. Geist
ノイエッティング、聖霊聖堂

地図：6C

1500年頃　　　　　　　　　　ドイツ

1423年に着工されて完成した礼拝堂を、1500年頃、聖堂へと増改築したもの。元来の礼拝堂は、側廊に残っている。ヴォールトが架けられたのは1591年である。

cat. 225
BLAUBEUREN (BW), Benediktinerabtei
ブラウボイレン、ベネディクト会修道院

地図：6C

1466～1510年　　　　　　　ドイツ

11世紀に創設されたベネディクト会修道院。ゴシック後期に建設された聖堂の内陣には、直線を交差させたリブ・ヴォールトが架けられ、ミヒェル・エアハルトにより制作された祭壇が設置されている。

451

附録　建築カタログ

(2) 星形

cat. 226

WIEN, Maria am Gestade
ウィーン、マリア・アム・ゲシュターデ聖堂

地図：8B

1330〜1417年　　　　　　　　　　　　　　　　　　　　　　　　　　　オーストリア

単廊式聖堂。1400年頃に再建された、後期ゴシック様式による5ベイの外陣は、マイスター・ミヒャエルの代表作である。丘上に聳え立つ細身のプロポーションが生み出す華麗な印象は、国際ゴシック様式、殊に、ドイツ語圏における柔軟様式の特質を反映しているといえる。

　内部では、各ベイに二連の窓が配されており、繰型の施された柱には、ウィーン・バウヒュッテの伝統でもある、人像彫刻を伴った天蓋が備わる。外陣におけるリブ・ヴォールトの形態は、これとほぼ同時期、プラハ大聖堂 (cat. 25) の南塔地上階にてペーター・パルラーが採用したネット・ヴォールトに由来するものであり、ヌスバウムによれば、オーストリア後期ゴシックの始まりを告げる重要な造形である。当時のドイツでは交差ヴォールトが主流であったが、南ドイツでは、徐々にパルラー家のヴォールト形態を受け入れるようになっていた。あわせて、カンタベリー大聖堂 (cat. 261) の外陣ヴォールトを筆頭とする、14世紀後半における英国建築からの影響も、ヌスバウムやブルッハーらによって指摘されている。なお、カンタベリー大聖堂外陣のネット・ヴォールトは、扇状ヴォールトの中心軸上を小さな八角形がチェーンのように連続して連なる形態であるが、リブが太く密で力強いことから、空間印象はマリア・アム・ゲシュターデ聖堂とは異なるものだといえよう。

1131年	この頃までに、聖堂が造営される
1262年	ロマネスク様式の聖堂が焼失する
1343-1360年	内陣が再建される
1394-1414年	外陣が再建される
1394-1430年	塔が再建される
1807年	軍の弾倉として使用される

【図版1】外観、西面

【図版2】内部、内陣を望む

【平面図】

出典：Dehio Wien

452

Ⅱ-3　リブ・ヴォールト

【Lit.】Dehio Wien, S. 30-32; Grodecki 1976 (jp), p. 175; Nussbaum 1985 (eng), p. 180; Wagner-Rieger 1988, S. 161-165, 169, 173, 194; Saliger 1989 (2003); Brucher 1990, S. 133-135, Abb. 87-88; Hassmann 1996; Nussbaum / Lepsky 1999, S. 244-245; Brucher 2000, S. 285-288, Kat. 58; Hassmann 2002.
【See】pp. 83, 105, 172; 図I-1-1, I-3-4, I-4-10, II-3-6, II-3-7; cats. 7, 52.

cat. 227
WASSERBURG AM INN (BY), Pfarrkirche St. Jakob
ヴァッサーブルク、ザンクト・ヤーコブ聖堂

地図：6C

1410～1448年　　　　　　　　　　　　　　　　　　　　　　　　　　　　　　　　ドイツ

三廊のホール式聖堂。棟梁ニコラウス・エーゼラー（父）が従事した、ディンケルスビュールのザンクト・ゲオルク聖堂（cat. 164）との類似性が指摘されている。内陣東端は、アプシスでも周歩廊でもなく、平面で閉じている。

　控壁の間に礼拝堂が設けられているが、その設置方法は、内陣と外陣で異なる。すなわち外陣の礼拝堂は側廊窓の下に収められ、一方内陣の礼拝堂は、側廊の天井高にまで天井が引き上げられているのである。しかし総じて、外陣と内陣という新旧空間の接続は、スムーズだといえよう。

1410年	都市による小教区聖堂の建設決定を受け、棟梁ハンス・フォン・ブルクハウゼンの下で、身廊の大部分が建設される
1432年	ハンス・フォン・ブルクハウゼンの歿後、ハンス・シュテートハイマーが棟梁となる
1448年	内陣にある5つの礼拝堂が聖別される
1458年	シュテファン・クルメナウアーの下で、塔の建設が開始される
1478年	塔が完成する

【図版1】外観、西面　　【図版2】内部、内陣を望む　　【平面図】　　出典：Hanfstaegl 1911

【Lit.】Nagel 1965, S. 39-76; Reitzenstein / Brunner 1974, S. 961-962; Nussbaum 1985 (eng), p. 167; Liedke 1986; Nussbaum / Lepsky 1999, S. 260.
【See】p. 146; cat. 229.

附録　建築カタログ

cat. 228

NÖRDLINGEN (BY), Ev. Pfarrkirche St. Georg
ネルトリンゲン、ザンクト・ゲオルク聖堂

地図：6C

1427〜1519年

ドイツ

三廊のホール式聖堂。棟梁ニコラウス・エーゼラー（父）が従事した、ディンケルスビュールのザンクト・ゲオルク聖堂 (cat. 164) との類似性が指摘されている。内陣東端は、アプシスでも周歩廊でもなく、平面で閉じている。

1427年	ウルム・バウヒュッテのハンス・クン、あるいは、ハンス・フェルバーの設計に基づき、聖堂の造営が開始される
1429年	棟梁がコンラート・ハインツェルマンとなる
1440年	棟梁がニコラウス・エーゼラー（父）となる
1451年	内陣が完成する
1461年	2月28日、棟梁コンラート・ロリツァーが、ネルトリンゲンの市長および議会へ宛てて、聖堂の塔と息子マテウス・ロリツァーに関する手紙を送る
1464年	K・ロリツァーが、西塔などを建設した後、棟梁を辞する
1472年	棟梁がウルムのモリツ・エンジンガーとなり、塔とヴォールトの建設に取り組む
1481年	棟梁がクレクリクのハンリヒ・クーグラーとなり、さらにその後、ブルグハウゼンのシュテファン・ヴェイラー（父）となって、ヴォールトが完成する

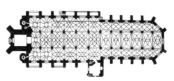

【図版1】外観、西面　【図版2】内部、内陣を望む　【平面図】　出典：Nussbaum 1985

【Lit.】Frankl 1962 (2000), pp. 226, 356 (n. 134); Reitzenstein / Brunner 1974, S. 659-661; Nussbaum 1985 (eng), p. 167.
【See】p. 138; 図II-1-12; cats. 164, 229.

II-3 リブ・ヴォールト

cat. 229
MÜNCHEN (BY), Metropolitan- und Stadtpfarrkirche Unser Lieben Frauen
ミュンヘン、聖母聖堂

地図：6C

1468〜1488年　　　　　　　　　　　　　　　　　　　　　　　　　　　　ドイツ

　三廊のホール式聖堂。レンガ造の建築で、巨大な屋根を備える。西ファサードには双塔式が採用され、矩形平面から八角形平面へと収束しつつ、それでいて力強い印象を与える。
　内陣は、ネルトリンゲンのザンクト・ゲオルク聖堂 (cat. 228) や、ヴァッサーブルクのザンクト・ヤーコプ聖堂 (cat. 227) などと同様に平面で閉じつつ、さらに周歩廊と組み合わされている。身廊と側廊ではそれぞれのベイに星形のリブ・ヴォールトが架けられており、これが連続することで、チェーンが連なるがごとき、内陣へ向かう方向性が認められる。

13世紀半	町の二番目の小教区聖堂として、翼廊の無い、三廊のバシリカ式聖堂が造営される
1458年	修道長カスパー・アインドルファーが、棟梁ハンス・ハルトナーを招聘する
1468年	2月9日、棟梁イェルク・フォン・ポリンクにより、造営が開始される
1473年	棟梁マテウス・ロリツァーにより、ヴォールトが架けられる
1474年	ウルムの棟梁モリツ・エンジンガー、および、レーゲンスブルクの棟梁コンラート・ロリツァーにより、ヴォールトが架けられる
1476年	ヴォールトが完成する
1477-1478年	シュトラウビングの棟梁ハインリヒにより、屋根が架けられる
1488年	聖堂が完成する
1494年	4月14日、献堂
1524/25年	塔が完成する

【図版1】外観、西面

【図版2】内部、内陣を望む

【平面図】　出典：Nussbaum / Lepsky 1999

[Lit.] Reitzenstein / Brunner 1974, S. 558-563; Nussbaum 1985 (eng), pp. 185-187; Warnke 1999, Abb. 24, 25; Nussbaum / Lepsky 1999.

455

附録　建築カタログ

cat. 230

AUGSBURG (BY), Kath. Pfarrkirche, ehem. Benediktinerstiftskirche St. Ulrich und St. Afra

アウクスブルク、ザンクト・ウルリヒとザンクト・アフラ聖堂　　地図：6C

1467〜1500年　　　　　　　　　　　　　　　　　　　　　　　　　　　　ドイツ

長堂内陣を備えた三廊のバシリカ式聖堂。火災後、棟梁ブルクハルト・エンゲルベルクにより、再建が果たされた。身廊にて観察される、菱形と組み合わされた星形ヴォールトは、シュヴェービッシュ・グミュントの聖十字架聖堂(cat. 162)におけるヴォールトの手本となった。側廊のリブ・ヴォールトでは、非対称形が採用されている。

1489年	側廊ヴォールトが架けられる
1499年	身廊ヴォールトが架けられる
1500年	献堂
1594年	北塔が建設される
1603年	内陣ヴォールトが架けられる

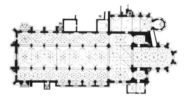

【図版1】内部、内陣を望む　　【図版2】内部、側廊　　【平面図】　　出典：Dehio Bayern III

【Lit.】Reitzenstein / Brunner 1974, S. 93-97; Nussbaum 1985 (eng), p. 188; Baumüller 1999, S. 307; Krause 2007, Kat. 8.

II-3　リブ・ヴォールト

cat. 231
ST. MAREIN BEI KNITTELFELD (ST), Pfarrkirche St. Maria
ザンクト・マライン、ザンクト・マリア聖堂

地図：8D

1490年献堂　　　　　　　　　　　　　　　　　　　　　　　　オーストリア

長堂内陣を備えた二廊のホール式聖堂。北の扉口ホールは〈楽園〉と呼ばれる。内陣のネット・ヴォールトと外陣の星形ヴォールトは、見事な植物文様で装飾されており、皇帝フリードリヒ三世らの紋章も付されている。

1140年	聖堂が造営される
1364年	ゴシック様式のアンナ礼拝堂（現在の聖具室）が建設される
1386年	小教区聖堂となる
1437-1448年	棟梁ニコラウス・フェルバッハーにより、聖堂が造営される
1480年	オスマン帝国軍の侵攻により損傷を被る
1490年	聖堂修復後、10月10日、献堂
1685年	主祭壇が制作される（聖母像は1500年頃のもの）

【図版1】内陣ヴォールト　　【図版2】外陣ヴォールト　　【平面図】　出典：Wagner-Rieger 1988

【Lit.】Dehio Kärnten; Feuchtmüller 1972, S. 136; Wagner-Rieger 1988, S. 44, 189, 190.

457

附録　建築カタログ

cat. 232

IMST (TI), Pfarrkirche Mariä Himmelfahrt
イムスト、聖母被昇天聖堂

地図：7D

15世紀　　　　　　　　　　　　　　　　　　　　　　　　　　　　　　　　　オーストリア

長堂内陣を備えた三廊のホール式聖堂。

1260年	小教区聖堂として創設される
1350年	献堂
1462年	棟梁ハインリヒにより、新しい外陣の造営が開始される
1493年	棟梁イエルクにより完成し、献堂

【図版】内部、内陣を望む

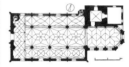
【平面図】　出典：Dehio Tirol

【Lit.】Dehio Tirol.

cat. 233

LÜNEBURG (NI), Ev. Kirche St. Nikolai
リューネブルク、ザンクト・ニコライ聖堂

地図：5B

1409年献堂　　　　　　　　　　　　　　　　　　　　　　　　　　　　　　　ドイツ

周歩廊式内陣を備えた、三廊のバシリカ式聖堂。バックシュタイン・ゴシックの作例で、天井部には星形ヴォールトが観察される。

1407年	史料初出
1409年	献堂
1460年	西塔の建設が開始される
1532年	リューネブルクで初めてプロテスタントの典礼が催される

【図版】内部、内陣を望む

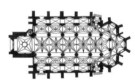
【平面図】　出典：Schäfke 1995

【Lit.】Dehio Bremen, Niedersachsen; Böker 1988, S. 257-260.

II-3 リブ・ヴォールト

cat. 234

GDAŃSK [DANZIG], Kościół św. Katarzyny
グダンスク、聖カタリーナ聖堂　　　　　　　　　　　　　　　　　　　　　地図：9

14世紀前半〜15世紀後半　　　　　　　　　　　　　　　　　　　　　　　　ポーランド

14世紀前半、三廊のバシリカ式聖堂として建設された後にホール式聖堂へと改修され、内陣が拡張されるとともに、15世紀後半にはふたつの側廊が増築された。造営に際しては、市民が尽力したと考えられる。リブ・ヴォールトは実に多彩で細やかな造形となっている。東面は異なる装飾の施された3つの破風飾りが並び、ファサードであるかのような華やかさをもたらしている。

  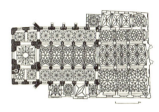

【図版1】外観、東面　　【図版2】内部、内陣を望む　　【平面図】　出典：Herrmann / Winterfeld 2015

【Lit.】Herrmann / Winterfeld 2015, S. 984-986.

cat. 235

WROCŁAW [BRESLAU], Kościół Najświętszej Marii Panny na Piasku we Wrocławiu
ヴロツワフ、砂上の聖母聖堂　　　　　　　　　　　　　　　　　　　　　　地図：9

1334〜1387年頃　　　　　　　　　　　　　　　　　　　　　　　　　　　　ポーランド

3つのアプシスを備えた、三廊のホール式聖堂。身廊では、星形のリブ・ヴォールトが観察される。さらに側廊では、身廊の星形ヴォールトを半分にした形状が観察される。

【Lit.】Frankl 1962 (2000), pp. 197-198;
　　　 Bürger 2008.

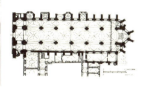

【図版】内部、内陣を望む　　【平面図】　出典：Frankl 1962 (2000)

附録　建築カタログ

cat. 236
GDAŃSK [DANZIG], Bazylika konkatedralna Wniebowzięcia Najświętszej Maryi Panny
グダンスク大聖堂

地図：9

1447年着工　　　　　　　　　　　　　　　　　　　　　　　　　　　　ポーランド

三廊のホール式聖堂。内陣、および翼廊には、精緻な文様のリブ・ヴォールトが架けられている。

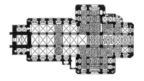

【図版】内部、内陣を望む　【平面図】　　出典：Busch 1969

1343年	バシリカ式聖堂が造営される
1447年	新しいホール式聖堂の造営が開始され、まずは内陣と翼廊が完成する
1484年	これ以降、外陣が拡張される
1496-1517年	棟梁ハインリヒ・ヘツェルにより、ヴォールトが架けられる

【Lit.】Białostocki 1972, Kat. 416; Schäfke 1995, S. 35-37; Torbus 2002, S. 325f.

cat. 237
GDAŃSK [DANZIG], Bazylika św. Mikołaja
グダンスク、聖ニコラウス聖堂

地図：9

14世紀～15世紀　　　　　　　ポーランド

ホール式聖堂。1340-1380年、聖堂が造営される。1423年、内陣が建設される。1487年、ヴォールトが架けられる。

cat. 238
LAUINGEN (BY), Pfarrkirche St. Martin
ラウインゲン、ザンクト・マルティン聖堂

地図：6C

1516年着工　　　　　　　　　　ドイツ

華やかな星形のリブ・ヴォールトが架けられたホール式聖堂。円柱が並び、明瞭な印象を与える。

II-3 リブ・ヴォールト

cat. 239

MEISSEN (SN), Albrechtsburg
マイセン、アルブレヒト城

地図：5C

1471年　　　　　　　　　　　　　　　　　　　　　　　　　　　　　　　　ドイツ

城内各所にて多彩な形体のリブ・ヴォールトが観察される。

【図版1】内部　　　【図版2】内部　　　【平面図】　　　　　　　　　　出典：Białostocki 1972

【Lit.】Białostocki 1972, Kat. 380; Warnke 1999, S. 24-25.

cat. 240

PARIS, Hôtel de Cluny / Musée de Cluny, Chapelle
パリ、旧クリュニー会修道院長邸（クリュニー美術館）、礼拝堂

地図：4A

15世紀　　　　　　　　　　　　　　　　　　　　　　　　　　　　　　　　フランス

ブルゴーニュで一大勢力をふるっていたクリュニー会修道院の院長が15世紀に建設した邸宅。現在は美術館として利用されている。礼拝堂では、2本の細い角柱からリブが伸び、幻想的なヴォールトが形成されている。

【Lit.】Erlande-Brandenburg 1993.

【図版】ヴォールト　　　【平面図】出典：Erlande-Brandenburg 1993

461

附録　建築カタログ

(3) 花弁形、植物風

cat. 241

ANNABERG (SN), Ev. Kirche St. Anna
アンナベルク、ザンクト・アンナ聖堂

地図：6B

1499〜1525年　　　　　　　　　　　　　　　　　　　　　　　　　　　　　　ドイツ

　アンナベルクは、1496年、ドイツとボヘミアの国境を担うエルツ山地のシュレッケン山に形成された山岳都市で、主に銀採掘で繁栄した。1499年、町を見下ろす斜面上で聖堂の造営が始まり、その26年後、聖堂は完成とともに、鉱山の守護聖人である聖アンナへと捧げられた。造営を率いたのは、ベネディクト・リートの弟子ヤーコプ・ハイルマンを筆頭に、ペーター・ウルリヒ・フォン・ピルナ、コンラート・プフリューガーたちである。

　花弁を想起させる形体のリブと、ザクセン地方で典型的な八角形断面のピアが特徴である。リブに旧約聖書の王や預言者の胸像が付されていることを根拠に、ヴォールトは「エッサイの樹」をモティーフにしていると指摘されている。

　主祭壇はアウクスブルクのダウハー父子が手掛けたもので、これも「エッサイの樹」を主題としている。また、北アプシスにある《鉱員組合祭壇》の裏面には、ハンス・ヘッセによって、鉱山労働の様子が描かれている。北側廊には現在、外部から移設された〈美しの門〉がある。

1499年	棟梁コンラート・プフリューガーの下で、聖堂の造営が開始される
1513年	屋根が架けられる
1514年	柱が建設される
1518年	この頃まで、内陣を備えた祭具室が北側に計画されていたが、この逆側に、内陣を備えた聖遺物室が建設される
1518年	トリビューンにレリーフが施される
1525年	聖堂が完成する

【図版1】内部、内陣を望む

【図版2】ヴォールト

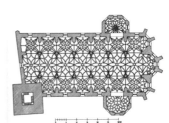
【平面図】　　　出典：Białostocki 1972

【Lit.】Schönemann 1963; Magirius 1985; Richter 1999; Warnke 1999, Abb. 11, 12; 飯田 1995; Krause 2007, Kat. 7.
【See】pp. 182, 188-190, 193; 図II-3-19, II-3-27, II-3-29, II-3-30.

462

II-3 リブ・ヴォールト

cat. 242
KUTNÁ HORA [KUTTENBERG], Chrám sv. Barbory
クトナ・ホラ、聖バルバラ聖堂　　　　　　　　　　　　　　　　　　　　　地図：9

1388～1548年　　　　　　　　　　　　　　　　　　　　　　　　　　　　　チェコ

外陣ヴォールトは、ベネディクト・リートが建設したものである。そこには、円弧を組み合わせた花弁のような形体のリブがゆったりと並べられており、これによって聖堂内部には、幻想的な雰囲気が生まれている。

1499年	プラハ大聖堂（cat. 25）の棟梁マティアス・ライセクにより、内陣ヴォールトが架けられる
1512年	ベネディクト・リートが造営を引き継ぐ
1540-1548年	この頃、外陣すべての廊にヴォールトが架けられる

【図版1】外観、北面

【図版2】内部、内陣を望む

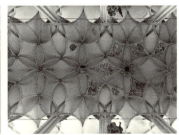
【図版3】外陣ヴォールト

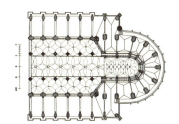
【平面図】　　　出典：Białostocki 1972

【Lit.】Białostocki 1972, S. 382, Kat. 428-429.
【See】p. 181; 図II-3-17.

463

附録　建築カタログ

cat. 243

PRAHA [PRAG], Starý královský palác, Vladislavský sál
プラハ、王宮、ヴラディスラフホール

地図：9

1493～1503年　　　　　　　　　　　　　　　　　　　　　　　　　　チェコ

ベネディクト・リートが造営に従事した王宮の大ホール。そのヴォールトのリブは、ゆるやかなカーブで構成されており、各ベイの頂点では、花弁状の形体が作り出されている。本王宮は、イタリアの宮殿が手本になったと推察されている。

  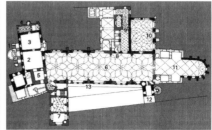

【図版1】内部　　　　【図版2】柱　　　　【平面図】　　　　　　　　　出典：Chotěbor 1994

【Lit.】Białostocki 1972, S. 381-382, Kat. 427; Chotěbor 1994; Krause 2007, Kat. 6.
【See】p. 75.

cat. 244

FREISTADT (OÖ), Stadtpfarrkirche St. Katharina
フライシュタット、ザンクト・カタリーナ聖堂

地図：8A

1501年完成　　　　　　　　　　　　　　　　　　　　　　　　　　オーストリア

13世紀のバシリカ式聖堂に、15世紀末、新しい内陣が建設された。内陣には、曲線を複雑に組み合わせたネット・ヴォールトが架けられた。このヴォールトは、花弁を彷彿とさせる華麗なヴォールトの、その初期の作例に位置付けられる。

13世紀後半　　三廊式バシリカの外陣が建設される
1483-1501年　　内陣が建設される
1490年　　　　この頃、側廊トリビューンの星形ネット・ヴォールトが架けられる
1501年　　　　この頃、内陣完成か（年記あり）
1520/22年　　この頃、外陣が完成する

464

II-3 リブ・ヴォールト

  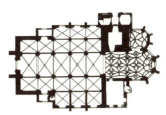

【図版1】内部、内陣を望む 　【図版2】内陣ヴォールト　　【平面図】　　　　　　出典：Weidl 2012

【Lit.】Dehio Oberösterreich; Rappersberger 1993, S. 90.
【See】p. 181; 図II-3-16.

cat. 245
VILLACH (KÄ), Hauptstadtpfarrkirche St. Jakob
フィラッハ、ザンクト・ヤーコプ聖堂　　　　　　　　　　　　　　　　　地図：7C

1450/60年完成　　　　　　　　　　　　　　　　　　　　　　　　　　オーストリア

長堂内陣を備えた三廊のホール式聖堂。西塔は本来、独立した塔として建設されていたものである。内陣の柱に棟梁のマークが刻まれている。

11世紀初頭　　独立した塔を伴う三廊式バシリカの聖堂が造営される
1360/70年　　内陣が再建される
1450/60年　　外陣が建設される
1486年　　　　外陣ヴォールトが架けられる
1524年　　　　この頃、ネット・ヴォールトに改変される
1784年　　　　内陣ヴォールトが改修される

【図版1】内部、内陣を望む　【図版2】ヴォールト　　【平面図】　　　　　　出典：Dehio Kärnten

【Lit.】Dehio Kärnten; Biedermann / Leitner 2001, S. 55-58.

465

附録　建築カタログ

cat. 246

EBERNDORF (KÄ), Pfarr- und Stiftskirche Mariä Himmelfahrt
エーベルンドルフ、聖母被昇天聖堂

地図：8D

1506年完成

オーストリア

曲線状のリブ・ヴォールトが使用された最初期の例として指摘されている。内陣はクリプタの上に設けられているため、外陣より床が高くなる。さらにネット・ヴォールトと光の明暗効果によって、劇的な印象が生まれている。

1378-1391年　クリプタが建設される
1387-1391年　内陣が建設される
1506年　　　　外陣ヴォールトが完成する（ヴォールトに年記あり）

【図版1】内部、内陣を望む

【図版2】外陣ヴォールト

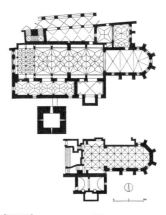
【平面図】
出典：Dehio Kärnten

【Lit.】Baumüller 1999, S. 304; Biedermann / Leitner 2001, S. 65-67.

II-3　リブ・ヴォールト

cat. 247
GÖSS (ST), Pfarrkirche, ehem. Stiftskirche St. Andreas
ゲス、ザンクト・アンドレアス聖堂

地図：8D

1521年完成

オーストリア

内陣と外陣を建設した棟梁の名は、伝えられていない。外陣東端に位置する柱のみがねじれており、これにより、外陣と内陣の接続に独特の効果がもたらされる。南扉口の枠組みに、有機的な曲線の装飾が施されている。

1336年	聖堂の一部が焼失する
1338年	内陣が新たに建設される
1510年	この頃、外陣の建設が開始される
1515年	献堂、ただし聖堂は未完成のまま残される
1520年	この頃、南扉口が完成する
1523年	5月9日、聖堂および5つの祭壇が聖別される
1868年	双塔がバロック様式で改装される

  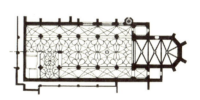

【図版1】内部、内陣を望む　【図版2】ヴォールト　【平面図】　出典：Wagner-Rieger 1988

【Lit.】Appelt 1961; Feuchtmüller 1972, S. 91; Fuchsberger 2004; Wahl 2004.

467

附録　建築カタログ

cat. 248
KÖNIGSWIESEN (OÖ), Pfarrkirche Mariä Himmelfahrt
ケーニヒスヴィーゼン、聖母被昇天聖堂　　　　　　　　　　　　　　　　　地図：8A

1520年頃ヴォールト建設　　　　　　　　　　　　　　　　　　　　　　　　オーストリア

二廊のホール式聖堂。14世紀後半に造営された内陣が現存するものの、それ以外はおそらくフス派によって破壊された後に建て直された。ヴォールトは、480ものセルに分割された、精緻な造形を誇る。

14世紀前半　　内陣、および、塔が建設され、外陣が拡張される
1456年　　　　おそらくフス戦争の後、勝利門、西トリビューン、および西扉口が増築される
1520年　　　　この頃、外陣の天井が高くされ、ヴォールトが架けられる

  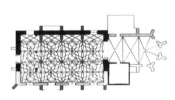

【図版1】外観、南東面　　【図版2】内部、内陣を望む　　【平面図】　　出典：Weidl 1991 (2007)

【図版3】ヴォールト

【Lit.】Baumüller 1999, S. 311.

II-3 リブ・ヴォールト

cat. 249

PERNEGG (NÖ), Pfarrkirche, ehem. Stiftskirche St. Andreas
ペルネック、ザンクト・アンドレアス聖堂

地図：8B

1520年頃　　　　　　　　　　　　　　　　　　　　　　　　　　　オーストリア

　本聖堂は、後期ゴシックの聖堂を基盤としつつ、16世紀末以降に改修されたものである。そのためデーヒオは、オーストリアにおける「ゴシック以後」の様式を特徴付ける典型的作例として、本聖堂を挙げている。
　ヴォールトでは、リブが葉脈のように左右に展開しながら、なおかつ中央にて、ただひとつの大輪の花が咲き誇るかのような形状を創出する。その花弁形の内側には、聖人などをモティーフにした、1603年の壁画が観察される。

1520年　　　　この頃、後期ゴシック様式で改修される
1586-1608年　改修される
1603年　　　　この頃、外陣のネット・ヴォールトに教皇像や聖人像などが描かれる
1635年　　　　西塔が建設される
1651年　　　　トリビューンが建設される

  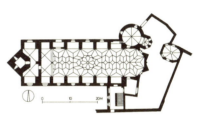

【図版1】内部、内陣を望む　【図版2】ヴォールト　【平面図】　出典：Dehio Niederösterreich

【Lit.】Dehio Niederösterreich.
【See】pp. 181, 182; 図II-3-18.

469

附録　建築カタログ

cat. 250

LAAS (KÄ), Filialkirche St. Andreas
ラース、ザンクト・アンドレアス聖堂

地図：7C

1510～1535年　　　　　　　　　　　　　　　　　　　　　　　　　　オーストリア

地元の領主によって16世紀前半に建設された聖堂。棟梁は、近隣の町ケチャハの聖母聖堂（cat. 251）も手掛けたバルトルメ・フィルタラーであることが、壁画の銘文から知られる。柱から伸びたリブが、隣り合うリブと絡み合いながら円を描き、六弁花を形成する。三分岐したリブの先端は、若芽や花のつぼみを彷彿とさせる形体である。

1516年	内陣が完成する（年記あり）
1535年	内部のフレスコ画が描かれる
1536年	献堂

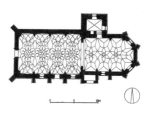

【図版1】内部、内陣を望む　　【図版2】ヴォールト　　【平面図】　　出典：Dehio Kärnten

【Lit.】Biedermann / Leitner 2001, S. 78-80; Tropper 2004.
【See】p. 185; 図II-3-24; cat. 251.

II-3 リブ・ヴォールト

cat. 251

KÖTSCHACH (KÄ), Pfarrkirche, ehem. Wallfahrtskirche Unser Lieben Frauen
ケチャハ、聖母聖堂

地図：7C

1518〜1527年　　　　　　　　　　　　　　　　　　　　　　　　　　　オーストリア

外陣のリブ・ヴォールトは、ラースのザンクト・アンドレアス聖堂（cat. 250）も手掛けたバルトルメ・フィルタラーにより架けられたものである。リブは、天井全体で螺旋や曲線を描きながら、小枝や蔓のごとく互いに絡み合う。そのリブの先端は跳ね上がって、ブドウやユリ、ワスレナグサなどの象徴的な植物を形作る。またリブの起点となる柱頭部分も、籠細工のような網目を織り成している。

15世紀初頭　　巡礼聖堂として建設される
1478年　　　　オスマン帝国軍の侵攻にともない、火災の被害を受ける
1518-1527年　新しい聖堂が造営される
1542年　　　　献堂

  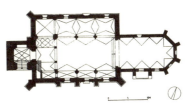

【図版1】内部、内陣を望む　　【図版2】柱　　　　【平面図】　　　　　　　　出典：Dehio Kärnten

【Lit.】Baumüller 1999, S. 312; Biedermann / Leitner 2001, S. 78-79; Tropper 2004.
【See】p. 185; 図II-3-25; cat. 250.

471

附録　建築カタログ

cat. 252

SCHORNDORF (BW), Ev. Stadtkirche
ショルンドルフ聖堂

地図：6D

1500年頃

ドイツ

　平天井の外陣に、3つのアプシスが備わり、その内、中央アプシスには細やかな星形ヴォールトが架けられる。
　注目すべきは南アプシスであろう。そこには、「エッサイの樹」をモティーフとして、彫刻とネット・ヴォールトが融合したかのような、類例無きユニークな造形が展開しているのである。すなわち西側の壁面に設けられた眠るエッサイ像の胸から、枝が伸びるごとく、天井へとネット・ヴォールトが展開する。リブの交差部分にはそれぞれ小さな胸像が設けられており、東には、聖母子像も観察される。

1465年	これ以降、外陣の建て替えが開始される
1477年	遅くともこの頃までに、外陣が完成する
1478-1488年	塔が建設される
1479-1490年	この頃、内陣が建設される
1480-1510/11年	北のマリア礼拝堂が建設される

【図版1】内部、中央内陣

【図版2】内部、北内陣

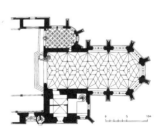
【平面図】東部分　　出典：Dehio Baden-Württemberg I

【Lit.】Dehio Baden-Württemberg I; Nussbaum / Lepsky 1999.
【See】pp. 190, 191; 図II-3-32, II-3-33.

II-3 リブ・ヴォールト

cat. 253

WEISTRACH (NÖ), Pfarkirche St. Stephan
ヴァイストラッハ、ザンクト・シュテファン聖堂　　　　　　　　　　地図：8A

1520年ヴォールト建設　　　　　　　　　　　　　　　　　　　　　オーストリア

ホール式聖堂。角柱から伸びる太いリブが力強い曲線を描き、幻想的な空間を作り出している。

1151年	小教区聖堂として言及される
1520年	ヴォールトが架けられる
1868年	外陣が拡張される

  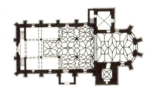

【図版1】外観、南面　　【図版2】内部、内陣を望む　　【平面図】出典：Wagner-Rieger 1988

【Lit.】Wagner-Rieger 1988, S. 209.

cat. 254

PARIS, Tour Jean-sans-Peur

パリ、ジャン゠サン゠プールの塔
　　　　　　　　　　　　地図：4A

1409〜1411年　　　　　　フランス

ブルゴーニュ公の邸宅に由来する建物。上階では、樹木風の具象表現を伴った柱とヴォールトという、ユニークな作例が観察される。

cat. 255

SALZBURG, Hohensalzburg, Kapelle St. Georg

ザルツブルク、城塞（ホーエンザルツブルク）、ザンクト・ゲオルク礼拝堂　　地図：7C

1502年　　　　　　　　　オーストリア

ザルツブルク旧市街の南東に聳える山の頂に設けられた城砦で、その起源は11世紀に遡る。礼拝堂には、曲線を主体とするリブ・ヴォールトが架けられた。

473

附録　建築カタログ

cat. 256

**GAMING (NÖ), Pfarrkirche
St. Philipp und St. Jakob**
ガミング、ザンクト・フィリップと
ザンクト・ヤーコプ聖堂　　地図：8A

1510年献堂　　　　　　　オーストリア

cat. 257

ST. VALENTIN (NÖ), Pfarrkirche
ザンクト・ヴァレンティン、小教区聖堂
　　　　　　　　　　　　地図：8A

1522年　　　　　　　　　オーストリア

三廊のホール式聖堂。
12世紀、創設。1467年、内陣が建設される。1522年、外陣が建設される。1636年、バロック様式で改修される。1733/34年、バロック様式で改修される。

cat. 258

BAD WIMPFEN IM TAL (BW), Ev. Stadtkirche
バート・ヴィンプフェン・イム・タール聖堂
　　　　　　　　　　　　地図：6D

15世紀～16世紀　　　　　　ドイツ

三廊のホール式聖堂。曲線を重ね合わせた、花弁風の華やかなヴォールトが観察される。

cat. 259

HEILBRONN (BW), Ev. Kilianskirche
ハイルブロン、ザンクト・キリアン聖堂
　　　　　　　　　　　　地図：6D

16世紀　　　　　　　　　　ドイツ

三廊式聖堂。バシリカ式の外陣に、明るいホール式内陣が接続している。内陣には細かい文様のネット・ヴォールトが架けられている。

474

（4）扇状、その他

cat. 260

EXETER, Cathedral
エクセター大聖堂

地図：1

13世紀末～14世紀

イギリス

英国ゴシックの特徴である華飾様式の代表的作例。翼廊の上に塔を配するという特殊な外観を呈する。本大聖堂にて観察される塔の配置方法は、欧州大陸で時折見られるものの、しかしノルマンディでは観察されないものであり、起源は不明とされる。塔の装飾は、ノーリッジ大聖堂 (cat. 325) と同じく、幾何学的で厳格である。

1275年　　聖堂拡張の造営が開始される
1327-1346年　この頃、西ファサードが建設される
1369年　　ヴォールトが完成する
1376-1382年　聖母礼拝堂が完成する

【図版1】外観、西面　　【図版2】内部、内陣を望む　　【図版3】ヴォールト

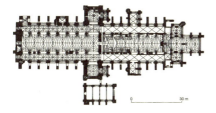

【平面図】　　　　出典：Nussbaum / Lepsky 1999

【Lit.】Clifton-Taylor 1967 (1986), p. 54; Simson 1972, Kat. 134b, 135; Grodecki 1976 (jp), pp. 130-132.

附録　建築カタログ

cat. 261

CANTERBURY, Cathedral
カンタベリー大聖堂

1175年着工

地図：1

イギリス

ベネディクト会修道院聖堂として建設された、英国の垂直式ゴシックを代表する作例。中世における四大巡礼地のひとつに数えられる。内陣障壁〈プルピテュム〉はリチャード・ベイクにより1455年頃完成したもので、イングランド王6人の彫像や聖人像で飾られている。

1174年　　火災の被害を受けたため、その後、新しい聖堂の造営が開始される
1379年　　外陣の建設が開始される

  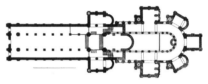

【図版1】内部、内陣を望む　【図版2】内部、交差部　【平面図】　　　出典：Dehio / Bezold 1901, I

【Lit.】Dehio / Bezold 1901, I; Simson 1972, Kat. 124, 137; Kat. London 2003, Kat. 228.
【See】cats. 226, 262.

cat. 262

WINCHESTER, Cathedral
ウィンチェスター大聖堂

1394年着工

地図：1

イギリス

同時代のカンタベリー大聖堂（cat. 261）とは異なり、ベイの幅などが前身のロマネスク建築のプロポーションを維持したまま再建されている。棟梁ウィリアム・ウィンフォードは、ロマネスク期に建設された建築をすべて捨て去ったのではなく、繰型を施し、アーケード上層部を改修することで、まったく別の建築として完成させたのであった。

　身廊を飾る細やかに分割されたリブ・ヴォールトは、カンタベリー大聖堂と並ぶリエヌル・ヴォールトの代表作である。祭壇障壁は1440年代に着手されたと推察されている。

II-3 リブ・ヴォールト

  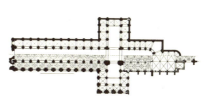

【図版1】内部、内陣を望む　【図版2】ヴォールト　【平面図】　出典：Dehio / Bezold 1901, I

【Lit.】Dehio / Bezold 1901, I; Simson 1972, S. 165, Kat. 138; Białostocki 1972, Kat. 398; Grodecki 1976 (jp), p. 139; Nussbaum / Lepsky 1999, S. 189-190; Kat. London 2003, Kat. 233.

cat. 263

GLOUCESTER, Cathedral
グロスター大聖堂

地図：1

14世紀　　　　　　　　　　　　　　　　　　　　　　　　　　　　　　イギリス

1370年頃に建設された回廊には、扇状ヴォールトがめぐらされる。また、1330年頃に再建されたロマネスク期の内陣と南翼廊を、垂直様式の最初期の作例と見なす説があるものの、垂直様式の発祥地に関しては、英国西部というより、ロンドンだと考えられる場合が多いため、注意が必要である。

1311-1350年　　この頃、内陣が拡張される
1370年　　　　この頃、回廊が建設される

  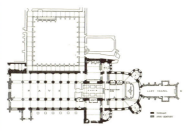

【図版1】外観、南面　【図版2】回廊　【平面図】　出典：Cook 1952

【Lit.】Cook 1952; Simson 1972, Kat. 134a, 136; Grodecki 1976 (jp), p. 135.
【See】cat. 264.

477

附録　建築カタログ

cat. 264

CAMBRIDGE, King's College Chapel
ケンブリッジ、キングズ・カレッジ・チャペル

1446〜1515年

地図：1

イギリス

ホール空間の天井に、グロスター大聖堂（cat. 263）の回廊や、ピーターバラ大聖堂（cat. 123）の内陣東側に観察されるのと類似した、扇状ヴォールトが観察される。

1440年	ヘンリー四世により、カレッジが創設される
1446年	この頃までに、レジナルド・イリーの計画に基づき、礼拝堂の建設が開始される
1508-1515年	造営中断と計画変更を経て、ジョン・ワステルにより、礼拝堂が完成する

【図版1】外観、西面

【図版2】内部

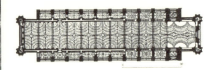
【平面図】

出典：Koch 2003

【Lit.】Białostocki 1972, S. 363, Kat. 396.

cat. 265

LINCOLN, Cathedral
リンカーン大聖堂

1192〜1280年

地図：1

イギリス

本大聖堂の特徴として挙げられるのが、内陣身廊のヴォールトにおいて、頂部のボスを起点としつつ、リブが三叉に放射される点である。「クレイジー・ヴォールト」と呼ばれるこのヴォールトをもって、本作品は、リブが装飾的に展開した最初のゴシック建築に位置付けられる。これが、その後の英国におけるヴォールトの発展に貢献したことは間違いないものの、直接の後継者を得ることはできなかった。例えば本大聖堂外陣身廊におけるティアセロン・ヴォールトは、内陣における三叉ヴォールトを発展させたものといえる。

1072年	司教レミギウスの下で聖堂が造営される

478

II-3 リブ・ヴォールト

1146-1148年	西ファサードが完成する
1220-1235年	この頃、チャプター・ハウスが建設される
1233年	この頃、身廊の建設が開始される
1256年	東側拡張のための造営が開始される
1280年	この頃、内陣が完成する

  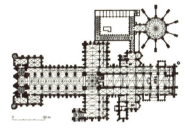

【図版1】内部、内陣を望む　【図版2】内陣身廊ヴォールト　【平面図】　出典：Nussbaum / Lepsky 1999

【Lit.】Simson 1972, Kat. 132b, 133a; Nussbaum / Lepsky 1999, S. 183-185.
【See】cat. 59.

cat. 266

WORCESTER, Cathedral
ウースター大聖堂　　　　　　　　　　　　　　　　　　　地図：1

12世紀〜14世紀　　　　　　　　　　　　　　　　　　　イギリス

シトー会修道院を介してゴシック様式を受容した可能性が指摘されている。

  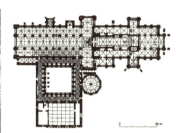

【図版1】内部、内陣を望む　【図版2】内部、交差部　【平面図】　出典：Nussbaum / Lepsky 1999

【Lit.】Grodecki 1976 (jp), p. 116; Barker 1994.

479

附録　建築カタログ

cat. 267

SALISBURY, Cathedral
ソールズベリ大聖堂

地図：1

1220年着工　　　　　　　　　　　　　　　　　　　　　　　　　　　　　　イギリス

フランクルは、同年に着工されたアミアン大聖堂 (cat. 335) と本大聖堂を比較して、前者がゴシック的な垂直性を表現したものであるのに対し、後者は水平性を強調したものだと指摘した。事実、本大聖堂は18ベイもの長さに及ぶものとなっており、背の低いトリフォリウムが水平の帯状になって連なることで、この空間の長大さを強調している。

  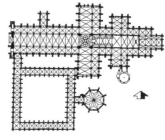

【図版1】内部、内陣を望む　【図版2】内部、交差部　【平面図】　　　　　出典：Simson 1972

【Lit.】Frankl 1962 (2000), pp. 123-124; Simson 1972, Kat. XIII.
【See】cats. 325, 343.

cat. 268

LICHFIELD, Cathedral
リッチフィールド大聖堂

地図：1

1265年頃着工　　　　　　　　　　　　　　　　　　　　　　　　　　　　　　イギリス

フランス盛期ゴシックの垂直性を融合させた英国ゴシックの例として、ヨーク大聖堂 (cat. 269) と共に挙げられる大聖堂。身廊において観察されるティアセロン・ヴォールトは、リンカーン大聖堂 (cat. 265) との関係性が指摘されているものである。

II-3 リブ・ヴォールト

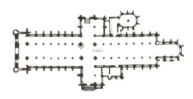

【図版1】外観、交差部塔　【図版2】内部、内陣を望む　【平面図】　出典：Clifton-Taylor 1967 (1986)

【Lit.】Clifton-Taylor 1967 (1986); Frankl 1962 (2000), pp. 180-181; Nussbaum / Lepsky 1999, S. 185.

cat. 269

YORK, Cathedral
ヨーク大聖堂　　　　　　　　　　　　　　　　　　　　　　　　　地図：1

13世紀着工　　　　　　　　　　　　　　　　　　　　　　　　　　イギリス

英国の華飾式ゴシックの典型に位置付けられる作例である。

1290年　　参事会ホールが建設される
1291年　　身廊の建設が開始される
1340年　　ファサードが完成する
1361年　　内陣の建設が開始される

【図版1】内部、内陣を望む　【図版2】チャプター・ハウス　【平面図】　出典：Clifton-Taylor 1967 (1986)

【Lit.】Frankl 1962 (2000), pp. 180-181; Clifton-Taylor 1967 (1986), pp. 210-213; Grodecki 1976 (jp), p. 132; Kat. London 2003, Kat. 231.

附録　建築カタログ

cat. 270

BRISTOL, St. Augustine
ブリストル、セント・オーガスティン聖堂　　　　　　　　　　　地図：1
14世紀前半　　　　　　　　　　　　　　　　　　　　　　　　イギリス

身廊部にはティアセロン・ヴォールトが架けられる。注目すべきは側廊部で、そこでは飛び梁のような珍しい構造が観察される。

1150-1170年　　チャプター・ハウスが建設される
1330年　　　　この頃までに、内陣が完成する
15世紀　　　　塔が建設される

  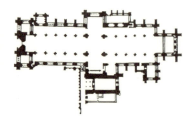

【図版1】内部、内陣を望む　【図版2】側廊ヴォールト　【平面図】　　出典：Clifton-Taylor 1967 (1986)

【Lit.】Clifton-Taylor 1967 (1986); Sager 1977, S. 256f.; Nussbaum / Lepsky 1999, S. 192-194.

cat. 271

EDINBURGH, Cathedral St. Giles
エジンバラ大聖堂　　　　　地図：1
1633年　　　　　　　　　　イギリス

身廊部にティアセロン・ヴォールトが観察される。

cat. 272

BATH, Abbey
バス、ベネディクト会修道院聖堂　地図：1
15世紀末～16世紀中葉　　　　　　イギリス

1499年に着工される。ただし17世紀から19世紀にかけて、大掛かりな改修がなされた。内陣には、扇状ヴォールトが観察される。

482

II-3 リブ・ヴォールト

cat. 273

SEVILLA, Catedral de S. María de la Sede
セビリア大聖堂

地図：11

1402年着工

スペイン

14世紀	モスクが聖堂として使用される
1401年	聖堂の造営が決定される
1402年	造営が開始される
18世紀	いまだ造営が継続されている

  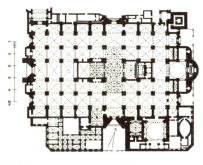

【図版1】外観、東面　　【図版2】ヴォールト　　【平面図】　　　　　出典：Białostocki 1972

【Lit.】Białostocki 1972, Kat. 456.

cat. 274

TOLEDO, Monasterio de S. Juan de los Reyes
トレド、サン・フアン・デ・ロス・レージェス修道院聖堂

地図：11

1477～1496年

スペイン

フランシスコ会修道院聖堂。星形ヴォールトの造形が決定された際、中欧末期ゴシックからの影響があったと指摘されている。

483

附録　建築カタログ

  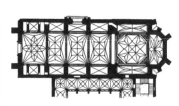

【図版1】内部　　　【図版2】回廊　　　【平面図】　　　　　出典：Baumüller 1999

【Lit.】Białostocki 1972, Kat. 457b; Baumüller 1999, S. 302.

cat. 275
SALAMANCA, Catedral Nueva
サラマンカ新大聖堂

地図：11

1513年着工

スペイン

三廊のホール式聖堂。ヴォールトは17世紀から18世紀にかけて建設された。

  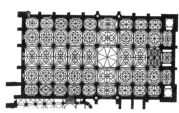

【図版1】外観、北面　【図版2】内部、内陣を望む　【平面図】　　出典：Baumüller 1999

【Lit.】Casaseca 1994; Baumüller 1999, S. 302.

II-5-1 空間の差異化

中世の聖堂では、様々な方法を通じ、空間にヒエラルキーが創出され、内陣の差異化が図られた。差異化の方法としては、内陣障壁を設置することで物理的に内陣と外陣を遮断させるという最も一般的な手段のほか、外陣と内陣とをまったく異なる形式にしたり、リブの形状に工夫を施すことで両空間の性質の差異を示すなど、様々な創意が観察される。あるいは、内陣の中央に柱を一本だけ独立して立たせるというのは実に象徴的な手法であり、また、内陣の手前に採光塔を設置して光の効果を演出するというのも、空間印象の観点から重視すべき方法だといえる。おそらくはこうした手法を通じて、内陣の優位性やヒエラルキーが示されたにちがいない。本章では、こうした聖堂空間の差異化の手段を概観してゆく。

（1）柱が空間へ与える効果

cat. 276

SALZBURG, Franziskanerkirche
ザルツブルク、フランシスコ会修道院聖堂　　　　　　　　地図：7C

1200年頃〜15世紀中葉　　　　　　　　　　　　　　　　　オーストリア

内陣は、史料初出の年である1408年頃、棟梁ハンス・フォン・ブルクハウゼンの下で着工されたと推察されている。あるいは、寄進のあった1415年から1420年を着工の時期とする説もある。内陣着工後、外陣新築計画が破棄されたため、ゴシック様式のホール式内陣とロマネスク様式の外陣とを接続させるべく、調整が施されたと考えられる。

　ロマネスク様式の外陣の保持が決定されたのは、内陣着工後、西のベイ、および礼拝堂のアーチが完成する以前のことと推察される。　あわせてこれは、概してハンス・フォン・ブルクハウゼンの存命中に決定された事項と見なすが通例であるが、この通説を疑問視する声もある。ハンス・フォン・ブルクハウゼンの歿後、内陣を完成させたのは、シュテファン・クルメナウアーであった。

　ゴシック様式の内陣とロマネスク様式の外陣との明暗差が生み出す劇的な光の効果は、リーグルをはじめとする多くの美術史家の賞賛を集めた。しかし造営経緯や意図が完全に解明されたわけではなく、またバロック期に改修がされたこともあり、果たして光の効果が着工時から予め計画されていたのか、あるいは偶発的なものなのかという点は、難しい問題であり、様々な角度から考察がなされている。

485

附録　建築カタログ

内陣には5本の独立柱が立ち並び、その内1本だけが孤立して東端の中央に位置する。ヌスバウムはこのように孤立する柱を「内陣中央柱」と呼んでいる。

1130年	小教区聖堂として造営される
1200-1223年	この頃、新しい聖堂が造営される
1408年	この頃、内陣着工か
1432年	シュテファン・クルメナウアーが棟梁に就任か
15世紀中葉	内陣が完成する
1600年	この頃、バロック様式で改装される

【図版1】内部、内陣を望む

【図版2】内部、内陣

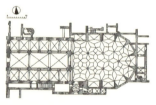
【平面図】　　出典：Brucher 2000

【図版3】ヴォールト

【Lit.】Riegl 1904 (1929); Oettinger 1961; Frankl 1962 (2000), p. 355 (n. 127A); Ledebur 1977, S. 73-77; Nussbaum 1984; Puchta 1984; Nussbaum 1985 (eng), pp. 169-170; Wagner-Rieger 1988, S. 174-175; Fuhrmann 1993/94; Fillitz 1998, S. 239-241, Kat. 35, 36; Brucher 2000, S. 295-297, Kat. 65.
【See】pp. 142, 146, 215, 216, 222, 230, 231, 246; 図II-1-16, II-1-17, II-5-12, II-5-13, II-5-25; cats. 128, 277.

cat. 277

LANDSHUT (BY), Kath. Spitalkirche Hl. Geist
ランツフート、聖霊聖堂

地図：6C

1407～1465年

ドイツ

ランツフート旧市街の北、イーザル川の岸辺に位置する三廊のホール式聖堂。同じくランツフート旧市街の中心にあるザンクト・マルティン聖堂 (cat. 213) の外陣造営に従事したハンス・フォン・ブルクハウゼンが棟梁を務めた。聖堂内には合計15本の独立柱が立ち並び、柱頭のない柱からはリブが四方へ均質に伸び広がる。こうしたヴォールトの効果により、明瞭な一体化空間が展開する。柱は原則として二列平行に並べられているものの、唯一内陣東端では、一本のみが中央に独立して配される。ヌスバウムはこうした柱を「内陣中央柱」と呼んでいる。この内陣中央柱は、例えばザルツブルクのフランシスコ会修道院聖堂 (cat. 276) にも観察される、重要なモティーフであり、ホール式の均質な空間にある種のヒエラルキーをもたらすと考えられる。

1407年	1月20日、聖堂の造営が開始される
1444年	ヴォールトが架けられる
1450年	この頃、塔が建設される
1461年	外陣完成か（身廊に年記あり）
1465年	聖堂完成か（西ファサードの尖塔アーチに年記あり）

【図版1】外観、西面

【図版2】内部、内陣を望む

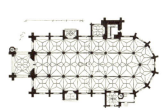
【平面図】　　出典：Dehio Bayern II

【Lit.】Dehio Bayern II; Nussbaum 1985 (eng), S. 242-243; Liedke 1986.
【See】cat. 278.

附録　建築カタログ

cat. 278

DINGOLFING (BY), Kath. Stadtpfarrkirche St. Johannes
ディンゴルフィング、ザンクト・ヨハンネス聖堂

地図：6C

1467年着工

ドイツ

5/12角形の内陣を備えた三廊のホール式聖堂。ゴシック後期の改修で現在の姿となった。ランツフートの聖霊聖堂（cat. 277）を手本として建設されたと推察される。

9世紀-10世紀	木造の聖堂が造営される
13世紀	レンガ造の三廊式聖堂が造営される
1467年	聖堂の造営が開始される（南扉口の銘文に基づく）
1502年	ヴォールトが架けられる
1682年	塔が建設される
19世紀後半	ネオ・ゴシック様式で改装される

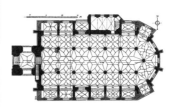

【図版1】外観、東面　　【図版2】内部、内陣を望む　　【平面図】　　出典：Morsbach 2003

【図版3】ヴォールト

【Lit.】Dehio Bayern II; Reitzenstein / Brunner 1974, S. 234-235; Morsbach 2003.

488

II-5-1　空間の差異化

cat. 279

BRAUNAU AM INN (OÖ), Bürgerspitalkirche Hl. Geist
ブラウナウ、聖霊聖堂

地図：7B

1430年献堂

オーストリア

施療院の東面に接して建設されたホール式聖堂。西壁と平行に置かれた柱2本と、それより東側中央に置かれた柱1本の、合計3本でヴォールトを支える点が特徴である（ただし、東側の柱は17世紀に撤去された）。

　ヌスバウムは、本聖堂の空間構造が、アルトバイエルンおよびオーストリアにおいて、多くの「三本柱の空間(Dreistützenraum)」を生み出したと主張するとともに、本聖堂が、プラハ大聖堂(cat. 25)の南扉口〈黄金門〉のヴォールトから影響を受けた可能性を指摘している。

1416-1417年　施療院と聖堂の造営が開始される
1417年　　　3月30日、造営が開始される
1430年　　　1月12日、ザルツブルク大司教によって、献堂される
1687年　　　改築に際して、棟梁アダム・ヴィーザーにより、ゴシック期の中央柱が撤去される

  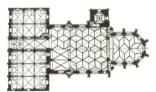

【図版1】内部、内陣を望む　【図版2】外陣ヴォールト　【平面図】　出典：Rosenauer 2003

【Lit.】Oettinger 1961, S. 40-44; Nussbaum 1985 (eng), S. 262; Weidl 1999; Brucher 2003a, S. 209-210, Kat. 1.

附録　建築カタログ

cat. 280

ST. PANTALEON (NÖ), Pfarrkirche St. Pantaleon
ザンクト・パンタレオン、ザンクト・パンタレオン聖堂

16世紀

地図：8A

オーストリア

　エンス近郊に位置するザンクト・パンタレオンは、ドナウ川の水運に拠り発達した町である。その小教区聖堂である本聖堂は、3本の柱が立つ小さなホール式外陣に、東の長堂内陣と西アプシスが接続するという構造を有す。西ファサードには単塔が聳える。地下には4本の柱と交差ヴォールトを備えたクリプタがある。

　外陣には、西側に八角形柱2本と東側中央に円柱1本が立つ。これは、ヌスバウムが「三本柱の空間 (Dreistützenraum)」と呼んだところの空間構成だといえよう。殊に東側の円柱は徐々に膨らみながらヴォールトへと展開し、空間印象を決定付けている。

1050年	この頃、アプシスとホール式クリプタが建設される
1510/15年	東内陣が3/8角形で閉じる3ベイの長堂内陣へと拡張される
1521年	この頃、3本の柱で支えられた外陣が建設され、星形ヴォールトが架けられる
1798年	バロック様式で塔の尖頂が完成する

【図版1】内部、西を望む

【図版2】内部、内陣を望む

【平面図】　出典：Wagner-Rieger 1988

【Lit.】Dehio Niederösterreich; Nussbaum 1985 (eng); Fillitz 1998, Kat. 53.

490

Ⅱ-5-1 空間の差異化

cat. 281

PARIS, Église Saint-Séverin
パリ、サン゠セヴラン聖堂

地図：4A

13世紀～15世紀   フランス

五廊のバシリカ式聖堂。外観は特徴的な飾破風で彩られており、北西に塔を備える。
　内陣では、二廊から構成される周歩廊式が採られている。この内陣の頂点、すなわち東西の軸上の柱を観察すると、それはねじれた形状を有しており、フランクルはここにブラウンシュヴァイク大聖堂（cat. 98）との影響関係を認め、またグロデッキはフランボワイヤン様式特有のバロック的な運動性を指摘した。あわせてフランクルは、本聖堂はバシリカではあるものの、二廊式周歩廊が後期ゴシックのホールのようであるとも指摘している。ただしクロスリーによる注釈によれば、ねじれ柱は必ずしもドイツ固有というわけではないという。

13世紀初頭　　ゴシック様式の三廊式聖堂が造営される
13世紀末　　　ゴシック様式の五廊式聖堂が造営される
15世紀　　　　周歩廊式内陣が建設される
1489-1494年　二重の内陣周歩廊が建設される

  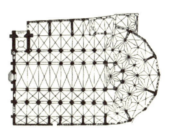

【図版1】外観、東面　　【図版2】内部、内陣　　【平面図】　　　　　出典：Droste 2012

【Lit.】Frankl 1962 (2000), pp. 237, 359, n. 171; Grodecki 1976 (jp), p. 241; Guillier 2001.

491

附録　建築カタログ

cat. 282

FERNITZ (ST), Pfarr- und Wallfahrtskirche Maria Trost
フェルニツ、慈愛の聖母聖堂

地図：8C

1514年完成

オーストリア

三廊のホール式聖堂。堂内に柱が平行に二列並ぶ中、東端の柱のみ単独で立つ。この独立した柱の作用によって、周歩廊が暗示されるとともに、内陣に聖域としての独特の効果がもたらされる。

1160年	礼拝堂が聖別される
1314年	ハプスブルク家のフリードリヒ美公によって、礼拝堂が建設される
1506年	後期ゴシック様式で聖堂の造営が開始される
1514年	聖堂が完成する
1609年	西塔が完成する

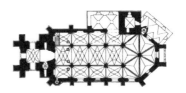

【図版1】外観、南西面　【図版2】内部、内陣を望む　【平面図】　出典：Wagner-Rieger 1988

【図版3】同

【Lit.】Dehio Oberösterreich; Feuchtmüller 1972, S. 136-137.

492

cat. 283
IMBACH (NÖ), Dominikanerkirche Mariä Geburt
インバッハ、ドミニコ会修道院聖堂

1289年頃着工

地図：8A

オーストリア

二廊式の托鉢修道会聖堂としては、オーストリアで最も古い作例のひとつに数えられる。中央に並ぶ柱によって空間の分離が暗示され、空間内に二廊を作り出す。内陣は外陣よりも古く、天井高はほぼ半分である。聖堂の北側にはカタリーナ礼拝堂が隣接する。

1269年	ドミニコ会修道院が創設される
1285年	礼拝堂建設のための寄進がなされる
1289年	この頃、聖堂が造営される
1782年	ドミニコ会修道院が解散となる
1805年	カタリーナ礼拝堂が改装される
1884年	ウィーンのフリードリヒ・フォン・シュミットの設計に基づき、クレムスの棟梁ヨーセフ・ウツによって、外陣入り口および内陣の建設が開始される

【図版1】内部、内陣を望む　【図版2】内部、西を望む　【平面図】　出典：Wagner-Rieger 1988

【Lit.】Donin 1935, S. 155-178; Oettinger 1961, S. 162-164; Feuchtmüller 1972, S. 91; Wagner-Rieger 1988, S. 122-123; Hanika 1991; Schwarz (M) 2013, S. 380.
【See】p. 49.

附録 建築カタログ

cat. 284
SCHWAZ (TI), Pfarrkirche Unserer Lieben Frau Mariä Himmelfahrt
シュヴァーツ、聖母被昇天聖堂　　　　　　　　　　　　　　　　　　　地図：7D

1460～1478年　　　　　　　　　　　　　　　　　　　　　　　　　　オーストリア

二廊のホール式聖堂。アプシスをふたつ備えるという珍しい平面プランとなったのは、増改築の結果である。内部では中心軸上に円柱が立ち並び、星形のリブ・ヴォールトが架けられている。ファサードは切妻形を採る。東北面に死者礼拝堂 (cat. 32) がある。

  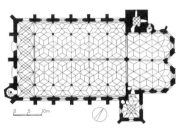

【図版1】外観、西面　　【図版2】内部、内陣を望む　　【平面図】　　　　　　　出典：Dehio Tirol

【Lit.】Dehio Tirol.
【See】cat. 32.

cat. 285
BEBENHAUSEN (BW), Zisterzienserabtei
ベーベンハウゼン、シトー会修道院
地図：6D

12世紀末～15世紀　　　　　ドイツ

12世紀末、宮中伯ルードルフ・フォン・テュービンゲンの寄進によって創設されたシトー会修道院。1335年に建設された夏の食堂では、細い柱から放射状に広がるリブ・ヴォールトが観察される。

【See】p. 233.

cat. 286
MALBORK [MARIENBURG], Zamek w Malborku
マルボルク城
地図：9

12世紀～16世紀　　　　　ポーランド

ドイツ騎士団の城。1393年から1399年にかけて建設された夏の食堂では、独立柱からヴォールトが伸び広がることで、軽やかなホール式空間が実現している。

494

(2) リブを利用した空間の差異化

cat. 287

HEILIGENKREUZ (NÖ), Zisterzienserabtei
ハイリゲンクロイツ、シトー会修道院

地図：8B

1187〜1295年   オーストリア

　オーストリア最初のシトー会修道院。辺境伯レオポルト三世(バーベンベルク家)の息子オットーが、フランスで神学を学んだことを契機として創設された。
　修道院聖堂は、設立当初、おそらくは半円形アプシスを備えた平天井の三廊式バシリカであったが、その後、天井に帯状リブの施されたヴォールトが架けられ、さらに翼廊も設けられた。13世紀末にはホール式内陣が拡張される。これをもって、オーストリア盛期ゴシックの幕開けと見なされる。
　回廊の噴水室には、寄進者であるバーベンベルク家一族の肖像画をはじめとするロマネスク期のステンドグラスが残される。集会室には、ハインリヒ二世ヤゾミルゴットやフリードリヒ二世(好戦公)ら、バーベンベルク家の墓碑が納められている。

1132年	レオポルト三世(バーベンベルク家)の息子オットーがパリ留学からの帰路でモリモンにあるシトー会修道院に滞在する
1135/36年	レオポルト三世により、シトー会修道院が創設される
1136年	平天井の三廊式バシリカにて、聖堂の造営が開始される
1141年	バーベンベルク家の埋葬場所となる
1145年	この頃、プランが変更され、アプシス部分に翼廊が設けられる
1147-1187年	この頃、おそらく身廊のリブ・ヴォールトが建設される
1187年	1月31日、献堂
1240年	7月29日、回廊などが聖別される
1295年	内陣が聖別される

【図版1】内部、内陣を望む

【図版2】内部、内陣

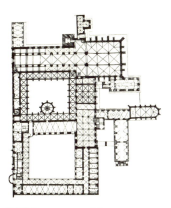
【平面図】　　　出典：Brucher 2000

附録　建築カタログ

【Lit.】Fillitz 1969, Kat. 256, 258; Brucher 1990, S. 69-74; Oberhaidacher-Herzig 1993; Fillitz 1998, S. 256-258, Kat. 47, S. 326-329, Kat. 87-91; Brucher 2000, S. 219-221, Kat. 17-19; Schwarz (M) 2013, S. 35-38, 241-253, 349-355.
【See】pp. 31, 39, 49, 60, 61, 175, 220, 233; 図I-1-12, I-1-13, I-2-8, II-5-10, II-5-11; cats. 222, 333.

cat. 288
ENNS (OÖ), Minoritenkirche Maria Schnee
エンス、フランシスコ会修道院聖堂

地図：8八

1343年献堂　　　　　　　　　　　　　　　　　　　　　　　　　　オーストリア

　13世紀に建設された修道院聖堂。三廊のホール式外陣と長堂内陣から構成される。外陣北側にアーケードを開けて増設されたヴァルゼール礼拝堂は、ハプスブルク家と縁のあるヴァルゼール公の寄進により建設されたものである。
　礼拝堂について特筆すべきは、リブの形態を工夫することによって、二廊式の外陣から、三廊式あるいは周歩廊式内陣へのスムーズな移行が達成されている点にある。この過程で圧された既存の2ベイは南北へと分離し、増幅するデルタの幅だけ圧縮される。こうして内陣の領域に柱を4本並べることが可能となり、そこが聖域であることが暗示される。換言すれば、空間を物理的に追加するのではなく、リブと柱によって空間を分節することにより、空間の一体化と差別化という相矛盾する課題を、見事に解決したのである。

1270年	この頃、平天井の外陣を備えた、フランシスコ会修道院聖堂として建設される
1330-1340年	この頃、ヴァルゼール礼拝堂が建設される
1343年	ヴァルゼール礼拝堂が聖別される
15世紀後半	外陣ヴォールトが架けられる
1553年	小教区聖堂となる

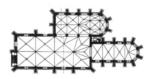

【図版1】内部、内陣を望む　【図版2】ヴァルゼール礼拝堂　【平面図】　出典：Wagner-Rieger 1988

【Lit.】Donin 1935, S. 187-203; Oettinger 1961; Nussbaum 1985 (eng), S. 154; Wagner-Rieger 1988, S. 139; Hudec 1997; Brucher 2000, S. 260-261, Kat. 41.
【See】pp. 219, 220; 図II-5-8, II-5-9.

(3) 内陣障壁の効果

cat. 289

MAGDEBURG (ST), Dom St. Mauritius und St. Katharinen
マグデブルク大聖堂

地図：5C

1209年着工   ドイツ

　本大聖堂は、創設者であるザクセン朝の皇帝オットー一世の墓所としての機能を有している。創設後、火災の被害を受け、再建された。この時、大司教アルブレヒト二世の下で、ドイツの司教座聖堂としては初めて、周歩廊礼拝堂を備えた内陣が建設された。

　内陣席は、フランスですでに慣例だったような、主祭壇と一体化したものではなく、伝統的な方法にて交差部に置かれた。しかし内陣部分はもはや、例えばバーゼルやストラスブール (cat. 49)、バンベルク (cat. 10) の大聖堂のように、その下にクリプタを備えるタイプではなく、外陣とわずかな段差のみを設けたものであった。

　東側の完成を目前とした頃、盛期ゴシック様式での内装が計画された。内陣と外陣の境界部分には、説教壇付き内陣障壁が設置されている。

937年	皇帝オットー一世により、ベネディクト会修道院が創設される
968年	マグデブルクが大司教区となる
973年	皇帝オットー一世が歿し、本大聖堂にて、最初の妻エリーザベトの隣に埋葬される
1004年	新しい聖堂の造営が開始される
1209年	火災の被害を受けたため、大司教アルブレヒト二世の下で、修復が開始される
1240年	この頃、内陣を含む東側が完成する
1363年	外陣が完成する

【図版1】内部、内陣を望む

【図版2】内陣障壁

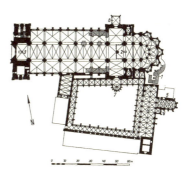
【平面図】　　　　出典：Dehio Magdeburg

【Lit.】Dehio Magdeburg; Möbius 1967; Schubert 1975; Badstübner 1992, S. 78, 274; Schmelzer 2004, S. 50-57; Wittekind / Albrecht 2009, Kat. 236.
【See】p. 57.

附録　建築カタログ

cat. 290

ROTHENBURG (BY), Ehem. Franziskanerkirche Unser Lieben Frauen
ローテンブルク、旧フランシスコ会修道院聖堂

地図：6C

1285年～14世紀

ドイツ

　1281年、シュヴェービッシュ・ハルの僧によって創設されたフランシスコ会修道院聖堂に由来する。三廊のバシリカ式外陣に、長堂内陣が備わる。内陣にのみヴォールトを架け、一方の外陣は簡素な木造の平天井にするという、托鉢修道会の慣例的な手法が観察される。なお修道院は、1544年に解散となった。
　内陣と外陣の間には、14世紀の典型的なホール式内陣障壁が残されている。これはゴシック期の主流を占めた内陣障壁のタイプを踏襲したものであり、平信徒側にアーケードが設けられ、開かれたホールを構成するのが特徴である。この内陣障壁は、宗教改革後には聖歌隊席として再利用されたため、現在まで残されることとなった。

1285年	造営が開始される
1309年	内陣が聖別される
1333年	再度、内陣が聖別される
14世紀前半	外陣が建設される

【図版1】内部、内陣を望む

【図版2】内部、内陣

【平面図】　　　出典：Binding 1985

【Lit.】Dehio Bayern I; Doberer 1956, S. 119; Reitzenstein / Brunner 1974, S. 829-830; Nussbaum 1985 (eng), Anm. 207.
【See】図II-5-22.

498

II-5-1 空間の差異化

cat. 291
LÜBECK (SH), Ev. Dom
リューベック大聖堂   地図：5B

1266〜1341年   ドイツ

巨大なホール式聖堂。リューベックのマリア聖堂 (cat. 59) を手本に、周歩廊式内陣が設けられたといわれる。ただしリューベックのマリア聖堂はバシリカ式である。ベルント・ノートケによる後期ゴシックの内陣障壁および磔刑像は、「勝利の十字架」の代表的作例に位置付けられている。

1173/74-1220/30年	ロマネスク様式で聖堂が造営される
1266-1335年	周歩廊を備えたホール式内陣が建設される
1329/30-1341年	ホール式外陣が建設される
1477年	内陣障壁と磔刑像が制作される

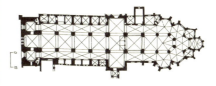

【図版1】外観、西面　　【図版2】内部、内陣を望む　　【平面図】　　出典：Dehio Schleswig-Holstein

【Lit.】Dehio Schleswig-Holstein; Böker 1988, S. 21-25; Grusnick / Zimmermann 1996; Schmelzer 2004, S. 64, 68.

cat. 292
LÜBECK (SH), Ehem. Franziskanerkloster St. Katharinen
リューベック、ザンクト・カタリーナ聖堂   地図：5B

1330年頃〜1360年代   ドイツ

レンガ造の三廊を備えたバシリカ式聖堂。フランシスコ会修道院聖堂に由来する。長堂内陣を上階へ持ち上げ、その下にヴォールトの架けられた内陣を配するという、珍しい手法が採られる。十字架を伴う内陣障壁は、1450年頃に制作されたものである。

1225年	この頃、フランシスコ会修道士により、修道院が創設される

499

附録　建築カタログ

1330年　　この頃までに、新しい聖堂の造営が開始され、まずは袖廊など東側が完成する
1355年　　西ファサードの建設が開始される（銘文に基づく）
1360年代　聖堂が完成する

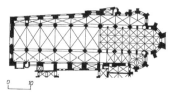

【図版1】内部、内陣を望む　　【図版2】内部、内陣下　　【平面図】　　出典：Dehio Schleswig-Holstein

【Lit.】Dehio Schleswig-Holstein; Böker 1988, S. 121-128.

cat. 293

HALBERSTADT (ST), Ev. Dom St. Stephanus und St. Sixtus
ハルバーシュタット大聖堂

地図：5C

1354〜1402年　　　　　　　　　　　　　　　　　　　　　　　　　　　　ドイツ

内陣障壁は、1510年に制作されたものである。

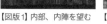

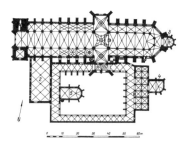

【図版1】内部、内陣を望む　　【図版2】内陣障壁　　【平面図】　　出典：Dehio Sachsen-Anhalt I

【Lit.】Dehio Sachsen-Anhalt I; Pinder 1910 (1953); Schmelzer 2004, S. 78-80.

cat. 294
ESSLINGEN AM NECKAR (BW), Ev. Stadtkirche St. Dionysius
エスリンゲン、ザンクト・ディオニシウス聖堂

1500年頃　　　　　　　　　　　　　　　　　　　　　　　　地図：6D

　　　　　　　　　　　　　　　　　　　　　　　　　　　　　ドイツ

　長堂内陣を備えた三廊のバシリカ式聖堂。平天井の外陣に、ベイで細分化された長堂内陣が接続する。両者の間は巨大な内陣障壁で仕切られており、外陣からは内陣空間をほとんど見ることができない。

　ホール式内陣障壁の磔刑像は1510/20年頃、説教壇は1609年に制作されたものである。後期ゴシックの彫刻家ローレンツ・レヒラーが手掛けた聖体安置塔（サクラメンツハウス）には、この時代のドイツでしばしば観察される、植物風の有機的な造形が認められる。

8世紀中葉	現在の場所に、ホールのようなものがあった
10世紀年	既存の建造物が拡張される
13世紀年	北塔が建設される
1260/70年	外陣が完成する
1300年	内陣両脇の塔が建設される
14世紀中葉	内陣が建設される
1486-1489年	ローレンツ・レヒラーによる聖体安置塔が設けられる

【図版1】内部、内陣を望む

【図版2】内部、内陣

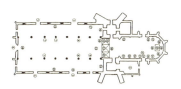
【平面図】　　　　出典：Jooß / Jooß 2002

【Lit.】Dehio Baden-Württemberg I; Warnke 1999.
【See】p. 184; 図II-3-22.

附録　建築カタログ

cat. 295

KRAKÓW [KRAKAU], Kościół Mariaski
クラクフ、聖母聖堂　　　　　　　　　　　　　　　　　　　　　　　　　地図：9

15世紀　　　　　　　　　　　　　　　　　　　　　　　　　　　　　　　　ポーランド

13世紀に建設されたホール式聖堂が、15世紀にヴォールトの架けられた三廊のバシリカ式聖堂として完成した。ファサードは双塔式である。内陣に設置された主祭壇は、ドイツ後期ゴシックの彫刻家ファイト・シュトースによる初期の代表作である。

【図版1】外観、西面

【図版2】内部、内陣を望む

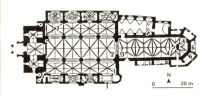
【平面図】　　　　　　　　　　　　出典：Torbus 2002

【Lit.】Torbus 2002, S. 169.

cat. 296

DURHAM, Cathedral
ダラム大聖堂　　　　　　　　　　　　　　　　　　　　　　　　　　　　　地図：1

1093～1133年　　　　　　　　　　　　　　　　　　　　　　　　　　　　　イギリス

城・修道院と一体をなして丘上に建てられた、欧州におけるロマネスク最大規模の聖堂。リブ・ヴォールトが観察される最古の大聖堂ともいわれる。

1093年　　　造営が開始される
1104年　　　内陣が完成する
1133年　　　外陣が完成する
1220年　　　この頃、西ファサードの双塔が完成する
1465-1490年　被災した交差部の大塔が再建される

502

II-5-1　空間の差異化

【図版1】外観、南面

【図版2】内部、内陣を望む

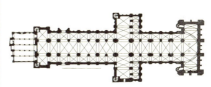
【平面図】
出典：Dehio / Bezold 1901, I

【Lit.】Dehio / Bezold 1901, I; Clifton-Taylor 1967 (1986); Fillitz 1969, S. 201-202, Kat. 187; 志子田 1999, pp. 65-75; Frankl 1962 (2000), p. 58.

cat. 297
WELLS, Cathedral
ウェルズ大聖堂

1239年献堂

地図：1

イギリス

壁面部では、アーケード、トリフォリウム、クリアストーリーという三層の構成要素が、垂直線で分断されることなく、強い方向性を有した水平帯と化す。その先にある交差部では、曲線を交差させた特徴的な形態のアーチが、内陣障壁のごとく立ちはだかる様子を観察することができる。

12世紀末　　司教レジナルドの下で、拡張のための造営が開始される
1239年　　　献堂

【図版1】内部、内陣を望む

【図版2】チャプター・ハウス

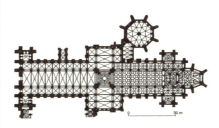
【平面図】
出典：Nussbaum / Lepsky 1999

【Lit.】Frankl 1962 (2000), pp. 123-124; Simson 1972, Kat. 129.
【See】cat. 324.

503

附録　建築カタログ

cat. 298
HALBERSTADT (ST), Ev. Hauptkirche Unser Lieben Frauen

ハルバーシュタット、聖母聖堂

地図：5C

1005年創設　　　　　　　　　ドイツ

ロマネスク期の内陣障壁が現存する。

cat. 299
ERFURT (TH), Ehem. Dominikanerkirche St. Johannes Evangelist

エアフルト、旧ドミニコ会修道院聖堂

地図：6B

1238年〜15世紀前半　　　　ドイツ

1272年から1273年にかけて、内陣が完成する。1369年から1380年頃、西ベイが完成する。15世紀前半、ヴォールトが架けられる。

cat. 300
BRUGGE / BRUGES, Onze-Lieve-Vrouwekerk

ブリュージュ、聖母聖堂

地図：2

12世紀〜15世紀　　　　　　ベルギー

12世紀から13世紀にかけて、三廊のバシリカ式聖堂が造営される。1297年、塔が完成する。14世紀から15世紀にかけて、礼拝堂を備えた側廊が増築される。

cat. 301
TROYES, Église Sainte-Madeleine

トロワ、サント＝マドレーヌ聖堂

地図：4C

13世紀中葉　　　　　　　　フランス

1508年から1517年にかけて、内陣障壁が制作される。1512年、ゴシック様式で扉口が建設される。1560年、ルネサンス様式で塔が建設される。

504

cat. 302
LEUVEN / LOUVAIN, Sint-Pieterskerk
ルーヴェン、シント・ペーテル聖堂

地図：2

15世紀　　　　　　　　　　ベルギー

1425年から1450年にかけて、内陣が建設される。1488年、フランボワイヤン様式の内陣障壁が制作される。1507年、ファサードの塔の建設が開始される。

cat. 303
ASTURIAS, Iglesia de S. Cristina de Lena
アストゥリア、サンタ・クリスティーナ・デ・レーナ聖堂

地図：11

800年頃　　　　　　　　　　スペイン

石造の内陣障壁が設置されており、独特の光の効果をもたらしている。

cat. 304
BLIZNE, Kościół Wszystkich Świętych
ブリズネ、諸聖人聖堂

地図：9

15世紀中葉　　　　　　　　ポーランド

ゴシック、およびルネサンス様式による、多彩式の壁画が観察される。

cat. 305
HACZÓW, Kościół Wniebowzięcia Najświętszej Maryi Panny
ハチュフ、聖母被昇天聖堂

地図：9

15世紀　　　　　　　　　　ポーランド

南ポーランドの伝統を汲んだ、巨大な木組み聖堂。

附録　建築カタログ

(4) 平天井の空間

cat. 306

HILDESHEIM (NI), Michaeliskirche
ヒルデスハイム、ザンクト・ミヒャエル聖堂　　　　　　　　　　　　　地図：5C

1010～1033年　　　　　　　　　　　　　　　　　　　　　　　　　　　　ドイツ

　司教ベルンヴァルトが996年に創建した、ベネディクト会修道院の聖堂。二重内陣を備え、両内陣には、それぞれ、交差部塔と円形平面の階段塔が二基ずつ設けられるという力強い外観を有しており、ザクセン建築の傑作に位置付けられる。また、翼廊も東西で対を成すかのように配されており、東西の内陣前にて一様に立ちはだかる勝利門と相まって、内部では対称的な空間印象がもたらされている。

　壁面は細分化されることなく、単純な造形ではあるものの、ダイス状の柱頭を頂く円柱2本と角柱1本とが交代しながら立ち並ぶことによって、空間内には複雑で軽快なリズムが生み出されている。

　木造平天井には、アダムとエヴァや「エッサイの樹」が描写されている。少々持ち上げられた西内陣の下にある三廊式のクリプタは、ベルンヴァルトの墓所となっている。

```
996年      司教ベルンヴァルトにより、ベネディクト会修道院が創設される
1010年     聖堂の造営が開始される
1033年     献堂
1162年     外陣が再建される
1186年     献堂
```

【図版1】外観、西面　　　【図版2】内部、西内陣を望む　　　【図版3】内部、東内陣を望む

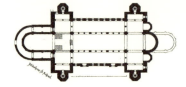

【平面図】　　　出典：Dehio / Bezold 1901, I

【Lit.】Dehio / Bezold 1901, I; Pevsner 1948 (jp), pp. 53-54; Jantzen 1959 (1990), S. 15-24; Fillitz 1969, Kat. 150, 151.
【See】pp. 217, 218; 図II-5-6.

cat. 307
FEUCHTWANGEN (BY), Ev. Pfarrkirche, ehem. Benediktinerstift St. Maria
フォイヒトヴァンゲン、旧ベネディクト会修道院聖堂　　　　　　　　　　　　　地図：6C

1197年　　　　　　　　　　　　　　　　　　　　　　　　　　　　　　　　　　ドイツ

外陣が平天井であるのに対し、14世紀前半に建設された内陣にはヴォールトが架けられており、内陣と外陣の間で差異化が認められる。

8世紀末	聖堂が造営される
1197年	新しい聖堂が造営される
14世紀前半	ゴシック様式の内陣が建設される
1532-1561年	倒壊した塔が再建される
1865年	改修され、聖堂として復旧する

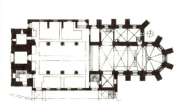

【図版1】外観、西面　　【図版2】内部、内陣を望む　　【平面図】　　出典：Batisweiler 2003

【Lit.】Dehio Bayern I; Reitzenstein / Brunner 1974, S. 298-300.

附録　建築カタログ

cat. 308
WÜRZBURG (BY), Benediktiner-klosterkirche St. Burkard
ヴュルツブルク、ザンクト・ブルカルト聖堂　　　　　　　　地図：6B

1040年頃　　　　　　　　　　ドイツ

外陣では、交互に現われる角柱と円柱がリズミカルな作用をもたらす。

cat. 309
WÜRZBURG (BY), Dom St. Kilian
ヴュルツブルク大聖堂　　　　　地図：6B

1075年　　　　　　　　　　　ドイツ

ロマネスク期の大聖堂だが、しかし後期ゴシック、およびバロック様式で改装がなされている。内部には、ティルマン・リーメンシュナイダーが手掛けた《司教ルードルフ・フォン・シェーレンベルクの墓碑》などがある。

cat. 310
SCHWÄBISCH GMÜND (BW), Kath. Pfarrkirche St. Johannis
シュヴェービッシュ・グミュント、ザンクト・ヨハンネス聖堂　地図：6C

1220年頃　　　　　　　　　　ドイツ

この地方の後期ロマネスク聖堂を代表する作品。1220年頃、聖堂造営か。1297年、史料初出。1406年から1424年にかけて、多角形内陣が建設される。

cat. 311
MÜHLHAUSEN BEI STUTTGART (BW), St. Veit Kapelle
ミュールハウゼン（シュトゥットガルト近郊）、ザンクト・ファイト礼拝堂　地図：6D

1400～1430/40年頃　　　　　ドイツ

木造の平天井を備えた外陣に、ヴォールトの架けられた内陣が接続する。

II-5-1 空間の差異化

cat. 312
NÖRDLINGEN (BY), Ehem. Karmelitenklosterkirche St. Salvator
ネルトリンゲン、ザンクト・サルヴァトール聖堂　　　　　　　　地図：6C

1401年頃～1442年　　　　　　　　ドイツ

1401年、カルメル会修道士が入植する。1442年、献堂。1829年、単廊式から三廊式へと改修される。1969年、改修され、現在の姿となる。

cat. 313
ROMA, Basilica di S. Maria in Cosmedin
ローマ、サンタ・マリア・イン・コスメディン聖堂　　　　　　地図：10

6世紀～8世紀　　　　　　　　イタリア

角柱と円柱から成るリズミカルな構成のアーケードが観察される。

cat. 314
RAVENNA, Basilica di S. Apollinare Nuovo
ラヴェンナ、サン・タポリナーレ・ヌオーヴォ聖堂　　　　　　地図：10

526年　　　　　　　　イタリア

身廊の壁面には、6世紀に制作されたモザイクが残されている。

cat. 315
RAVENNA, Basilica di S. Apollinare in Classe
ラヴェンナ、サン・タポリナーレ・イン・クラッセ聖堂　　　　地図：10

539～549年　　　　　　　　イタリア

アプシスのコンチには、6世紀のモザイクが残されている。そこでは華麗な十字架を伴うキリストの変容が描写され、両脇には旧約の預言者モーセとエリヤが観察される。

附録　建築カタログ

(5) 内陣プランの工夫（ケルンのロマネスク聖堂）

cat. 316

KÖLN (NRW), Kath. Kirche St. Aposteln
ケルン、ザンクト・アポステルン聖堂　　　　　　　　　　　　　　　地図：5D

| 11世紀前半 | ドイツ |

1020年から1030年頃、および12世紀第4四半期から1230年頃にかけて造営されたバシリカ式聖堂。三葉形平面プランの内陣は、ライン流域の特徴であり、その方形部上方には、造営最終段階に当たる1230年頃に建設された大塔を頂いている。外壁では、盲アーケードと軒ギャラリーを組み合わせた、この地方に伝統的な装飾形態が観察される。リブ・ヴォールトが導入されている点を踏まえ、デーヒオは、本聖堂をドイツ・ゴシックの第一段階に当たると見なしている。

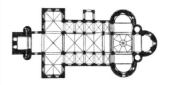

【図版1】外観、東面　　【図版2】内部、内陣を望む　　【平面図】　　出典：Dehio / Bezold 1901, II

【Lit.】Dehio / Bezold 1901, II, S. 258; Fillitz 1969, Kat. 265, 266; Machat 1987, S. 35-45; Stracke 1989; Kosch 2000 (2005), S. 23-30; Kaiser 2000.

cat. 317

KÖLN (NRW), Damenstiftskirche St. Maria im Kapitol
ケルン、ザンクト・マリア・イム・カピトル聖堂　　　　　　　　　　　地図：5D

| 1040年頃～1065年 | ドイツ |

ケルンの大司教ヘルマンの妹である修道女イダが設立した女子修道院。三葉形平面プランの内陣は、12世紀のケルン周辺で多く用いられた形式である。クリプタは、1049年に建設された。階段状の双塔を備えた西側構造は、これより数十年前に建設されたケルンのザンクト・パンタレオン聖堂（cat. 53）を手本にしたものと指摘されている。

510

Ⅱ-5-1　空間の差異化

7世紀末	女子修道院が創設される
1049年	十字架祭壇が聖別される
1065年	この頃、周歩廊を備えた三葉形内陣が聖別される
11世紀	北にある平信徒扉口の木製扉が制作される
12世紀中葉	回廊が建設される
1175年	この頃、西側構造が上方へと増築される
16世紀	内陣障壁

  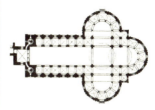

【図版1】内部、内陣を望む　　【図版2】内部、内陣　　【平面図】　出典：Dehio / Bezold 1901, I

【Lit.】Dehio / Bezold 1901, I; Fillitz 1969, Kat. 153; Machat 1987, S. 97-113; Kitschenberg 1990; Kosch 2000 (2005), S. 64-73; Wittekind / Albrecht 2009, Kat. 183.

cat. 318

KÖLN (NRW), Dominikanerkirche St. Andreas
ケルン、ザンクト・アンドレアス聖堂

地図：5D

10世紀～15世紀　　　　　　　　　　　　　　　　　　　　　　　　ドイツ

大司教ブルノによって改修され、974年に聖別された聖堂。1106年に町が拡張されると、本聖堂は、市壁内に位置するようになった。

　三廊のホール式クリプタは、11世紀中葉頃に設けられたものである。15世紀初頭には、後期ゴシック様式の内陣が建設された。

 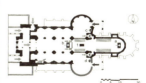

【Lit.】Machat 1987, S. 26-34; Kosch 2000 (2005), S. 17-23.

【図版】内部、内陣を望む　　【平面図】　出典：Kosch 2000 (2005)

511

附録　建築カタログ

cat. 319

KÖLN (NRW), Stiftskirche St. Georg
ケルン、ザンクト・ゲオルク聖堂　　　　　　　　　　　　　　　　地図：5D

11世紀　　　　　　　　　　　　　　　　　　　　　　　　　　　　　　ドイツ

大司教アンノ二世によって、町の南門前に建設された聖堂。三葉形平面プランの内陣の下には、クリプタが設けられている。西内陣が建設された後、1180年頃には西側構造へと建て替えられた。

12世紀末　　小さな西内陣が建設される
16世紀　　　北扉口ホールが建設される

  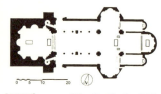

【図版1】内部、内陣を望む　【図版2】内部、西を望む　【平面図】　出典：Kier / Reuther 2005

【Lit.】Machat 1987, S. 54-63; Kosch 2000 (2005), S. 30-36; Wittekind / Albrecht 2009, Kat. 241.

cat. 320

KÖLN (NRW), Benediktinerabteikirche Groß St. Martin
ケルン、グロース・ザンクト・マルティン聖堂　　　　　　　　　　地図：5D

1150年頃～1240年頃　　　　　　　　　　　　　　　　　　　　　　　ドイツ

三葉形平面プランの内陣を備えたバシリカ式聖堂。矩形平面プランに小塔をめぐらせた、力強い交差部塔が立ち上がる。

【図版】内部、西を望む　【平面図】　出典：Dehio / Bezold 1901, II

II-5-1　空間の差異化

1150年　　聖堂が造営される
1172年　　献堂
1185年　　外陣の上層部分が改修される
1200年　　この頃、交差部塔が建設される

【Lit.】Dehio / Bezold 1901, II; Machat 1987, S. 130-141; Kosch 2000 (2005), S. 81-87; Wittekind / Albrecht 2009, Kat. 209.

cat. 321

KÖLN (NRW), Kath. Kirche St. Kunibert
ケルン、ザンクト・クニベルト聖堂

地図：5D

1247年献堂

ドイツ

三廊のバシリカ式聖堂。西のアプシス手前には、4本の柱に、15世紀中葉に制作された《受胎告知》の彫像群が観察される。

11世紀　　　前身となる聖堂が、司教クニベルトにより造営され、聖クレメンスへ捧げられる
1168年　　　クニベルトの列聖後、聖堂が聖クニベルトに捧げられる
1220年代　　聖堂の造営が開始される
1247年　　　献堂
13世紀中葉　アプシス手前、北側のニッチに聖クニベルトが描かれる
1439年頃　　《受胎告知》の彫像群が制作される

  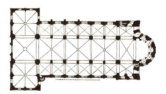

【図版1】内部、内陣を望む　　【図版2】内部、内陣　　【平面図】　出典：Dehio / Bezold 1901, II

【Lit.】Dehio / Bezold 1901, II; Machat 1987, S. 76-87; Kosch 2000 (2005), S. 44-50.

513

附録　建築カタログ

cat. 322

KÖLN (NRW), Kath. Pfarrkirche St. Severin
ケルン、ザンクト・セヴェリウス聖堂　　　　　　　　　　　　　地図：5D

948年献堂　　　　　　　　　　　　　　　　　　　　　　　　　　ドイツ

948年	献堂
1043年	大司教ヘルマン二世の下で、拡張のための造営が開始される
1230-1237年	内陣が東へ拡張されてヴォールトが架けられ、内陣塔が建設される
13世紀後半	カロリング朝期に建設された外陣が、初期ゴシック様式へと建て替えられ始める
1393-1530年	西塔が建設される

【図版1】内部、内陣を望む　【図版2】内部、内陣　【平面図】　　出典：Schäfke 1996

【Lit.】Machat 1987, S. 142-151; Kosch 2000 (2005), S. 51-57.

cat. 323

KÖLN (NRW), Ehem. Damenstiftskirche St. Cäcilien
ケルン、ザンクト・ツェツィーリア聖堂　　　　　　　　　　　　地図：5D

1130〜1160年頃　　　　　　　　　　　　　　　　　　　　　　　ドイツ

オットー朝期のホール式クリプタを備えた、ロマネスク様式の聖堂。西ファサードは、1848/9年、ネオ・ロマネスク様式で改修された。現在は、シュニュットゲン美術館として使用されている。

【Lit.】Machat 1987, S. 46-53; Kosch 2000 (2005), S. 59-63.

【図版】内部、西を望む　【平面図】　　出典：Schäfke 1996

514

Ⅱ-5-1　空間の差異化

(6) 採光塔の利用

cat. 324

ELY, Cathedral
イーリ大聖堂

地図：1

1083〜1342年　　　　　　　　　　　　　　　　　　　　　　　　　　　　　　イギリス

　三廊式の聖堂。1083年、ベネディクト会修道院聖堂として、修道士シメオンの指導下で造営された。アーケードは、地上階のアーチと背の高いトリビューン、二層式のクリアストーリーから構成され、床面から平天井まで付柱が一気に伸び上がる。これは、アングロ・ノルマンにおけるロマネスク建築に特徴的な構成方法である。

　1322年に崩壊した交差部塔は、おそらくはウェルズ大聖堂 (cat. 297) のチャプター・ハウスを着想源とした、八角形の美しい採光塔として再建された。その側壁に穿たれた窓から注がれる光は、ヴォールトに施されたリブの繊細な形状と相まって、空間を効果的に演出するのである。この交差部塔の建設には、ウェストミンスター・アビー (cat. 197) の礼拝堂建設にも関わったウィリアム・ハーレーが従事した。ヴォールトの形態について、ウィーンのシュテファン大聖堂におけるカタリーナ礼拝堂との関連も指摘される。

1083年　　　　聖堂が造営される
1108/09年　　イリーに司教座が置かれ、これにともない、13ベイの三廊式外陣が建設される
1321年　　　　聖母礼拝堂の建設が開始される
1322年　　　　交差部塔が崩壊したため、八角形塔として再建される
1328-1335年　この頃、内陣の一部が再建される

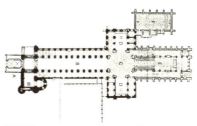

【図版1】外観、西面　　【図版2】内部、採光塔　　【平面図】　　　　　　　　出典：Watkin 1979

【Lit.】Dehio / Bezold 1901, I; Fillitz 1969, S. 202, Kat. 188; Simson 1972, Kat. 140; Watkin 1979.
【See】p. 78.

515

附録　建築カタログ

cat. 325

NORWICH, Cathedral
ノーリッジ大聖堂

地図：1

1096年～16世紀初頭　　　　　　　　　　　　　　　　　　　　　　　　　イギリス

1096年に着工された、14ベイにも及ぶ三層構成の外陣を備えるベネディクト会修道院聖堂に由来する。南北の翼廊の東側にはそれぞれアプシスを備えていた。

12世紀中葉に完成した交差部の塔は、ソールズベリ大聖堂（cat. 267）に次ぐ高さを誇るものであったが、1362年の嵐で崩壊し、その修復の際、垂直性の勝るデザインへと変えられた。外陣と内陣の境界に聳えるこの交差部の塔は、採光塔として、内部空間を印象的なものに演出している。

1096年	造営が開始される
1119年	この頃、内陣と翼廊が完成する
12世紀中葉	身廊および交差部塔が完成する
15世紀中葉	外陣ヴォールトが架けられる
1480年	この頃、内陣ヴォールトが架けられる
1509年	これ以降、翼廊ヴォールトが架けられる

【図版1】外観、南面　　【図版2】内部、内陣と交差部　　【平面図】12世紀　　出典：Dehio / Bezold 1901, I

【Lit.】Dehio / Bezold 1901, I; Fillitz 1969, S. 201; Sager 1990, S. 368f.; Kat. London 2003, Kat. 236.
【See】cat. 260.

II-5-1　空間の差異化

cat. 326
BANGOR, Cathedral
バンゴール大聖堂

13世紀〜14世紀　　　　　イギリス　　地図：1

三廊のバシリカ式聖堂で、交差部塔を備える。15世紀以降も修復の手が加えられている。

cat. 327
DOORNIK / TOURNAI, Onze-Lieve-Vrouwekathedraal
トゥルネー大聖堂

1125〜1145年　　　　　ベルギー　　地図：2

ノルマンディ・ロマネスクに倣った様式が採用されている。

cat. 328
ANTWERPEN / ANVERS, Onze-Lieve-Vrouwekathedraal
アントウェルペン大聖堂

1352年〜14世紀末　　　　ベルギー　　地図：2

1422年、棟梁ペーター・アペルマンにより、双塔を備えた西ファサードの建設が開始される。1501年から1503年にかけて北塔の八角形階が、1519年から1521年にかけて北塔の尖頂が建設される。

cat. 329
COUTANCES, Cathédrale Notre-Dame
クータンス大聖堂

1220〜1275年　　　　　フランス　　地図：3A

ノルマンディを代表するゴシック建築のひとつ。内陣は1238年までに完成した。

cat. 329【図版】外観、東面

517

附録　建築カタログ

cat. 330

BARCELONA, Iglesia de S. María del Mal
バルセロナ、サンタ・マリア・デル・マール聖堂
地図：11
1328～1383年　　　　　　　　　スペイン

カタルーニャ・ゴシックの好例。細い柱が立ち並ぶ周歩廊式内陣では、独特の光の効果が生み出されている。

cat. 331

SALAMANCA, Convento de S. Esteban
サラマンカ、サン・エステバン修道院
地図：11
1603年　　　　　　　　　　　スペイン

ドミニコ会修道院。聖堂や回廊には、精緻に編み込まれたネット・ヴォールトが観察される。1590年以降にファサードが建設され、1603年、ヴォールトが架けられた。

cat. 332

BARCELONA, Catedral de S. Cruz y S. Eulalia
バルセロナ大聖堂
地図：11
1298年頃着工　　　　　　　　　スペイン

1298年	この頃、造営が開始される
1317年	内陣周歩廊の礼拝堂が完成する
14世紀	八角形塔が建設される
15世紀中葉	外陣が建設される
1916年	1408年の設計図に基づき、ファサードが完成する

  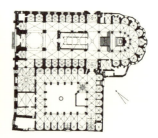

【図版1】内部、内陣を望む　【図版2】内部、交差部　【平面図】　出典：Białostocki 1972

【Lit.】Grodecki 1976 (Dt), S. 366; Wilson 1990 (2004), pp. 176-179.

II-5-2　ゴシック建築の多様性

12世紀のイル゠ド゠フランスで誕生したゴシック建築は、フランスのみならず欧州中へ広まり、各地では壮麗な大聖堂が建設された。しかしそれは、フランスのゴシック様式を正確に受容するというよりは、多くの場合、独自の解釈を加え発展させることとなった。本章では、北フランスやノルマンディ、そして修道院聖堂など、様々な「ゴシック建築」を見てゆきたい。

(1) フランスのゴシック聖堂

cat. 333

LAON, Cathédrale Notre-Dame
ラン大聖堂　　　　　　　　　　　　　　　　　　　　　　　　　　　　地図：4A

1155/60年着工　　　　　　　　　　　　　　　　　　　　　　　　　　　　フランス

初期ゴシックを代表する大聖堂。パリ大聖堂（cat. 110）と、ほぼ同時期に建設された。内陣は当初、半円形態であったが、外陣完成後、1205年頃より拡張され、現在見られるような平面で閉じる形式となった。内陣の再建年代をめぐっては異説もあるものの、本大聖堂は、完全なゴシック建築としてこの平後陣が採用された初めての例と考えられている。このタイプは、英国ではスタンダードとなるが、大陸では、リリエンフェルト（cat. 158）やハイリゲンクロイツ（cat. 287）の修道院など、作例が限られる。

　西ファサードの双塔のみならず、翼廊や交差部にも塔を備えたダイナミックな外観を呈しており、これは、フランスやドイツに影響を与えることとなる。

997-1030年	カロリング朝期の建築が修復される
1112年	火災の被害を受ける
1155年	この頃、司教ゴーティエ・ドゥ・モルターニュの下で、聖堂が造営される
1170/75-1180/85年	採光塔と翼廊が完成し、最も創造的とされる第三番目の棟梁により、身廊の建設が開始される
1180/85-1195/1200年	身廊が完成し、西ファサードの建設が開始される
1195-1205年	この頃、西ファサードの彫刻群が制作される
1205年	この頃、内陣が取り壊され、現状の形態へと再建される

519

附録　建築カタログ

【図版1】外観、西面

【図版2】内部、内陣を望む

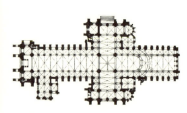
【平面図】　　　　出典：Grodecki 1976 (Dt)

【Lit.】Frankl 1962 (2000), pp. 74-76; Simson 1972, Kat. 52; Grodecki 1976 (Dt), S. 58-67; Kimpel / Suckale 1985, S. 522-523; Clark 1987; 飯田 1995; 西田 2006, pp. 37-38; 加藤 2012.

cat. 334

NOYON, Cathédrale Notre-Dame
ノワイヨン大聖堂

地図：4A

1148年着工　　　　　　　　　　　　　　　　　　　　　　フランス

身廊部では、隣り合う2ベイを組み合わせて、六分ヴォールトが形成されている。そのため身廊アーケードは、太い簇柱と細いコラムが交互に登場するという、リズミカルな構成になっている。

1145-1235年	聖堂が造営される
1293年	火災により、特に西側が激しい損傷を受ける
15世紀中葉	聖堂が修復される
16世紀	礼拝堂が建設される
1720年	これ以降、火災後の修復部分の修正がなされる

【図版1】外観、西面

【図版2】内部、内陣を望む

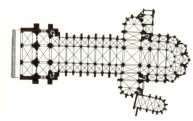
【平面図】　　　　出典：Stoddard 1972

【Lit.】Frankl 1962 (2000), pp. 70-72; Kimpel / Suckale 1985, S. 528.
【See】p. 218; 図II-5-7; cat. 193.

520

II-5-2 ゴシック建築の多様性

cat. 335

AMIENS, Cathédrale Notre-Dame
アミアン大聖堂

地図：4A

1220年着工   フランス

　フランスにおけるゴシック盛期の大聖堂の中で、最も洗練された形態をもち、それゆえ、しばしばゴシックの「古典」と呼ばれる。初代棟梁はロベール・ドゥ・ルサルシュと伝えられている。
　内部の壁面は、アーケード、二連アーチのトリフォリウム、採光窓の三層から構成される。また、内陣周歩廊の軸上祭室は、繊細な柱から構成される軽やかな空間を有しており、これは、パリのサント＝シャペル（cat. 337）と比較しうるものである。
　シャルトル大聖堂（cat. 194）が起源といわれる透彫り飛び梁のモティーフは、トロワのサン・テュルバン聖堂（cat. 30）や、ケルン大聖堂（cat. 47）でも用いられたが、このモティーフは本大聖堂においても、翼廊および内陣の施工を担当した棟梁ルナウ・ド・コルモンによって採用された。従来の飛び梁と比較して構造的に優れているわけではないため、審美的要請に基づき導入されたと推察される。このことを理由として、ボルクらは、ここに、リブ・ヴォールトの構造主義を唱えたヴィオレ＝ル＝デュクに対する反証を見出している。

1220年	火災の被害を受けたため、新しい聖堂の造営が開始される
1230年	この頃、外陣および翼廊の西側が完成する
1236年	この頃、翼廊の東側、および内陣周歩廊とその礼拝堂の建設が進み、また、西ファサードのバラ窓が完成する
1292-1375年	この頃、側廊壁面が取り壊され、飛び梁が拡張されるとともに、礼拝堂が設置される
1372年	この頃、南塔が完成する
1400年	この頃、北塔が完成する
15世紀末-16世紀初頭	バラ窓が改修される

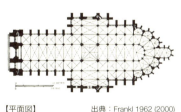

【図版1】外観、西面　　【図版2】内部、内陣を望む　　【平面図】　　出典：Frankl 1962 (2000)

【Lit.】Simson 1972, Kat. 64-66; Kimpel / Suckale 1985, S. 505; 飯島 1995; Bork / Mark 1997, pp. 473-493.
【See】pp. 103, 214, 225, 226, 229; 図II-5-2, II-5-21; cats. 30, 47, 336.

521

附録　建築カタログ

cat. 336

BEAUVAIS, Cathédrale Saint-Pierre
ボーヴェ大聖堂

地図：4A

1225年着工　　　　　　　　　　　　　　　　　　　　　　　　　　　フランス

13世紀初頭に造営が開始された大聖堂。シャルトル大聖堂 (cat. 194) に倣い、内部は三層構造の壁面が採用され、また、最新の様式であるアミアン大聖堂 (cat. 335) のピリエ・カントネが使用されている。本大聖堂は、新しい創造性が模索されたというよりは、それまでに確立していたフランス・ゴシックの特質を最大限まで誇張した造形として評価されている。着工時には、ゴシック建築として最も高い内陣の実現が目指されていたものの、完成直後である1284年にヴォールトが崩壊してしまった。崩壊後は、柱間に柱が追加されたため、空間効果における上昇性がいっそう強められることとなった。

　内陣完成後、百年戦争が勃発したため、造営は遅延した。16世紀に入ってから翼廊の建設にようやく着手されたものの、ついにゴシック様式の外陣が着工されることはなかった。

1225年　　造営が開始される
1255年　　この頃、内陣上層部分の建設が開始される
1272年　　内陣が完成する
1284年　　ヴォールトが崩壊する
1338年　　この頃までに、原案に変更が加えられた上で、内陣が修復される
1500年　　この頃、翼廊の建設が開始される
1537年　　北翼廊ファサードが完成する
1548年　　南翼廊ファサードが完成する
1573年　　内陣塔が倒壊する

【図版1】外観、東面

【図版2】内部、内陣を望む

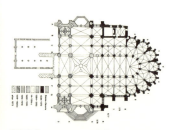
【平面図】　　　　出典：Murray 1989

【Lit.】Simson 1972, Kat. 13; Grodecki 1976 (Dt), S. 133-137; Kimpel / Suckale 1985, S. 507-509.
【See】図II-5-5.

II-5-2　ゴシック建築の多様性

cat. 337

PARIS, Sainte-Chapelle
パリ、サント゠シャペル

地図：4A

1241〜1248年　　　　　　　　　　　　　　　　　　　　　　　　　　　フランス

　歿後列聖されることとなるカペー朝のフランス王ルイ九世（聖王ルイ）が、ラテン帝国から購入したキリストの「茨の冠」と「聖十字架」の破片といった聖遺物を保管するために建設した、二階建ての礼拝堂。レーヨナン様式を代表する建築である。

　フォン・ジムソンによれば、司教座聖堂の礼拝堂と、宮廷礼拝堂の、双方の系譜を引いている。こうした意味の多層性、あるいは象徴性と、何よりも至高の美しさゆえに、ルイ九世の歿後も模倣され続けた。13世紀の建築の中で、最も影響力をもった作品といえる。

　単廊式の礼拝堂で、下階にほとんど開口部が無いのとは対照的に、上階は壁一面がガラス窓で覆われる。ステンドグラスには、キリストの「磔刑」など「受難伝」が描写されるほか、ルイ九世が聖遺物を獲得しパリへ持ち帰るまでの物語が描かれている。

1239年　　　フランス王ルイ九世が、ラテン帝国の皇帝ボードゥアン二世より、13万5千リーブルにて茨の冠を購入
1243-1248年　聖堂が造営される

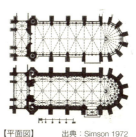

【図版1】内部、上階　　【図版2】内部、下階　　【平面図】　　出典：Simson 1972

【Lit.】Frankl 1962 (2000), pp. 130-132; Simson 1972, Kat. I; Grodecki 1976 (jp), p. 100; Coldstream 2002, p. 117.
【See】pp. 50, 51, 58, 103, 224-226; 図I-1-15, I-4-6, II-5-20; cats. 20, 47, 335.

附録　建築カタログ

cat. 338

PARIS, Abbaye de Saint-Germain-des-Prés
パリ、サン＝ジェルマン＝デ＝プレ聖堂

地図：4A

1000年頃　　　　　　　　　　　　　　　　　　　　　　　　　　　　　フランス

ベネディクト会修道院に由来する聖堂。現在見られる建物は、11世紀頃に建設されたものである。鐘楼はパリで最も古い塔に位置付けられる。起源は6世紀までさかのぼり、スペインで殉教したサン・ヴァンサンの聖遺物を祀るために聖堂が造営されたことに由来する。聖堂の名は、建設者サン＝ジェルマンの名にちなむ。

本聖堂は、9世紀にノルマン民族の侵略を受け壊滅状態に陥ったが、その後復興を果し、12世紀より拡張を続け、17世紀には大規模な修道院となった。しかし18世紀末のフランス革命で再び崩壊してしまう。現在の聖堂は、19世紀に修復されたものである。内部の天井には修道院の最盛期である17世紀当時のものが残っている。

1000年	この頃、ファサードの塔が建設される
11世紀後半	外陣が建設される
1150年	内陣の建設が開始される
1163年	4月、教皇アレクサンデル三世により、献堂される
17世紀	外陣ヴォールトが架けられる

【図版1】外観、南面

【図版2】内部、内陣

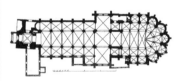
【平面図】　　出典：Dehio / Bezold 1901, II

【Lit.】Dehio / Bezold 1901, II.
【See】cat. 193.

524

Ⅱ-5-2　ゴシック建築の多様性

cat. 339
CHARTRES, Église Saint-Pierre
シャルトル、サン=ピエール聖堂

地図：3C

12世紀～13世紀　　　　　　　　フランス

「谷間の聖父聖堂」と呼ばれていた、かつてのベネディクト会修道院に由来する。1028年に歿したシャルトルの司教フルベルトの霊廟でもある。1134年、火災の被害を受けたため、再建され始め、1220年から1240年頃、外陣が南側から建設された。13世紀中葉、内陣の上層部分が建設される。

cat. 340
CHARTRES, Collégiale Saint-André
シャルトル、サンタンドレ聖堂

地図：3C

12世紀　　　　　　　　　　　　フランス

旧聖堂を拡張すべく、川に橋を架け、その上に内陣が設けられた。しかし1805年に倒壊、安全上の理由で1827年に内陣が取り壊された。現在は美術館として利用されている。

附録　建築カタログ

(2) ノルマンディの聖堂

cat. 341

CAEN, Église abbatiale de la Trinité
カン、ラ・トリニテ聖堂

地図：3A

1066年献堂　　　　　　　　　　　　　　　　　　　　　　　　　　　　　　　フランス

　ノルマンディ公、そして後にはイングランド王となるウィリアム一世の妃で、フランドル伯の娘マチルダによって創設された、女子修道院聖堂。歿後、マチルダ自身も本修道院に埋葬された。カンはノルマンディ公国の中心都市で、夫ウィリアム一世は同地に男子修道院を創設している (cat. 342)。
　本聖堂は三廊式バシリカで、双塔式ファサードを備える。内部の壁面には盲トリフォリウムが観察される。当初の身廊は平天井で、側廊には横断アーチを欠く交差ヴォールト、そして内陣にはリブを欠くヴォールトが架けられていたと推察されるが、完成後、様々な改変が施され、現状に至る。ロマネスクからゴシック移行期のヴォールトが各種見られるため、フランクルは本聖堂を「ヴォールトの美術館」と呼んでいる。

1059/60年　　ノルマンディ公ウィリアムの妻マチルダにより、女子修道院が創設される
1066年　　　献堂
1083年　　　創設者であるマチルダが内陣に埋葬される
1100年　　　この頃、二層式のアプシスが建設される
1120/30年　　この頃、身廊に六分ヴォールトが架けられる

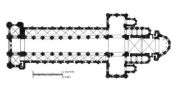

【図版1】外観、西面　　【図版2】内部、内陣を望む　　【平面図】　　出典：Frankl 1962 (2000)

【Lit.】Frankl 1924, S. 114-116; Fillitz 1969, Kat. 164; Frankl 1962 (2000), p. 51; Droste 1989, S. 358-359.
【See】cats. 342, 344.

Ⅱ-5-2　ゴシック建築の多様性

cat. 342

CAEN, Église abbatiale Saint-Etienne
カン、サンテティエンヌ聖堂

地図：3A

1073年献堂　　　　　　　　　　　　　　　　　　　　　　　　　　　　フランス

　ノルマンディ公、そして後にはイングランド王となるウィリアム一世によって創設された男子修道院。歿後、ウィリアム一世自身も本聖堂に埋葬された。カンはノルマンディ公国の中心都市であり、妻マチルダも同地に女子修道院（cat. 341）を創設している。

　本聖堂は三廊式バシリカで、双塔式ファサードと、交差部塔、そして周歩廊式内陣を備える。翼廊の東側には、アプシスが設けられている。側廊には交差ヴォールトが、トリビューンにはトンネル・ヴォールトが架けられる。

　身廊の壁面は、半円アーチによるアーケード二層と、その上のクリアストーリーから構成される。アーケードの壁面の分節化に関するヤンツェンの指摘によれば、ゴシック建築では孔子状となりディアファーヌが実現するのに対し、本聖堂では開口部とマッスとの交代が明確なため、ロマネスク的な性格を帯びている。

　キンペルらによって、双塔を備えた西ファサードが、サン＝ドニ（cat. 193）と類似している点が指摘されている。なお、この双塔式西ファサードは、その後のノルマンディ建築をはじめ、ゴシック建築にまで影響を及ぼした重要作品である。

1063年　　ノルマンディ公ウィリアム一世により、男子修道院が創設される
1073年　　献堂
1077年　　献堂
1081年　　献堂
1087年　　創設者であるウィリアム一世が埋葬される
12世紀　　「擬似」六分ヴォールトが架けられる
1200年　　この頃、創建時の内陣が、ゴシック様式で改修される

【図版1】外観、西面

【図版2】内部、内陣を望む

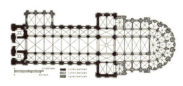
【平面図】　　出典：Frankl 1962 (2000)

【Lit.】Gall 1925; Jantzen 1951, S. 9-10; Frankl 1962 (2000), pp. 54-55; Fillitz 1969, Kat. 163, 165, 167; Mcaleer 1984; Kimpel / Suckale 1985, S. 81; 越 2001, p. 148.
【See】cats. 341, 344.

527

附録　建築カタログ

cat. 343

MOUNT SAINT-MICHEL, Église abbatiale
モン＝サン＝ミシェル修道院聖堂

地図：3D

1228年完成

フランス

　本ベネディクト会修道院は、満潮と干潮の潮位差が大きいサン＝マロ湾の島という地理的特質を活かして建設された壮大な複合施設で、軍事的にも政治的にも重要な意味をもっていた。複合施設の頂部に位置するのが、聖堂である。自然環境を踏まえて構築された本修道院建築は、その独創性ゆえに、「驚異」と呼ばれた。

　聖堂は、ふたつの異なった様式から構成されている。ロマネスク様式の外陣は三廊式バシリカで、木造のトンネル・ヴォールトが架けられている。これは、小屋裏の空間を活用できる有効な構法であった。一方、内陣は15世紀に崩壊したため、後期ゴシック様式で再建された。重厚な壁面で覆われた外陣とは異なり、内陣は開口部が多く、光に満たされた空間となっている。伝統的な立面が保持されつつも、背の高いトリフォリウムがクリアストーリーに採り込まれるという、ゴシック末期におけるノルマンディの特徴が、グロデッキにより指摘されている。

　聖堂の北に位置する13世紀前半に建設された回廊には、細い円柱が二本一組で立ち並ぶことでアーケードを構成しており、ノルマンディ建築の好例とされるとともに、例えばソールズベリ大聖堂 (cat. 267) に代表される英国初期ゴシックの特質が観察されると指摘されている。

8世紀	前身となる聖域が設けられる
1085-1102年	この頃、外陣が完成する
1184年	西ファサードが完成する
1220/25-1228年	回廊が建設される
1421年	内陣が倒壊し、後期ゴシック様式で再建される
1780年	西ファサードが焼失し、ネオ・ゴシック様式で再建される

【図版1】内部、内陣を望む

【図版2】内部、内陣

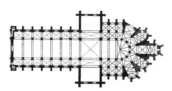
【平面図】　　出典：Dehio / Bezold 1901, I

【Lit.】Dehio / Bezold 1901, I; Frankl 1962 (2000), p. 279; Fillitz 1969, Kat. 161; Simson 1972, Kat. 33; Grodecki 1976 (jp), pp. 243-244.

II-5-2　ゴシック建築の多様性

cat. 344

LESSAY, Église abbatiale Saint-Trinité
レセ、ベネディクト会修道院聖堂

地図：3A

1090年頃着工　　　　　　　　　　　　　　　　　　　　　　　　フランス

　ノルマンディにおけるロマネスク末期の修道院聖堂。本聖堂の内陣が、交差ヴォールトの使用された最初期の作例のひとつに数えられている。また同時に、アーケードの壁面構成に、カンのふたつの修道院聖堂（cats. 341, 342）からの影響が指摘されている。
　フォン・ジムソンによると本聖堂は、不十分ながらも、サン＝ドニ修道院聖堂（cat. 193）と類似した光の効果を実現している例だという。

11世紀末　　聖堂の造営が開始される
1178年　　　献堂

【図版1】外観、東面　　【図版2】内部、内陣を望む　　【図版3】同

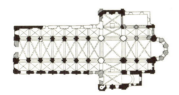

【平面図】　　　　　出典：Musset 1967

【Lit.】Simson 1956 (jp), p. 104; Frankl 1962 (2000), pp. 51-52; Grodecki 1976 (jp), pp. 27-29; Droste 1989, S. 364-346.

附録　建築カタログ

cat. 345
LISIEUX, Cathédrale Saint-Pierre
リジュー大聖堂

地図：3B

12世紀末　　　　　　　　　　　フランス

cat. 346
FOUGÉRES, Église Saint-Léonard
フージェール、サン゠レオナール聖堂

地図：3D

12世紀以降　　　　　　　　　　フランス

cat. 347
FOUGÉRES, Église Saint-Sulpice
フージェール、サン゠シュルピス聖堂

地図：3D

13世紀〜16世紀　　　　　　　　フランス

cat. 348
CAEN, Église Saint-Pierre
カン、サン゠ピエール聖堂

地図：3A

1518〜1545年　　　　　　　　　フランス

530

(3) フランシスコ会系の聖堂

cat. 349

FREIBURG IM BREISGAU (BW), Ehem. Franziskanerkirche St. Martin
フライブルク、旧フランシスコ会修道院聖堂

地図：6D

1262年頃着工　　　　　　　　　　　　　　　　　　　　　　　　　　　　ドイツ

長堂内陣を備えた三廊のバシリカ式聖堂。外陣では、柱頭をもたないほっそりとした円柱によってアーケードが構成され、これによって木造平天井（バロック期に修復された）が支えられる。その先の内陣では、ヴォールトが架けられており、外陣との空間的ヒエラルキーの差が明示されている。ゴシック後期における托鉢修道会の発展を示す好例だといえよう。

1226年	町の近くに、フランシスコ修道会が創設される
1246年	修道会が町の中心地に移される
1264年	内陣の建て替えが開始される
1292年	この頃、聖堂が完成する

【図版1】内部、内陣を望む　【図版2】内部、内陣　　【平面図】　出典：Dehio Baden-Württemberg II

【Lit.】Dehio Baden-Württemberg II; Frankl 1962 (2000), p. 175; Grodecki 1976 (jp), p. 159.

附録　建築カタログ

cat. 350

REGENSBURG (BY), Dominikanerkirche St. Blasius
レーゲンスブルク、ドミニコ会修道院聖堂

地図：6C

1240年頃着工　　　　　　　　　　　　　　　　　　　　　　　　　　ドイツ

13世紀に建設された、三廊のバシリカ式聖堂。開口部が最小限に抑制されたアーケードから構成される、力強い方向性をもつ外陣の先には、内陣が立ちはだかる。その内陣では、縦長の窓が立ち並び、垂直性が強調される。ゴシック期における托鉢修道会の典型的な聖堂建築だといえよう。

1240年	この頃、内陣の造営が開始される
1254年	内陣が使用され始める
1254年	この頃までに、内陣が完成する
13世紀末	外陣が完成する

【図版1】内部、内陣を望む

【図版2】内部、内陣

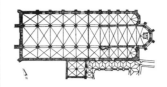
【平面図】　　　出典：Andrä 2006

【Lit.】Frankl 1962 (2000), pp. 174-175; Gross 1972, S. 204, Nr. 180; Reitzenstein / Brunner 1974, S. 790-792; Grodecki 1976 (Dt), S. 280.

cat. 351

ROTHENBURG (BY), Ev. Stadtpfarrkirche St. Jakob
ローテンブルク、ザンクト・ヤーコプ聖堂

地図：6C

1373〜1464年　　　　　　　　　　　　　　　　　　　　　　　　　　ドイツ

三廊のバシリカ式聖堂で、二重内陣を備える。東内陣の両脇には塔が立つ。造営にはコンラート・ハインツェルマンらが従事した。西内陣の上階に当たる聖血礼拝堂に設置された、後期ゴシックの彫刻家ティルマン・リーメンシュナイダーによる木彫の《聖血祭壇》のゲシュプレンゲには、聖遺物が収められている。

532

Ⅱ-5-2　ゴシック建築の多様性

12世紀後半	旧聖堂が造営される
1373年	新しい聖堂の造営が開始される（銘文に基づく）
1420年代	外陣の東4ベイが完成する
1430年代	西部分が完成する
1438-1439年	コンラート・ハインツェルマンが造営に従事する
1453-1471年	聖血礼拝堂が建設される
1464年	献堂
1505年	この頃、ティルマン・リーメンシュナイダーにより《聖血祭壇》が制作される

【図版1】内部、内陣を望む

【図版2】聖血礼拝堂

【平面図】　　　出典：Mayr 1982

【Lit.】Reitzenstein / Brunner 1974, S. 827-829; Muth 1998.

cat. 352
COLMAR, Collégiale Saint-Martin
コルマール、サン゠マルタン聖堂

地図：6D

1234～1365年　　　　　　　　　フランス

cat. 353
INGOLSTADT (BY), Franziskaner-kirche
インゴルシュタット、フランシスコ会修道院聖堂

地図：6C

14世紀末　　　　　　　　　　　ドイツ

533

附録　建築カタログ

(4) ゴシック建築の多様性

cat. 354

WROCŁAW [BRESLAU], Archikatedra św. Jana Chrzciciela
ヴロツワフ大聖堂　　　　　　地図：9
11世紀着工　　　　　　　　　ポーランド

11世紀に造営開始。1149年から1169年にかけて、ロマネスク様式でバシリカ式聖堂が建設される。1244年以降、ゴシック様式の内陣が建設される。

cat. 355

BRUGGE / BRUGES, Sint-Salvatorskathedraal
ブリュージュ大聖堂　　　　　地図：2
1183～1223年　　　　　　　　ベルギー

14世紀、初期ゴシックのレンガ造聖堂の外陣が改修される。15世紀末から16世紀初頭にかけて、5つの礼拝堂を備えた内陣が建設される。

cat. 356

GENT / GAND, Sint-Baafskathedraal
ヘント大聖堂　　　　　　　　地図：2
1353年　　　　　　　　　　　ベルギー

10世紀に創設される。13世紀から1353年にかけて、内陣が建設された後、翼廊と外陣が建設され、1559年に外陣の屋根が完成した。この間に、聖バーフの聖遺物が入手されたことから、それまでの洗礼者ヨハネに代わり、聖バーフへと聖堂が捧げられた。

cat. 357

DELFT, Nieuwe Kerk
デルフト、新聖堂　　　　　　地図：2
15世紀末　　　　　　　　　　オランダ

オランダ王家オラニエ＝ナッサウ一族の霊廟として機能した、ゴシック後期の聖堂。

534

cat. 358
BRISTOL, St. Mary Redcliffe
ブリストル、セント・マリー聖堂

地図：1

14世紀　　　　　　　　　　イギリス

三廊のバシリカ式聖堂。1325年頃に建設された北扉口には精緻な装飾が施されており、英国における華飾様式の好例とされる。

cat. 359
ROMA, Basilica di S. Maria Sopra Minerva
ローマ、サンタ・マリア・ソプラ・ミネルヴァ聖堂

地図：10

13世紀　　　　　　　　　　イタリア

三廊のバシリカ式聖堂で、イタリアの托鉢修道会聖堂の伝統を汲んだ造形となっている。1280年、元来は神殿のあった場所で造営が始まり、1450年以降に完成した。

cat. 360
SANTIAGO DE COMPOSTELA, Catedral
サンチャゴ・デ・コンポステーラ大聖堂

地図：11

1211年　　　　　　　　　　スペイン

9世紀の聖堂に由来する。1078年より再建が始まり、部分的にのみ完成していた1105年に献堂された。内陣および翼廊は1112年に完成し、大聖堂全体が1211年に献堂される。1112年から1117年にかけて造営された〈プラテリアス（銀細工師）の門〉、そして1168年から1188年の〈栄光の門〉は、スペイン・ロマネスクを代表する彫刻である。18世紀、バロック様式の西ファサードが建設された。

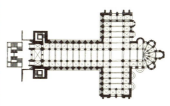

【図版1】〈栄光の門〉　　【図版2】内部、西を望む　　【平面図】　　出典：Dehio / Bezold 1901, II

【Lit.】Dehio / Bezold 1901, II; Ceballos 2000.

附録　建築カタログ

cat. 361
ÁVILA, Catedral de Cristo Salvador
アビラ大聖堂　　　　　　　　　地図：11

1172年頃着工　　　　　　　　　　　スペイン

1200年頃、内陣周歩廊に、ヴォールトが架けられる。1500年頃、ファサードが建設される。

cat. 362
CÓRDOBA, Mezquita Catedral
コルドバ、大モスク　　　　　　　地図：11

784/5〜1101年　　　　　　　　　　スペイン

創建後も増改築が繰り返された。キリスト教の聖堂としても造営・使用された歴史をもつため、複雑な構成となっている。

cat. 363
TOLEDO, Catedral de S. María
トレド大聖堂

地図：11

1226年着工　　　　　　　　　　　　スペイン

1226年に着工されるも、1380年から1440年の塔造営を経て、大聖堂が完成したのは1493年、主祭壇が設けられたのは1504年のことであった。〈トランスパレンテ〉の完成は1732年である。

  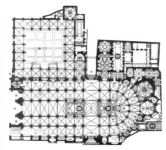

【図版1】外観、西面　　【図版2】内部、内陣周歩廊　　【平面図】　　出典：Sancho 1997

【Lit.】Noehles-Doerk 1986; Frankl 1962 (2000), p. 153.
【See】cat. 330.

地　図

1　イギリス
2　オランダ・ベルギー
3　フランス（西）
4　フランス（東）
5　ドイツ（北）
6　ドイツ（南）
7　オーストリア（西）
8　オーストリア（東）
9　東欧
10　イタリア
11　スペイン

附録　建築カタログ

1 イギリス

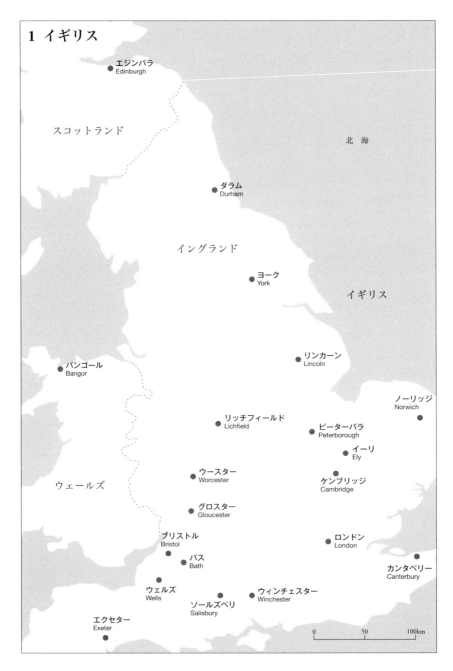

地　図

2 オランダ・ベルギー

539

附録　建築カタログ

3 フランス（西）

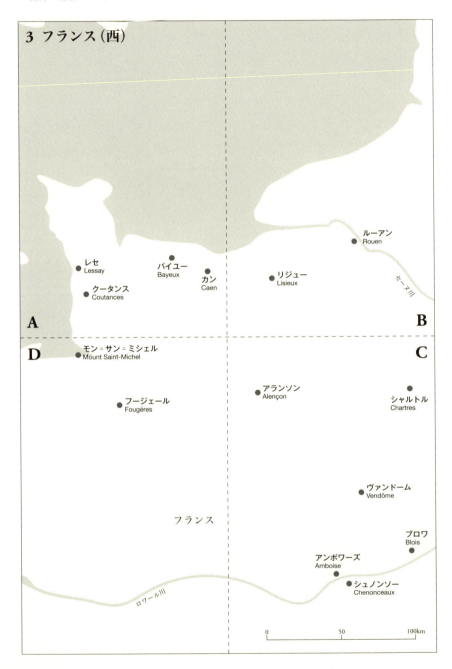

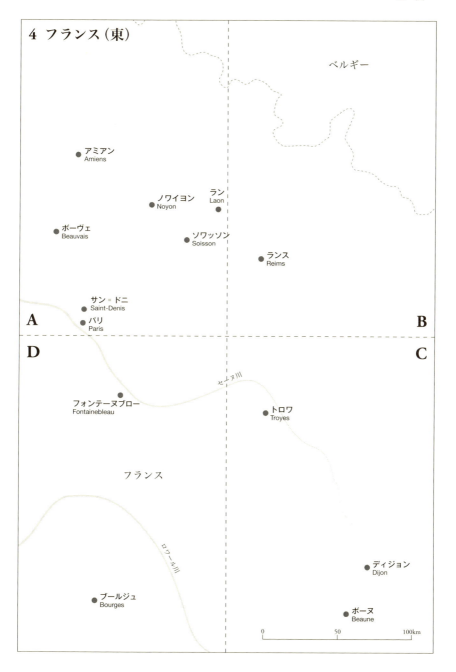

附録　建築カタログ

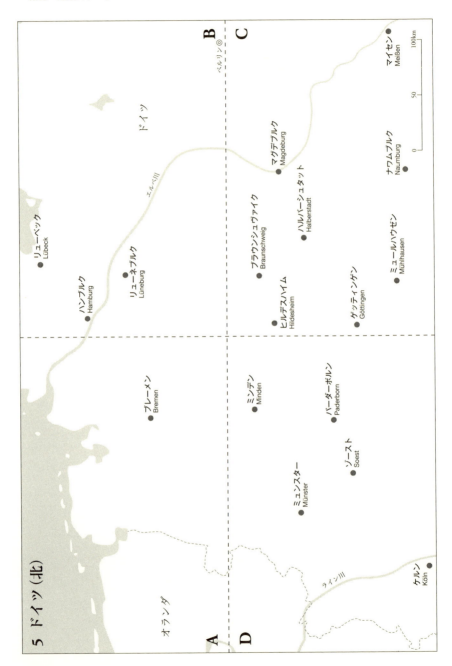

5　ドイツ（北）

6 ドイツ（南）

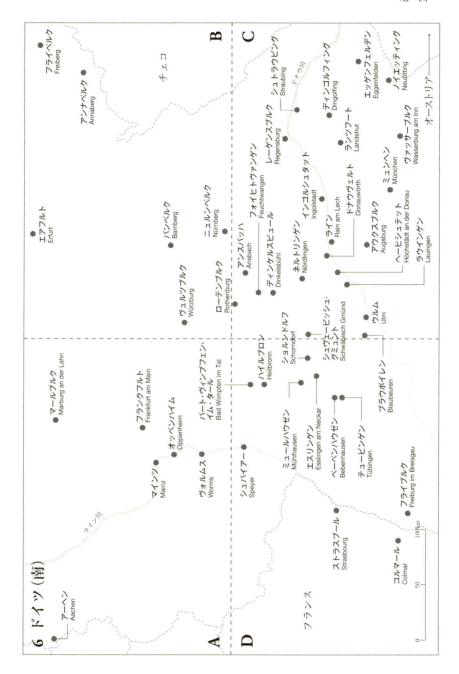

附録　建築カタログ

7 オーストリア(西)

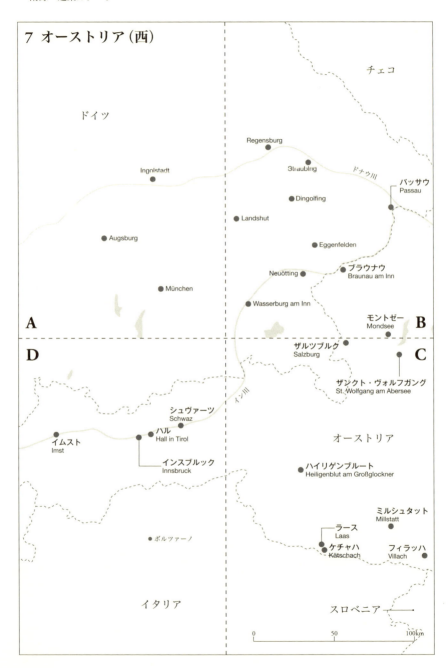

地 図

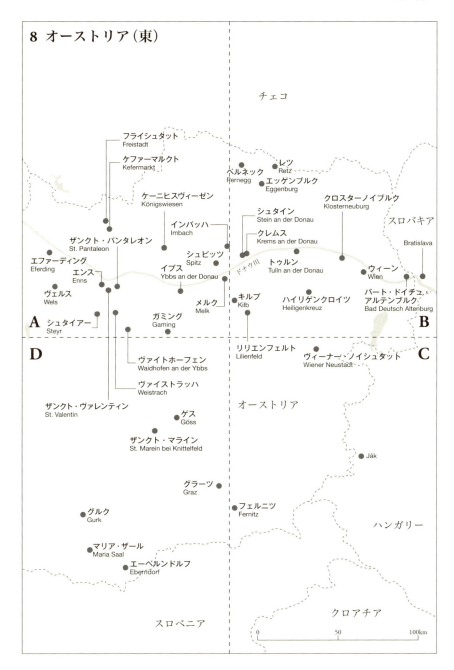

8 オーストリア（東）

附録 建築カタログ

地 図

10 イタリア

附録　建築カタログ

11 スペイン

548

一覧（カタログ番号順）

序
cat. 1　ウィーン、シュテファン大聖堂

I-1　司教座設立への模索
(1) オーストリアの聖堂
cat. 2　ウィーン、ザンクト・ルプレヒト聖堂
cat. 3　ウィーン、ザンクト・ペーター聖堂
cat. 4　ウィーン、ショッテン修道院
cat. 5　ウィーン、フランシスコ会修道院聖堂
cat. 6　ウィーン、ザンクト・ミヒャエル聖堂
cat. 7　クロスターノイブルク、聖母聖堂
cat. 8　ザルツブルク大聖堂
cat. 9　パッサウ大聖堂
(2) 扉口の形式
cat. 10　バンベルク大聖堂
cat. 11　グルク、聖母被昇天聖堂
cat. 12　レーゲンスブルク、ザンクト・ヤーコプ聖堂
cat. 13　ヤーク、旧ベネディクト会修道院聖堂
cat. 14　ミルシュタット、旧ベネディクト会修道院聖堂
cat. 15　バート・ドイチュ・アルテンブルク、納骨堂
cat. 16　トゥルン、納骨堂
cat. 17　トゥルン、ザンクト・シュテファン聖堂
cat. 18　フライベルク大聖堂
cat. 19　ザルツブルク、ザンクト・ペーター聖堂

I-2　ルードルフ四世の皇帝大聖堂構想
(1) 皇帝大聖堂とその周辺作例
cat. 20　アーヘン大聖堂
cat. 21　シュパイアー大聖堂
cat. 22　マインツ大聖堂
cat. 23　ヴォルムス大聖堂
cat. 24　フランクフルト、ザンクト・バルトロメオ聖堂
(2) 君主の聖堂、宮廷礼拝堂
cat. 25　プラハ大聖堂
cat. 26　ウィーン、ザンクト・アウグスティン聖堂
cat. 27　ウィーン、宮廷礼拝堂
cat. 28　ニュルンベルク、聖母聖堂
cat. 29　ニュルンベルク、城塞礼拝堂
cat. 30　トロワ、サン = テュルバン聖堂
cat. 31　ランツフート、ザンクト・ゲオルク礼拝堂
cat. 32　シュヴァーツ、死者礼拝堂
cat. 33　オビエド、サンタ・マリア・デル・ナランコ聖堂
(3) 集中式聖堂
cat. 34　ラヴェンナ、サン・ヴィターレ聖堂
cat. 35　ケルン、ザンクト・ゲレオン聖堂
cat. 36　ローマ、サンタ・コスタンツァ廟
cat. 37　ラヴェンナ、ガッラ・プラチディア廟
cat. 38　ラヴェンナ、正教徒洗礼堂
cat. 39　イスタンブール、聖セルギオスと聖バッコス聖堂
cat. 40　フィレンツェ、サン・ジョバンニ洗礼堂
cat. 41　ピサ、サン・ジョバンニ洗礼堂
cat. 42　パルマ、サン・ジョバンニ洗礼堂
(4) 外壁の装飾
cat. 43　ピサ大聖堂
cat. 44　ピアツェンツァ大聖堂
cat. 45　パルマ大聖堂
cat. 46　ディジョン、聖母教会

I-3　市民の南塔
(1) 透彫り尖塔
cat. 47　ケルン大聖堂
cat. 48　フライブルク大聖堂
cat. 49　ストラスブール大聖堂
cat. 50　ウルム大聖堂
cat. 51　レーゲンスブルク大聖堂
cat. 52　バート・ドイチュ・アルテンブルク、聖母受胎聖堂
(2) 塔、西側構造
cat. 53　ケルン、ザンクト・パンタレオン聖堂
cat. 54　ヒルデスハイム大聖堂
cat. 55　マグデブルク、聖母修道院
cat. 56　ゾースト、ザンクト・パトロクルス聖堂
cat. 57　ケルン、ザンクト・ウルスラ聖堂
cat. 58　パーダーボルン大聖堂
cat. 59　リューベック、マリア聖堂
cat. 60　シュトラウビング、ザンクト・ペーター聖堂
cat. 61　ヴェルス、ザンクト・ヨハンネス聖堂

附録　建築カタログ

cat. 62	ストラスブール、サン゠トマ聖堂
cat. 63	ブダペスト、聖マーチャーシュ聖堂
cat. 64	コーリン、聖バルトロメウス聖堂
cat. 65	プラハ、ティーン聖堂
cat. 66	ソワッソン大聖堂
cat. 67	バイユー大聖堂
cat. 68	クータンス、サン゠ピエール聖堂
cat. 69	ブルゴス大聖堂
cat. 70	レオン大聖堂
cat. 71	ポンポーザ修道院

(3) 記念柱、泉

cat. 72	ウィーン、《シュピンネリン・アム・クロイツ》
cat. 73	ロンドン、《チャリング・クロス》
cat. 74	ニュルンベルク、《美しの泉》
cat. 75	クロスターノイブルク、十字架記念碑
cat. 76	ヴィーナー・ノイシュタット、《シュピンネリン・アム・クロイツ》
cat. 77	ウルム、泉

(4) 市庁舎

cat. 78	ウルム、市庁舎
cat. 79	ブラウンシュヴァイク、市庁舎
cat. 80	ヴロツワフ、市庁舎
cat. 81	ケルン、市庁舎
cat. 82	アーヘン、市庁舎
cat. 83	ミュンスター、市庁舎
cat. 84	ブリュージュ、市庁舎
cat. 85	ブリュッセル、市庁舎
cat. 86	ルーヴェン、市庁舎
cat. 87	メッヘレン、市庁舎
cat. 88	グダンスク、市庁舎
cat. 89	リューベック、市庁舎
cat. 90	シエナ、市庁舎
cat. 91	フィレンツェ、ヴェッキオ宮

I-4　飾破風

(1) トレーサリー

cat. 92	オッペンハイム、ザンクト・カタリーナ聖堂
cat. 93	ニュルンベルク、ザンクト・ゼーバルト聖堂
cat. 94	ミュールハウゼン、マリア聖堂

(2) 切妻

cat. 95	ミンデン大聖堂
cat. 96	ブレーメン、聖母聖堂
cat. 97	ブラウンシュヴァイク、ザンクト・マ

	ルティン聖堂
cat. 98	ブラウンシュヴァイク大聖堂
cat. 99	ブリュッセル大聖堂
cat. 100	ミンデン、マリア聖堂
cat. 101	ミュールハウゼン、聖ブラジウス聖堂
cat. 102	ヘント、シント・ニコラース聖堂
cat. 103	メッヘレン大聖堂
cat. 104	アムステルダム、旧聖堂
cat. 105	ブリュッセル、聖母聖堂

(3) 扉口、ファサードの装飾、屋根

cat. 106	エアフルト大聖堂
cat. 107	ミュンスター、ザンクト・ランベルト聖堂
cat. 108	アウクスブルク大聖堂
cat. 109	ミラノ大聖堂
cat. 110	パリ大聖堂
cat. 111	ルーアン大聖堂
cat. 112	ルーアン、サン゠マクルー聖堂
cat. 113	ルーアン、サン゠トゥーアン聖堂
cat. 114	ルーアン、サン゠ローラン聖堂
cat. 115	ヴァンドーム、ラ・トリニテ聖堂
cat. 116	アランソン、聖母聖堂
cat. 117	ブリュージュ、聖血礼拝堂
cat. 118	リューベック、聖霊施療院
cat. 119	クラクフ、フランシスコ会修道院聖堂
cat. 120	クラクフ、ドミニコ会修道院聖堂
cat. 121	デン・ハーグ、騎士の館
cat. 122	バリャドリッド、サン・パブロ聖堂
cat. 123	ピーターバラ大聖堂
cat. 124	フェッラーラ大聖堂
cat. 125	ボーヌ、施療院
cat. 126	センコヴァ、聖フィリップと聖ヤーコプ聖堂

II-1　段形ホール

(1) 段形ホール式聖堂（南ドイツ語圏）

cat. 127	インゴルシュタット、聖母聖堂
cat. 128	ブラウナウ、ザンクト・シュテファン聖堂
cat. 129	レツ、ドミニコ会修道院聖堂
cat. 130	ヴルツブルク、マリア礼拝堂
cat. 131	アンスバッハ、ザンクト・ヨハンネス聖堂
cat. 132	ドナウヴェルト、聖母聖堂
cat. 133	クレムス、聖母聖堂
cat. 134	イプス、ザンクト・ローレンツ聖堂

カタログ一覧

cat. 135　シュピッツ、ザンクト・マルティウス聖堂

cat. 136　メルク、聖母被昇天聖堂

cat. 137　キルプ、ザンクト・シモンとザンクト・ユーダ聖堂

cat. 138　シュタイン、ザンクト・ニコラウス聖堂

cat. 139　ケファーマルクト、ザンクト・ヴォルフガング聖堂

cat. 140　エファーディング、ザンクト・ヒポリート聖堂

cat. 141　モントゼー、旧ベネディクト会修道院聖堂

cat. 142　ハイリゲンブルート、ザンクト・ヴィンツェンツ聖堂

cat. 143　グラーツ、聖血聖堂

cat. 144　テュービンゲン、ザンクト・ゲオルク聖堂

cat. 145　ヴァッサーブルク、聖母聖堂

cat. 146　エッゲンフェルデン、ザンクト・ニコラウスとザンクト・シュテファン聖堂

cat. 147　ヘーヒシュテット、聖母被昇天聖堂

cat. 148　ライン、ザンクト・ヨハンネス聖堂

(2) 段形ホール式聖堂（北ドイツとその周辺）

cat. 149　リューベック、ザンクト・ヤコービ聖堂

cat. 150　リューネブルク、ザンクト・ヨハンネス聖堂

cat. 151　ハンブルク、ザンクト・ペトルス聖堂

cat. 152　ハンブルク、ザンクト・ヤコービ聖堂

cat. 153　ハンブルク、ザンクト・カタリーナ聖堂

cat. 154　ゲッティンゲン、ザンクト・パウリ聖堂

cat. 155　ブラウンシュヴァイク、ザンクト・ウルリヒ聖堂

cat. 156　クフィディン大聖堂

cat. 157　ゲッティンゲン、ザンクト・アルバン聖堂

(3) ホール式聖堂

cat. 158　リリエンフェルト、シトー会修道院

cat. 159　ミュンスター大聖堂

cat. 160　マールブルク、ザンクト・エリーザベト聖堂

cat. 161　ゾースト、ザンクト・マリア・ツア・ヴィーゼ聖堂

cat. 162　シュヴェービッシュ・グミュント、聖十字架聖堂

cat. 163　シュトラウビング、ザンクト・ヤーコプ聖堂

cat. 164　ディンケルスビュール、ザンクト・ゲオルク聖堂

cat. 165　エスリンゲン、聖母聖堂

cat. 166　ハル、ザンクト・ニコラウス聖堂

cat. 167　ミュンヘン、聖霊聖堂

cat. 168　シュトラウビング、カルメル会修道院聖堂

cat. 169　ブラティスラヴァ大聖堂

cat. 170　インゴルシュタット、聖霊聖堂

cat. 171　エアフルト、ザンクト・セヴェリウス聖堂

cat. 172　リューベック、ザンクト・ペトルス聖堂

cat. 173　リューネブルク、ザンクト・ミヒャエル聖堂

cat. 174　ミュンスター、ザンクト・ルートゲル聖堂

cat. 175　ミュンスター、水上の聖母聖堂

cat. 176　ゾースト、新ザンクト・トメ聖堂

cat. 177　ハルバーシュタット、ザンクト・マルティン聖堂

cat. 178　ゾースト、ザンクト・マリア・ツア・ヘーエ聖堂

cat. 179　ネルトリンゲン、聖霊聖堂

cat. 180　フォイヒトヴァンゲン、ザンクト・ヨハンネス聖堂

II-2　権威の表象

(1) 君主の聖堂

cat. 181　グラーツ大聖堂

cat. 182　ヴィーナー・ノイシュタット、ザンクト・ゲオルク礼拝堂

cat. 183　ヴィーナー・ノイシュタット、ヴィーナー・ノイシュタット大聖堂

cat. 184　ヴィーナー・ノイシュタット、新修道院聖堂

cat. 185　ガミング、カルトゥジオ会修道院聖堂

cat. 186　マリア・ザール、聖母被昇天聖堂

(2) 寄進者と聖堂

cat. 187　ナウムブルク大聖堂

cat. 188　ブールジュ大聖堂

cat. 189　ディジョン、シャルトルーズ修道院礼拝堂

cat. 190　マイセン大聖堂

cat. 191　インスブルック、宮廷聖堂

cat. 192　アウクスブルク、ザンクト・アンナ聖堂

551

附録　建築カタログ

(3) フランス・イギリスにおける王権の表象

cat. 193　サン＝ドニ修道院聖堂
cat. 194　シャルトル大聖堂
cat. 195　ランス大聖堂
cat. 196　ランス、サン＝レミ修道院聖堂
cat. 197　ロンドン、ウェストミンスター・アビー
cat. 198　アンボワーズ城
cat. 199　ブロワ城
cat. 200　フォンテーヌブロー城
cat. 201　シュノンソー城

(4) イタリアの聖堂

cat. 202　ピエンツァ大聖堂
cat. 203　ミラノ、サンタンブロジオ聖堂
cat. 204　モデナ大聖堂
cat. 205　ヴェローナ、サン・ツェーノ・マッジョーレ聖堂
cat. 206　シエナ大聖堂
cat. 207　フィレンツェ、サンタ・クローチェ聖堂
cat. 208　フィレンツェ大聖堂
cat. 209　フィレンツェ、サン・ミニアト・アル・モンテ聖堂
cat. 210　パドヴァ、サンタントニオ聖堂
cat. 211　プラート大聖堂

II-3　リブ・ヴォールト

(1) 平行線、菱形

cat. 212　シュタイアー、ザンクト・エギディウスとザンクト・コロマン聖堂
cat. 213　ランツフート、ザンクト・マルティン聖堂
cat. 214　ノイエッティング、ザンクト・ニコラウス聖堂
cat. 215　エッゲンブルク、ザンクト・シュテファン聖堂
cat. 216　ニュルンベルク、ザンクト・ローレンツ聖堂
cat. 217　ザルツブルク、ベネディクト会修道院聖堂
cat. 218　ヴァイトホーフェン、ザンクト・マリア・マグダレーナとザンクト・ランベルト聖堂
cat. 219　ランツフート、ザンクト・ヨードク聖堂
cat. 220　プラハ、カレル橋門
cat. 221　マインツ、ザンクト・シュテファン聖堂
cat. 222　フライシュタット、聖母聖堂
cat. 223　ザンクト・ヴォルフガング（ザルツカ

ンマーグート）、ザンクト・ヴォルフガング聖堂
cat. 224　ノイエッティング、聖霊聖堂
cat. 225　プラウボイレン、ベネディクト会修道院

(2) 星形

cat. 226　ウィーン、マリア・アム・ゲシュターデ聖堂
cat. 227　ヴァッサーブルク、ザンクト・ヤーコプ聖堂
cat. 228　ネルトリンゲン、ザンクト・ゲオルク聖堂
cat. 229　ミュンヘン、聖母聖堂
cat. 230　アウクスブルク、ザンクト・ウルリヒとザンクト・アフラ聖堂
cat. 231　ザンクト・マライン、ザンクト・マリア聖堂
cat. 232　イムスト、聖母被昇天聖堂
cat. 233　リューネブルク、ザンクト・ニコライ聖堂
cat. 234　グダンスク、聖カタリーナ聖堂
cat. 235　ヴロツワフ、砂上の聖母聖堂
cat. 236　グダンスク大聖堂
cat. 237　グダンスク、聖ニコラウス聖堂
cat. 238　ラウインゲン、ザンクト・マルティン聖堂
cat. 239　マイセン、アルブレヒト城
cat. 240　パリ、旧クリュニー会修道院長邸、礼拝堂

(3) 花弁形、植物風

cat. 241　アンナベルク、ザンクト・アンナ聖堂
cat. 242　クトナ・ホラ、聖バルバラ聖堂
cat. 243　プラハ、王宮、ヴラディスラフホール
cat. 244　フライシュタット、ザンクト・カタリーナ聖堂
cat. 245　フィラッハ、ザンクト・ヤーコプ聖堂
cat. 246　エーベルンドルフ、聖母被昇天聖堂
cat. 247　ゲス、ザンクト・アンドレアス聖堂
cat. 248　ケーニヒスヴィーゼン、聖母被昇天聖堂
cat. 249　ペルネック、ザンクト・アンドレアス聖堂
cat. 250　ラース、ザンクト・アンドレアス聖堂
cat. 251　ケチャハ、聖母聖堂
cat. 252　ショルンドルフ聖堂
cat. 253　ヴァイストラッハ、ザンクト・シュテファン聖堂
cat. 254　パリ、ジャン＝サン＝プールの塔

カタログ一覧

cat. 255 ザルツブルク、城塞（ホーエンザルツ
ブルク）、ザンクト・ゲオルク礼拝堂
cat. 256 ガミング、ザンクト・フィリップとザ
ンクト・ヤーコプ聖堂
cat. 257 ザンクト・ヴァレンティン、小教区聖堂
cat. 258 バート・ヴィンプフェン・イム・タール
聖堂
cat. 259 ハイルブロン、ザンクト・キリアン聖堂
(4) 扇状、その他
cat. 260 エクセター大聖堂
cat. 261 カンタベリー大聖堂
cat. 262 ウィンチェスター大聖堂
cat. 263 グロスター大聖堂
cat. 264 ケンブリッジ、キングズ・カレッジ・チャ
ペル
cat. 265 リンカーン大聖堂
cat. 266 ウースター大聖堂
cat. 267 ソールズベリ大聖堂
cat. 268 リッチフィールド大聖堂
cat. 269 ヨーク大聖堂
cat. 270 ブリストル、セント・オーガスティン
聖堂
cat. 271 エジンバラ大聖堂
cat. 272 バス、ベネディクト会修道院聖堂
cat. 273 セビリア大聖堂
cat. 274 トレド、サン・フアン・デ・ロス・レー
ジェス修道院聖堂
cat. 275 サラマンカ新大聖堂

II-5-1　空間の差異化
(1) 柱が空間へ与える効果
cat. 276 ザルツブルク、フランシスコ会修道院
聖堂
cat. 277 ランツフート、聖霊聖堂
cat. 278 ディンゴルフィング、ザンクト・ヨハ
ンネス聖堂
cat. 279 ブラウナウ、聖霊聖堂
cat. 280 ザンクト・パンタレオン聖堂
cat. 281 パリ、サン＝セヴラン聖堂
cat. 282 フェルニツ、慈愛の聖母聖堂
cat. 283 インバッハ、ドミニコ会修道院聖堂
cat. 284 シュヴァーツ、聖母被昇天聖堂
cat. 285 ベーベンハウゼン、シトー会修道院
cat. 286 マルボルク城
(2) リブを利用した空間の差異化
cat. 287 ハイリゲンクロイツ、シトー会修道院

cat. 288 エンス、フランシスコ会修道院聖堂
(3) 内陣障壁の効果
cat. 289 マグデブルク大聖堂
cat. 290 ローテンブルク、旧フランシスコ会修
道院聖堂
cat. 291 リューベック大聖堂
cat. 292 リューベック、ザンクト・カタリーナ
聖堂
cat. 293 ハルバーシュタット、ハルバーシュ
タット大聖堂
cat. 294 エスリンゲン、ザンクト・ディオニシウ
ス聖堂
cat. 295 クラクフ、聖母聖堂
cat. 296 ダラム大聖堂
cat. 297 ウェルズ大聖堂
cat. 298 ハルバーシュタット、聖母聖堂
cat. 299 エアフルト、旧ドミニコ会修道院聖堂
cat. 300 ブリュージュ、聖母聖堂
cat. 301 トロワ、サント＝マドレーヌ聖堂
cat. 302 ルーヴェン、シント・ペーテル聖堂
cat. 303 アストゥリア、サンタ・クリスティー
ナ・デ・レーナ聖堂
cat. 304 ブリズネ、諸聖人聖堂
cat. 305 ハチュフ、聖母被昇天聖堂
(4) 平天井の空間
cat. 306 ヒルデスハイム、ザンクト・ミヒャエ
ル聖堂
cat. 307 フォイヒトヴァンゲン、旧ベネディク
ト会修道院聖堂
cat. 308 ヴュルツブルク、ザンクト・ブルカル
ト聖堂
cat. 309 ヴュルツブルク大聖堂
cat. 310 シュヴェービッシュ・グミュント、ザ
ンクト・ヨハンネス聖堂
cat. 311 ミュールハウゼン（シュトゥットガル
ト近郊）、ザンクト・ファイト礼拝堂
cat. 312 ネルトリンゲン、ザンクト・サルヴァ
トール聖堂
cat. 313 ローマ、サンタ・マリア・イン・コス
メディン聖堂
cat. 314 ラヴェンナ、サン・タポリナーレ・ヌ
オーヴォ聖堂
cat. 315 ラヴェンナ、サン・タポリナーレ・イ
ン・クラッセ聖堂
(5) 内陣プランの工夫（ケルンのロマネスク聖堂）
cat. 316 ケルン、ザンクト・アポステルン聖堂

553

附録　建築カタログ

cat. 317　ケルン、ザンクト・マリア・イム・カピトル聖堂
cat. 318　ケルン、ザンクト・アンドレアス聖堂
cat. 319　ケルン、ザンクト・ゲオルク聖堂
cat. 320　ケルン、グロース・ザンクト・マルティン聖堂
cat. 321　ケルン、ザンクト・クニベルト聖堂
cat. 322　ケルン、ザンクト・セヴェリウス聖堂
cat. 323　ケルン、ザンクト・ツェツィーリア聖堂

(6) 採光塔の利用

cat. 324　イーリ大聖堂
cat. 325　ノーリッジ大聖堂
cat. 326　バンゴール大聖堂
cat. 327　トゥルネー大聖堂
cat. 328　アントウェルペン大聖堂
cat. 329　クータンス大聖堂
cat. 330　バルセロナ、サンタ・マリア・デル・マール聖堂
cat. 331　サラマンカ、サン・エステバン修道院
cat. 332　バルセロナ大聖堂

II-5-2　ゴシック建築の多様性

(1) フランスのゴシック聖堂

cat. 333　ラン大聖堂
cat. 334　ノワイヨン大聖堂
cat. 335　アミアン大聖堂
cat. 336　ボーヴェ大聖堂
cat. 337　パリ、サント゠シャペル
cat. 338　パリ、サン゠ジェルマン゠デ゠プレ聖堂
cat. 339　シャルトル、サン゠ピエール聖堂
cat. 340　シャルトル、サンタンドレ聖堂

(2) ノルマンディの聖堂

cat. 341　カン、ラ・トリニテ聖堂
cat. 342　カン、サンテティエンヌ聖堂
cat. 343　モン゠サン゠ミシェル修道院聖堂
cat. 344　レセ、ベネディクト会修道院聖堂
cat. 345　リジュー大聖堂
cat. 346　フージェール、サン゠レオナール聖堂
cat. 347　フージェール、サン゠シュルピス聖堂
cat. 348　カン、サン゠ピエール聖堂

(3) フランシスコ会系の聖堂

cat. 349　フライブルク、旧フランシスコ会修道院聖堂
cat. 350　レーゲンスブルク、ドミニコ会修道院聖堂
cat. 351　ローテンブルク、ザンクト・ヤーコプ聖堂
cat. 352　コルマール、サン゠マルタン聖堂
cat. 353　インゴルシュタット、フランシスコ会修道院聖堂

(4) ゴシック建築の多様性

cat. 354　ヴロツワフ大聖堂
cat. 355　ブリュージュ大聖堂
cat. 356　ヘント大聖堂
cat. 357　デルフト、新聖堂
cat. 358　ブリストル、セント・マリー聖堂
cat. 359　ローマ、サンタ・マリア・ソプラ・ミネルヴァ聖堂
cat. 360　サンチャゴ・デ・コンポステーラ大聖堂
cat. 361　アビラ大聖堂
cat. 362　コルドバ、大モスク
cat. 363　トレド大聖堂

カタログ索引 1（都市名順）

索引 1（都市名順）

ア

アーヘン (D)、市庁舎 ···················· cat. 82
――――、大聖堂 ························· cat. 20
アウクスブルク (D)、ザンクト・アンナ聖堂
·································· cat. 192
――――、ザンクト・ウルリヒとザンクト・アフラ
聖堂 ······························· cat. 230
――――、大聖堂··························· cat. 108
アストゥリア (E)、サンタ・クリスティーナ・デ・レー
ナ聖堂 ····························· cat. 303
アビラ (E)、大聖堂 ····················· cat. 361
アミアン (F)、大聖堂 ··················· cat. 335
アムステルダム (NL)、旧聖堂 ········· cat. 104
アランソン (F)、聖母聖堂 ············· cat. 116
アンスバッハ (D)、ザンクト・ヨハンネス聖堂
·································· cat. 131
アントウェルペン (B)、大聖堂 ········· cat. 328
アンナベルク (D)、ザンクト・アンナ聖堂
·································· cat. 241
アンボワーズ (F)、城 ··················· cat. 198
イーリ (UK)、大聖堂··················· cat. 324
イスタンブール (T)、聖セルギオスと聖バッコス
聖堂 ································· cat. 39
イプス (A)、ザンクト・ローレンツ聖堂 ····· cat. 134
イムスト (A)、聖母被昇天聖堂 ········· cat. 232
インゴルシュタット (D)、聖母聖堂 ········ cat. 127
――――、聖霊聖堂 ······················· cat. 170
――――、フランシスコ会修道院聖堂 ····· cat. 353
インスブルック (A)、宮廷聖堂 ········· cat. 191
インバッハ (A)、ドミニコ会修道院聖堂 ··· cat. 283
ヴァイストラッハ (A)、ザンクト・シュテファン聖堂
·································· cat. 253
ヴァイトホーフェン (A)、ザンクト・マリア・マグダレー
ナとザンクト・ランベルト聖堂 ····· cat. 218
ヴァッサーブルク (D)、ザンクト・ヤーコプ聖堂
·································· cat. 227
――――、聖母聖堂 ······················· cat. 145
ヴァンドーム (F)、ラ・トリニテ聖堂 ······ cat. 115
ヴィーナー・ノイシュタット (A)、ザンクト・ゲオル

ク礼拝堂 ···························· cat. 182
――――、《シュピンネリン・アム・クロイツ》
·································· cat. 76
――――、新修道院聖堂 ················· cat. 184
――――、大聖堂 ························· cat. 183
ウィーン (A)、宮廷礼拝堂 ············· cat. 27
――――、ザンクト・アウグスティン聖堂··· cat. 26
――――、ザンクト・ペーター聖堂 ······· cat. 3
――――、ザンクト・ミヒャエル聖堂 ····· cat. 6
――――、ザンクト・ルプレヒト聖堂 ····· cat. 2
――――、シュテファン大聖堂 ··········· cat. 1
――――、《シュピンネリン・アム・クロイツ》
·································· cat. 72
――――、ショッテン修道院 ··········· cat. 4
――――、フランシスコ会修道院聖堂 ····· cat. 5
――――、マリア・アム・ゲシュターデ聖堂
·································· cat. 226
ウィンチェスター (UK)、大聖堂 ········· cat. 262
ウースター (UK)、大聖堂 ··············· cat. 266
ウェルズ (UK)、大聖堂 ················· cat. 297
ヴェルス (A)、ザンクト・ヨハンネス聖堂··· cat. 61
ヴェローナ (I)、サン・ツェーノ・マッジョーレ聖堂
·································· cat. 205
ヴォルムス (D)、大聖堂 ··············· cat. 23
ヴュルツブルク (D)、ザンクト・ブルカルト聖堂
·································· cat. 308
――――、大聖堂 ······················· cat. 309
――――、マリア礼拝堂 ················· cat. 130
ウルム (D)、泉 ························· cat. 77
――――、市庁舎 ······················· cat. 78
――――、大聖堂 ······················· cat. 50
ヴロツワフ (PL)、砂上の聖母聖堂 ······· cat. 235
――――、市庁舎 ······················· cat. 80
――――、大聖堂 ······················· cat. 354
エアフルト (D)、旧ドミニコ会修道院聖堂
·································· cat. 299
――――、ザンクト・セヴェリウス聖堂··· cat. 171
――――、大聖堂 ······················· cat. 106
エーベルンドルフ (A)、聖母被昇天聖堂 ··· cat. 246
エクセター (UK)、大聖堂 ··············· cat. 260
エジンバラ (UK)、大聖堂 ··············· cat. 271
エスリンゲン (D)、ザンクト・ディオニシウス聖堂
·································· cat. 294
――――、聖母聖堂 ······················· cat. 165
エッゲンフェルデン (D)、ザンクト・ニコラウスと
ザンクト・シュテファン聖堂 ········ cat. 146

555

附録　建築カタログ

エッゲンブルク（A）、ザンクト・シュテファン聖堂
　　　　　　　　　　　　　　　　　　cat. 215
エファーディング（A）、ザンクト・ヒポリート聖堂
　　　　　　　　　　　　　　　　　　cat. 140
エンス（A）、フランシスコ会修道院聖堂 …cat. 288
オッペンハイム（D）、ザンクト・カタリーナ聖堂
　　　　　　　　　　　　　　　　　　cat. 92
オビエド（E）、サンタ・マリア・デル・ナランコ聖堂
　　　　　　　　　　　　　　　　　　cat. 33

カ

ガミング（A）、カルトゥジオ会修道院聖堂
　　　　　　　　　　　　　　　　　　cat. 185
―――、ザンクト・フィリップとザンクト・ヤーコ
　プ聖堂 …………………………………… 256
カン（F）、サンテティエンヌ聖堂 ………cat. 342
―――、サン＝ピエール聖堂 …………cat. 348
―――、ラ・トリニテ聖堂…………………cat. 341
カンタベリー（UK）、大聖堂 …………cat. 261
キルプ（A）、ザンクト・シモンとザンクト・ユーダ聖
　堂 ………………………………………… 137
クータンス（F）、サン＝ピエール聖堂 ……cat. 68
―――、大聖堂 …………………………cat. 329
グダンスク（PL）、市庁舎……………… cat. 88
―――、聖カタリーナ聖堂 ……………cat. 234
―――、聖ニコラウス聖堂 ……………cat. 237
―――、大聖堂 …………………………cat. 236
クトナ・ホラ（CZ）、聖バルバラ聖堂 ……cat. 242
クフィディン（PL）、大聖堂 ……………cat. 156
グラーツ（A）、聖血聖堂 ………………cat. 143
―――、大聖堂 …………………………cat. 181
クラクフ（PL）、聖母聖堂 ……………cat. 295
―――、ドミニコ会修道院聖堂 ………cat. 120
―――、フランシスコ会修道院聖堂 …cat. 119
グルク（A）、聖母被昇天聖堂 ……………cat. 11
クレムス（A）、聖母聖堂 ………………cat. 133
グロスター（UK）、大聖堂 ……………cat. 263
クロスターノイブルク（A）、聖母聖堂 ……… cat. 7
―――、十字架記念碑 ………………… cat. 75
ケーニヒスヴィーゼン（A）、聖母被昇天聖堂
　　　　　　　　　　　　　　　　　　cat. 248
ゲス（A）、ザンクト・アンドレアス聖堂 ……cat. 247
ケハャハ（A）、聖母聖堂 ………………cat. 251
ゲッティンゲン（D）、ザンクト・アルバン聖堂
　　　　　　　　　　　　　　　　　　cat. 157

―――、ザンクト・パウリ聖堂 …………cat. 154
ケファーマルクト（A）、ザンクト・ヴォルフガング聖
　堂………………………………………cat. 139
ケルン（D）、グロース・ザンクト・マルティン聖堂
　　　　　　　　　　　　　　　　　　cat. 320
―――、ザンクト・アポステルン聖堂……cat. 316
―――、ザンクト・アンドレアス聖堂 ……cat. 318
―――、ザンクト・ウルスラ聖堂 …… cat. 57
―――、ザンクト・クニベルト聖堂 ……cat. 321
―――、ザンクト・ゲオルク聖堂 ……cat. 319
―――、ザンクト・ゲレオン聖堂 …… cat. 35
―――、ザンクト・セヴェリウス聖堂……cat. 322
―――、ザンクト・ツェツィーリア聖堂 …cat. 323
―――、ザンクト・パンタレオン聖堂…… cat. 53
―――、ザンクト・マリア・イム・カピトル聖堂
　　　　　　　　　　　　　　　　　　cat. 317
―――、市庁舎 ………………… cat. 81
―――、大聖堂 ………………… cat. 47
ケンブリッジ（UK）、キングズ・カレッジ・チャペル
　　　　　　　　　　　　　　　　　　cat. 264
コーリン（CZ）、聖バルトロメウス聖堂 ―― cat. 64
コルドバ（E）、大モスク ……………cat. 362
コルマール（F）、サン＝マルタン聖堂 ……cat. 352

サ

サラマンカ（E）、サン・エステバン修道院 …cat. 331
―――、新大聖堂 ………………………cat. 275
ザルツブルク（A）、ザンクト・ペーター聖堂
　　　　　　　　　　　　　　　　　　cat. 19
―――、城塞 ……………………… cat. 255
―――、大聖堂 ………………… cat. 8
―――、フランシスコ会修道院聖堂…cat. 276
―――、ベネディクト会修道院聖堂 ……cat. 217
ザンクト・ヴァレンティン（A）、小教区聖堂
　　　　　　　　　　　　　　　　　　cat. 257
ザンクト・ヴォルフガング（ザルツカンマーグート）
　（A）、ザンクト・ヴォルフガング聖堂
　　　　　　　　　　　　　　　　　　cat. 223
ザンクト・パンタレオン（A）、ザンクト・パンタレオ
　ン聖堂 ………………………………cat. 280
ザンクト・マライン（A）、ザンクト・マリア聖堂
　　　　　　　　　　　　　　　　　　cat. 231
サンチャゴ・デ・コンポステーラ（E）、大聖堂
　　　　　　　　　　　　　　　　　　cat. 360
サン＝ドニ（F）、修道院聖堂 …………cat. 193

カタログ索引 1（都市名順）

シエナ (I)、市庁舎 ·················· cat. 90
───、大聖堂················cat. 206
シャルトル (F)、サンタンドレ聖堂 ······ cat. 340
───、サン＝ピエール聖堂 ······cat. 339
───、大聖堂·············cat. 194
シュヴァーツ (A)、死者礼拝堂 ········· cat. 32
───、聖母被昇天聖堂 ·········cat. 284
シュヴェービッシュ・グミュント (D)、ザンクト・ヨ
ハンネス聖堂 ···········cat. 310
───、聖十字架聖堂 ······· cat. 162
シュタイアー (A)、ザンクト・エギディウスとザンクト・
コロマン聖堂 ···········cat. 212
シュタイン (A)、ザンクト・ニコラウス聖堂
···················· cat. 138
シュトラウビング (D)、カルメル会修道院聖堂
···················· cat. 168
───、ザンクト・ペーター聖堂 ······· cat. 60
───、ザンクト・ヤーコプ聖堂 ·····cat. 163
シュノンソー (F)、城 ············ cat. 201
シュパイアー (D)、大聖堂········· cat. 21
シュピッツ (A)、ザンクト・マルティウス聖堂
···················· cat. 135
ショルンドルフ (D)、聖堂 ········· cat. 252
ストラスブール (F)、サン＝トマ聖堂 ······ cat. 62
───、大聖堂 ············· cat. 49
セビリア (E)、大聖堂············cat. 273
センコヴァ (PL)、聖フィリップと聖ヤーコプ聖堂
···················· cat. 126
ゾースト (D)、ザンクト・パトロクルス聖堂 ···cat. 56
───、ザンクト・マリア・ツア・ヴィーゼ聖堂
···················· cat. 161
───、ザンクト・マリア・ツア・ヘーエ聖堂
···················· cat. 178
───、新ザンクト・トメ聖堂 ········· cat. 176
ソールズベリ (UK)、大聖堂 ······cat. 267
ソワッソン (F)、大聖堂 ········· cat. 66

タ

ダラム (UK)、大聖堂 ·········cat. 296
ディジョン (F)、シャルトルーズ修道院礼拝堂
···················· cat. 189
───、聖母教会 ········· cat. 46
ディンケルスビュール (D)、ザンクト・ゲオルク聖堂
···················· cat. 164
ディンゴルフィング (D)、ザンクト・ヨハンネス聖堂

··················· cat. 278
テュービンゲン (D)、ザンクト・ゲオルク聖堂
···················· cat. 144
デルフト (NL)、新聖堂···········cat. 357
デン・ハーグ (NL)、騎士の館 ········cat. 121
トゥルネー (B)、大聖堂·········cat. 327
トゥルン (A)、ザンクト・シュテファン聖堂 ···cat. 17
───、納骨堂 ·········cat. 16
ドナウヴェルト (D)、聖母聖堂········cat. 132
トレド (E)、サン・フアン・デ・ロス・レージェス修
道院聖堂 ·········cat. 274
───、大聖堂·········cat. 363
トロワ (F)、サント＝マドレーヌ聖堂··········cat. 301
───、サン＝テュルバン聖堂 ······· cat. 30

ナ

ナウムブルク (D)、大聖堂 ··············cat. 187
ニュルンベルク (D)、《美しの泉》············ cat. 74
───、ザンクト・ゼーバルト聖堂 ······· cat. 93
───、ザンクト・ローレンツ聖堂 ·····cat. 216
───、城塞礼拝堂 ········· cat. 29
───、聖母聖堂 ········· cat. 28
ネルトリンゲン (D)、ザンクト・ゲオルク聖堂
···················· cat. 228
───、ザンクト・サルヴァトール聖堂
···················· cat. 312
───、聖霊聖堂 ········· cat. 179
ノイエッティング (D)、ザンクト・ニコラウス聖堂
···················· cat. 214
───、聖霊聖堂 ········· cat. 224
ノーリッジ (UK)、大聖堂 ·········cat. 325
ノワイヨン (F)、大聖堂············cat. 334

ハ

パーダーボルン (D)、大聖堂 ·················· cat. 58
バート・ヴィンプフェン・イム・タール (D)、聖堂
···················· cat. 258
バート・ドイチュ・アルテンブルク (A)、聖母受胎
聖堂 ········· cat. 52
───、納骨堂 ········· cat. 15
バイユー (F)、大聖堂············· cat. 67
ハイリゲンクロイツ (A)、シトー会修道院
···················· cat. 287
ハイリゲンブルート (A)、ザンクト・ヴィンツェンツ

557

附録　建築カタログ

　　　　聖堂 ……………………………………cat. 142
ハイルブロン (D)、ザンクト・キリアン聖堂
　　　　……………………………………………cat. 259
バス (UK)、ベネディクト会修道院聖堂 …cat. 272
ハチュフ (PL)、聖母被昇天聖堂 …………cat. 305
パッサウ (D)、大聖堂 ……………………… cat. 9
パドヴァ (I)、サンタントニオ聖堂…………cat. 210
パリ (F)、旧クリュニー会修道院長邸………cat. 240
　————、サント = シャペル ………………cat. 337
　————、サン = ジェルマン = デ = プレ聖堂
　　　　……………………………………………cat. 338
　————、サン = セヴラン聖堂 ……………cat. 281
　————、ジャン = サン = プールの塔 ……cat. 254
　————、大聖堂 ……………………………cat. 110
バリャドリッド (E)、サン・パブロ聖堂 ……cat. 122
ハル (A)、ザンクト・ニコラウス聖堂 ………cat. 166
バルセロナ (E)、サンタ・マリア・デル・マール聖堂
　　　　……………………………………………cat. 330
　————、大聖堂 ……………………………cat. 332
ハルバーシュタット (D)、ザンクト・マルティン聖堂
　　　　……………………………………………cat. 177
　————、聖母聖堂 …………………………cat. 298
　————、大聖堂 ……………………………cat. 293
パルマ (I)、サン・ジョバンニ洗礼堂 …… cat. 42
　————、大聖堂 …………………………… cat. 45
バンゴール (UK)、大聖堂……………………cat. 326
ハンブルク (D)、ザンクト・カタリーナ聖堂
　　　　……………………………………………cat. 153
　————、ザンクト・ペトルス聖堂 ………cat. 151
　————、ザンクト・ヤコービ聖堂 ………cat. 152
バンベルク (D)、大聖堂 …………………… cat. 10
ピアツェンツァ (I)、大聖堂 ……………… cat. 44
ピーターバラ (UK)、大聖堂…………………cat. 123
ピエンツァ (I)、大聖堂………………………cat. 202
ピサ (I)、サン・ジョバンニ洗礼堂 ……… cat. 41
　————、大聖堂 …………………………… cat. 43
ヒルデスハイム (D)、ザンクト・ミヒャエル聖堂
　　　　……………………………………………cat. 306
　————、大聖堂 …………………………… cat. 54
フィラッハ (A)、ザンクト・ヤーコプ聖堂 …cat. 245
フィレンツェ (I)、ヴェッキオ宮…………… cat. 91
　————、サン・ジョバンニ洗礼堂…………cat. 40
　————、サン・ミニアト・アル・モンテ聖堂
　　　　……………………………………………cat. 209
　————、サンタ・クローチェ聖堂 ………cat. 207
　————、大聖堂 ……………………………cat. 208

フージェール (F)、サン = シュルピス聖堂…cat. 347
　————、サン = レオナール聖堂 …………cat. 346
ブールジュ (F)、大聖堂 ……………………cat. 188
フェッラーラ (I)、大聖堂……………………cat. 124
フェルニツ (A)、慈愛の聖母聖堂 …………cat. 282
フォイヒトヴァンゲン (D)、旧ベネディクト会修道
　　　　院聖堂 …………………………………cat. 307
　————、ザンクト・ヨハンネス聖堂 ……cat. 180
フォンテーヌブロー (F)、城 ………………cat. 200
ブダペスト (H)、聖マーチャーシュ聖堂 … cat. 63
ブラート (I)、大聖堂 ………………………cat. 211
フライシュタット (A)、ザンクト・カタリーナ聖堂
　　　　……………………………………………cat. 244
　————、聖母聖堂 …………………………cat. 222
フライブルク (D)、旧フランシスコ会修道院聖堂
　　　　……………………………………………cat. 349
　————、大聖堂……………………………… cat. 48
フライベルク (D)、大聖堂 ………………… cat. 18
ブラウナウ (A)、ザンクト・シュテファン聖堂
　　　　……………………………………………cat. 128
　————、聖霊聖堂 …………………………cat. 279
ブラウボイレン (D)、ベネディクト会修道院
　　　　……………………………………………cat. 225
ブラウンシュヴァイク (D)、ザンクト・ウルリヒ聖堂
　　　　……………………………………………cat. 155
　————、ザンクト・マルティン聖堂 …… cat. 97
　————、市庁舎 …………………………… cat. 79
　————、大聖堂 …………………………… cat. 98
ブラティスラヴァ (SL)、聖マルティン大聖堂
　　　　……………………………………………cat. 169
プラハ (CZ)、王宮、ヴラディスラフホール …cat. 243
　————、カレル橋門 ………………………cat. 220
　————、大聖堂 …………………………… cat. 25
　————、ティーン聖堂 …………………… cat. 65
フランクフルト (D)、ザンクト・バルトロメオ聖堂
　　　　…………………………………………… cat. 24
ブリストル (UK)、セント・オーガスティン聖堂
　　　　……………………………………………cat. 270
　————、セント・マリー聖堂 ……………cat. 358
ブリズネ (PL)、諸聖人聖堂 ………………cat. 304
ブリュージュ (B)、市庁舎 ………………… cat. 84
　————、聖血礼拝堂 ………………………cat. 117
　————、聖母聖堂 …………………………cat. 300
　————、大聖堂 ……………………………cat. 355
ブリュッセル (B)、市庁舎 ………………… cat. 85
　————、聖母聖堂 …………………………cat. 105

558

カタログ索引 1（都市名順）

―――、大聖堂 ……………………… cat. 99
ブルゴス（E）、大聖堂 ……………… cat. 69
ブレーメン（D）、聖母聖堂 ………… cat. 96
ブロワ（F）、城 …………………… cat. 199
ヘーヒシュテット（D）、聖母被昇天聖堂 cat. 147
ベーベンハウゼン（D）、シトー会修道院 cat. 285
ペルネック（A）、ザンクト・アンドレアス聖堂
……………………………………… cat. 249
ヘント（B）、シント・ニコラース聖堂 … cat. 102
―――、大聖堂 ……………………… cat. 356
ボーヴェ（F）、大聖堂 ……………… cat. 336
ボーヌ（F）、施療院 ………………… cat. 125
ポンポーザ（I）、修道院 …………… cat. 71

マ

マールブルク（D）、ザンクト・エリーザベト聖堂
……………………………………… cat. 160
マイセン（D）、アルブレヒト城 …… cat. 239
―――、大聖堂 ……………………… cat. 190
マインツ（D）、ザンクト・シュテファン聖堂 cat. 221
―――、大聖堂 ……………………… cat. 22
マグデブルク（D）、聖母修道院 …… cat. 55
―――、大聖堂 ……………………… cat. 289
マリア・ザール（A）、聖母被昇天聖堂 … cat. 186
マルボルク（PL）、城 ……………… cat. 286
ミュールハウゼン（D）、聖ブラジウス聖堂 … cat. 101
―――、マリア聖堂 ………………… cat. 94
ミュールハウゼン（シュトゥットガルト近郊）（D）、
ザンクト・ファイト礼拝堂 ……… cat. 311
ミュンスター（D）、ザンクト・ランベルト聖堂
……………………………………… cat. 107
―――、ザンクト・ルートゲル聖堂 …… cat. 174
―――、市庁舎 …………………… cat. 83
―――、水上の聖母聖堂 …………… cat. 175
―――、大聖堂 ……………………… cat. 159
ミュンヘン（D）、聖母聖堂 ………… cat. 229
―――、聖霊聖堂 ………………… cat. 167
ミラノ（I）、サンタンブロジオ聖堂 …… cat. 203
―――、大聖堂 ……………………… cat. 109
ミルシュタット（A）、旧ベネディクト会修道院聖堂
……………………………………… cat. 14
ミンデン（D）、大聖堂 ……………… cat. 95
―――、マリア聖堂 ………………… cat. 100
メッヘレン（B）、市庁舎 …………… cat. 87
―――、大聖堂 ……………………… cat. 103

メルク（A）、聖母被昇天聖堂 ……… cat. 136
モデナ（I）、大聖堂 ………………… cat. 204
モントゼー（A）、旧ベネディクト会修道院聖堂
……………………………………… cat. 141
モン＝サン＝ミシェル（F）、修道院聖堂 … cat. 343

ヤ

ヤーク（H）、旧ベネディクト会修道院聖堂 … cat. 13
ヨーク（UK）、大聖堂 ……………… cat. 269

ラ

ラース（A）、ザンクト・アンドレアス聖堂 … cat. 250
ライン（D）、ザンクト・ヨハンネス聖堂 …… cat. 148
ラウインゲン（D）、ザンクト・マルティン聖堂
……………………………………… cat. 238
ラヴェンナ（I）、ガッラ・プラチディア廟 … cat. 37
―――、サン・ヴィターレ聖堂 …… cat. 34
―――、サン・タポリナーレ・イン・クラッセ聖
堂 ……………………………… cat. 315
―――、サン・タポリナーレ・ヌオーヴォ聖堂
……………………………………… cat. 314
―――、正教徒洗礼堂 ……………… cat. 38
ラン（F）、大聖堂 …………………… cat. 333
ランス（F）、サン＝レミ修道院聖堂 …… cat. 196
―――、大聖堂 ……………………… cat. 195
ランツフート（D）、ザンクト・ゲオルク礼拝堂
……………………………………… cat. 31
―――、ザンクト・マルティン聖堂 …… cat. 213
―――、ザンクト・ヨードク聖堂 …… cat. 219
―――、聖霊聖堂 ………………… cat. 277
リジュー（F）、大聖堂 ……………… cat. 345
リッチフィールド（UK）、大聖堂 …… cat. 268
リューネブルク（D）、ザンクト・ニコライ聖堂
……………………………………… cat. 233
―――、ザンクト・ミヒャエル聖堂 …… cat. 173
―――、ザンクト・ヨハンネス聖堂 …… cat. 150
リューベック（D）、ザンクト・カタリーナ聖堂
……………………………………… cat. 292
―――、ザンクト・ペトルス聖堂 …… cat. 172
―――、ザンクト・ヤコービ聖堂 …… cat. 149
―――、市庁舎 …………………… cat. 89
―――、聖霊施療院 ………………… cat. 118
―――、大聖堂 ……………………… cat. 291
―――、マリア聖堂 ………………… cat. 59

559

附録　建築カタログ

リリエンフェルト (A)、シトー会修道院 …cat. 158
リンカーン (UK)、大聖堂 ……………………cat. 265
ルーアン (F)、サン゠トゥーアン聖堂 ………cat. 113
―――、サン゠マクルー聖堂 ………………cat. 112
―――、サン゠ローラン聖堂 ………………cat. 114
―――、大聖堂 ………………………………cat. 111
ルーヴェン (B)、市庁舎 ………………………cat. 86
―――、シント・ペーテル聖堂 …………cat. 302
レーゲンスブルク (D)、ザンクト・ヤーコプ聖堂
…………………………………………………cat. 12
―――、大聖堂 ………………………………cat. 51
―――、ドミニコ会修道院聖堂 …………cat. 350
レオン (E)、大聖堂 …………………………cat. 70
レセ (F)、ベネディクト会修道院聖堂 ……cat. 344
レツ (A)、ドミニコ会修道院聖堂 ………cat. 129
ローテンブルク (D)、旧フランシスコ会修道院聖堂
…………………………………………………cat. 290
―――、ザンクト・ヤーコプ聖堂 ………cat. 351
ローマ (I)、サンタ・コスタンツァ廟………cat. 36
―――、サンタ・マリア・イン・コスメディン聖堂
…………………………………………………cat. 313
―――、サンタ・マリア・ソプラ・ミネルヴァ聖
堂 ………………………………………cat. 359
ロンドン (UK)、ウェストミンスター・アビー
…………………………………………………cat. 197
―――、《チャリング・クロス》……………cat. 73

索引 2 （国別・アルファベット順）

イギリス （UK）

Bangor, Cathedral ………………………………… cat. 326
Bath, Abbey ……………………………………… cat. 272
Bristol, St. Augustine ………………………… cat. 270
―――, St. Mary Redcliffe ……………………… cat. 358
Cambridge, King's College Chapel …………… cat. 264
Canterbury, Cathedral ………………………… cat. 261
Durham, Cathedral ……………………………… cat. 296
Edinburgh, Cathedral St. Giles ……………… cat. 271
Ely, Cathedral …………………………………… cat. 324
Exeter, Cathedral ……………………………… cat. 260
Gloucester, Cathedral ………………………… cat. 263
Lichfield, Cathedral …………………………… cat. 268
Lincoln, Cathedral ……………………………… cat. 265
London, Charing Cross ………………………… cat. 73
―――, Westminster Abbey …………………… cat. 197
Norwich, Cathedral …………………………… cat. 325
Peterborough, Cathedral ……………………… cat. 123
Salisbury, Cathedral …………………………… cat. 267
Wells, Cathedral ………………………………… cat. 297
Winchester, Cathedral ………………………… cat. 262
Worcester, Cathedral …………………………… cat. 266
York, Cathedral ………………………………… cat. 269

イタリア （I）

Ferrara, Cattedrale di S. Giorgio …………… cat. 124
Firenze, Basilica di S. Croce ………………… cat. 207
―――, Basilica di S. Miniato al Monte ……… cat. 209
―――, Battistero di S. Giovanni ……………… cat. 40
―――, Cattedrale di S. Maria del Fiore ……… cat. 208
―――, Palazzo Vecchio ………………………… cat. 91
Milano, Basilica di S. Ambrogio ……………… cat. 203
―――, Cattedrale di S. Maria Nascente ……… cat. 109
Modena, Cattedrale di S. Maria Assunta in Cielo e S.
Geminiano ……………………………… cat. 204
Padova, Basilica di S. Antonio ……………… cat. 210
Parma, Battistero di S. Giovanni …………… cat. 42
―――, Cattedrale di S. Maria Assunta ……… cat. 45

560

カタログ索引 2（国別・アルファベット順）

Piacenza, Cattedrale di S. Maria Assunta e S. Giustina .... cat. 44

Pienza, Cattedrale di S. Maria Assunta .... cat. 202

Pisa, Battistero di S. Giovanni .... cat. 41

——, Cattedrale di S. Maria Assunta .... cat. 43

Pomposa, Abbazia .... cat. 71

Prato, Cattedrale di S. Stefano .... cat. 211

Ravenna, Basilica di S. Apollinare in Classe ..... cat. 315

——, Basilica di S. Apollinare Nuovo .... cat. 314

——, Basilica di S. Vitale .... cat. 34

——, Battistero degli Ortodossi .... cat. 38

——, Mausoleo di Galla Placidia .... cat. 37

Roma, Basilica di S. Maria in Cosmedin .... cat. 313

——, Basilica di S. Maria Sopra Minerva .... cat. 359

——, Mausoleo di S. Costanza .... cat. 36

Siena, Cattedrale di S. Maria Assunta .... cat. 206

——, Palazzo Pubblico .... cat. 90

Verona, Basilica di S. Zeno Maggiore .... cat. 205

オーストリア（A）

Bad Deutsch Altenburg, Karner St. Leonhard ... cat. 15

——, Pfarrkirche Mariä Empfängnis .... cat. 52

Braunau am Inn, Bürgerspitalkirche Hl. Geist .....cat. 279

——, Stadtpfarrkirche St. Stephan .... cat. 128

Eberndorf, Pfarr- und Stiftskirche Mariä Himmelfahrt .... cat. 246

Eferding, Stadtpfarrkirche St. Hippolyt .... cat. 140

Eggenburg, Pfarrkirche St. Stephan .... cat. 215

Enns, Minoritenkirche Maria Schnee .... cat. 288

Fernitz, Pfarr- und Wallfahrtskirche Maria Trost .... cat. 282

Freistadt, Liebfrauenkirche .... cat. 222

——, Stadtpfarrkirche St. Katharina .... cat. 244

Gaming, Kartäuserklosterkirche Mariä Himmelfahrt .... cat. 185

——, Pfarrkirche St. Philipp und St. Jakob ......cat. 256

Göss, Pfarrkirche, ehem. Stiftskirche St. Andreas .... cat. 247

Graz, Dom St. Ägydius .... cat. 181

——, Stadtpfarrkirche Hl. Blut .... cat. 143

Gurk, Pfarr- und ehem. Domkirche Mariä Himmelfahrt .... cat. 11

Hall in Tirol, Stadtpfarrkirche Hl. Nikolaus .... cat. 166

Heiligenblut am Großglockner, Pfarrkirche St. Vinzenz .... cat. 142

Heiligenkreuz, Zisterzienserabtei .... cat. 287

Imbach, Dominikanerkirche Mariä Geburt ..... cat. 283

Imst, Pfarrkirche Mariä Himmelfahrt .... cat. 232

Innsbruck, Hofkirche .... cat. 191

Kefermarkt, Pfarrkirche St. Wolfgang .... cat. 139

Kilb, Pfarrkirche St. Simon und St. Judas .... cat. 137

Klosterneuburg, Stifts- und Pfarrkirche Unser Lieben Frauen ....cat. 7

——, Tutzsäule .... cat. 75

Königswiesen, Pfarrkirche Mariä Himmelfahrt ...cat. 248

Kötschach, Pfarrkirche, ehem. Wallfahrtskirche Unser Lieben Frauen .... cat. 251

Krems an der Donau, Piaristernkirche Unser Lieben Frauen .... cat. 133

Laas, Filialkirche St. Andreas .... cat. 250

Lilienfeld, Zisterzienserabtei Mariä Himmelfahrt .... cat. 158

Maria Saal, Propstei- und Wallfahrtskirche Mariä Himmelfahrt .... cat. 186

Melk, Pfarrkirche Mariä Himmelfahrt .... cat. 136

Millstatt, Ehem. Stiftskirche St. Salvator und Allerheiligen .... cat. 14

Mondsee, Pfarrkirche, ehem. Benediktinerstiftskirche St. Michael .... cat. 141

Pernegg, Pfarrkirche, ehem. Stiftskirche St. Andreas .... cat. 249

Retz, Dominikanerkirche .... cat. 129

Salzburg, Benediktiner-Erzabtei St. Peter .... cat. 19

——, Benediktinerinnenstift Nonnberg, Stiftskirche Mariä Himmelfahrt und St. Erentrudis .... cat. 217

——, Dom St. Rupert und St. Virgil ....cat. 8

——, Franziskanerkirche .... cat. 276

——, Hohensalzburg, Kapelle St. Georg .... cat. 255

Schwaz, Pfarrkirche Unserer Lieben Frau Mariä Himmelfahrt .... cat. 284

——, Totenkapelle Hl. Michael und Hl. Veit ..... cat. 32

Spitz, Pfarrkirche St. Mauritius .... cat. 135

St. Marein bei Knittelfeld, Pfarrkirche St. Maria .... cat. 231

St. Pantaleon, Pfarrkirche St. Pantaleon .... cat. 280

St. Valentin, Pfarrkirche .... cat. 257

St. Wolfgang am Abersee, Pfarrkirche St. Wolfgang .... cat. 223

Stein an der Donau, Pfarrkirche St. Nikolaus ... cat. 138

Steyr, Stadtpfarrkirche St. Ägidius und St. Koloman

561

附録　建築カタログ

.... cat. 212

Tulln an der Donau, Karner St. Johannes Evangelist
.... cat. 16

——, Pfarrkirche St. Stephan .... cat. 17

Villach, Hauptstadtpfarrkirche St. Jakob ..... cat. 245

Waidhofen an der Ybbs, Stadtpfarrkirche St. Maria
Magdalena und St. Lambert .... cat. 218

Weistrach, Pfarrkirche St. Stephan .... cat. 253

Wels, Stadtpfarrkirche Hl. Johannes Evangelist ... cat. 61

Wien, Augustiner- und Pfarrkirche, ehem.
Hofpfarrkirche .... cat. 26

——, Benediktinerabtei Unser Lieben Frauen zu den
Schotten .... cat. 4

——, Burgkapelle Mariä Himmelfahrt .... cat. 27

——, Dom- und Metropolitankirche St. Stephan ... cat. 1

——, Ehem. Hofpfarr- und Barnabitenkirche St.
Michael .... cat. 6

——, Kollegiat- und Stadtpfarrkirche St. Peter ...cat. 3

——, Maria am Gestade .... cat. 226

——, Minoritenkirche Maria Schnee ....cat. 5

——, Ruprechtskirche ....cat. 2

——, Spinnerin am Kreuz .... cat. 72

Wiener Neustadt, Burgkapelle St. Georg .... cat. 182

——, Neuklosterkirche (Zisterzienserklosterkirche)
.... cat. 184

——, Pfarrkirche Mariä Himmelfahrt .... cat. 183

——, Spinnerin am Kreuz .... cat. 76

Ybbs an der Donau, Pfarrkirche St. Lorenz ..... cat. 134

オランダ（NL）

Amsterdam, Oude Kerk .... cat. 104

Delft, Nieuwe Kerk .... cat. 357

Den Haag, Riddarzaal .... cat. 121

スペイン（E）

Asturias, Iglesia de S. Cristina de Lena .... cat. 303

Ávila, Catedral de Cristo Salvador .... cat. 361

Barcelona, Catedral de S. Cruz y S. Eulalia ..... cat. 332

——, Iglesia de S. María del Mal .... cat. 330

Burgos, Catedral de S. María .... cat. 69

Córdoba, Mezquita Catedral .... cat. 362

León, Catedral de S. María de Regla .... cat. 70

Oviedo, S. María del Naranco .... cat. 33

Salamanca, Catedral Nueva .... cat. 275

——, Convento de S. Esteban .... cat. 331

Santiago de Compostela, Catedral .... cat. 360

Sevilla, Catedral de S. Maríade la Sede .... cat. 273

Toledo, Catedral de S. María .... cat. 363

——, Monasterio de S. Juande los Reyes .... cat. 274

Valladolid, Iglesia de S. Pablo .... cat. 122

スロヴァキア（SL）

Bratislava, Katedrála sv. Martina .... cat. 169

チェコ（CZ）

Kolín, Dom Chrám sv. Bartoloměje .... cat. 64

Kutná Hora, Chrám sv. Barbory .... cat. 242

Praha, Dom Katedrála sv. Víta .... cat. 25

——, Karlův most .... cat. 220

——, Kostel Matky Boží před Týnem .... cat. 65

——, Starý královský palác, Vladislavský sál ... cat. 243

ドイツ（D）

Aachen, Dom, ehem. Pfalz- und Stiftskirche St. Marien
.... cat. 20

——, Rathaus .... cat. 82

Annaberg, Ev. Kirche St. Anna .... cat. 241

Ansbach, Ev. Pfarrkirche St. Johannis .... cat. 131

Augsburg, Dom Mariä Heimsuchung .... cat. 108

——, Ehem. Karmelitenklosterkirche St. Anna ...cat. 192

——, Kath. Pfarrkirche, ehem. Benediktinerstiftskirche
St. Ulrich und St. Afra .... cat. 230

Bad Wimpfen im Tal, Ev. Stadtkirche .... cat. 258

Bamberg, Dom St. Peter und St. Georg .... cat. 10

Bebenhausen, Zisterzienserabtei .... cat. 285

Blaubeuren, Benediktinerabtei .... cat. 225

Braunschweig, Brüdernkirche St. Ulrich .... cat. 155

——, Ev. Kirche St. Martini .... cat. 97

——, Ev. Dom .... cat. 98

——, Rathaus .... cat. 79

Bremen, Ev. Pfarrkirche Unser Lieben Frauen ... cat. 96

Dingolfing, Kath. Stadtpfarrkirche St. Johannes ...cat. 278

Dinkelsbühl, Kath. Stadtpfarrkirche St. Georg ...cat. 164

Donauwörth, Kath. Stadtpfarrkirche Unser Lieben
Frauen .... cat. 132

Eggenfelden, Pfarrkirche St. Nikolaus und St. Stephan
.... cat. 146

カタログ索引 2（国別・アルファベット順）

Erfurt, Benediktinerinnen Kloster St. Severi ··· cat. 171

——, Kath. Dom, ehem. Kollegiatstiftskirche St. Marien
·················· cat. 106

——, Ehem. Dominikanerkirche St. Johannes Evangelist
·················· cat. 299

Esslingen am Neckar, Ev. Stadtkirche St. Dionysius
·················· cat. 294

——, Ev. Frauenkirche ············· cat. 165

Feuchtwangen, Ev. Nebenkirche St. Johannis ··· cat. 180

——, Ev. Pfarrkirche, ehem. Benediktinerstift St. Maria
·················· cat. 307

Frankfurt am Main, Dom St. Bartholomäus ····· cat. 24

Freiberg, Ev. Dom St. Marien ············· cat. 18

Freiburg im Breisgau, Ehem. Franziskanerkirche St.
Martin ············· cat. 349

——, Münster Unser Lieben Frauen ············· cat. 48

Göttingen, Ehem. Paulinerkirche der Dominikaner
·················· cat. 154

——, Ev. Pfarrkirche St. Albani ············· cat. 157

Halberstadt, Ev. Dom St. Stephanus und St. Sixtus
·················· cat. 293

——, Ev. Hauptkirche Unser Lieben Frauen ··· cat. 298

——, Ev. Kirche St. Martini ············· cat. 177

Hamburg, Ev. Hauptkirche St. Jakobi ········· cat. 152

——, Ev. Hauptkirche St. Katharinen ··········· cat. 153

——, Ev. Hauptkirche St. Petri ············· cat. 151

Heilbronn, Ev. Kilianskirche ············· cat. 259

Hildesheim, Michaeliskirche ·················· cat. 306

——, Kath. Dom Mariä Himmelfahrt ········· cat. 54

Höchstädt an der Donau, Kath. Stadtpfarrkirche Mariä
Himmelfahrt ············· cat. 147

Ingolstadt, Bürgerspitalkirche Hl. Geist ····· cat. 170

——, Franziskanerkirche ·················· cat. 353

——, Kath. Stadtpfarrkirche Unser Lieben Frauen
·················· cat. 127

Köln, Benediktinerabteikirche Groß St. Martin ··cat. 320

——, Damenstiftskirche St. Maria im Kapitol ··cat. 317

——, Dom St. Peter und St. Maria ··· cat. 47

——, Dominikanerkirche St. Andreas ··········· cat. 318

——, Ehem. Benediktinerkirche St. Pantaleon ·· cat. 53

——, Ehem. Damenstiftskirche St. Cäcilien ··· cat. 323

——, Kath. Kirche St. Aposteln ············· cat. 316

——, Kath. Kirche St. Kunibert ············· cat. 321

——, Kath. Pfarrkirche St. Severin ············· cat. 322

——, Pfarrkirche St. Gereon ·················· cat. 35

——, Rathaus ·················· cat. 81

——, St. Ursula ·· cat. 57

——, Stiftskirche St. Georg ················ cat. 319

Landshut, Burgkapelle St. Georg ········· cat. 31

——, Kath. Pfarrkirche St. Jodok ·········· cat. 219

——, Kath. Spitalkirche Hl. Geist ·········· cat. 277

——, Stadtpfarr- und Kollegiatsstiftskirche St. Martin
·················· cat. 213

Lauingen, Pfarrkirche St. Martin ·················· cat. 238

Lübeck, Ehem. Franziskanerkloster St. Katharinen
·················· cat. 292

——, Ev. Kirche St. Jakobi ············· cat. 149

——, Ev. Kirche St. Petri ············· cat. 172

——, Ev. Dom ············· cat. 291

——, Heilig-Geist-Hospital ············· cat. 118

——, Marienkirche ············· cat. 59

——, Rathaus ············· cat. 89

Lüneburg, Ehem. Benediktinerklosterkirche St. Michaelis
·················· cat. 173

——, Ev. Hauptkirche St. Johannis ············· cat. 150

——, Ev. Kirche St. Nikolai ············· cat. 233

Magdeburg, Dom St. Mauritius und St. Katharinen
·················· cat. 289

——, Prämonstratenserstift Unser Lieben Frauen
·················· cat. 55

Mainz, Dom St. Martin und St. Stephan ······ cat. 22

——, Ehem. Stiftskirche St. Stephan ········ cat. 221

Marburg an der Lahn, Elisabethkirche ···· cat. 160

Meißen, Albrechtsburg ···················· cat. 239

——, Dom ···················· cat. 190

Minden, Kath. Dompfarrkirche St. Gorgonius und St.
Petrus ··········· cat. 95

——, Marienkirche ·················· cat. 100

Mühlhausen, Ev. Pfarrkirche Divi-Blasii ········ cat. 101

——, Marienkirche ·················· cat. 94

Mühlhausen bei Stuttgart, St. Veit Kapelle ····· cat. 311

München, Kath. Pfarrkirche Hl. Geist ·········· cat. 167

——, Metropolitan- und Stadtpfarrkirche Unser Lieben
Frauen ·················· cat. 229

Münster, Dom St. Paul ·················· cat. 159

——, Rathaus ·················· cat. 83

——, St. Lamberti ·················· cat. 107

——, Stifts- und Pfarrkirche St. Ludgeri ········ cat. 174

——, Stiftskirche Liebfrauen-Überwasser ········ cat. 175

Naumburg, Ev. Dom St. Peter und St. Paul ····· cat. 187

Neuötting, Kath. Stadtpfarrkirche St. Nikolaus ··cat. 214

——, Spitalkirche Hl. Geist ·················· cat. 224

563

附録　建築カタログ

Nördlingen, Ehem. Karmelitenklosterkirche St. Salvator
　　　　　　　　　　　　　　　　　　　　　 cat. 312
——, Ev. Pfarrkirche St. Georg ············· cat. 228
——, Spitalkirche Hl. Geist ·············· cat. 179
Nürnberg, Burgkapelle ················ cat. 29
——, Ev. Stadtpfarrkirche St. Lorenz ·········· cat. 216
——, Ev. Stadtpfarrkirche St. Sebald ········· cat. 93
——, Kath. Stadtpfarrkirche Unser Lieben Frauen
　　　　　　　　　　　　　　　　　　　　　 cat. 28
——, Schöner Brunnen ················ cat. 74
Oppenheim, Pfarr- und ehem. Stiftskirche St. Katharina
　　　　　　　　　　　　　　　　　　　　　 cat. 92
Paderborn, Dom St. Mariae, St. Kiliani und St. Liborius
　　　　　　　　　　　　　　　　　　　　　 cat. 58
Passau, Dom St. Stephan ··············cat. 9
Rain am Lech, Kath. Stadtpfarrkirche St. Johannes der
　　　　　Täufer ················ cat. 148
Regensburg, Dom St. Peter ············· cat. 51
——, Dominikanerkirche St. Blasius ········· cat. 350
——, Schottenkirche St. Jakob ·········· cat. 12
Rothenburg, Ehem. Franziskanerkirche Unser Lieben
　　　　　Frauen ················ cat. 290
——, Ev. Stadtpfarrkirche St. Jakob ········· cat. 351
Schorndorf, Ev. Stadtkirche ············· cat. 252
Schwäbisch Gmünd, Kath. Pfarrkirche Hl. Kreuz
　　　　　　　　　　　　　　　　　　　　　 cat. 162
——, Kath. Pfarrkirche St. Johannis ········· cat. 310
Soest, Ev. Kirche St. Maria zur Höhe ········ cat. 178
——, Ev. Pfarrkirche, ehem. Minoritenkirche Neu-St.
　　　　　Thomä ················ cat. 176
——, Pfarrkirche St. Maria zur Wiese ········ cat. 161
——, Stiftskirche St. Patrokli ············ cat. 56
Speyer, Dom St. Maria und St. Stephan ······· cat. 21
Straubing, Karmelitenkirche ············ cat. 168
——, Pfarrkirche St. Jakob ············· cat. 163
——, Pfarrkirche St. Peter ············· cat. 60
Tübingen, Stiftskirche St. Georg ·········· cat. 144
Ulm, Brunnen ·················· cat. 77
——, Ev. Münster ················· cat. 50
——, Rathaus ··················· cat. 78
Wasserburg am Inn, Frauenkirche ········· cat. 145
——, Pfarrkirche St. Jakob ············· cat. 227
Worms, Dom St. Peter ··············· cat. 23
Würzburg, Benediktinerklosterkirche St. Burkard
　　　　　　　　　　　　　　　　　　　　　 cat. 308
——, Dom St. Kilian ················ cat. 309

——, Marienkapelle ················ cat. 130

トルコ（T）

Istanbul, St. Sergios- und St. Bacchos ········ cat. 39

ハンガリー（H）

Budapest, Mátyás-templom ············ cat. 63
Ják, Ehem. Benediktinerstiftskirche ········ cat. 13

フランス（F）

Alençon, Basilique Notre-Dame ·········· cat. 116
Amboise, Château ················ cat. 198
Amiens, Cathédrale Notre-Dame ········· cat. 335
Bayeux, Cathédrale Notre-Dame ········· cat. 67
Beaune, Hôtel-Dieu ················ cat. 125
Beauvais, Cathédrale Saint-Pierre ········· cat. 336
Blois, Château ·················· cat. 199
Bourges, Cathédrale Saint-Étienne ········· cat. 188
Caen, Église abbatiale de la Trinité ········ cat. 341
——, Église abbatiale Saint-Etienne ········ cat. 342
——, Église Saint-Pierre ·············· cat. 348
Chartres, Cathédrale Notre-Dame ········· cat. 194
——, Collégiale Saint-André ············ cat. 340
——, Église Saint-Pierre ·············· cat. 339
Chenonceaux, Château ·············· cat. 201
Colmar, Collégiale Saint-Martin ········· cat. 352
Coutances, Cathédrale Notre-Dame ········ cat. 329
——, Église Saint-Pierre ·············· cat. 68
Dijon, Église Notre-Dame ············ cat. 46
——, La Chartreuse de Champmol ········· cat. 189
Fontainebleau, Château ·············· cat. 200
Fougéres, Église Saint-Léonard ·········· cat. 346
——, Église Saint-Sulpice ············· cat. 347
Laon, Cathédrale Notre-Dame ·········· cat. 333
Lessay, Église abbatiale Saint-Trinité ······· cat. 344
Lisieux, Cathédrale Saint-Pierre ·········· cat. 345
Mount Saint-Michel, Église abbatiale ······· cat. 343
Noyon, Cathédrale Notre-Dame ········· cat. 334
Paris, Abbaye de Saint-Germain-des-Prés ····· cat. 338
——, Cathédrale Notre-Dame ··········· cat. 110
——, Église Saint-Séverin ············· cat. 281
——, Hôtel de Cluny, Chapelle ·········· cat. 240
——, Sainte-Chapelle ··············· cat. 337

カタログ索引 2（国別・アルファベット順）

――, Tour Jean-sans-Peur ……………… cat. 254

Reims, Basilique Saint-Rémis ……………… cat. 196

――, Cathédrale Notre-Dame ……………… cat. 195

Rouen, Cathédrale Notre-Dame ……………… cat. 111

――, Église Saint-Laurent ……………… cat. 114

――, Église Saint-Maclou ……………… cat. 112

――, Église Saint-Ouen ……………… cat. 113

Saint-Denis, Basilique ……………… cat. 193

Soisson, Cathédrale Saint-Gervais et Saint-Protais

……………… cat. 66

Strasbourg, Cathédrale Notre-Dame ……………… cat. 49

――, Église Saint-Thomas ……………… cat. 62

Troyes, Basilique Saint-Urbain ……………… cat. 30

――, Église Sainte-Madeleine ……………… cat. 301

Vendôme, Abbaye de la Trinité ……………… cat. 115

Haczów, Kościół Wniebowzięcia Najświętszej Maryi
Panny ……………… cat. 305

Kraków, Kościół Mariaski ……………… cat. 295

――, Kościół św. Franciszka z Asyżu ……………… cat. 119

――, Kościół św. Trójcy ……………… cat. 120

Kwidzyn, Katedra św. Jana Ewangelisty ……………… cat. 156

Malbork, Zamek w Malborku ……………… cat. 286

Sękowa, Kościół św. Filipa i św. Jakuba ……………… cat. 126

Wrocław, Archikatedra św. Jana Chrzciciela ……… cat. 354

――, Kościół Najświętszej Marii Panny na Piasku we
Wrocławiu ……………… cat. 235

――, Ratusz ……………… cat. 80

ベルギー（B）

Antwerpen / Anvers, Onze-Lieve-Vrouwekathedraal

……………… cat. 328

Brugge / Bruges, Basiliek van het Heilig Bloed …cat. 117

――, Onze-Lieve-Vrouwekerk ……………… cat. 300

――, Sint-Salvatorskathedraal ……………… cat. 355

――, Stadhuis ……………… cat. 84

Brussel / Bruxelles, Onze-Lieve-Vrouw-ter-Kapellekerk

……………… cat. 105

――, Sint-Michiel en Sint-Goedelekathedraal … cat. 99

――, Stadhuis ……………… cat. 85

Doornik / Tournai, Onze-Lieve-Vrouwekathedraal

……………… cat. 327

Gent / Gand, Sint-Baafskathedraal ……………… cat. 356

――, Sint-Niklaaskerk ……………… cat. 102

Leuven / Louvain, Sint-Pieterskerk ……………… cat. 302

――, Stadhuis ……………… cat. 86

Mechelen / Malines, Sint-Romboutskathedraal

……………cat. 103

――, Stadhuis ……………… cat. 87

ポーランド（PL）

Blizne, Kościół Wszystkich Świętych ……………… cat. 304

Gdańsk, Bazylika konkatedralna Wniebowzięcia
Najświętszej Maryi Panny ……………… cat. 236

――, Bazylika św. Mikołaja ……………… cat. 237

――, Kościół św. Katarzyny ……………… cat. 234

――, Ratusz ……………… cat. 88

索 引

［用語］

AEIOU …………………………………………… pp. 149, 151, 152, 157, 166, 167, 169, 170

飾破風 ………………………………………… pp. 4, 26, 84, 98-107, 109-**117**, 119, 134, 295

皇帝大聖堂 pp. 6, 15, 19, 21, 36, 55, 56, **57**, 60, 70, 75, 76, 82, 102, 115, 117, 128, 129, 134, 143, 238, 242, 293, 295, 296

仕切りアーチ ………………………………………………………………… pp. 141, **146**

柔軟様式… pp. 22, 27, 79, 82, 83, 84, 86, 88, 90-92, 94, **96**, 97, 108, 109, 113, 114, 119, 142, 152, 174, 179, 195, 197, 205, 207, 208, 211, 241, 242, 294, 298

盾状壁面………………………………………………………… pp. 138, 141, 142, **146**

［人名］

Wと鍵の画家：画家 (Meister W mit dem Schlüssel, fl. 1465 － 1490) ……… p. 204; 図II-4-13

ア

アルト, ルードルフ・フォン：画家 (Alt Rudolf von, 1812 － 1905)
……………………………………………………………………… p. 26; 図序-扉, 序-2-16

アルブレヒト一世：ドイツ王 (Albrecht I., 1255 － 1308)
………………………………………………… pp. 13, 47, 48, 68, 76, 250; 家系図II

アルブレヒト二世 (賢公)：オーストリア公 (Albrecht II., der Weise, 1298/99 － 1358)
………………………… pp. 14, 15, 49, 55, 58, 66, 67, 76, 130, 250, 251; 家系図II, III; cat. 185

アルブレヒト三世：オーストリア公 (Albrecht III., 1349/50 － 1395)
………………………………………… pp. 17, 54, 66, 150, 250, 251; 家系図II, III

アルブレヒト五世：ドイツ王 (Albrecht V., 1397 － 1439) ………… pp. 48, 151, 251; 家系図III

アルブレヒト六世：オーストリア公 (Albrecht VI., 1418 － 1463)
…………………………………………………………… pp. 150, 251; 家系図III

ヴィッツ, コンラート：画家 (Konrad Witz, c.1400 － 1447)
…………………………………………………… pp. 88, 90, 95; 図I-3-11, I-3-13

ヴィッテン, ハンス：彫刻家 (Hans Witten, c.1490 － c.1525)
…………………………………………………… pp. 188, 189; 図II-3-28; cat. 18

ウィトルウィウス：建築家 (Vitruvius, c.80/70 BC － c.15 BC) ································· p. 186
ヴィラール・ド・オヌクール：建築家 (Villard de Honnecourt, ? － c.1260) ············· p. 202
ウィリアム一世：ノルマンディー公 (William I., 1027 － 1087) ················cats. 262, 341, 342
ウルリヒ・フォン・エンジンゲン：建築家 (Ulrich von Ensingen, c.1350/60 － 1419)
··· cats. 49, 50, 165
エアハルト , ミヒェル：彫刻家 (Michel Erhart, c.1440 － c.1522) ····················· cats. 51, 225
エーゼラー , ニコラウス（子）：建築家 (Niclaus Eseler d. J., ? － c.1512)···················· cat. 164
エーゼラー , ニコラウス（父）：建築家 (Niclaus Eseler d. Ä., ? － c.1482)
···cats. 164, 227, 228
エーベンドルファー , トーマス：歴史家 (Thomas Ebendorfer, 1388 － 1464)
··· pp. 19, 20, 31, 80, 162; cat. 1
エクスル , イェルク：建築家 (Jörg Öchsl, fl. 1506 － 1510)
··· p. 205; 図II-4-13; 棟梁の系譜図
エルヴィン・フォン・シュタインバッハ：建築家 (Erwin von Steinbach, c.1244 － 1318)
·· cat. 49
エルンスト（鉄公）：シュタイアーマルク公 (Ernst der Eiserne, 1377 － 1424)
··· pp. 147, 150, 151, 250, 251; 図II-2-6; 家系図II, III
エレオノーレ：皇妃 (Eleonore, 1436 － 1467)
····································· pp. 147, 155, 163, 167, 251; 家系図III; cat. 184
エンジンガー , マテウス：建築家 (Matthäus Ensinger, c.1395 － 1463) ············ cats. 165, 229
エンジンガー , モリツ：建築家 (Moritz Ensinger, c.1430 － 1483) ··················· cats. 228, 229
エンジンゲン , ウルリヒ・フォン　→　ウルリヒ・フォン・エンジンゲン
オタカル二世：ボヘミア王 (Ottokar II., c.1230 － 1278)
······································· pp. 13, 46, 47, 54, 68, 249; 家系図I; cat. 64
オットー：フライジング司教 (Otto, c.1112 － 1158) ············· pp. 39, 249; 家系図I; cat. 287
オットー一世：皇帝 (Otto I., 912 － 973) ················ pp. 39, 249; 家系図I; cats. 53, 289
オットー二世：皇帝 (Otto II., 955 － 983) ····································pp. 39, 249; 家系図I
オットー四世（陽気公）：オーストリア公 (Otto IV., der Fröhliche, 1301 － 1339)
···································· pp. 49, 76, 250; 家系図II; cat. 26
オピフェックス , マルティヌス：画家 (Martinus Opifex, ? － c.1456) ····················· 図II-2-7

カ

カール大帝：皇帝 (Karl der Groß, 742 － 814) ·································· cats. 3, 20, 23, 24, 78
カール三世（肥満王）：皇帝 (Karl III., der Dicke, 839 － 888) ····································· cat. 24
カール四世：皇帝 (Karl IV., 1316 － 1378) ·····pp. 16, 55, 56, 66-71, 75, 77, 79, 81, 132, 175,
250, 251, 293; 図I-2-20, I-2-24; 家系図II, III; cats. 20, 25, 28, 64, 74, 185
カタリーナ：オーストリア公妃 (Katharina, 1342 － 1395) ·······································
pp. 56, 61-63, 65-68, 71, 77, 158, 250, 293; 図I-2-9, I-2-10, I-2-11, I-2-12, I-2-17; 家系図II

索　引

カッシャウアー, ヤーコプ：彫刻家 (Jakob Kaschauer, ? － 1463) ……………pp. 86, 87; 図 I-3-9

クラフト, アダム：彫刻家 (Adam Krafft, 1455/60 － 1509) ……………………………… cat. 216

クルメナウアー, ハンス：建築家 (Hans Krumenauer, 1350/60 － c.1410)
　　　　　　　　………………………………………………………pp. 141, 144; cats. 9, 140, 213

クルメナウアー, シュテファン：建築家 (Stephan Krumenauer, fl. 1429 － 1461)
　　　　　　　　………………………… pp. 141, 142, 146; cats. 128, 140, 213, 227, 276

クン, ハンス：建築家 (Hans Kun, c.1390 － 1435) ………………………………………… cat. 228

ゲルハールト・フォン・ライデン, ニコラウス：彫刻家 (Nicolaus Gerhaert von Leiden,
　　　　c.1420/30 － 1473/87)………………………………… pp. 147, 148, 156, 170; 図 II-2-14

コンラート二世：皇帝 (Konrad II., c.990 － 1039) …………………………………cats. 21, 22

サ

ジギスムント：皇帝 (Siegmund, 1368 － 1437) ………… pp. 150-152, 250, 251; 家系図 II, III

シャルル五世：フランス王 (Charles V. / Charles le Sage, 1338 － 1380) ………………… p. 169

ジャン一世 (華麗公)：ベリー公 (Jean I. / Jean le Magnifique, 1340 － 1416) ………… cat. 188

シュジェ：修道院長 (Suger, c.1081 － 1151) ……………………………… p. 234; cats. 193, 196

シュテートハイマー, ハンス：建築家 (Hans Stethaimer, fl. 1434 － 1459) …… cats. 213, 227

シュテファン三世：オーバーバイエルン＝インゴルシュタット公 (Stephan III., ? － 1413)
　　　　　　　　………………………………………………………… pp. 136, 145; cat. 127

シュトース, ファイト：彫刻家 (Veit Stoß, c.1438/47 － 1533)
　　　　　　　　…………………………………… p. 201; 図 II-4-7; cats. 216, 295

シュペニング, ロウレンツ：建築家 (Laurenz Spenyng, 1415/20 － 1477) ………… pp. 23-25,
　　　33, 34, 145, 146, 171, 177, 181, 192, 197, 206, 207, 209, 210, 212, 297, 299; 棟梁の系譜
　　　図; cats. 133, 134, 169

シュミット, フリードリヒ・フォン： (Friedrich von Schmidt, 1825 － 1491)
　　　　　　　　…………………………………………………pp. 11, 12; cats. 7, 283

ショーンガウアー, マルティン：画家 (Martin Schongauer, c.1445/50 － c.1491)
　　　　　　　　…………………………………… pp. 202, 204; 図 II-4-10, II-4-12

ジルリン, イェルク (父)：彫刻家 (Jörg Syrlin d. Ä., c.1425 － 1491)
　　　　　　　　………………………… pp. 202, 211; 図 II-4-9; cats. 50, 77, 144

スリューテル, クラウス：彫刻家 (Claus Sluter, c.1350 － 1406) ……………………… cat. 189

聖ヴェロニカの画家：画家 (Meister der heiligen Veronika, fl. c.1395 － c.1415) ……… 図 I-3-12

聖コロマン：聖人 (Hl. Koloman, ? － 1012) ………………… pp. 43, 45, 53, 62, 63; 図 I-2-13

タ

ダウハー, アドルフ：彫刻家 (Adolf Daucher, c.1465 － 1523)
　　　　　　　　…………………………………………………p. 193; 図 II-3-30; cat. 241

ダウハー, ハンス：彫刻家 (Hans Daucher, c.1486 － c.1538) ………p. 193; 図 II-3-30; cat. 241

タキトゥス：歴史家 (Tacitus, c.58 － c.120) ………………………………… pp. 186, 187

デューラー , アルブレヒト：画家 (Albrecht Dürer, 1471 － 1528)

　　　　　　　　　　　　　　　　　　　　　　pp. 161, 188; 図II-2-18, II-2-19

ナ

ニーゼンベルガー , ハンス：建築家 (Hans Niesenberger, 1420 － c.1493) ………… cats. 48, 181

ノートケ , ベルント：彫刻家 (Bernt Notke, c.1440 － 1509) ……………………… cat. 291

ハ

ハーゲン , マテウス：僧 (Matthäus Hagen, ? － 1458) ……………………………… p. 160

バーベンベルク家 (Babenberg) ……………………………………………… 家系図I

ハイデンライヒ , ウルリヒ：建築家 (Ulrich Heydenreich, fl. 1514 － 1538) ………… cat. 127

ハイデンライヒ , エアハルト：建築家 (Erhard Heydenreich, c.1455 － 1524) ………… cat. 127

ハインツェルマン , コンラート：建築家 (Konrad Heinzelmann, c.1390 － 1455)

　　　　　　　　　　　　　　　　　　　　　　　　　　　cats. 216, 228, 351

ハインリヒ (寛大公)：オーストリア公 (Heinrich der Sanftmütige, c.1298 － 1327)

　　　　　　　　　　　　　　　　　　　　　　　　pp. 76, 250; 家系図II

ハインリヒ・フォン・グミュント　→　パルラー , ハインリヒ・フォン・グミュント

ハインリヒ一世：オストマルク辺境伯 (Heinrich I., ? － 1018) …………pp. 53, 249; 家系図I

ハインリヒ二世ヤゾミルゴット：オーストリア公 (Heinrich II., Jasomirgott, 1107 － 1177)

　　　　　　　　　　　　　　　　　　pp. 40, 249; 家系図I; cats. 4, 7, 287

ハインリヒ二世：皇帝 (Heinrich II., 973/78 － 1024) ……………cats. 10, 23, 58

ハインリヒ三世：皇帝 (Heinrich III., 1016 － 1056) ………………………… cat. 21

ハインリヒ四世：皇帝 (Heinrich IV., 1050 － 1106) ……………… 家系図I; cats. 21-23

ハインリヒ五世：皇帝 (Heinrich V., 1086 － 1125) ………………… 家系図I; cat. 23

パッハー , ミヒャエル：建築家 (Michael Pacher, c.1435 － 1498) ……………… cat. 223

ハプスブルク家 (Habsburg) ………………………………………… 家系図II, III

パルラー , ヴェンツェル：建築家 (Wenzla Parler, c.1360 － 1404)

　　　　　　　　　　　　　　　　　pp. 20, 21; 棟梁の系譜図; cats. 25, 109

パルラー , ハインリヒ：建築家 (Heinrich Parler, 1300/10 － c.1370) ……… cats. 50, 108, 162

パルラー , ハインリヒ・フォン・グミュント：建築家 (Heinrich Parler von Gmünd, c.1354

　　 － 1387) ……………………………………………………… cat. 109

パルラー , ペーター：建築家 (Peter Parler, c.1333 － 1399)

　　　　　………… pp. 18, 20, 68, 71, 72, 78, 83, 101, 172; cats. 25, 28, 48, 64, 162, 220, 226

パルラー , ミヒャエル・フォン・フライブルク：建築家 (Michael Parler von Freiburg, c.1350

　　 － 1387/88) ………………………………………………………… cat. 49

パルラー , ヨハン：建築家 (Johann Parler, c.1360 － 1405/06) …………………… cat. 25

パルラー , ヨハン・フォン・グミュント：建築家 (Johann von Gmünd Parler, fl. c.1330 －

　　 1359) …………………………………………………………… cat. 48

索 引

ハンス・フォン・プラハティツ：建築家 (Hans von Prachatitz, fl. 1429 − 1435/37)
.... pp. 33, 195, 210; 棟梁の系譜図
ハンス・フォン・ブルクハウゼン：建築家 (Hans von Burghausen, c.1350/60 − 1432)
.... p. 142; cats. 128, 141, 163, 168, 213, 214, 227, 276, 277
ビアンカ・マリア・スフォルツァ：皇妃 (Bianca Maria Sforza, 1472 − 1510)
.... pp. 160, 251; 家系図 III
ピウス二世 (エネア・シルヴィオ・ピッコローミニ)：教皇 (Pius II. / Enea Silvio Piccolomini,
1405 − 1464 ....
pp. 147, 162-165, 169, 170, 231, 234, 297; 資料「教皇ピウス二世のコメンタリー」; cats.
202, 206
ピエール・ド・モントルイユ：建築家 (Pierre de Montreuil, c.1200 − 1267)
.... cats. 10, 193
ピッコローミニ, エネア・シルヴィオ　→　ピウス二世
ピルグラム, アントン：建築家 (Anton Pilgram, c.1450 − 1515)
.... pp. 25, 26, 205; 図序 -2-15, II-4-14; 棟梁の系譜図
フィッシャー, ペーター (父)：彫刻家 (Peter Vischer d. Ä., c.1455/60 − 1529) ....cat. 93
フィリップ一世 (美公)：ブルゴーニュ公 (Philipp I., der Schöne, 1478 − 1506)
.... pp. 160, 251; 家系図 III
フィリップ二世 (豪胆公)：ブルゴーニュ公 (Philippe II. / Philippe le Hardi, 1363 − 1404)
.... cat. 189
フィルタラー, バルトルメ：建築家 (Bartlmä Firtaler, c.1480 − 1535)
.... p. 185; cats. 250, 251
フェルディナント一世：皇帝 (Ferdinand I., 1503 − 1564)
.... pp. 160, 161, 251; 家系図 III; cats. 182, 191
プクスパウム, ハンス：建築家 (Hans Puchspaum, c.1390 − c.1455) ...pp. 22-25, 32-34, 133-
135, 145, 171, 177-181, 192, 195, 197, 206, 207, 209, 212, 241, 242, 297; 棟梁の系譜図;
cats. 1, 72, 133, 169, 212
プシカ, ペーター：建築家 (Peter Pusika, c.1400 − 1475) .... pp. 148, 168
プラハティツ, ハンス・フォン　→　ハンス・フォン・プラハティツ
プラハティツ, ペーター・フォン　→　ペーター・フォン・プラハティツ
ブランシュ・ド・ヴァロワ：皇妃 (Blanche de Valois, ? − 1348)
.... pp. 66, 67, 69, 77, 250; 家系図 II
フリードリヒ (美公)：対立王 (Friedrich der Schöne, 1286/89 − 1330)
.... pp. 48, 76, 151, 250; 家系図 II; cats. 26, 185, 282
フリードリヒ一世 (赤髭王)：皇帝 (Friedrich I., Barbarossa, c.1122 − 1190) .... cat. 29
フリードリヒ二世 (好戦公)：オーストリア公 (Friedrich II., der Streitbare, 1211 − 1246)
.... pp. 9, 10, 43-46, 237, 249; 家系図 I; cats. 1, 183, 287
フリードリヒ二世：皇帝 (Friedrich II., 1194 − 1250) .... cat. 10

フリードリヒ三世：皇帝 (Friedrich III., 1415 － 1493)

　　　　　　　　　　　　　　pp. 5, 6, 22, 28, 33, 38, 52, 98, 101, 115, 117, 123, 125, 128,
　　129, 134, 135, 143, 144, 147-163, 165-168, 170, 171, 176, 177, 180, 212, 241, 242, 246,
　　250, 251, 291-297, 299; 図2II-2-2; II-2-5; II-2-7; II-2-8; II-2-10; II-2-11; II-2-12; II-2-13;
　　II-2-14; 家系図II, III; cats. 1, 20, 143, 181-186, 206, 231
フリードリヒ四世：チロル伯 (Friedrich IV., 1482 － 1439) ・・・・・ pp. 150, 151, 251; 家系図III
ブルクハウゼン, ハンス・フォン　→　ハンス・フォン・ブルクハウゼン
ブルクマイア, ハンス (父)：画家 (Hans Burgkmair d. Ä., 1473 － 1531)

　　　　　　　　　　　　　　　　　　　　　　　　　　　　p. 155; 図II-2-13
ペーター・フォン・プラハティッツ：建築家 (Peter von Prachatitz, fl. 1404 － 1429)

　　　　　　　　　　　　　　　　　　　　　　　　　pp. 21, 31; 棟梁の系譜図
ベーブリンガー, マテウス：建築家 (Matthäus Böblinger, c.1450 － 1505) ・・・・・ p. 211; cat. 50
ベーブリンガー, ハンス (父)：建築家 (Hans Böblinger d. Ä., c.1410 － 1482)

　　　　　　　　　　　　　　　　　　　　　　　　　　　p. 202; cat. 165
ヘッセ, ハンス：彫刻家 (Hans Hesse, ? － 1450) ・・・・・・・・・・・・ p. 189; cat. 241
ベルトルド・ディ・ジョヴァンニ：彫刻家 (Bertoldo di Giovanni, c.1430/40 － 1491)

　　　　　　　　　　　　　　　　　　　　　　　　　　　p. 154; 図II-2-12

マ

マイスター・ミヒャエル：建築家 (Meister Michael, fl. c.1380 － 1404)

　　　　　　・・・・・pp. 18, 20, 21, 31, 102, 103, 179, 192; 棟梁の系譜図; cats. 7, 52, 72, 75, 76, 226
マクシミリアン一世：皇帝 (Maximilian I., 1459 － 1519) ・・・・・ pp. 33, 147, 155, 160-162, 250,
　　251; 図II-2-17, II-2-18, II-2-19; 家系図II, III; cats. 182, 191
マチュー・ダラス：建築家 (Matthieu d'Arras, c.1290 － 1352) ・・・・・・・・ pp. 71, 72, 78; cat. 25
マチルダ：ノルマンディー公妃 (Matilda of Flanders, 1031 － 1083) ・・・・・・・・ cats. 341, 342
マリー・ド・ブルゴーニュ：皇妃 (Marie de Bourgougne, 1457 － 1482)

　　　　　　　　　　　　　　　　　　　　　　　　　pp. 160, 251; 家系図III
マルガレーテ：ボヘミア王妃 (Margarete, 1204/05 － 1266) ・・・・・・・pp. 46, 249; 家系図I
ミヒャエル (ウィーンの棟梁)　→　マイスター・ミヒャエル
ミヒャエル・フォン・フライブルク　→　パルラー, ミヒャエル・フォン・フライブルク
ムルチャー, ハンス：彫刻家 (Hans Multscher, c.1400 － 1467) ・・・・・・・・・・・・・ cat. 78
メッケネム, イスラエル・ファン：画家 (Israel van Meckenem, c.1440/45 － 1503)

　　　　　　　　　　　　　　　　　　　　　　　　　p. 202; 図II-4-8, II-4-11

ヤ

ユスティニアヌス一世：皇帝 (Justinianus I., 483 － 565) ・・・・・・・・・・・・・・ cat. 34
ヨハン・フォン・グミュント　→　パルラー, ヨハン・フォン・グミュント
ヨハンナ・フォン・プフィルト：オーストリア公妃 (Johanna von Pfirt, 1300 － 1315)

　　　　　　　　　　　　　　　　　　　　　　　　　pp. 66, 67, 250; 家系図II

索　引

ラ

楽園の園丁のマリアの画家：画家 (Meister des Paradiesgärtleins, fl. 1410 − 1420)
.... 図I-3-10

ラディスラウス・ポストゥムス：ボヘミア王 (Ladislaus Postumus, 1440 − 1457)
.... pp. 151, 152, 251; 家系図III

リート，ベネディクト：建築家 (Benedikt Ried, c.1454 − 1534) .... cats. 24-243

リーメンシュナイダー，ティルマン：彫刻家 (Tilmann Riemenschneider, c.1460 − 1531)
.... cats. 130, 309, 351

ルイ九世 (聖王)：フランス王 (Luis IX. / Saint Louis, 1214 − 1270)
.... pp. 50, 58, 224; cats. 47, 110, 193, 337

ルートヴィヒ七世 (鬚公)：オーバーバイエルン＝インゴルシュタット公 (Ludwig VII., der
Bärtige, 1365 − 1447)... pp. 136-139, 142, 145, 146; cat. 127

ルードルフ一世：ドイツ王 (Rudolf I., 1218 − 1291)
.... pp. 47, 57, 60, 61, 68, 76, 250; 図I-2-23; 家系図II; cat. 21

ルードルフ二世：オーストリア公 (Rudolf II., 1270 − 1290) .... pp. 47, 76, 250; 家系図II

ルードルフ三世：ボヘミア王 (Rudolf III., c.1281 − 1307) .... pp. 48, 76, 250; 家系図II

ルードルフ四世 (建設公)：オーストリア公 (Rudolf IV., der Stifter, 1339 − 1365)
.... pp. 15-19, 21, 36, 38, 52-71, 73, 75-80, 82, 98, 99, 115, 117, 127,
130-132, 134, 149-151, 153, 154, 157, 158, 161, 167, 168, 238-241, 250, 251, 292, 293,
296; 図I-2-9, I-2-10, I-2-11, I-2-12, I-2-14, I-2-16, I-2-21, II-2-4, II-2-9, II-2-15, 結-7, 結
-8; 家系図II, III; cat. 1

レオポルト一世：オーストリア公 (Leopold I., 1293 − 1326) .... pp. 48, 76, 250; 家系図II

レオポルト一世：オストマルク辺境伯 (Leopold I., 940 − 994) ....pp. 39, 41, 249; 家系図I

レオポルト二世：オストマルク辺境伯 (Leopold II., 1050/55 − 1095)
.... pp. 53, 249; 家系図I; cat. 183

レオポルト三世：オストマルク辺境伯 (Leopold III., 1073 − 1136)
.... pp. 39, 192, 249; 家系図I; cats. 7, 287

レオポルト三世：オーストリア公 (Leopold III., 1351 − 1386)
.... pp. 17, 150, 250, 251, 365; 家系図II, III; cat. 181

レオポルト四世：オストマルク辺境伯 (Leopold IV., 1108 − 1141)
.... pp. 10, 39, 249; 家系図I; cats. 158, 183

レオポルト四世：チロル伯 (Leopold IV., 1371 − 1411) .... p. 251; 家系図III

レオポルト六世：オーストリア公 (Leopold VI., 1176 − 1230) ....cats. 6, 158

レヒラー，ローレンツ：建築家 (Lorenz Lechler, c.1460 − c.1538) .... p. 184; cat. 293

ロッセリーノ，ベルナルド：建築家 (Bernard Rossellino, 1409 − 1464) .... pp. 163-165

ロリツァー，コンラート：建築家 (Konrad Roriczer, c.1419 − c.1477/78)
....cats. 51, 216, 228, 229

ロリツァー，マテウス：建築家 (Mathes Roriczer, c.1430/40 − c.1495) ...... cats. 51, 216, 229

ロルム，フィリベール・ド：建築家 (Philibert de L'Orme, 1514 − 1570) .... p. 193

あとがき

　本書は、2013 年度に東京藝術大学より博士号を認められた学位請求論文に基づき、これを一部加筆修正したものです。

　ウィーンのシュテファン大聖堂を訪れた多くの人が、その華やかな外観に魅了され、さらには、重厚なる内部空間に圧倒されることでしょう。なぜ、そして、どのようにして、これほど独創的で、かつ、神秘的な空間が誕生したのか。筆者のシュテファン大聖堂研究は、こうした単純な疑問を出発点とするものです。

　シュテファン大聖堂の造営には、長い年月を要しました。造営が長くなるほど、また、関わる人物が増えるほどに、大聖堂の造形が複雑化するというのは自明の理であり、事実、大聖堂をつぶさに観察したならば、これが実に多種多様な要素から構成されていることがわかります。シュテファン大聖堂の特質とは、端的にいえば、こうした多様性を許容しつつ、それでいて、ひとつの調和的な作品として、なおかつ、皇帝の大聖堂としての威厳を備えた建築として完成に至った点にあります。

　本研究を進めるに当たり、東京藝術大学入学時より博士後期課程の初年度までご指導くださった越宏一名誉教授、ならびに、越名誉教授の退官後よりご指導くださった田辺幹之助教授に、この場を借りて厚く御礼を申し上げます。おふたりの先生方の厳しいご指導と暖かい励ましなくしては、本研究は成立しえなかったことと思います。また、同大学の越川倫明教授、薩摩雅登教授、佐藤直樹准教授、そして西洋美術史研究室の皆様からは、さまざまなご助言・ご助力をいただきました。心より御礼を申し上げます。

　ウィーン留学中は、シュテファン大聖堂研究者でいらっしゃるオーストリア・ギャラリー・ベルヴェデーレ元研究員のアルチュール・ザーリガー氏をはじめ、ウィーン大学のミヒャエル・ヴィクトール・シュヴァルツ教授、ヘルムート・ローレンツ教授ら、多くの方からご指導ご鞭撻を賜りました。さらに、シュテファン大聖堂を調査するに当たり、殊に同大聖堂マイスターのヨアキム・カール・ザイドル氏よりご支援とご助力をいただきましたこと、また、本書に写真掲載のご快諾をいただけましたことを、ここに記して感謝の意を表します。あわせて、オーストリア・ドイ

ツをはじめとする欧州各地の諸聖堂およびアーカイヴの方々からは、調査の際にご協力を賜りました。謹んで御礼申し上げます。

　調査・研究に際しては、公益財団法人鹿島美術財団、ならびに日本学術振興会より研究助成をいただきました。また本書の刊行は、同じく日本学術振興会の研究成果公開促進費によるものです。各団体に深甚な謝意を表します。出版にあたっては、小菅勉氏をはじめとする中央公論美術出版の皆様、ならびに、編集作業に際しましては、平野薫氏および八木聡子氏をはじめとする南風舎の皆様にひとかたならぬお世話になりました。本文や資料、そして煩雑な建築カタログの編集にお付き合いくださり、感謝の言葉もありません。

　そして最後にこの著書を、これまで筆者を温かく見守ってくれた両親に、心からの感謝を込めて捧げます。

2017 年初春

岩谷秋美

〈著者略歴〉

岩谷 秋美（いわや　あきみ）

東京大学経済学部、東京藝術大学大学院美術研究科修士課程を経て、2014年、東京藝術大学大学院美術研究科博士後期課程修了。博士（美術）。
現在は東京藝術大学美術学部芸術学科教育研究助手。
主な業績としては、論文「ハンス・マカルトと皇帝の凱旋行進　デューラーが見た一九世紀ウィーンの〈歴史主義〉」（『ウィーン　総合芸術に宿る夢』、竹林舎、2016年）、共著『ドイツ・ルネンサンスの挑戦　デューラーとクラーナハ』（東京美術、2016年）がある。

ウィーンのシュテファン大聖堂
ゴシック期におけるハプスブルク家の造営理念 ©

平成二十九年二月　十　日印刷
平成二十九年二月二十八日発行

著　者　岩谷　秋美
発行者　日野　啓一
編　集　南　風舎
版下製作
印　刷　藤原印刷株式会社
製　本
用　紙　北越紀州製紙株式会社

中央公論美術出版

東京都千代田区神田神保町一―一〇―一
電話〇三―五五七七―四七九七

製函　株式会社加藤製函所

ISBN978-4-8055-0787-2